茶山經世學에 관한 研究

안병직 지음

동서문화사

인사말씀

다산경세학에 관한 연구를 마치면서 필자가 거기에서 공헌한 것이 무엇인지를 點檢해 보니, 그 중에서 가장 중요한 것은 아마 필자의 연구가 다산경세학의 체계를 밝히는 데 이바지한 것이 아닐까 생각되었다. 다산경세학의 체계는, 제도적 측면에서는『주례』首章의 體國經野·設官分職에서 이끌어 오고, 윤리적 측면에서는『상서』皐陶謨의 知人·安民에서 이끌어 오는데, 다산 스스로도 자기가 추구하는 경세학의 체계가 이 두 가지에 있다는 것을 명확하게 인식하는 것은 그의 말년에 이르러서이다. 그는 1820년경에 저술된 것으로 추정되는『量田議』十三終에서 최종적으로 체국경야·설관분직을, 1827년에 집필된『讀尙書補傳』고요모에서 지인·안민에 대하여 각각 본격적으로 검토하고 있다. 이러한 다산경세학의 체계는 이들보다 먼저 저술된『경세유표』에서 우선 제도적인 면에서 구체화되는데, 그 체계는 정전제, 부공제 및 관제로 구성되어 있었다. 안민은 정전제와 부공제의 실시에 있어서, 지인은 관제의 운용에 있어서, 제왕이 지켜야 할 도덕적 자세였던 것이다.

『경세유표』에서 제시되어 있는 정전제는 여러 가지 토지제도 중의 하나가 아니라, 經田·토지소유·전세·군역에 관한 제도를 포괄하는 넓은 의미에서의 토지제도이다. 그러므로 여기서의 정전제는 국가적 토지소유하에서 경전을 통하여 전지의 실태를 명확하게 파악함으로써 전세와 군역을 인민들에게 고르게 부과하는 동시에 안정적으로 징수할 수 있게 하는데, 그 결과는 인민들에게 恒産을 보장할 뿐만 아니라 賦稅 부담을 덜어줌으로써 安民을 실현하는 기본법제이다. 그러나 전세는 농민에 대한 과세에 불과하다. 체국경야제하에서 인민들은 『주례』에 따라 九職으로 분업하는 것이므로, 농민 이외의 인민들로부터 보다 많은 賦貢을 징수하기 위해서는 園圃·산림·축산·어업·광산 등을 장려하는 동시에 상업을 진흥해야 한다. 이를 위하여 구상한 것이 부공제인데, 이것도 안민을 위한 중요한 수단이었다. 관제는 국가의 주권자인 제왕을 보좌하여 국가를 운영하는 주체에 관한 제도이다. 제왕이 위와 같은 정전제와 부공제를 제대로 실시할 수 있는 덕성과 능력을 갖춘 관리를 채용하는 것이 다름 아니라 知人인 것이다.

위와 같은 다산경세학의 체계가 유학의 경세학 내에서 얼마나 보편적인가를 알아보기 위하여 『경제유표』의 類書라 할 수 있는 『磻溪隨錄』에서 피력된 경세학의 체계도 검토해 보았다. 이를 위하여 『반계수록』의 전제를 중심으로 반계의 경세학체계를 검토해 보았는데, 『반계수록』에서 전개되고 있는 경세학체계도 기본적으로 다산의 그것과 동일했다. 그러나 매우 유감스럽게도 반계의 경세학에 관한 기존연구 중에서는 반계의 경세학체계를 제대로 파악한 것이 단 한 편도 없었다. 그 수많은 연구 중에서 반계의 경세학체계를 제대로 파악한 연구가 단 한 편도 없다는 사실은 진실로 놀라운 일이 아닐 수 없다. 기존의 연구가 그것을 제대로 파악하지 못한 이유는 두 가지이다. 첫째는 반계의 전제를 정전제로 이해하지 못한 것이요(반계의 전제가 정전제라고 지적하는 연구가 없는 것은 아니나, 정전제의 구조가 무엇인지에 대해서는 제대로 파악하지 못했다), 둘째는 『반계수록』에서의 관료 및 왕실에의 分與地가 收租地가 아니라 經營地라는 점을 파악하지 못했다.

사상사연구에 있어서는 당연히 행해야 될 일이지만, 반계와 다산이 유교의 경세학체계를 그렇게 파악하게 되는 시대적 배경에 대해서도 검토해 보았다. 첫째는 조선의 전통적 토지제도인 結負制가 경전 즉

量田을 통한 토지실태의 파악을 불가능하게 함으로써 전세와 군역의 징수가 혼란되어, 인민들은 토지생산물의 3분의 1을 賦稅로서 수탈당하는 데 대하여 국가의 재정수입은 그 10분의 1에도 훨씬 미치지 못함으로써 그 빈약한 祿俸조차도 중앙관료의 절반에 대해서만 지급할 수밖에 없었다는 점이요, 둘째는 상업이 지극히 부진하여 京城六矣廛 이외에는 定住商人이 없었을 뿐만이 아니라(18세기 말이나 19세기 초에 개성과 수원에도 약간 나타난다는 기록이 있다) 園圃·산림·축산·어업·광산 등의 산업이 거의 발달하지 못했다는 점이다. 이러한 점은 당시의 중국과 일본에 비교해 보더라도 너무나 대조적이었다. 중국은 方田法으로써 양전하고, 상업이 발달하여 중소도시에까지도 상점이 즐비할 뿐만이 아니라 특산물을 중심으로 穀農 이외의 산업이 발달해 있었다. 일본은 條里制로써 양전하고, 각종 산업은 중국보다 훨씬 더 번창했다. 이러한 점에 대해서는 당시의 중국과 일본으로의 使臣들이나 그 수행원들의 기록인 燕行錄이나 海槎錄을 한번 읽어 보시길 간곡히 권하는 바이다.

　반계와 다산의 경세학이 과연 그러한 시대인식을 배경으로 하고 있는 것이라면, 오늘날 한국실학 연구에는 근본적인 문제가 있다. 실학자들은 조선후기의 停滯狀況을 극복하기 위하여 중국의 선진문물을 도입하기에 힘을 썼는데, 실학에 관한 연구자들은 실학자들이 소개하는 선진문물에 관한 자료를 가지고 조선후기의 발전상을 증명하려고 한다. 자본주의맹아론은 본래 선진문명의 도입과 관련하여 제기된 정체사관 내지 식민지사관의 극복을 목표로 했기 때문에 오히려 선진문명의 도입에 대하여 적대적으로 되었다. 그것은 갑신정변을 조선에서의 부르주아혁명으로 파악하는 것이 조선에서의 자본주의 발달을 究明하기 위한 것이 아니라 북조선에서의 사회주의혁명을 정당화하기 위한 역사학방법론상의 논리일 뿐이었다는 점과도 같은 것이다. 이러한 관념론적 한국현대사관은 급기야 오늘날, 독립운동사를 한국현대사의 主軸에 둠으로써 선진자본주의 제국과의 협력을 통하여 세계 10위권에 속하는 한국의 번영을 가져온 건국과 산업화를 친미·친일로 폄하하면서, 3代世襲의 북조선에서 진보적 민주주의를 찾으려고 하기에 이르렀다. 이러한 점에서 보면 진보진영의 현대사관은 衛正斥邪史觀으로 一以貫之하고 있는 것이다.

필자는 다산학을 연구함에 있어서 처음부터 두 가지 점에서 객관적 입장을 유지하려고 크게 힘써 왔다. 첫째는 다산학의 체계 속에서 다산사상을 연구하는 일이요, 둘째는 문헌고증에 힘쓰는 일이었다. 첫째 일정한 체계 속에서 다산경세학을 파악하려고 한 것은 다산의 저작에 대하여 객관적으로 접근하려는 노력이었기는 했지만, 그것이 필자가 파악한 다산학의 체계라는 점에서 필자의 주관을 완전히 배제할 수 없는 것이기는 하지만, 둘째의 문헌고증에 있어서는 필자의 조사에 한계가 있기는 하지만 다산저작의 본래 모습에 접근하려고 노력했다. 『목민심서』의 초고본과 완성본에 대한 조사로부터 가와이(河合)문고에 소장되어 있는 『경세유표』의 初稿本에 대한 조사를 거쳐서 「현존하는 다산가필사본 『여유당집』의 조사와 해설」에 이르기까지 무려 40년이라는 세월이 흘렀다. 나는 이러한 書誌조사를 통하여 『여유당전서』 출판의 臺本이 된 다산가필사본 『여유당집』의 전모를 거의 파악했다고 자부한다. 진실로 역사연구자로서의 기쁨이 아닐 수 없다.

끝으로 이 책의 출판에 있어서 신세를 진 분들에게 감사의 말씀을 드려야겠다. 朴德濟(노동경제학 전공)과 金慶會(경제학 전공)의 제씨는 정말로 인내심을 가지고 원고와 출판의 교정을 담당해 주시고, 朴二澤(한국경제사 전공)교수는 한문의 교정을 담당해 주셨다. 애초에 이 책의 출판교정은 朴煥斌(일본정치사 전공)씨가 보아 주기로 했으나, 신병관계로 여의치 못했다. 한시바삐 快癒하시길 빈다. 출판사정이 매우 어려운 이때에 이 책은 동서문화사 高正一 발행인의 특별한 호의가 아니었더라면 세상에 나오기가 어려웠을 것이다. 그리고 李龍熙 상무를 비롯한 편집자 여러분은 이 책의 출판을 위하여 정말 힘써 주셨다. 위의 여러분들에게는 저자의 마음속 깊은 감사의 말씀을 드린다.

2021년 1월 15일

安秉直

목차

제2부

政治 1 政治思想 … 161

政治 2 侯戴論 … 210

제4부

凡例

1. 『　』: 서명 혹은 학술지명의 符號
2. 「　」: 논문 혹은 篇名의 부호
3. "　": 인용문의 부호
4. '　': 인용문 속의 인용문이나 강조하고 싶은 단어를 나타내는 부호
5. … : 인용문장의 생략을 나타내는 부호
6. 『全書』○-經世遺表○○-○○ 前(後)面, ○○○○은, 新朝鮮社本『與猶堂全書』
   의 集次, 저서의 卷次, 各卷의 쪽次, 쪽의 前(後)面 및 그 인용문이 속해 있는
   篇名을 가리킨다.
7. 한문 번역문: 字體와 段落을 달리하여 본문과 구별한다(단, 본문 속의 한문 번
   역문은 일반 인용문과 동일하게 표기한다).
8. 한글 인용문의 표기는 原文에 따른다.
9. 한문 인용문은 인용부호를 생략한다.

서문

3년 전에 졸저『經世遺表에 관한 硏究』를 출간한 이후, 이미 발표한 다산경세학에 관한 연구를 정리하고 지금까지 검토해 보지 못했던 분야에 관한 새로운 논문을 집필하여 어떻게 하나의 단행본으로 묶을 것인가를 생각해 보았다. 위의 拙著에서 필자는 필자 나름의 茶山 經世學體系를 모색해 보았기 때문에 앞으로 출간할 책은 다산의 경세학과 經學의 관련을 밝히면서 나의 다산경세학에 관한 연구를 완결하는 것이 그 과제가 아닐까 생각했다. 그래서 새로이 집필하는 논문은 다산경세학의 체계를 더욱 분명히 드러내는 동시에 경학과의 관련을 밝힐 수 있도록 그 論題를 선택하기로 했다. 그러나 거의 반세기에 걸쳐서 집필한 기존논문들이 새로이 집필하는 논문과 더불어 하나의 체계로 묶일 수 있을까 하는 점에 대해서는 적이 걱정되는 바가 없지 않았으나, 다소 무리한 구석이 있기는 해도, 다행히 하나의 체계를 갖춘 목차를 얻을 수가 있었다. 舊稿를 단행본에 收錄하는 데는 적지 않은 수정이 필요했다. 특히「茶山家筆寫本與猶堂集의 調査와 解說」의 경우에는 논문이 발표된 이후 이 논문을 집필할 때까지 공개되지 않았던 다산가필사본『여유당집』이 속속 공개되었기 때문에 再執筆이라 할 정도의 대폭적인 수정이 불가피했다. 그럼에도 불구하고 각 논문들이 기본적으로 발표 당시의 論旨를 유지할 수 있었던 것은 필자가 처음부터 拙論들을 객관적 사실과 논리적 일관성의 바탕 위에서 집필하려고 노력한 결과가 아닌가 생각된다.

필자의 다산학에 관한 최초의 논문은 1972년의「牧民心書考異」이다. 이 책에 수록하면서 論題가 논문의 내용을 명백히 밝힐 수 있도록「牧民心書의 草稿本과 完成本」으로 수정했다.『목민심서』는 鉛活字本으로서 1902년의 廣文社本과『여유당전서』의 新朝鮮社本이 있는데, 전자는 초고본이고 후자는 완성본이다. 필사본 28種을 조사해 보니, 4종이 초고본이고 24종이 완성본이었다. 필사초고본 중에서는 章節의 배치가 다소 흐트러진 것도 있었으나, 대부분의 경우 활자본과 필사본의 기술내용은 기본적으로 일치했다. 이때에는 아직 다산가필사본의 서지적 특징을 감식할 眼目이 없었고, 또『목민심서』의 체계가『경세유표』考績之法의 守令考課條目54개조에서 얻어졌다는 사실도 몰랐다. 그 후에 필자가 밝혔지만,『목민심서』는 三紀(律己·奉公·愛民)와 六典(吏·戶·禮·兵·刑·工)에서 각각 수령 본인이 자기 治績에서 成果가 있다고 생각하는 6개 조목씩을 골라 보고하게 하고 監司가 그 業績을 考課하여 賞罰을 행함으로써 수령의 지방행정을 독려하려고 한 군현행정의 指針書였던 것이다. 필자가 다산의 경세학에 관한 연구를 書誌調査로부터 출발한 이유는 사상사의 연구에 있어서는 연구자료의 문헌적 근거, 연구대상 문헌의 집필시기 및 인용되는 문장의 전후 맥락이 무엇보다도 중요하다고 생각했기 때문이다. 사상사 연구에 대한 필자의 이러한 생각은 그 이후 다산사상사 연구에서 일어나고 있는 여러 가지 혼란으로부터 필자를 지켜 주는 방패가 되어 주었다.

1980년대 말이라고 기억되는데, 藏書閣에 소장되어 있는『여유당집』雜文12책과『洌水全書』10책을 열람하면서 이것들이야말로 다산가에서 필사한『여유당집』이 틀림없구나 하는 확신을 가질 수 있게 되었다. 그렇게 확신할 수 있었던 것은 그 책갈피 속에 다산 현손 丁文爕이 注記해 놓은 띠지가 있었고(지금은 별도로 정리·보관하고 있다고 들었다) 또 다산의 친필로 보이는 注記도 가끔 눈에 띄었기 때문이다. 그 후 10여 년간에 걸쳐서 장서각의 다산가필사본『여유당집』을 기준으로 서울대학교 奎章閣 및 버클리대학의 아사미문고(淺見文庫)를 비롯한 국내외의 여러 도서관에 소장되어 있는 다산가필사본『여유당집』을 150책 정도 조사해 보니 책의 粧績刀鍊, 烏絲欄, 有界, 四邊雙週 및 10行22字에 있어서 조금도 흐트러짐이 없었다. 이 필사본들의 편찬은 다산의 회갑년인 1822년부터 시작하여 舊韓末에 이르기까지 이루어진 것인데, 그렇게 오랜 기간에 걸쳐서 이루어진 필사본들의 서지적 특징에 있어서 조금도 흐트러짐이 없었다는 것은 그간의 茶山家 家勢의 안정성을 말해주는 것이기도 하다(조선왕조실록의 기록에 의하면, 다산 후손들은 구한말에 이르기까지 지속적으로 크고 작은 벼슬을 해왔다는 사실이 확인된다). 다산의 저작들은 이와 같이 오랜 기간에 걸쳐서『여유당집』으로 정리되어 왔기 때문에, 이를 기초로 1934~38년 사이에 다산저작집으로서는 거의 완벽한『與猶堂全書』가 출판될 수 있었던 것이다. 위와 같은 필자의 주장을 뒷받침해 줄 것으로 생각하는「현존하는 다산가필사본『여유당집』총목록」을 작성할 수 있었던 것은 필자에게는 커다란 학문적 행운이었다.

　서지검토에서 가장 힘이 들었던 것은 역시 필자의 주된 연구대상인『경세유표』의 필사본에 대한 조사·검토였다. 필자가『茶山學』제18호(2011.6)에 발표한「필사본『경세유표』에 대한 서지적 검토」를 집필할 때에는 국내외에 분포되어 있는 19종의 필사본이 조사되었는데(이 중에서 完帙로 볼 수 있는 것은 10여 종이었다), 그중에서는 다산가필사본『경세유표』가 3종이나 있었다. 이 중에서 최초의 완성본으로 확인되는 것은 장서각소장의 다산가필사본이었는데, 이 本은 본래 李王家소장본으로서 약간의 頭注가 아직도 본문으로 편입되지 않은 것이 남아 있기는 했지만, 연활자본 및 다른 필사본과 대조해 보면, 『경세유표』의 原形과 標準目次를 보여 주는 필사본임이 확인되었다. 2015년에는 金泳鎬수집본(그 대부분은 다산宗家의 소장본이었다)이, 2018년에는 가와이문고(河合文庫)소장본이 각각 공개되었는데, 전자는 장서각본의 母本이고 후자는 『경세유표』의 初稿本이었다. 가와이문고본은 책의 앞면이 모두 크게 좀먹었기 때문에 표지의 기술을 정확하게 확인할 수 없으나, 가와이문고본을 참고하면서 김영호수집본의 표지기술을 검토해 보면, 『경세유표』는 「序官」으로부터 「賦貢制」까지는 『邦禮草本』이라는 이름으로 저술되었고(김영호수집본 제4책의 표지는 「與猶堂集·(郡縣分等·考績法)·經世遺表四」으로만 표기되고 『邦禮草本』이라는 표기가 없는데, 그 이유에 대해서는 앞으로 더 조사해 보아야 할 것이다) 그 후에 「田制別考」, 「倉廩之儲」, 「均役事目追議」, 「科擧之規」, 「武科之規」, 「戶籍法」 및 「敎民之法」이 추가적으로 집필되어 『경세유표』라는 이름으로 총괄된 것으로 확인된다. 그리고 필사과정에서 脫字와 誤字가 있어서 이것들이 수정되기는 했지만, 문장의 수정은 극소수의 예외를 제외하고는 이루어지지 않았다.

다산경세학에 대한 본격적 도전은 1990년에 발표한 「茶山의 農業經營論」이다. 이 논문은 다른 이름으로 발표한 글을 재집필한 것이다. 다산의 경세학에 관한 연구에 착수한 지 실로 15년만이다. 논문발표가 이렇게 늦어진 이유로서는 물론 필자의 게으름이 가장 큰 원인이겠지만, 사회과학도인 나에게는 漢文解讀能力의 한계도 있었다. 그리고 다산의 경세학에 관한 저술의 번역서도 많이 참고했으나 연구에는 큰 도움이 되지 못했다. 선행연구로서는 朝鮮後期 資本主義萌芽論과 관련하여 집필된 글이 있었기 때문에 이 연구에서는 과연 다산의 저작에서 자본주의적 생산양식이 실증될 수 있는지를 검토해 보기로 했다. 기본자료로서는 농민층의 분화를 읽어낼 수 있는 다산의 家坐表와 상품작물재배론을 이용하기로 했다. 가좌표와 상품작물재배론에 관한 자료를 분석해본 결과 거기에서 자본주의적 경영형태는 읽힐 수가 없다는 결론에 도달했다. 그리고 다산의 專業的 농업경영론이나 상품작물재배론은 『周禮』의 九職論에 따른 農業分業論이지 조선후기의 농업경영실태 그 자체도 아니거니와 거기에서 자본주의적 생산양식을 읽어낼 수도 없었다. 그러나 이 논문의 단계에서는 다산의 상품작물재배론이 賦貢制의 一環이라는 것을 미처 알지 못했다.

기존의 연구에 따르면 다산의 「田論」은 다산의 最晚年作으로서 공산주의적 협동농장론이라는 것이다. 그러나 다산은 1834년에 자기의 기존문집에 포함되지 못한 '雜文'을 모아 『洌水全書』 10책을 편집하면서 기존문집에도 포함되었던 「전론」을 수정·가필하여 再收錄하고 그 頭注로 38세에 집필한 것이라 밝혀 놓았던 것이다. 그러므로 「전론」에 관한 기존연구에서 그것을 다산의 최만년작으로 읽은 것은 자료에 대한 연구자들의 希望的 讀解에 불과한 것이라 할 것이다. 또 원본의 「전론」 3에는 "농사를 짓는 사람은 전지를 얻고, 농사를 짓지 않는 사람은 이것을 얻을 수 없다(農者得田, 不爲農者不得之)"는 구절이 있다. 이 구절을 『경세유표』의 「전제」에서는 토지는 王土이므로 농민만이 농지에 대한 用益權을 얻을 수 있고 농민이 아닌 자는 농지에 대한 용익권을 얻을 수 없다는 것으로 해석했다. 즉 농민은 농지의 용익권을 분배받는(得田) 것이지 농지의 소유권을 분배받는(有田) 것은 아니라는 것이다. 따라서 「전론」에서는 토지에 대한 농민들의 共有가 성립할 수 없으므로 공산주의적 협동농장은 성립할 수 없다. 그리고 농장의 관리인인 閭長은 軍政도 담당하는 왕조국가의 말단관료로 설정되어 있다. 그러므로 閭田論에서 閭民이 여장의 지시에 따라 공동경작하는 농장은 제왕의 국영농장이었던 것이다.

1999년에 발표한 「茶山의 侯戴論」은 진실로 苦心 끝에 집필된 것이다. 우선 「原牧」과 「湯論」의 집필시기를 比定하기가 어려웠는데, 다행스럽게도 「原赦」의 尾注 "본래 '餛飩錄'에 들어 있던 것을 올려서 '原赦'로 했기 때문에 문체가 다른 것과 같지 않다(本入餛飩錄中, 升之爲原赦, 故文體不類)"는 記述에서 원래 「原」에 속하는 글들이 在朝時에 집필된 것을 알 수 있었고, 「탕론」에 관해서는 1810년에 저술된 『梅氏書平』권6 仲虺之誥에 "또 이러한 擧事는 湯이 처음으로 한 것이 아니다. 神農氏의 시대가 쇠해지자, 黃帝가 이를 토벌했더니, 諸侯들이 이미 복종하므로, 드디어 炎帝(=神農氏-필자)를 代身했다. 탕이 어찌 이것과 다른가. 黃帝가 부끄럽지 않으면, 탕도 또한 부끄럽지 않다이 뜻은 나의 「탕론」에도 있다" 라는 기술이 있으므로, 「탕론」은 다산이 본격적으로 六經·四書에 관한 연구를 착수하기 이전에 집필된 글이라는 것을 알았다. 이렇게 보면 다산의 민주주의에 관한 글인 「원목」, 「탕론」 및 「逸周書克殷篇辨」의 집필시기가 명백히 되는 것이다. 그리고 「원목」과 「탕론」 및 「일주서극은편변」은 설정하는 시대와 주제가 각각 다르다. 전자는 五帝時代의 原始民主主義論이요 후자는 三王時代의 諸侯들에 의한 天子推戴論이었던 것이다. 논문을 집필할 때에는 미처 알지 못했으나, 그 후에 중국의 역사시대가 정치체제라는 面에서 요순시대의 大同社會, 三代의 小康社會 및 진시왕 이후의 전제국가사회로 나누어지는 것을 알았는데. 원시민주주의론은 대동사회에서 통치자가 출현하는 과정에 관한 논의요, 후대론은 소강사회에서 제후들의 추대에 의하여 천자가 교체되는 과정에 대한 설명이라는 것을 알았다.

제1부의 「정치사상」은 위와 같은 다산의 민주주의론과 『경세유표』에 대한 분석을 바탕으로 다산의 정치사상을 주권론: 皇極論과 민주주의론, 통치론: 덕치주의와 법치주의 및 왕정론: 정전제, 부공제 및 관료제의 3次元으로 나누어 집필해 본 것이다. 그리고 황극론과 민주주의론은 民本主義로 수렴되며, 덕치주의와 법치주의는 德主刑補로 운용되었으며, 그리고 정전제, 부공제 및 관료제는 군주가 마땅

히 지켜야 할 道理인 知人·安民의 실천을 위한 제도들이라는 것을 알았다. 이러한 유교적 정치사상에 있어서 덕치주의와 법치주의가 어떻게 서로 마찰없이 운용되었는지가 가장 이해하기 어려웠다. 덕주형보의 원칙하에서는 王道와 覇道가 倂用되었다고는 하지만, 그것이 통치자들에 의한 恣意的 운용 때문에 인민의 권리에 대한 보호가 통치자의 善意에 의존할 수밖에 없다고 한다면, 거기에서는 인민의 諸般 권리에 대한 보장에 있어서 커다란 한계가 있었다고 이해될 수밖에 없지 않을까. 이러한 상황을 다소나마 완화하기 위하여 명말·청초의 顧炎武는 郡縣制하에서나마 封建制가 參用되기를 懇望했는데, 다산은 왜 侯戴論의 실현방안을 제시하지 못했을까. 正祖의 股肱之臣이기 때문이었을까. 그렇지 않으면 조선에서는 아직도 중앙집권적 왕조체제마저 제대로 성립되어 본 일이 없었기 때문이었을까.

2003년에 『茶山學』 제4호에 발표한 「다산과 체국경야」를 집필하기 위해서는 중국의 왕정체계에 관한 연구에 대한 광범한 조사와 장시간에 걸친 사색이 필요했다. 이 연구는 『경세유표』가 추구한 왕정체계를 밝힘과 동시에 『경세유표』의 서술체계를 검토하는 것이 그 목표였다. 그래서 이 논문은 그 내용에 맞게 「經世遺表와 體國經野」로 改題했다. 『주례』에서는 六官의 首章으로서 "帝王이 都城을 건설함에 있어서, 방향을 分揀하여 (王宮의) 위치를 바로잡아 도성을 건설하고 들을 區劃하며, 官署를 설치하고 관직을 나누어서 백성의 標準으로 삼는다(惟王建國, 辨方正位. 體國經野. 設官分職, 以爲民極)"는 구절이 있는데, 이 논문을 집필할 당시에는 이것이 왕정의 기본체계라는 점에 대한 확신이 없었다. 그래서 이 논문에서는 체국경야와 六鄕·六遂制, 井田制 및 郡縣制·封建制의 관련성을 다각도로 검토해 보았는데, 그러나 이러한 모색의 결과 졸저 『경세유표에 관한 연구』에서 다산이 추구하는 왕정의 체계가 정전제, 부공제 및 관제라는 것을 알게 되었다. 필자가 다산이 추구하고자 한 왕정체계를 더욱 명확하게 인식하게 된 계기는 졸저에서 정전제야말로 經田이 仁政이라는 명제를 실현하는 가장 확실한 田制라는 것을 이해하면서부터이지만, 거기에 도달하기까지는 위에서 설명한 바와 같은 다각도의 모색이 필요했던 것이다.

「經學, 經世學 그리고 조선후기」는 경학과의 관련하에서 경세학의 체계를 재조명해 본 것이다. 논문분량이 너무 많은 것이 흠이기는 하지만, 필자가 다산경세학의 연구를 끝내면서 자기연구를 한 번 더 종합적으로 고찰해 보는 것이 필요하다고 생각했던 것이다. 이 논문에서는 다산경세학의 성립배경, 그 방법과 목표, 다산의 上帝觀과 天命, 인간과 통치자의 道德的 根源으로서의 天命之性과 知人·安民, 지인·안민과 정전제, 부공제 및 관제 등의 광범한 논제를 다루었다. 이 글을 집필하면서 끝내 궁금했던 점은 다산이 우주만물의 운행을 推動하는 힘을 어디에서 찾으려고 했던가 하는 점이었다. 그는 上帝가 천지의 바깥에서 神과 宇宙萬物을 창조하고 運化하기는 하지만, 우주만물은 상제로부터 稟賦받은 天命之性에 따라 스스로 운행되어 간다고 보았다. 그러나 천지만물 중에서 인간은 自主之權能을 가진 靈明을 품부받았기 때문에 여기에서는 天命之性과 人慾間에 긴장관계가 성립할 수밖에 없다고 본다. 여기에서 인욕을 극복하고 천명지성을 따르려는 인간의 노력으로부터 道德이 이루어지는 것이다. 인간은 나날이 새롭게 되려는 도덕적 실천을 통하여 인간과 자연을 改善·改良해 갈 수 있다고 본다. 다시 말하면 인간은 스스로를 敎化하고 동식물을 化育함으로써 천지를 끊임없이 재창조해가는 것이다. 결국 유교적 세계관에 있어서는 天命과 인간의 도덕적 실천이 우주만물의 운행을 추동하는 원동력인 것이다.

부록 : 서평, 즉 팔레의 『유교적 경세론과 조선의 제도들─유형원과

조선후기─』1·2에 대한 서평은 본래 본서의 집필계획에는 없었던 것이다. 그러나 우연하게도 집필을 완료하고 출판에 이르기까지 시간적 여유가 있었기 때문에 오랜 기간 다산경세학체계의 정립에 골몰해 왔던 필자의 연구경력상『경세유표』의 유일한 類書라고 할 수 있는『반계수록』에서 전개되는 유교적 경세학의 체계에 대하여 검토하는 것이 자기의 의무라고 생각하게 되었다. 그래서『반계수록』에 대하여 본격적 연구를 행한 팔레의 연구에 대한 서평을 매개로 반계의 경세학체계에 접근해 보기로 했다. 반계에 관한 팔레의 연구는 너무 방대하여 그것을 모두 검토할 수 없었기 때문에 경세학체계의 한 축인 전제에 한정하여 거기에 접근해 본 결과, 거기에서는 유형원경세학의 체계에 접근하는 데 실패한 것으로 보였다. 물론 이러한 점은 팔레의 연구에서만이 아니고, 한국인의 연구에서도 일반적으로 보이는 현상이었다. 그래서 필자는『반계수록』의 전제를 직접 검토해 보지 않을 수 없었는데, 그 과정에서 '분전정세절목'과 '타량출군출세식'이 반계의 전제개혁구상이라는 것을 발견하고, 그것들을 체계적으로 분석해 보았다. 필자의 분석에 의하면 반계가 구상하는 전제는 한전법을 參用하는 정전제였다. 졸론의 집필이 반계의 전제개혁안이 단순히 균전론이나 공전론이 아니라 經田을 목표로 하는 정전론이라는 것을 올바로 인식하게 되는 계기가 되기를 懇望하는 바이다.

끝으로, 다산의 경세학체계에 관한 연구를 진행하면서 조선후기 실학연구에서 보여지는 두 가지 문제점에 대하여 지적하고자 한다. 첫째는 조선후기의 실학을 18세기 전반기의 경세치용학, 18세기 후반기의 이용후생학 및 19세기 전반기의 실사구시학으로 분류할 수 있는가 하는 문제이다. 경기도 실학박물관의 전시를 위하여 필자는 이 학설에 따라서「韓國實學槪論」을 집필한 일이 있으나, 그것을 이 책에 수록하지 못하고 割愛할 수밖에 없었다. 그 이유는 두 가지이다. 첫째는 金正喜의 『阮堂集』에는 實事求是學이라고 할 만한 학문이 없다는 것이다. 흔히들 「實事求是說」을 그의 실사구시학의 대표적 글로 들고 있으나, 필자가 보기에는 그 글이 과연 하나의 학설을 정립한 글이라고 읽힐 수 있는지에 대해서는 회의적이다. 그리고 그의 金石學에 관한 글이 考據學에 속하는 것은 사실이라고 하더라도, 그것을 가지고 하나의 학설을 정립했다고까지 말하기는 어렵지 않을까 한다. 둘째, 朴趾源과 朴齊家의 이용후생학이 상공업의 발달이 뒤떨어진 조선후기의 경제사정과 관련하여 異彩를 띄고 있는 것은 사실이나, 그것을 가지고 경세치용학으로부터 독립된 하나의 학설로 정립되었다고 보는 것은 지나치지 않을까 생각한다. 경세치용학과 이용후생학의 종합이라고 일컬어지는 다산의 실학은 정전제, 부공제 및 관제로 이루어지는 首尾一貫된 경세학의 체계이지 여러 학설을 종합한 것이 아니었다. 반계의 경세학체계도 다산의 그것과 같았다. 그래서 필자는 조선후기의 실학 전체를 경세치용학으로 일괄해서 보는 것이 좋지 않을까 한다.

다음으로는 실학의 성격과 실학자들이 속하는 사회계층에 관한 문제가 있다. 기존연구에서는 조선후기에 사대부들이 閥閱과 貧士로 계층분화하는 상황에서 실학자들을 권력으로부터 소외된 貧士層에 속하는 것으로 보려고 한다거나 심지어는 方外之人으로 보면 어떨까 하는 의견도 있었다. 여기에는 과연 조선후기의 사대부층이 벌열과 빈사로 계층분화하고 있었는가 하는 문제점도 있지만, 본래 실학은 政策學이기 때문에 정권으로부터 소외된 빈사층의 학문으로 되기에는 적당치 않은 점이 있었다. 조선후기의 農書가 정권으로부터 소외된 사대부들의 생계확보방안으로 저술되고 있었던 것은 사실이기도 하지만, 농서도 궁극적으로는 정부의 정책으로 활용되기를 간절히 바라면서 저술되었던 것이다. 禹夏永의 『千一錄』이 그 대표적인 저술이라 할 것이다. 이러한 점은 조선후기의 실학이 近畿地方의 학문이라는 종래의 주장과도 논리정합적이다. 조선후기의 실정에서는 근기지방의 사대부라야 관료로서 정부에 진출할 수가 있었고 또 중국으로부터 전해 오는 새로운 문물과도 쉽게 접촉할 수가 있었던 것이다. 물론 필자는 실학이 시대적 문제에 대하여 치열한 고민이 없는 京華士族의 학문이라고 생각하지는 않는다. 그러나 실학이 조선왕조의 개혁을 위한 정책학이라는 점에 대해서는 연구자들이 진지하게 검토해 보아야 할 것이다.

제1부

體系 1　經學, 經世學 그리고 朝鮮後期

머리말
1. 經學과 經世學
2. 知人과 官制
3. 安民과 經田·賦貢
맺음말

體系 2　『經世遺表』와 體國經野

머리말
1. 『周禮』와 『邦禮艸本』
2. 匠人營國
3. 井田法
4. 封建과 郡縣
맺음말

體系 1 經學, 經世學 그리고 朝鮮後期

머리말

필자가 지금까지 茶山經世學의 연구에서 추구해 온 핵심적인 연구 과제는 그 체계가 무엇인가 하는 것이었다. 그 때문에 나의 다산학에 관한 연구가 나이 70대에 들어와서야 겨우 그 방향을 잡게 되었다는 부끄러운 점이 없는 것은 아니지만, 그러나 늦게나마 거기에 접근할 수 있었다는 점에 대해서는 일말의 자부심을 가지고 있다. 거의 1세기에 걸쳐서 이루어져 온 다산학의 연구에서 해명하지 못했던 연구과제를 보잘것없는 나의 연구가[1] 처음으로 개괄적으로나마 해결했다는 그 연구사적 의의는 결코 작지 않을 것이다. 이제 차차 연구생활을 마감해야 할 80대의 중반을 바라보고 있는 나에게 이 논문의 과제는 그 체계에 관한 지금까지의 여러 연구자의 연구를 참고하면서,[2] 거기에 관하여 최근 내가 새로이 밝혀낸 것을 추가하여 이 글에서 재정리되는 다산경세학의 체계가 앞으로의 이 방면에 관한 연구의 길잡이가 되도록 해야 하는 것이 아닐까 하는 것이다.

한마디로 다산경세학이라고 하더라도 그것이 무엇인가 하는 물

---

1) 拙著, 『經世遺表에 관한 研究』京仁文化社, 2017.
2) 이 방면에 관해서는 약간의 연구가 있지만, 중요한 참고문헌으로서는 金文植, 「丁若鏞의 經學思想과 經世論」上·下 (『韓國學報』78·79, 1995. 이 논문은 金文植著, 『朝鮮後期經學思想研究』一潮閣, 1996의 「第4章 丁若鏞의 經文 중심적 漢宋折衷論과 經世論」으로 재수록되었다)와 金泰永, 「『經世遺表』에 드러난 茶山經世學의 역사적 성격」(退溪學研究院, 『退溪學報』第一百二十九輯, 2011년 6월) 등을 들 수 있다.

음에 대한 대답은 간단하지 않다. 그 원인이 어디에 있는가를 곰곰이 생각해 보면, 그것은 기본적으로 儒學이 修己·治人의 종합 학문으로서 치인을 연구대상으로 하는 경세학이 수기를 연구대상으로 하는 경학으로부터 독립되어 있지 못하기 때문이 아닐까 생각된다. 다시 말하면 경세학이 경학으로부터 자립하지 못한 것이다.[3] 그럼에도 불구하고 다산의 경세학은,『경세유표』,『목민심서』및『흠흠신서』등의 저술에서 보는 바와 같이, 경학으로부터 서서히 독립하기 시작했다. 이와 더불어 다산의 경세학에 있어서는, 아직도 君主의 도덕적 수양이 통치의 기본덕목으로 위치하고 있다고 하더라도, 이 기본덕목을 구현하기 위한 수단인 기술과 제도 등의 經世에 관한 논의가 독립된 學問分科로 자립하기 시작했다. 여기에서 다산경세학은 서서히 그 모습을 드러내게 되었다고 할 수 있다.

다산학에 있어서는 우주만물을 창조하고 運化하는 것(=造化)은 그 근원이 人格神으로서의 上帝의 명령 즉 天命에 있다고 보는데, 인간의 도덕적 질서 또한 이 천명에서 연원하는 것으로 본다. 유학에서는 일반적으로 '천명을 가리켜 性이라고 하고, 성에 따르는 것을 가리켜 道라고 하고, 도를 닦는 것을 가리켜 教라 한다'고 하는데(天命之謂性, 率性之謂道, 修道之謂教), 이것이 明明德의 三大要件인 性·道·教이다. 다산학에 있어서는 상제의 명령 즉 천명이 곧 성인데, 이것이 朱子의 理 즉 性이라는 本然之性과 대립되는 天命之性이다. 또 孟子의 性善說에 입각하여 천명지성은 동시에 선을 좋아하고 악을 싫어하는 嗜好(之欲) 즉 直心으로서 사람의 몸에 稟賦되어 있다고 본다. 그러

---

3) 儒學에서 경세학이 경학으로부터 自立할 수 있는가 하는 문제에 대한 판단은 필자의 학문적 능력을 벗어나는 것이다. 경학과 경세학이 분리되는 순간 유학 자체가 해체될지도 모르겠다. 다시 말하면 유학에 있어서는 경학과 경세학은 義理之學으로서 필연적으로 본말관계에 있을 수밖에 없는 것으로 보인다.

므로 사람의 몸에 품부되어 있는 이 성을 확충하면 즉 行事하면 孝·弟·慈의 明德과 仁·義·禮·智·信의 五常이 이루어지는데, 이 유교의 기본덕목인 명덕과 오상을 이루고 닦는 것이 다름이 아닌 修己之學인 것이다.

그러나 代天理物하는 군주의 德目은 수기라는 개인적 도덕의 수양에 한정될 수 없다. 그는 상제로부터 국가를 통치하도록 위임을 받은 자이다. 그러므로 그는 개인적 도덕과 더불어 통치자로서의 덕목을 갖추어야 한다. 『尚書古訓』에서는 이 군주의 道理를 '知人·安民'이라 했다. '지인'은 '관리의 등용을 공정하게 해야 한다(公選擧)'거나 '인자하고 현명한 사람을 보배로 여겨야 한다(寶仁賢)'고도 하는 것인데, 요컨대 임금을 보좌하여 나라를 통치하는 관료의 채용을 공정하게 해야 한다는 것이요, '안민'은 '賦稅의 징수를 박하게 해야 한다(薄賦斂)'는 것인데, 요컨대 재정을 확보하되 가능한 한 백성들의 부세부담을 줄여주라는 것이다. 다산은 정치문제를 중심적으로 논의하는 『大學公議』에서는 '지인·안민'을 '用人·理財'라고도 했는데, 전자와 후자의 뜻은 기본적으로 같은 것이다.

경세학이 경학으로부터 독립하기 시작하는 『경세유표』에 이르게 되면, 경세학의 기본과제는 그 중심이 '지인·안민'과 같은 군주가 지켜야 할 도리로부터 국가경영의 기본경전인 『周禮』 6편의 首章으로 제시되어 있는 '體國經野·設官分職'과 같은 제도에 관한 논의로 이행한다. '체국경야'는 군주의 통치거점인 首都의 건설과 井田法의 실시요, '설관분직'은 여러 제도의 개혁과 기술의 개발을 담당할 官制의 整備이다. 다산은 조선후기의 시대적 상황을 감안하여 국가개혁의 주요과제를 다음과 같이 파악했다. 첫째는 정전법을 실시하여 전지와 인구의 실태를 정확하게 파악하는 전제 위에서 백성들의 부세부담을 줄이는 동시에 국가경영을 위한 재정과 상비군을 확보하는 일이요, 둘째는 관제개혁을 통하여 정전법을 실시하는 동시에 交通·度量衡·貨幣·契約 등의 通功易事를 위한 여러 제도를 정비하고 중국으로부터의 선진적 기술을 도입함으로써 중국과 일본에 비하여 너무나 뒤떨어진 화폐경제의 발달을 촉진하는 것이었다. 이렇게 보면 '지인·안민'과 '체국경야·설관분직'은 서로 잘 대응하고 있으며, 여기에서 경세학의 본격적 전개의 시작이 보인다고 할 것이다.[4]

다산경세학의 체계와 내용이 위와 같은 것이라고 한다면, 우리가 여기에서 밝혀야 할 과제는 무엇인가. 첫째는 다산경세학이 거기로부터 유도되어 나오는 다산경학이 무엇인가 하는 것이다. 여기서는 다산이 경학과 경세학의 관계, 학문의 방법 및 목표로서의 訓詁·義理와 經世致用, 그리고 경학과 경세학의 바탕이 되는 도덕적 근원으로서의 천명과 군주의 도리로서의 지인·안민을 어떻게 이해하고 있었는지를 밝혀보려고 한다. 둘째는 知人이라는 군주의 덕목을 실천하기 위한 관제개혁의 목표가 어디에 있었는가를 밝히는 일이다. 여기서는 조선후기에 허물어져 있던 관제를 어떻게 재건하고, 또 중국과 일본에 비하여 많이 뒤떨어져 있던 조선후기의 사회경제적 개혁을 위하여 어떠한 새로운 관제를 제정하려고 했던가를 밝혀야 할 것이다. 셋

---

4) 王安石은 『周官新義』에서 『周禮』 六官의 首章 즉 惟王建國, 辨方正位, 體國經野, 設官分職, 以爲民極을 다음과 같이 해설했다. 晝參諸日景, 夜考諸極星, 以正朝夕, 於是求地中焉, 以建王國, 此之爲辨方. 旣辨方矣, 立宗廟於左, 立社稷於右, 立朝於前, 立市於後, 此之爲正位. 宮門城闕堂室之類, 高下廣狹之制, 凡在國者, 莫不有體, 此之爲體國. 井牧溝洫田萊之類, 遠近多寡之數, 凡在野者, 莫不有經, 此之爲經野. 官言所使之人, 職言所掌之事, 設官, 則官府之六屬是也, 分職, 則官府之六職是也. 設官分職, 內以治國, 外以治野. 建置在上, 如屋之極, 使民於是取中而庇焉, 故曰以爲民極, 極之字從木從亟, 木之亟者, 屋極是也. (王安石撰, 『周官新義』 卷一, 天官一) 管見에 의하면, 왕안석은 『주관신의』에서 『주례』를 箋注하는데 지나지 않았던 데 대하여, 정약용은 『경세유표』에서 『주례』의 首章을 기초로 하면서 자기 나름으로 경세학의 체계를 모색한 점이 서로 다르다고 할 것이다.

째는 安民의 기본수단인 정전법의 실시를 통하여 달성하려고 했던 정책적 목표가 어디에 있었던가를 밝히는 일이다. 여기서는 정전법을 실시하여 조선의 전통적인 토지제도인 結負制가 제대로 파악할 수 없었던 田地와 人口의 실태를 어떻게 파악하고 그것을 전제로 국가경영을 위한 재정과 상비군을 어떻게 확보하려고 했는지를 밝혀야 할 것이다. 더 나아가 田稅收入만으로써는 불충분한 국가의 재정수입을 보충하기 위하여 賦貢制의 실시를 통한 화폐경제의 발달을 추구하려고 한 점에 대해서도 여기서 아울러 밝혀 두는 것이 좋겠다.

위의 세 가지 연구과제 중에서 둘째와 셋째에 관해서는 기존의 연구가 있으므로 그것을 요약·재정리하고 보충하는 방식으로 논의를 전개하고자 한다.

1. 經學과 經世學

1) 本末(=體用)關係

『俟菴先生年譜』純祖二十二年條에서는 "공은, 이해에 회갑을 맞이하는데, 六經·四書와 經濟·實用의 학문과 저술을 완료하고 천하의 능사를 다 끝냈을 뿐만 아니라 天人의 性命의 근원에 통달하고 생사와 자연순환의 근본을 겪어 보았으니, 다시는 저술에 마음 썩이지 않고 「自撰墓誌銘」을 지었다"고[5] 했다. 연보의 저자가 말하는 바와 같이 과연 다산은 1822년에 회갑을 맞이하여 「자찬묘지명」을 집필하면서 자기의 학문을 다음과 같이 총괄했다.

"육경·사서로써 修己를 하고 一表·二書로써 천하와 국가를 다스리게 했으니, 본말이 구비된 셈이다."[6]

그는 臨終하기 2년 전인 1834년의 「洌水全書總目錄」에서[7] 자기의 저서를 한 번 더 최종적으로 정리하는데, 총 503권으로서 經集이 250권, 文集이 87권, 그리고 雜纂이 166권이라 했다. 위에서 보는 바와 같이 다산은 경학과 경세학의 관계를 본말관계 혹은 體用關係로 파악하고 있는데, 그렇기 때문에 자기의 저서를 분류할 때도 경학은 '경집'으로 분류하면서도 경세학은 자립적인 학문분과로서의 '經世集'으로서가 아니라 '경집'을 보완하는 '雜纂'으로 분류했던 것이다.

---

5) 是歲, 公之花辰將周, 了六經四子之學, 了經濟實用之篇, 天下之能事畢矣. 達天人性命之源, 驗生死推敓之本, 不復嬰心著述, 自撰壙銘. (丁奎英編, 『俟菴先生年譜』純祖二十二年條, 1921)

6) 『與猶堂全書』一 – 詩文集十六 – 十八 前面, 自撰墓誌銘, 新朝鮮社, 1934~38. 앞으로 『與猶堂全書』는 『全書』로 줄이고 출판사와 출판년도의 표기는 생략한다

7) 최익한, 『실학파와 정다산』국립출판사, 평양, 1955, 504페이지. 다산이 손수 작성한 것으로 보이는 『총목록』중의 '『中庸講義』2책6권과 『中庸講義補』1책3권'은 '『중용강의보』2책6권'의 誤記로 보인다. 이렇게 보면, 다산의 저서는 181책 500권이다.

경학과 경세학이 서로 독립된 학문분야가 아니라 본말관계 혹은 체용관계에 있다는 것은 무엇을 의미하는 것인가. 그것은 경학이나 경세학이 다 같이 사물의 이치인 所以然之故(理)와 당위적 규범인 所當然之則의 해명을 추구하는 義理之學이라고 하더라도,[8] 경세학에서 추구하는 관제 및 전제 등에 관한 이론이 경학에서 추구하는 지인·안민 등의 당위적 규범에 종속되어 있음을 의미하는 것이다. 다시 말하면 경세학에서 다루는 관제 및 전제 등에 관한 이론이 독자적인 학문분과로서 자립하지 못하고 지인·안민의 당위적 규범을 실천하기 위한 제도적 수단에 불과하다는 것이다. 이러한 다산의 학문관은『경세유표』와『목민심서』의 서문에서도 잘 나타나 있다. 전자에서는 "천리에 비추어 보아도 합치하고 인정에 견주어 보아도 어울리는 것을 가리켜 禮라 한다(揆諸天理而合, 錯於人情而協者, 謂之禮)"라고 하는 도덕적 실천을 위한 법의 제정을, 후자에서는 "군자의 학문은 수신이 반이요 나머지의 반은 牧民이다(君子之學, 修身爲半, 其半牧民也)"라고 하는 통치자의 행정지침의 수립과 실천을, 각각 그 저술의 동기로 하고 있음을 밝히고 있다. 이러한 다산의 학문관은 그가 그의 아들에게 준 편지에서 더욱 뚜렷하게 나타난다.

    너의 편지 중에 무릇 의심이 나고 모르는 것이 있어도 질문할 곳이 없는 것이 한스럽다고 했는데, 과연 너의 마음이 참으로 의심이 나서 견딜 수가 없고 생각이 나서 참기가 어렵다면, 왜 조목조목 기록해서 인편으로 보내오지 않느

---

8) 李東歡은 儒學一般을 義理儒學이라 규정하면서, '의리유학은 經書의 의리, 곧 經義를 기초로 하여 거기에서 얻은 개념, 명제, 논리들과 기타 사상·철학적 요소들의 連繫로 성립하는데, 平面的 연계로부터 立體的 연계로의 발전에 있어서 여러 級의 스펙트럼이 있을 수 있다. 스펙트럼의 가장 높은 단계는 개별 경전을 초월하여 일정한 體系로 발전하는 유학사상 또는 유학철학이다'라고 했다. 다산경세학이 유학에 속한다는 점에 대해서는 더 말할 것이 없을 것이다.

냐. 부자간에 스승과 제자가 되는 것 또한 즐겁지 않겠느냐.

학문의 宗旨는 효제로써 근본을 삼고, 禮樂으로써 文飾을 하며, 政刑으로써 輔弼을 삼으며, 兵農賦役과 貨財도 여기에 속한다으로써 羽翼을 삼는다. 鈔書의 요지는 무릇 한 종류의 책을 볼 때마다 아름다운 말과 착한 행실로서 小學에는 실려 있지 않으나 소학을 이을 만한 것이 있으면 뽑고, 무릇 經說에서 새로운 것이나 믿을 만한 것을 뽑고禮經도 같다. 字學과 韻學 같은 따위는 10에서 1만을 뽑는다. 가령 『說鈴』 중의 「琉球紀程」 따위는 마땅히 兵學이 될 것이니 뽑고, 무릇 農學이나 의학에 관한 諸說은 집에 있는 서적을 먼저 살펴보고 새로운 학설이라는 것을 확인한 뒤에 뽑도록 한다.[9]

위의 인용문에서 보는 바와 같이 다산은 효제에 관한 학문을 학문의 종지로 보고, 禮樂·政刑·兵農 등에 관한 학문은 효제라는 유학의 기본덕목을 문식·보필·우익하는 학문으로 보았다. 그리고 다산의 저술을 검토해 보아도 "경학이 위주로 되고, 經世澤民之學이 그다음"이라는[10] 것을 확인할 수 있다. 그러나 이러한 사실은 다산의 학문에 있어서 경세학이 경학보다 소홀히 다루어지고 있다는 것을 의미하는 것은 아니다. 다산은 학문을 학술과 그 실천으로 구성되어 있다고 보기 때문에 국가사회에 관한 제도를 근본적으로 개혁하려고 한 그에

---

9) 汝書中, 凡有疑晦者, 無處質問爲恨, 如果此心眞的, 疑之不堪, 思之不耐, 則何不條條列錄, 因便寄來耶. 父子而師弟, 不亦樂乎.
   學問宗旨, 本之以孝弟, 文之以禮樂, 輔之以政刑, 翼之以兵農賦役貨財, 皆此門. 鈔書要旨, 凡看一種書, 有嘉言善行之不載小學, 而可爲小學之續者採之, 凡經說之新而有據者採之禮經同, 如字學韻學之類, 十採其一. 假如說鈴中琉球紀程之類, 當爲兵學而採之, 凡有農醫諸說, 先考家中所有書籍, 知其新說, 然後鈔之.(『全書』 一－詩文集二十一－二 後面, 答二兒)

10) 大較著書之法, 經籍爲宗, 其次經世澤民之學, 若關防器用之制, 有可以禦外侮者, 亦不可少也.(『全書』 一－詩文集十八－六 後面, 示二兒家誡)

게 있어서는 경세학에 관한 연구가 경학에 관한 연구 못지않게 중요시되었다. 그리고 그는 조선후기에서 국가의 근본적 개혁을 추구하려고 했기 때문에 그의 경세학에 있어서는 조선의 실정에 관한 연구가 매우 중요시되었다. 이러한 점에서 식민지하에서 조선의 독립을 학문의 생명처럼 중요시할 수밖에 없었던 鄭寅普는 다산의 저술에서 朝鮮學의 성립을 발견하려고 했다.[11] 다산 역시 조선학의 성립에 대하여 매우 깊은 인식을 가지고 있었던 것이다.

그러나 우리나라 사람들은 걸핏하면 중국의 일을 인용하는데, 이 또한 비루한 품격이다. 모름지기 『삼국사』, 『고려사』, 『國朝寶鑑』, 『興地勝覽』, 『懲毖錄』 및 『燃藜室記述』李道甫가 편찬한 것이다과 기타 우리나라의 문헌들을 가지고 그 사실을 채집하고 그 지방을 고찰하여 詩의 소재로 사용한 뒤에라야 세상에서 명성을 얻을 수 있고 후세에 전할 만할 것이다. 柳惠風의 十六國懷古詩를 중국인이 판각한 바가 되었으니 이것이 그 증거이다. 『東事櫛』은 본래 이를 위하여 만든 것인데, 지금 大淵이 너에게 빌려줄 이가 없으니 十七史의 東夷傳 중에서 반드시 그 名跡을 채취해야 쓸 만할 것이다.[12]

위와 같은 다산과 舊園의 학문적 자세는 우리에게 있어서 매우 소

---

11) "이제 우리 先生을 알려 할진대, 첫째 先生의 學問이 어떤 淵源으로부터 承受됨인 가를 溯究하지 아니할 수 없고, 둘째 先生의 著述이 어떠한 宗旨로 좇아 條叙됨인 가를 深探하지 않을 수 없으니, 先生 一人에 대한 考究] 곧 朝鮮史의 硏究요, 朝鮮近世思想의 硏究요, 朝鮮心魂의 明曀 내지 全朝鮮盛衰存滅에 대한 硏究이다." (『舊園鄭寅普全集2』延世大學校出版部, 1983년, 68페이지)

12) 雖然, 我邦之人, 動用中國之事, 亦是陋品. 須取三國史高麗史國朝寶鑑興地勝覽懲毖錄燃藜述 李道甫所輯及他東方文字, 採其事實, 考其地方, 入於詩用, 然後方可以名世而傳後. 柳惠風十六國懷古詩爲中國人所刻, 此可驗也. 東事櫛本爲此設, 今大淵無借汝之理, 十七史東夷傳中, 必抄採名跡, 乃可用也. (『全書』一－詩文集二十一－九 後面, 寄淵兒)

중한 것이다. 그러한 학문적 자세는 우리가 조선후기에는 중국에 대하여 事大的 관계하에 있었고 일제시대에는 일본의 식민지통치하에 있었기 때문에 조선의 政治的 獨立을 확보하기 위한 전제가 되는 정신적 자주성을 유지하기 위해서 필요했던 것이다. 그러므로 조선후기나 일제시대에는 朝鮮學의 成立이 절실히 필요했던 것은 말할 필요도 없지만, 정치적으로 독립을 달성했을 뿐만이 아니라 경제적으로 번영을 구가하는 오늘날에 있어서도 학문 각 분야에서의 '韓國學'의 성립은 무엇보다도 필요하다고 할 수 있다. '한국학'의 성립은 한국인이 정치적 독립, 경제적 자립 및 정신적 자주를 강화하기 위해서 꼭 필요하리라 본다.

선진 각국도 어느 나라나 할 것 없이 자신의 독립과 자립적 생활을 영위하기 위한 물질적 기반과 정신적 자주성을 확보하기 위하여 自國에 관한 연구를 추구하고 있는 것이다. 다만 그러한 노력이 글로벌리즘이 지배하는 오늘날의 國際環境에서 보편성을 상실한 배타적 민족주의로 흐르게 되면, 근대 학문의 성립과 발전 그 자체를 어렵게 할 뿐만 아니라 세계 각국과의 협력을 어렵게 하고 自國의 停滯를 초래하는 결과를 낳고 말 것이다. 이러한 점에서 북한의 主體思想은 反面教師가 될 수 있다.

2) 訓詁, 義理와 經世致用

다산은 자기의 학문적 업적을 총괄하면서 "六經·四書로써 수기를 하고 一表·二書로써 천하와 국가를 다스리게 했다"고 했다. 이러한 다산의 자기의 연구업적에 대한 總括은 그의 학문의 대상, 방법 및 목표가 어디에 있는지를 분명하게 밝힌 것이라고 할 수 있다. 그는 우선 학문의 대상을 '先王의 大道'가 담겨져 있는 육경·사서로 잡았다. 학문의 대상을 그렇게 잡은 이유는 "聖賢의 道統이 일찍 잡으면 武王에서,

늦게 잡더라도 孟子에서 끝난다"고[13] 보았기 때문이다. 그러므로 그는 육경·사서를 연구하기 위하여 漢代의 訓詁學, 宋代의 義理學과 淸代의 考據學을 참고하기는 하지만, 어디까지나 학문의 기본대상은 小康社會의 건설을 목표로 하는 中國三代의 고전에 둔다는 것이다.

"鏞이 海上으로 유배되어 생각해 보니, 소싯적에 학문에 뜻을 두었으나 20년 동안 世路에 바빠서 다시는 선왕의 대도를 돌보지 못하다가, 이제 여가를 얻게 되었다. 이윽고 흔연히 즐거워하면서 육경과 사서를 가져다가 沈潛하여 탐구했는데, 무릇 漢·魏 이래로 明·淸에 이르기까지의 儒者의 학설로서 경전에 補益이 될 만한 것을 널리 수집하고 두루 고증하여, 허위와 오류를 확정하고 취할 것과 버릴 것을 밝혀서 一家의 학설을 갖추었다."[14]

그리고 그의 학문은 유교의 경전을 箋注하고 거기에 실려 있는 의리를 밝히는 데 온 힘을 쏟았으나, 거기에 머물지 않고 그 궁극적 목표는 '先王의 大道' 즉 禮가 행해지는 소강사회의 실현을 위한 경세학의 체계를 모색하는 데 있었다. 위의 문장에서 그는 그러한 목표를 '일표·이서로써 천하와 국가를 다스리게 했다'고 표현했는데, 여기서의 '一表二書'가 『경세유표』, 『목민심서』 및 『흠흠신서』를 가리키는 것은 말할 것도 없을 것이다. 여기에서 보는 바와 같이 다산경세학의 특징은 단순히 경전의 箋注(=訓詁)나 의리를 해명하는 데 그치지 않고, 그러한 작업을 통하여 경세학의 체계(=條理)를 세우고 이를 실천

---

13) 臣嘗謂聖賢之統, 上焉而止于武王, 下焉而止于孟子, 故其氣象, 亦大槩相近, 今若因孟子之書, 而求武王之道, 則亦庶乎其無悖矣. (『全書』—一—詩文集八—三十一 後面, 孟子策)

14) 鏞旣謫海上, 念幼年志學, 二十年沈淪世路, 不復知先王大道, 今得暇矣. 遂欣然自慶, 取六經四書, 沈潛究索, 凡漢魏以來, 下逮明淸, 其儒說之有補經典者, 廣蒐博考, 以定訛謬, 著其取舍, 用備一家之言. (『全書』—一—詩文集十六—十二 後面, 自撰墓誌銘集中本)

하려고 시도한 점에 있다고 할 것이다. 『주례』에서 경세학의 체계를 얻으려고 한 『경세유표』와 『목민심서』가 과연 제대로 된 체계를 갖춘 경세학의 저술이라고까지 평가될 수 있는가 어떤가 하는 점에 대해서는 異論의 여지가 없는 것은 아니지만, 그것들이 조선후기에서 소강사회를 실현하기 위하여 경세치용을 실천할 수 있는 방안을 고안하려고 노력했던 것만은 분명해 보인다.

참된 儒者의 학문은 본디, 나라를 다스려서 백성을 편안하게 하며, 外敵을 물리치고 財用을 넉넉하게 하며, 文武에 능하기를 마땅하지 않은 바가 없게 하려고 하는 것인데, 어찌 옛사람의 문장을 뒤져서 名句나 따오며, 벌레나 물고기에 대하여 注釋을 붙이며, 소매를 거두고 拜揖이나 하는 일뿐이겠는가. 옛날에는 아들을 낳으면 활쏘기를 익히게 하고, 조금 자라면 象노래와 勺노래에 맞추어서 武德을 닦게 하고, 장성해서는 활쏘기와 말타기를 배우게 하니, 사람을 가르치는 그 뜻을 알 수 있다. 그러므로 전쟁을 하고 敵將의 목을 베어다 바치는 일을 학교에서 배우게 하니, 학교는 한갓 經籍을 읽게 하는 것뿐만은 아니다. 孟子는 齊나라와 魏나라의 임금이 오로지 戰鬪만 숭상하는 것을 근심하여, 말한 바가 모두 仁義에 관한 것인데, 이것은 대개 그 임금들의 잘못을 바로잡으려 한 것뿐이다. 그런데 뒷날의 儒者들은 성현의 본뜻을 알지도 못하고, 인의와 理氣 이외의 다른 말을 한마디라도 입 밖에 내면, 이를 雜學이라 지목하면서, 申不害와 韓非와 같은 자라고 말하지 않으면, 문득 孫武와 吳起와 같은 자라고 비난한다. 이 때문에 이름을 높이고 道統을 엿보려는 자들은 차라리 케케묵은 의논과 고루한 학설로써 스스로를 어리석게 할지언정 이 영역을 한 걸음도 넘어서려고 하지 않으니, 이에 儒道는 모두 망하고, 세상의 군주들은 날로 유자들을 천시하게 된 것이다.[15]

---

15) 眞儒之學, 本欲治國安民, 攘夷狄, 裕財用, 能文能武, 無所不當, 豈尋章摘句, 注蟲釋魚, 衣逢掖習拜揖而已哉. 古者生子, 弧矢射四方, 稍長, 舞象舞勺, 以習武德, 旣壯,

위와 같은 다산경세학의 성립에 있어서는 대략 세 가지의 학문적 배경이 있었던 것으로 보인다. 첫째, 星湖 李瀷의 경세치용학으로부터의 영향이다. 당시의 성호학파는 "『周易』과 三禮의 연구에 있어서는 貞山 李秉休, 경세치용학의 연구에 있어서는 萬頃 李盟休, 文章에 있어서는 惠寰 李用休가 있고, 長川 李嘉煥은 학문의 광범하기(=博洽)가 張華와 干寶와 같았으며, 木齋 李森煥은 崇義와 繼公처럼 禮를 익히며, 剡村 李九煥 역시 그 祖上의 武名을 이어받아 一門의 儒學이 성하기가 이와 같았다"고 할 정도였다는 것이다.[16] 그는 어려서는 부친으로부터 經史와 古文을 수학했으나, 16세 때부터 서울에 거주하게 되면서 李家煥과 李承薰에 따라 성호의 遺書를 읽게 되고[17] 장성해서는 鹿菴 權哲身에 따라 星湖學派의 학문을 익히게 되었다.[18] 다산

學射御, 其敎人之義可見矣. 故興師獻馘, 乃於學宮行之, 學宮者, 非徒令讀書傳而已. 孟子憂齊梁之君, 專尙戰鬪, 所言皆仁義, 蓋欲以矯其過耳. 後儒不達聖賢之旨, 凡仁義理氣之外, 一言發口, 則指之爲雜學, 不云申韓, 便道孫吳. 由是務名高窺道統者, 寧爲腐論陋說以自愚, 不欲蹜此閾一步, 於是儒之道盡亡, 而時君世主, 日以賤儒者矣. (『全書』一-詩文集十二-八 前面, 俗儒論)

16) 我星湖先生, 天挺人豪, 道德學問, 超越古今, 子弟之親炙服習者, 皆成大儒. 貞山秉休治周易三禮, 萬頃孟休治經濟實用, 惠寰用休治文章, 長川嘉煥博洽如張華干寶, 木齋森煥習禮若崇義繼公, 剡村九煥亦以繩祖武名, 一門儒學之盛如此. (『全書』一-詩文集十五-十六 前面, 貞軒墓誌銘)

17) 十五娶豐山洪氏, 武承旨和輔女也. 旣娶游京師, 則聞星湖李先生瀷學行醇篤, 從李家煥李承薰等, 得見其遺書, 自此留心經籍. (『全書』一-詩文集十六-一 後面, 自撰墓誌銘集中本)

18) 游乎京輦, 博聞尙志, 與李潤夏李承薰金源星等, 定爲石交, 以承受星翁之學李先生瀷. 沿乎武夷, 溯乎洙泗, 揖讓講磨, 相與進德修業. 旣又執贄請敎於鹿菴之門權哲身, 嘗於冬月, 寓居走魚寺講學, 會者金源星權相學李寵億等數人. 鹿菴自授規程, 令晨起掬冰泉盥漱, 誦夙夜箴, 日出誦敬齋箴, 正午誦四勿箴, 日入誦西銘, 莊嚴恪恭, 不失規度. 當此時, 李承薰亦淬礪自強, 就西郊行鄕射禮, 沈溰爲賓, 會者百餘人, 咸曰, 三代儀文, 粲然復明, 而聞風嚮義者, 蔚然以衆. (『全書』一-詩文集十五-三十九 前面, 先仲氏墓誌銘)

학에 있어서는 孝·悌·慈를 '明德'으로 보고 명덕은 물론 仁·義·禮·智의 四德까지도 '行事' 이후에 이루어지는 것으로 보는데, 이것은 星湖學統을 계승한 鹿菴 權哲身의 학설로부터 이어받은 것이라 한다.[19] 다산은 子姪들에게 "나의 큰 꿈은 많이 성호를 私淑하는 가운데서 깨닫게 된 것"이라고[20] 말했다고 한다.

둘째, 천주교의 전래와 더불어 들어온 西學으로부터의 영향이다. 그는 23세(1784)에 마재에서 서울로 내려오는 舟中에서 李蘗으로부터 처음으로 천주교에 대하여 듣고 丁未(1787) 이후로 4~5년간 거기에 아주 心醉했으나 辛亥(1791) 이후로 國禁이 아주 엄해 드디어 마음을 끊게 되었다고 한다.[21] 그는 『天主實義』 및 『七極』 등의 서적을 읽고 한때 천주교를 깊이 신봉하기도 했으나, 단순히 천주교를 신봉하는 이외에 天文과 曆象에 관한 학설, 農政과 水利를 위한 器具 및 測量과 實證에 관한 방법 등 서양의 문물에 대해서도 깊은 관심을 가지게 되었다.[22] 한국의 천주교 도입에 있어서는 茶山家가 그 중심에

---

19) 公生於丙辰, 死於辛酉, 六十六歲也. 所著有詩稱二卷, 大學說一卷, 餘皆散軼無存. 然以余所聞, 其論大學, 以爲格物者格物有本末之物, 致知者致知所先後之知, 又以孝弟慈爲明德, 而舊本不必有錯簡, 其論中庸, 以所不聞所不睹, 爲天載之無聲無臭. 其論四端, 以端爲首如趙岐之說, 而仁義禮智爲行事之成名. (『全書』一 - 詩文集 十五 - 三十四 後面, 鹿菴權哲身墓誌銘)

20) 余之大夢多從星湖私淑中覺來. (丁奎英編, 전게서, 正祖元年條)

21) 旣上庠, 從李蘗游, 聞西敎, 見西書. 丁未(1787)以後四五年, 頗傾心焉. 辛亥(1791)以來, 邦禁嚴, 遂絶意. (『全書』一 - 詩文集十六 - 一 後面, 自撰墓誌銘壙中本)

22) 臣於所謂西洋邪說, 嘗觀其書矣, 然觀書豈遽罪哉. 辭不迫切, 謂之觀書, 苟唯觀書而止, 則豈遽罪哉. 蓋嘗心欣然悅慕矣. 蓋嘗擧而夸諸人矣. 其於本源心術之地, 蓋嘗如膏漬水染, 根據枝縈而不自覺矣. 夫旣一番如是, 此卽孟門之墨者也, 程門之禪派也. 大質虧矣, 本領誤矣. 其沈惑之淺深, 遷改之遲速, 有不足論. 雖然, 曾子曰, 吾得正而斃焉, 斯已矣. 臣亦欲得正而斃矣, 可不一言以自暴乎. 臣之得見是書, 蓋在弱冠之初, 而此時原有一種風氣, 有能說天文曆象之家, 農政水利之器, 測量推驗之法者, 流俗相傳, 指爲該洽. (『全書』一 - 詩文集九 - 四十三 後面, 辨謗辭同副承旨疏丁巳)

있었다. 초기 천주교 도입의 주역이었던 李蘗은 兄嫂의 오라버니, 중국에서 서양의 신부로부터 최초로 세례를 받은 李承薰은 姉兄, 순교자 丁若鍾은 셋째 형(그의 둘째아들 福者 丁夏祥은 辛酉迫害로 붕괴된 천주교를 재건하는 데 있어서 큰 역할을 했다), 帛書事件으로 유명한 黃嗣永은 姪壻였던 것이다. 위와 같은 다산가의 사정으로 볼 때, 다산의 학문 형성에 있어서는 서학의 전래가 매우 큰 영향을 미쳤다고 생각할 수 있는데, 천주교와 더불어 서양으로부터 전해온 천문·지리학이나 과학기기에 대한 지식 및 실증적 방법론은 다산학의 형성에 있어서 큰 영향을 미쳤다.

셋째, 다산은 1783년에 進士試에 합격하고 성균관에 입학하면서부터 正祖의 특별한 知遇를 받고,[23] 그 이후 줄곧 정조의 股肱之臣으로 봉사하면서 經筵을 비롯한 다양한 기회에 정조와 더불어 학문을 硏磨했는데, 이것이 다산학의 형성에 있어서 매우 큰 역할을 한 것으로 보인다. 그는 疏, 對策 및 策問의 형식으로 정조가 내리는 학문·정책과제에 대하여 적극적으로 대응했을 뿐만 아니라 水原城制를 제작하여 進排하거나 『春秋』, 『左傳』, 『杜詩』 및 『奎章全韻』 등을 교정하도록 特命을 받기도 했다. 그는 이러한 과정에서 정조에 의하여 발탁된 실학자들과 교유할 수도 있게 되었다.[24] 그러나 여기서는 그의 저술과 정조의 과제 제출과의 관계만을 간단히 고찰해 보기로 한다. 그가 成均館에 입학한 이듬해에 정조가 『中庸』에 관하여 80餘條에 달하는 질문을 내렸는데, 그때 마침 李蘗이 그가 살던 明禮坊과 咫尺에 있는

---

23) 上特令擧顏, 問年幾何. 此公最初風雲之會也. (丁奎英編, 전게서, 正祖七年條)
24) 臣於先朝, 校書奎瀛府, 內下圖書集成考工典第二百四十九卷, 卽奇器圖說彙編者也. 其後又見奎章閣檢書官朴齊家所著北學議六卷, 其後又見故儒臣朴趾源所著熱河日記二十卷, 其載中國器用之制, 多非人意之所能測. 昔將臣李敬懋嘗謂臣曰, 今兵器火器, 皆是新制, 日本鳥銃, 今爲古調. 此後南北有憂, 不復以鳥銃鞭棍至矣. 今之急務, 在於北學中原, 誠識務之言也. (『全書』五－經世遺表二－二十八 後面, 利用監)

水標橋의 부근에 살았기 때문에 그와의 토론을 정리하여 對答을 올려서 임금으로부터 큰 칭찬을 들었다고 한다. 그는 그 대답을 그 9년 후인 1793년에『中庸講義』로 정리해 두었다가 또 1814년에『中庸自箴』3권을 새로이 저술하고『중용강의』를 수정·증보하여『中庸講義補』6권을 저술하였다.[25] 30세가 되는 1791년에는 8百餘條에 달하는『詩經』에 대한 질문이 특별히 다산에게 내려졌다. 九經·四書와 古文 및 諸子史에 있는『시경』의 문구를 차례대로 뽑아『詩經講義』로 묶어서 임금에게 올렸는데, "널리 百家를 인용한 것이 무궁무진하니, 평소에 蘊蓄한 것이 넓고 다져지지 않고서야 어찌 이럴 수 있겠느냐"하는 批答이 내려왔다.[26] 이것이『毛詩講義』十二卷이『與猶堂集』의 首卷이 된 소이이다.[27] 그리고 그가 31세 때에는『尙書』條問 數百餘條가 내려왔으나, 마침 親喪을 당하여 대답을 올리지 못했는데,[28] 이 條問에 대한 대답이 1810년의『梅氏書平』과『尙書古訓蒐略』및 1811년의『尙書知遠錄』으로 結實되었다. 이렇게 보면 다산학의 형성과 전개에 있어서 정조와

---

25) (『全書』二 - 中庸講義補一 - 一 前後面, 中庸講義補)

26) 辛亥秋, 上親製詩經問八百餘條, 令臣對. 臣敬受而讀之, 雖鉅儒宿學, 所不能答也, 臣何言哉. 於是取九經四書及古文諸子史, 凡有一言隻詞之引詩論詩者, 咸序次鈔錄之. 於是援而對之, 蓋詁訓旣明, 而義理無所事矣. 書旣上, 御筆批其尾曰, 泛引百家, 其出無窮, 苟非素蘊之淹博, 安得有此. 嗚呼, 臣豈能淹博哉. 臣唯不敢以私意對聖旨也. 然於詩竊竊然如有所心得者, 別爲之序述如此. (『全書』一 - 詩文集十三 - 五 前面, 詩經講義序)

27)『俟菴先生年譜』純祖九年己巳秋詩經講義刪錄에서는 與猶堂經凾, 以詩爲首. 公嘗語門人曰, 吾之經學, 皆聖恩中陶鑄라 했다. 그리고 다산은「辨謗辭同副承旨疏丁巳」와「辭刑曹參議疏己未」에서 스스로를 '不肖'라고 표기하고 있는 것으로 보아 正祖와의 君臣關係를 父子關係로 擬制하고 있었던 것으로 보인다.

28) 昔余游學京師, 竊聞師友往往疑梅氏尙書二十五篇, 文體卑順, 心服其言. 逮應講內閣, 課至禹貢, 遂遭大故. 尙記乾隆壬子之春, 入侍于熙政堂, 誦禹貢訖, 睿獎隆洽, 玉音諄復. 時聖上潛心經籍, 博詢時英, 有尙書條問數百餘條, 縷縷致意於今文古文之辨, 而賤臣寢苫在家, 未有條對, 至今呑恨. (『全書』二 - 梅氏書平一 - 一 前面)

의 강론이 차지하는 위치가 어떠했는지를 짐작할 수 있는데, 그가 權哲身을 크게 師事했음에도 불구하고 丁若鏞의 묘지명에서는 권철신에게 '執贄'했다고 기술하면서도 「自撰墓誌銘」에서는 그렇게 기술하지 않은 까닭은 무엇이었을까. 혹시 정조와의 師弟關係를 염두에 두었던 것은 아니었는지 모르겠다.

위에서 보는 바와 같이 다산학의 형성에 있어서는 星湖의 經世致用學, 西學 및 正祖와의 사제관계가 모두 큰 영향을 미쳤으나, 그 중에서도 정조와의 사제관계가 가장 중요하지 않았던가 추측된다. 그렇게 보는 이유는 우선 다산은 정조의 股肱之臣으로서 草野에서는 이용할 수 없는 內閣의 書籍들을 열람할 수 있는 기회를 가질 수 있었을 뿐만 아니라 淸國과의 교류에서 얻을 수 있는 새로운 學術情報에 쉽게 접할 수 있었던 것으로 보이기 때문이다. 당시에 朝鮮王室에서는 奎章閣이 설립되고(1776) 淸朝에서는 四庫全書가 출판되었는데(1781), 사고전서에 속하는 도서 중에서 어느 정도가 조선에 도입되었는지는 잘 알 수 없으나, 다산학은 淸朝經學의 主流를 이루는 考據學 즉 고증학으로부터 큰 영향을 받으면서 형성되었던 것으로 보인다. 앞에서도 지적한 바와 같이 다산학은 학문의 기본대상을 六經·四書로 잡고 經典을 연구하는 데 있어서는 訓詁·義理·條理의 究明을 그 중요한 방법으로 했는데, 이러한 학문의 대상과 방법은 考據學의 그것과 기본적으로 같은 것이다.

고거학의 특징은 文字·音韻·訓詁(九經을 읽는 데 있어서는 문자를 명백히 밝히는 것으로부터 시작하는데, 또 문자를 밝히는 데 있어서는 古音을 이해하는 것으로부터 시작하고, 政이란 正이다라고 하는 등과 같이 訓詁로써 그 뜻을 밝힌다)의 小學을 비롯하여 名物(토지의 종류·등급의 名과 그 등급 토지의 산물)·制度·曆法 등에 관한 연구성과에 의거하면서, 實事求是(사실에 의거하여 진리를 추구한다)나

無徵不信(증거가 없으면 신용하지 않는다)의 정신으로 유가의 경전을 비롯한 고전 문헌에 대하여 실증적 분석이나 해석을 행하는 학문적 태도를 가지는데, 주변 자료를 이용하여 문헌 본래의 모습을 회복하는 校勘學이나 逸散된 저술 및 주석 등의 복원을 목표로 하는 輯逸學 등의 文獻學과도 깊은 관련을 가진다고 한다.[29] 다산의 육경·사서에 관한 연구는 초기에 저작된『시경강의』나 만년에 이루어진『상서고훈』및『매씨서평』을 막론하고 한결같이 위와 같은 고거학적 방법에 의하여 이루어진 것으로 보인다. 다산은 학문을 하는 데 있어서 초기부터 고거학적 방법론에 크게 의존했던 것으로 보이는데, 그의 초기작으로 보이는「五學論」에서는 학문의 방법을 아래와 같이 논평했다.

훈고학은 경전의 글자 뜻을 밝혀서 道學과 敎學의 종지에 이르는 것이다. 진시황이 서책을 불태운 뒤로 드디어 師承이 끊어졌으나, 漢武帝 이후 비로소 五經博士를 學官으로 설치하게 되니, 문호가 이미 확립되고 지파가 나누어지게 되었으며, 아래로 魏·晉時代에 이르러서는 名儒들이 林立하게 되었는데, 孔穎達과 賈公彦에 이르러서 經傳을 注疏하고 해석하게 되자 천하가 한결같이 이를 宗主로 받으니, 성대하다고 할 만하였다. 그러나 그 훈고로써 전해지는 것이 반드시 모두 本旨라고는 할 수 없다. 또 본지를 터득한 것이라고 하더라도 글자의 뜻을 밝히고 구절을 바로잡는 데 지나지 않은 것이라, 따라서 이것만 가지고는 선왕과 先聖의 도학과 교학의 근원을 밝히는 데 있어서 일찍이 그 심오한 뜻을 밝히고 淵源에까지 소급한 것은 아니다. 주자는 이러한 점을 우려하여 漢·魏의 훈고 이외에도 별도로 正義를 밝혀서 本義를 集傳하고 章句를 集注하여 유교를 중흥시켰으니, 그 위대하고 성대한 功烈은 漢儒에 견줄

---

29) 고거학의 개념에 관해서는 溝口雄三 等編,『中國思想文化史事典』東京大學出版會, 2001,「考據學」을 참고할 것.

바가 아니었다. 지금의 학자가 한유의 註疏를 고찰하여 훈고를 밝히고, 주자의 集傳을 가지고 의리를 밝혀서, 그 是非와 得失을 반드시 경전에서 결단한다면, 사서와 육경은 그 原義와 本旨가 서로 얽히고 서로 發明이 되는 바가 있어서, 疑問으로부터 시작했다가 眞實로 끝나고 彷徨으로부터 시작했다가 直行으로 끝나게 된다. 이렇게 된 이후라야 체득하여 실행하고, 실행하여 증험할 수 있게 되니, 아래로는 修身·齊家·治國·平天下를 할 수 있고, 위로는 天德을 실천하여 天命으로 되돌아갈 수 있으니, 이를 가리켜 학문이라 하는 것이다.[30]

위의 인용문은 다산의 학문방법론을 총괄한 것으로 보아도 좋을 만한 것이다. 만약 그렇게 볼 수 있다면 다산의 학문방법은 다음과 같은 절차를 통하여 이루어졌다고 할 수 있다. 첫째는 漢·魏·晉시대의 훈고학에 따라서 육경·사서의 文字를 확정하고 그 뜻을 밝히는 일이다. 이를 위해서는 經傳에 관한 기존의 연구를 바탕으로 箋注를 행하는데, 여기에 있어서는 주변 자료를 이용하여 문헌 본래의 모습을 회복하는 校勘學이나 逸散된 저술 및 주석 등의 복원을 목표로 하는 輯逸學 등의 문헌학으로부터 도움을 받는다. 그러나 이러한 방법으로 획득된 경전의 해석이라고 해서 그것이 모두 經傳의 本旨를 파악한 것이라고는 볼 수 없다. 왜냐하면 그 해석은 아직 經義의 체계 위

---

30) 詁訓之學, 所以發明經傳之字義, 以達乎道敎之旨者也. 秦燔之厄, 師承遂絶, 武帝以來, 五經始有官學, 門戶旣立, 枝派以分, 下逮魏晉, 名儒林立, 至孔穎達賈公彦爲之疏釋, 而天下靡然宗之, 可謂盛矣. 然其詁訓之所傳受者, 未必皆本旨. 雖其得本旨者, 不過字義明而句絶正而已, 于先王先聖道敎之源, 未嘗窺其奧而溯之也. 朱子爲是之憂之, 於是就漢魏詁訓之外, 別求正義, 以爲集傳本義集注章句之等, 以中興斯道, 其豐功盛烈, 又非漢儒之比. 今之學者, 考漢注以求其詁訓, 執朱傳以求其義理, 而其是非得失, 又必決之於經傳, 則六經四書, 其原義本旨, 有可以相因相發者, 始於疑似而終於眞的, 始於彷徨而終於直達. 夫然後體而行之, 行而驗之, 下之可以修身齊家爲天下國家, 上之可以達天德而反天命, 斯之謂學也. (『全書』一―詩文集十一―二十 前面, 五學論二)

에서 행해진 것이 아니기 때문이다. 둘째, 宋學의 義理學의 장점을 살려서 '正義를 밝혀서 本義를 集傳하고 章句를 集注하는' 방법으로 선왕과 선성의 도학과 교학의 근원을 밝히되, 주자학이 주관적·관념적으로 理氣心性을 空論하는 것을 배격하고, 經典을 해석하는 데 있어서는 '文字가 있음으로써 訓詁가 있으며, 훈고가 있음으로써 義理가 있다. 훈고는 의리가 나오는 근원이며, 별도로 훈고를 초월하는 의리는 존재하지 않는다'는[31] 실증주의적 태도를 취한다. 셋째, 훈고를 통하여 획득한 의리가 經傳에 비추어 보아 타당한가 어떤가를 검토한다. 즉 다산학은 육경·사서에 대한 훈고로부터 출발하여 거기에서 의리를 밝히는 것이요 經傳 이외의 太極·太虛·理와 같은 경전에서 확인되지 않는 명제로부터 의리를 추구하는 것이 아니다. 넷째, 의리의 해명은 그 자체로서도 의미가 있는 것이기는 하지만, 궁극적으로는 인간으로 하여금 天命에 기초한 天德을 실천하고 수신·제가·치국·평천하를 행하는 데 이바지할 수 있도록 해야 한다.

다산은 위에서 보는 바와 같이 수신·제가·치국·평천하에 학문의 목표를 두었기 때문에 단순히 육경·사서에 대하여 훈고를 행하고 거기에서 의리를 밝히는 데에만 만족할 수가 없었다. 官人으로서의 그에게는 經世濟民에 관한 저작이 무엇보다도 절실했던 것이다. 이러한 요청에서 저술된 것이 『경세유표』, 『목민심서』 및 『흠흠신서』라는 점에 대해서는 더 말할 것이 없을 것이다. 그는 1810년대의 중반까지는 육경·사서의 연구에 專念하였으나 그 후반기부터는 경세학의 저술에 전념하였다. 따라서 그의 경세학에 관한 연구는 철저하게 그의 경학 특히 『주례』와 『상서』에 관한 연구에 바탕을 두었던 것이다.[32] 그리고 그

---

31) 溝口雄三 等編, 전게서, 400페이지 下段
32) 古法之存於今者, 唯有堯典皐陶謨禹貢三篇及周禮六篇而已. 臣於此九篇, 研精覃思, 蓋有年所. 其考績奏績之法, 正土平賦之制, 種種條例, 嚴酷栗烈, 綜核縝密, 一滴不

의 경세학도 경세에 관한 단편적인 논설에 만족하지 않고 국가제도의 근본적인 개혁을 위한 체계적 저술로 매진하고자 했다. 다산의 경세학에 관한 저술은 그의 가장 큰 苦心處이기도 했지만, 후학들에게는 가장 난해한 저작이기도 하다. 그러나 경세학에 관한 체계적인 저술이 그의 궁극적인 소망이었다는 점은 선배들의 경세학에 관한 연구에 대한 그의 평가에서도 엿볼 수 있다.

『日知錄』의 학술 논의는 도리어 전혀 마음에 들지 않는다. 대개 그 本領은 高談正論진정한 정론이 아니요 세상 사람들이 정론이라 일컫는 것이다 으로써 그 이름을 보전하는 데 힘쓸 뿐이요 가슴 아프고 절실하게 여기는 마음이 있다는 것을 볼 수 없다. 그 이른바 시대를 근심하고 세태를 개탄하는 것도 도무지 난잡하고 청결하지 못한 생각이 言談 밖으로 뚜렷이 나타나니, 나와 같이 성품이 고지식한 사람들이나 때때로 주목할 뿐이다. 또 史記와 經傳에서 뽑은 句節과 자기의 立論을 뒤섞어서 책을 만들었으므로 크기도 하려니와 번잡하기도 하다. 나는 일찍이 말하기를, 『星湖僿說』은 후세에 전할 만한 올바른 책이 되지 못한다고 하였는데, 그 이유는 古人의 말과 자신의 견해를 뒤섞어서 책을 만들었으므로 義例가 이루어져 있지 않기 때문이다. 지금 『일지록』도 바로 이와 같은데, 또 그 禮論은 특히 잘못되고 어긋나는 것이 많다.[33]

漏, 一髮不差, 不似後世之法, 敧傾散漫, 贅疣潰裂, 其精義妙旨, 不可勝言. 特以戰國之末, 王風已消, 而秦燔項燒, 遂至百年, 始除挾書之律. 於是宇宙折爲兩段, 三古之事, 杳若天上. 鄭衆鄭玄之等, 艱難摸索, 僅通訓詁, 而於制作之實, 極多疎謬. 後世之人, 以註解經, 不復硏究, 遂謂先古之法, 不可以措今. 然聖人者, 其智慧最深, 宜於一時, 而不宜於萬世, 有是理乎. (『全書』五 - 經世遺表七 - 二十八 前面, 井田議一)

33) 日知錄其學術議論, 却未能十分愜意. 蓋其本領, 務要作高談正論非眞箇正論. 人謂之正論者, 以全其名, 未見有惻怛眞切之心. 其所爲憂時慨世者, 都有鬆雜不淸淨意思, 著在言談之外, 如吾直性男子, 有時乎爲之注目耳. 又其鈔取史傳中語, 與己所立論者, 相雜成書, 大是冗雜. 吾嘗謂星湖僿說未足爲傳後之正本者, 以其古人成文, 與自家議論相雜成書, 不成義例也. 今日知錄正亦如此, 且其禮論, 殊多謬戾耳. (『全書』一 -

3) 天命과 知人·安民

(1) 天命

다산은 천지만물을 창조하고 運化하는 것은 人格神으로서의 上帝라고 보았다. 다산에 의하면 "상제는 천지와 神人의 밖에서 천지, 신인 및 만물 따위를 창조하고 운화하되 이것들을 全權으로써 처리함으로써 백성들로 하여금 極樂淨土에 살도록 하는 자"인데,[34] 영혼과 지각이 없는 宋學의 太極·太虛·理는 위와 같은 천지만물의 造化를 주재할 수 있는 능력이 없다는 것이다. 다산의 이러한 상제관은 그가 자기 학설의 기본틀이 거기로부터 연원하는 儒敎 古經의 상제관에 그 근거를 두고 있는 것이기는 하지만, 마테오 리치의 『천주실의』로부터도 상당한 영향을 받은 것으로 지적되고 있다. 다산과 천주교의 상제관은 여러 가지 점에서 같기도 하고 다르기도 하지만,[35] 가장 크게 다른 점

詩文集二十一 – 六 前面, 寄二兒)

34) 鏞案, 古今大病全在乎認天爲帝, 而堯舜周孔不如是錯認. 故以今眼釋古經, 一往多誤, 凡以是也. 上帝者, 何. 是於天地神人之外, 造化天地神人萬物之類, 而宰制安養之者也. 謂帝爲天, 猶謂王爲國, 非以彼蒼蒼有形之天, 指之爲上帝也. 故郊旅之事, 享于上帝, 至若禮天地四方者, 是於上帝之外, 致禮乎天神者. 天神有司天者, 有司地者, 護持國邑, 護持州縣者, 布列四方. 此所以作爲六器, 以致敬禮. 旣祭司天之神, 玉與牲幣, 皆從天色, 旣祭司地之神, 玉與牲幣, 皆從地色, 四方亦然. 此與郊天大祭, 何與何干, 顧若是之糾紛也. 若云禮天是郊天, 則皇皇上帝, 下與司土之神及四方諸神, 列爲同秩, 分受六玉, 亦不可曰周公善制禮也. 古者事神最重品秩. 故宗伯古稱秩宗, 祭神亦稱咸秩, 而四望句秩于山川, 五嶽秩于三公, 四瀆秩于諸侯. 古禮之嚴於秩如此, 乃以上帝下同土神及四方之神, 平爲一秩, 分受六玉, 可乎. 必無是矣. (『全書』二 – 春秋考徵四 – 二十四 前面, 先儒論辨之異)

35) 이동환, 『실학시대의 사상과 문학』 지식산업사, 2006, 226~7페이지와 정일균, 「다산 정약용의 '천天' 개념에 대한 재고찰」(『茶山學』 제32호, 2018.6). 다산의 天地創造說에 관해서는 방인, 「정약용의 『주역』 해석에 보이는 우주발생론적 관념과 마테오 리치의 영향」을 참고할 것. (『茶山學』 제35호, 2019.12).

은 후자는 내세에서의 구원을 기본목표로 하는 데 대하여 전자는 현세에서의 道德的 實踐을 기본목표로 하고 있다는 점이다. 다시 말하면 유교에서는 천주교에서와 같은 天堂·地獄說이 없다. 그러나 다산의 상제관에 있어서는 天人間의 밀접한 상응관계는 전제되어 있다.[36]

    張載가 말하기를, 太虛로 말미암아 天이라는 이름이 있으며, 氣化로 말미암아 道라는 이름이 있으며, 虛와 氣가 합하여 性이라는 이름이 있으며, 性과 知覺이 합하여 마음이라는 이름이 있다고 했다. 주자가 말하기를, 氣化라는 것은 저 음양의 造化이며, 水火金木土는 모두 太虛이니, 곧 太極圖上의 1圓圈이라고 했다. ○鏞은 생각건대, 하늘의 주재자는 상제인데, 이를 天이라고 하는 것은 國君을 國이라 부르는 것과 같은 것이니, 감히 꼬집어서 말하지 못한다는 뜻이다. 저 푸르고 푸른 형체가 있는 천은 우리들에게 집이나 휘장에 불과하고 그 品級은 다 같이 토지, 물 및 불과 같은 것에 불과한데, 어찌 우리 인간의 性과 道의 근본이 될 수 있겠는가. 태극도상의 1圓圈은 六經에는 보이지 않는데, 이것은 영혼이 있는 것인가 그렇지 않으면 감각이 없는 것인가. 곧 텅텅 비어서 불가사의한 것인가. 대개 천하에서 영혼이 없는 것은 主宰할 능력이 없으므로 1가의 家長이 우둔하고 지혜가 없으면 집안의 모든 일이 다스려지지 않고, 1현의 縣長이 우둔하고 지혜가 없으면 현 내의 모든 일이 다스려지지 않는 것이니, 하물며 텅텅 빈 太虛라는 한 理가 천지만물을 주재하는 근본이 된다면 천지간의 일이 이루어지겠는가.[37]

---

36) 天聰明, 自我民聰明, 天明畏, 自我民明威. 達于上下, 敬哉有土馬本畏作威○古文威作畏. (『全書』二 – 尚書古訓二 – 三十六 後面, 皐陶謨)

37) 張子曰, 由太虛, 有天之名, 由氣化, 有道之名, 合虛與氣, 有性之名, 合性與知覺, 有心之名朱子曰, 氣化者, 那陰陽造化, 水火金木土, 皆是太虛, 便是太極圖面上一圓圈. ○鏞案, 天之主宰, 爲上帝, 其謂之天者, 猶國君之稱國, 不敢斥言之意也. 彼蒼蒼有形之天, 在吾人不過爲屋宇帡幪, 其品級不過與土地水火平爲一等, 豈吾人性道之本乎. 太極圖上一圓圈, 不見六經, 是有靈之物乎, 抑無知之物乎. 將空空蕩蕩, 不可思議乎. 凡天

상제는 천지만물을 창조하고 운화하는 것이므로 자연과 인간을 막론하고 상제의 피조물이 아닌 것이 없지만, 天地間의 相應關係는 인간(=人倫)에 한해서만 성립한다는 것이다. 왜냐하면 자연은 무의식의 세계이므로 천명에 대하여 수동적일 수밖에 없는 데 대하여, 인간은 하늘로부터 靈明을 稟賦받아 도덕적 실천을 행할 수 있는 주체적 능력을 가지고 있기 때문이라는 것이다.[38] 다산학에서는 인간사회에서 천명이 실천되는 계기는 두 가지로 나뉘어 설명되고 있다. 첫째는 인간의 본성인 '天命之性'이 善을 좋아하고 惡을 싫어하는 '嗜好'로서 사람의 몸에 稟賦되어 있다는 것이다. 다시 말하면 인간은 본능적으로 선을 좋아하고 악을 싫어하는 성향을 가지고 있는데, 戒愼恐懼의 정신으로 '昭事上帝'하게 되면, 유교의 도덕적 수양의 목표인 '克己復禮'가 저절로 이루어진다는 것이다. 둘째는 천자는 代天理物하는 상제의 신하이므로 상제는 국가의 기본법제인 洪範九疇를 내려주어 천자로 하여금 국가를 통치하게 한다는 것이다.[39] 천자의 국가통치는 우선 洪水를 다스려 전근대사회에서의 기본산업인 농업을 안정시키는 한편, 현자를 등용함으로써 관리의 채용을 공정하게 하고 백성들

下無靈之物, 不能爲主宰, 故一家之長, 昏愚不慧, 則家中萬事不理, 一縣之長, 昏愚不慧, 則縣中萬事不理, 況以空蕩蕩之太虛一理, 爲天地萬物主宰根本, 天地間事, 其有濟乎. (『全書』二 - 孟子要義二 - 三十八 後面, 盡心第七)

38) 由是觀之, 上天下天, 水火土石, 日月星辰, 猶在萬物之列, 況可以銅鐵草木, 進之爲萬物之母乎. 今試書之曰, 天以陰陽水火銅鐵松栢, 化生萬物. 其說自覺難通. 分言之而遠於理者, 雖混言之, 豈得合理乎. 況草木禽獸, 天於化生之初, 賦以生生之理, 以種傳種, 各全性命而已. 人則不然, 天下萬民, 各於胚胎之初, 賦此靈明, 超越萬類, 享用萬物. 今乃云, 健順五常之德, 人物同得, 孰主孰奴, 都無等級, 豈上天生物之理, 本自如此乎. 仁義禮智之名, 本起於吾人行事, 並非在心之玄理. 人之受天, 只此靈明, 可仁可義可禮可智則有之矣. 若云上天以仁義禮智四顆, 賦之於人性之中, 則非其實矣. 人猶然矣, 況云五常之德, 物亦同得乎. (『全書』二 - 中庸講義補一 - 二 前面, 天命之謂性節)

39) 이 논문의 주47을 참조할 것.

의 賦稅負擔을 줄여 주는 것이다. 전자를 知人이라 하고 후자를 安民이라 하는데, 홍수통제를 비롯한 이러한 모든 일을 상제의 뜻에 어긋나지 않게 행해야 한다는 것이다.

주자는 理를 곧 性이라고 보고, 자연과 인간의 성은 모두 本然之性과 氣質之性으로 구성되어 있다고 보는 데 대하여, 다산은 天命을 곧 性으로 보고, 자연에는 단지 기질지성만이 품부되는 데 대하여 인간에는 기질지성과 더불어 도덕적 판단능력을 갖춘 天命之性이 품부된다고 본다. 여기에서 보는 바와 같이 다산은 천지만물의 성을 모두 천명지성으로 보지만, 자연과 인간을 나누어서 고찰하는 경우, 자연은 기질지성만을 품부받은 데 대하여 인간은 기질지성과 천명지성을 아울러 품부받은 것으로 보았다. 다시 말하면 다산의 천명지성에는 광의의 천명지성과 협의의 천명지성이 있는 것을 알 수 있다. 그러므로 性에 대한 주자와 다산의 견해는 기질지성에 있어서는 동일하지만, 本然之性과 天命之性에 있어서는 서로 다르다. 그 이유는 다산은 기질지성이나 천명지성을 다 같이 경험적으로 지각할 수 있는 形而下學的인 嗜好로 파악하지만, 주자는 '경험적으로 知覺할 수 있는(형이하학적인) 것을 우선 氣로 파악하고, 그 다음으로 기의 작용·운동의 법칙과 그것을 불러일으키는 物의 秩序를 아울러 경험적으로는 지각할 수는 없으나 그 實在를 상정할 수 있는(形而上學的인) 理로 파악'하기 때문이다.[40] 다시 말하면 주자의 경우에 있어서는 기질지성은 경험적으로 지각할 수 있는 형이하학적인 수준에서 파악하고 본연지성은 경험적으로 지각할 수 없는 형이상학적인 수준에서 파악하는 데 대하여, 다산의 경우에 있어서는 上帝라는 超越的 存在를 전제하고 있기는 하지만 기질지성이나 천명지성을 모두 경험적으로 지각할 수

---

40) 朱子의 理概念에 관해서는 溝口雄三 等編, 전게서의 「理」條를 참조할 것.

있는 형이하학적인 수준에서 파악하려고 했기 때문이다. 다산의 천지 만물에 대한 그러한 인식에 있어서는 西學으로부터의 영향이 확인된다. 다산은 서학의 천문·지리학으로부터의 영향으로 宋學의 太極·太虛·理에 관한 학설이 아무런 객관적 근거가 없는 관념적 주장이라는 사실을 명확하게 인식하고 있었던 것이다.[41]

臣은 대답합니다. 사람의 성도 단지 하나의 人性이요, 개와 소의 성도 하나의 禽獸性입니다. 대개 인성이란 道義와 氣質의 두 가지를 합하여 하나의 성으로 된 것이요, 금수성이란 순수하게 기질지성뿐입니다. 이제 인성을 논하자면, 사람에게는 항상 두 가지의 志向이 相反하면서 아울러 發하는 것이므로 먹을 것을 올리는 데 義롭지 못할 것 같으면, 받고 싶기도 하고 받고 싶지 않기도 할 것이요, 골칫거리이기는 하지만 仁을 이룰 수 있는 일이라면, 피하고 싶기도 하고 피하고 싶지 않기도 할 것입니다. 대개 받고 싶은 것과 피하고 싶은 것은 氣質이 그렇게 하고자 함이요, 받고 싶지도 않고 피하고 싶지도 않은 것은 道義가 그렇게 하고자 함입니다. 개와 돼지에게 음식을 던져주면 먹고자 할 뿐이요, 칼로써 위협하면 피하고자 할 뿐이니, 단지 기질지성만이 있

---

41) 今案, 陰陽之名, 起於日光之照掩. 日所隱曰陰, 日所映曰陽. 本無體質, 只有明闇, 原不可以爲萬物之父母. 特以北自北極, 南至南極, 天下萬國, 或東或西, 其日出入時刻, 有萬不同, 而其所得陰陽之數, 萬國皆同, 毫髮不殊. 以之爲晝夜, 以之爲寒暑, 其所得時刻, 亦皆均適. 故聖人作易, 以陰陽對待, 爲天道爲易道而已. 陰陽曷嘗有體質哉. 惟是伏羲八卦, 原有四正四偏, 天地水火者, 正方之卦也. 風雷山澤者, 偏敧之卦也. 表記曰, 天火尊而不親, 水土親而不尊, 言其位有尊卑也. 天火相合以生風雷, 水土相錯以成山澤, 變化蒸育以生萬物. 先哲於此, 又以輕淸者爲陽, 重濁者爲陰, 原是借名, 非其本實. 況先儒言天, 原有二種, 其一以自地以上謂之天, 其一以蒼蒼大圜謂之天. 若論蒼蒼之天, 其質雖皆淸明, 亦其陰陽二氣, 故日曰太陽, 月曰太陰. 太陽者, 純火也, 太陰者, 純水也. 五星列曜, 其性各殊, 或冷或煖, 或燥或濕, 或好風, 或好雨, 或主五金八石, 或主百草百木. 飛禽走獸昆蟲小豸, 各受其氣, 以生以育. (『全書』二－中庸講義補一－二 前面, 天命之謂性節)

는 것을 알 수 있습니다. 또 사람은 선악에 대하여 선을 행할 수도 있고 악을 행할 수도 있으니 스스로가 주장하는 것이요, 금수는 선악에 대하여 스스로 선하게도 하고 악하게도 할 수 없으니 하는 수 없이 그렇게 하는 것입니다. 사람은 도둑을 만나면 혹은 소리쳐서 쫓아버리기도 하고 혹은 계략을 써서 붙잡기도 하지만, 개는 도둑을 만나면 짖어서 소리칠 수는 있지만, 짖지 않거나 계략을 꾸밀 수가 없으니 그 능력이 모두 한정되어 있음을 알 수 있습니다. 대개 人性은 禽獸性과는 이와 같이 현격히 다른데, 告子가 생각과 운동이 같은 곳으로 나아가 곧 하나의 성이라고 말하니, 어찌 오류가 아니겠습니까. 臣은 생각건대, 개, 소와 사람의 성을 다같이 기질지성이라고 한다면, 이것은 인류를 貶下하는 것이요, 다같이 道義之性이라고 한다면 이것은 금수를 높여주는 것입니다. 두 설명에는 모두 병폐가 있으니, 신은 인성은 곧 인성이요 개와 소의 성은 곧 금수성이라 하는 것입니다. 본연지성으로 極論한다면, 사람의 경우 도의와 기질이 합하여 하나의 성으로 된 것이 本然이요, 금수의 경우 단지 기질지성만이 있는 것 역시 본연이니, 하필 기질과 더불어 대답할 필요가 있겠습니까.[42]

다산은 「召誥」, 『孟子』 및 「王制」 등의 古經에 근거하여 기질지성을

---

[42] 臣對曰, 人之性, 只是一部人性, 犬牛之性, 只是一部禽獸性. 蓋人性者, 合道義氣質二者而爲一性者也, 禽獸性者, 純是氣質之性而已. 今論人性, 人恒有二志相反而並發者, 有餒而將非義也, 則欲受而兼欲不受焉, 有患而將成仁也, 則欲避而兼欲不避焉. 夫欲受與欲避者, 是氣質之欲也, 其欲不受而不避者, 是道義之欲也. 犬與牛也, 投之以食, 欲食焉而已, 怵之以刃, 欲避焉而已, 可見其單有氣質之性也. 且人之於善惡, 皆能自作, 以其能自主張也, 禽獸之於善惡, 不能自作, 以其爲不得不然也. 人遇盜, 或聲而逐之, 或計而擒之, 犬遇盜, 能吠而聲之, 不能不吠而計之, 可見其能皆定能也. 夫人性之於禽獸性, 若是懸絶, 而告子只執其生覺運動之同處, 便謂之一性, 豈不謬乎. 臣以爲犬牛人之性, 同謂之氣質之性, 則是貶人類也, 同謂之道義之性, 則是進禽獸也, 二說俱有病痛, 臣謂人性卽人性, 犬牛之性卽禽獸性. 至論本然之性, 人之合道義氣質而爲一性者, 是本然也, 禽獸之單有氣質之性, 亦本然也, 何必與氣質對言之乎. (『全書』二-孟子要義二-十九 前面, 告子第六)

기호라 본다면, 천명지성 또한 기호로서 인간에 품부된 것이라 볼 수 있다고 했다.[43] 그는 인간의 차원에서, "기질지성은 단 것을 좋아하고 쓴 것을 싫어하며 香氣를 좋아하고 惡臭를 싫어하는 데 대하여 천명지성은 선을 좋아하고 악을 미워하며 義理를 좋아하고 貪慾을 싫어하는 것이니, 비록 기호라는 이름은 같다고 하더라도 기호하는 바는 서로 다르다"는[44] 것이다. 다산은 인성을 직접 분석함으로써 천명지성이 기호임을 입증하려고도 한다.

"천명지성이 선과 의를 기호한다는 것은 두 가지의 徵驗이 있다. 첫째는 눈으로 볼 수 있는 喜怒로써 징험할 수가 있으며, 둘째는 결과적 肥瘠으로써 징험할 수 있다. 대개 어린애는 아는 것이 없는데도 곧 착하다고 칭찬해 주면 즐거워하고 악하다고 꾸짖으면 화를 내며, 도적은 부끄러움을 모르는데도 청렴하다고 칭찬하면 기뻐하고 탐욕스럽다고 나무라면 슬퍼하니, 그 기호하는 바를 알 수 있다. 두 사람이 함께 굶는데, 음식을 얻어서 짝과 나누어 먹으면 쾌하나 혼자 먹고 나누지 못하면 만족스럽지 못하다고 여기며, 不義한 재산이 있는데 마음을 다잡아 물리치고 받아들이지 않으면 즐거우나, 옳지 못한 줄을 알면서 끝내 거기에 손가락을 담그면 부끄러우니, 기호하는 바를 알 수 있다. 類推해 보면 닥치는 일마다 모두 그러하니, 이것이 하나의 징험이다. 오늘 하나의 착한 일을 행하고 내일 하나의 의로운 일

---

43) 다산의 천명지성에 관한 經學的 함의에 대해서는 임부연, 「정약용이 발견한 '천명天命'과 '교제交際'」(『다산학』 제32호, 2018. 6)를 참조하라.

44) 觀於召誥, 觀於孟子, 觀於王制, 性之爲嗜好, 昭昭然矣. 若非嗜好, 曷云節之, 若非嗜好, 曷云忍之, 氣質之性, 旣以嗜好而得名, 則天命之性, 亦當以嗜好求之. 今人若聞此言, 必一瞥群指爲告子復出. 然告子認氣質之性, 以爲性之全體, 如黃南雷謂, 人只有人心. 我則不然曰, 氣質之性, 嗜甘而惡苦, 嗜香而惡臭, 天命之性, 嗜善而惡惡, 嗜義而惡貪, 嗜好之名雖同, 乃其所嗜好不同, 何得驅之於告子乎. (『全書』 二 - 梅氏書平四 - 二十三 後面, 南雷黃宗羲序)

을 행해서 善行과 義擧를 集積하여 心性을 양성하면, 心氣가 나날이 한가해지고 편안해지고 넓어지고 살찌고 막힘 없이 굳세고 정직하게 될 것이니, 부귀가 유혹할 수 없으며, 빈천도 마다하지 않으며, 武威 도 굴복시킬 수가 없을 것이니, 이른바 마음을 올바로 정직하게 양성 하면 浩然之氣가 천지간에 가득할 것이라고 하는 것이다맹자의 호연지 기의 뜻이다. 오늘 마음에 부담이 되는 일을 하나 행하고 내일 부끄러 운 일을 하나 행해서 마음은 참담한데 얼굴을 그렇지 않은 듯 꾸미 며 마음은 실제로 沮喪되었는데 遁辭로써 말을 꾸미며 재앙과 허물을 집적하여 심성을 해치면, 심기가 나날이 꺾이고 쫄아들고 비루해지고 혼란스럽게 되어 점점 劣弱하고 위축하게 될 것이다."[45]

다산이 성을 기호라고 보는 점에 대해서는 그의 저서의 도처에서 찾아볼 수 있다. 특히 그는 孟子의 性善說을 따랐기 때문에 인간의 기호는 선을 좋아하고 악을 싫어하는 直心으로 파악했다. 그러나 성 은 직심일 뿐 그 자체로서는 선하다거나 악하다고 할 수 없다. 주체 적 판단 능력을 가진 인간이 善行을 행하면 도덕적으로 선하게 되는 것이요 악행을 행하면 악하게 되는 것이다. 다시 말하면 다산은 權哲 身의 학설에 따라서 도덕 즉 德이란 行事가 있고 난 이후라야 성립할 수가 있다고 보았다.

---

45) 天命之性, 嗜善好義. 厥有二驗. 一以目前之喜怒徵. 一以畢竟之肥瘠徵. 凡孩兒無知, 乃譽之以善則喜, 誚之以惡則怒, 盜者無恥, 譽之以廉則悅, 訾之以貪則悲, 其所嗜好 可知矣. 兩人同飢, 得食而分其伴則快, 獨食而不能分則歉, 有財不義, 秉志而郤(郤은 卻의 誤字인 듯하다 ─ 필자)不受則樂, 知非而終染指則愧, 其所嗜好可知矣. 推類 以往, 觸事皆然, 此一驗也. 今日行一善事, 明日行一義擧, 積善集義, 以養心性, 則心 氣日舒日泰日廣日胖, 浩浩然剛毅正直, 富貴不能淫, 貧賤不能移, 威武不能屈, 所謂 直養而無害, 則塞乎天地之間也孟子浩氣之意. 今日行一負心事, 明日行一愧心事, 心覺 怊悵, 而强顔以壓之, 心實沮喪, 而遁辭以文之, 積殃集咎, 以殘心性, 則心氣日摧日蹙 日鄙日昏, 悴悴然劣弱枯瘁.(『全書』二─梅氏書平四─二十四 後面, 南雷黃宗義序)

"箴에서 말하기를, 德이란 나의 直心을 행하는 것이니, 행하지 않으면 덕은 없는 것이다. 孝·悌·忠·信·仁·義·禮·智를 덕이라 하는데, 몸소 행하지 않으면 어찌 덕이 있을 것인가. 그러나 이를 德性이라고 하는 것은 性은 본래 善을 좋아하므로 感應에 따라 發하는 것이 善心이 아닌 것이 없는 것이다. 이 선심을 擴充하면 인·의·예·지가 될 수 있으므로, 그 성을 이름하여 덕성이라 하는 것이다. 이 性을 받는 것은 上天의 명령에 根本한다. 天命을 받은 자가 그것을 감히 받들지 않을 수 없는 것은 君命을 받든 자가 그것을 감히 敬虔하게 따르지 않을 수 없는 것과 같다."46) 따라서 다산은 '克己復禮'를 위해서는 '昭事上帝'해야 한다고 강조했다.

이상으로써 간단하게나마 주자의 理 즉 性이라는 학설에 대비되는 다산의 天命 즉 性이라는 학설을 살펴보았다. 유교에서는 기본적으로 "天命을 가리켜 性이라고 하며, 성에 따르는 것을 가리켜 道라고 하며, 도를 닦는 것을 가리켜 敎라고 한다(天命之謂性, 率性之謂道, 修道之謂敎)." 다산에 의하면 상제의 명령 즉 천명이 곧 性이므로 우리 몸에 품부되어 있는 天命之性을 따르는 것이 道이며 이 도를 실천하도록 가르치는 것이 곧 敎이다. 다산은 道路를 예로 들어 明明德의 三大要件인 性·道·敎의 관계를 다음과 같이 설명했다.

"천명지성도 가히 기호라 말할 수 있다. 대개 사람이 胚胎하게 되면 하늘은 형체가 없는 靈明을 稟賦하는데, 그 물건됨이 善을 좋아하고 惡을 미워하며 나의 先親께서는 매양 선을 좋아하라고 하셨다 덕을 좋아하고 더러운 것을 수치스럽게 여긴다. 이를 가리켜 性이라고도 하

---

46) 箴曰, 德者行吾之直心也, 不行無德也. 孝弟忠信仁義禮智, 斯爲之德, 未及躬行, 安有德乎. 然而謂之德性者, 性本樂善, 隨感而發者, 無非善心. 擴充此心, 可以爲仁義禮智, 故名其性曰德性也. 此性所受, 本上天之命也. 受天命者, 不敢不尊之, 如奉君命者, 不敢不敬之也. (『全書』二－中庸自箴一－二 前面, 故君子尊德性而道問學節)

고 이를 가리켜 性善이라고도 한다. 성이 이미 이러하므로 거슬리려고도 하지 말고 바로잡으려고도 하지 말고 오직 모름지기 성에 따라서 그 하는 바에 복종해야 할 것이다. 태어나서 죽을 때까지 性을 좇아 나아가는 것을 道라고 한다. 다만 道路라는 물건은 이를 버려두고 다스리지 않으면 잡초가 무성하여 꽉 막혀서 아무데로도 나아가지 못한다. 반드시 亭·堠의 관리를 두고 도로를 다스리고 수리하고 개발하고 인도하여 行旅들로 하여금 그 방향을 헤매지 않도록 한 이후라야 나아가고자 하는 곳에 도달할 수 있을 것이다. 聖人이 衆人을 引導하는 것과 그 일이 서로 닮았는데, 이를 가리켜 敎라고 하는 것이다. 敎란 道路를 수리하고 닦는 것이다."[47]

(2) 知人·安民

위에서는 천명지성이라는 관점에서 天人間의 相應關係를 살펴보았다. 지금부터는 국가통치라는 관점에서 그것을 살펴보기로 한다. 국가통치라는 관점에서의 천인간의 상응관계는 상제가 천자를 簡擇하고 홍범구주를 내려주어 代天理物하도록 한다는 점에서 관찰된다. 이 경우 천자는 천지만물을 창조하고 운화하는 상제를 대신하여 천하를 통치하는 상제의 신하이다. 천자에게는 皇極으로서 지상의 모든 통치자와는 分이 다른 특별한 지위가 주어지기는 하지만, 상제 앞에서는 그들과 더불어 상제의 신하에 불과하다. 그러므로 천자는 지

---

47) 天命之性, 亦可以嗜好言. 蓋人之胚胎既成, 天則賦之以靈明無形之體, 而其爲物也, 樂善而惡惡余有先譚, 每云樂善, 好德而恥汚. 斯之謂性也, 斯之謂性善也. 性既如是, 故毋用拂逆, 毋用矯揉, 只須率以循之, 聽其所爲. 自生至死, 遵此以往, 斯之謂道也. 但道路爲物, 舍之不治, 則蓁莽阻塞, 莫適所向. 必有亭堠之官, 爲之治之繕之開之導之, 使行旅弗迷其方, 然後方可以達其所往. 聖人之牖導衆人, 其事相類, 斯之謂敎也. 敎者, 繕治道路者也.（『全書』二－中庸自箴一－二 後面, 天命之謂性, 率性之謂道, 修道之謂敎）

상의 신하들이 임명권자인 천자에게 절대적으로 복종해야 하듯이, 항상 상제의 명령에 절대적으로 복종하지 않으면 안 된다.[48] 그리고 천자는 상제가 내려주는 홍범구주를 가지고 통치에 임하는데, 홍범구주는 천자가 상제의 명령에 따라 통치를 행함에 있어서 준수해야 할 憲章이다.

箕子가 말하기를, 나는 들으니, 옛날에 鯀이 홍수를 다스리지도 못하면서 五行을 베풀겠다고 하니「石經」에서는 汨은 曰로 되어 있다, 상제가 이에 진노하여 홍범구주를 내려주지 않아 彝倫이 닦이지 못했다『說文』에서는 斁은 殬으로 되어 있는데, 薛本에서도 같다. 鯀이 죽임을 당하고, 禹가 곧 왕위를 계승하니, 이에 하늘이 우에게 홍범구주를 내려주어 이륜이 닦이게 되었다『사기』에서는 홍수를 다스리지 못하니, 이에 상제가 진노하여 洪範九等을 내려주지 않아 이륜이 닦이지 못했다고 하고, 또 말하기를, 이에 하늘이 홍범구등을 내려주어 常倫이 닦였다고 했다. ○『漢志』에서는 攸는 모두 逌으로 되어 있다. 『說文』에서는 斁은 殬으로 되어 있다. ○『釋文』에서는 殛는 혹 極으로 되어 있다.[49]

위의 인용문을 동양적 왕조국가의 정치와 관련하여 어떻게 이해할 것인가 하는 근본적인 문제는 이 분야의 전공자가 아닌 필자의 능력범위를 벗어나는 것이므로, 위 인용문의 文面에서 드러나는 것만을 가지고 그 의미를 살펴보면, 이를 다음과 같이 이해할 수 있지 않

---

48) 補曰, 天下君牧, 皆上帝之臣, 我不敢蔽賢. 其簡選以立天子, 惟在上帝之心. … 朱子曰, 天下賢人, 皆上帝之臣, 己不敢蔽. 簡在帝心, 唯帝所命. (『全書』二-論語古今注 十-三十四 前面, 堯曰第二十)

49) 箕子乃言曰, 我聞, 在昔鯀陻洪水, 汨陳其五行石經, 汨爲曰, 帝乃震怒, 不畀洪範九疇, 彝倫攸斁說文, 斁爲殬, 薛本同. 鯀則殛死, 禹乃嗣興, 天乃錫禹洪範九疇, 彝倫攸敍史云, 陻鴻水, 帝乃震怒, 不從鴻範九等, 常倫所斁, 又云, 天乃錫禹鴻範九等, 常倫所序.○漢志, 攸皆作逌. 說文, 斁爲殬○釋文, 殛或作極. (『全書』二-尙書古訓四-二十六 前面, 洪範)

을까 한다. 위와 같은 문장을 담고 있는 古經이 출현한 황하와 양자강의 주변 지역에서는 홍수의 통제가 인간생활의 기본조건이었던 것 같다. 그러하기 때문에 상제로부터 천자의 지위와 통치의 기본법제인 홍범구주를 받들 수 있는 자는 홍수를 다스릴 수 있는 능력이 있는 지도자라야 한다고 생각되었던 것으로 보인다. 그러한 사실은 홍수를 다스릴 능력이 없었던 鯀이 통치자의 지위에서 추방되어 죽임을 당하고 홍수를 다스릴 능력이 있는 禹에게 천자의 지위와 홍범구주가 내려졌다는 설명에서 확인되는 것으로 볼 수 있다. 그러면 국가통치의 기본법제인 홍범구주는 어떠한 것인가. 홍범구주의 해석에 있어서는 다양한 견해가 있지만, 다산은 夏나라의 법이 매양 9라는 숫자를 가지고 田地와 國都를 方形의 九區로 잘랐으므로, 홍범구주도 그 의미가 제대로 살아날 수 있도록 정전형의 九區로 정리·배치하여 설명했다고 한다.[50]

아래에서 보는 바와 같이 다산이 정리한 홍범구주도는 井田形이다. 여러 곳에서 고찰되는 바이지만, 다산은 정전이 경지정리에 있어서 뿐만 아니라 수도의 건설 및 법제의 제정 등에 있어서도 模型이 될 수 있다고 생각했던 것 같다. 홍범구주도를 보면 公田이 正中央에 위치하듯이 황극이 九疇의 정중앙에 위치하면서 주변의 8개의 範疇를 統御하도록 되어 있다. 다시 말하면 왕조국가에서의 제왕은 주권자로서 절대권을 가지고 있는 동시에 통치자들의 模範 즉 標準이 되어야 통치가 제대로 이루어질 수 있다는 것이다. 그리고 제왕은 위로 天時를 규율하고 아래로 人衆을 통어해야 하므로 五紀는 이고 三德은 밟고 있도록 했으며, 자기 자신을 謹愼하고 근본을 바룸으로써 災

---

50) 余謂夏禹之法, 唯九是用. 井田國都, 皆作九區義見前, 而仍用方形, 不用圓法, 則此洪範九疇, 亦必列爲九區, 形如井田. 如是然後, 其相應相關之妙, 始有可觀, 疇也者, 田區也, 今試爲圖如左. (『全書』二－ 尚書古訓四－ 二十八 前面, 洪範)

殃을 물리치고 和氣를 불러오는 것은 人主에게 긴밀하고 절실한 功驗이니, 五事는 왼쪽에 庶徵은 오른쪽에 배치했다. 위의 네 가지 범주 즉 五紀, 三德, 五事 및 庶徵은 임금에게 긴밀하고 절실한 功驗이므로 황극의 상하와 좌우로 배치하고, 五行, 八政, 稽疑 및 福極은 그 다음으로 행해도 좋은 것이므로 황극과 다소 거리가 있는 네 모서리에 배치했다고 한다. 五行(오행에 穀을 합하면 水火木金土穀의 六府가 되는데, 육부는 인간생활에 있어서 金銀寶貨보다 더 소중한 財寶이다)은 하늘이 내리는 재물이요 八政은 인간들이 이를 닦는 것이므로 오행과 팔정이 상하로 상응하도록 했으며, 吉凶이 나타나기 전에 이를 하늘에 물어보는 것을 稽疑라 하고 禍福이 이미 판명된 것을 福極(五福이라고도 하는데, 천자가 御衆하는 기본수단이 된다)이라 하므로 계의와 복극을 상하로 배치하여 상응하도록 했다. 또 五行, 五紀 및 稽疑는 하늘에서 내려오는 것이므로 위로 이고 있게 하고, 八政, 三德 및 福極은 땅에 있는 것이므로 아래에 밟고 있도록 배치했다고 한다. 『상서고훈』에서 제시되어 있는 홍범구주도와 그것에 대한 해설은 다음과 같다.

洪範九疇圖

七稽疑 悔 貞 克 驛 蒙 霽 雨	四五紀 曆數 星辰 日 月 歲	一五行 土 金 木 火 水 稼穡 從革 曲直 炎上 潤下
八庶徵 風 寒 燠 暘 雨 聖 謀 哲 乂 肅 蒙 急 舒 僭 狂	五皇極	二五事 思 聽 視 言 貌 睿 聰 明 從 恭 聖 謀 哲 乂 肅
九福極 考終命 攸好德 康寧 富 壽 弱 惡 貧 憂 疾 凶短折	六三德 柔克 剛克 正直 玉食 作威 作福	三八政 師賓 司寇 司徒 司空 祀 貨 食

　皇極은 안쪽에 있으므로, 중앙을 세우고 황극을 세워서, 이에 위로 天時를 규율하고, 아래로 人衆을 統御하니, 이것이 五紀를 이고 三德을 밟고 있는 소이이다剛克·柔克·作威·作福은 모두 人衆을 통어하는 방법이다. 자기를 근신하고 근본을 바름으로써 和氣를 부르는 것은 人主의 긴밀하고 절실한 功驗이니, 왼쪽의 五事는 자기를 근신하고 근본을 바르게 하는 것이요, 오른쪽의 庶徵은 기운에 화합하면 상서로움을 불러오고 기운에 어긋나면 재앙을 불러오는 것이다. 이것은 좌우가 조응하고 五事와 庶徵이 상통한다는 것이다이 네 가지는 人君에게 긴밀하고 절실한 것이라, 상하와 좌우로 진열하여 정면에 배치했다. 나머지 네 가지 범

주는 그다음으로 해도 좋기 때문에, 네 모퉁이에 배치한 것이다. 원래 하늘이 재물을 낳는 것을 가리켜 五行이라 하고, 그것을 받아서 닦는 것을 가리켜 八政이라 했으므로, 오행은 이고 있어 위에 있으니 天賜를 높이 받드는 것이요, 팔정은 밟고 있어 아래에 있으니 사람들의 쓰임에 이바지하는 것이다. 이것이 一과 三이 相應하는 妙味이다모두 財用이다. 길흉이 나타나기 전에 우러러 天明에 물어보는 것을 가리켜 稽疑라 하고, 화복이 이미 판명된 이후에 굽어서 인사에서 徵驗하는 것을 가리켜 福極이라 하는데, 하늘에 있는 것은 이고 있어 위에 있고, 사람에게 있는 것은 밟고 있어 아래에 있다. 이것이 또 七과 九가 상응하는 묘미이다. 이것을 가리켜 天道라 하고 이것을 가리켜 大法이라 한다. 範疇는 田區이다.[51]

다산은 천자가 상제로부터 그 지위와 홍범구주를 내려받아 천하를 통치하는 것을 상제가 천지를 창조하고 운화하는 데 同參하는 것이라 보았다. "禹貢」에서 법제를 제정하는 것은 성왕이 천지창조를 이어받아 太初의 混沌을 정리하고 나라를 통치하기 위한 큰 법을 세워서 천지를 재창조하는 큰 법전에 참여하는 것이다. 이때에 반드시 순임금과 우임금이 다같이 천자로 계시고, 稷, 契, 皐陶 및 益이 한 자리에 모여 서로 토론하여 田等, 賦額 및 貢路를 정하며, 五服의 제도를 세우며, 六府의 政事를 닦아서, 모두 九州로써 법제를 세웠으니, 天然

---

51) 皇極在內, 建中建極, 於是上律天時, 下馭人衆, 此所以戴五紀而履三德也剛柔克, 作威福, 皆馭衆之法. 恭己端本, 以召和氣 此人主密切之功驗也. 左五事者, 恭己而端本也, 右庶徵者, 和氣致祥, 乖氣致災也. 此所以左右照應, 而事徵相通也此四者, 於人君最密最切, 故上下左右, 陳以正列. 其餘四疇, 抑可爲次, 故陳之隅角也. 原夫天生材物, 謂之五行, 受而修之, 謂之八政, 故五行戴之在上, 所以尊天賜也, 八政履之在下, 所以敍人用也. 此一與三相應之妙也皆財用. 吉凶未著, 仰詢天明, 謂之稽疑, 禍福已判, 俯驗人事, 謂之福極, 在天者戴之在上, 在人者履之在下, 此又七與九相應之妙也. 此之謂天道, 此之謂大法. 疇者, 田區也. (『與猶堂全書』二－尙書古訓四－二十八 前面, 洪範)

으로 형성된 鐵鑄가 이 金石의 法典으로 되었다."[52] 그런데 천자가 홍수를 통제하여 전지를 정전으로 구획함으로써 천하를 통치하는 법제를 제정하고 실행하는 일은 도저히 천자 혼자서 할 수 있는 것이 아니다. 그러므로 천자에게는 황극이라는 지위가 주어지고 천하의 사람들을 부릴 수 있는 권한이 주어지는 것이므로, 백성들이 偏黨을 지어서 私益을 추구하는 것을 극도로 경계했다. "무릇 서민은 편당을 짓지 말며 사리를 추구하지 말고, 두렵게 皇王을 받들어서 거기로 향해야 할 것이다『사기』에서는 無는 모두 勿로 되어 있다. … 백성들이 황극으로 향하여 모이는 것은 30輻이 함께 1轂으로 향하고 모든 냇물이 함께 大海로 향하는 것과 같은 것인데, 끼리끼리 모이는 것을 皇王은 미워한다. 편당을 만들어 서로 모여 혹 1인을 추대하여 長으로 삼아 사리를 추구하면서 서로 칭찬하거나 혹 1인을 추대하여 賢人으로 삼아 같은 자들끼리 편당을 결성하여 다른 자들을 공격하여 사익을 추구하면서 공익을 해친다면, 나라가 반드시 혼란스러울 것이니, 어찌 황극을 세운다고 말할 수 있겠는가. 대개 황왕이 황왕됨은 五福의 권한이 황왕에게 있기 때문인데, 이 권한이 밑으로 옮겨가면 황극은 곧 멸망하는 것이다. 편당을 결성하여 사리를 추구하는 것은 오복을 나누어주는 권한이 밑으로 옮겨지는 것이니, 이것을 가장 먼저 경계해야 한다知遠錄."[53] 천자가 상제의 천지창조에 동참하는 방식에 대

---

52) 禹貢立制, 是聖王繼天造, 開天荒, 立經陳紀, 與天地更始之大法. 必於是時, 舜禹同德, 而稷契皐益, 一堂同會, 相與都兪吁咈, 以之定田等定賦等定貢額定貢路, 立五服之制, 修六府之政, 皆以九州立制, 天成鐵鑄, 爲此金石之典. (『全書』二 - 尙書古訓二 - 四 前面, 堯典)

53) 凡厥庶民, 無有淫朋, 人無有比德, 懼皇作極史記無皆作毋.
蔡云, 人有位之人.○案, 人也, 庶民也, 似皆通上下而言之也. 民之嚮會于皇極, 如三十輻, 共向于一轂, 如百川萬淙, 共向于大海, 私相嚮會者, 皇則惡之. 淫朋相聚, 或推一人以爲長, 比德相讚, 或戴一人以爲賢, 黨同伐異, 負私滅公, 則其國必亂, 豈

한 설명은 왕조정치의 질서와 왕조정치를 위한 여러 제도가 그 위에서 전개되어야 할 인프라스트럭쳐의 구축에 대한 매우 중요한 설명이다. 그러므로 여기에서는 그에 대한 정약용의 또 하나의 설명을 추가적으로 소개해 둔다.

考訂 : 「우공」은 절세의 문장이다. 雲夢土로 읽든 雲杜夢으로 읽든 모두 의미가 통하지 않는 구절이니, 의미가 통하도록 읽는 것만 못하다. 諸說은 모두 믿을 수 없다. 그러나 홍수가 懷山·讓陵을 덮친 재앙은 오직 河患인데, 江水나 淮水를 비롯한 여러 강들이 어찌 一時에 넘칠 이치가 있겠는가. 곤과 우가 다스린 것은 모두 河患이다. 河患을 다스리고 남는 여가에 우는 益 및 稷과 더불어 田間의 水路나 하천을 浚渫하는 일을 맡아서 드디어 천하의 전지의 境界를 바루었다. 그 평지의 비옥한 땅은 정전으로 구획하고 뙈기밭이나 짜투리땅들도 모두 역시 그 방위를 바로잡아 동서남북으로 經緯線을 쳐서 田畝의 경계를 바루었다. 『주례』의 이른바 體國經野라는 것이 이것을 가리킨다무릇 經田, 經界 및 經略이라고 하는 것이 모두 경위선을 설치하고 동서남북의 방위를 분별하여 전지를 구획하여 方田으로 만드는 것이다. 註釋家들은 매양 나라의 산천이 모조리 홍수에 잠기므로 이에 우가 물을 소통하여 바다로 흘러 보내니 부풀었던 물이 낮아져서 땅이 겨우 드러난 것이 있고 이미 개간된 것이 있다고 하는데, 이것은 그릇된 해석이다. 대개 이 雲澤과 夢澤은 천지개벽 이래 한 번도 人功을 거친 일이 없어서 그 넘실거리는 물이 구름처럼 한계가 없었다. 우가 沱水와 潛水를 먼저 다스려서 물이 고이지 못하도록 하고 곧 大澤의 부근에 넓은 토지를 經理할 때, 畎溝洫澮를 浚渫하여 沱水와 潛水로 물을 흘러들어 가게 했다. 이에 옛날에 물이 넘실거리던 넓은 곳에 땅이 보이고 전지가 조성되었다. 어

<hr>

所謂建極乎. 大抵皇之所以爲皇, 以五福之權在皇也, 此權下移, 皇極乃亡. 淫朋比德, 權之所以下移也, 玆所以首戒之也知遠錄. (『全書』二－尙書古訓四－三十六 前面, 洪範)

찌 반드시 용과 뱀이 우글거리는 곳이 하루아침에 육지가 된 이후라야 비로소 雲土라 일컬었겠는가知遠錄.[54]

위와 같은 천자의 천지재창조 과정은 천자가 지상에서 전개할 통치를 위한 기반을 마련하는 과정이기도 하다. 천자는 우선, 皇極의 지위를 획득함으로써 관리의 임용과 인민지배에 대한 절대권을 가지고, 천하를 통솔하여 홍수를 制御하고 전지를 정전으로 구획한다. 홍수통제와 정전으로의 전지구획은 황극과 더불어 통치를 위한 법 제정의 기반을 확보하는 것이다. 황극이 법 제정의 권력적 기반이라는 점에 대해서는 더 말할 것이 없으나, 홍수통제와 정전으로의 전지구획 또한 그러한 것이었다. 東아시아의 왕조국가에서 일반적으로 정전제가 이상적인 토지제도로 이해되어 왔던 것은 정전제야말로 전지의 실태를 정확하게 파악할 수 있는 가장 알기 쉬운 토지제도였기 때문이다. 우리나라에서는 結負制 때문에 끝내 전지를 구획하는 일이 없었으나, [55] 중국에서는 宋나라 이후로 토지실태 파악을 위한 제도로서 정전법의 연장선상에 있는 方田法이 채택되었으며,[56] 일본에서는

---

54) 訂曰, 禹貢絶世之文章也. 讀之以雲夢土, 讀之以雲杜夢, 皆死句也, 不如今讀之靈活. 諸說未可信也. 然洚水懷襄之災, 唯河患耳, 江淮諸水. 豈有一時都溢之理. 鯀禹所治者, 皆河患. 治河之餘, 禹與益稷, 遂掌濬澮濬川之役, 遂正天下之田界. 其衍沃者, 皆畫之爲井, 其畸羨者, 亦皆辨方正位, 子午相直, 南東其畝. 周禮所謂體國經野者, 此之謂也凡言經田經界經略之等, 皆設經緯線, 辨子午, 畫之爲方田也. 註家每認九州山川, 都陷洪水之中, 乃禹爲之疏導入海, 而漲水漸殺, 有才見土者, 有已作乂者, 斯則誤矣. 蓋玆雲夢之澤, 天荒以來, 未經人功, 浸淫汎溢, 漭無界限. 禹先治沱潛二水, 俾無滯壅, 乃於大澤之旁, 廣設經理, 濬其畎澮, 俾入于沱潛之水. 於是舊日之漫漫浩浩者, 土見而田作矣. 何必龍蛇之窟, 一朝成陸, 然後方可謂之雲土哉知遠錄. (『全書』二 – 尙書古訓三 – 十七 前面, 禹貢)

55) 졸저, 『經世遺表에 관한 硏究』의 제4장을 참조.

56) 중국의 方田法에 의한 量田에 관해서는 西村元照, 「張居正の土地丈量」上·下 (『東洋史硏究』 30-1~3, 京都大學, 1971을 참고할 것.

고대의 律令制로부터 정전법에 버금가는 條里制가 채택되었다.[57] 방전법과 조리제는 전지를 正四角形으로 구획하여 토지실태를 파악하는 방법으로서, 전자는 전지의 네 모서리에 墩臺를 설치하는 것에 불과한 데 대하여, 후자는 水路로 전지를 구획하는 것이다. 정전제로 전지의 실태를 정확하게 파악하는 일은 전지를 기준으로 인구를 정확하게 파악하는 방법이기도 하다.[58] 따라서 정전법은 전지와 인구의 실태를 정확하게 파악할 수 있는 基盤施設인데, 이 기반시설이 갖추어져야 土地所有, 賦稅收取 및 軍役動員 등을 위하여 제대로 실행될 수 있는 제도들이 제정될 수 있는 것이다.

이제부터는 위와 같은 통치를 위한 기반시설의 확보를 전제로 古經에서는 君主가 통치를 위하여 가져야 할 자세 즉 君主의 道理를 어떻게 보았는지를 살펴보도록 하자. 『상서』의 皐陶謨에서는 군주가 갖추어야 할 도리를 知人과 安民이라 했다.

"皐陶가 말하기를, '정말로 知人에 있고 安民에 있구나'라고 했다. 우임금이 말하기를, '아, 제왕은 오직 한결같이 하는 것을 어렵게 생각한다. 지인이면 明哲해서 훌륭한 관리를 둘 수 있고, 안민이면 은혜로워서 백성들이 그리워한다. 명철하고 은혜로우면 무엇을 걱정하리요.'"[59]

그러면 지인과 안민이란 무엇인가. 앞에서도 고찰한 바와 같이 지인은 '寶仁賢'이라고 하고, 안민은 '薄賦斂'이라고 했다. 다산은 「고요

---

57) 日本의 條里制에 관해서는 落合重信, 『條里制』吉川弘文館, 1967과 金田章裕, 『古代国家の土地計画』吉川弘文館, 2018을 참고할 것.

58) 『經世遺表』와 『牧民心書』에서 보이는 砧基簿 및 家座表 등이 이러한 방법에 의하여 획득된 자료이다.

59) 皐陶曰, 都, 在知人, 在安民. 禹曰, 吁, 咸若時, 唯帝其難之. 知人則哲, 能官人, 安民則惠, 黎民懷之. 能哲而惠, 何憂乎驩兜, 何遷乎有苗, 何畏乎巧言令色孔壬. (『全書』二－尚書古訓三－十七 前面, 禹貢)

모」의 해설에서 "지인은 인자하고 현명한 자를 보배로 여기는 것으로써 要務로 삼고, 안민은 부렴을 박하게 거두는 것으로써 要旨로 삼는다(知人以寶仁賢爲要務, 安民以薄賦斂爲要旨)"고[60] 했다. 다시 말하면 제왕이 인자하고 현명한 신하를 택해서 나라의 政事를 맡기면 나라가 잘 통치될 뿐만 아니라 정전법을 실시하여 전지와 인구의 실태를 정확하게 파악한 위에서 부세제도를 제정·실시하면 국가의 재정이 넉넉해질 뿐만 아니라 백성들의 부세부담도 가볍게 됨으로써 민심이 국가로 수렴되어 나라가 반석 위에 올라앉게 된다는 것이다. 다산이 在朝時節에 집필한 것으로 보이는 「用人理財說」에서는 지인·안민을 用人·理財라고도 표현하고, 『경세유표』에서는 이것을 체국경야, 설관분직이라고도 했는데, 이론과 정책이라는 차원에서 그 표현은 각각 조금씩 달리했지만, 기본적인 뜻은 같다고 할 수 있다. 다산이 지인·안민의 뜻을 보다 명확하게 파악하는 것은 1827년에 『상서』에 대한 자기의 기존 연구를 재검토할 때였던 것으로 보인다. 거기에서는 지인·안민을 修身·齊家의 연장선상에서 서술함으로써 지인·안민이 국가통치상에서 가지는 의미를 보다 명확하게 밝힌 것 같아서, 그때 작성한 문장을 번역하여 아래에 게재해둔다.

제왕은 오직 지인과 안민을 어렵게 여겼다. 지인이면 明哲해서 훌륭한 관리를 채용하고, 안민이면 은혜를 베풀어서 뭇 백성이 그리워하니, 이것이 『대학』의 治國平天下의 宗旨이다. 皐陶의 학문은 순수해서 오직 이 「고요모」 한편이 『대학』과 『중용』의 연원이 되니, 진실로 신복할 만하여 자각하지 못하는 사이에 손발이 춤을 춘다. 『대학』의 궁극적 귀착점은 반드시 평천하에 있는데, 곧 평천하에는 두 가지 큰 뜻이 있으니, 첫째는 훌륭한 관리를 채용하는

---

60) 『全書』二 - 尙書古訓二 - 三十二 後面, 皐陶謨

것이요, 둘째는 백성들에게 은혜를 베푸는 것이다. 두 번 네 번 번복해서 亡國과 敗戰으로써 경계한 것은 나라의 治亂과 興亡이 오직 이 두 가지 일에 있다는 것을 가리키는 것이다. 지난날 先朝 때에 새로이 문신을 抄啓하여 『대학』을 進講하실 때마다 반드시 물으시기를 '어진이를 들어 쓰고 賦斂을 가볍게 거두는 것이 진실로 나라의 큰 정사이다. 九經과 五典에는 그 節目이 많기도 하건만, 무엇 때문에 홀로 이 두 가지 일만을 重言復言하고 다른 일은 생략하고 언급하지 않았는가' 하셨다. 諸臣의 대답에는 모두 정확한 식견이 없었으나, 임금님의 曉諭 역시 일찍이 本旨를 두루 설명하지 않으시고 다만 꾸짖어 물러나게 했는데, 그때는 무엇 때문에 그렇게 하셨는지를 알지 못했다. 그 후에 산속에 깊이 파묻혀 살면서 밤낮으로 생각해 보니, 홀연히 깨닫는 바가 있었는데, 나라의 治亂과 興亡이 오직 이 두 가지의 일에 있고, 인심의 向背와 天命의 去就가 오직 이 두 가지 일에 있는 것을 알았다. 왜 그러한가. 원래 인생은 이 세상에서 두 가지 큰 欲心이 있는 것이다. 첫째는 富요 둘째는 貴이니, 이 것뿐이다. 곧 군자는 朝廷에 있으니 그 욕심은 귀에 있고, 소인은 野에 있으니 그 욕심은 부에 있는 것이다. 무릇 조정에서는 인심의 향배가 오로지 관리의 채용이 공정한가 한쪽으로 치우쳤는가에 달려 있고, 무릇 田野에서는 인심의 향배가 오로지 백성들에게 은혜를 베푸는 바가 후한가 박한가에 달려있다. 科擧의 선발로부터 등용에 이르기까지, 크게는 賦稅로부터 작게는 徭役에 이르기까지, 그 답답하고 억울한 마음이 하늘의 和氣에 抵觸하면, 이윽고 천명이 바뀌고 나라가 멸망하니, 조용히 남의 나라의 치란과 흥망의 근본을 생각건대, 과연 이 두 가지 일뿐이다. 그러므로 『시경』「淇奧」篇의 '諸侯의 至善'과 「烈文」篇의 '天子의 至善'에 대해 前代 帝王의 은덕을 잊지 못하겠다는 뜻을 풀이하기를, 군자는 전대 제왕이 어진 이를 어질게 여기고 친한 이를 친하게 여겼으므로 그 은덕을 잊지 못한다는 것이요, 소인은 전대 제왕이 즐거운 것을 즐기게 하고 이로운 것을 이롭게 누리도록 한 은덕을 잊지 못한다는 것이다. 은연중에 평천하의 伏機가 되는 것이요 오늘날 對策의 中頭에서 救助할 방책을 먼저 아뢰는 것과 같다. 후세의 말과 같이 글자만 보고 뜻을 세우는 것이 아니다. 그 연원을 따지고 들어가면, 곧「고요모」에 이르게 된다.「고요모」에서 삼가 수신하는 일이 『대학』에서의 수신의 근본이요「고요모」에서 九族에게 두텁게 베푸는 일이 『대학』에서의 한 가족이 서로 사랑하는 일이다. 지인과 안민의 경구로써 이은 것이 곧 『대학』의 치국평천하이다. 이 방략이 百世가 되도록 道學의 연원이 됨을 어찌 다시 의심할 것인가. 한탄스럽다.

아, 상감께서 이미 돌아가 講筵에서 이 방략을 한번 펼쳐볼 길이 없으니, 어찌 슬프지 아니한가.[61]

위의 인용문에서 보듯이 지인·안민은 『대학』의 수신·제가에 잇따르는 치국평천하의 종지라고 한다. 그러면 제왕이 지켜야 할 이 道理

---

61) 知人安民, 唯帝其難之. 知人則哲, 能官人, 安民則惠, 黎民懷之, 此大學治平之宗旨也. 皐陶學問醇粹, 只此皐陶謨一篇, 爲大學中庸之淵源, 眞足悅服, 不覺手舞而足蹈也. 大學之究竟歸趣, 必在乎平天下, 而乃平天下一段, 唯有兩大義, 一曰官人, 二曰惠民. 二飜四覆, 戒之以亡國喪師, 謂國之所以治亂興亡, 唯此二事. 昔在先朝, 每新選文臣, 進講大學, 必問斯義, 曰進賢薄賦, 固爲有國之大政, 而九經五典, 節目尙多, 奚獨此二事, 重言復言, 而略不及於他事也. 諸臣所對, 皆無的確之見, 上諭亦未嘗敷宣本旨, 而但命黜退, 不知何故. 其後屛居溪山之中, 蚤夜而思, 怳然若有悟者, 知國之所以治亂興亡, 只此二事, 人心向背, 天命去就, 只此二事. 何也. 原夫人生斯世, 有兩大欲存焉. 一曰富, 一曰貴, 斯而已矣. 乃君子在朝, 其所欲在貴, 小人在野, 其所欲在富. 凡朝廷之上, 其人心向背, 專係乎官人之公偏, 凡田野之間, 其人心向背, 專係乎惠民之薄厚. 始自選擧, 終於授任, 大如賦稅, 小則徭役, 其拂鬱寃悶之情, 上于天和, 則天命遂改, 九有以亡, 靜思人國治亂興亡之本, 果然此二事而已. 故淇奧諸侯之至善也, 烈文天子之至善也, 其釋前王不忘之義曰, 君子以前王嘗於我賢其賢而親其親, 故不忘其德, 小人以前王嘗於我樂其樂而利其利, 故不忘其德. 隱然爲平天下之伏機 如今對策中頭先伏救措之意, 非隨文立義如後世之言. 議其淵源, 直抵於皐陶愼厥修身者, 大學之修身爲本也, 惇叙九族者, 大學之一家興仁也. 繼之以知人安民之戒, 則大學之治國平天下也. 此謨一篇爲百世道學之淵源, 復何疑哉. 嗚呼.
眞游已邈, 無由一陳於講筵, 豈不悲哉. (茶山學會編, 『與猶堂全書補遺』二, 1974, 『讀尙書補傳』皐陶謨)

즉 지인·안민은 인간이 지켜야 할 기본도리인 孝·悌·慈의 明德과 마찬가지로, 천명지성에 根本하고 있다고 말할 수 있을까. 다산학에 있어서는 지인·안민이 천명에 근본하고 있다고는 말하고 있지만, 지인·안민이 천명지성에 근본하고 있다고는 말하고 있지 않다. 그러나 다산학에 있어서는 천명을 곧 性이라고 하고 지인·안민이 수신·제가의 연장선상에 있다고 하므로, 지인·안민 또한 천명지성에 근본하고 있다고 말해도 좋을 것으로 보인다. 그런데 다산은 위와 같은 군주의 덕목이 요청되는 人性的 根據로서 통치대상인 인간들의 '願慾'의 충족을 들었다. 다산은 인간을 君子와 小人으로 나누고, 朝廷에 있는 군자의 貴에 대한 欲心과 在野에 있는 소인의 富에 대한 욕심을 만족시키지 못하면, 朝野에서 인심이 이반되어 천명이 바뀌고 나라가 멸망할지도 모른다고까지 말했다. 인간의 이러한 원욕에 대해서는 『大學公議』및 『상서고훈』등에서도 지적되고 있지만,[62] 일찍이 1815년(嘉慶乙亥)에 저술된 『心經密驗』에서는 보다 구체적으로 피력되고 있다.

"살피건대, 우리 인간의 靈體 내에는 본래 願欲 한 가닥이 있는데, 만약 이 욕심이 없다면, 천하만사는 아무것도 이루어질 수가 없다. 오직 이익을 밝히는 자는 그 욕심이 利祿을 따라 치닫고, 의리를 밝히는 자는 그 욕심이 道義를 따라 치달아서, 욕심이 이 두 가지를 극단적으로 추구하는 경우에는 모두 목숨을 내어놓아도 후회가 없는 것이니, 이른바 貪夫는 재물에 목숨을 바치고 烈士는 이름에 목숨을 바치는 것이다. 내가 일찍이 어떤 종류의 인간을 보니, 그 마음이 조용하고 욕심이 없어서, 착한 일도 행할 수 없고 악한 일도 행할

---

62) 『全書』二 ― 大學公議― ― 四十二 前面, 大學公議三 및 『全書』二 ― 尙書古訓二 ― 三十二 後面, 皐陶謨. 『대학공의』의 위의 문장에서도 지인·안민이 수신·제가의 연장선상에서 설명되고 있다.

수 없으며, 글도 짓지 못하고 産業도 영위할 수가 없어서 바로 天地間에 버려진 물건과 같았는데, 사람이 욕심이 없을 수 있겠는가."[63] 본래 유학에서는 '欲心'이라는 단어를 거의 사용하지 않을 뿐만 아니라 그것을 사용하는 경우에도 否定的인 뜻으로 사용하여 왔는데, 다산이 '욕심'이라는 단어를 이렇게 肯定的인 의미로 사용하게 되는 계기는 어디에 있었을까. 다산은 위와 같은 '욕심'에 대한 해석의 經典的 근거를 『맹자』의 "마음을 기르는 데 있어서는 寡欲만한 것이 없다(養心莫善於寡欲)"라는 구절에서 찾고 있는데, 거기에서는 "살피건대, 이미 六體가 있으면, 身體는 적더라도 溫氣를 구하지 않을 수 없으며, 胃는 빈약하더라도 배부름을 구하지 않을 수 없으며, 四肢는 조금이나마 安樂을 구하지 않을 수 없는데, 돌이켜 보건대 어찌 전혀 욕심이 없을 수 있겠는가. 맹자의 학설은 행할 만하다"[64]고 했다. 이 맹자의 욕심에 대한 소극적 해석과 다산의 군자와 소인의 富貴에 대한 욕심의 적극적 강조 사이에는 먼 거리가 있어 보이는데, 그렇게 된 이유는 다산의 욕심에 대한 긍정적 평가의 근거가 위와 같은 『맹자』의 욕심에 대한 소극적 긍정에 있었던 것이 아니라 실제로는 考據學으로부터의 영향에 있었기 때문이 아니었을까. 고거학은 "입고 먹는 것이야 말로 인륜물리이다(穿衣吃飯, 卽是人倫物理, 除却穿衣吃飯, 无倫物矣)"라는 李贄의 인식을 사상사적 전개의 하나의 계기로 하고

---

63) 案, 吾人靈體之內, 本有願欲一端, 若無此欲心, 卽天下萬事, 都無可做. 唯其喩於利者, 欲心從利祿上穿去, 其喩於義者, 欲心從道義上穿去, 欲之至極二者, 皆能殺身而無悔, 所謂貪夫殉財, 烈士殉名也. 余嘗見一種人, 其心泊然無欲, 不能爲善, 不能爲惡, 不能爲文詞, 不能爲産業, 直一天地間棄物, 人可以無慾哉. 孟子所指, 利祿之慾耳. (『全書』二－大學講義二－三十九 後面, 心性總義. 『全書』에서는 「大學講義卷二」에 포함되어 있으나, 본래는 『心經密驗』이라는 별도의 저서였다고 한다.)

64) 案, 此身旣存, 體不能不求其苟暖, 肚不能不求其苟飽, 四肢不能不求其苟安, 顧安能都無欲哉. 孟子說爲可行耳. (『全書』二－大學講義二－三十九 後面, 周子養心說)

있었다고 한다.[65] 다산의 '원욕'과 이지의 '입고 먹는 것'에 대한 욕심은 그 槪念에 있어서 다소 거리가 있기는 하지만, 혹시 다산이 李贄로부터 영향을 받은 것은 아닌지 모르겠다. 그런데 여기에서 문제로 남는 것은 다산학에 있어서 천명지성으로서의 嗜好(之欲)와 부귀에 대한 군자와 소인의 欲心을 다 같은 인간의 본성이라고 한다면, 유학의 체계 내에서 이 두 가지를 어떻게 조화롭게 수용할 수 있는가 하는 것이다. 이 점에 대해서는 별도의 學問的 考究가 필요할 것이므로 여기서는 이러한 문제점이 있다는 것을 지적하는 데 그친다.

지금까지의 설명으로, 다산학에 있어서는 지인·안민, 用人·理財 및 體國經野·設官分職을 治國·平天下의 二大宗旨로 인식하고 있는 사실이 충분히 이해되었으리라 믿는다. 지인·안민은 도덕적 측면에서, 용인·이재는 내용적 측면에서, 체국경야·설관분직은 제도적 측면에서 각각 치국·평천하의 2대 종지를 표현한 것이라 할 수 있다. 다산경세학에서의 치국·평천하의 2대 종지를 알기 쉽게 풀이하면, 그것은 국가를 통치할 관료제도의 제정·운용과 정전법·賦貢制의 실시라 할 수 있다. 졸저『경세유표에 관한 연구』의 제1장에서는『경세유표』가 그 형식에 있어서는 六典의 관직체계로 서술되어 있지만, 내용적으로는 관제와 정전제·부공제의 체계로 서술되어 있다고 주장한 바가 있는데, 이러한『경세유표』의 서술체계는 다산이 이해하고 있던 국정체계이기도 하다. 따라서 지금부터는 필자의 기존 연구에 의존하면서 지인·안민의 체계에 따른 국정체계를 간략히 살펴보기로 한다.

65) 溝口雄三 等編, 전게서, 397페이지

2. 知人과 官制

유교의 경세학에 있어서는 관제의 제정과 운용이 국가통치의 2대 과제 중의 하나로 설정되어 있다. '지인'과 '용인'은 德性과 能力을 갖춘 관리를 등용함으로써 사대부 계층의 인심을 수렴하는 한편, 국가를 제대로 통치해야 한다는 것이요, 古經 중에서 경세와 관련되는 최대의 법전인 『주례』에서 제시되어 있는 '設官分職, 以爲民極'은 국가경영에 있어서 관제를 제정하고 관직을 베풀어서 백성들의 표준으로 삼는다는 것이다. 그리고 四書 중에서 정치론이라고 할 수 있는 『대학』에서도 정치의 핵심을 '格物致知, 誠意正心, 修身齊家, 治國平天下'라 파악함으로써 결국 관료들의 덕성과 능력의 함양이 국가경영의 중심적 과제가 됨을 밝히고 있는 것이다. 그러면 유교적 경세학에서는 왜 관제의 제정과 운용을 국가경영의 2대 과제 중의 하나로 설정하려 했을까. 이러한 의문에 대해서는 經傳 내에서 그 해답을 찾을 수가 없으나, 역사의 자율적 발전을 가능하게 하는 기구인 시장경제가 성립하기 이전에 있어서는 혹시 자연과 사회의 문제에 대한 인간의 能動的 對應과 積極的 作用이 오로지 관료제도를 통하여 이루어질 수밖에 없었기 때문이 아니었을까. 유교의 경전에서 이러한 점을 의식했는지 어떠했는지는 잘 모르겠으나, 관제의 제정과 운용을 통한 인간의 능동적 대응과 적극적 작용이 매우 중요시되었던 것은 분명했던 것으로 보인다.

왕조국가에 있어서 국가의 최고통수권자는 帝王이다. 그러므로 유교의 경전에서는 제왕의 지위를 皇極으로 설정하고 제왕의 적극적 역할을 매우 중요시하였다. '탕의 盤銘에서는 말하기를, 진실로 하루를 새롭게 할 수 있거든 나날이 새롭게 하고 또 날로 새롭게 하라(湯之盤銘曰, 苟日新, 日日新, 又日新)'고 했다. 여기서 '새롭게 한다'는 것은

至誠으로써 至善에 이르도록 스스로 힘쓴다는 것인데, 이것이 '新民'과 '維新'으로 이어져서 백성, 관리와 임금 및 나라가 각각 나날이 새로워지도록 힘쓴다는 것이다.[66] 『中庸』第二十二章의 天道에서는 "오직 천하의 지성이라야 자기의 본성을 다 발휘할 수 있는데, 자기의 본성을 다할 수 있으면 사람의 본성을 다하게 할 수 있고, 사람의 본성을 다하게 할 수 있으면 物의 본성을 다하게 할 수 있고, 물의 본성을 다하게 할 수 있으면 天地의 化育을 도울 수 있고, 천지의 화육을 도울 수 있으면 천지(창조―필자)에 同參할 수 있다"고 했는데,[67] 여기에서 우리는 유교에서 인간의 능동적 역할에 대하여 무엇을 기대하고 있었는지를 엿볼 수 있다. 인간이 지성으로써 지선에 이르게 되면 인간은 물론 生物까지도 日日新, 又日新할 수 있다는 것이다. 다산은 위와 같은 유교사상을 기초로 하는 관제의 제정과 운용을 통하여 국가를 어떻게 一新할 수 있는가를 다음과 같이 피력하고 있다.

본성을 다한다는 것은 하늘에서 받은 本分을 다하는 것이다. 스스로를 닦아서 지선에 이르게 되면, 나의 본분이 다해지는 것이다. 사람을 다스리는 데 있어서 지선에 이르게 되면, 각각이 그 본분을 다하게 되는데, 그 職務는 나에게 있는 것이다. 산림과 천택의 정사를 닦아서 草木과 禽獸로 하여금 제때에 生育하게 해서 자라지도 못하고 죽는 일이 없도록 해야 할 것이며, 校人이 말을 기르며, 農師가 오곡을 농사지으며, 場師가 園圃를 가꾸어서, 생명이 있는 동식물로 하여금 각각 그 생육하는 본성을 다하게 하면, 동식물이 각각 그 본성을 다하게 되는데, 그 직무는 나에게 있는 것이다. 산림, 천택, 農圃 및 축목

---

66) 『大學』釋新民
67) 唯天下至誠, 爲能盡其性, 能盡其性, 則能盡人之性, 能盡人之性, 則能盡物之性, 能盡物之性, 則可以贊天地之化育, 可以贊天地之化育, 則可以與天地參矣. (『中庸』第二十二章)

의 정사가 이루어지지 못하면, 만물의 생육이 막히고 어지러워져서 茂盛할 수가 없으나, 성인이 좋은 정사를 베풀면 만물의 생육이 (식물은—필자) 울창하고 무성하며 (동물은—필자) 훤하게 살이 쪄서 天地를 다시 보게 할 것이니, 이를 가리켜 천지의 生育을 돕는다고 해도 역시 옳지 않겠는가.[68]

1) 官制制定의 原則 : 寅亮天工과 宮府一體

다산이 『경세유표』의 「序官」에서 피력한 관제제정에 관한 서술을 살펴보면, 관제제정의 원칙은 인량천공과 궁부일체이었던 것으로 보인다. 다산이 관제를 제정하면서 "臣이 그윽이 생각해 보니, 왕자가 관청을 설치하고 관직을 나누는 것은, 天工을 代理하는 것인데, 三公, 六卿 및 뭇 관리들은 君德을 보좌하고 사람이 걸어야 할 길을 밝힘으로써 禮樂刑政으로부터 財富와 甲兵에 이르기까지 진심으로 진실하고 절급한 사무를 다하는 데 있다"고 했다.[69] 여기서 '천공을 대리하는 것'이 곧 寅亮天工 즉 나라를 다스리는 일을 살피는 것인데, 나라를 다스리는 일이란 결국 왕자가 이 지상에서 어떠한 정치를 펼칠 것인가 하는 문제이다. 다산에게는 이상적인 정치에 관한 글로서 「原政」이 있다. 「원정」에서는 국정이 正과 均의 원칙하에서 전지의 실태 파악을 전제로 하는 토지분배, 通功易事, 치안, 국방, 농림업 및 醫

---

68) 盡其性者, 盡其所受於天之本分也. 自修而至於至善, 則我之本分盡矣. 治人而至於至善, 則人各盡其本分, 而其功在我矣. 修山林川澤之政, 使草木禽獸, 生育以時, 毋妖毋瘒, 校人養馬, 牧人養牲, 農師殖五穀, 場師毓園圃, 使動植含生之物, 各盡其生育之性, 則物各盡其本分, 而其功在我矣. 山林川澤農圃畜牧之政廢, 則萬物之生, 夭閼橫亂, 不能茂盛, 而聖人者, 修而擧之, 則萬物之生, 蔚然叢茂, 郁然肥澤, 使天地改觀, 其謂之贊天地化育, 不亦宜乎.(『全書』二 – 中庸自箴一 – 二十二 前面, 惟天下至誠節)

69) 臣竊伏念, 王者設官分職, 代理天工, 三公六卿百執事之臣, 皆所以輔君德立人紀, 以至禮樂刑政, 財賦甲兵, 其眞實急切之務, 在所盡心.(『全書』五 – 經世遺表一 – 二十三 後面, 弘文館)

藥의 여러 분야에 걸쳐서 원만하게 이루어지도록 설명했는데, 이것은 국정을 對民政事를 중심으로 설명한 것이다. 여기에 정부의 人事와 外交를 아우르게 되면, 곧 吏·戶·禮·兵·刑·工의 정사가 갖추어지게 되는데, 이것이 다름 아닌 天工으로서 왕실과 정부의 政事를 아울러 살피는 정부기구인 것이다. 다시 말하면, 왕조국가의 관제는 막스 베버가 지적하는 바와 같이 帝王의 家産을 관리하는 家産官僚制였던 것이다.

우리나라는 창건 이래 大統을 이어온 지가 4백여 년에 紀綱이 해이되고 모든 일이 부진하니, 법을 개정하고 관제를 정비하여 祖宗의 공덕을 빛내야 할 것입니다(여기에 王室의 위치가 示唆되어 있다 ─ 필자). 청컨대, 三公과 三孤에게 명령하여 널리 六典을 베풀어서 六官에 告하게 하고, 이에 육관에 명령하여 職事를 닦는 한편 그 屬衙門(原文에는 屬司로 표기되어 있으나, 大典의 用例에 따라 屬衙門으로 번역했다 ─ 필자)을 分設하게 하고 왕을 보필하여 나라를 다스리게 하소서. 첫째는 天官 吏曹로서 그 속아문이 20인데 통치를 관장하며, 둘째는 地官 戶曹로서 그 속아문이 20인데 교육을 관장하며, 셋째는 春官 禮曹로서 그 속아문이 20인데 禮節을 관장하며, 넷째는 夏官 兵曹로서 그 속아문이 20인데 軍政을 관장하며, 다섯째는 秋官 刑曹로서 그 속아문이 20인데 형벌을 관장하며, 여섯째는 冬官 工曹로서 그 속아문이 20인데 工事를 관장합니다. 무릇 六官의 속아문은, 큰 일은 그 曹에 고하고, 작은 일은 專決합니다.[70]

---

70) 唯我國家, 創業垂統, 餘四百年, 綱弛紐解, 庶事不振, 宜改法修官, 以昭祖烈. 請命三公三孤, 弘敷六典, 以詔六官, 乃命六官, 修厥職事, 分其屬司, 以佐王平邦國. 一曰天官吏曹, 其屬二十掌邦治. 二曰地官戶曹, 其屬二十掌邦敎. 三曰春官禮曹, 其屬二十掌邦禮, 四曰夏官兵曹, 其屬二十掌邦政, 五曰秋官刑曹, 其屬二十掌邦刑, 六曰冬官工曹, 其屬二十掌邦事. 凡六屬之官, 大事關于曹, 小事專決之. (『全書』五─經世遺表一─一 前面, 天官吏曹)

다산이 조선의 관제를 三公, 六曹 및 120의 屬衙門으로 개혁하고자
한 데에는 두 가지의 뜻이 있었다. 첫째는 『주례』와 조선의 관제를 참
고하면서 이상적인 관제를 수립하고자 한 것이다. 『주례』의 관제는 육
관과 360의 속아문으로 구성되어 있고 조선의 관제는 三公, 六曹와
110의 속아문으로 구성되어 있었는데, 120도 天地度數 360의 3분의 1
이므로 조선의 관제도 천지도수에 맞도록 120의 속아문으로 개혁하
고자 한 것이다. 둘째는 왜구와 여진의 소란에 대처하느라 明宗 이래
로 정부를 備邊司가 관장하게 됨으로써 이지러져 있던 관료기구를
이상적인 관료기구로 재정비하고자 한 것이다. 셋째는 재정이 궁핍하
여 약 1천 명에 이르는 중앙 관료의 절반에 대하여 봉급조차 지급하
지 못할 뿐만 아니라 常備軍도 유지하지 못하는 궁박한 사정을 극복
하기 위하여, 정전법과 부공제로의 개혁을 통하여 국가를 혁신하고
재정을 확보함으로써 위에서 보는 바와 같은 이상적인 관제를 정상적
으로 운용하고 상비군을 확보하고자 했다. 정전제와 부공제를 실시함
으로써 재정을 확보하여 관제를 정상적인 의정부와 육조체제의 관제
로 개혁하고 상비군을 확보하고자 한 시도는 어쩌면 한국사에 있어
서 최초로 이루어지는 시도가 아니었는지 모르겠다.

관제의 수립에 있어서 다산이 크게 고려한 것은 관제를 실무 중심
으로 편성하고 諫爭을 독점하는 淸要職의 言官을 제거하고자 한 것
이었다. 다산은 古經의 관제를 보면 모든 관리들은 임금 앞에서 활발
하게 간쟁을 펼쳤으며, 또 실무를 아는 자들이 간쟁을 펼침으로써 간
쟁이 空然한 言爭으로 발전하지 않을 것이라 기대했던 것이다. 그럼에
도 불구하고 조선에서는 實務에 대해서는 전혀 아는 것이 없으면서
도 간쟁을 독점하는 館閣과 臺諫의 관리들이 있었는데, 이들은 일선
에서 실무를 담당하는 관리들의 간쟁의 길을 막을 뿐만 아니라 黨同
伐異함으로써 당쟁을 조장한다는 것이다. 그러므로 다산은 당쟁 등

의 폐속을 극복하고 경세제민의 능력이 있는 관리들의 진출을 위하여 「職官論」에서 淸要職의 제거를 강력히 주장했다. "人主가 館閣의 신하를 두게 되면, 무릇 朝臣 중에서 이 관직을 갖지 못한 자는 비록 文學과 詞章이 같은 자들보다 훨씬 뛰어나더라도 감히 이 일에 참여하지 못하게 되는데, 감히 이 일에 참여하지 못할 줄을 알게 되면, 또한 이 일에 생각도 두지 않게 된다. 인주가 대간의 신하를 두게 되면, 무릇 朝臣 중에 이 관직을 갖지 못한 자는 비록 충성스럽고 나라를 걱정하고 백성을 사랑하는 정성이 마음속에 깊이 쌓이고 맺혀 있더라도 감히 한마디 말도 입 밖으로 의논하지 못하게 되는데, 감히 한마디 말도 입 밖으로 의논하지 못할 줄을 알게 되면, 또한 거기에 생각도 두지 않게 된다. … 淸職을 폐지하면 尸位素餐이 부끄러운 줄을 알 것이며, 청직을 폐지하면 하늘이 본래 君牧을 세워서 이들로 하여금 牧民하도록 한 것을 알 것이며, 청직을 폐지하면 門閥을 숭상하고 卑賤한 자의 출세길을 막는 풍속이 쇠퇴할 것이며, 청직을 폐지하면 같은 자들끼리 偏黨을 지어 자기와 다른 자를 치고 서로 다투고 끼리끼리 모이는 풍습이 없어질 것이다. 대저 백성을 위하여 관직을 설치하고 職事를 위하여 관직을 설치했으니, 관직이 닦여지면 어진 자로 대접하고 관리가 어른스러우면 존경할 뿐이다. 저 이른바 淸職이라는 것은 백성을 위한 것인가, 직사를 위한 것인가. 장차 사대부가 될 것을 기다려 자기 한 몸을 영화롭게 하고 총애를 받게 할 뿐이라면, 나라를 도모하는 자가 무엇 하려고 이 관직을 설치할 것인가."[71]

---

71) 人主置館閣之臣, 則凡朝臣之不得爲是官者, 雖其文學詞命, 絕類超凡, 不敢與聞於是, 知不敢與聞於是, 亦不以爲意也. 人主置臺諫之臣, 則凡朝臣之不得爲是官者, 雖忠憤憂愛之誠, 蘊隆結轖于中, 不敢發一言議之, 知不敢發一言議之, 亦不以爲意也. … 淸職罷而知尸位素餐之爲可愧也, 淸職罷而知天之立君立牧, 本使之牧民也, 淸職罷而尙閥塞卑之風衰矣, 淸職罷而黨同伐異傾軋比周之習祛矣. 夫爲民置官, 爲職事置官, 官理則賢之, 官尊則敬之而已. 彼所謂淸職者, 爲民乎, 爲職事乎. 將以待士大夫

위에서는 관제개혁을 중심으로 '지인·용인'의 문제를 살펴보았다. 그러나 지역차별, 신분차별 및 당쟁 등의 사정 때문에 인재의 등용이 中央'閥閱의 數十家'에 독점되어 있었던 조선후기에 있어서는 '지인·용인'의 문제가 단순한 관제의 개혁에 국한될 수는 없었다. 따라서 다산은 관제와 인사문제를 다루는 글의 곳곳에서 위와 같은 인재등용의 폐쇄성을 극복해야 한다고 제안했는데, 여기서는 조선후기에서의 인재등용의 폐쇄성을 예리하게 지적한「通塞議」의 한 구절을 인용해 둔다. "신은 업드려 생각건대, 人才를 얻기 어려운 것이 오래되었습니다. 한 나라의 精英을 모조리 拔擢한다고 하더라도 오히려 부족할까 두렵거늘, 하물며 10분의 8, 9를 버리는데 있어서이겠습니까. 小民은 버림받은 자이며, 中人은 버림받은 자이며우리나라의 醫員, 譯官, 日官, 畵員 및 算員이 중인이 된다, 關西와 關北의 사람은 버림받은 자이며, 海西, 開京 및 江華島의 사람은 버림받은 자이며, 關東과 湖南 사람의 절반은 버림받은 자이며, 庶孼은 버림받은 자이며, 北人과 南人은 버림받지는 않았으나 버림받은 자와 같은 자이며, 버림을 받지 않은 자는 오직 閥閱의 數十家에 불과하나 그 중에서도 역시 어떠한 일로 버림을 받은 자가 많으니, 무릇 일체의 버림을 받은 자들은 모두 自暴自棄하여 文學, 政事, 田穀, 및 甲兵과 같은 일에 마음을 두지 않고 슬피 울며 강개하면서 술을 마시거나 방탕하기 때문에 드디어 인재가 일어나지 않게 된 것입니다."[72]

之來. 以之榮寵其一己而已, 謀國者, 何爲而設此官乎. (『全書』一－詩文集十一－七前面, 職官論)

72) 臣伏惟, 人才之難得也, 久矣. 盡一國之精英而拔擢之, 猶懼不足, 況棄其八九哉. 盡一國之生靈而培養之, 猶懼不興, 況廢其八九哉. 小民, 其棄者也, 中人, 其棄者也我國醫譯律歷書畵算數者爲中人, 西關北關, 其棄者也, 海西松京沁都, 其棄者也, 關東湖南之牛, 其棄者也, 庶孼, 其棄者也, 北人南人, 其不棄而猶棄者也, 其不棄之者, 唯閥閱數十家已矣, 而其中因事見棄者, 亦多, 凡一切見棄之族, 皆自廢不肯留意於文學政

2) 考績法과 久任·專任

위에서는 관제개혁과 인재등용의 문제에 관하여 간략하게 언급하였다. 지금부터는 관리의 인사문제에 관하여 살펴보도록 한다. 다산은 인사문제의 핵심적 과제를 考績 즉 근무 성적에 대한 考課로 보았다. 그는 고적문제에 대하여 「考績議」 및 「考績之法」 등의 글을 남겼는데, 모든 관리가 고적의 대상이 되지만, 그는 특히 수령의 고적을 매우 중요시하였다. 그 이유는 수령은 옛날의 諸侯로서 임금과 더불어 백성을 나누어 통치하는 자이므로 수령 치적의 여하에 따라서 백성들의 休戚과 나라의 안위가 좌우된다고 생각했기 때문이다. 그리고 「고적지법」의 집필이 수령의 행정지침서인 『목민심서』의 저술로 이어졌다는 점으로 보더라도 다산이 수령의 고과를 얼마나 중요시했던가를 알 수 있다.

"신은 몰래 생각건대, 수령이란 임금과 더불어 백성을 나누어 다스리는 자입니다. 그 직책은 임금의 직책을 본받아 만들어져서 온갖 제도가 갖추어지지 않은 것이 없기 때문에 君牧이라 하니, 그 직분이 이미 무겁지 않겠습니까. 백성들의 苦樂과 국가의 盛衰가 여기에 달려 있으니, 마땅히 자세히 상고하고 세밀히 살펴서 채찍질하기도 하고 장려하기도 하며 권하기도 하고 벌을 주기도 해야 할 것입니다. 그런데도 고적법이 너무도 소략하니, 여덟 글자만으로는(八字打開) 잘하고 잘못한 것과 수행되고 안된 것의 實狀을 낱낱이 條列할 수가 없습니다. 그런데 혹은 家法과 世德이 융성하다거나 혹은 문장과 풍류가 뛰어나다고 하면서 上考에 두는데, 이것은 그 門閥을 고찰하고 그 인품을 평가하는 것일 뿐이니, 백성을 다스리는 일과 무슨 관계가 있습니까. 또 治績의 우열은 가장 層級이 많은데, 어찌 이 세 가지 등급

事錢穀甲兵之間, 唯悲歌慷慨飲酒而自放也, 故人才亦遂不興. (『全書』一 – 詩文集 九 – 三十一 後面, 通塞議)

으로 개괄할 수 있겠습니까."[73]

관리들의 직책 중에서 수령의 그것이 특히 중요하다는 사실에 대해서는 일찍부터 인식되고 있었다. 그러했기 때문에 이미 고려의 禑王元年(1375)에는 守令五事(田野闢·戶口增·賦役均·詞訟簡·盜賊息)가, 조선초기에는 守令七事(農桑盛·戶口增·學校興·軍政修·賦役均·詞訟簡·奸猾息)가 각각 考課條目으로 설정되었던 것이다. 그러나 다산은 수령은 萬機를 관장하므로 이러한 간략한 고과조목으로는 고과를 제대로 할 수 없다고 생각하고, 『주례』에 따라 수령의 직책을, 구체적으로 아홉 가지의 강령 즉 律己·奉公·愛民의 三紀 및 吏戶禮兵刑工의 六典으로 제시하고, 각 강령이 6개조를 통섭하게 함으로써 54개 조목이 되게 했다. 따라서 이 54개 조목의 업무가 수령의 치적에 대한 고과의 대상이 되는 것이다. 고과의 방법과 절차는 다음과 같다. 고과는 기본적으로 1년에 한 차례 실시하되 연말에 행한다. 조정에서 우선 위의 54개 조목을 군현에 반포하여 遵行토록 하는데, 그것을 봉행하여 성과가 있는 수령들은 특별히 성과가 있다고 생각되는 27개 조목(한 강령에서 3개 조목씩이다)을 監司에게 奏績한다. 감사는 이를 9개 조목(한 강령에 한 조목씩이다)으로 정리하여 臧否(잘한 것과 잘못한 것)로 평가하고, 수령의 치적을 9등급으로 나누되, 9개 조목이 모두 臧인 上之上等과 9개 조목이 모두 否인 下之下等은 각각 1인으로 하고 中之中等에 가까울수록 많게 한다. 고과의 대상이 되는 1省(道이다)의 수령 수는 많게는 42인이요, 적게는 10인데, 10인인 경우에

---

73) 臣竊以守令者, 國之所與分民而治之者也. 而其職侔擬人主, 百度無所不具, 故曰君牧, 其爲職, 不已重乎. 生民之苦樂以之, 國家之衰盛以之, 正宜詳考密察, 策勵勸懲. 而顧考績之法, 疏略已甚, 八字之內, 無以條列其臧否修廢之實. 而或稱家法世德之隆顯, 或稱文華風流之跌宕, 而置之上考, 此考其門閥, 評其人品耳, 於治民奚與哉. 且唯治績之優劣 最多層級. 豈可以三等而槪之乎. (『全書』一 - 詩文集九 - 三十二 後面, 考績議)

는 중지중이 6인이요, 중지상과 중지하가 각각 1인이다. 감사는 이러한 평가결과를 조정에 보고한다. 여러 관료의 치적에 대한 고과의 사례는「고적지법」에 여러 개의 표로써 잘 정리되어 있다. 수령의 치적에 대한 고과를 위와 같은 방법과 절차에 따라 행하는 이유는 다음과 같다. 첫째, 고과는 자기의 치적에 대한 보고에 근거를 두어야 한다는 것이다. 그런데 수령의 奏績은 御使에 의한 조사와 임기 이후 御前에서의 對面報告를 전제로 하고 있기 때문에 허위 보고가 어렵다는 것이다. 둘째, 상지상과 하지하를 1인씩으로 하고 중지중에 가까울수록 많게 한 것은 포상할 자와 처벌할 자를 확실하게 구별함으로써 상벌을 분명히 하자는 것이다. 다산은 여기에 고과의 의의가 있다고 생각했다.[74]

조선후기의 수령은, 그 임기가 길면 2년, 짧으면 수개월에 불과한 여행길에 나선 나그네(逆旅之客)로서,[75] 형식적으로는 고대의 제후와 같은 존재이기 때문에 地主 또는 城主로 불리기도 했지만, 대부분이 지방의 사정에 어두울 뿐만 아니라 實務能力도 없어서 아전들이 작성하는 書類의 末尾에 겨우 署名이나 하는 존재에 불과했다. 거기에 더하여 조선에서는 結負制 때문에 군현의 전지와 인구의 실태가 전혀 파악되지 않음으로써 더구나 賦稅徵收 등의 실무는 서리들에게 거의 의존할 수밖에 없었다.[76] 조선후기에는 관리들이 그 임기가 짧고 실무에 어두운 것이 보편적인 현상이었다. 이러한 사정을 극복하기 위하여 그는「人才策」에서 관리들의 임기를 늘려주고 專門을 살릴

---

74) 위의 고과에 관한 설명은 필자가 집필한『다산학사전』의「考績議」에 따랐다.

75) 今之守令, 其久者或至二朞, 不然者數月而遞, 其爲物也, 如逆旅之過客, 而彼爲佐爲輔爲幕賓爲僕隷者, 皆父傳子承, 如古之世卿焉. (『全書』五－牧民心書十六－六 後面, 除拜)

76) 凡郡縣必有名宦, 號爲神明, 旣去, 吏屬必爲之語, 曰某公去時, 鞭指書廳, 曰彼家事不可知. 諸邑皆有此言, 蓋竊笑而樂之也. (『全書』五－經世遺表七－十四 後面, 田制八)

것을 강력하게 제언하였다.

"아, 專治하는 공부가 없어져서 익히는 것이 정밀하지 못하고, 久任하는 법이 폐지되어 治績에 따라 등용되지 못하는 것이 이와 같습니다. 그 때문에 우리나라의 사대부들은 낮은 직계에서 淸顯職에 있다가 품계가 높아져서 權要職에 오르게 되면 흐리멍덩하여 일이 무엇인지도 모르는 자가 넘쳐흐르는 것이 이와 같습니다. 오직 吏胥들을 부리는 법은 專任시키기도 하고 久任시키기도 해서 規例를 환히 체득하고 擧行하는 일이 숙련되었으므로, 비록 剛明하고 재간 있는 선비라고 하더라도 그들에게 묻지 않을 수 없게 되었습니다. 그러므로 (그들의—필자) 권력이 강해지고 奸僞가 날로 더해져서 세상에서 吏胥의 나라라고 일컬어지게 된 것은 바로 이 때문입니다. 지금 마땅히 관제를 조금 개혁하여 안으로는 작은 부서의 낮은 관직은 쓸데없는 것들을 도태시키고 하나만을 두어 專任케 하며, 文武班의 관장들도 역시 각기 한 사람을 뽑아 久任시켜서 治績을 책임지우고, 밖으로는 감사와 수령도 역시 명성과 치적이 있는 사람을 택하여 그 임기를 넉넉히 해주면, 인재는 모자라지 않고 백성은 그 혜택을 받을 것입니다."[77]

3) 國政改革課題와 官制

위에서 보는 바와 같이 다산경세학에서 전개되는 관제개혁은『주례』의 관제를 모델로 조선후기에서 실현할 수 있는 이상적인 관제를

---

77) 噫, 專治之工蔑而肄習不精, 久任之法廢而績用不成, 如是也, 故我國之士大夫, 卑歇淸顯, 崇都權要, 而漫不知何事者, 滔滔皆是. 惟吏胥之法, 旣專且久, 體例嫻習, 擧行練熟, 則雖剛明幹識之士, 不能不就問焉. 故權力旣重, 奸僞日滋, 世稱吏胥之國者, 誠以是也. 今宜稍變官制, 內而小司卑官, 汰冗置一, 使之專治, 文武長官, 亦各選委一人, 久任責成, 外而監司守令, 亦擇其有聲績者, 寬其瓜限, 則人才不乏, 而民蒙其利矣.(『全書』一-詩文集八-三十九 後面, 人才策)

수립하고 운영하는 것이었다. 그런데 이러한 이상적인 관제를 수립하고 운영하기 위해서는 그것을 실현할 수 있는 조건을 확보할 수 있게 하는 국정개혁이 전제되어야 했다. 왜냐하면 조선후기에 이르기까지 제대로 된 관제가 제정·운영될 수 없었던 것은 전지와 인구의 실태를 제대로 파악할 수 없는 結負制라는 量田制度를 극복하지 못하여 국가 유지의 2대 조건인 재정과 상비군을 확보할 수 없었기 때문이었다. 다산이 추구했던 국정개혁은 『경세유표』와 「原政」 등 그의 經世書에 제시되어 있는 국정개혁 방안을 종합해 보면, 크게 보아 정전제의 실시, 屯田制에 기초한 상비군의 확보, 通功易事의 진흥을 위한 시설과 제도의 정비, 부공제의 실시 및 위와 같은 국정개혁의 실현을 위한 중국으로부터의 기술도입으로 개괄될 수 있을 것이다. 위와 같은 국정과제를 수행하기 위해서는 그 국정과제의 수행을 담당할 관청들의 설립이 필요했다. 따라서 우리는 위와 같은 국정개혁과제와 그러한 국정과제를 수행할 관제의 제정을 대응시켜 서술함으로써 다산이 추구하고자 했던 국정개혁의 구체적인 모습을 보다 현실감이 있도록 제시할 수 있을 것으로 기대한다.[78]

첫째는 정전제의 실시와 관제이다. 다산이 『경세유표』의 「전제」 12편에서 실시하고자 한 정전제는 단순한 토지제도의 일종이 아니다. 그가 시행하고자 한 정전제는 토지소유, 양전, 부세수취 및 군사에 관한 여러 제도가 그 위에서 수립될 수 있는 기반시설로서의 정전제였던 것이다. 정전제는 비옥한 평야의 전지를 정사각형으로 9등분하여 전지의 실태를 파악하는 것이므로 가장 정확하게 양전을 행할 수 있는 토지제도이다. 四方1里의 전지를 遂·溝로 구획하면 1정을 얻고, 이를 연장하여 넓은 들을 정전으로 구획하면 정전과 동시에 수리시설

---

78) 「국정개혁과제와 관제」는 졸저, 『經世遺表에 관한 硏究』 제2장 제3절을 要約·改筆하는 방식으로 서술한다.

과 地網法이라는 방위시설까지도 확보할 수 있다. 다산이 정전제를 토지의 실태를 가장 정확하게 파악할 수 있는 제도로 이해하고 있었다는 다른 자료로서는 정전으로 구획할 수 없는 전지를 方田法으로 측량하고, 또 정전제를 실시하지 못할 경우를 전제로 「전제」의 續篇으로서 「田制別考」 3편을 저술하여 방전법으로써 정확한 양전을 확보하려고 했다는 사실을 들 수 있다. 「전제별고」에서 채택되고 있는 量田技法인 방전법은 정전제와는 달리 지세에 따라 水路를 굴착하는 대신에 동서남북으로 經緯線을 설치하여 양전을 행하는 것이지만, 양전 기법은 양자가 기본적으로 동일하다. 柳馨遠의 『磻溪隨錄』에서 채택되고 있는 전제도 기본적으로 정전법을 그 바탕으로 하고 있다.[79] 이러한 점에서 보면 정전제는 국정에 필요한 여러 제도가 그 위에서 수립될 수 있는 제도적 바탕이었던 것이다.

다산은 정전제를 실시하기 위한 새로운 관청으로서 經田司를 두려고 했다. 경전사의 관원으로서는 提調로서 卿 1인·中大夫 2인·下大夫 2인, 副正으로서 上士 2人, 奉事로서 中士 4인, 書吏 6인 및 皁隷 18인을 두려고 했다. 정전제를 실시하기 위해서는 크게 보아도 두 가지의 일이 필수적이었다. 첫째는 국가적 토지소유를 실현하기 위하여 전국의 토지를 매입하는 일이요, 둘째는 전지를 정전으로 구획하는 일인데, 경전사의 관원만으로는 위와 같은 업무를 감당할 수가 없었을 것으로 보인다. 그러므로 경전사의 관원은 정전제 실시를 위한 기획업무만을 담당하게 하고, 정전제 실시의 실무는 군현의 수령과 농민들

---

79) 『磻溪隨錄』 田制上 首篇인 「分田定稅節目」의 首綱에서 古井田法至矣. 經界一正, 而萬事畢擧. 民有恒業之固, 兵無搜括之弊, 貴賤上下無不各得其職. 是以人心底定, 風俗敦厚, 古之所以鞏固維持數百千年禮樂興行者, 以有此根基故也. 後世田制廢, 而私占無限, 則萬事皆弊, 一切反是라 하고 「田制攷說上」에서 井田制에 관한 經傳과 歷代의 論議를 고찰하고 있는 것을 보면, 정전으로의 전지구획을 전제의 기초로 이해하고 있음을 알 수 있겠다.

이 담당하도록 했지만, 경전사의 관원만으로는 정전제 실시의 기획업무조차 감당하기가 어렵지 않았을까 생각된다. 그러면 다산이 국정개혁 방안으로서 그렇게도 중요시했던 정전제 실시를 위한 관제구상이 왜 그렇게 허술할 수밖에 없었던 것일까. 그것은 아마 『경세유표』가 국정개혁 방향에 대한 스케치에 불과하고, 국정개혁을 위한 구체적인 企劃書가 아니었기 때문이었을 것이다.

둘째는 상비군의 확보와 관제이다. 조선후기의 군사제도는 五軍營體制라고는 하지만, 守禦廳과 摠戎廳은 이미 휴면상태에 있었고, 訓鍊都監, 御營廳 및 禁衛營도 겨우 명맥은 유지하고 있었으나 상비군으로서의 역할은 제대로 하지 못하고 있었다. 그 이유는 軍戶로부터의 軍布徵收와 還穀의 수입에 의존하는 군사재정의 확보가 어려웠기 때문이었다. 그 결과 1751년에 均役法을 실시하여 1軍丁이 부담하던 軍布 2疋을 1필로 감하고 그 대신 1結當 結米 2斗, 魚鹽船稅 및 選武軍官布를 징수하여 그 給代財源을 확보하려고 했으나, 이러한 조치는 군사재정의 확보에 있어서는 충분한 도움이 되지 못했다. 다산은 조선의 실정상 아직도 傭兵制度는 시기상조라고 생각했던지 용병제도를 좋지 못한 제도로 보고 屯田兵制度를 실시하여 兵農一致를 이룸으로써 상비군을 확보하려고 했다. 그가 실시하고자 했던 정전제가 바로 병농일치의 전형이기는 했지만, 공전만을 국유화하여 정전제를 실시한다고 하더라도 전국의 전지를 국유화하지 못함으로써 아직은 정전제에 기초한 束伍軍制를 실시할 수는 없었으므로, 수도, 감병영 및 읍치의 부근에 각각 둔전을 설치함으로써 중앙과 지방을 방위하는 상비군을 확보하려고 했던 것이다.[80]

---

80) 臣竊伏念, 養兵之法, 井田爲上, 屯田次之, 口賦次之. 今三者無所恃, 而官出粟米, 官出錢布, 以養數萬口游食之民, 使其父母妻子咸免凍餒, 其勢不得不摧, 屈受其害者, 傭丐無告之民與夫國家之大藏而已, 豈不嗟哉. 今守禦廳已罷矣. 摠戎廳亦當罷之, 以

군제는 크게 나누어 세 가지로 정비하려 했다. 우선 王室護衛軍이다. 종래에는 왕실호위군으로서 都摠府, 內兵曹, 扈衛廳, 宣傳廳, 部將廳, 忠義衛, 守門廳 및 羽林將 등이 무질서하게 난립해 있었으나, 이것을 三司(左掖司·右掖司·中衛司), 三局(宣敎局·儀仗局·守禦局) 및 三衛(龍驤衛·虎賁衛·羽林衛)로 정리하고, 여기에 약 2,000명의 군사를 배치하려 했다. 왕실호위군의 재원조달에 대해서는 특별한 설명이 없으나, 정전제의 실시로 확보될 井稅로써 그 비용을 충당하려고 한 것으로 보인다. 그 다음은 수도를 방어하는 중앙군이다. 중앙군으로서는 訓鍊都監, 御營廳 및 禁衛營을 개조하여 남문 밖에 都統營, 동문 밖에 左禦營 및 서문 밖에 右衛營을 두려고 했다. 재원으로서는 성문 밖 50리 내의 六遂에 屯田 14,400畉를 확보하고, 騎兵 1,674명(1명당 2畉半씩 배분)과 步卒 8,326명(1명당 1부씩 배분)의 1만 명이 둔전을 自耕하면서 1節氣씩 4交代로 番上케 했다. 지방군으로서는 12의 監兵營에 각각 1,000명씩, 中京과 西京에 각각 騎兵 2哨와 步兵 10초를 두고, 諸路의 大州, 諸郡 및 諸縣도 각각 차등 있게 양병하되, 반드시 城周邊의 5~10리 내에 둔전을 설치하여 양병하도록 했다. 이렇게 하면 중앙과 지방에서 三軍의 3만여 명 이상의 상비군을 확보할 수 있다고 생각했다.

셋째는 通功易事와 관제이다. 통공역사는 분업과 有無相通의 개념을 아우르는 분업과 유통을 지칭하는 한자용어로서 생산과 더불어 경제활동의 2대 분야 중의 하나이다. 자급자족의 전근대사회에 있어서 유통은 경시되기 쉬웠으나, 그럼에도 불구하고 유교경전에서는 통공역사를 매우 중요시하고 있었다. 일찍이 다산은 「原政」에서 통

其數哨, 屬于北漢, 其餘將官, 待三軍門有窠, 以次移補. 唯存訓御禁三營, 以遵大國三軍之制. 若其養兵之需, 宜取東西南三郊, 悉以官錢買之爲屯田. 東郊屬之於御營, 南郊屬之於都監, 西郊屬之於禁營. (『全書』五－經世遺表二－十一 後面, 都統營)

공역사를 국정의 두 번째의 과제로 들었는데, 정전제를 실시함에 있어서 九職으로의 분업을 전제로 농업을 농민들의 전업공간으로 설정함으로써 통공역사를 더욱 중요시할 수밖에 없었던 것이다.[81] 다산이 이와 같이 통공역사의 의의를 중요시한 계기는 어디에 있었을까. 그것은 두말할 필요도 없이 조선후기에는 중국이나 일본에 비하여 상공업 발달이 너무나 뒤떨어짐으로써 나라가 찢어지게 가난한 데 대한 반성이었다. 이러한 그의 인식은 「漕運策」, 「度量衡議」, 및 「技藝論」 등의 다양한 논의들에서도 잘 나타나 있다. 그리고 그는 『경세유표』에서 정전제와 더불어 부공제의 실시를 국정의 2대 과제 중의 하나로 설정했는데, 부공제를 실시하기 위해서는 상공업이 진흥되지 않으면 안 된다고도 강조했다. 종래의 실학 연구에 있어서 다산학의 특징을 經世致用學과 利用厚生學의 종합으로 보려고 하는 견해도 위와 같은 다산학의 특징에 그 근거를 두고 있었음은 말할 필요도 없을 것이다.

통공역사를 장려하기 위해서는 수륙교통, 도량형, 화폐 및 신용 등과 같은 사회적 기반시설과 제도를 우선적으로 정비하는 일이 필수적이었다. 그런데 우리나라에서는 조선후기에 이르기까지 상공업의 발달이 지극히 부진한 자급자족 사회였기 때문에 위와 같은 시설과 제도가 거의 갖추어지지 못했다. 도로, 운하 및 수레가 없음은 물론, 자, 되 및 저울 등의 도량형이 전국적으로 통일되어 있지 못하고, 금속화폐도 동전이 겨우 유통되는 데 불과했으며, 계약제도는 田畓賣

---

81) 今之議井田者, 必先算一國之田結, 又繼算一國之民數, 立率而均其分, 曰田結不足, 曰民口恒溢. 於是乎爲之說, 曰上古之世, 地廣人少, 則可以爲井田, 後世生齒日繁, 則井田不可復. 嗚呼, 其亦不思而已矣. 籍農夫而配於田, 如籍卒伍而配於軍. 其外於籍者, 各以其職, 與農夫通功易事, 以贍其食, 斯之謂制民産. 顧何嘗使天下之黔其首者, 咸得百畝之田, 各自謀其食哉. (『全書』五 – 經世遺表五 – 四 後面, 井田議三)

買를 증명하는 私文記가 있을 뿐이었다. 그러므로 통공역사의 진흥을 위한 여러 시설과 제도에 관한 그의 설명은 우리나라의 현실에 관한 설명이라기보다는 중국과 일본 등의 선진적 문물을 염두에 둔 그러한 시설과 제도의 개선책을 위한 例示라고 보는 것이 옳을 것 같다. 육상교통을 위해서는 典軌司를 두고 전국적으로 도로를 건설하는 한편 수레를 제조하여 대가를 받고 민간에게 판매하도록 했으며, 수상교통을 위해서는 典艦司를 두고 서양의 선박제도를 모방하여 海上과 하천의 선박을 제조·보급할 것을 권했다. 도량형의 통일을 위해서는 量衡司를 두고 本司에서 저울과 자 1,200을 제조하여 12省에 頒布하고, 12성은 해마다 저울과 자 수만을 제조하여 해당의 성에 분배하는 한편 그 1만은 서울에 바치게 했다. (서울에 바친 것은 서울6部에 배분한다) 금속화폐의 주조와 보급을 위해서는 典圜署를 두고 九府圜法의 제도에 따라 각각 대중소의 금전·은전·동전을 제조·보급하도록 했다. 마지막으로 신용제도를 확립하기 위해서는 劵契司를 두고 家屋·田園·奴婢의 매매에 있어서는 등기부를 두고 등기하도록 했다. 조선후기에 만약 위와 같은 통공역사를 위한 시설과 제도가 갖추어질 수 있었다면, 한국사의 획기적인 진전으로 평가될 수 있었을 것이다.

넷째는 부공제의 실시와 관제이다. 정약용의 부세이론은 1田·1賦論으로서, 부세로서는 전세가 하나요 또 부공이 하나라는 것이다. 이러한 그의 부세론의 근거는 물론 중국의 古典에 입각하고 있지만, 그의 정전론과도 밀접한 관계가 있었다. 정전제에 의하면 전세는 전지생산물의 9분의 1에 불과한데, 정전제하에서는 군대가 비록 屯田兵으로서 軍事費가 국가재정에 거의 부담을 주지 않는다고 하더라도, 9분의 1의 세입만으로는 현실적으로 국가재정을 유지하기가 어려울 것이라 생각했던 것이다. 따라서 그는 「부공제」 7편을 저술하여 중국의 부공제를 자세히 소개하고 이에 따라 우리나라에서도 부공제를 실시하려고 했으나, 조선후기에는 유일한 도시상업이었던 京城六矣廛은 이미 對中朝貢貿易에 필요한 歲幣와 方物을 조달하고 宮闕의 塗褙修理와 봉조군 조달의 비용을 담당하는 등의 國役을 지고 있었기 때문에 종래의 魚鹽船稅 이외는 별도의 賦貢稅源을 찾아낼 수가 없었던 것이다. 이에 그는 농지 이외의 空閑地를 이용하여 광산업, 임업, 어업, 園圃 및 축산업을 장려하고 상업을 진흥시킴으로써 부공부과를 위한 세원개발을 모색하려고 했다. 다시 말하면 다산은 풍부한 재원을 확보하기 위하여 산업구조를 농업 중심의 自給自足經濟로부터 농업과 수공업에서 상품생산이 광범하게 전개되는 상품경제로 발전시키려고 했다.

부공제의 실시를 위해서는 우선 부공수취의 衙門으로서 平賦司를 두려고 했다. 평부사는 均役廳을 개조한 것인데, 옛날대로 어염선세를 징수하는 한편 새로운 부공의 수취도 담당하게 했다. 부공의 세원을 개발하기 위해서는 우선 山虞寺와 林衡寺을 두고 山林業을, 澤虞寺와 川衡寺를 두고 淡水漁業을, 司圃署를 두고 각종의 園圃를, 그리고 司畜署를 두고 축산업을 각각 장려하려고 했다. 또 부공을 위한 세원 개발을 담당하는 아문과는 별도로 정부가 광산업을 직영함으로써 재정자금을 확보하기 위한 司礦署를 두려고 했는데, 사광서의 설치에 있어서는 특히 정전제의 실시를 위한 公田買入의 재원을 확보하려는 의도도 있었다. 일본의 선례에 의하면 豊臣秀吉은 민영 금광업을 장려하고 거기로부터 세금(運上이라 했다)을 징수하여 막대한 재정자금을 확보했다고 한다. 德川幕府 및 諸藩의 광산정책 또한 풍신수길의 그것과 다름이 없었다. 그리고 정약용은「家戒」및「贈言」에서도 양잠업, 양어 및 양계 등을 장려하려고 했는데, 이러한 것은 위와 같은 정부에 의한 산업장려정책과 발맞추어 民業을 장려하려는 것이었다. 수공업의 장려를 위해서는 견직물의 생산을 담당할 織染

局을 두고 利用監을 통하여 중국의 견직물업 기술을 도입하여 안으로는 스스로 견직물을 생산함으로써 정부의 수용에 이바지하는 동시에 밖으로는 전국 각지에 양잠과 견직물의 직조를 장려하려고 했다.[82] 수공업의 장려가 견직물업에 그친 것은 조선후기의 수공업 생산의 부진을 말해주는 것일 것이다.

다섯째는 외국으로부터의 기술도입과 관제이다. 그는 『경세유표』의 「引」의 不可逆15個條의 마지막 항목으로서 "利用監을 열어서 北學하는 방법을 의논함으로써 부국강병을 도모하는 일은 바꿀 수 없다"는[83] 개혁과제를 천명했던 것이다. 그런데 그가 경세치용학을 추구할 때와 이용후생학을 추구할 때의 학문적 자세는 매우 달랐다. 전자에 대해서는 內向的 및 古典志向的이었던 데 비하여 후자에 대해서는 外向的 및 近代志向的이었던 것이다.

"대저 효제는 천성에 근본하고 성현의 제서에서 밝혀져 있으니, 만약 이것을 확충하고 닦아 나가면, 이것은 예절을 지키고 두터운 풍속을 이루는 일이라, 굳이 밖이나 뒤에 나온 것에 의지할 필요는 없다. 그러나 利用厚生이 반드시 필요로 하는 百工과 技藝의 능력과 같은 것은 외국으로 나가 뒤에 나온 제도에서 구하지 않는다면, 그 몽매함을 깨칠 수 없고 그 이익과 혜택이 있을 수 없는 것이다. 이것은 나라를 위하여 일을 도모하는 자들이 마땅히 강구해야 할 바이다."[84]

---

82) 양잠과 견직물업의 장려에 관해서는 수많은 다산의 논설이 있지만, 丁學淵의 『種畜會通』3권이 크게 참고된다.

83) 開利用之監, 議北學之法, 以圖其富國强兵, 斯不可易也. (『全書』五 – 經世遺表 – 四 前面, 引)

84) 夫孝弟根於天性, 明於聖賢之書, 苟擴而充之, 修而明之, 斯禮義成俗, 此固無待乎外, 亦無藉乎後出者. 若夫利用厚生之所須百工技藝之能, 不往求其後出之制, 則未有能破蒙陋而興利澤者也. 此謀國者所宜講也. (『全書』一 – 詩文集十一 – 十二 前面, 技藝論) 정약용의 이러한 학문적 자세가, 그가 서양으로부터 끊임없이 밀려오는 새

그가 이와 같이 외국으로부터 선진적 기술을 도입하고자 한 것은 "農器가 편리하면 힘을 덜 들이고도 穀粟이 많아지며, 織器가 편리하면 힘을 덜 들이고도 布帛이 풍족해지며, 舟車의 제도가 편리하면 힘을 덜 들이고도 遠方의 물자가 滯留되지 않으며, 무거운 물건을 끌고 들어올리는 방법이 편리하면 힘을 덜 들이고도 築臺와 亭子가 견고하니, 이것이 이른바 百工이 모이면 재용이 풍족해진다"고 하는 것이다.[85] 마지막으로 다산이 李基讓의 使行길에 준 贈言을 소개함으로써 그의 이용감의 설치 의도가 어디에 있었는지를 밝히고자 한다.

옛날에 大夫로서 다른 나라에 사신으로 가는 자는, 하나의 작은 일을 보고서도 그 나라의 禮儀의 두텁고 엷음을 알고, 하나의 조그마한 물건을 보고서도 그 나라의 법과 기강이 서 있는지 허물어졌는지를 살펴서, 이것으로써 그 나라의 성쇠와 흥패를 추측하고 판단했는데, 이것을 覘國이라합니다. 점국은 明敏하고 지혜로움이 出衆하지 않고서는 불가능합니다. 그러나 논밭이 다스려졌는지 어떠했는지를 보고서 논밭을 다스리는 道具를 관찰하고, 물산이 어떠한지를 보고서 그 생산방법을 아는 것은 譯官이라도 능히 할 수 있는 일이니, 무엇 때문에 賢愚를 물을 필요가 있겠습니까. 북경과 한양이 서로 3천리나 떨어져 있는데도 사신의 왕래가 길에 실타래처럼 이어져 있건만, 이용후생할 수 있는 물건을 일찍이 하나라도 얻어서 돌아와 전하는 자가 없으니, 사람들의 태평하고 남에게 혜택을 베풀 뜻이 없음이 어찌 이와 같이 극에 달했습니까. 茯菴 李公은, 어려서는 實用之學에 뜻을 두었다가 좋지 않은 길에 빠져

로운 문물에 목말라하면서도, 끝내 儒學者로 남을 수밖에 없게 했던 소이이기도 했다.

85) 農器便利, 則用力少而穀粟多, 織器便利, 則用力少而布帛足, 舟車之制便利, 則用力少而遠物不滯, 引重起重之法便利, 則用力少而臺榭陛防堅, 此所謂來百工, 則財用足也. (『全書』五 – 經世遺表二 – 二十八 後面, 利用監)

서 이름을 떨치지 못했으나, 聖上께서 그 어짊을 아시고 발탁해 주시니, 수년
이 못되어 亞卿의 지위에 이르게 되었습니다. 지금은 또 다른 나라에 사신으
로 보내시니, 돌이켜 보건대 나라가 공에게 바라는 바가 어떠합니까. 공은 장
차 어떠한 방법으로 나라에 보답을 하시겠습니까. 이 백성을 위하여 이용후
생하는 방도로써 만세토록 그 혜택을 입게 하기를 생각한다면, 이것은 그 보
국하는 바가 적지 않을 것입니다. 두 나라에 不和가 있다고 하더라도 公이라
면 그 능력이 오히려 覘國하고도 남을 것인데. 하물며 눈으로 보고 손으로 만
져보고 역관도 능히 할 수 있는 일을 공이 할 수 없겠습니까. 옛날에 文益漸은
木棉씨를 얻어서 돌아와 심고 攪車와 軖車(紡車이다 ― 필자)의 제도를 민간
에게 전했는데, 민간에서는 광거를 文來라고 하여 그 공덕을 잊지 않으니, 어
찌 훌륭하지 않습니까. 공의 사행에 미쳐서 이것으로써 권면하는 바입니다.[86]

---

86) 古者大夫之使於異國者, 見一事之小而知其國禮義之敦薄, 見一物之微而知其國法紀
之弛立, 以之卜盛衰決興敗, 是之謂覘國. 覘國, 非有明敏睿知出乎其類者, 不能也.
若夫視田疇之易而觀其所以治之之器, 視物産之豐而求其所以出之之法, 此一象鞮之
所能爲, 而何賢愚之足問哉. 燕之距漢陽三千餘里, 而冠蓋之往復徠去者, 繹繹乎織
於路矣, 而所以利用厚生之物, 曾未有得其一而歸傳之者, 何人之恝然無澤物之志,
若是其極哉. 茯菴李公, 少有志乎實用之學, 沈淹蔭途, 無所成名, 聖上知其賢, 賜之
出身, 不數年位亞卿. 今又使於異國, 國之倚公, 顧何如也. 公將何術而報國也. 爲斯
民思有以利用而厚生, 使萬世永賴焉, 則斯其爲報國, 不淺鮮矣. 使兩國而有事乎, 公
尙能覘國而有裕矣, 況目之所睹, 手之所摸, 象鞮之所能爲者, 公其有不能哉. 昔文益
漸得棉之種, 而歸而種之, 竝得其攪車軖車之制而傳之民間, 民間謂軖爲文來, 而不
忘其功, 不其偉歟. 於公之行, 唯以是勉之. (『全書』一 ― 詩文集十三 ― 十二. 後面, 送
李參判基讓使燕京序) 이기양은 우리나라에서 손톱으로 목화씨를 바르는 幼稚한
繰綿法을 극복하기 위하여 중국에서 하루에 한 사람이 數百斤의 면화씨를 바를
수 있는 攪車를 가져왔으나, 正祖의 昇遐로 보급되지 못했다. 그의 묘지명을 참고
하라. 公在燕京, 聞有剝棉攪車, 其制軸頭設十字風輪, 下設橫木, 剝棉者坐椅以踏之,
日可剝數百斤. 公購得之, 歸而奏獻之, 上令三營門各依樣造五六, 頒之八路. 人謂文
益漸之功, 公可追配, 未幾上薨, 其事遂寢. (『全書』一 ― 詩文集十五 ― 二十九. 後面,
茯菴李基讓墓誌銘)

3. 安民과 經田·賦貢

다산의 안민정책의 핵심은 조선후기에 조선의 전통적인 양전제도인 결부제가 전지와 인구의 실태를 제대로 파악할 수가 없어서 인민을 자의적으로 수탈하면서도 국가의 기본적 유지조건인 재정과 상비군을 확보하지 못함으로써 국가를 위기로 빠트리고 있는 상황을 예리하게 파악하고, 결부제를 극복하고 국가를 안정시킬 수 있는 정전제를 실시하는 동시에 당시의 중국과 일본에 비해서도 그 발전이 크게 뒤떨어져 있었던 상업을 진흥하여 부공제를 실시함으로써 부국강병을 도모하고자 하는 것이었다. 그러므로 여기에서는 다산이 결부제의 실태를 어떻게 보고 정전제로의 개혁을 어떻게 단행하려고 했으며 부공제의 실시를 위하여 상업을 어떻게 진흥하려고 했던가를 밝힘으로써 다산의 안민정책의 골격을 소개하기로 한다. 그리고 이 방면에 관해서는 이미 졸저『경세유표에 관한 연구』의 제3·4·5장에 그에 관한 연구가 있으므로 다산의 안민정책의 자세한 내용을 알고자 하는 독자는 그것을 참고하기 바란다.

1) 結負制와 井田制

伽倻時代로부터 조선후기에 이르기까지 조선의 양전제도는 결부제였다.[87] 중국의 頃畝制와 일본의 條里制는[88] 형체가 있는 토지의 면적

---

87) 金容燮,『韓國中世農業史研究』지식산업사, 2000의「結負制의 展開過程」을 참고하라.
88) "(일본)古代의 土地區劃方式. 1邊의 길이 6町(약 654m) 4方의 1區劃을 里 또는 坊이라 하고, 이것을 1郡 또는 數郡의 單位로, 南北을 1條·2조, 東西를 1里·2리로 센다. 또 里는 各邊을 1町씩으로 6等分하여, 溝나 畦 등으로써 坪이라 불리는 36區劃으로 나눈다. 里의 한 구석으로부터 1坪·2평으로 세어간다. 따라서 耕地의 所在地는 何條·何里·何坪으로 명확하게 제시된다. 大化改新前에 이미 행해졌다고 하는 說과 改新後에 시작된다는 설이 있으나, 어쨌든 施行의 理由는, 班田制의 실

을 기준으로 양전하는 데 대하여, 조선의 결부제는 형체가 없는 토지의 수확량을 기준으로 양전하는 점이 서로 달랐다. 어느 나라에 있어서나 양전은 부세징수를 위한 자료를 획득하는 것이 그 목적이었으므로 인민들의 저항 때문에 전지의 실태를 조사하는 일이 쉽지 않았으나, 결부제의 경우에는 전답의 면적이 아니라 해마다 변동하는 수확량을 조사함으로써 田圖를 작성할 수가 없었기 때문에[89] 양전을 통하여 전지의 실태를 파악하는 일이 더욱 어려웠다. 고려후기와 조선초기의 양전방법은 踏驗損實 혹은 逐段損實(逐段定稅라고도 했다) 즉 전지의 筆地別 損實 즉 수확량을 踏驗하는 방식이라고는 하지만,[90] 전지의 실태도 파악하지 못하는 상황에서 필지별 수확량을 조사하는 일은 더욱 어려웠다. 따라서 양전에 있어서는 현지에서 조사

시를 원활하게 하는 데 있었다. 오늘날까지도 그 흔적은 畿內·瀬戶內·北九州·滋賀·岐阜·福井 등의 地方에 명백히 보이며, 다른 지역에도 부분적으로 인정된다."(高柳光壽·竹內理三篇, 『日本史辭典』角川書店, 1989)

또 慶暹의 『海槎錄』(1607)에도 임진왜란 직후 일본의 條里制에 의한 經田狀況에 관한 기록이 있다. "京都에서 여기(江戶—필자)까지는 人物이 번성하고 3~5里의 간격으로 閭閻과 市廛이 連絡不絶이다. 그리고 토지가 기름지고 들판은 모두 개간되었는데, 經界가 네모반듯하고 벼가 들을 덮었다. 伊豆以東은, 농가에서 소를 기르지 않고, 경작과 수확에는 말을 사용한다. 江戶의 모양새는, 뒤로 主山이 없고 앞으로 큰 바다에 임했는데, 平原曠野가 눈에 가득 끝없이 펼쳐졌으며, 서쪽으로는 箱根과 河崎의 험준함에 의거하고 동쪽으로는 安房과 兩總上總과 下總의 兩州이다의 關防이 있어서, 진실로 한 나라의 중심이요 통제의 名勝地이다.(自京都至此, 人物繁盛, 三四五里之間, 閭閻市廛連絡不絶. 土地沃饒, 田野盡闢, 經界方正, 禾穀蔽野. 伊豆以東, 家不畜牛, 耕穫用馬. 江戶爲府, 背無主山, 面臨大海, 平原曠野, 極目彌漫, 西據箱根河崎之險, 東有安方兩總上總下總兩州也之防, 眞一國之奧區控制之形勝也)"(六月十三日甲辰) 필자는 경도대학부속도서관에서 河合文庫所藏 『경세유표』 初稿本의 서지조사를 하는 기회를 이용하여 2018년 3월 13일에 滋賀県東近江市五個莊金堂町에 있는 條里制의 遺構를 견학한 일이 있다.

89) 量田과 田圖의 관계에 대해서는 拙著의 「제4장 井田法과 量田」을 참조하라.

90) 金泰永, 『朝鮮前期土地制度史研究』知識産業社, 1983의 索引 참조.

를 담당하는 委官 및 아전과 농민의 결탁에 의한 자의적 양전이 불가피했다. 당시에는 이러한 양전방법을 眼量給損, 즉 눈짐작에 의한 양전이라 했다.

조선왕조가 창건된 이후 이러한 자의적 양전을 극복하기 위하여 세종26년(1444)에 田分6等과 年分9等의 貢法을 제정하여 전지를 그 肥沃度에 따라서 6등급으로 나누고 풍흉에 따라서 9등급으로 나누어서 양전하려고 했으나, 결부제를 결부제로 개혁함으로써 전지의 位置·面積·地形을 파악하지 못하는 상황에서 전지의 田分과 年分을 조사하는 일 또한 어려웠던 것이다. 그러므로 量田事目에는 20년마다 改量한다고 규정되어 있으나 실제로는 규정대로 개량되지 못했는데, 그 이유는 20년마다 양전할 수 있을 만한 재정 형편도 못 되었거니와 또 이미 설명한 바와 같이 결부제는 본래 제대로 전지의 실태를 파악할 수 있는 양전제도가 아니었기 때문이었다. 그 결과 조선후기에 이르면, 田政은 양전하는 일은 엄두도 낼 수 없게 되고 기껏 災結을 조사하여 나누어주는 俵災에 불과하게 되었으나, 아무리 유능한 守令이라고 하더라도 전지의 실태를 알 수 없는 상황에서 이 표재 또한 胥吏들의 주먹구구식 판단에 맡겨둘 수밖에 없었다.[91]

또 살피건대, 양전은 천하의 巨役이다. 중국은 頃畝로써 經田을 하니, 이것은 형체가 있는 것의 大小를 살피는 것이고, 우리나라는 結負로써 경전을 하니, 이것은 형체가 없는 肥瘠을 살피는 것이라, 賄賂가 몰래 행해지고 온갖 간사한 일이 일어나니, 비록 禹와 稷이 감독하더라도 그 간사한 짓을 밝혀낼 수

91) 臣先臣累升至晉州牧, 李趾光累升至忠州牧, 李寅燮累升至羅州牧. 三人者, 相與友善, 皆號善治, 嘗燕會與語, 曰他事可淸, 唯僞災不可知. 臣以是知僞災不可發也. 凡郡縣必有名宦, 號爲神明, 旣去, 吏屬必爲之語, 曰某公去時, 鞭指書廳, 曰彼家事不可知. 諸邑皆有此言, 蓋竊笑而樂之也. (『全書』五－經世遺表七－十四 後面, 田制八)

가 없을 것이다. 법에는 20년마다 개량한다고 되어 있으나, 지금 100년이 다 되도록 개량하지 못하는 것은 무엇 때문인가. 개량하게 되면 서리들의 농간이 춤을 추고, 서리들의 농간이 춤을 추면 백성의 詛呪가 일어나고, 백성의 저주가 일어나면 守令에 대한 비방이 일어나서, 이에 처벌이 따르게 된다. 그러므로 개량은 오직 서리만이 원하고 백성과 수령은 모두 즐겨하지 않는데, 서리 또한 隱結이 탄로될까 이를 꺼린다. 이것이 100년이 지나도 개량하지 못하는 이유이다. 대개 오직 立法한 것이 좋지 못하여 받들어 시행하는 자가 반드시 罪過에 빠지게 되므로, 나는 결부로써 경전하는 법은 좋지 못하다고 하는 것이다.[92]

조선후기에 이르기까지 결부제를 극복하지 못했기 때문에 賦稅制度 또한 매우 혼란스러웠다. 조선의 역대 부세는 원래 貢物이 무겁고 전세는 가벼웠다. 世宗朝의 貢法에 따르면 전세는 1結에 대하여 풍흉에 따라 米 4~20斗를 거두기로 되어 있었으나, 공법 시행 직후부터 전세는 미 4~6두로 고정되었다. 그러므로 정부의 재정은 대부분 자의적 수탈에 가까운 공물 수입에 의존할 수밖에 없었으나, 임진왜란과 병자호란 이후에는 이제 더 이상 공물에 의한 농민 수탈을 방치할 수가 없는 지경에 이르러, 金堉에 의한 호서에서의 大同法의 시행을 계기로, 關西와 關北을 제외한 전국에 걸쳐서 1결에 대하여 大同米 12두를 징수하기에 이르렀다. 또 1751년에는 黃口簽丁·白骨徵布라 일컬어지는 군역부담을 덜어줄 목적으로 均役法이 시행되어 1결에

---

92) 又按 量田者, 天下之鉅役也. 中國以頃畝經田, 此致察於有形之大小也, 吾東以結負經田, 此致察於無形之肥瘠也. 賄賂潛行, 變詐百出, 雖使禹稷監量, 無以昭其奸矣. 法曰二十年改量, 而今至百年未改量, 斯何故也. 改量則吏奸舞, 吏奸舞則民詛興, 民詛興則官謗作, 而罪罰隨之. 故改量者, 唯吏願之, 民與官皆不肯, 又恐隱結被覈, 吏亦憚之. 此所以百年未改量也. 夫唯立法未善, 故奉行者, 必陷於罪過, 臣故曰結負經田之法未善也. (『全書』五－經世遺表六－二十九 後面, 田制考六)

대하여 結米 3두가 부과되고, 같은 해에 수령의 수용을 위하여 雉鷄柴炭價米로써 4두를 거두게 되었다. 이 이외에도 많은 부세가 전세의 부담으로 돌려져서 18세기 말·19세기 초에는 水田 1結의 부세부담은 대개 米 40斗 전후에 이르렀는데, 또 그 정도의 民庫(雇馬庫라고도 했다)와 환곡의 추가적 부담이 있었다. 그러나 그 중에서 중앙정부에 상납하는 미곡은 1결에 대하여 21~24두에 불과했던 것이다.[93] 이 시기에 호남지방에서 水田 10斗落을 경작하는 농민의 추수와 소작료 및 부세의 부담은 다음과 같았다고 한다.

우리나라는 본래 제대로 된 賦稅賦課의 방법이 없어서 이른바 전세는 역시 貊法에 가까워서 중앙정부와 군현의 수용은 자연히 부족했다. 이에 무명의 부세가 날마다 달마다 증가해서 모두 田結로써 징수하니, 옛날의 맥법이 오늘날의 桀法으로 되었다. 남방의 사정을 시론하면, 水田 10斗落을 농사지으면 대개 곡식 20섬을 수확한다. 10섬은 전주에게 소작료로 바치고, 2섬은 종자와 전세로 들어가며, 2섬은 환곡으로 들어가며, 2섬은 雜賦로 들어가고 소소한 名目을 지금 다 기술할 수가 없다. 佃夫가 먹는 것은 많아야 3~4섬에 불과하다. 先王은 10분의 1을 거두었는데, 지금은 10분의 7~8을 거두니, 백성들이 어찌 편안하게 살 수 있겠는가.[94]

---

93) 臣謹案 法典所載一結所收, 大約不過米二十一斗海西加三斗·錢五錢. 然民間所納一年通計, 米不下四十斗, 粟不下十餘斗, 錢不下三四兩雇馬租或至二十餘斗. 唯與吏作奸, 先期防納, 以充隱結者, 乃得以三十四斗每斗容十二升, 一年無事. 邑各不同, 雖其輸米之數, 多少不等, 巧設名目, 朝三暮四, 其實皆相近也. 十年以前, 大約一結出租百斗, 可以相當, 今百斗猶不足矣. 魯之三家, 與國四分, 其所自食無多, 而書之春秋, 以爲大變. 今此下吏, 三分其國, 公輸其一, 吏食其二, 其浮於三家遠矣. 必有大變通大更張, 先正此事, 然後國可以爲國. (『全書』五－經世遺表七－十九 前面, 田制八)

94) 我國本無賦法, 所謂田稅, 亦近貊法, 國用官用, 自然不足. 於是, 無名之賦, 日增月衍, 皆以田結徵之, 古之貊法, 今桀法也. 試論南方之情, 水田種十斗, 穭得穀二十苞. 其十苞輸于田主, 二苞入于種稅, 二苞入于還上, 二苞入于雜賦瑣瑣名色, 今不可殫述, 佃夫

위에서 보는 바와 같이 18세기 말 내지 19세기 초가 되면 대부분의 부세가 田結의 부담으로 轉嫁되고 있었음에도 불구하고, 결부제 때문에 전지의 실태가 제대로 파악되지 못하고, 전결의 부세부담도 田稅, 大同米 및 結米 등 그 명목이 어지러웠기 때문에 부정부패가 猖獗하여 인민들은 토지생산물의 3분의 1 이상을 정부에 의하여 수탈당했음에도 불구하고, 수령과 아전들의 중간 농간 때문에 정부의 세입은 그 10분의 1에도 미치지 못하였다. 다시 말하면 인민들은 정부의 가혹한 수탈 아래에서 신음하고 있었음에도 불구하고, 정부는 국가의 기본적인 유지조건인 재정과 상비군을 확보하지도 못하는 형편이었다. 이러한 窮境을 타개하기 위하여 孝宗4년(1653)에 반포된 『田制詳定所遵守條劃』에서는 方田, 直田, 勾股田, 梯田 및 圭田의 5가지 田形에 대하여 1等尺만으로써 그 면적을 측량하고 該等規式으로써 結負를 계산하도록 했으나, 온 들판에 널려 있는 논밭뙈기는 모두 無法四邊形이었으므로 이 5가지의 전형은 측량에 전혀 도움이 되지 못하고 또 1結씩의 方田으로 전지를 구획하지도 않았기 때문에 전지의 실태는 여전히 파악되지 못하였다.[95]

그러면 조선은 왜 2천 년 동안이나 전지의 실태를 파악할 수 없는 결부제를 고집했을까. 현재의 필자의 연구 수준으로는 그 역사적 원인을 명확하게 밝힐 수 없으나, 적어도 양전과 관련된 약간의 현상만을 가지고 판단한다면 그 원인은 전지를 구획해서 그 실태를 파악하는 데 대한 농민의 저항을 억누를 수 있을 만큼 강력한 王權의 成立

之所自食, 極不過三四苞. 先王什一, 今什七八, 民何以聊生乎. (『全書』五－經世遺表一－十四 前面, 平賦司)

95) 今制, 六等之田, 通用一尺. 一等一結, 二等八五, 三等七十, 四等五五, 五等四十, 六等二五, 以爲差率自孝宗四年癸巳, 頒行遵守冊如此. 若使國中之田, 正正方方, 皆作一結之形, 則執一田而定其等, 執其等而差其率, 固不難矣. (『全書』五－經世遺表九－十二後面, 田制別考二)

이 없었던 데에 있었던 것이 아닌가 추측된다.[96] 적어도 조선시대만을 두고 본다면 조선왕조는 재정과 상비군을 갖추고 있지 못했기 때문에 인민들에 대하여 專制權力을 휘두를 수 있는 힘을 가져본 적이 없었던 것이다. 그럼에도 불구하고 조선후기에 들어오면 移秧法과 수리시설의 보급으로 벼농사의 안정성이 높아짐에 따라 대부분의 부세가 田結의 부담으로 돌려지고 있었기 때문에 전지의 실태를 정확하게 파악하는 일이 점점 중요한 시대적 과제로 되었고, 또 양전방법도 종래와 같이 6가지의 量田尺을 가지고 측량하는 대신에 1등척만으로 양전하도록 되었기 때문에 다산은 정전제를 실시하거나 정전제를 실시하지 못하는 경우, 결부제하에서라도 방전법을 도입하여 전지의 실태를 정확하게 파악함으로써 安民政策을 전개해야 한다고 생각했다. 다산이 전지를 井田으로 區劃하여 전지의 실태를 정확하게 파악하는 일을 王政의 根本으로 생각하게 되는 것은 1814년의『孟子要義』의 저작부터라고 밝혀지는데, 在官時節의「田論」(1798)에서는 정전제의 실시에 대해서 부정적이었으므로『맹자요의』를 저작하기 직전부터 정전제의 실시를 구상하게 된 것이 아닌지 모르겠다.

　다산이 시행하고자 하는 정전제의 내용은 다소 복잡한 것이지만, 역시 그 핵심적인 원리는『맹자』滕文公章句上의 使畢戰問井地條에 있었다. 그러므로 여기에서는 이 章句를 완역하여 제시함으로써 정전제의 본질이 어디에 있는가를 보이고자 한다. "畢戰을 시켜서 정전에 관하여 물어보도록 했다. 맹자가 말하기를, 그대의 임금이 장차 仁政을 베풀려고 그대를 선택하여 심부름을 시킨 것이니, 그대는 반드시 힘써야 할 것이다. 무릇 仁政은 반드시 經界로부터 시작하는데, 경계가 바르지 못하면, 井地의 분배가 고르게 되지 못하고, 穀祿의

---

96) 이 점에 대해서는 拙著의「제4장 井田法과 量田」을 참고하라.

분배가 공평하게 되지 못하니, 그 때문에 暴君과 汚吏는 반드시 경계를 허물어뜨린다. 경계가 이미 바르면, 전지와 곡록의 분배가 가만히 앉아서도 정해질 수 있다夫는 그 音이 扶이다. (朱子注 ― 필자)畢戰은 滕나라의 신하이다. 文公이 맹자의 말에 따라 필전으로 하여금 정전의 일을 주관하도록 했기 때문에 또 그로 하여금 찾아가 상세하게 정전제에 대하여 묻게 한 것이다. 井地란 곧 정전이다. 經界란 전지를 다스려서 나누는 것을 가리키는데, 도랑을 파고 길을 내며 그 모퉁이에 흙무더기를 세우고 나무를 심어서 경계를 경위로 구획하는 것을 가리키는 것이다. 雙峯饒씨는 말하기를, 도랑을 파고 길을 내며 모퉁이에 흙무더기를 세우고 나무를 심어서 구획된 경계는 경위가 錯綜하는데, 수직선이 경선이 되고 횡선이 위선으로 된다. 다만 經字만을 들었으나, 또 緯字가 그 중에 있다. 溝는 溝洫 따위요 塗는 길을 말하는 것이다. 모퉁이에 흙무더기를 세우고 나무를 심어서 경계로 삼는다."[97]

다산은 위와 같은 정전을 仁政 즉 안민정책이 시행될 수 있는 바탕 즉 기본제도라 생각했다. 즉 정전과 인정의 관계는 方圓에 대한 規矩와 宮商에 대한 律呂와 같은 관계로 인식했다. "鏞은 생각건대, 規矩와 律呂는 工師의 法度가 거기로부터 말미암는 바이니, 인정 역시 마땅히 법도상에서 그 도리가 터득되어야 한다. 하단에서 『시경』을 인용하여 선왕의 법도를 받든다고 말한 데서 그 뜻을 볼 수가 있는 것이다. 滕文公이 정전법을 행하자 임금께서 인정을 행한다는 것을 들었

---

97) 使畢戰問井地. 孟子曰, 子之君將行仁政, 選擇而使子, 子必勉之. 夫仁政必自經界始, 經界不正, 井地不均, 穀祿不平, 是故暴君汙吏, 必慢其經界. 經界旣正, 分田制祿, 可坐而定也夫音扶. 畢戰滕臣. 文公因孟子之言, 而使畢戰主爲井地之事, 故又使之來問其詳也. 井地卽井田也. 經界謂治地分田, 經劃其溝塗封植之界也. 雙峯饒氏曰, 溝塗封植之界, 經緯錯綜, 直者爲經, 橫者爲緯. 只擧經字, 有緯在其中. 溝溝洫之類, 塗道塗. 封土堢·植種木爲界. (『孟子』滕文公章句上)

다고 했다. 맹자는 한평생 經世濟民을 경계에 두었으니, 대개 정전법이 왕정에 있어서 規矩가 方圓에 대한 것과 六律이 宮商에 대한 것과 같다. 전정이 우선 바로 된 이후라야 禮·樂·兵·刑의 모든 일들이 모두 條理가 있을 것이다. … 요순은 대성인이니, 요순의 道는 대성인의 도이다. 인정으로써 하지 않으면, 治國平天下를 할 수 없으니, 곧 인정이 과연 규구와 율려이다."98)

위와 같은 인식하에서 다산은 조선에서의 정전제의 시행이 어떠한 의미를 가지고 있는지를 다음과 같이 천명하였다. "經界란 왕정의 근본이다. 「堯典」에서 관리를 임명할 때, (농사를 관리하는 관리인—필자) 稷을 먼저 임명하고 이어서 司徒를 임명하여 비로소 五敎를 베풀게 했으며, 공자가 왕도를 논함에 있어서 부유하게 하는 일을 앞세우고 교화를 그 뒤로 했으며, 맹자가 왕도를 논함에 있어서 百畝를 먼저 말하고 곧 이어 효제를 말하였다. 무릇 5교가 급하기는 하나 田政보다 뒤로 했으니, 왕정은 경계보다 큰 것이 없다. 경계가 바르지 못하면 戶口가 깨끗할 수 없으며, 경계가 바르지 못하면 賦役이 균평할 수 없으며, 경계가 바르지 못하면 교화가 일어날 수 없으며, 경계가 바르지 못하면 兵備가 깃들 데가 없으며, 경계가 바르지 못하면 간사한 자들이 숨을 죽이지 않으며, 경계가 바르지 못하면 詞訟이 나날이 번잡해져서, 천 가지의 병통과 만 가지의 폐단이 어지럽게 일어나고 동서로 부딪쳐서 다스릴 수가 없으니, 왕정에는 경계보다 큰 것이 없다."99)

---

98) 鏞案, 規矩律呂爲工師法度之所由生, 仁政亦當於法度上理會. 下段引詩而言尊先王之法, 可見其義也. 滕文公行井田法, 則曰聞君行仁政. 孟子一生, 經濟在於經界, 大抵井田之法, 在王政, 如規矩之於方圓, 六律之於宮商. 田政先正然後, 禮樂兵刑萬事千頭, 俱有條理. … 堯舜大聖也, 堯舜之道, 大聖人之道也. 不以仁政, 不能平治天下, 卽仁政果規矩律呂哉. (『全書』二─孟子要義一─四十九 後面, 離婁第四)

99) 經界者, 王政之本也. 堯典命官, 惟先命稷, 乃命司徒, 始敷五敎, 孔子論王道, 先富而

다산은 위와 같은 인정을 실현하기 위하여 1815~7년에 걸쳐서 「田制」 12篇을 저술하고, 1819년경의 양전을 위한 정부의 策問에 호응하는 형식으로 『量田議』十三終을 저술하였는데(이것은 그 후에 『경세유표』의 「田制別考」 3篇으로 편입되었다), 양전방법으로서는 「전제」의 경우에는 정전법이, 『양전의』의 경우에는 방전법이 각각 채택되었다. 양전기법에서의 양자의 차이는 전자는 지세에 따라 평야의 비옥한 전지를 溝洫으로써 정전으로 구획하는 데 대하여, 후자는 동서남북으로 경위선을 설치하여 모든 전지를 方田으로 구획하고 그 경위선 위에 논밭의 경계를 있는 그대로 그려 넣는 것이다. 區劃의 單位는 정전은 四方 1里를 1井으로 하며, 方田은 사방 10步를 1畦로 했다. 그 결과 정전의 경우에는 전지의 경계가 구혁으로써 正方으로 구획되나 방전의 경우에는 전지의 경계가 正方으로 구획되지 않는다. 그리고 정전은 지세에 따라 구획되고 방전은 동서남북에 따라 구획되기 때문에 그 측량의 方角이 각각 다르다.

양전기법으로서의 정전법과 방전법은 위에서 보는 바와 같이 두 가지 점에서 크게 달랐다. 첫째는 測量의 方角이 정전법은 지형에 따라서 설정되는 데 대하여, 방전법은 子午의 동서남북으로 설정되었으며, 둘째는 정전법의 경우는 전지가 구혁으로써 정전으로 구획되는 데 대하여, 방전법의 경우는 동서남북으로 경위선만 설치될 뿐이고 전지의 경계는 본래대로 남는다는 점이다. 그러므로 다산은 방전법을 결부제하에서 임시적으로 실시할 수 있을 것으로 보고, 궁극적으로는

後敎. 孟子論王道, 先言百畝, 乃說孝悌. 夫以五敎之急, 而後於田政, 則王政莫大於經界也. 經界不正, 則戶口不淸, 經界不正, 則賦役不均, 經界不正, 則敎化不興, 經界不正, 則兵備無寄, 經界不正, 則奸猾不息, 經界不正, 則詞訟日繁. 萬病千瘼, 棼然淆亂, 東撞西觸, 莫可擦理, 王政莫大於經界也. (『全書』五－經世遺表七－三十七 前面, 井田議一)

정전법을 실시하려고 하였다. 위와 같이 정전법과 방전법은 서로 조화될 수 없는 점이 있음에도 불구하고, 다산은 양자를 綜合하려고 했다. 아래의 引用文에서 보는 바와 같이 다산은 정전법과 방전법을 종합하여 측량의 방각을 子午의 동서남북으로 설정하고 전지의 경계를 동서남북의 경위선에 따라 구획하려고 했던 것이다. 이러한 論理上의 矛盾은 우리나라에서는 정전법은 물론 방전법도 시행되어본 일이 없는 데서 犯해진 것이 아닌가 생각된다. 宋나라 이후 중국에서는 방전법으로 양전하고, 일본에서는 고대로부터 정전법에 가름하는 條里制로 양전했는데, 양국에서는 방전법과 조리제를 가지고 실제로 양전을 실시해 보았기 때문에 그것들을 서로 혼동하지 않았던 것이다.

『주례』六官의 首章에서 매양 이르기를, '제왕이 도성을 건설함에 있어서, 방향을 분간하여 (왕궁의—역자) 위치를 바로잡아 도성을 건설하고 들을 구획하며, 관서를 설치하고 관직을 나누어서 백성의 標準으로 삼는다'고 했다. '방향을 분간하여 (왕궁의) 위치를 바로잡는다(辨方正位)'는 것은 子午의 방향을 분간하여 남북의 위치를 바로잡아 도성을 영건한다는 것이다鄭玄은 「考工記」에서는 匠人이 都城을 건설함에 있어서 얼(槷)을 달아 해 뜰 때의 그림자와 해 질 때의 그림자를 식별하고 한낮의 그림자를 참고하여 사방을 바룬다'고 했다. 「詔誥」에서는 '太保가 방위를 정하는데, 닷새가 지난 甲寅日에 방향이 바로잡혔다'고 했다. '도성을 건설하고 들을 구획한다(體國經野)'는 것은 다음과 같다. 이미 자오의 방향이 분간되었으면, 이에 도성을 잘라서 나누는데, 중앙이 왕궁이며左廟와 右社가 그 중에 있다, 전면에 조정이 있고 후면에 市廛이 있으며, 좌우에 六鄕이 있어서 둘씩 둘씩 서로 마주보게 한다도성은 9區이다. 體란 分이다鄭玄의 주이다. 賈公彦은 '手足이 나뉘어져서 四體가 되는 것처럼 나뉘어질 수 있다'고 했다. 이미 六鄕이 이루어지면, 그 밖은 六遂가 된다육향의 左右에 있다. 1백 리의 안을 遠郊라 하며, 2백 리의 안을 邦甸이라 하며, 3백 리의 안을 家稍大夫의 采邑이다이라 하며, 4백 리의 안을 邦縣

小都가 있는 곳이다라 하며, 5백 리의 안을 邦都大都가 있는 곳이다라 하는데, 이 것이 이른바 邦畿千里이다. 왕궁이 중앙에 위치하여 이미 子午로 방향이 육향 과 육수가 사다리에 사다리가 붙은 것 같이 서로 잇따르지 않을 수 없어서, 자 오로 방향이 바루어진다. 육향과 육수가 이미 자오로 방향을 바루었으니, 旬· 稍·縣·都가 사다리에 사다리가 붙은 것 같이 서로 잇따르지 않을 수 없어서, 자오로 방향이 바루어진다. 말하자면 六遂의 田地, 遠郊의 전지 및 전·초·현· 도의 전지는 모두 자오로 방향이 바루어지는데, 이에 그렇게 되지 않을 수 없 는 형세를 다시 물을 것이 없는 것이다. 넓고 비옥한 땅은 井田으로 구획해서 模田을 만들고, 언덕지고 습한 땅은 지세에 따라 전지를 만들되 네모반듯한 圍線을 치기를 이 편에서 논하는 방전법과 같이 하는 것이 역시 자연적인 형 세이니, 다시 물을 것이 없다. 이것이 이른바 體國經野이다. 經이란 子午의 직 선이니란 橫線이다. 經野란 경위선으로써 전야를 측정하는 것이다. 아아, 先王 의 땅을 다스리는 방법이 천년 동안이나 어두웠으나, 橫渠가 앞서서 부르짖고, 朱子가 뒤에서 잇따랐다. 洪武의 어린도가 이미 중국에서 행해지고, 俞集一의 方量法이 또 우리나라에서 시도되었는데, 위로 三代의 遺文을 詳考하니, 마치 符契를 합친 것 같다. 신은 말하건대, 이것은 장차 天運이 돌아와 人文이 다시 밝아질 조짐이다. 臣은 오늘날 한번 변하여 道에 이르기를 진실로 간망하는 바이다.[100]

---

100) 周禮六官之首章每云, 惟王建國, 辨方正位, 體國經野, 設官分職, 以爲民極. 辨方正 位者, 辨子午之方, 正南北之位, 以營王國者也鄭云, 考工匠人建國, 以縣置槷, 識日出之景 與日入之景, 參諸日中之景, 以正四方. 召誥曰, 太保攻位, 越五日甲寅位成. 體國經野者. 旣辨 子午之方, 乃裁分其國, 中爲王宮左廟右社在其中, 面朝後市, 左右六鄉, 兩兩相嚮國中 爲九區. 體者分也鄭注也. 賈云, 若人之手足, 分爲四體, 得爲分也. 六鄉旣成, 其外爲六遂在 六鄉之左右. 百里之內, 謂之遠郊, 二百里之內, 謂之邦旬, 三百里之內, 謂之家稍大夫 之采邑, 四百里之內, 謂之邦縣小都之所在, 五百里之內, 謂之邦都大都之所在, 此所謂 邦畿千里也. 夫王宮居中, 旣正子午方位, 卽六鄉六遂, 如棧附棧, 不得不隨, 正其子 午方位. 六鄉六遂, 旣正子午方位, 卽旬稍縣都, 如棧附棧, 不得不隨, 正其子午方 位. 卽六遂之田, 遠郊之田, 旬稍縣都之田, 皆正其子午方位, 乃是不得不然之勢, 無

만약 정전법이 실시된다면, 농민들의 부세부담과 정부의 재정수입은 어떻게 될 것인가. 이 문제는 전국의 수준으로 다루어질 만큼 자료가 갖추어져 있지 못하므로, 羅州 한 고을을 예로 들어 검토하고 있다. 나주의 結數는 대개 3만 결인데, 出稅結은 2만 결이요, 隱結이 1만 결이다. 2만 결은 中中田 40만 斗落이므로, 1畉가 40두락이면 公田 1,111畉 11餘畞를 얻는데, 그 수확은 벼로 1,777,779두이며, 이를 쌀로 환산하면 47,407餘石이다. 2만 결의 國納 32,000석보다 15,407석이 많다. 정전제의 실시로 은결이 모두 출세결로 파악되면, 公田의 所出은 米 71,000餘石으로 증가할 것이므로, 국납은 48,000석으로 되고, 나머지는 23,000餘石으로 될 것이다.[101] 이상과 같은 일이 이루어진다면 농민의 부세부담은 전지생산물의 9분의 1에 불과하게 되고 중앙정부의 재정은 크게 증가하겠으나, 군현의 재정이 위와 같은 수입으로서

容再問者也. 其衍沃之地, 畫之爲井, 以作模田, 其原隰之地, 隨勢作田, 但設方圍, 如今所論方量之法, 亦自然之勢, 無容再問者也. 此所謂體國以經野也. 經者, 子午之直線緯者, 其橫線, 經野者, 以經緯之線, 度其田野也. 嗚呼, 先王治地之法, 千載晦盲, 而橫渠倡之於前, 朱子述之於後. 洪武魚鱗之圖, 旣行於中國, 兪氏方量之法, 又試於東方, 而上考三代之遺文, 若合符契. 臣謂天運將還, 人文再昭, 此其兆也. 一變至道, 臣誠懇望於今日也. (『全書』五-經世遺表 九-三十一 後面, 田制別考三)

101) 試論羅州一處, 本田畓三萬結, 除其畓下, 平年實應稅者二萬結. 每結徵稅米二十四斗, 則其米三萬二千石每石十五斗, 卽四萬八千斛也每斛爲十斗. 今用井耡之法, 則原田九分之一, 得公田一千一百十一畉十一畞零原田二萬結, 約爲四十萬斗落, 而公田一畉, 約爲四十落, 則其數如此. 竝以中中之率, 收其耡粟每一斗落, 收粟四十斗, 則其租爲一百七十七萬七千七百七十六斗, 以之作米, 則其米爲四萬七千四百七石零, 卽七萬一千一百十一斛零. 視舊所增二萬三千一百十一斛以石則增一萬五千四百七石零, 六萬斛, 上之于京師, 一千一百十一斛, 破之爲雜費. 以一萬斛, 留之本州, 以幾斛爲牧使月廩, 幾斛爲鄕官吏校皁隸奴婢之月餼, 幾斛爲京主人役價營主人役價朔饍進上價, 幾斛爲巡營移文脚價, 幾斛爲使客支應米, 幾斛爲新舊官刷馬價. 凡一應雜用, 皆於此中, 制爲法式, 夫豈有不足者乎. 規模森整, 體面光大, 名正而言順, 理通而義立, 四亭八當, 萬世無弊. 承三代之懿範, 垂百王之令典, 將使豐功偉德, 照映於史冊, 伏願聖明留意焉. (『全書』五-經世遺表八-十三 前面, 井田議二)

유지될 수 있을까 하는 문제는 남을 것으로 보인다. 이제 시야를 전국으로 확대해 보면 정전제 시행의 효과는 매우 클 것으로 보인다. 그 이유는 조선후기에 이르기까지도 중앙정부의 재정은 주로 3남지방이 담당하고 있음으로써 경기, 강원, 관서 및 관북의 양전에 있어서는 실제보다 결수가 훨씬 낮게 잡혔기 때문이다. 만약 전국적으로 정전제가 실시되어 은결이 출세결로 파악된다면 전국의 결수는 획기적으로 증가될 것으로 기대되기 때문이다. 井田法이 실시된다면 私田農民에 의한 公田의 경작이 순조롭게 이루어질 수 있는가 하는 문제는 있겠지만, 농민들의 부세부담은 획기적으로 감소되는 데 대하여 국가의 재정수입은 크게 증가할 것으로 추측된다.

2) 賦貢制와 商業의 振興

정전제의 실시는 전지를 井田으로 구획함으로써 전지의 실태를 정확하게 파악할 뿐만 아니라 田結을 대상으로 부과되는 田稅米, 大同米, 結米 및 雉鷄柴炭價米 등의 잡다한 명목의 부세를 單一의 井稅로 통일하고 軍布, 民庫 및 還穀 등의 자의적 수탈을 제거한다는 점에서도 부세제도의 혁명적 변혁을 의미하는 것이다. 그러나 이 정세는 전지를 경작하는 농민에 대한 부세에 불과하기 때문에『주례』에 따라 인민들이 九職으로 분업한다고 할 때, 기타의 八職에 대한 부세의 문제가 제기되지 않을 수 없게 된다. 그래서 다산은 「전제」3에서 정세의 문제를 다룰 때에 이미 부공설정의 필요성을 강조하였는데, 과연 귀향 전후에 걸쳐서 집필된 「부공제」7편에서 부공의 개념을 정립했다. 부공의 經傳的 근거는 역시『상서』의「禹貢」에 있었다.

"「우공」에서는 말했다. 冀州는, 그 賦가 上上等인데, 그 等級이 섞여 있고, 그 田은 中中이다節. 雍州는 그 田이 上上이요, 그 賦는 中下이다節. 六府를 깊이 닦되, 모든 토지에 등급을 매겨 바로잡았으니, 財

賦를 거두어들이는 데 조심하라. 세 등급으로 나누는데 본받아서 중국에 賦法을 이루었다節."[102]

위에서 보는 바와 같이 다산은 부세로서는 전세가 하나요, 다른 하나는 부공으로서 양자가 雙立해야 한다는 부세이론 즉 田賦論을 정립하게 된다. 전부론의 내용은 다음과 같다.

신은 생각건대, 「우공」이란 요순의 법이다. 요순의 법은 그 田이 9등이요, 그 賦가 9등인데, 전이란 정전에서 곡식을 내는 것이요, 부란 夫家로부터 재물을 거두는 것이다. 『주례』「大司徒」에서는 9등으로써 천하의 地征을 제정하고, 9등으로써 천하의 財賦을 거두었는데, 지정이란 「우공」에서 말하는 전이요 재부란 「우공」에서 말하는 부이다. 1田과 1賦가 양쪽에 우뚝 서서 雙立하니, 나라의 經用의 근본이요 임금이 민중을 制御하는 권한이다. 진나라 이래로 典籍은 흩어져 없어졌는데 憲章은 조술되지 못하고, 희미하게 傳聞되는 것은 정전설이요 그 九賦와 九貢의 법은 아득하게 멀어져 버렸으니, 名目과 實體가 온통 없어졌는데, 하물며 그 규모와 節目을 어디로부터 얻어들을 수 있겠는가. 이에 儒者들이 經傳을 주석하면서, 田을 土品이라 하고 賦를 전세라 하니, 여기서 전에 賦가 있게 되고 부 자체는 없어져 버렸다. 인정은 거두는 것을 박하게 하는 것보다 먼저 해야 할 것이 없는데, 진실로 전에 부가 있고 본래의 부는 없어졌다면, 무엇이 이와 같이 좋은 일이 있겠는가. 다만 옛날에는 백성들에게 九職이 있었는데, 9직 중에서 農은 그 하나였다. 그런데 오직 농에게만 부가 있고 8직에는 부하는 바가 없다면, 어찌 역시 한 쪽으로 치우치고 공변되지 못한 것이 아니겠는가. 국가가 있으면, 經用이 없을 수 없으며, 祭祀가 있고 賓客이 있으며, 軍旅와 會同이 있으며, 喪紀와 凶札이 있고, 하물며 天子와 國

---

102) 禹貢曰, 冀州, 厥賦唯上上錯, 厥田唯中中節. 雍州, 厥田唯上上, 厥賦中下節. 六府孔修, 庶土交正, 底愼財賦, 咸則三壤, 成賦中邦節. (『全書』 五－經世遺表十－二 後面, 九賦論)

君에게는 모두 공경, 대부, 士, 府史, 胥徒, 興臺 및 皁隷 따위가 있는데, 이들은 스스로 땟거리를 마련하지 못하며 백성과 더불어 농사짓지도 못한다. 또 宮室, 城郭, 府庫 및 甲兵의 비용이 있는데, 백성으로부터 거두지 않으면 장차 어디에서 나오겠는가. 이에 백 가지의 需用을 모두 田에 책임지우니, 전지는 황폐해지고 백성은 편안히 살 수가 없다.[103]

위에서 보는 바와 같이, 다산의 부공이론은 九賦論이다. 이 구부론은 부공을 거두어들이는 지역, 부공부과의 대상이 되는 산업 및 부공수입이라는 다소 복잡한 내용으로 구성되어 있는데, 그 經傳的 해설은 다음과 같다.

"『주례』의 「天官冢宰」는 9부로써 재물을 거두어들이는데, 첫째는 邦中之賦, 둘째는 四郊之賦, 셋째는 邦甸之賦, 넷째는 家削之賦, 다섯째는 邦縣之賦, 여섯째는 邦都之賦, 일곱째는 關市之賦, 여덟째는 山澤之賦, 아홉째는 幣餘之賦이다."[104]

즉 九賦 중에서 방중지부, 사교지부, 방전지부, 가삭지부, 방현지부

---

103) 臣伏以, 禹貢者堯舜之法也. 堯舜之法, 厥田九等, 厥賦九等, 田者井地之出粟者也, 賦者夫家之斂財者也. 周禮大司徒, 以九等制天下之地征, 以九等斂天下之財賦, 地征者禹貢之所謂田也, 財賦者禹貢之所謂賦也. 一田一賦, 兩起雙立, 爲有國經用之本, 爲人主馭衆之權. 自秦以來, 典籍散亡, 憲章無迹, 其依俙傳聞者, 井田之說, 其九賦九貢之法, 漠然遼絶, 名物都泯, 況其規模節目, 何從而得聞乎. 於是儒者注經, 田曰土品, 賦曰田稅, 於是田有賦, 而賦則亡矣. 仁政莫先於薄斂, 誠使田有賦, 而賦則亡, 何善如之. 但古者民有九職, 九職農居一焉. 惟農有賦, 而八職無所賦, 豈不亦偏敧而不公乎. 有國家者, 不能無經用, 有祭祀焉, 有賓客焉, 有軍旅焉, 會同焉, 有喪紀焉, 凶札焉. 況天子國君, 皆有公卿大夫士府史胥徒興臺皁隷之倫, 皆不能饔飧而竝耕. 又有宮室城郭府庫甲兵之費, 不斂於民, 將於何出. 於是百用所須, 皆責於田, 田用荒蕪, 民不聊生. (『全書』五-經世遺表十一一 前面, 九賦論)

104) 周禮天官冢宰, 以九賦斂財賄, 一曰邦中之賦, 二曰四郊之賦, 三曰邦甸之賦, 四曰家削之賦, 五曰邦縣之賦, 六曰邦都之賦, 七曰關市之賦, 八曰山澤之賦, 九曰幣餘之賦. (『全書』五-經世遺表十一三後, 九賦論)

및 방도지부는 邦中·四郊·邦甸·家削·邦縣·邦都의 王畿六重에서 거두어들이는 부공이며, 관시지부와 산택지부는 商賈과 虞衡의 井地에서 거두어들이는 부공이며, 폐여지부는 각 부문에서 사용하고 남은 부공수입의 나머지이다. 그러면 王畿六重에서 거두어들이는 부공에는 어떠한 것이 있는가. 그것은 夫布, 里布 및 屋粟이라고 하는데, 부포는 戶布요, 이포는 宅廛에 부과하는 부공이요, 옥속은 職貢이다. 그러니까 부공 중에서 九職의 本職에 대한 부세는 관시지부와 산택지부뿐이고 왕기육중의 부공은 본직에 대한 부세에 추가하여 징수하는 賦稅이다. 九賦의 자세한 내용은 아래와 같다.

나는 생각건대, 여섯 겹의 부는 즉 부포, 이포 및 옥속이다. 관시와 산택은 이 세 가지에 모두 해당하지 않으니, 어찌 별도로 한 항목으로 설정하지 않을 것인가. 농부는 이미 세 가지의 부를 바치고 또 井田에서 9분의 1의 井稅를 바친다. 상인과 虞人은 어찌 홀로 위의 세 가지 부를 바친다는 이유로 드디어 관시에 부과되는 것이 없고 산택에서 거두어들이는 것이 없을 것인가상인과 虞人은 화물과 재물로서 屋粟에 당하는데, 모두 9직의 공이다. 관시란 상고의 井地요, 산택이란 虞衡의 井地이다. 정지에서는 9분의 1을 거두는 것인 즉, 관시와 산택은 별도로 큰 세를 거두어서 공전의 정세에 당하게 한 이후에라야 그 의리가 균평해질 것이니, 馬端臨이 한 땅과 한 사람에게 두 번 세를 거두는 것을 가지고 법이 틀리지 않았는가 의심했으니, 어찌 소홀하지 않은가. 幣餘란 회계의 나머지인데, 마단림이 差役이나 免役 따위로 생각했으니즉 官物을 운영하는 것이다, 역시 틀리지 않았는가.[105]

---

105) 臣謹案, 六重之賦, 卽夫布里布屋粟之斂也. 關市山澤, 於此三者, 皆無所當, 安得不別爲一項乎. 農夫旣輸三賦, 又於井田, 納其九一之耡. 商人虞人, 獨安得以三賦之故, 遂得關市無征, 山澤無斂乎商人以貨物當屋粟, 虞人以材物當屋粟, 皆九職之貢也. 關市者, 商賈之井地也, 山澤者, 虞衡之井地也. 井地收其九一, 則關市山澤, 別有大稅,

이상으로써 전세와 부공의 내용이 무엇인가는 대체로 명백하게 된 것이 아닌가 생각된다. 그러면 전세와 부공의 관계는 어떠한 것으로 인식되었는가. 전근대사회에 있어서는 기본적으로 농업이 주된 산업이고 상업, 어업, 산림업, 광산업 및 수공업은 농업을 보조하는 산업이었다. 그러므로 부세에 있어서 전세나 부공이나 다같이 九職에 대한 부세라고 하더라도 전세는 부세의 주종으로 인식되고, 부공은 '雜賦' 혹은 '雜稅'로 인식되었다.[106] 그리고 九賦 중에서도 특히 關市之賦와 山澤之賦가 堅實한 재정수입으로 인식되었다. 그 이유는 말할 필요도 없이 이 두 가지의 稅種이 본직에 대한 부세이기 때문이다. 그리고 부공수입을 증가시키려면 부공부과의 대상이 되는 本職의 産業을 진흥시켜야 한다는 사실도 잘 알고 있었다. 왜냐하면 "賦貢收入이 많고 적음은 廛里의 성쇠, 市肆의 繁寡, 貨物의 聚散, 商旅의 왕래, 山澤의 대소, 지세의 要僻"에[107] 달려 있다고 생각했기 때문이다.

 그러나 다산의 부공이론을 상세하게 검토해 보면, 關市之賦와 山澤之賦 중에서도 관시지부의 부과대상이 되는 상업의 진흥에 대해서는 상업발달의 조건이 되는 수륙교통, 화폐제도, 도량형제도 및 신용제도의 정비에 관한 언급은 있으나 직접적인 상업진흥책을 제시하고 있지 못한 데 대하여 산택지부의 부과대상이 되는 園圃, 山林, 畜産, 漁業 및 鑛山의 진흥에 대해서는 적극적인 정책적 제시가 있는 것을 확인할 수 있다. 다산의 이러한 상품경제의 진흥책은 조선후기의 경제

以當公田之糶粟, 然後其義理均平, 馬乃以一地再稅, 一人再稅, 疑法之有誤, 豈不疎哉. 幣餘者, 會計之餘, 馬以爲差役免役之類卽營運官物, 亦謬矣. (『全書』五－經世遺表十－五 前面, 九賦論)

106) 今詳此諸文, 蓋賦者, 雜稅也. (『全書』二－尙書古訓三－六 前面, 禹貢)

107) 賦之高下, 又係乎廛里之盛衰, 市肆之繁寡, 貨物之聚散, 商旅之來往, 山澤之大小, 地勢之要僻. 其斂有輕重, 其率有高下, 先列其細目, 次查其差率, 乃定其宏綱如田法也. (『全書』二－尙書古訓三－八 前面, 禹貢)

발달 수준과 밀접한 관계가 있었던 것으로 보인다. 조선후기에는 상품경제의 발달 수준이 너무 낮았기 때문에 농업의 연장선상에 있는 원포, 산림, 축산, 어업 및 광업을 진흥하는 방도를 강구하지 않고서는 상업을 진흥시킬 길이 없었기 때문이 아니었을까 추측된다. 이러한 점은 그의 구체적인 賦貢課稅節目의 구상에서도 나타나는데, 그는 종래의 魚鹽船稅에 대해서는 賦貢課稅節目을 제시하고 있으나 京城市廛이나 장시에 대해서는 과세절목과 관련하여 아무런 언급도 없었던 것이다. 그러므로 여기서는 山林川澤에서의 상품생산 장려 구상에 대하여 간단하게 살펴보도록 한다.

野라는 것은 5穀이 생산되는 곳이요, 산림과 천택이라는 것은 財用이 나오는 곳이기 때문에, 聖王은 중하게 여겼다. 堯임금이 舜임금을 시험해 보려고 깊은 숲속으로 보냈더니, 순임금이 益을 자기의 虞人으로 삼아 산림과 천택을 관리하게 했다. 大山, 大林, 大川 및 大澤은 圖經을 만들어 물산을 두루 알게 하고 中山과 小川은 3등급으로 나누어서, 수천여 명의 관리를 두어 禁令을 엄격히 하고 이익을 일으켜서 貢도 바치고 賦도 거두었다. 이에 전지와 평지의 세를 가볍게 하기도 하고 면제하기도 했으나, 천하의 財用이 항상 풍족하고 국가의 경비가 부족함이 없었다. 후세의 人主는 천지의 도리를 밝히지도 못하고, 하늘이 내려준 재물을 이어받고 地利를 이용할 줄 몰라서 草木은 가꾸지도 않으며, 鳥獸는 기르지도 않으며 金·銀·銅·鐵·玉石의 보물은 채굴하지도 않고, 오직 바닷가 한 구석의 蒼生으로서 물을 달여 소금을 굽는 자로부터 거두어들일 뿐이니, 백성들이 어찌 곤궁하게 되지 않을 수 있겠으며, 재용이 어찌 궁핍하지 않을 것인가.[108]

---

108) 野者, 五穀之所生, 山林川澤者, 財用之所出, 故聖王重焉. 堯將試舜, 納于大麓, 益作朕虞, 以若上下. 其大山大林大川大澤, 作爲圖經, 周知物産, 中山小川, 分爲三等, 乃置官數千餘人, 以嚴其禁, 以興其利, 以納其貢, 以收其賦. 玆所以平田平地之稅,

山澤의 자원개발에 관해서는 다양한 분야에 걸쳐서 논의하고 있지만, 여기서는 다산이 특히 중요시했던 분야에 관해서만 살펴보도록 한다. 우선 그는 금·은·동·철광산의 국영을 강력히 주장했다. 그가 광물자원의 개발을 중요시한 것은 당시에 민간에 의하여 금·은·동의 광업이 개발되고 있었다는 사정도 있었지만, 그가 추구하고자 했던 정전제의 실시를 위한 재원조달이 시급했기 때문이다.

"신은 다음과 같이 말한다. 여러 道의 금은동철에 대해서는 수백 개소의 官冶를 설치하여 하루바삐 일거나 鑄造하거나 하여 대략 그 얻는 바를 가지고 이미 지출하고 흩어버린 中外의 留庫錢의 숫자를 보충해야 한다. 모두 화폐를 주조하는 데 쓰되, 금은동전이 각각 3등을 구비하도록 하고, 이 아홉 가지의 화폐가 나라 안에서 유통되도록 하여 길이 중국으로 빠져나가는 길을 막고 서서히 公田의 代價에 충당하는 일을 그만두어서는 안 된다금은동전에 관해서는 별편에 자세하다."[109]

그가 그다음으로 산택자원의 개발 분야로 중요시했던 것은 원포였다.

"농가의 이익은 園圃보다 더 후한 것이 없다. 1百畝의 밭에서 해마다 곡식 몇 가마를 수확하여 내다팔면 그 돈이 얼마나 되겠는가. 1百畝의 밭에서 매년 파 몇 束을 거두어서 내다팔면 그 돈이 얼마나 되겠는가. 파의 이익이 곡식보다 반드시 10배는 될 것이다. 단, 이러한

微薄時舍, 而天下之財用恒足, 國家之經費不匱也. 後世人主, 不明乎天地之道, 不知承天財而出地利, 草木則不養, 鳥獸則不馴, 金銀銅鐵玉石之寶則不採, 唯海隅蒼生, 煮水爲鹽者, 從而権之而已, 民安得不困, 財安得不詘哉. (『全書』五－經世遺表十一－四十一 後面, 賦貢制四)

109) 臣謂諸路金銀銅鐵, 置官冶數百所, 亟行淘鑄, 略以所得, 補中外留錢出散之數. 乃以歲出, 全用鑄幣, 金銀銅三錢, 各具三等, 以此九幣, 行於國中, 永塞走燕之路, 徐充公田之價, 未可已也金銀銅, 又詳別篇. (『全書』五－經世遺表七－三十三 前面, 井田議一)

과실과 소채는 반드시 수도에 지극히 가까운 지역이라야 팔릴 것이기 때문에 郊野 이외에는 곡식 농사는 있으나 원포가 없는 것이니, 이것은 자연스런 물정이다."[110] 그가 상업작물의 재배로서 특히 중요시했던 것은 양잠이었다. 양잠의 장려 방안에 대해서는 本書의 「농업경영론」을 참고하기 바란다.

마지막으로 다산의 분업구상을 소개하고자 한다. 그의 분업론이 『주례』의 九職論에 따르고 있다는 점에 대해서는 앞에서도 누누이 지적한 바와 같다. 이 분업구상은 「勸農」과 관련해서 제기된 것이기 때문에 농업에 한정되어 있기는 하지만, 농업에서도 이러한 분업이 실제로 행해지고 있었다는 것이 아니라 이러한 분업이 행해져야 한다는 것이었다. 그는 이러한 분업구상을 『목민심서』의 「勸農」條에 게재해 두고, 그의 개혁구상인 『경세유표』의 정전제가 앞으로 시행되거든 이러한 분업정책이 행해져야 한다는 것이었다. 그의 분업론의 일환인 잠업론을 보면 양잠을 위하여 햇볕을 잘 받을 수 있는 곳에 蠶室을 짓고, 잠실 내부를 십자가로 구획하여 사방에 몇 층의 蠶箔을 올리며, 뽕나무를 수백 그루 심거나 地桑으로 뽕나무밭을 조성하라고도 했는데, 이러한 양잠의 권장은 견직물업의 장려를 위한 것이었다. 만약 다산의 이러한 양잠업 구상이 실현되었더라면, 개항기에 중국과 일본이 공업제품의 수입에 대하여 생사와 차의 수출로 대응한 예로써 본다면, 우리나라가 쌀로 대응할 수밖에 없었던 딱한 사정은 면할 수 있었을 것이다. 이것은 하나의 例에 불과하지만 이러한 예로 보더라도 다산의 개혁구상이 한국사에서 가지는 의미를 짐작하고도 남

---

110) 農家之利, 莫厚於園圃. 百畝之田, 歲收粟幾釜, 以之爲錢, 其錢幾何. 百畝之田, 歲收葱幾束, 以之爲錢, 其錢幾何. 葱之利, 必十倍於粟矣. 但此等果蔬, 必國城至近之地, 乃可無滯, 故郊野以外, 有稼穡而無園圃, 此物情自然也. (『全書』五－經世遺表五－四十 前面, 田制三)

을 것이다.

무릇 勸農의 政事는 마땅히 6科로 나누어서 각각 직업을 주고 그 공적을 考課하여 上等으로 올려줌으로써 民業을 권장한다.

이 일은 오늘날의 수령에게 곧 시행하라는 것이 아니다. 만약 田政이 크게 바루어짐으로써 백 가지 일이 바로잡히고 職貢이 법과 같이 행해져서 나의 「田制考」에서 논한 바와 같이 모든 백성들이 생업을 분배받는다면, 그때에는 시행을 논의할 수 있을 것이다. 오로지 이것을 부기하여 「전제고」에서 缺落된 것을 보충할 뿐이요, 오늘날의 수령이 살펴서 행하라는 것이 아니다.

田農이 1科이며九穀을 栽培한다,

園廛이 1과이며百果를 심는다,

圃畦가 1과이며百菜를 심는다,

嬪功이 1과이며布帛을 짠다,

虞衡이 1과이며百材를 심는다,

畜牧이 1과이며六畜을 기른다,

工·商·臣妾을 합하면 의당 九職이 된다.[111]

---

111) 凡勸農之政, 宜分六科, 各授其職, 各考其功, 登其上第, 以勸民業
此非要今之守令, 便當施措也. 若田政大正, 百度咸貞, 職貢如法, 萬民受業, 如余田制考所論, 斯可以議到也. 聊此附著, 以補田制之缺, 非謂今之守令按而行之也.
田農爲一科治九穀, 園廛爲一科種百果, 圃畦爲一科種百菜, 嬪功爲一科出布帛, 虞衡爲一科種百材, 畜牧爲一科養六畜, 竝計工商臣妾, 當爲九職. (『全書』五 - 牧民心書七 - 十二. 後面, 勸農)

맺음말

다산이 그 속에서 살았던 조선후기에는, 한편에서는 당시의 중국과 일본에 비하여 경제발전이 너무나 뒤떨어진 데 더하여 인구와 전지의 실태를 제대로 파악할 수 없는 결부제라는 양전제도 때문에 국가는 그 유지조건인 재정과 상비군을 제대로 확보하지 못하여 存亡之秋에 직면해 있고, 다른 한편에서는 실학이라는 학풍이 전개되고 있는 가운데 국가를 개혁해 보려는 正祖와 같은 開明君主를 맞이하고 있었다.

조선후기의 실학이 중국의 考據學과 거기를 경유하여 전달되는 西學과도 밀접한 관계가 있었음은 말할 필요도 없을 것이다. 이러한 시대적 분위기 속에서 유배로 학문연구에 沈潛할 수 있는 기회를 맞이했던 다산은 漢代의 訓詁學, 宋代의 義理學 및 淸代의 考據學을 참고하면서 육경·사서에 대한 집중적 탐구를 통하여 조선에서 중국三代의 小康社會를 실현할 수 있는 경세학의 체계를 수립하고자 했다. 그 결과물이 『경세유표』라는 것에 대해서는 더 이상 말할 것이 없지만, 『孟子要義』, 『中庸自箴』, 『大學公議』 및 『尙書古訓』 등에서도 그의 경세치용학에 관한 여러 구상의 片鱗을 찾아볼 수 있다.

다산학에 있어서는 우주만물을 창조하고 運化하는 것(=造化)은 그 근원이 우주만물의 바깥에 존재하는 人格神으로서의 上帝의 命令 즉 천명에 있다고 본다. 그러므로 다산학에 있어서는 孝·悌·慈의 明德과 仁·義·禮·智·信의 五常과 같은 인간의 도덕이나 지인·안민과 같은 통치자의 도리도 그 근원이 天命에 있다고 본다. 그러나 인간은 또 하늘로부터 靈明이 稟賦되어 자기의 운명에 대한 自主之權能을 가지고 있기 때문에 천명이 地上에서 실현되는가 어떤가는 인간의 선택에도 달려 있다고 본다.[112] 그러므로 인간이 하늘로부터 품부받은 天命之性과 도덕 사이에는 긴장관계가 존재할 수밖에 없는데, 天人間의 相應關係를 통하여 천명지성과 도덕을 일치시키려는 노력이 전개된다. 이것이 昭事上帝 즉 밝게 천명을 받들려는 인간의 노력이다. 개인의 도덕문제라면 그것은 개인의 도덕적 실천으로써 달성될 수 있겠으나, 知人·安民과 같은 통치자가 지켜야 할 도리의 실천에 있어서는 통치자 개개인의 도덕적 노력도 필요하겠지만, 그 도리가 실현될 수 있는 제도의 수립이 필요했던 것이다. 그래서 『주례』에서는 이 지인·안민을 體國經野·設官分職으로 제도화했던 것이다.

체국경야·설관분직은 『주례』의 首章인 「惟王建國, 辨方正位, 體國經野, 設官分職, 以爲民極」의 일부이다. 王安石은 이 구절을 제왕이 도성을 건설함에 있어서 방향을 分揀하여 왕궁의 위치를 바로잡아 도성을 건설하고 들을 구획하며 관서를 설치하고 관직을 나누어서 天幕을 설치하여 사람들을 그 안에 품듯이 백성들을 품는 것이라고 해석했는데, 다산은 이 구절을 禹王이 상제로부터 洪範九疇를 내려받아 홍수를 통제하고 들을 정전으로 구획함으로써 천하를 재창조하는 과정에 同參하는 일의 연장선상에 있는 것으로 해석했다. 왕안석이나 정약용이나 위의 구절을 제왕이 왕조국가를 건설하는 과정에 대한 설명으로 해석했는데, 그러므로 홍범구주에서는 그 正中央에 皇極을 위치시켜 위로 天時를 받들고 아래로 人衆을 統御하도록 했던 것이다. 다시 말하면 유교적 왕조국가에 있어서는 인민을 나라의 근본으로 받들기는 하지만 제왕에게 국가통치에 대한 절대권이 보장되어야 知人·安民을 실현하기 위한 체국경야·설관분직도 이루어질 수 있다고 생각했던 것이다.

---

112) 言性者, 必主嗜好而言, 其義乃立. 若謂此虛靈無形之物, 其體渾然至善, 一毫無惡, 則赤子始生, 但知啼哭索乳求抱, 安得硬謂之純善乎. 若以其自主之權能而言之, 則其勢可以爲善, 亦可以爲惡. (『全書』二−孟子要義一−三十三 前面, 滕文公三)

그러므로 다산은 체국경야를 제왕이 상제로부터 홍범구주를 내려받아 천지를 재창조하는 과정의 연장선상에 있는 것으로 보고 있다. 다시 말하면 토지를 정전으로 구획하는 일은 제왕이 상제를 대신하여 천지를 재창조할 때부터 시작되었다는 것이다. 정전제에 대한 다산의 이러한 인식은 물론 『孟子』滕文公章句上의 使畢戰問井地條에 대한 이해로부터 출발했을 것이다. 정전제는 전지의 실태를 정확하게 파악함으로써 한편으로 국가의 재정을 넉넉하게 하고 상비군이 갖추어지도록 하면서 다른 한편으로 인민들로부터의 수취를 가볍게 해주는 仁政이라 생각했던 것이다. 이와 같이 다산이 정전제를 인정으로 인식하는 데 있어서는 經傳에 대한 해석에 그 근거를 두고 있기도 했지만, 이에 못지않게 結負制가 전지의 실태를 파악하지 못함으로써 농민들은 賦稅로 전지 생산물의 3분의 1을 수탈당했음에도 불구하고 국가의 세입은 그 10분의 1에도 미치지 못함으로써 관리들에게 정상적으로 녹봉을 지급하지 못하고 상비군도 갖추지 못하여 국가가 存亡之秋에 직면할 수밖에 없었던 현실이 있었다. 『경세유표』의 「전제」 12편과 「전제별고」 3편은 조선후기의 田政과 軍政의 문란을 해결할 수 있는 명확한 방안의 제시였던 것이다.

다산의 정전제에 대한 명확한 이해는 부공제에 관한 이론적 전개를 불가피하게 했다. 왜냐하면 『주례』에 따르면, 전지는 농민의 專業 空間에 불과하므로 九職 중의 기타 8직에 대한 부세이론이 요청될 수밖에 없었던 것이다. 따라서 다산은 전제의 집필을 끝내고 곧바로 「부공제」 7편을 저술하지만, 그의 부세이론인 一田一賦論은 말년의 저술인 『상서고훈』의 「禹貢」에서 더욱 분명한 이론적 뒷받침을 받게 되었다. 그의 「전제」와 「부공제」를 비교해 보면 「전제」에서는 정전제의 시행에 관한 명확한 방안이 제시되어 있는 데 비해, 「부공제」에서는 중국의 부공제도의 소개에 그치고 있다. 부공제는 상공업이 발달해야 제대로 시행될 수 있는 것인데, 조선후기에는 부공제를 실시할 수 있을 만한 상공업의 발달이 없었던 것이다. 그래서 조선의 부공제에 관한 그의 기술에 있어서는 賦貢의 課稅節目에 관한 기술은 종래의 부공이었던 어염선세에 그치고 대부분의 기술은 상공업 진흥책에 할당되었던 것이다. 우리는 여기에서 조선후기의 상공업 실태가 어떠했던가를 명확하게 인식할 수 있는 동시에 다산이 經傳을 얼마나 깊이 읽고 있었던가를 발견할 수 있다. 임진왜란 이후에 겨우 출현하기 시작한 상품경제의 발달을 배경으로 經傳으로부터 조선의 상공업진흥책을 읽어내고 있는 다산의 학문적 능력에 대해서는 진실로 감탄할 수밖에 없다.

　마지막으로 設官分職이라는 관제개혁이다. 관제개혁의 원칙은 寅亮天工과 宮府一體인데, 전자는 天工 즉 참된 국정과제를 제대로 수행할 수 있도록 관제를 제정하는 일이요, 후자는 왕실과 정부를 다 함께 잘 받들 수 있도록 관제를 제정하라는 것이다. 그런데 조선후기에는 결부제 때문에 재정과 상비군을 확보할 수 없었던 데에 더하여, 事大交隣關係를 유지하느라 평안도와 함경도의 부세는 국방비과 勅使支供에 모두 지출되었으며 경상도 부세수입의 절반은 倭使支供에 지출되고 경기도는 중앙사대부들이 뜯어먹고 살도록 방치할 수밖에 없었기 때문에, 중앙정부의 재정은 주로 兩湖의 부세수입에 의존할 수밖에 없었다.[113] 그렇기 때문에 明宗 이후로는 정부가 倭寇와 女眞의 騷擾에 대처하느라 備邊司를 중심으로 운영되었는데, 다산은 정

---

113) 磻溪는 下3道와 기타 5道의 結負數를 다음과 같이 파악했다. 已上平時(壬辰倭亂以前—필자)의 田結은, 總一百五十一萬五千五百餘結인데, 下三道는 아울러 一百萬九千七百餘結이요 五道는 아울러 五十萬五千八百餘結이다. (『磻溪隨錄』(一) 忠南大學校, 1962, 527페이지) 같은 자료의 仁祖24년(丙戌 : 1646)의 時起結總은 674,299결인데, 하3도가 397,636결이요 기타 5도가 276,664결이었다.

전제로의 전제개혁을 통하여 재정을 확보함으로써 三公·六曹로 구성되는 조선초기의 관제구상을 회복하고자 했다. 그러나 다산의 관제개혁구상은 단순히 조선초기의 관제구상으로의 복귀에 머물 수가 없었다. 그 이유는 스스로가 지향하고자 하는 국정개혁의 구상이 있었기 때문이다. 그 구상이란 다름이 아니라 정전제를 실시하고 부공제를 실시하기 위한 상공업진흥책의 추구였다. 그러므로 관제개혁도 국정개혁에 대응하여 보다 구체적으로 전개되었던 것이다. 다산의 관제개혁구상에 있어서는 상공업진흥을 담당할 屬衙門의 설치에 그 특징이 있지만, 중국으로부터의 선진기술을 도입하기 위한 利用監의 설치구상은 매우 흥미롭다. 이러한 다산의 관제개혁구상이 오늘날에 있어서도 일정한 新鮮味를 가지고 있는 것은 한반도의 역사적 상황에 있어서 古今을 관통하는 어떠한 사정이 있기 때문이 아닐까.

體系 2 『經世遺表』와 體國經野

머리말

다산 정약용은 19세기 초에 18세기 전반기의 經世致用之學과 후반기의 利用厚生之學을 종합한 한국 최고의 실학자로 평가되고 있다.[1] 만약 우리가 그의 저술을 널리 검토해 보면, 그의 經世學에 있어서는 國家體制의 改革을 중심으로 하는 制度改革論과 商工業의 振興을 중심으로 하는 技術開發論이 王政의 중심적 과제로서 전개되고 있음을 확인할 수 있을 것이다. 여기서 우리들에게 궁금해지는 것은 그가 어떠한 경세학의 體系로써 경세치용지학과 이용후생지학을 종합하고 있는가 하는 것이다. 만약 그의 개혁론에 있어서 어떤 체계가 있었다면, 그것은 국가체제인 왕정의 基本法制일 수밖에 없을 것이다.

주지하는 바와 같이, 다산에게는 국가개혁론의 대표적인 저술로서 『經世遺表』가 있다. 『경세유표』가 국가체제의 종합적 개혁을 지향했음은 더 말할 필요도 없을 것이다. 그러면 『경세유표』에서는 어떠한 체계하에서 국가를 개혁하려고 했던가. 지금까지 학계에서는 대개 거기에서 피력된 왕정의 기본법제는 井田法이 아닐까 생각되어 왔다. 이러한 이해는 『경세유표』에서 田制에 관한 기술이 차지하는 비중으로 볼 때, 무리도 아닌 것처럼 보인다. 그러나 필자는 이러한 견해에 대하여 근본적 의문을 제기하고자 한다. 왜냐하면 『경세유표』에서 피력된 국

---

1) 李佑成,「實學研究序說」(『韓國의 歷史像』創作과 批評社, 1982, 22페이지 참조).

가체제를 정전법으로만 이해하게 되면, 결국 다산의 개혁사상은 경세치용지학으로 국한되고 말기 때문이다.

일찍이 黃宗羲는 『明夷待訪錄』의 田制에서 다음과 같이 말했다. "옛날에 禹임금은 전지에 等級을 매겨서 賦稅를 정하고, 周官에서는 首都와 들을 區劃했으므로(體國經野), 이는 夏나라가 제정한 것이 周나라에 이르러서는 이미 표준으로 될 수 없었다."[2] 위에서 '옛날에 禹임금은 田地에 등급을 매겨서 賦稅를 정했다'는 것은 井田法을 실시했다는 것이요, 『주관』에서 수도와 들을 구획했다'는 것은 정전법의 실시와 더불어 도시를 건설했다는 것이다. 그럼에도 불구하고, 황종희를 포함하여 지금에 이르기까지의 학자들은 그것들이 서로 어떻게 다른지를 적극적으로 밝히지 못했다. 다시 말하면 그 차이점을 밝히게 되면 다산의 국가개혁사상의 기본체계도 밝혀지는 것이 아닐까 하는 것이다.

王安石은 『周官新義』에서 체국경야를 다음과 같이 해설했다. "官門, 城闕 및 堂室 따위의 高下·廣狹의 제도 등 무릇 國(都城―筆者)에 있는 것은 體(制度―필자)를 갖추지 않음이 없으니, 이를 가리켜 體國이라 하고, 井牧, 溝洫 및 田萊 따위의 遠近·多過의 제도 등 무릇 野에 있는 것은 經(經界의 經緯―필자)을 갖추지 않음이 없으니, 이를 가리켜 經野라 했다."[3] 위에서 보는 바와 같이, 경야는 바로 溝洫法과 井田法에 따른 전지의 구획이다.[4] 그러면 체국이란 무엇인가. 그

---

2) 昔者, 禹則壤定賦, 周官體國經野, 則是夏之所定者, 至周已不可爲準矣. (黃宗羲撰, 『明夷待訪錄』中華書局, 1985, 16페이지)

3) 宮門城闕堂室之類, 高下廣狹之制, 凡在國者, 莫不有體, 此之謂體國, 井牧溝洫田萊之類, 遠近多寡之數, 凡在野者, 莫不有經, 此之謂經野. (王安石撰, 『周官新義』卷一, 天官一)

4) 전지의 區劃方法으로서는, 近郊인 六遂에서는 溝洫法을 쓰고, 遠郊 밖에서는 井田法을 썼다.

것은 말할 필요도 없이 井田形으로의 都城의 建設이다. 그러니까 體國經野는 도성의 건설인 體國과 전지의 구획인 經野로 구성되어 있는 것이다.

정전법은 그 자체로서 이미 한 나라의 기본법제가 되기에 충분하다. 그것은 井田으로의 토지구획을 기초로 토지의 소유와 분배의 원칙을 확립하여 租稅를 收取하고 軍役을 徵發하는 일을 기본으로 한다. 그러므로 정전법은 國家의 基本的 維持條件인 재정과 군사력의 확보를 가능하게 하는 것이므로 한 나라의 기본법제가 되기에 충분했던 것이다. 그러나 이러한 국가는 어디까지나 농촌국가일 뿐이다. 도시와 상공업의 존재를 상정하게 되면, 정전법은 한 나라의 기본법제가 되기에는 불충분하다. 여기에서 왕정의 기본법제가 井田法에서 체국경야로 이행할 수밖에 없었던 것이 아닐까 한다.

그러나 전근대사회는 기본적으로 농업사회였다. 도시와 상공업은 古代로부터 존재해 왔으나, 그 비중은 그리 크지 못하였다. 바로 여기에『주례』에서 왕정의 기본법제가 이미 정전법으로부터 체국경야로 이행했음에도 불구하고, 이 체국경야는 큰 주목을 받지 못했던 것이다. 따라서 다산도 이러한 시대적 제약을 받아서『경세유표』의 저술에 있어서 체국경야가 왕정의 기본법제라는 것을 알기는 했지만, 그 인식이 충분하지는 못했다. 그럼에도 불구하고 다산은『경세유표』의 基本模型을『주례』에서 찾았기 때문에 왕정의 기본법제를 모색하는「六官修制」에 있어서는, 비록 非體系的이기는 하지만, 체국경야의 2대 구성요소인 匠人營國과 井田法을 중심으로 그의 개혁사상을 전개하게 되었던 것이다. 그리고 都城建設을 主內容으로 하는 장인영국에 대한 그의 집착은 조선후기라는 시대적 상황 속에서 상공업의 진흥을 통하여 부국강병을 도모하려는 그의 의도와도 긴밀한 관계가 있는 듯하다.

위에서 보는 바와 같이, 다산은 왕정의 기본법제로서의 체국경야의 중요성을 명확하게 이해하지는 못했지만,『주례』의 체계 및 그의 부국 강병론과 관련하여 도시의 중요성만은 깊이 인식하고 있었다.[5] 그러므로 그의 개혁사상은 그 서술에 있어서 다소 체계가 흐트러져 있기는 하지만, 체국경야의 체계하에서 經世致用之學과 利用厚生之學을 종합했던 것이다. 이 글에서는『경세유표』의 六官修制를 기본자료로 하고 체국경야를 서술체계로 하여, 다산이 미처 완성하지 못한 왕정의 기본법제를 재구성해 볼까 한다. 그리고 마지막으로 그가『주례』에 따라 封建制를 受容하여 그의 왕정체제를 완성해야 했음에도 불구하고, 현실의 郡縣制에 제약되어 그의 개혁사상이 中途半端에 그친 점도 지적한다.

---

5) 다산이 국가개혁에 있어서『주례』六官의 首章인 惟王建國, 辨方正位, 體國經野, 設官分職, 以爲民極의 중요성을 제대로 인식하기 시작하는 것은, 본문에서 설명하는 바와 같이, 1820년경의「田制別考」의 집필로부터가 아닌가 한다.

1. 『周禮』와 『邦禮艸本』

『경세유표』가 『주례』를 基本模型으로 저술되었다는 사실에 대해서는 더 말할 것이 없다. 그렇기 때문에 『경세유표』는 그 本名이 『방례초본』인 것이다. 그러면 어떠한 점에서 『경세유표』가 『주례』를 기본모형으로 했다는 것인가. 지금까지 다산의 개혁사상에 관해서는 수많은 연구가 이루어져 왔지만, 아직 이 점을 적극적으로 밝힌 연구는 없어 보인다. 따라서 여기에서는, 우선 『주례』와 『경세유표』의 서술체계를 비교 검토하고, 이 과정에서 兩著書에서 공통되는 왕정의 기본법제를 밝혀 보려고 한다. 왕정의 기본법제를 밝히는 과정은 이 글의 서술체계를 획득하는 과정이기도 하다.

주지하는 바와 같이, 『주례』는 매우 難解한 經典으로 알려져 있다. 그러면 『주례』는 왜 난해한 것인가. 이 방면의 전공자가 아닌 필자로서는 그 이유를 質定하기가 어렵다. 그러나 『주례』와 『경세유표』의 비교라는 점에서 말할 수 있는 것은 다음과 같은 것이 아닐까 한다. 兩書는 모두 六官의 관직체계를 그 서술의 체계로 하고 있다. 『주례』六官의 관직체계는 매우 잘 정비되어 있기 때문에 거기에는 난해한 점이 있어 보이지 않는다. 그러나 이러한 서술체계는 거기에 제시되어 있는 왕정의 기본법제가 무엇인가 하는 것을 파악하기 어렵게 하는 것이다. 왜냐하면 서술의 체계상 왕정의 기본법제는 그 所管官署의 업무로 분산적으로 기술될 수밖에 없기 때문이다.

『경세유표』도 그 서술체계는 엄격히 六官體制에 따르고 있다. 이 점에서는 서로 다른 점이 없다. 다만 다른 점은, 『주례』는 그 敍述編目이 육관관제뿐인데 대하여, 『경세유표』는 그것이 六官官制와 六官修制로 나뉘어져 있는 것이다. 다산은 이러한 서술편목의 차이가 『경세유표』의 저술에 어떠한 영향을 미칠 것인가를 예상하지 못했던 것 같다.

다시 말하면 『경세유표』의 저술에 있어서, 육관관제는 관제를 정비하는 일이기 때문에 육관체제로 서술해도 좋으나, 왕정의 기본법제를 정립코자 하는 육관수제는 왕정의 기본법제에 따라 서술되어야 한다는 점에 대하여 명확한 인식이 없었던 것이다.

그렇기 때문에 『경세유표』에 있어서는 六官修制의 서술에 있어서 커다란 혼란이 自招되고 만다. 茶山家筆寫本의 『경세유표』는 總44卷인데, 그 구성을 보면 육관관제가 6권이요 육관수제가 38권이다.[6] 또 육관수제는 天官修制가 5권, 地官修制가 29권(均役事目追議를 포함하여), 春官修制가 2권 및 夏官修制가 2권이요, 秋官修制와 冬官修制는 아예 缺落되어 있다. 다시 말하면, 육관관제에 있어서는 各官에 附屬官署가 20씩 설정되고 記述分量도 1권씩 배정되어 있어서 그 서술이 질서정연하게 이루어져 있는 데 비해, 육관수제에 있어서는 지관수제가 29권이나 차지하고 있고 또 秋官修制와 冬官修制는 아예 결락되어 있는 등 서술체계가 완전히 붕괴되어 있다. 이러한 현상은 六官別 守令의 所管業務를 서술하고 있는 『목민심서』에서는 전혀 찾아볼 수 없는 것이다.

그러면 육관수제에는 구체적으로 무엇이 기술되어 있는가를 보기로 하자. 육관수제의 天官에는 東·西班官階, 宗親勳戚, 外命婦, 外官之品, 三班官制, 郡縣分隷, 郡縣分等 및 考績之法等이 기술되어 있으며, 地官에는 전제, 국가재정의 중요한 구성요소인 賦貢·倉廩·均役과 戶籍法 및 敎民法等이 기술되어 있다. 그리고 春官과 夏官에는 科擧之

---

6) 「自撰墓誌銘」(集中本)에는 經世遺表四十八卷, 未卒業이라 되어 있고 丁奎英編, 전 게서의 邦禮草本輯功, 起而未卒業條에는 四十九卷으로 되어 있으나, 藏書閣 (K2 – 2018)과 奎章閣(古5120 – 171 – 1~14, 第39卷과 第40卷이 缺落)에 각각 소장 되어 있는 茶山家筆寫本 『경세유표』에 따르면 위에서 설명한 바와 같이 四十四卷 으로 되어 있다. 四十八卷은 『경세유표』를 완성시켰을 때 달성하고자 한 목표였으 나, 未完成本으로 끝났으므로 四十四卷에 불과하게 된 것이다.

規, 武科 및 鎭堡之制에 관한 기술뿐이다. 또 천관에는 그 기술이 매우 疎略하기는 하지만 匠人營國圖와 一遂九坊圖에 관한 기술도 보인다. 이렇게 보면 육관수제의 기술은 너무 혼란스럽다. 이러한 혼란은 앞에서도 지적한 바와 같이, 서술의 목표와 체계 사이의 혼란에서 비롯된 것으로 보인다. 만약 이러한 추리가 타당하다면, 육관수제는 육관관제에 따라 서술될 것이 아니라 王政의 기본법제에 따라 서술되어야 했다.

匠人營國과 井田法으로 구성되는 체국경야가 『주례』에 있어서 왕정의 기본법제라는 것은 어떠한 근거에서인가. 주지하는 바와 같이 『주례』에는 육관마다 다음과 같은 서문이 있다. "惟王建國, 辨方正位. 體國經野, 設官分職, 以爲民極(대저 王者가 都城을 건설함에 있어서는, 방향을 분별하여, 왕궁의 위치를 제정한다. 都城과 郊野를 縱橫으로 區劃하고, 각 관직을 분설하되, 인민들의 표준이 되도록한다)."[7] 이 문장은 六官마다의 序文으로 위치되어 있기 때문에 그 중요성이 恪別하며, 그 내용 또한 왕정의 이념과 체계라 할 만한 것이다(冬官은 考工記뿐이다).

여기서 특히 주목되는 것은 體國經野이다. 체국경야의 기초작업은 국토의 구획이다. 때문에 『주례』에서 이 업무는 匠人에게 맡겨져 있다. 冬官 考工記의 匠人의 업무로는 '匠人建國', '匠人營國' 및 '匠人爲溝洫'이 제시되어 있다.[8] 이렇게 보면 『주례』六官序文의 체국경야와 考工記의 匠人의 업무는 기본적으로 동일한 것인데, 兩者 모두 왕정의 기본법제를 국토의 구획상에 위치시키고 있다. 『주례』에서 왜 왕정

---

7) 이 句節의 飜譯은 본래 本田二郎著, 『周禮通釋』秀英出版, 1979年에 따랐으나, 여기에서는 필자의 이해에 따라서 번역했다.
8) '匠人建國'은 王宮의 位置의 制定, '匠人營國'은 都市의 建設, '匠人爲溝洫'은 井田法의 實施이다.

의 기본법제를 국토의 구획상에 위치시키고 있는가에 대해서는 경학의 전공자가 아닌 필자가 容喙할 바는 못되지만, 국가경영에 있어서 전지를 井田形으로 구획하여 명확하게 파악하는 것이 무엇보다도 중요하다는 것을『주례』의 단계에서 이미 인식하고 있었던 것이 아닌가 한다. 이것은『맹자』滕文公章句上의 '使畢戰問井地'條에서 이른바 "무릇 仁政은 반드시 經界로부터 시작하는데, 경계가 바르지 못하면, 井地가 고르게 분급되지 못하고 穀祿이 평등하게 분배되지 못하기 때문에, 暴君과 汚吏는 반드시 그 경계를 허물어뜨리지만, 경계가 이미 바르게 되면 전지의 분급과 봉록의 배분이 가만히 앉아서도 정해질 수 있다."는[9] 것과 같은 뜻이다.

이상으로써 명백한 바와 같이『주례』에 있어서의 왕정의 기본법제는 장인영국과 정전법으로 구성되는 體國經野이다. 그러면 다산이 언제부터 이 체국경야의 중요성에 대하여 명시적으로 언급하고 있는가. 다산은 馬峴으로 귀향한 이후에 추가적으로 집필한『경세유표』의「田制別考三」魚鱗圖說에서 겨우 체국경야에 대하여 언급하고 있지만, 거기에서는 아직도 체국경야를 국가체제로서가 아니라 국토구획의 차원에서밖에 인식하지 못하고 있다.[10] 管見에 의하면, 다산이 왕

9) 夫仁政必自經界始, 經界不正, 井地不均, 穀祿不平, 是故暴君汚吏, 必慢其經界, 經界既正, 分田制祿, 可坐而定也. (『孟子』滕文公章句上, 使畢戰問井地條)

10) 周禮六官之首章每云, 惟王建國, 辨方正位, 體國經野, 設官分職, 以爲民極. 辨方正位者, 辨子午之方, 正南北之位, 以營王國者也鄭云, 考工匠人建國, 以縣置槷, 識日出之景與日入之景, 參諸日中之景, 以正四方. 召誥曰, 太保攻位, 越五日甲寅位成. 體國經野者, 既辨子午之方, 乃裁分其國, 中爲王宮左廟右社在其中, 面朝後市, 左右六鄕, 兩兩相嚮國中爲九區. 體者分也鄭注也. 賈云, 若人之手足, 分爲四體, 得爲分也. 六鄕既成, 其外爲六遂在六鄕之左右, 百里之內, 謂之遠郊, 二百里之內, 謂之邦甸, 三百里之內, 謂之家稍大夫之采邑, 四百里之內, 謂之邦縣小都之所在, 五百里之內, 謂之邦都大都之所在, 此所謂邦其千里也. 夫王宮居中, 既正子午方位, 卽六鄕六遂, 如棧附棧, 不得不隨, 正其子午方位, 六鄕六遂, 既正子午方位, 卽甸稍縣都, 如棧附棧, 不得不隨, 正其子午方位, 其六

정의 기본법제로서 체국경야를 본격적으로 의식하기 시작한 것은 『경세유표』의 저술과 수정이 이미 완료된 1822년에 六鄕六遂의 位置比定을 둘러싸고 申綽과 논쟁을 전개되기 직전부터가 아닌가 한다. 다산은 일찍부터 육향과 육수가 鄭玄의 주장과는 달리 遠郊와 邦甸에 있는 것이 아니라 王城과 近郊에 위치해야 한다고 생각했다.[11] 왜냐하면 다산은 도성이야말로 통치와 문화의 중심지로서 도시가 존재하지 않고서는 왕정의 기본법제가 정비될 수 없다고 생각했기 때문이다. 그러므로 申綽과의 논쟁에 있어서는 육향육수와 체국경야 간의 관계를 구체적으로 밝힌 점이 중요하다 할 것이다.

『시경』에서 말하기를, '商邑이 莊嚴해서 四方의 標準이라' 하니, 帝王의 통치와 교화의 근본이요 사방의 모형으로 되는 바이다. 때문에 周公이 『주례』를 제정할 때, 만민을 가르치고 糾察하며, 賢人을 등용하고 惡人을 내치며, 부세를 공평하게 하며, 군사를 다스리며, 예절을 바루는 일 등의 무릇 큰 규모와 節目이 모두 六鄕의 政事에 있었던 것이다. 따라서 鄕師는 한 해가 끝나면, 육향의 치적을 살펴 위에 보고하여 그 책임자를 연임시키기도 하고 물리치기도 하며, 3년마다 관리의 성적을 조사할 때이면, 그 政令을 살피고 치적을 조사

遂之田, 遠郊之田, 甸稍縣都之田, 皆正其子午方位, 乃是不得不然之勢, 無容再問者也. 旣衍沃之地, 劃地爲井, 以作楔田, 其原隰之地, 隨勢作田. 但設方圍, 如今所論方量之法, 亦自然之勢, 無容再問者也. 此所謂體國以經野也. 經者子午之直線緯者其橫線, 經野者以經緯之線, 度其田野也. 嗚呼, 先王治地之法, 千載晦盲, 而橫渠倡之於前, 朱子述之於後, 洪武魚鱗之圖, 旣行於中國, 兪氏方量之法, 又試於東方, 而上考三代之遺文, 若合符契. 臣謂天運將還, 人文再昭, 此其兆也. 一變至道, 臣 誠懇望於今日也. (『全書』五 – 經世遺表九 – 三十一 後面, 田制別考三)

11) 다산은 1811년에 저술한 『尙書知遠錄』에서 六鄕六遂가 邦中과 近郊에 있어야 考工記의 匠人營國에서 提示된 都城이 성립할 수 있음을 논증하고 있다. 茶山硏究會編, 『與猶堂全書補遺』五, 1975, 解題에서는 『尙書知遠錄』이 "다산의 晚年의 著述"이라고 하고 있으나, 이것은 잘못이다.

해서 위에 보고하여 賞을 주기도 하고 罰을 주기도 하는 것인즉, 옛날 성왕이
천하를 다스리는 大經과 大法이 육향의 관직보다 더 긴요한 것이 없다. 鄭玄
이 마침내 육향을 百里의 遠郊에 있다고 했으니, 이미 조리가 어긋나고 질서
가 뒤틀려서 敎法, 糾法, 田法, 賦法, 軍事制度 및 吉凶事制度 등 무릇 왕국에
서 행하는 바를 물을 데가 없게 된 것이다. 後人이 비록 二帝三王의 치적을 본
받으려 해도, 辨方正位와 체국경야를 무엇을 가지고 행할 것인가. 매양 이 때
문에 한탄해 마지않는 바이라, 여기에 문득 나열하는 것이니, 엎드려 빌건대
용서해주시기 바랍니다.[12]

다산이 이 단계에 와서 비로소 체국경야를 왕정의 기본법제로 명
시적으로 언급하고 있다고 하더라도, 그는 일찍부터 왕정에 있어서
의 도시 존재의 중요성을 인식하고 있었다. 앞에서 본 바와 같이 그
는 이미 1811년의 『尙書知遠錄』의 저술 단계에서 육향육수의 位置比
定問題를 두고 도시의 중요성을 강조한 바 있었으며, 『경세유표』의
「井田論」과 「井田議」에서도 도성의 건설과 관련된 육향육수의 중요성
을 누누히 강조하고 있다. 또 『경세유표』의 冬官工曹의 典堵司條에는,
도성의 구조를 대강 설명하고 "아울러 條目으로 나열하여 表로 만들
어 別篇으로 붙일 것이니, 여기서는 그 대략만을 거론한다"[13]는 句節

---

12) 詩云, 商邑翼翼, 四方之極, 王國者, 出治之本, 敎化之原, 四方之所爲式也. 故周公
制禮, 其敎萬民·糾萬民·登賢黜惡·平賦斂·均征役·治軍旅·正禮器, 凡大規模·大節目,
都在六鄕之政, 故鄕師歲終, 則攷六鄕之治, 以詔廢置, 三年大比, 則攷敎察辭, 稽器
展事, 以詔誅賞, 卽古聖王治天下之大經法, 莫要於六鄕之官. 鄭乃以六鄕, 謂在百
里之郊, 則頭腦旣誤, 膚腠悉舛, 敎法糾法·田法賦法·軍旅之事·吉凶之禮, 凡王國所
行, 無地可問. 後之人雖欲效二帝三王之治, 辨方正位, 體國經野, 其何以行矣. 每以
是嗟惋不置, 輒玆羅縷, 伏惟恕之. (壬午[1822年])六月十三日. (『全書』一－詩文集
二十－九 後面, 答申在中)

13) 竝條列爲表, 見於別篇, 玆擧大略. (『全書』五－經世遺表二－三十三 前面, 典堵司)

이 있는데, 여기서의 표는 장인영국도와 일수구방도임이 틀림없어 보인다.

그런데 다산은 왜 이 兩圖를 別篇으로 가지고 가려 했을까. 그렇다면 당시에 匠人營國圖와 一逤九坊圖가 놓여질 별편의 위치는 결정되어 있었던 것일까. 茶山手澤本의 『경세유표』에서는 장인영국도와 일수구방도가 天官修制의 三班官制와 郡縣分隷 사이에 위치해 있다. 이것이 양도가 놓여져야 할 제 위치가 아님은 말할 필요도 없다. 1921년에 丁奎英이 편집한 『사암선생년보』의 邦禮艸本輯功, 起而未卒業條에 의하면,[14] 그 위치가 「我邦營國圖說」이라는 이름으로 冬官修制로 배치되어 있다. 『경세유표』에는 冬官修制가 없으나, 장인영국도이니 六官體制上 그렇게 위치시킬 수밖에는 없다는 뜻일 것이다. 또 어떤 筆寫本에는 그것이 地官修制의 戶籍法과 敎民法 사이에 위치되어 있기도 하다.[15] 장인영국도와 일수구방도가 언제 집필되었는지는 잘 모르겠으나, 『경세유표』의 章節 構成上 그것들이 놓여질 위치는 쉽게 찾아질 수 없었던 것으로 보인다.

그러니까 『경세유표』에서는, 井田法은 불균형적으로 비대하게 되어 있고, 장인영국도와 일수구방도는 제 위치를 찾지 못하고 방황하고 있다. 그 이유는 앞에서도 누차 시사했듯이, 六官修制의 서술이 제대로 된 체계를 얻지 못했기 때문이다. 만약 『경세유표』의 저술에 있어서 다산이 육관수제는 왕정의 기본법제를 정립하기 위한 것이고 『주례』에서의 왕정의 기본법제가 체국경야라는 것을 처음부터 명확하게 인식했더라면, 六官修制는 匠人營國과 井田法으로 구성되는 왕정의 기본법제인 체국경야의 체계로 서술되지 않았을까 생각된다. 필자는 『주례』에서의 왕정의 기본법제가 체국경야라는 점과 『경세유표』 육관

---

14) 注6을 참조.
15) 서울大學校 奎章閣의 圖書請求番號 奎 7090－1－16의 『經世遺表』를 참조할 것.

수제가 장인영국과 정전법의 체계로 서술되더라도 좋을 만한 내용이라는 점에서 『경세유표』의 육관수제가 그 篇目名을 바꾸어 육관체제가 아니라 체국경야체계로 서술됨이 마땅하다고 생각한다.

요성을 가지는데, 도성은 한 나라의 정치적 중심인 것이다. 도성이 한 나라의 정치상에서 가지는 의의에 관해서는 註10이 보다 선명하게 그 취지를 밝혀 주고 있는 바이거니와, 거기에 따르면 한 나라의 중요한 정치가 온통 도성에 집중되어 있는 것이다. 그리고 다산은 육향이 도시구조상에서 차지하는 위치에 대해서도 다음과 같이 상세하게 설명하고 있다.

　선유가 말하기를, '大國에는 三軍에다 三鄕뿐이다'고 했으나, 내가 보는 바로는, 中央이 公宮이 되며, 전면에 朝廷이 있고 후면에 市井이 있으며, 좌우에 육향이 있어서 九區를 형성하는 것은 天子의 나라와 公侯伯子(의 領地—筆者)로부터 邦都와 縣鄙에 이르기까지, 무릇 도읍이라 이름하는 것은 그 제도가 모두 같았다. 그 때문에 夏官의 量人이 도성을 건설하는 법을 관장하면서, 도성을 九州로 나누어서 성곽과 왕궁을 건설하며 市井·朝廷·道路·閭巷·城門·溝渠를 築造했는데, 도읍을 축조하는 것도 역시 이와 같다九州는 九區와 같은 것이니, 王城보다 작기 때문에 鄕 대신에 州라 말한 것이다. 「고공기」에서 이른바 도성을 아홉으로 나누어 九區로 하고 九卿이 다스렸다는 것이 바로 量人이 根本한 바이요 다른 법이 아닌 것이다.[18]

위에서 대개 다산이 왕정체제에 있어서 도시가 차지하는 중요성을 어떻게 인식하고 있었는가를 볼 수 있는데, 그러면 그는 구체적으로 도성의 구조를 어떻게 구상하고 있었던가. 그가 제시하고자 하는 도

---

18) 先儒謂, 大國三軍, 止有三鄕. 然以愚所見, 中爲公宮, 面朝後市, 而左右六鄕, 以成九區, 則上自天子之國公侯伯子, 以至邦都縣鄙, 凡以都邑爲名者, 其制皆同, 故夏官量人, 掌建國之法, 分國爲九州, 營國城郭, 營后宮, 量市朝道巷門渠, 造都邑亦如之九州猶言九區, 小於王城, 故變鄕言州. 考工記, 所謂九分其國, 以爲九區, 九卿治之者, 正亦量人之所本, 非他法也. (『全書』一—詩文集二十—十一 前面, 答申在中)

성의 구조는 장인영국도를 비롯한 王宮詳圖, 面朝詳圖, 後市詳圖 및 六部各圖라는 도면으로 제시되어 있는데, 여기서는 우선 장인영국도에 나타난 都城構造의 대략만을 보기로 한다.

　　王城은 사방이 9里이니, 그 9區는 사방이 각각 3里이며, 그 1區內의 9개의 小區는 四方이 각각 1里인데, 1리는 3百步이다. 面朝란 百官의 公署이며, 後市란 百貨의 가게이다. 左右로 六鄕이 둘씩 상대하는데, 鄕이란 嚮한다는 것이다.
　　王宮은 사방이 3里이니, 그 9區는 각각 四方 1里3百步이며, 그 1區內의 9개의 小區는 각각 사방 1百步이다. 法殿이 중앙에 있으니, 옛날의 明堂九宮이 즉 이 제도이다. 4개의 문이 서로 바라봄으로써 사방으로 통하니, 만약 몇 겹으로 되어있는 문을 한꺼번에 열게 되면, 城으로 들어오는 자가 王座를 바라볼 수가 있으니, 이것이 古法이다.[19]

　　도시가 도시로서의 제대로 된 모습을 갖추려면, 위와 같은 구역의 획정 이외에, 經涂나 環涂와 같은 도로 및 구거나 城堞에 관한 제도 등의 설정이 필요하다. 장인영국도에는 그것들이 모두 생략되어 있다. 여기에서는 다산의 설명에 따라서 9區의 구조에 대하여 조금 더 상세하게 보기로 하자. 우선 王宮인데, 왕궁의 구조는 王宮詳圖에서 자세히 제시되어 있다. 왕궁에는 正中央의 正殿을 비롯하여 便殿·別殿·內殿·眞殿·東宮 등의 宮殿들과 宗廟·社稷은 물론 왕족의 거주지 및 부속관서들이 배치되어 있다. 왕궁과 일반인민의 거주지 사이에는 담

---

19) 王城方九里, 則其九區各方三里, 其一區之內, 九小區各方一里, 一里者三百步也. 面朝者百官之公署也, 後市者百貨之居肆也, 左右六鄕, 兩兩相對, 鄕者嚮也.
　　王宮方三里, 則其九區各方一里三百步, 其一區之內, 九小區各方百步也. 法殿在中, 古之明堂九宮, 卽此制也. 四門相直以達四方, 若重門悉開, 則入城者可瞻王座, 此古法也. (『全書』五－經世遺表三－二十四 前面, 匠人營國圖)

장이 있을 뿐 성곽이 없다. 그러니까 장인영국도의 도시구조는 지배자와 피지배자가 城郭內에 동거하는 전형적인 동양적 도시이다.

面朝에는, 왕궁에서 南門에 이르기까지의 중앙의 3분의 1 지역에 諸官署를 배치하고, 그 양쪽에 양반과 서민의 거주지를 배치했다. 後市에는, 왕궁에서 北門에 이르기까지의 중앙의 3分의 1 지역에 市廛과 利用厚生關係의 官署들을 배치하고, 그 양쪽에 양반과 서민의 거주지를 배치했다. 후시의 배치에서 특기할 점은 두 가지이다. 하나는 利用厚生關係의 官署를 둔 점이요, 다른 하나는 양반의 거주지도 두었다는 점이다. 마지막으로 六鄕은 기본적으로 양반과 서민들의 주거지이다. 여기에는 鄕學部署, 太學 및 武場 등의 교육기관과 貢擧院 및 武擧院 등의 인재의 교육·등용기관이 배치되어 있다. 위에서 설명한 장인영국도에서 제시된 도성의 간략한 개념도는 아래와 같다.

匠人營國圖

	鄕		後市		鄕
			社	廟	
	鄕		**王宮**		鄕
	鄕		面朝		鄕

다음으로 도시의 인구와 그 직업별 구성에 관하여 알아보기로 한다. 우선 인구에 관해서 보면, 인구는 戶를 단위로 파악되어 있다. 戶는 신분에 따른 택지의 면적에 따라 9등급으로 나뉘는데, 甲等은 오직 王子로부터 元勳에 이르기까지만이, 乙等은 오직 大臣으로부터 正卿에 이르기까지만이, 丙等은 오직 中大夫와 下大夫만이, 丁·戊·己等은 三士와 貴族도, 庚·辛·任等은 寒士, 中人과 小民이 각각 거주토록 하였다. 이렇게 신분별로 나뉜 戶口는, 面朝에 4,136호, 後市에 4,176호, 東·西上部에 각각 3,463호, 東·西中部에 각각 3,371호 및 東·西下部에 각각 3,379호로서, 總28,738호이다. 1호의 인구수는 명시되어 있지 않다.

위에서 보는 바와 같이 도시주민의 신분별 구성은 대략 짐작할 수 있다. 大夫 이상이 거주하게 되어 있는 甲·乙·丙等의 戶口는 2,458호에 불과하고, 寒士 이하가 거주하게 되어 있는 庚·辛·任等의 호구가 19,530호임을 미루어 보아, 도성의 인구는 압도적으로 서민들로 구성되어 있었다. 다산은 도시를 士類들과 商工人의 거주지로 설정하고 그들의 직업별 집단적 거주의 필요성을 강조하고 있기는 하지만, 도성 인구의 직업별 구성은 밝혀 놓지 않았다. 도시의 상공업적 성격에 관해서는 次節에서 살펴보기로 하고, 여기서는 우선 도시의 정치적 성격에 관해서만 살펴보기로 한다.

『주례』에서 教民하는 법은 六鄕에서 그치고 육향 밖에는 교민한다는 말이 전혀 없으니, 대개 선왕의 법은 사농공상이 네 가지 부류로 나뉘어 士는 士와 같이 살며, 農은 農과 같이 살며, 百工은 가게에 거처하며, 商賈는 저자에 앉아 있어서 서로 섞여 있지 않았다『齊語』 및 『管子』에 보인다. 때문에 公卿, 大夫, 元士, 庶士 및 府史胥徒等屬은 모두 士類이니 士라는 것은 벼슬하는 자이다 왕성 내에 거처하며, 百工과 商賈도 역시 왕성 내에서 그 직업에 종사하며, 오직 농부만이 왕성 외에 거처하면서 농사에 종사하게 함으로써, 농부는 덕행과 도예로써 책임지울 수 없으므로, 육수로부터는 교민하는 법이 없다.[20]

이 문장은 지관수제의 「敎民之法」 속에 있는 것이기 때문에 교육은 士類에 한정된다는 점을 강조한 것이지만, 도시의 성격과 관련해서 음미해 보면, 도시는 지배자계급이 거주하는 정치도시이면서 동시에 교육도시라는 점을 밝히고 있다고 볼 수 있다. 앞의 설명에서 보는 바와 같이, 지배자계급의 거주지인 육향에 오로지 鄕學部署, 太學 및 武場 등의 교육기관과 貢擧院 및 武擧院 등의 인재의 교육·등용기관이 배치된 이유도 거기에 있었던 것이다. 이렇게 보면 다산이 상정하는 도시는 우선 정치도시요 교육도시였던 것이다.

2) 後市와 商工業

다음으로는 도시의 상공업적 성격과 다산의 상공업진흥책에 관하여 보기로 한다. 이들에 관한 고찰을 위한 기초자료로서는, 장인영국도 중의 後市詳圖, 여러 군데에 흩어져서 기술되고 있는 육향육수론및 『경세유표』의 六官官制中의 冬官工曹를 그 중요한 것으로서 들 수있을 것이다. 그리고 상공업도시의 건설과는 직접적으로 관계가 없는자료이기는 하지만, 다산의 「人材策」과 「技藝論」은 상공업진흥책과 관련하여 매우 중요한 가치를 가지는 자료라 해야 할 것이다.

다산은 통치자계급과 더불어 상공업자의 거주지도 도시로 제한하

---

20) 臣謹案, 周禮敎民之法, 止於六鄕, 而六鄕以外絶無敎民之說, 蓋先王之法, 士農工商, 分爲四類, 士與士處, 農與農處, 百工居肆, 商賈座市, 不相混雜見齊語及管子, 故公卿大夫·元士·庶士·府史胥徒之屬, 皆士類也土也者仕者, 處王城之內, 百工諸賈, 亦居業於王城之內, 唯農夫, 處王城之外, 以致田畝, 農夫不可責之以德行道藝, 故六遂以往, 無敎法也. (『全書』五－經世遺表十三－十四 後面, 敎民之法)

고, 도시로 하여금 상공업적 성격을 띠도록 하려고 했다. 그 이론적 근거는 분업론에 두어져 있는데, 그의 분업론은 말할 필요도 없이 동양의 고전적 분업론인 四民·九職論이다. 다산의 분업론은 고전적 분업론을 계승한 것이면서도, 그 나름의 특징을 가진다. 그의 분업론의 특징은 첫째, 身分論보다는 技能論에 역점이 두어져 있다는 것과 둘째, 同一職業의 공간적 집중거주이다. 그리고 그의 분업론은 조선후기의 시대적 사정과 관련하여 사회개혁론으로 전개되고 있다.

오늘날 우리나라는 士農工賈가 뒤섞여 구별이 없어서, 한 村落中에 四民이 뒤섞여 살 뿐만 아니라, 더욱이 한 몸에 四業을 겸하고 있으니, 이것이 하나의 技藝도 성취되지 못하고 모든 일이 法度가 없는 까닭이다. 그러니 농지를 넷씩 넷씩 묶어서 서로 통하게 하는 일은 옛 제도를 따르지 않을 수 없다. 비록 그간에 士族으로서 농사짓지 않는 자가 섞여 사는 것은 구애할 필요가 없다 하더라도, 무릇 工商의 二民같은 것은 邑城中에 모으지 않을 수 없으니, 管仲이 齊나라를 다스리는 法은 좇지 않을 수 없는 것이다(別篇에 보인다.[21]

이 인용문에서도 볼 수 있듯이, 다산의 분업론은 技藝論과 同一職業의 공간적 집중거주론으로 이루어져 있다. 그런데 그는 기예의 발달과 동일직업의 集中居住間에는 밀접한 관계가 있다고 생각했다. "선왕의 법에 士는 사와 더불어 거주하고, 工은 공과 더불어 거주케 한 것은 그 技藝를 순수하고 전일하게 하고자 함이다(齊語에 보인다. 醫는 醫와 같이 거주하고 譯은 역과 같이 거주하면 그 기예가 더욱 익숙

---

21) 今我邦士農工賈, 混雜無別, 不唯一村之中, 四民雜處, 抑亦一身之內, 四業兼治, 此所以一藝無成, 百事無法. 然以田束之四四相統, 則不可不從古也. 雖其間有士族不農者, 參錯介居, 不可拘也. 若夫工商二民, 不可不聚之於邑城之中, 管仲治齊之法, 不可不遵見別篇. (『全書』五－經世遺表八－七 前面, 井田議二)

할 것이니, 역시 좋지 않겠는가."[22] 그러니까 다산은 집중거주는 곧 기예의 발달을 촉진한다고 보았는데, 그는 그의 「기예론」에서 시대가 내려오고 도시화가 진전되면 될수록 기예가 발달한다고 하는 바와도 같은 것이다.[23]

하늘이 금수에게는 발톱·뿔·단단한 발굽·날카로운 이빨·毒을 주어서 각각 그 원하는 바를 획득하며 근심하는 바를 방어하게 하고, 사람에게는 발가벗기고 약하게 해서 그 삶을 구할 수 없는 것처럼 했으니, 어찌 하늘이 賤하게 여겨야 할 것에는 厚하게 하고 貴하게 여겨야 할 것에는 薄하게 했는가. 사람에게는 知慮와 巧思가 있어서 그들로 하여금 技藝를 익히게 하여 自給하게 한 때문이다. 그러나 지려가 미치는 바에 한계가 있고, 교사가 穿鑿하는 바가 漸次的이기 때문에 비록 성인이라고 하더라도 千萬人이 함께 하는 의론을 당할 수가 없으며, 하루 아침에 그 좋은 것을 다 할 수 없는 것이다. 그 때문에 사람이 많이 모이면 모일수록, 그리고 시대가 내려오면 내려올수록 그 기예가 더욱 정교해지는 것이니, 이것은 사세가 그렇게 될 수밖에 없기 때문이다. 그 때문에 村里의 사람은 縣邑에 工作이 있는 것만 못하며, 현읍의 사람은 名城·大都에 技巧가 있는 것만 못하며, 명성·대도의 사람은 京師에 新式妙制가 있는 것만 못하다. 저 궁벽한 村里에 사는 자가 옛날에 경사에 이르러 우연히 초창기의 미비한 기술을 얻어서 흔연히 돌아와 시험해 보고 혼자서 자만해서 말하기를, '천하에 이 기술보다 좋은 기술이 없다' 하고, 그 자손들에게 타이르기를 '경사의 기예라는 것은 내가 모두 얻었으니 지금부터는 경사에서 다

---

22) 先王之法, 士與士居, 工與工居, 欲其藝之精專也見齊語. 醫與醫居, 譯與譯居, 則其技益以嫺矣, 不亦善乎(『全書』五－經世遺表十三－十七 後面, 敎民之法)
23) 일본 중세에서는 이러한 제도가 실천되었던 것 같은데, 오늘날에 이르기까지 남아 있는 이시카와현(石川県) 가나자와시(金沢市)의 오차야(御茶屋) 거리는 그러한 遺蹟의 片鱗이 아닌가 생각한다.

시 배울 것이 없다' 한다. 이와 같은 사람치고 거칠고 초라하지 않은 자가 없다. 우리나라의 工匠의 기예는 모두 옛날에 중국에서 배운 것이나 수백 년 이래로 문득 다시는 중국에 가서 배울 생각을 하지 않는데, 중국의 신식묘제는 나날이 증가해서 다시는 수백 년 전의 중국이 아닌 것이다. 나 또한 가만히 있고 묻지 않아서 오직 옛날 것을 편하게 여기고 있으니, 어찌도 이렇게 게으른가.[24]

위와 같은 분업론에 따라 商人과 工匠이 거주하게 되어 있는 後市詳圖를 보면, 남북으로 중앙의 3분의 1 지역에 市廛과 利用厚生의 官署가 배치되어 있고, 그 양쪽은 택지로 되어 있다. 후시지역에 市廛과 利用厚生의 官署가 배치되어 있는 것은 그의 분업론에 따른 것이겠는데, 조선후기에는 아직도 공장이 사회적으로 독립계층으로서 성립되어 있지 못했기 때문에 工匠의 거주지는 별도로 명기되어 있지 않다. 아마 市廛이 상업과 수공업이 미분리된 왕실에 대한 물품조달기구로서 존재했던 것이 아니었던가 추측된다. 그리고 앞에서도 지적하였지만, 후시상도의 택지에는 양반과 서민의 택지가 섞여 있다. 이

---

24) 天之於禽獸也, 予之瓜, 予之角, 予之硬蹄利齒, 予之毒, 使各得以獲其所欲, 而禦其所患, 於人也, 則倮然柔脆, 若不可以濟其生者, 豈天厚於所賤之, 而薄於所貴之哉. 以其有知慮巧思, 使之習爲技藝, 以自給也. 而智慮之所推運有限, 攷思之所穿鑿有漸, 故雖聖人, 不能當千萬人之所共議, 雖聖人, 不能一朝而盡其美, 故人彌聚, 則其技藝彌精, 世彌降, 則其技藝彌工, 此勢之所不得不然者也. 故村里之人, 不如縣邑之有工作, 縣邑之人, 不如名城大都之有技巧, 名城大都之人, 不如京師之有新式妙制. 彼處窮村僻里之外者, 舊至京師, 偶得其草創未備之法, 欣然歸而試之, 竊竊然以自滿, 曰天下未有賢於此法者, 戒其子若孫, 曰京師之所謂技藝者, 吾盡得之, 自此京師無所復學矣. 若是者, 其所爲未有不鹵莽陋惡者也. 我邦之有百工技藝, 皆舊所學中國之法, 數百年來截然不復有往學中國之計, 而中國之新式妙制, 日增月衍, 非復數百年以前之中國. 我且漠然不相問, 唯舊之是安, 何其懶也. (『全書』一－詩文集十一－十 後面, 技藝論一)

점도 그의 분업론과 관련하여 어떻게 생각해야 하는지 재검토해 보아야 할 여지가 있는 것이다.

그리고 다산은 『경세유표』의 육관관제의 冬官工曹에서 상공업의 진흥을 위한 여러 관서를 신설하였다. 이들은 기예의 발전을 담당하는 利用監, 絹織物業등 織物業의 장려를 담당하는 織染局, 도로망의 정비를 담당하는 典軌司, 금화와 은화의 주조를 통한 화폐제도의 개혁을 담당하는 典園署 및 도량형제도의 정비를 담당하는 量衡司(秋官刑曹의 屬官이다) 등이었다. 이러한 이용후생에 관계되는 관서들은 조선후기의 사회경제적 동향과도 밀접한 관련이 있었으므로 매우 중요한 의미는 가지는 것이지만, 지면의 제약상 그것들을 더 상세히 다룰 겨를이 없다. 다만 여기에서는 「邦禮艸本引」에서 다산 스스로 바꿀 수 없는 개혁의 원칙 중에 이 이용후생관련의 관서의 신설을 포함시키고 있음을 지적하여 두고자 한다. "利用監을 열어서 北學하는 방법을 의논함으로써 부국강병을 도모하는 일은 바꿀 수 없다."[25]

3) 六遂와 常備軍

다산의 도시건설은 상비군의 설치로써 끝난다. 그는 본래 국가의 본질을 軍國으로 파악하고 있었기 때문에, 상비군이 제대로 갖추어지지 않은 국가는 국가가 아니라고 보았다.[26] 물론 그는 정전법을 왕정의 기본법제라 생각했으므로, 그가 상정하는 軍制는 農民皆兵制이다. 이 경우의 군인이란 束伍軍으로서 평소에는 농업에 종사하다가

---

25) 開利用之監, 議北學之法, 以圖其富國强兵, 斯不可易也. (『全書』五－經世遺表－四 前面, 引)

26) 다산이 國家의 본질을 軍國으로 파악하는 것은 여러 군데에서 찾아 볼 수 있다. 그것은 우선 井田法에서 田地를 모두 屯田으로 본다든지, 六鄕六遂論에서 六遂의 중요성을 강조한다든지, 國家의 命令을 軍律로서 인식한다든지 하는 데에서 볼 수 있다.

유사시에만 군인으로서 동원된다. 그러나 정전제에서와는 달리 체국경야제에서는 도시가 존재하게 되고, 또 도시에 지배자계급과 상공업자가 거주하게 되면, 도시방위를 위한 상비군이 필요하게 된다. 이 때문에 그는 경성으로부터 30里 이내에 六邃를 설정하고 상비군을 두어야 나라가 나라 꼴을 할 수 있다고 강조했다.

三代의 法에는 천하의 전지가 모두 屯田이었다. 小司徒는 男丁을 가려 뽑아서 이들에게 3등급의 전지를 주고, 大司馬는 이들을 병졸로 삼아 四時에 敎閱했으니, 천하의 전지가 모두 둔전이 아니겠는가. 만약 삼대의 법과 같이 한다면, 이미 속오군이라야 전지를 받을 수 있는 것이요, 무릇 束伍軍이 되기를 원하지 않는 자이면 한 고랑의 전지도 요행으로 얻을 수가 없다. 先王은 전지로써 양병을 했는데, 오늘날에는 쌀로써 養兵을 하니, 감당할 수가 있겠는가. 만약 屯田을 설치한다면, 마땅히 경성으로부터 30리 이내에 무릇 전지라는 것은 모두 매입하여 둔전으로 삼아서, 諸營의 병졸로 하여금 休番 때에 出耕하여 생업으로 삼게 하고 봉급 등의 제비용은 제거하며, 오직 때때로 훈련시키되 그때에만 돈이나 布를 가지고 賞을 주면, 국용은 넉넉해지고 군제는 엄정해져 이에 三代의 옛 법을 회복할 수 있을 것이다. 『주례』의 육수가 곧 이 법이 아니겠는가. 여러 道와 縣에 있는 官田도 모두 마땅히 본현에 붙여서 軍田으로 삼으면, 아마 무비에 도움이 될 것이다.[27]

---

27) 臣竊稽, 三代之法, 天下之田, 皆屯田也. 小司徒選取丁男, 以授三壤, 大司馬取之爲卒, 四時敎閱, 天下之田, 非皆屯田乎. 若如三代之法, 則惟束伍軍, 乃可受田, 凡不願於束伍軍者, 卽一稜之田, 不可以幸獲也. 先王以田而養兵, 今也以米而養兵, 其能支乎. 苟作屯田, 宜京城三十里之內, 凡田皆買之爲屯田, 使諸營之卒, 休番出耕, 以爲生業, 其餼料諸費, 悉減悉除, 唯以時鍊武, 賞以錢布, 卽國用寬裕, 軍制嚴整, 乃復三代之舊矣. 周禮六邃之法, 非卽此法乎. 其在諸路諸縣者, 竝宜屬之本縣, 以作軍田, 庶幾武備有賴也. (『全書』五 — 經世遺表八 — 三十 後面, 井田議四)

그런데 그의 六遂論도 한 곳에서 체계적으로 전개되지 못하고 여러 곳에서 분산적으로 이루어져 있기 때문에 서로 어긋나는 기술이 많다. 우선 육수의 인구에 관한 문제인데, 인구규모는 「一遂九坊圖」에서는 35,598戶로, 六官官制의 「冬官工曹 典堵司」에서는 45,522戶로, 각각 설정되어 있는데, 무엇 때문에 서로 다른지 모르겠다. 그리고 「일수구방도」와 「전도사」에서는 육수의 거주지도 도성에 잇따라 도시적 거주형태를 취하고 있는 것처럼 圖解되어 있으나, 「田制二」에서는 육수는 농촌이므로 도시와는 달리 그 거주형태는 분산적이라야 된다고 하고 있다.[28] 육수는 둔전이므로 후자의 거주형태가 옳을 것이다.

다산은 중앙의 상비군으로서는 都統營, 左禦營과 右衛營의 3營을 두고자 했다. 조선후기의 군사제도와의 관련에 대해서 보면, 도통영은 訓鍊都監, 좌어영은 御營廳, 우어영은 禁衛營에 해당한다. 그는 앞에서 본 바와 같이, 상비군을 傭兵이 아니라 屯田兵으로 설정코자 했다. 그리고 둔전병은 상비군이면서 동시에 농민이기 때문에 한 節氣씩 4交代로 番上케 했다. 번상하게 되는 1交代의 軍卒은 대개 2,080명인데, 이들은 首都護衛의 임무를 담당했다. 屯田兵과 屯田의 규모를 보면 다음과 같다.

삼영의 군졸로 왕궁을 호위하는데, 騎兵이 1,674인이요, 步卒이 8,326인이다. 왕궁으로부터 30리 이내의 지역을 모아서 정리하면, 대략 田地 14,400畂를 얻을 수 있다. 그 10분의 1인 1,440부를 덜어서 公田으로 삼고, 4,185부를 騎兵에게 나누어주되 각각 2부반씩 주어 餼田으로 삼게 하며, 8,326부를 步卒

---

28) 又按, 農夫受廛, 必在近田之地, 則六遂之民, 散在於王城五十里之內, 共爲三十縣, 與六鄕之接屋連牆稠密聚居者, 其法不同, 故六鄕曰族黨州鄕, 六遂曰鄰鄙縣遂, 其立名不同也. (『全書』五 - 經世遺表 五 - 二十六 後面, 田制二)

에게 나누어주되 각각 1부씩 自耕케 하여 糧食으로 삼도록 하며, 나머지 전지
인 449부는 將官에게 나누어주어 餼廩에 보충케 한다.[29]

29) 三營之軍, 以衛王宮, 其騎兵一千六百七十四人, 其步卒八千三百二十六人. 自王宮
    三十里之內, 遒疆遒理, 約得田一萬四千四百畝. 經之以什一, 其一千四百四十畝, 除
    之爲公田, 其四千一百八十五畝, 分授騎兵, 各以二畝有半, 爲其餼田, 其
    八千三百二十六畝, 分授步卒, 各以一畝自耕, 以爲糧, 餘田四百四十九畝, 分授將官,
    以補其餼. (『全書』五－經世遺表八－三十六 後面, 井田議四)

3. 井田法

지금까지 누누히 언급해 온 바와 같이, 體國經野는 匠人營國과 井
田法으로 구성되어 있다. 따라서 다산이『주례』에 따라서 왕정의 기
본법제를 모색하려고 하는 한, 정전법의 시행은 필연적인 것이었다.
이러한 점은 비록 다산이『경세유표』의 저술에 있어서 체국경야를 제
대로 이해하지 못했다고 하더라도 그렇다고 말할 수 있다. 왜냐하면
『주례』에 있어서의 왕정의 기본법제의 하나는 역시 정전법이기 때문
이다. 주지하는 바와 같이, 다산은『경세유표』의 저술에 착수하기 직
전인 1814년에 저술한『孟子要義』에서 '정전은 오늘날 시행할 수 없는'
법제라고 이해하고 있었다는 지적이 있다.[30] 그러나 '지금 정전법은 행
할 수 없고 오직 균전법만은 위에 있는 자가 단행하면 가히 시행할
만할 것이다'라는 下段의 구절은 그 전후의 맥락에서 보면 매우 부자
연스러운 대목이다. 句節 전체가 經田에서의 정전제의 의의를 논하고
있고, 또 磻溪도『磻溪隨錄』에서 정전제의 실시를 주장하고 있는데,
왜 갑자기 균전제에 관한 언급이 튀어나왔는지 도무지 이해할 수가
없다.

생각건대, 規矩와 律呂는 工師의 법도가 거기로부터 말미암는 바이요, 仁政
또한 당연히 그 法度上에서 그 이치가 터득되는 것이다. 下段에서 詩를 인용
하여 선왕의 법을 좇는다고 말했으니, 그 뜻을 알 수가 있는 것이다. 滕나라 文
公이 정전법을 행했더니, '임금께서 인정을 행한다는 것을 들었습니다'고 했다.
맹자는 한평생 經世濟民의 방법을 經界에 두었으니, 대개 정전법은 왕정에 있
어서 규구의 방원에 대한 것 및 六律의 宮商에 대한 것과 같으니, 田政이 먼저

---

30) 朴贊勝,「丁若鏞의 井田制論 考察」(『歷史學報』제110집, 1987, 114페이지).

바루어진 이후라야 禮樂兵刑의 萬緖千頭가 모두 條理를 갖출 수 있을 것이다. 柳磻溪의『磻溪隨錄』은 국정개혁을 반드시 전정으로부터 시작하니 근본을 아는 책이라 할 만하다. 그러나 지금 정전은 행할 수 없고 오직 균전법은 위에 있는 자가 단행하면 가히 시행할 만할 것이다. 요순은 대성인이요 요순의 도는 대성인의 도이다. 仁政이 아니고서는 천하를 治平할 수 없는 것이니, 인정은 과연 規矩律呂라 할 것이다.[31]

다산은 정전으로의 토지구획의 곤란성을 들어서 정전법 실시의 불가능성을 논의하는 견해에 대해서도 반박한다. 그에 의하면 정전법은 경지의 구획이 모든 경지에 걸쳐서 일률적으로 시행되지 않는다고 하더라도 실시될 수 있다는 것이다. "(정전법의―필자)本意를 구명해 보면, 다만 10里나 5里에 1井을 설치하더라도 좋은 것이다. 또 정전법이 원래 아름답고 보기 좋은 제도이기 때문에 넓고 평평한 토지가 드디어 전부 정전으로 區劃되었는데, 이것이 정전이 넓어지게 된 所以이다. 가령 音律을 제정하는 사람이 있는데, 비록 黃鍾이 없어도 나는 五音을 바룰 수 있다고 한다면, 그러한 어리석은 사람을 물리치지 않을 사람이 없을 것이다. 전제를 제정하려고 하면서 井田을 설치하지 않는 것이 이것과 무엇이 다르겠는가. 때문에 나는 井田은 반드시 회복되지 않으면 안 된다는 것이다."[32]

---

31) 鏞案, 規矩律呂, 爲工師法度之所由生, 仁政亦當於法度上理會. 下段引詩而言遵王之法, 可見其義也. 滕文公行井田法, 則曰聞君行仁政. 孟子一生, 經濟在於經界, 大抵井田之法, 在王政如規矩之於方員, 六律之於宮商, 田政先正然後, 禮樂兵刑萬緖千頭, 俱有條理. 柳磻溪經國之書, 必從田政始, 可謂知本之學也. 井田今不可行, 惟均田之法, 在上者斷而行之, 斯可爲也. 堯舜大聖人也, 堯舜之道大聖人之道也. 不以仁政, 不能平治天下, 則仁政果規矩律呂哉.(『全書』二-孟子要義一-四十九 後面, 離婁第四)

32) 原其本意, 唯十里五里, 置一井焉可也. 又緣井田之法仍然美好, 其平廣之地, 遂皆畫

그리고 그는 『경세유표』를 저술하면서 정전법을 단순한 하나의 토지제도가 아니라 왕정의 기본법제로 이해하고 있다. 정전법이 토지제도라는 점에 대해서는 다시 말할 것이 없다. 그러나 이 토지제도는 단순히 소유권제도만으로써 완결될 수가 있는 것이 아니다. 토지소유제도와 조세제도가 구체적으로 시행되기 위해서는 土地의 區劃, 灌漑施設의 構築 및 도로의 건설 등 기반시설이 필요했다. 따라서 정전법은 토지소유제도와 國土區劃의 종합이며, 그 때문에 정전법은 원래 經野로 이해되고, 동시에 단순한 토지제도가 아니라 왕정의 기본법제로서 설정되었던 것이다. 다산이 『경세유표』를 저술함에 있어서 정전법을 왕정의 기본법제로서 定置시킨 것도 이러한 이해에서가 아니었던가 생각된다. 따라서 아래에서는 이러한 이해에 따라 정전법을 재정리해본다.

1) 公田設定과 耕地整理

다산은 정전법을 구상함에 있어서 토지소유의 문제를 심각하게 고려할 수밖에 없었다. 왜냐하면 정전법은 토지의 국가적 소유를 전제로 하는 것인데, 당시에는 이미 전국의 田地가 人民이 소유하는 바가 되었기 때문이다. 그는 토지소유권이야 말로 主權이라는 사실을 당시의 누구보다도 깊이 이해하고 있었기 때문에, 이러한 상황을 국가의 主權을 상징하는 太阿의 자루가 이미 거꾸로 잡혀 있다고 표현했다.[33]

井, 此井田之所以廣也. 今有制樂者, 曰雖非黃鍾, 吾可以正五音, 未有不黜其愚者. 欲立田制, 而不設井田, 何以異是. 臣故, 曰井田宜復也. (『全書』五－經世遺表七－二十八 後面, 井田議一)

33) 若其所憂則有一焉. 古者天子諸侯爲田主, 今也群黎百姓爲田主, 斯其所難圖也. 必持之數百年不撓, 收之有漸, 行之有序而後, 乃可以復先古之法. 其始也, 爲限田, 爲名田, 爲均田, 及其久也, 還太阿之柄, 瀉建瓴之水, 庶乎其沛然無閼矣. (『全書』五－經世遺表五－四 後面, 井田論三)

그는 「井田議」에서, 정전법이 시행되어 국가적 토지소유의 원칙이 확립되면, 이러한 토지의 소유자들은 '時占'[34]이 될 수밖에 없다고 누차 강조하고 있는데, 그것은 그가 그만큼 토지소유관계를 엄중하게 생각하고 있었다는 것을 의미한다.

다산의 정전법은 토지의 私有를 전제로 한다는 연구가 있기도 하다.[35] 그러나 필자가 보기에는, 이러한 이해는 정전법의 본질에 대한 근본적 오해에서 비롯된 것이다. 앞에서도 누누이 강조한 바와 같이, 정전법은 왕정의 기본법제인 것이다. 토지소유권은 主權이므로 토지의 사유제도를 전제로 하는 전근대의 왕정은 성립할 수가 없는 것이다. 그렇기 때문에 정전법은 토지의 사적 소유가 발전하여 이미 시행하기 어려운 법제라고 생각하던 다산도, 三代의 王政에서 개혁의 模型을 찾으려고 했을 때, 국가적 토지소유는 회복되지 않으면 안 된다고 보았던 것이다. 다만, 그는 전국의 토지가 인민들의 소유가 된 현실적 상황을 감안하여 우선은 적어도 公田만이라도 국유로 해야 한다고 했을 뿐이다.[36]

그러면 公田만을 국유로 한다면 나머지 토지의 소유권은 어떻게

---

34) 위의 註27에서 보는 바와 같이, 井田法을 시행하기 전에는 群黎百姓爲田主라 표현했으나, 정전법의 施行을 논의하는 「井田議」에서는 人民들의 土地保有를 모두 '時占'이라 표현하고 있다.

35) 金容燮, 『韓國近代農業史硏究』 一潮閣, 1975, 125페이지.

36) 今國中之田, 無非私田, 將若之何. 將大有爲, 奚顧細節. 凡可井之地, 不問其肯與不肯, 畫之爲井然後, 乃問其價, 其公田一區, 官出其價, 大約從厚, 其私田八區, 問其時占凡田, 皆王田也. 私主不可謂之田主, 故名之曰時占. 下皆倣此, 覽者詳之. 若其八區都皆一家之田, 亦令仍舊, 無使分裂, 但使時占嚴選八夫, 分授八區, 毋使一夫得佃二區, 於是乎井田也. 於是, 以此八夫, 共治公田, 一如古法, 及秋而穫公田之粟, 以之輸公, 不復有租稅雜徭侵此八夫, 於是乎九一也. (『全書』五－經世遺表七－三十五 前面, 井田議一) 또 이렇게도 말했다. 盡天下而奪之田, 以頒農夫, 則古法也. 如不能然, 盡天下而算其田, 姑取九分之一, 以作公田, 亦古法之半也. (『全書』五－經世遺表六－十六 前面, 田制五)

되는가. 그는 이미 토지에 대한 사적 소유권이[37] 성장해 있는 상황에서 이를 무조건 부정하는 것은 비현실적이라고 보았다. 그러므로 우선은 국가가 매입하거나 인민들로부터 기증을 받아서 公田만이라도 국유로 하고 인민의 소유지는 時占으로 눌러두었다가, 수백 년에 걸쳐서 국가가 그것을 차츰차츰 買收함으로써 궁극적으로는 국가적 토지소유를 완전히 실현하려고 했던 것이다.[38] 이러한 그의 구상이 현실적으로 실현될 수 있는가 없는가는 그의 主觀的 意圖와는 전혀 별개의 문제이다. 다시 말하면 그의 改革構想의 실현적 결과가 토지의 사유로 귀결될 수밖에 없다고 하더라도, 그것은 정전법을 실현하려는 그의 주관적 의도와는 전혀 별개의 문제인 것이다.

다산은 국가적 토지소유가 王政의 賦稅收取의 정당성과도 밀접히 관련된다고 이해하고 있었다. 그는 만약 국가가 인민들에게 토지를 분배해주는 것이 아니라면, 인민들로부터 賦稅를 거두어들일 명분이 없다고 생각했다.[39] 그렇기 때문에 그에게 있어서는 公田의 설정이야말로 왕정을 바로잡는 데 있어서 핵심적으로 중요한 개혁사업이었다. 그리고 공전의 설정은 단순한 賦稅收取의 정당성을 확보하는 것뿐만은 아니다. 인민들의 占有地인 私田의 區劃에 있어서 국가가 그 주도권을 확보하는 일이기도 했다. 다시 말하면 다산에게 있어서 公田의 설정

---

37) 여기에서의 私的 所有權이란 本源的 토지소유가 아니고 中間的 토지소유이다. 중간적 토지소유이론에 대해서는 中村 哲, 『奴隷制·農奴制の理論』(東京大学出版会, 1986)과 「近代東アジアにおける地主制の性格と類型」(『近代世界史像の再構成』青木書店, 1991)을 참조.

38) 注33을 참조.

39) 다산은 軍役徵發에 있어서 특히 이 점을 명확히 밝히고 있다. 그래서 그는 井田法을 施行해야 군역징발의 명분이 설 수 있다고 다음과 같이 말하고 있다. 況有寇而赴戰者, 使之捐生以就死也. 語曰, 食人之食者, 死人之事, 故古之聖人, 將責其死, 先養以田, 生於田, 故死於田, 民不敢逃也. (『全書』五 - 牧民心書八 - 十六 前面, 簽丁)

은 전국의 토지에 대한 국가적 지배권의 회복 그 자체였던 것이다.

위와 같은 의미를 가지는 公田이 설정되면 인민들로부터의 賦稅收取는 자동적으로 이루어질 수 있는가. 다산은 결코 그렇게는 생각하지 않았다. 왜냐하면 앞에서도 지적한 바와 같이, 다산은 井田法은 단순한 토지소유제도가 아니라 그것을 포함하는 토지의 區劃制度라 이해하고 있었기 때문이다. 『경세유표』에서 압도적 비중을 차지하는 「地官修制 田制」를 한 번이라도 읽어 본 독자라면, 다산이 「전제」에서 토지의 구획사업을 얼마나 중요시했는가를 곧 이해할 수 있을 것이다. 결론적으로 말하면, 다산은 토지를 제대로 구획하지 않고서는 賦稅制度가 제대로 성립할 수 없다고 보았다.

9분의 1稅란 天地方圓의 正理이니, 9분의 1보다 무거우면 인민들이 부담할 수 없고, 9분의 1보다 가벼우면 나라의 재정이 넉넉할 수 없다. 옛적에는 9분의 1로 하여 上下가 다 편했는데, 漢나라 이래로 9분의 1보다 가볍게 했다. 그러나 부세가 어지럽게 부과되고 징렴이 법도가 없을 뿐만이 아니라 豪猾한 자들이 토지겸병을 행하니, 농민들은 憔悴해지는 반면 徵收하는 것을 모두 계산하면 10분의 7이나 8이 되지 않는 것이 드물다. 만약 9분의 1세를 회복하고 9분의 1稅 이외의 雜稅를 모두 제거한다면, 인민들 중에 춤을 추지 않을 자가 있겠는가. 만약 9분의 1法을 시행하고자 하면, 반드시 平原의 비옥한 땅을 區劃하여 井田으로 하되, 正正方方하기는 자로써 잰 듯하고 經緯線을 치기는 바둑판과 같이 하여, 모든 인민에게 명백히 보이면서 말하기를 9분의 1이란 비율은 이와 같다 한다. 드디어 이 비율을 가지고 黃鍾으로 삼아 여러 전지의 세율을 바루는데, 무릇 넓적한 것·타원형인 것·세모진 것·굽은 것도 모두 한결같이 이것을 가지고 표준으로 삼게 하니, 이 때문에 井田法이 있게 된 것이다.[40]

---

40) 九一者, 天地方圓之正理, 多於九一, 民不可支也, 輕於九一, 國不可給也. 古者九一,
上下咸安, 自漢以來, 輕於九一, 然賦役繁興, 徵斂無藝, 豪猾兼幷, 農夫憔悴, 悉計所

정전법이 전지의 구획을 전제로 하고 있기 때문에 시행될 수 없다고 주장한 사람은 저 유명한 蘇洵이었다.[41] 그는 杭州의 西湖를 준설하여 蘇堤를 축조한 蘇軾의 부친으로서, 정전법은 본래 평야의 旱田을 대상으로 한 것이기 때문에, 이를 水田을 대상으로 시행하려고 하면, 수백 년이 걸리더라도 전지의 구획은 실현될 수 없다고 하였다. 다산은 이미 蘇洵의 이 정전설을 알고 있었기 때문에, 정전법 시행의 어려움을 제대로 인식하고 이를 극복하는 방안을 제시하지 않을 수 없었다. 그렇기 때문에 그는 우리나라에 있어서의 정전법의 시행을 천지개벽 이래로 처음 있는 경지정리사업으로 인식했던 것이다.

"하물며 우리 東方은 천지개벽 이래로 그 山林川澤과 丘陵原隰은 모두 본질 그대로 드디어 오늘날에 이르렀으니, 混沌은 뚫리지 못하고 大朴은 흩어지지 않았다. 이번의 이 大事(정전법의 시행 ― 필자)는, 곧 燧人과 炎帝가 開物成務하는 始初이며, 黃帝와 堯舜이 區劃經理하는 政事이다."[42] 이 인용문은 그가 우리 나라에서의 정전법 시행의 방안을 제시하고 있는 「井田議」一에 있는 문장이다. 그는 위와 같이 정전법의 시행에 있어서 경지정리사업은 그만큼 중요하다고 생각했던 것이다. 정전법의 시행이 본래 경지정리사업을 전제로 하고 있다는 사실은 위에서 본 바와 같지만, 우리나라에서 그것이 특히 중요시되는 이유는 어디에 있는가.

入, 其不爲什七八者, 鮮矣. 誠若九一是復, 而九一之外, 雜害悉除, 民有不蹈舞者乎. 欲行九一之法, 則必於平原衍沃之地, 畫爲井田, 正方如絜矩, 經緯如棊局, 明示萬民, 曰九一之率如此, 遂以此率, 立爲黃鐘, 以正諸率. 凡區者楕者圭者句者, 一以是率之, 此井田之所以作也. (『全書』五 ─ 經世遺表七 ─ 二十八 前面, 井田議一)

41) 『三蘇集』第二冊 『嘉祐集』卷六 田制 참조.

42) 況我東方, 自天地開闢以來, 其山林川澤, 丘陵原隰, 皆以本質, 遂至今日, 混沌未鑿, 大朴未散. 今此大事, 乃燧人炎帝, 開物成務之始, 黃帝堯舜, 區畫經理之政. (『全書』 五 ─ 經世遺表七 ─ 三十七 前面, 井田議一)

다산이 정전법의 시행에 있어서 경지정리사업을 특히 중요시한 것은 다음의 두 가지 문제 때문이다. 첫째는 토지의 측량문제이다. 당시의 토지측량법으로서는 方田(정사각형)·直田(직사각형)·句股田(직삼각형)·梯田(사다리꼴)·圭田(이등변삼각형)·梭田(마름모꼴)·腰鼓田(장고모양)의 7가지가 제시되어 있으나, 현실의 전지는 대부분이 無法四邊形으로서 실제로 그 넓이를 정확하게 측량할 수 없었던 것이다. 둘째는 結負法의 문제이다. 주지하는 바와 같이, 결부법은 토지의 면적과 비옥도를 감안하여 과세단위를 계산한다는 것이나, 현실에 있어서는 토지의 절대면적조차 파악하기 어려운데, 더구나 매년 변화하는 비옥도를 감안하는 것은 더욱 어려운 일이었다. 그러므로 토지제도를 토지의 절대면적을 기준으로 하는 頃畝法으로 개혁하고, 경지정리를 행하여 토지의 면적을 정확히 파악할 수 있도록 해야 전정이 제대로 실시될 수 있다고 보았던 것이다.

오늘날 국중의 토지가 작게는 한 이랑으로부터 많게는 1成에 이르기까지 하나도 無法四邊形이 아닌 것이 없다. 正方하여 方田이 된 것, 平行하여 直田이 된 것, 句와 股가 3 : 4인 것, 끊어진 幅이 深衣와 같은 것梯田이라 한다, 고루 뾰족하여 銳角으로 된 것圭田이라 한다, 斜方形으로 法에 맞은 것梭田이라 한다과 가운데가 잘록하여 棺衽과 같이 된 것腰鼓田이라 한다는 8道를 돌아보아도 평생 하나도 만나보지 못할 것이다. 이에 이른바 뱀이나 소뿔 모양의 전지, 둥근 가락지 같고 이지러진 달 모양의 전지, 당겨진 활과 찢어진 북 모양의 전지 등 산과 들을 덮은 것이 모두 이러한 것들이니, 이러한 경우에 장차 9로 9를 곱할 것인가, 4로 7을 곱할 것인가, 그 切半을 취할 것인가, 4로 나누어 계산할 것인가. … 이 때문에 실제의 면적도 공평하게 계산되지 않을까 두려운데, 하물며 여기서 2等 85, 4등 55의 差를 계산해서 그것으로써 비척을 살피고 결부의 증감을 논의하려 하니, 능히 그 비례를 정밀하게 밝힐 수가

있겠는가.[43]

여기에서 보는 바와 같이, 다산은 국가의 조세수입이 제대로 확보되지 않는 것은 단순히 토지소유제도의 문란에만 있는 것이 아니라 경지의 미정리에 있다고 생각했다. 그래서 그는 정전법은 올바른 토지소유제도뿐만 아니라, 경지정리를 전제로 해야만 제대로 실시될 수 있다고 생각했던 것이다. "水田이 사방이 1리가 되는 것은 1井으로 구획하고 1畎의 네 모퉁이마다 돌을 세워서 標識하며, 사방 2리가 되는 것은 구획하여 4井으로 만든다. ○1里가 되지 못하는 것은 다만 1畎로 구획하여 公田으로 하며, 開方할 수 없는 것은 길이 5와 너비 20으로써 1부로 하며, 혹은 5와 5로 開方하여 4區域을 합하여 1부로 한다. 무릇 公田은 모두 정사각형이라야 하니, 傾斜가 졌거나 정사각형이 되지 못하는 곳은 논배미를 다시 정리한다."[44]

다산은 가능한 한 공전만은 정전법과 한 치도 어긋남이 없이 경지정리를 하고자 했다. 그것은 우선 공전만이라도 국유로 하여 井田法 취지의 半이라도 살릴 뿐만 아니라, 公田 1區라도 정사각형으로 구획하여 土地區劃의 模範을 제시하려고 했던 것이다. 私田에 대해서도

---

43) 今國中之田, 小自一稜, 大至一成, 無一而非無法四邊之形也. 正方而爲方田者, 平行而爲直田者, 句三而股四者, 裁幅如深衣者謂梯田, 均尖爲銳角者謂圭田, 斜方之有法者謂梭田, 緩中如棺衽者謂腰鼓田, 巡行八路, 畢世而不一遇矣. 乃所謂蛇形牛角之田, 圓環覆月之田, 彎弧敗鼓之田, 漫山被野, 都是此物. 當此之時, 將以九而乘九乎. 將以四而乘七乎. 將折其半而執之乎. 將歸以四而得之乎.……以之平算實積, 猶懼不通, 矧于此, 加之以二等八五·四等五五之差, 以之察肥瘠而議增減, 其有能精硏比例者乎. (『全書』五－牧民心書四－四十二 前面, 田政)

44) 水田, 有方一里者, 畫之爲井, 每畎四角, 豎石以標之, 有方二里者, 畫之爲四井. ○其不能里者, 只畫一畎, 以爲公田, 其不能開方者, 或長五廣廿, 以爲一畎, 或五五開方, 以其四區合爲一畎. 凡公田, 皆四角正方, 其有敧斜不正者, 改作其畓. (『全書』五－經世遺表八－一 前面, 井田議二)

정전으로 할 수 있는 곳은 정전으로 하지만, 지형상 그렇게 하지 못하는 곳은 비록 전지를 작게 구획하더라도 정사각형이나 직사각형의 경지를 될 수 있는 한 많이 확보하도록 했다. 그리고 지세가 도저히 구획정리를 할 수 없는 곳은 그 가운데의 넓은 배미 하나를 골라서 公田을 설정하고 네 구석에 들꽃을 심도록 했다. 이 경우의 公田과 私田의 면적계산은 魚鱗圖로써 행한다.

위와 같은 경지정리는 자연히 河川下流의 沖積平野地帶에 대한 개간을 유혹하지 않을 수 없었다. 만약 경지를 정전으로 구획하려면, 하천하류의 충적평야지대야말로 경지정리의 대상으로서 가장 적합했기 때문이다. "또 淸州들, 素沙들, 牙山의 新昌들과 金堤의 萬頃들은 혹 數10里나 혹 10餘里가 평평해서 한 배미뜸은 方言으로 褱昧라 한다의 전지가 혹 5·6십 마지기나 혹 1백 마지기가 되기도 하니, 논두렁이 이어진 것이 이와 같은 곳은 4井즉 36畎이다으로 구획한다고 하더라도 넉넉할 것이다. 단 1井內에 물이 질펀하여 경위로 구획할 수 없는 곳은 겨울에 물이 마를 때를 기다려서 법대로 구획하되, 이에 공전의 네 모퉁이에는 큰 돌을 세우고, 사전의 네 모퉁이에는 작은 돌 8개를 세워서 경계를 분별한다."[45]

정전법의 시행에 의한 하천하류의 충적평야지대의 개발은 조선후기의 역사적 동향과 관련하여 커다란 의미를 가진다. 기존의 연구에 의하면, 당시의 農地開發이 中國과 日本에서는 河川下流의 충적평야지대에까지 이르고 있었으나 조선에서는 아직도 山間平野地帶에 머

---

45) 且如淸州之野, 素沙之野, 牙山新昌之野, 金堤萬頃之野, 或數十里平衍, 或十餘里平衍, 其一罾之田罾者方言, 謂之褱昧, 或種五六十斗, 或種百斗, 連置接界若是者, 雖畫四井卽三十六畎, 恢恢然也. 但一井之內, 水色瀰漫, 無以畫經緯, 若是者, 須於冬日水涸之時, 畫之如法. 乃於公田四角, 樹之以大石, 其私田四嚮之末, 樹八小石, 以辨經界. (『全書』五-經世遺表八-一 後面, 井田議二)

물러 있었던 것이다.[46] 정전법의 시행으로 하천하류의 충적평야지대가 개발되려는 이 순간이야말로 한국사의 커다란 전환기였던 것이며, 다산의 정전법 또한 이러한 시대적 동향의 산물이라고도 볼 수 있는 것이다. "정전으로의 구획이 끝나고 나라에 재정적 여유가 있으면, 둑을 쌓을 만한 땅은 둑을 쌓아서 潮水를 막고, 溝渠를 설치할 만한 땅은 溝渠를 파서 물을 끌어들이되, 水田을 개간하여 별도로 軍田으로 삼는다. 역시 100畝로써 1畉로 하고 9부로써 1井으로 하되 9분의 1을 거두어들여 公田으로 하고 8夫로 하여금 경작하게 해서 有事時에 대비한다. 私家에서 둑을 쌓거나 溝渠를 파는 일은 엄격히 금한다."[47]

2) 溝洫과 治山治水

경지정리사업은 반드시 水路建設事業을 동반하지 않을 수 없다. 수로건설사업은 루田인 경우에는 배수로의 건설만으로 충분하지만 水田인 경우에는 灌水路의 건설도 병행하지 않으면 안 된다. 정전법은 원래 루田을 대상으로 했기 때문에 수로의 건설은 주로 배수로의 건설을 중심으로 설명되어 있다. 정전법에 의한 경지정리는 9畉가 1井, 100정이 1成, 100성이 1同으로 이루어지는데, 수로는 畉와 부 사이에는 遂를, 井과 井 사이에는 溝를, 成과 성 사이에는 洫을, 그리고 同과 동 사이에는 澮를 각각 둔다. 수로의 容積은 다음과 같다. "9畉가 井이 되는데 井과 정 사이의 너비 4자(尺) 깊이 4자를 溝라 하며, 4方10里가 成이 되는데 成과 성 사이의 너비 8자 깊이 8자를 洫이라 하며,

---

46) 宮嶋博史, 「東アジア小農社會の形成」(溝口雄三外篇, 『アジアから考える』(6) 東京大學 出版會, 1994) 참조.

47) 井畫旣畢, 國有餘財, 凡可堰之地, 築堰以拒潮, 凡可渠之地, 鑿渠以引水, 以作水田, 別爲軍田. 亦百畝爲一畉, 九畉爲一井, 收其九一輸於公, 八夫治田, 以待師旅. 其私家築堰開渠者, 嚴禁. (『全書』五 – 經世遺表八 – 三十三 前面, 井田議四)

4方100里가 同이 되는데 同과 동 사이의 너비 2尋 깊이 2仞을 澮라 한다. 모두 河川에 이르도록 하고, 각각 이름을 붙인다."[48]

정전법에서는 排水路에 관해서는 상세한 설명이 있으나 灌水路에 관해서는 그렇지 못하다. 그러나 배수로와 관수로는 서로 倂行하면서 보완하는 것이니 양자는 동시에 축조될 수가 있는 것이다. 그리고 수리시설의 확보를 위해서는 治山이 필수적이다. 다산은 일찍이 「原政」에서 治山治水를 왕정의 큰 조목으로 들었다. "水路를 축조하여 水利를 일으켜서 장마와 가뭄을 고르게 하며, 소나무·잣나무·가래나무·오동나무·喬木나무·漆나무·느릅나무·버드나무·배나무·대추나무·감나무·밤나무 등을 심어서 宮室을 짓기도 하고 棺槨에 이바지하게 해서 그 수입으로 穀食農事를 돕는다."[49]

3) 道路建設과 防衛網構築

정전법의 실시에 따른 遂·溝·洫·澮와 같은 수로의 건설은 田野를 縱橫으로 분단함으로써 人馬가 통행할 수 있는 길이 절단되기 마련이다. 그러므로 도로를 건설해야 인마가 자유로이 통행할 수가 있는 것이다. 뿐만 아니라 정전법에서는 도시와 농촌을 분단했으므로 도로를 건설하여 이들을 서로 연결해 주어야 한다. 정전법에서는 徑·畛·涂·道·路 등의 도로를 건설하여 도시와 농촌을 유기적으로 편성했던 것이다. "遂·溝·洫·澮는 모두 하천으로 물을 내려 보내는 것이니, 遂는

---

48) 九畎爲井, 井間廣四尺深四尺謂之溝, 方十里爲成, 成間廣八尺深八尺謂之洫, 方百里爲同, 同間廣二尋深二仞謂之澮, 專達於川, 各載其名. (『全書』五─經世遺表五─十一 前面, 井田議三)

49) 濬畎澮, 興水利, 以平其澇旱, 樹之松柏椅桐梓漆楡柳梨棗杮栗之屬, 以興宮室, 以供棺槨, 以助五穀. (『全書』一─詩文集十─二 前面, 原政)

너비와 깊이가 각각 2자이며 溝는 遂의 2배이며 洫은 溝의 배이며 澮는 너비가 2尋 길이가 2仞이요, 徑·畛·涂·道·路는 모두 수레와 人馬를 도성으로 통행하게 하는 것이니, 徑은 牛馬를 容納하며, 畛은 大車를 용납하며, 涂는 乘車一軌를 용납하며, 道는 2軌를 용납하며, 路는 3軌를 용납하며, 도성의 野涂는 環涂와 같음이 옳다."[50]

수로와 도로의 건설은 국방과도 밀접한 관련을 가진다. 溝洫의 축조는 결국 塹壕의 건설을 의미하는데, 광활한 평야에 遮蔽物이 없다면 敵이 자유로이 공격의 진로를 선택할 수가 있겠지만, 溝洫이 축조되면 이것이 地網으로 되어 적으로 하여금 道路 이외로는 진출하지 못하게 하는 것이다. 이렇게 되면 도로에 關門을 세우고 군대를 주둔시켜 적의 진로를 쉽게 차단할 수 있는 것이다. 이것이 바로 地網法이다.[51]

---

50) 又曰遂溝洫澮, 皆所以通水于川也, 遂廣深各二尺, 溝倍之, 洫倍溝, 澮廣二尋深二仞. 徑畛涂道路, 皆所以通車徒於國都也, 徑容牛馬, 畛容大車, 涂容乘車一軌, 道容二軌, 路容三軌. 都之野涂與環涂同可也.(『全書』五 - 經世遺表五 - 二十四 後面, 田制二)

51) 臣謹案, 溝洫之制, 不特爲利田水而已, 設險守國之義, 實寓於其中. 誠以平原廣野, 四無遮阻, 則攻者無礙, 守者無措, 乃溝洫爲物, 掘塹斷壟, 灌水成濠, 使敵人不得舍正路而趨他路. 正路一而已, 或設關以守之, 或屯兵以拒之, 何所不可乎.(『全書』五 - 經世遺表五 - 二十八 前面, 田制二)

4. 封建과 郡縣

체국경야에 따른 왕정의 기본법제는 국토가 도시와 농촌으로 구획되고, 이렇게 구획된 각 지역에 인민들을 직업에 따라 배치하여 久任과 專業을 가능하게 하고,[52] 이를 통하여 국정운영의 효율을 높이고자 하는 것이었다. 만약 위와 같은 것이 다산의 본래 의도라면, 우리는 자연히 그러한 분업이 가능하게 되는 국가의 규모에 대하여 검토하지 않으면 안 되게 된다. 다시 말하면 그러한 분업이 가능한 규모의 국가를 건설하기 위해서는 국토를 어떻게 분할할 것인가 하는 문제가 제기되는 것이다. 이것은 국가체제를 封建制로 할 것인가 郡縣制로 할 것인가 하는 문제로 되는 것이다.

中國史上 최초의 體制選擇은 紀元前 221년에 秦나라에서 李斯의 건의에 따라 봉건제의 폐해를 극복하기 위하여 군현제가 채택됨으로써 이루어졌다고 한다.[53] 바꾸어 말하면 周나라까지의 국가체제는 봉건제였으며, 주나라의 제도를 정리한『주례』에 있어서의 국가체제 또한 봉건제였다는 것이다. 이러한 견해는『주례』에서 채택되고 있는 국가체제가 봉건제라는 경학의 일반적 이해와도 일치하는 것인데, 이렇게 보면 體國經野도 봉건제를 전제로 해야 성립할 수 있다고 할 수 있다. 다시 말하면 봉건제에서 보는 바와 같은 領主들에 의한 국가주권과 국토의 私的 分割을 전제로 해야만 체국경야는 제대로 성립할 수 있는 것이다.

그러면 다산은『경세유표』를 저술함에 있어서 봉건제를 국가체제로서 받아들이고 있었는가. 그는 봉건제에 대하여 부정적 견해를 피력

---

52)『全書』一 – 詩文集八 – 三十八 前面, 人才策
53) 佐藤愼一,「近代中國の體制構想」(溝口雄三外編,『アジアから考える』(5) 東京大學出版會, 1994) 참조.

한 바는 없으나, 그것을 도입할 의사가 없음을 명확히 밝히고 있다.[54]

"봉건이란 蒼蒼한 古法으로서, 오늘날의 사람들이 절대로 행할 수 없다고 하는 것이다. 그러나 顧炎武의「郡縣論」은 군현제에다 封建制를 참용하려고 했다. 오늘날 中國의 법제는 蒙古와 結婚하여 그 女婿들로 하여금 北方의 藩國으로 삼는데, 변경이 드디어 안정되었다. 日本의 법제는 군현제로써 바루고 봉건제를 겸용하여 守令이 世襲을 하는데, 나라가 이 때문에 안정되었다. 봉건제가 어찌 混亂의 징조이겠는가. 봉건제도 그러한데, 하물며 정전법이겠는가."[55]

위의 인용문은『경세유표』에서 왕정의 기본법제로서 정전법은 당연히 도입되어야 하지만 봉건제는 채용할 의사가 없다는 것이다.『경세유표』에서 실제로 채용된 법제는 군현제와 정전법이었다.[56] 이렇게 보면 다산이『경세유표』에서 체국경야를 적극적으로 전개할 수 없었던 이유도 이해할 수 있는데, 그럼에도 불구하고 그는 郡縣制下에서나마 국토의 도시와 농촌으로의 구획과 인민의 직업에 따른 집중적 배치만은 실현하려고 했다. 여기에서 군현제와 체국경야 사이의 모

---

54) 趙誠乙氏는 그의 學位論文『丁若鏞의 政治經濟改革思想研究』, 338페이지에서 注 55을 引用하면서, 그것이 다산이 '封建制를 지지'하는 증거라 하였으나, 그것은 잘못된 해석인 것 같다. 만약, 다산이 봉건제를 지지하기 위하여 아래의 문장을 제시했다면, 그의 국가개혁론에 있어서 封建制에 관한 논의가 적극적으로 전개되어야 할 것이나, 그러한 전개는 전혀 보이지 않는다.

55) 封建是蒼蒼之古法, 今人所謂必不可行者也. 然顧炎武郡縣論, 欲於郡縣之制, 參用封建之法. 今中國之法, 與蒙古結婚, 以其女婿列爲北藩, 邊境遂安. 日本之法, 正以郡縣, 兼之爲封建, 守令世襲, 國用治安. 何必封建爲亂兆乎. 封建尚然, 況於井田乎. (『全書』五－經世遺表七－二十八 前面, 井田議一) 위의 인용문에서 '日本의 法制는 郡縣制로써 바루고 封建制를 兼用하여 守令이 世襲'한다고 했는데, 이것은 日本史에 대한 불충분한 이해이다. 일본은 국가체제로서 古代에는 군현제를 채택했으나 中世以後로는 봉건제를 채택했다.

56) 다산은 행정구역의 개편을「郡縣分隷」와「郡縣分等」에서 다루고 있다. 국토를 封地가 아니라 郡縣으로 분할하고 있는 것이다.

순이 점점 첨예화하게 된다. 아래에서는『경세유표』에서 제시된 자료를 가지고 體國經野와 封建制 및 郡縣制間의 관계를 검토해 보기로 한다.

1) 體國經野와 封建制

다산이『경세유표』를 저술함에 있어서『주례』에서 채용되고 있는 국정체제가 封建制였다는 사실을 이해하고 있었다고 보는 것이 타당할 것이다. 그렇기 때문에 그는『경세유표』에서 필요한 대목마다 봉건제에 관하여 언급하고 있다. 그런데 거기에서 봉건제에 따른 국토의 분할에 관한 제도로서는 두 가지를 소개하고 있다. 하나는『周禮』大司徒條의 그것이요, 다른 하나는『禮記』「王制」篇의 그것이다. 두 제도간에는 領地의 크기에 있어서 커다란 차이가 있는데, 다산은 전자는 耕地 이외의 山林과 荒蕪地를 포함한 것이요 후자는 순수하게 경지만으로 구성되었기 때문에 그러하다고 생각하는 것 같다. 후자에 따른 領地의 크기를 보면 다음과 같다.

옛날의 봉건제에서는 上公은 百里, 侯伯은 70리, 子男은 50리였다. 비록『周禮』와「王制」에서 여러 가지가 뒤섞여 한결같지 않으나, 그 대체적인 법제는 그러하였던 것이다. 이른바 百里라는 것은 무릇 封疆內에 田地가 1同이 있으면 이를 가리켜 百里라고 하고, 무릇 봉강 내에 전지가 49成七七四十九이 있으면 이를 가리켜 70리라 하고, 무릇 封疆內에 전지가 25成五五二十五이 있으면 이를 가리켜 50리라 한 것이요, 5等의 諸侯國이 네모반듯하여 그 形狀이 바둑판과 같다는 것은 아니다.[57]

---

57) 臣謹案, 古者封建之制, 上公百里, 侯伯七十里, 子男五十里. 雖周禮王制, 參錯不齊, 其大法, 蓋然也. 其所謂方百里者, 凡封疆之內, 有田一同, 則謂之百里, 凡封疆之內, 有田四十九成七七四十九, 則謂之方七十里, 凡封疆之內, 有田二十五成五五二十五, 則

위와 같은 領地로의 국토분할은 물론 다산의 설명에 따른 것이다. 그러나 「王制」에서 제시된 領地의 실제의 크기는 山林과 荒蕪地가 있을 것이므로 위와 같았을 수는 없었겠지만, 하여간 이러한 領地는 체국경야에 따라 도시와 농촌으로 구획되게 된다. 天子國에는 王城, 上公國에는 大都, 侯伯國에는 中都, 子男國에는 小都를 두되, 도시의 규모는 大都, 中都 및 小都가 각각 王城의 3분의 1, 5분의 1 및 9분의 1이 되게 한다.[58] 농촌인 鄕邑은 물론 정전법에 따라 구획된다. 天子國에 대해서는 별도의 설명이 필요한 바이나, 위와 같은 領地는 직업에 따른 領民의 집중적 배치를 통한 하나의 분업권으로서 성립 가능한 것으로 보인다.

封建制와 體國經野에 따른 국토분할을 圖示하면 그림1~4와 같다.

〈그림1〉 天子國

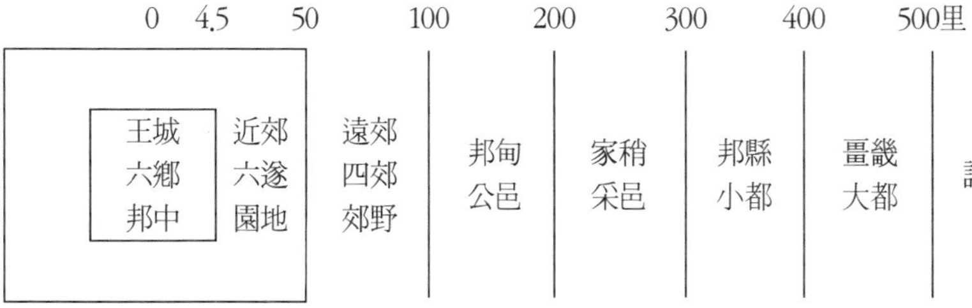

謂之方五十里, 非謂五等諸侯之國, 皆四角正方, 狀如某局也. (『全書』五 - 經世遺表
五 - 二十四 前面, 田制二)
58) 春秋傳, 曰大都之城, 不過參國之一, 中五之一, 小九之一隱元年. (『全書』五 - 經世遺表五 - 九 前面, 井田論三)

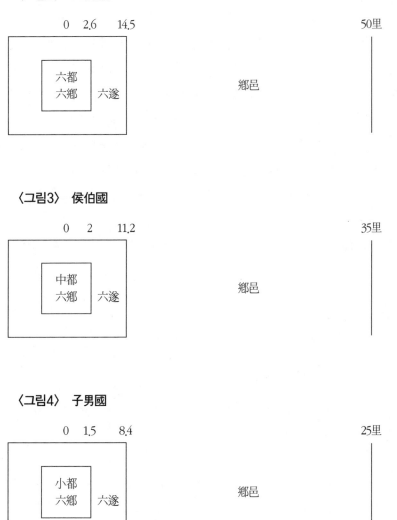

〈그림2〉 上公國

　　　　0　2.6　　14.5　　　　　　　　　　　　　　　50里

六都
六鄕　　六遂　　　　　　鄕邑

〈그림3〉 侯伯國

　　　　0　2　　11.2　　　　　　　　　　　　　　35里

中都
六鄕　　六遂　　　　　　鄕邑

〈그림4〉 子男國

　　　　0　1.5　　8.4　　　　　　　　　　　　　25里

小都
六鄕　　六遂　　　　　　鄕邑

　　위의 圖解 중에서 천자국에 대해서는 추가적인 설명이 필요하다.
王畿는 半徑이 500리이므로 하나의 분업권이 되기에는 너무 넓다. 따라서 더 많은 분업권으로 재분할되어야 하는데, 圖上에서는 그것이 天子의 동성과 자제들의 封地인 邦縣과 置畿로 표시되어 있다. 邦縣과 置畿는 왕성에서 멀리 떨어져 있을 뿐만 아니라 封地이므로 각각 小都와 大都를 두게 하여 독립된 분업권으로 했다. 邦甸까지는 天子의 直轄地이고, 家稍는 大夫들의 采邑이다. 采邑까지는 天子의 직접적 지배권이 미치는 곳이므로 都城을 건설하지 못하게 했다. 그리고 위에서 보는 바와 같이 『주례』에서는 封地가 아닌 곳에는 都城을 두지 않았는데, 이 점도 체국경야와 관련하여 보다 깊이 음미해 볼 필요가 있을 것이다.[59]

2) 體國經野와 郡縣制

위에서 보는 바와 같이 봉건제와 체국경야는 매우 논리정합적이다. 그런데 다산이 『주례』에 따라 어렴풋이나마 匠人營國圖와 井田法을 왕정의 기본법제라고 생각했음에도 불구하고 그러한 법제의 전제로서 봉건제가 아니라 군현제를 선택한 이유는 무엇일까. 그리고 그는 군현제하에서도 체국경야는 성립할 수 있다고 보는 것일까. 여기에 대해서는 그가 적극적으로 논한 바가 없기 때문에 어느 것 하나 확실하게 이야기할 것이 없다. 그러나 그가 匠人營國圖와 井田法으로써 왕정의 기본법제를 구상하면서도 군현제를 택하고 있으므로 이론상 군현제와 체국경야 간에 논리적 정합성이 있는가 어떤가를 검토해 보기로 한다.

---

59) 遠郊也·邦甸也·家稍也三百里之內, 但有井邑丘甸, 不立縣城, 雖有四甸, 不束之爲縣無小都, 邦縣之地, 但有邑丘甸縣, 不立都城, 雖有四縣, 不束之爲都無大都, 蓋以二百里之內, 王靈密邇, 但以丘甸供其田役, 其外一重, 令置大夫之采邑, 名之曰家稍馬食粟穗曰稍, 使各保守, 已有禦外之意. 其外一重, 列作小都, 名之曰縣, 以封同姓. 其外一重, 列作大都, 令四倍於小都, 名之曰都, 以封子弟. (『全書』五-經世遺表五-六 後面, 井田論三)

다산이 봉건제를 선택하지 못하고 군현제를 선택할 수밖에 없었던 데에는 몇 가지의 이유가 있었다고 생각된다. 첫째는 봉건제와 체국경야가 아무리 서로 論理整合的이라고 하더라도 현실의 군현제를 간단히 무시할 수 없었던 것이 아닌가 한다. 한국사에 있어서는 학문상으로도 봉건제에 관한 논의가 거의 없었을 뿐만이 아니라 현실의 국가체제도 군현제였기 때문에, 아무리『경세유표』가 이상적인 국가체제를 구상한다고 하더라도 군현제를 부정하기는 어려웠던 것이다. 둘째, 다산은 公侯伯子男의 封建領主는 기본적으로 스스로의 실력으로써 성립하는 것이요 위로부터 임명함으로써 성립되는 것이 아니라고 보았다.[60] 이 점에서 그의 통찰력은 매우 날카로운 바가 있는데, 하여간 이러한 인식이 군현제를 택할 수밖에 없는 이유일 수가 있었다고 생각된다.

그러면 군현제와 체국경야 간의 관계는 어떻게 되는가. 다산은 守令이 '옛날의 諸侯'와 같다고 누차 주장하고 있다. 그리고 그는 앞의 인용문들에서 보는 바와 같이 "公侯伯子로부터 邦都와 縣鄙에 이르기까지 무릇 都邑이라 이름한 것"은 그 제도가 같다고 말하기도 하고, "道와 縣에 있는 官田도 모두 마땅히 本縣에 붙여서 軍田으로 삼으면 武備에 도움"이 될 수 있다고도 했다. 다시 말하면 군현제라고 하더라도 체국경야제의 여러 제도들을 채용할 수 있다고 보는 듯한 記述들이 보이기도 한다. 그러나 이러한 기술들은 그가 봉건제와 군현제의 본질을 제대로 이해하지 못했기 때문에 가능했던 것이 아닌가 한다. 앞에서 본 바와 같이,『주례』에서는 都城은 封地에만 두고 있는데, 그 이유는 領地라야만 그곳에 主權이 존재하고 賦稅 등의 잉여

---

60) 原夫公侯伯子之國, 棋布星羅, 父傳子承, 自黃帝以來, 根深蔕固, 非有大罪, 不可殄滅, 其無廢者, 何以興之. 公侯伯子, 非天官太宰之臣所能擇立也. (『全書』二 - 尙書古訓五 -二十四 前面, 梓材)

가치가 집중함으로써 정치적 및 상업적 성격을 가지는 도시가 성립될 수 있기 때문이었을 것이다. 그러니까 郡縣制下에서는 하나의 再生産圈이 성립할 수 없으므로 體國經野에서 보이는 지방도시가 성립되기 어려웠던 것이다.

맺음말

필자는 다산의 왕정개혁의 체계가 무엇인지에 관하여 꽤 오래 생각해 왔다. 연구자들 사이에서는 일반적으로 그것이 井田法이라 이해되어 왔으며, 그러한 이해는『경세유표』에서 정전법이 차지하는 비중으로 보아 무리가 아니라고 생각하면서도, 무엇인가 불만스러웠다. 불만의 이유는 그렇게 되면 다산의 개혁사상 중에서 利用厚生에 관한 부분이 통째로 빠져버리고 말 것이므로, 그의 개혁목표인 富國强兵策이 도저히 성립할 수 없기 때문이었다. 그리고 다산의 개혁사상이 윤곽적으로나마 經世致用之學과 利用厚生之學의 종합이라는 先行硏究도 있기 때문에, 어떻게 하든 다산의 개혁사상에서 위의 兩者를 종합할 수 있는 체계를 찾아내지 않으면 안 된다고 생각했다.

여기에서 필자는 우선 그의 국정개혁사상의 집대성인『경세유표』에 연구관심의 초점을 맞추게 되었으며, 또『경세유표』의 模型인『주례』에 대해서도 관심을 두게 되었다. 주지하는 바와 같이, 兩書는 매우 難解하기 때문에 필자의 그것에 대한 이해는 아직도 초보단계에 머물러 있다고 해야 할 것이다. 그리고『경세유표』는,『주례』를 基本模型으로 삼기는 했지만,『國語』,『禮記』및『尙書』등의 中國古典들도 널리 참고하였다.[61] 이렇게 보면, 經學의 연구자가 아닌 필자가 이러한 연구주제를 설정하는 일 자체가 본래 무리였을지도 모르겠다. 그러나 필자에게 연구의 길잡이가 된 것은 첫째는 茶山經世學에 관한 필자의

---

61) 古法之存於今者, 唯有堯典皐陶謨禹貢三篇及周禮六篇而已. 臣於此九篇, 硏精覃思, 蓋有年所, 其考績奏續之法, 正土平賦之制, 種種條例, 嚴酷栗烈, 綜核縝密, 一滴不漏, 一髮不差, 不似後世之法, 敧傾散漫, 贅疣潰裂. 其精義妙旨, 不可勝言. (『全書』五－經世遺表七－二十七 後面, 井田議一) 이 이외에 六鄕六遂制와 都農間의 分業에 관해서는『國語』齊語를 크게 참고하였다.

長年에 걸친 학습이요, 둘째는 朝鮮後期의 實學에 관한 학계의 연구였다.

위와 같은 배경을 가지고『경세유표』의 모형이 된『주례』를 재검토하는 사이에 우선 눈에 띄는 것이 匠人條였다. 匠人條야말로『경세유표』에 제시되어 있는 匠人營國圖와 井田法의 종합이었던 것이다. 이렇게 이해를 하고 나니, 종래에 눈에 제대로 들어오지 않던『주례』의 六官序文이 자연히 왕정의 기본법제라 이해되었다. 그리고 黃宗羲는『明夷待訪錄』의「田制」에서 夏나라의 법제는 토지에 等級을 매겨서 부세를 거두는 것이요 周나라의 법제는 體國經野라 지적했는데, 이것이 필자가『경세유표』에서 피력된 왕정의 기본법제를 체국경야로 이해하게 되는 결정적 단서가 되었다. 이렇게 이해를 하고 나니『경세유표』에서 피력되어 있는 匠人營國圖 및 一遂九坊圖, 六鄕六遂論, 六官官制에서의 利用厚生關連官署의 설치와 井田法 등이 體國經野라는 왕정의 기본법제를 구성하는 요소들이라는 것을 일목요연하게 이해할 수 있게 되었다.

체국경야가 匠人營國과 井田法으로 구성된다는 것은 누누이 설명한 바와 같다. 이것은 단순히 국토를 도시지역과 농촌지역으로 나누어 도시를 건설하고 田地를 구획한다는 것이 아니다. 장인영국은 도시를 통치, 상공업 및 국방의 중심지가 되도록 설계하고, 정전법은 토지에 대한 국가적 소유권의 원칙을 확립하는 동시에 경지정리와 도로망을 정비함으로써 租稅收取, 水利와 國防을 위한 시설을 확보코자 한 것이다. 體國經野의 법제하에서는 국토를 하나의 분업권이 되게끔 領地로 분할하고, 인민의 직업에 따른 분업과 상공업진흥을 위한 시설의 확보 및 제도의 정비를 도모하지 않으면 안 된다. 이 때문에 經世致用之學과 利用厚生之學을 종합한 다산의 실학은 百科全書的 전개를 보였던 것이다.

체국경야에 따른 국가체제를 확보하기 위해서는 봉건제에 따라 국토를 유기적 분업권으로 분할하지 않으면 안 된다. 古代中國의 三代王政이 井田·封建·學校·卒乘으로 구성되어 있다는 사실은 중국에서는 물론 日本에서도 널리 알려져 있었다.[62] 그리고 『경세유표』에 있어서도 봉건제에 관하여 자주 언급되고 있는 것이다. 그럼에도 불구하고 다산이 끝내 봉건제를 그의 개혁사상의 구성요소로서 받아들이지 못하는 이유는 무엇이었던가. 거기에는 여러가지 배경이 있었겠지만, 思想史的인 면에서 보면 韓國의 儒學史에 있어서는 봉건제에 관한 논의가 너무나 生疎했다는 점이 매우 중요한 이유였지 않았을까. 다시 말하면, 중국의 歷代儒學에서는 활발하게 전개되어 온 봉건제와 군현제 간의 체제선택의 논쟁이 韓國儒學에서는 그 그림자조차도 찾아볼 수 없는 것이다. 그럼에도 불구하고, 현대에 와서 閔斗基 敎授가 중국과 일본의 학계에서는 좀처럼 찾아볼 수 없는 중국 역대의 體制選擇論爭의 整理를 그의 중심적 연구주제의 하나로 설정한 점은 우리의 관심을 끌기에 충분하다.[63]

---

62) 增淵龍夫, 「歷史認識における尙古主義と現實批判 ― 日中兩國の '封建'·'郡縣'論を中心にして―」(林 建夫·久野 收編, 『哲學Ⅳ』岩波書店, 1969) 참조.

63) 閔斗基, 『中國近代史硏究』一潮閣, 1973의 「Ⅱ 傳統理念의 變容과 發展」을 참고할 것.

政治 1 政治思想

머리말

『여유당전서』에서 피력되어 있는 정약용의 정치사상과 그것에 관한 기존의 연구를 종합해 보면, 그의 정치사상은 다음의 세 가지 차원으로 구성되어 있는 것으로 보인다. 첫째는 國家主權論의 차원이다. 다시 말하면 국가의 주권이 君主에게 있는가 인민에게 있는가 하는 것이다. 정약용의 정치론은 동양적 전제국가의 정치론이기 때문에 당연히 거기에서는 군주주권론이 一方的으로 전개될 것으로 예상되기 쉽지만, 꼭 그러한 것은 아니다. 儒學은 본래 周나라의 封建國家에서 성립되었기 때문에 거기에서 군주주권론이 전제되거나 전개된다고 하더라도 民本主義에서 보듯이 人民主權論도 전개될 소지가 있었다.[1] 秦始皇 이후의 專制國家下에서도 이러한 유교적 정치사상의 본질에 있어서는 변함이 없었다. 둘째는 통치원칙론의 차원이다. 다시 말하면 통치에 있어서 德治主義를 원칙으로 할 것인가 法治主義[2]를 원칙으로 할 것인가 하는 것이다. 민본주의를 지향하는 유학의 통치론에 있어서는, 말할 필요도 없이 덕치를 기본원칙으로 하지만, 덕

---

1) 이 점에 관해서는 拙論, 「茶山의 侯戴論」(『韓國實學研究』 創刊號, 1999)과 이 논문의 本論을 참고하라.

2) 諸橋轍次著, 『大漢和辭典』에서는 법치주의를 "刑名法術로써 정치의 基調로 하는 주의. 덕치주의에 相對된다"고 정의하고, 刑名은 法의 總稱이요 法術은 法家의 學術이라고 했다.

치만으로는 사회질서를 유지할 수가 없었기 때문에 법치도 補用되었다.[3] 셋째는 王政論의 차원이다. 그의 왕정론은 修己治人을 기본으로 하는 孔子의 정치사상에 머무는 것이 아니라 井田制를 仁政으로 보는 孟子의 정치사상으로 나아갔기 때문에, 덕치주의를 정치의 기본으로 하면서도 덕치주의를 실현하기 위한 왕정의 제도화에 힘썼다. 그것이 바로 그의 經世致用學이다.[4]

그런데 정약용의 정치사상을 구성하는 위의 세 가지 차원은 並列的이라기보다 차라리 累積的이라 보아야 할 것이다. 첫째 차원의 국가주권론은 국가의 계급적 본질에 관한 논의이다. 즉 국가가 王朝의 국가인가 인민의 국가인가 하는 것이다. 主權은 국가의 3대 구성요소 중의 하나이므로 국가주권론이 정치론의 출발점이 된다는 것은 더 말할 필요가 없겠다. 둘째 차원의 통치원칙론은 국가주권론에 의하여 규정된다. 정약용의 국가주권론은 기본적으로 군주주권론이지만, 그 군주주권론은 인민의 주권자적 지위도 고려하는 민본주의를 기반으로 하고 있었기 때문에, 그의 통치원칙론은 법치주의가 아니라 덕치주의로 전개되었다. 그러나 유학의 통치원칙론 일반에서 그러하듯이 통치는 德治만으로는 이루어질 수가 없기 때문에 법치도 補用되었다. 유교 일반의 통치원칙론과 같이 정약용의 통치원칙론도 禮主刑補[5]였던 것이다. 셋째 차원의 왕정론은 이 덕치주의를 구현하기 위하여 왕정의 전개에 필요한 각종 제도의 制定에 주안점이 있었다. 덕치주의는 바로 禮治主義이기 때문에, 그의 경세학의 주저인 『경세유

---

3) 이봉규, 「經學的 脈絡에서 본 茶山의 政治論」(『다산정약용연구』 사람의 무늬, 2012)

4) 拙著, 『經世遺表에 관한 研究』 景仁文化社, 2017

5) 『論語』 爲政第二의, 道之以德, 齊之以禮, 有恥且格의 朱子注에서는 禮謂, 制度品節也라 하고, 道之以政, 齊之以刑, 民免而無恥의 朱子注에서는 政謂, 法制禁令也라 했는데, '禮主刑補'에서의 禮는 德治를, 刑은 法治를 각각 가리킨다. 制度品節에서의 品節은 差等이라는 의미이다.

표』는 『周禮』를 본떠서 『邦禮草本』이라고도 일컬어졌는데, 거기에서는 이 덕치를 구현하기 위한 기본제도로서 井田法의 실시와 관제의 개혁을 위한 방안 등이 제시되어 있다.

정약용의 정치사상의 특징은 덕치주의를 구현하기 위한 왕정의 제도화에 있었다. 덕치주의는 정치의 本領을 人民들의 敎化를 담당하는 제왕과 관료들로 구성되는 통치자들의 德性涵養에 두는 것이지만, 그는 통치는 통치자들의 도덕적 修養만으로는 불충분하고 통치자들이 덕치주의에 입각하여 인민들에게 혜택을 베푸는 정치를 행함으로써 비로소 실현된다고 보았다. 다시 말하면 통치자들이 爲民政治를 위한 덕성을 함양할 뿐만 아니라 인민들에게 혜택을 베풀 수 있는 각종 제도들을 제정함으로써 비로소 실현된다고 보았다. 정약용은 왕정의 본령을 知人과 安民으로 요약하고 그 내용을 公選擧와 薄賦斂으로 표현하기도 했는데, 공선거를 달성하기 위한 관제기구의 개혁 및 인사고과제도의 시행과 박부렴을 실현하기 위한 정전법의 실시 및 農地 이외의 자연자원의 개발을 위한 각종 제도의 정비를 왕정이라 보았다. 이렇게 보면 정약용의 정치사상에 있어서는 민본주의에 입각한 교화를 통치의 본령으로 하는 덕치주의를 실현하기 위한 각종 제도의 수립에 힘을 썼다는 것을 알 수 있다.

1. 國家主權論 : 人民主權論과 皇極論

　歷代朝鮮儒學의 정치론에서는 국가주권론에 관한 논의가 매우 드
문 편이었으나, 정약용의 경세학에 있어서는 그것이 매우 활발하게
전개되고 있다. 그 이유는 그의 경세학이 조선왕조의 정치를 크게 개
혁하여 中國三代의 이상적인 정치를 실현하고자 하는 데 기인하는 것
으로 보인다. 다시 말하면 그는 위기에 처한 조선왕조국가를 근본적
으로 개혁하려고 했기 때문에 정치의 존재양상을 주권의 所在에까지
소급하여 적극적으로 검토하지 않을 수 없었던 것이다. 주지하는 바
와 같이 그의 인민주권론이 전개되는 문헌으로서는 「原牧」, 「湯論」 및
「逸周書克殷篇辨」이 들어지고 있다. 「원목」은 통치자의 發生史的 視
角에서 통치권의 權源을 물은 것인데, 통치자가 성립하는 '古之初' 즉
원시시대에는 통치자는 없고 인민들뿐이었으므로 통치권의 淵源을
따져보면 통치자들은 인민들 간의 紛爭을 해결하기 위하여 紛爭調整
의 능력이 있는 자를 인민들이 통치자로 選出함으로써 존재하게 되
었다는 것이다. 이렇게 보면 국가의 주권은 통치자들에게 있는 것이
아니고 인민들에게 있다는 것이다. 그렇기 때문에 '고지초'의 통치자
교체의 양식은 選出이었다. 禪讓의 경우, 형식적으로는 선임자가 후임
자에게 정권을 移讓하는 것으로 되어 있지만, 후임자가 統治能力을
갖추고 있어야 天命을 받을 수 있기 때문에, 사실상 통치자는 유력자
들에 의하여 선출되거나 추대되었을 가능성이 높았을 것이다.

　「탕론」은 世襲的 통치자들이 등장하는 殷나라의 湯임금과 周나라
의 武王의 '放伐' 문제를 다룬다. 다시 말하면 신하가 임금을 내치
고 天子의 자리를 빼앗는 것이 정당한가 하는 것이다. 정약용은 그
것은 옛날의 道理이고 탕임금과 무왕이 처음으로 한 행위도 아니라
고 했다. 여기에서 옛날의 도리란 인민들이 통치자들을 선출하는 관

행을 가리킨다. 옛날에는 비록 세습적인 통치자들이라고 하더라도, 통치자들이 자기의 所任을 제대로 수행하지 못하면, 인민들의 再選出에 의하여 통치자들이 교체되었다는 것이다. 그러므로 옛날에는 통치자 교체의 형식이 下而上(아래로부터 위로)이었다. 그러나 秦始皇 이후로 통치자들이 자기의 아들, 親戚 혹은 追從者들을 통치자로 임명하거나 세습시켰기 때문에 통치자 교체의 형식이 上而下(위로부터 아래로)로 되었다. 그러므로 夏·殷·周의 三代까지는 하이상이 順이었으나, 진시황 이후의 眼目을 가지고 보면, 하이상은 逆이라는 것이다. 따라서 殷나라의 탕임금과 周나라의 武王의 '放伐'은, 옛날의 통치자 교체의 관행에서 보면 인민들을 해치는 '殘賊'인 폭군을 제거하고 새로이 올바른 통치자를 추대한 것일 뿐 도덕적으로 전혀 부끄러운 점이 없다는 것이다. 그리고 통치자를 교체할 때에도 옛날의 지위로 돌아가게 할 뿐 滅族시키지는 않았다고 했다. 다시 말하면 諸侯들 간에는 민주주의 성립의 기본요건의 하나인 프렌드십(friendship)이 존재했던 것이다.

그러나 통치자들이 自力으로 통치자가 되고 또 그 권력을 세습하면서 暴政을 자행하는 경우, 인민들이 통치자를 선출에 의하여 교체하는 일은 현실적으로 불가능하였을 것이다. 따라서 諸侯라는 세습적인 통치자가 존재하는 「탕론」에서는 「원목」에서와 같이 통치자의 교체를 인민들의 선출만으로써 설명하는 데는 무리가 있다. 그래서 정약용은 「탕론」의 續篇으로 「일주서극은편변」을 저술하고, 帝命과[6] 侯戴라는 易姓革命의 개념을 도입하여 그 모순을 극복하려고 했다. 다시 말하면 세습적 통치자들이 있는 夏·殷·周의 三代에서는 통치자의

---

6) 帝命은 上帝의 명령이라는 뜻인데, 상제의 개념에 관해서는 이동환, 『실학시대의 사상과 문학』 지식산업사, 2008의 「다산사상에서 '상제' 도입경로에 대한 서설적 고찰」과 「다산사상에서 '상제'의 도입경로와 성격」 등을 참조하라.

교체는 통치자들이 帝命 즉 天命을 충실히 받드는 경우 세습에 의하여 이루어지지만, 통치자가 폭정을 행하는 경우 그러한 통치자를 물리친 諸侯들의 推戴 즉 侯戴를 통하여 이루어지기도 했다는 것이다. 그러므로 「일주서극은편변」에서는 「탕론」에서는 없는 두 가지의 통치자 교체의 이론이 제시되었다고 할 수 있다. 첫째는 帝命 즉 天命으로서 代天理物(體天理物이라고도 한다)하는 왕조국가의 통치자의 통치권세습을 정당화하는 이론이요, 둘째는 封建制社會에서 帝王이 폭정을 자행하는 경우, 封建領主 즉 제후들이 暴君을 제거하고 새로운 제왕을 推戴한다는 이론이다.[7] 여기에서 보는 바와 같이 「일주서극은편변」은 「탕론」보다 세습적 통치자들의 權力交替過程을 더 역사적 현실에 가깝게 설명했다고 할 수 있다.

위에서 보는 바와 같은 인민주권론은 인민주권의 이론적 근거를 밝히기 위해서가 아니라 통치자들의 統治姿勢를 바로잡기 위하여 통치권의 權源을 논하는 과정에서 제기된 것이다.[8] 사정이 그렇게 될 수밖에 없는 이유는 통치권의 권원을 따지는 「원목」이라든지 放伐의 정당성을 논하는 「탕론」이 專制國家라는 환경 속에서 전개될 수밖에 없는 데에 있다고 하겠다. 만약 전제국가라는 환경 속에서 인민주권론이 본격적으로 전개된다고 한다면, 그것은 군주주권론과 필연적으로 충돌할 수밖에 없는 것이다. 따라서 정약용은 인민들을 塗炭으로

---

7) 다산에 따르면, 帝命과 侯戴는 相應關係에 있다. 그는 『尙書古訓』의 皐陶謨에서 하늘의 聰明은 백성의 총명으로부터 나온다고 했다. 즉 백성의 총명이 하늘의 총명인 것이다. 전게 졸저의 제2장의 주26을 참조하라.

8) 崔益翰은 『與猶堂全書를 讀함』의 「社會政治哲學의 基調」(『東亞日報』 1939.5.4)에서 '原牧의 姉妹篇이라고 할 수 있는 「湯論」은 주로 支那의 易姓革命의 事實을 빌려서 民權思想을 立證한 것이다'라고 했다. 그러나 역성혁명론에서 민권사상이 입증될 수 있는지는 의문이다. 역성혁명론은 어디까지나 왕권의 교체과정에 관한 이론이지 인민들의 自由와 人權에 관한 이론이 아니다.

부터 구하기 위한 왕정개혁에 대해서는 누구보다도 철저하였지만, 人民蜂起에 대해서는 크게 경계하고 있었다. 그는 조선후기의 가장 큰 民亂인 洪景來亂에 대하여 매우 적대적이었다.[9] 위와 같은 통치자세론과 더불어 그는 왕정개혁론에 있어서는 오히려 帝王主權論인 皇極論을 적극적으로 전개한다. 그의 최대의 왕정개혁론을 전개하는『경세유표』와 그의 최후의 경학연구서인『尙書古訓』에서는 황극론이 명확하게 전개되고 있다. 同書에서 황극은 천하를 통치하는 아홉 가지의 큰 법인 洪範九疇의 正中央에 위치하면서 기타의 法인 五行·五事·八政·五紀·三德·稽疑·庶徵·福極을 통솔하는데,[10] 주권자인 제왕이 황극을 세워서 九疇를 통솔할 능력이 없으면, 통치자가 통치권을 획득할 수 없다는 것이다.

홍범구주는 다섯 번째의 황극을 위주로 한다. 不畀云이라는 것은 이 황극의 자리에 있을 權限을 주지 않았다는 것이요, 不賜云이라는 것은 이 황극의 자리에 있을 권한을 하사하지 않았다는 것이다. … 鯀이 마땅히 황극을 세우고 九疇를 통솔해야 하거늘 도리어 그렇게 하지 못했기 때문에 곧 상제가 震怒하여 홍범구주를 주지 않은 것이다. 禹임금이 後繼者의 지위를 획득하여 드디어 천하를 얻어 황극을 세워서 구주를 통솔하니, 곧 하늘이 우임금에게 홍범구주를 준 것이지, 어찌 본래 서적이 있어서 하늘로부터 내려온 것이겠는가. 특히

---

9) 전게 졸저, 531페이지를 참조할 것.
10) 皇極在內, 建中建極, 於是上律天時, 下馭人衆, 此所以戴五紀而履三德也剛柔克, 作威福, 皆馭衆之法. 恭己端本, 以召和氣 此人主密切之功驗也. 左五事者, 恭己而端本也, 右庶徵者, 和氣致祥, 乖氣致災也. 此所以左右照應, 而事徵相通也此四者, 於人君最密最切, 故上下左右, 陳以正列. 其餘四疇, 抑可爲次, 故陳之隅角也. 原夫天生材物, 謂之五行. 受而修之, 謂之八政. 故五行戴之在上, 所以尊天賜也. 八政履之在下, 所以斂人用也. 此一與三相應之妙也皆財用. 吉凶未著, 仰詢天明, 謂之稽疑, 禍福已判, 俯驗人事, 謂之福極. 在天者戴之在上, 在人者履之在下, 此又七與九相應之妙也. 此之謂天道, 此之謂大法. (『全書』二–尙書古訓四–二十八 前面 洪範)

우임금이 天命을 받아서 이 황극의 위치에 居하면서 지혜를 굴려서 법을 세우고 홍범구주를 創立하여 下文과 같다 제왕이 된 자가 황극을 세우고 통치하는 큰 법으로 삼았으므로 이에 하늘도 또한 그 충정을 허락하므로 天賜라고 할 만하다고 한 것이지, 어찌 본래 서적이 있어서 하늘로부터 내려왔겠는가.[11]

위의 인용문에서 보이는 바와 같이, 우임금의 父인 鯀은 마땅히 황극을 세우고 九疇를 통솔해야 할 지위에 있었으나 그렇게 하지 못했으므로 그를 죽이고, 우임금이 후계자의 자리에 올라 능히 황극을 세우고 구주를 통솔하였으므로, 상제는 그에게 천자의 지위를 주었다는 것이다. 그러므로 제왕은 황극을 세우고 구주를 통솔하여 천하를 다스릴 수 있는 능력을 갖추어야 하는데, 이러한 통치자는 또 천하를 통치하는 절대권을 가진다. 「홍범」에서는 이러한 제왕의 절대권을 "임금이 황극을 세우고 五福을 거두어들여 뭇 백성에게 나누어 준다"는 것으로 설명했는데, 제왕은 壽·富·康寧·攸好德·考終命의 오복을 거두어들이고 나누어주는 절대권을 가져야만 통치권을 원만하게 행사할 수 있다는 것이다. 말하자면 임금의 절대권은 인민들의 생명과 재산은 말할 것도 없고 康寧, 敎化 및 사회적 지위에 이르기까지의 모든 분야에 걸쳐서 행사된다는 것이다. 이러한 절대권은 동양적 전제군주의 절대권력을 상기하기에 충분하다.[12]

---

11) 洪範九疇者, 五皇極爲主. 不畀云者, 不畀此皇極之位權也, 乃錫云者, 乃錫此皇極之位權也. … 鯀當建皇極而領九疇, 顧不能焉, 是帝乃震怒, 不畀以洪範九疇也. 禹能嗣興, 遂得天下, 建皇極而領九疇, 是天乃錫禹洪範九疇也, 豈有書自天降來乎. 特禹受天之命, 宅此皇極之位, 運智設法, 創立九疇洪範如下文, 以爲王者建極出治之大法, 斯亦天啓其衷, 可云天錫之也, 豈有書自天降乎. (『全書』二 - 尙書古訓四 - 二十六 後面, 洪範)

12) 이봉규의 전게 논문 97페이지에서는 "「홍범」의 취지를 이처럼 국왕이 권한을 주체적으로 행사하는 것과 하극상에 대한 경계로서 독해하는 다산의 의도가 국왕

五福을 거둔다는 것은 人主가 權綱을 總攬하여 그것을 수중에 장악하고 있다는 것이다. 토해내면 雨露가 되고 빨아들이면 霜雪이 되니 생사와 존망이 오로지 그 명령에 따를 뿐이라, 첫째로 壽命의 權柄이 황극에 있는 것이다. 尺土와 寸地가 王田이 아님이 없고 적은 녹봉을 받는 관리에 이르기까지 王臣이 아닌 자가 없으니, 둘째로 富(·貴)의 권병이 황극에 있는 것이다. 休養과 生息이 오로지 그 은혜에 달려 있고, 驅使와 勞動이 오로지 그 명령에 달려 있으니, 셋째로 康寧의 권병이 황극에 있는 것이다. 교육하여 윤리를 밝히고 도를 닦아서 하늘에 통하는 일을 왕이 司徒와 典樂에게 명하니, 넷째로 攸好德의 권병이 황극에 있는 것이다. 공적을 살피고 선악을 평가하여 혹 陟配를 허락하기도 하고 혹 惡謚를 내리기도 하니, 다섯째로 考終命의 권병이 황극에 있는 것이다. 무릇 이 威福의 권병을 임금이 거두기도 하고 나누어주기도 하니, 오복을 거두어서 뭇 백성들에게 준다고 하는 것이다.[13]

경학적 측면에서 본 제왕의 절대권은 위에서 보는 바와 같으나, 경세학적 측면에서는 이것이 현실의 정치와 관련하여 더 구체적으로 설명된다. 『경세유표』의 왕정체계는 기본적으로 '體國經野, 設官分職'인데, 이를 구현하기 위한 핵심적 제도는 井田法의 실시와 官制의 개혁

의 권한을 강화하는 것에 있지 않다. 다산은 황극을 세우기 위해 국왕이 취해야 할 급선무로, 관료 임용에 있어 인재를 변별해내는 능력을 키우는 것이라고 여긴다"고 했는데, 이 구절은 이해하기 어렵다. 다산의 皇極論의 어디에서도 국왕의 권한을 강화할 의도가 없다는 구절은 발견되지 않는다.

13) 斂時五福者, 人主總攬權綱, 握之在手中也. 噓之爲雨露, 吸之爲霜雪, 生死存亡, 有辟是順. 一曰壽之柄在皇極也. 尺土寸地無非王田, 斗祿鞭士罔非王臣, 二曰富之柄在皇極也. 休養生息, 唯辟其恩, 驅使勞動, 唯辟其命, 三曰康寧之柄在皇極也. 立教以明倫, 修道以達天, 王命司徒, 王命典樂, 四曰攸好德之權在皇極也. 稽其功行, 定其善惡, 或許之陟配, 或賜之惡謚, 五曰考終命之權在皇極也. 凡此威福之權, 皇則攬之, 皇則布之, 斂時五福, 用敷賜厥庶民也. (『全書』二 - 尙書古訓四 - 三十五 後面, 洪範)

이었다. 정전제를 실시하고 관제를 개혁하기 위해서 제왕은 토지의 소유권과 관료의 임명권을 한 손에 틀어쥐어야 한다. 정약용은 이것을 五福의 하나인 富(·貴)를 수취하고 배분하는 제왕의 권한으로 설명했다. 그는 『주례』에 따라 인민들은 九職으로 분업해야 한다고 보았기 때문에 토지의 개념을 전지에 한정시키지 않고 山林, 川澤, 海洋 및 地下資源에 이르는 넓은 개념으로 파악하였다. 아래의 인용문은 鹽業 및 鹽稅와 관련하여 제왕의 절대권을 설명하고 있기 때문에 황극에 관한 설명의 범위가 좁은 감이 없지 않으나, 황극에 대한 여기서의 설명을 미루어 보면, 다른 분야에 대한 설명이 어떻게 되어야 하리라는 것은 쉽게 짐작할 수 있을 것이다.

천하의 만물은 진실로 각각 정해진 數가 있는 것이지만, 천하의 정해진 이치는 人主는 마땅히 부유해야 하고 下民들은 마땅히 골라야 한다. 그 때문에 옛날의 聖王은 법도를 세워서 무릇 부귀의 권한을 위에서 總攬하여 뭇 백성에게 德(여기서의 덕은 혜택이라는 뜻이다 ─ 필자)을 내려 주었던 것이다. 洪範에서 이르기를 임금이 皇極을 세우고 五福을 거두어들여 뭇 백성에게 나누어준다고 했으니, 이것을 가리킨다. 그렇기 때문에 천하의 전지는 모두 王田이요, 천하의 재물은 모두 王財요, 천하의 山林과 川澤은 모두 임금의 산림과 천택이다. 그렇게 한 연후에 임금이 그 전지를 가지고 뭇 백성에게 나누어주며, 임금이 그 재물을 가지고 뭇 백성에게 나누어주며, 임금이 그 산림과 천택에서 생산되는 것을 가지고 뭇 백성에게 나누어주는 것이 옛날의 도리이다. 임금과 백성 사이를 가로막는 것이 있어서, 때때로 거두어들이는 권한을 훔치고 나누어주는 은혜를 막으면, 임금은 皇極을 세울 수가 없고 백성은 고르게 받을 수가 없는데, 탐관오리의 횡렴과 豪商猾賈의 이익독점이 이것이다. 『주례』의 九府와 關市·廛肆의 관직도 그것을 설치한 대의는 斂·錫의 두 글자에 있을 뿐이다. 윗사람이 부유하고 아랫사람이 골고루 받게 하는 것은 임금이 하늘

의 뜻을 體得하여 나라를 통치하는 권한이다.[14]

위에서 고찰해 온 인민주권론과 황극론은 한 나라의 통치에 있어서는 양립할 수가 없다. 다시 말하면 군주국가는 군주국가일 뿐이요 민주국가는 민주국가일 뿐이다. 그럼에도 불구하고 정약용은 왜 조선왕조국가에서 태연하게 이 두 가지의 주권론을 전개할 수가 있었을까. 그것은 儒敎經典에서 양자를 동시에 전개할 만한 근거가 있었기 때문이다. 그 근거란『맹자』에서는 "(국가에 있어서는—필자) 백성이 귀하고, 社稷이 그다음이요, 군주는 가볍다. … 대개 나라는 백성으로써 근본으로 삼으며, 사직 역시 백성을 위하여 세워진 것이요, 군주의 尊嚴도 또 이 두 가지에 달려 있기 때문에, 그 輕重이 이와 같다"는[15] 민본주의와 "齊나라의 宣王이 묻기를, 湯임금이 桀을 쫓아내고 武王이 紂를 쳤다고 하는데, 정말 이런 일이 있었는가 했다. … 대답하기를, 仁을 도적질하는 자를 賊이라 하고, 義를 도적질하는 자를 殘이라고 하는데, 殘賊한 사람을 가리켜 일개의 匹夫라고 하니, 일개의 필부인 紂를 죽였다는 말은 들었어도 군주를 弑害했다는 말은 듣지 못했다"는[16] 放伐論이 바로 그것이다. 즉 민본주의와 방벌론이 인

14) 天下之物, 誠有此數, 然天地定理, 人主宜富, 下民宜均. 故古之聖王, 立經陳紀, 凡天下富貴之權, 總攬在上, 降德于兆民. 洪範, 曰皇建其有極, 斂時五福, 用敷錫厥庶民, 此之謂也. 故天下之田, 皆王田也, 天下之財, 皆王財也, 天下之山林川澤, 皆王之山林川澤也. 夫然後王以其田, 敷錫厥庶民, 王以其財, 敷錫厥庶民, 王以其山林川澤之所出, 敷錫厥庶民, 古之義也. 王與民之間, 有物梗之, 竊其斂時之權, 阻其敷錫之恩, 則皇不能建極, 民不能均受, 若貪官汚吏之橫斂, 豪商猾賈之権利者, 是也. 周禮九府之職及關市廛肆之官, 其大意唯在於斂錫二字. 上處其富, 下受其均, 卽王者體天理物之權也. (『全書』五－經世遺表十一－二 後面, 賦貢制五)

15) 孟子曰, 民爲貴, 社稷次之, 君爲輕. … 蓋國以民爲本, 社稷亦爲民而立, 而君之尊, 又係於二者之存亡, 故其輕重如此. (『孟子』盡心章句下).

16) 齊宣王問曰, 湯放桀武王伐紂有諸. 孟子對 … 曰, 賊仁者謂之賊, 賊義者謂之殘, 殘

민주권론으로 발전될 수 있는 經典的 근거가 된 것이다.

그런데 필자는 위의 논의에서 민본주의와 放伐論에서 유도된 인민주권론은 人民革命論이 아니라 통치자들의 統治姿勢論이라고 이해함으로써 인민주권론과 황극론이 양립할 수 있는 길을 모색해 보려고 했다. 정약용은 확실히 조선후기의 民亂에 대해서는 적대적이었고 개혁군주인 正祖를 도와서 조선왕조를 크게 개혁하려고 한 것은 사실이었다.[17] 이렇게 보면 그의 인민주권론은 인민혁명론이 아니고 통치자들의 통치자세론이라는 필자의 해석이 이해될 수 있을 것으로 보인다. 그러나 필자의 이러한 이해는 그의 인민주권론이 가지는 學術史的 意味를 결코 과소평가하자는 것이 아니다. 그의 인민주권론에서 전개되는 민주주의론과 올바른 민주주의가 성립하기 위해서는 主權者들 간의 프렌드십의 성립이 필요하다는 주장이 가지는 학술사적 의의는 결코 과소평가되어서는 안 될 것이다. 다만 일부의 연구에서 주장되는 바와 같이 그의 인민주권론을 인민혁명론으로 이해하게 되면, 그것은 객관적인 사실과도 부합되지 않을 뿐만 아니라 정약용의 정치사상을 儒學의 체계 밖에서 논하려는 愚를 범하게 된다는 점을 지적해 두고 싶다. 더 나아가 정약용은 민본주의에 입각한 군주주권론을 정립했기 때문에 조선후기를 중국삼대와 같은 이상적인 국가로 건설하기 위한 군주통치권의 강화를 극단적으로 강조할 수 있었던 것이다.

賊之人謂之一夫, 聞誅一夫紂矣, 未聞弑君也. (『孟子』梁惠王章句下)

17) 정조와 정약용의 관계에 관해서는 박현모, 「정약용의 君主論」(한국정치사상학회, 『정치사상연구』8, 2003)을 참조하라.

2. 統治原則論: 德治와 法治

국가를 통치함에 있어서 儒家는 맹자의 性善說에 입각하여 덕치주의를 추구하고, 韓非子 이후의 法家는 荀子의 性惡說로부터 영향을 받아 법치주의를 추구한다는 설명은 이미 널리 알려져 있는 바와 같다. 다시 말하면 유가는 인간의 본성은 본래 善하기 때문에 국가가 덕을 베풀어서 인민들을 敎化하면 인민들이 국가의 통치에 자발적으로 呼應하는 통치를 달성할 수 있다고 생각하고, 법가는 인간의 본성은 본래 惡하기 때문에 국가가 인민들이 지켜야 할 법을 제정하여 이를 엄격히 지키도록 강제함으로써 사회질서를 유지할 수 있다고 생각한다는 것이다.[18] 더 나아가 儒家의 덕치주의가 입각하고 있는 이론적 근거로서는 君臣關係 즉 통치자와 인민들 간의 관계를 父子關係로 인식하는 점도 있는 것으로 보인다.[19] 부자관계는 지배자와 피지배

---

18) 溝口雄三 等編, 전게서, 239페이지 「禮治と法治」를 참조할 것.

19) 제왕이 백성의 부모라는 말은 儒學의 여러 문헌에서 보이나, 여기서는 『大學』, 『春秋左氏傳』과 『牧民心書』에 있는 사례를 하나씩 들어 둔다.

"『詩經』에서 이르기를, '君子는 즐겁구나, 백성의 부모로다. 백성이 좋아하는 바를 좋아하며, 백성이 싫어하는 바를 싫어하는 것을 가리켜 백성의 부모라고 한다'라고 했다(詩云, 樂只君子, 民之父母. 民之所好好之, 民之所惡惡之, 此之謂民之父母)"(『大學』 釋治國平天下下)

"師曠이 晉侯를 모시고 있을 때, 晉侯가 묻기를, '衛나라의 사람이 그 君主를 나라 밖으로 추방한 것은 너무 심하지 않은가' 했다. 대답해서 말하기를, '或者는 진실로 그 군주가 더 심했다고 합니다. 훌륭한 군주는 선한 자를 賞 주고 악한 자를 罰 줌으로써 백성을 자식과 같이 기르며 하늘이 萬物을 어루만지고 땅이 만물을 포용하듯 합니다. 백성들이 그 군주 받들기를, 父母같이 사랑하며, 日月과 같이 우러러보며, 神明과 같이 존경하며, 벼락과 같이 두려워하는데, 군주를 추방할 수가 있겠습니까. 무릇 군주는 神을 제사 지내는 祭主요 백성의 所望을 걸머지고 있습니다. 만약 백성들의 생활을 어렵게 하고 신에게 제사도 올리지 않아서 백성들이 절망하고 社稷에도 제주가 없으면, 그러한 자를 어디에 쓰겠습니까. 제

자 간의 관계가 단순한 지배와 보호의 관계가 아니라 家族間의 溫情主義的 시혜와 복종의 관계이다. 가족관계로 擬制된 이러한 온정주의적 통치관계에서는 지배자들이 피지배자들에게 德을 베풂으로써 이루어지는 施惠와 이러한 시혜에 대한 피지배자들의 내면적 복종이 존재한다. 다시 말하면 덕치주의에 의한 통치는 지배자와 피지배자 간의 관계를 가족 간의 시혜와 복종의 관계로 보는 점에 또 하나의 이론적 근거를 두고 있다고 할 것이다.

『논어』에서는 위와 같은 덕치와 법치의 차이점을 다음과 같이 설명했다. "공자께서 말씀하시기를, '政으로써 인도하고 刑으로써 다스리면 백성들은 구차하게 (형벌을—필자) 면하기만 하면 부끄럽게 생각하지 않으나, 德으로써 인도하고 禮로써 다스리면 부끄럽게 생각할 뿐만 아니라 善한 데로 나아간다'고 했다."[20] 그러면 덕치주의는 德治만으로써 통치가 이루어질 수 있다고 생각하고 있었을까. 비록 儒家에서 통치자와 백성 간의 관계를 父子關係로 인식하고 있다고 하더라도, 현실에 있어서는 통치자와 백성 간의 관계가 부자관계일 수가 없

거하지 않으면 어떻게 하겠습니까' 했다(師曠侍於晉侯, 晉侯曰, 衛人出其君, 不亦甚乎. 對曰, 或者其君實甚. 良君將賞善而刑淫, 養民如子, 蓋之如天, 容之如地. 民奉其君, 愛之如父母, 仰之如日月, 敬之如神明, 畏之如雷霆, 其可出乎. 夫君, 神之主, 而民之望也. 若困民之主, 匱神之祀, 百姓絶望, 社稷無主, 將安用之. 弗去何爲)"(『春秋左氏傳』襄公十四年夏)

"『雲谷政要』에서 이르기를, '백성으로서 호소하러 오는 자는 부모의 집에 들어가는 것 같이 친숙하도록 하고 下情에 밝아 막힘이 없는 이후에야 가히 백성의 父母라고 할 수 있다. 방금 밥을 먹거나 목욕을 할 때에도 역시 출입을 금하지 말 것이다. 혹 약속을 위반하거나 출입을 금하는 자는 棍杖 3대를 세게 친다마침 대변을 볼 때에는 부득이 잠시 미룬다(雲谷政要云, 民之來訴者, 如入父母之家, 親熟傾倒, 洞徹無礙而後, 斯可謂民之父母. 方飯方沐, 亦勿闔禁. 其或違約者, 闇者猛下三四杖方如厠, 不得少停)"(『全書』二－牧民心書一－二十五 前面, 莅事)

20) 子曰, 道之以政, 齊之以刑, 民免而無恥, 道之以德, 齊之以禮, 有恥且格. (『論語』爲政第二)

기 때문에, 통치는 덕치만으로써 이루어질 수가 없었다. 통치의 원칙으로서 禮主刑補는 일찍이 荀子로부터 보인다고는 하지만,[21] 朱子는 그 注에서 덕치와 법치의 관계를 아래와 같이 始終과 本末의 관계로 파악했던 것이다. "말하자면, 政이란 통치의 刑具로서 통치를 보조하는 法이요, 德·禮는 통치의 근본인데, 덕은 또 예의 근본이다. 이것들은 서로 시작과 끝이니, 비록 어느 한 쪽을 폐지할 수 없다고 하더라도, 政·刑은 백성들로 하여금 죄를 멀리하게 할 수 있을 뿐이요 德·禮의 효과는 백성들로 하여금 스스로도 깨닫지 못하는 사이에 날마다 선한 데로 나아가게 하기 때문에, 백성을 통치하는 자는 한갓되게 그 끄트머리를 믿을 것이 아니라 또 마땅히 그 근본을 깊이 탐구해야 할 것이다."[22]

정약용의 정치사상에 관한 기존연구 중에서는 孔子가 成文法과 刑律을 銅器에 새기는 것을 격렬하게 비난하면서 법치주의를 반대했다는 주장도 있다.[23] 그러나 그러한 주장이 근거하고 있는 자료를 찾아

---

21) 溝口雄三 等編, 전게서, 240페이지.

22) 愚謂, 政者爲治之具, 刑者, 補治之法, 德禮則所以出治之本, 而德又禮之本也. 此其相爲終始, 雖不可以偏廢, 然政刑能使民遠罪而已, 德禮之效, 則有以使民日遷善而不自知, 故治民者不可徒恃其末, 又當深探其本也. (『論語』爲政第二)

23) "법치주의를 반대한 공자의 덕치주의는 원래 공동체적 질서에 있어서의 자치의 원리를 근원으로 했던 것이다. 법치주의를 처음으로 주창한 사람은 공자의 시대에 선행한 '賢相政治時代'의 鄭의 子産이었다. 자산은 기원전 536년에 정나라의 법률을 제정하여 그 조문을 銘文으로 銅器에 새겼는데, 그것이 중국에 있어서의 최초의 성문법이라고 한다. 이 성문법 제정은 농지정리·세제개혁과 함께 자산의 삼대정책의 하나였다고 한다. 이 정나라의 성문법이 제정된 지 23년 후에 晉나라가 다시 성문법을 제정하여 국민에게 공포하였다. 진나라의 제국주의를 뒷받침하는 성문법을 전해 들은 40대의 공자는 당시 이미 완성된 자기의 독자적 정치사상에 입각하여 진나라의 새로운 성문법을 격렬히 비난했다고 한다. 그 사실이 지금 左傳에 실려 있다." (李佑成, 『韓國의 歷史像』 創作과 批評社, 1982, 245페이지) 이 문장은 덕치주의와 법치주의 및 덕치와 법치의 관계를 설명하는 매우 중요한 대

보면, 그 주장을 뒷받침하는 자료에 대한 검토가 제대로 이루어져 있지 못한 것을 확인할 수 있다.[24] 공자는 성문법이나 형률을 銅器에 새기는 것 자체를 비난한 것이 아니라 잘못된 법의 운용을 비난했던 것이다. 앞의 朱子注에서 보듯이, 德·禮와 政·刑은 始終과 本末의 관계로서 어느 한 쪽을 폐지하면, 통치가 제대로 이루어질 수가 없는 것이다. 春秋三傳 중에서 禮에 特長이 있다는 『춘추좌씨전』에서나[25]『尙

목이기는 하지만, 禮主刑補를 부정하는 문장으로까지 읽을 필요는 없을 것이다.

24) 위에서 지적된 『春秋左氏傳』의 자료를 찾아서 검토해 보면, 孔子는 성문법이나 刑律을 銅器에 주조하는 것 자체를 비난한 것이 아니라 잘못된 법과 그 운용을 비난한 것이다. 그리고 左傳에서 子産에 관한 기록을 살펴보면, 子産은 공자의 崇仰對象이었다는 점 또한 확인된다. 아래에서 해당자료를 제시해 둔다. "겨울에 晉나라의 趙鞅과 荀寅이 군사를 일으켜 汝濱에 城을 축조하고, 晉의 都城에서 一鼓의 鐵을 거두어서 솥을 鑄造하여 范宣子가 저술한 형법의 조문을 새겼다. 仲尼가 말하기를, '晉나라가 장차 망하려고 하는가, 先祖 이래의 法度를 잃어버렸다. 무릇 晉나라는 마땅히 (國祖인) 唐叔이 천자로부터 받은 법도를 지키고 이로써 백성을 통치해야 한다. 卿大夫가 그 地位에 따라 그 질서를 지키면, 백성들은 이로써 능히 귀한 자를 존경하고 귀한 자는 이로써 능히 그 직무를 지켜서, 貴賤이 서로 허물을 없게 하는 것이 법도이다. 文公은 이로써 爵祿을 관장하는 官長을 세우고 被廬의 법을 세워서 盟主가 되었다. 지금 이러한 법도를 버리고 刑律을 솥에 새기니, 백성들은 刑律만을 지키게 될 것이라 어찌 귀한 자를 존경하겠으며, 귀한 자에게는 무슨 職務가 있겠는가. 貴賤에 질서가 없으니, 무엇으로써 나라를 다스리겠는가. 또 무릇 范宣子의 형률은 夷땅에서 군사연습을 할 때 만든 법이니 晉나라의 어지러울 때의 법제라, 어찌 올바른 법제가 되겠는가'라고 했다(冬晉趙鞅荀寅帥師城汝濱, 遂賦晉國一鼓鐵, 以鑄刑鼎, 著范宣子所爲刑書焉. 仲尼曰, 晉其亡乎, 失其度矣. 夫晉國將守唐叔之所受法度, 以經緯其民. 卿大夫以序守之, 民是以能尊其貴, 貴是以能守其業, 貴賤不愆, 所謂度也. 文公是以作執秩之官, 爲被廬之法, 以爲盟主. 今棄是度也, 而爲刑鼎. 民在鼎矣, 何以尊貴, 貴何業之有. 貴賤無序, 何以爲國. 且夫宣子之刑, 夷之蒐也. 晉國之亂制也, 若之何以爲法)."(『春秋左氏傳』昭公二十九年冬)

25) 後漢의 大儒 鄭玄은 春秋三傳中에서 左氏는 禮에 特長이 있다고 했는데, 그것은 "'左氏가 예에 특장이 있다'고 한 것은, 左傳은 禮로써 修身의 근본, 治國의 본체로 존중하고, 禮의 규범에 비추어 일의 是非를 논평하는 일이 많은 것을 의미하

書』의 大禹謨[26]와 皋陶謨[27]에서도 덕치와 법치가 아울러 시행되어야

는 것"이라 했다. (謙田 正著, 新譯漢文大系30『春秋左氏傳』一 明治書院, 1971, 14페이지 春秋左氏傳解題) 이 논문에서『春秋左氏傳』으로부터의 인용문의 번역은 謙田 正의 번역을 참고했다.

"晉나라가 군사를 일으켰다. 鄭나라 사람이 진나라가 군사를 일으켰다는 소식을 듣고 使者를 파견하여 楚나라에 알렸다. (鄭나라의 大夫)姚句耳도 동행했다. 楚子가 정나라를 구할 때, 司馬(子反)가 中軍大將, 令尹(子重)이 左軍대장, 右尹子辛이 우군대장이 되었다. 申땅을 통과할 때, 子反이 들어가 申叔時를 謁見하고, 전쟁이 어떠한 것인가를 물었다. 申叔時가 대답하기를, '德·刑·詳·義·禮·信은 전쟁에 관계되는 큰 일들입니다. 德으로써 은혜를 베풀며, 형벌로써 邪惡한 것을 바르게 하며, 일을 周到綿密하게 처리하여 神을 섬기며, 義로써 利를 추구하며, 禮로써 때에 맞추어 행동하며, 믿음으로써 일을 지켜야 실수하는 일이 없을 것입니다. (德·刑이 그 마땅함을 얻게 되면,) 백성들의 생활이 풍족하고 德이 바르게 되며, 쓰임이 편리하고 일의 節度가 지켜지며, 四時에 順應하고 百物이 그 生을 이룰 수 있을 것입니다. 上下가 화목하며, 하는 일들이 理致에 어긋나지 않으며, 求하는 것이 갖추어지지 않음이 없으면, 사람들은 자기의 마땅한 자리를 알 것입니다(晉師起, 鄭人聞有晉師, 使告于楚. 姚句耳與往, 楚子救鄭, 司馬將中軍, 令尹將左, 右尹子辛將右. 過申, 子反入見申叔時曰, 師其何如. 對曰, 德·刑·詳·義·禮·信, 戰之器也. 德以施惠, 刑以正邪, 詳以事神, 義以建利, 禮以順時, 信以守物. 民生厚而正德, 用利而事節, 時順而物成. 上下和睦, 周旋不逆, 求無不具, 各知其極)."(『春秋左氏傳』成公十六年春戊寅)

26) "舜임금께서 말씀하시기를, '皋陶야. 신하들과 백성들이 나의 바른 道를 침범하지 않는 것은 네가 刑官을 세워서 五刑을 밝혀 五敎를 도와 나의 統治가 이루어지기를 기약했기 때문이다. 형벌은 형벌이 없기를 기약하니, 백성들이 中正한 道가 이루어지도록 협력하여 그 功績이 빛나니, 더욱 힘쓰도록 하라'고 했다(帝曰, 皋陶. 維玆臣庶, 罔或干予正, 汝作士, 明于五刑, 以弼五敎, 期于予治. 刑期于無刑, 民協于中, 時乃功, 懋哉)."(『全書』二－梅氏書平二－二十 前面, 梅氏書平五 大禹謨) 번역에 있어서는 정약용 지음·이지형 역주,『역주매씨서평』문학과 지성사, 2002를 참고했다.

27) "五典은 仁이요, 五刑은 義요, 五禮는 禮요, 五服은 智이다(옛사람은 知人으로써 智로 삼았기 때문에 孟子는 智가 족하면 聖人을 안다고 했다. 五典은 어버이를 어버이로 섬기며, 五禮는 윗사람을 윗사람으로 섬기며, 五服은 선한 사람을 착하게 여기며, 五刑은 악한 사람을 미워하는 것이다. 이 네 가지는 족히 天下의 일을 다 처리할 수 있다. 이것은 요임금과 순임금이 천하를 다스리는 大法이다(五典仁也, 五刑義也, 五禮禮也,

통치가 제대로 이루어질 수가 있다고 보고 있는 것이다. 注의 인용문에서 보는 바와 같이 德·禮와 政·刑의 관계를,『춘추좌씨전』과 「대우모」에서는 정·형이 덕·례를 輔弼하는 것, 즉 本末관계로 보고, 「고요모」에서는 덕은 仁을 실천하고 형은 義를 실천하는 것으로 보았다. 유가에서는 덕치주의를 지향하고 있는 것이 사실이지만, 정약용의 덕·례와 정·형의 관계에 대한 인식도 위와 다른 바가 없었다. 그는『論語古今注』에서『논어』「爲政」篇의 德·禮와 政·刑의 관계를 다음과 같이 禮主刑補의 관계로 해설했다.

공자께서 말씀하시기를, '法으로써 인도하고 刑으로써 다스리면 백성들은 구차하게 (형벌을—필자) 면하기만 하면 부끄럽게 생각하지 않으나, 德으로써 인도하고 禮로써 다스리면 부끄럽게 생각할 뿐만 아니라 善한 데로 나아간다' 고 했다. … 보충해서 설명하면, 道는 인도한다는 것이니, 옛날의 聖王은 백성들을 인도하여 善하게 함으로써 백성들의 스승이 되었는데, 이른바 堯임금과 舜임금이 천하를 仁으로써 이끌었다는 것이다. 政이란 법제이니 백성을 바르게 하는 바이다. … 包咸은 德은 道德을 가리킨다고 했다. ○反駁컨대, 틀렸다. 도덕이란 무엇인가. 오늘날의 사람들은 德字를 본래 명확하게 이해하지 못하여, 聖經을 읽다가 덕자를 만나면, 아득히 무엇인지도 알지 못하고, 단지 순박하고 후덕해서 淸濁을 분별하지 못하는 것을 德意가 있다고 생각하고, 이따위 氣象을 가지고 가만히 앉아서 천하를 요리하면 대개 만물이 자연히 제자리로 돌아오리라 생각하다가, 자리를 맡아서 일의 처리에 임해서는 어디로부터 착수해야 할지를 알지 못하니, 어찌 오활하지 않은가. 이것이 날마다 천하가 썩어 문드러지고 一新되지 못하는 바이다. 덕이란 人倫에 독실한 것이니, 孝·弟·慈가 이것

五服智也古人以知人爲智, 故孟子曰, 智足以知聖人. 五典, 親親也. 五禮, 尊尊也, 五服, 善善也, 五刑, 惡惡也. 此四者, 足以竭天下之情. 此堯·舜所以平天下之大法也)."(『全書』二-尙書古訓二-三十六 前面, 皐陶謨)

이다.『예기』에서 말하기를, '옛날 천하에 明德을 밝히려는 자는 먼저 그 나라를 다스린다'고 하고, 治國平天下章에 이르러서는 곧 효·제·자로써 근본을 삼았으니, 효·제·자가 명덕이 아니겠는가.『書經』의「堯典」에서 이르기를, '큰 德을 밝혀서 九族을 親愛한다'고 했으니, 큰 덕은 효·제가 아니겠는가.『孝經』에서 이르기를, '선왕은 지극한 덕과 긴요한 도가 있어서 천하가 따랐다'고 했으니, 지극한 덕이 효·제가 아니겠는가. 선왕의 도는 몸소 먼저 효·제로써 천하를 이끄는데, 이것을 가리켜 '덕으로써 인도한다'고 하니, 덕이란 모호하고 애매한 것이 아니다. 그러나 덕으로써 인도한다고 하면서도 역시 형벌을 사용하니,『서경』에서 이르기를, '伯夷에게 刑典을 내려 주어 백성을 제재했다'呂刑의 글이다고 했으니, 먼저 五典을[28] 베풀고, 가르침에 따르지 않은 자를 형벌로써 제재한 것을 가리킨다.『주례』의 大司徒에서는 鄕八刑으로써 만민을 규찰했는데, 그 細目은 不孝·不弟·不睦·不婣 따위이다.「康誥」에서 不孝·不友로써 元惡을 크게 미워하는 것과 같이 여기고 형벌에 처하여 용서하지 않았다고 했다. 이것은 모두 덕으로써 인도하는 것은 형법 중의 논의에 속하지 않는다는 것이다.[29]

앞에서 보는 바와 같이 덕치주의에서는 德治를 통치의 기본원칙

---

28) 五典과 五敎는 孝·弟·慈를 가리킨다.
29) 子曰, 道之以政, 齊之以刑, 民免而無恥；道之以德, 齊之以禮, 有恥且格. … 補曰, 道, 導也, 古之聖王, 導民爲善, 以爲民師, 所謂堯·舜率天下以仁也. 政者, 法制, 所以正民也－包曰, 德, 謂道德. ○駁曰, 非也. 道德何物. 今人認德字元不淸楚, 讀聖經遇德字, 茫然不知爲何物, 第以淳厚渾朴, 不辨淸濁者, 爲有德意, 欲以此箇氣象, 坐理天下, 庶幾萬物自然歸化, 而當局臨事, 不知從何處著手, 豈不迂哉. 此天下所以日腐爛而莫之新也. 德者, 篤於人倫之名, 孝弟慈是已. 禮曰, 古之欲明明德於天下者, 先治其國, 及至治國平天下章, 乃以孝弟慈爲本, 孝弟慈非明德乎. 堯典曰, 克明峻德, 以親九族, 峻德非孝弟乎. 孝經曰, 先王有至德要道, 以順天下, 至德非孝弟乎. 先王之道, 身先孝弟以率天下, 此之謂道之以德, 德非模糊漫漶之物也. 然道之以德, 亦用刑, 書曰, 伯夷降典, 折民維刑呂刑文, 謂先敷五典, 而其不率敎者, 折之以刑也. 周禮大司徒, 以鄕八刑糾萬民, 其目則不孝不弟不睦不婣之類也. 康誥, 以不孝不友爲元惡大憝, 刑玆無赦. 斯皆道之以德, 不在刑法中論. (『全書』二－論語古今注一－二十二. 後面, 爲政第二)

으로 하는데, 그러면 덕치주의에서는 덕치의 *統治效果*가 어떠하리라 생각했을까. 덕치의 통치효과에 대한 유가의 기대는 『논어』「爲政」篇의 首章에 잘 나타나 있다. "공자께서 말씀하시길, '덕으로써 통치를 하는 것은 北辰이 그곳에 있으면 뭇 별들이 함께 하는 것에 비유된다'"고[30] 했다. 여기서 北辰은 北極으로서 황극이다. 다시 말하면 帝王이 올바른 제왕의 자리에서 德政을 베풀면 백성들은 자발적으로 제왕의 통치에 호응한다는 것이다. 그러면 덕정에서의 덕이 무엇이기에, 제왕이 덕정을 베풀면 백성들이 자발적으로 제왕의 통치에 협력하게 될까. 주자는 『논어』集注에서 "덕이란 말은 얻는다는 것이니, 도를 행하여 마음에 얻는 바가 있는 것"이라 하고,[31] 정약용은 "덕은 바른 마음으로서 몸소 먼저 효제를 실천하여 仁으로써 천하를 이끄는 것"이라고[32] 했다. 그러니까 주자와 정약용 간에는 덕의 내용과 그 실천방법에 대한 이해에 있어서 다름이 있었던 것이다. 주자는 덕을 道로 이해했으나, 정약용은 덕을 효제로 이해했다. 앞의 인용문에서는 덕을 효·제·자라 했는데, 그는 덕의 내용을 더 구체적으로 명시했던 것이다. 그리고 주자는 통치자들이 도를 닦아서 훌륭한 도덕군자가 되면 덕치는 저절로 이루어지는 것으로 보았으나, 정약용은 통치자들이 도를 닦아서 훌륭한 도덕군자가 될 뿐만 아니라 효제를 실천하여 仁으로써 천하를 이끎으로써 비로소 덕정이 베풀어질 수 있다고 보았다. 그러므로 德政을, 주자는 "덕으로써 통치를 하면 아무런 하는 일이 없어도 天下가 저절로 돌아오는 형상이 이

---

30) 子曰, 爲政以德, 譬如北辰居其所而衆星共之. (『論語』爲政第二)

31) 德之爲言得也, 行道而有得於心也. (『論語』爲政第二)

32) 補曰, 德者, 直心也字義然, 身先孝弟, 率天下以仁者也. (『全書』二－論語古今注一－十九 後面, 爲政第二)

와 같다"고[33] 하고, 정약용은 "政이란 바르게 한다는 것이니 號令을 발포하고 시행하여 百官을 바르게 함으로써 萬民을 바르게 하는 것"이라[34] 했다. 덕은 효·제·자로서 그것을 가지고 백성들을 교화함으로써 비로소 이루어진다는 정약용의 주장을 하나 더 인용해둔다.

논하자면, 明德이 이미 효·제·자이면, 親民은 역시 新民이 아니다. 순임금이 契에게 명하기를, '백성들이 가까이 하지 않으니 너는 五教를 베풀어라' 하니, 오교란 효·제·자이다 그 뜻은 앞에서 나왔다. 순임금이 契로 하여금 효·제·자의 가르침을 베풀게 하면서 백성들이 가까이하지 않는다는 것을 먼저 말하니, 효·제·자란 그것을 가지고 친민을 하는 수단인 것이다. 孟子가 庠·序·學·校의 제도를 말하고, 이어서 말하기를, '학교는 인륜을 밝히는 곳이다'라고 했다. 위에서 인륜이 밝아지고 아래에서 小民들이 가까이하니, 역시 이것이 어찌 다른 설명이겠는가. 명덕을 밝힌다는 것은 인륜을 밝히는 것이요, 백성들을 가까이한다는 것은 小民을 가까이하는 것이다. 저기에서 학교의 제도를 말하면서 그 말이 저와 같고, 여기에서 대학의 도를 말하면서 그 말이 이와 같으니, 다시 다른 해석이 있을 것인가. 魯展禽의 말에 이르기를, '契이 司徒가 되니 백성들이 모여들었다' 魯語에 보인다 하니, 백성들이 모여들었다는 것은 백성들이 가까이했다는 것이다. 공자께서 말씀하시기를, '先王은 지극한 德과 긴요한 도를 가지고 천하를 순종하게 하니 백성들이 和睦했다' 孝經의 문장이다라고 하니, 백성들이 화목하다는 것은 백성들이 가까이하는 것이다. 공자께서 말씀하시기를, '백성들에게 親愛를 가르치는 데 있어서는 孝보다 나은 것이 없으며, 백성들에게 예의를 바르게 지키고 순종하도록 가르치는 데 있어서는 弟보다 나은 것이 없다' 孝經의 문장이다라고 하니, 민이 친애한다는 것은 민이 가까이한다

---

33) 爲政以德, 則無爲而天下歸之, 其象如此. (『論語』爲政第二)

34) 補曰, 政者, 正也六書之諧聲, 發號施令, 正百官以正萬民者也. (『全書』二－論語古今注一－十九 後面, 爲政第二)

는 것이다.[35]

그러면 주자는 덕을 도를 행하여 마음에 얻는 바가 있는 것이라 하고 또 "덕으로써 통치를 하면 아무런 하는 일이 없어도 천하가 저절로 돌아오는 형상이 이와 같다"라고 한 데 대하여, 정약용은 왜 굳이 덕은 올바른 마음으로서의 효·제·자이기는 하지만, 덕은 敎化를 통하여 親民이 달성되어야 비로소 이루어진다고 했을까. 다시 말하면 주자는 덕은 自修로써 이루어지고 德政은 통치자들이 自修만 하면 저절로 이루어진다(無爲而化)고 보는 데 대하여, 정약용은 왜 덕은 바른 마음으로서의 효·제·자이기는 하지만 덕정은 敎化를 베풀어서 親民이 달성됨으로써 비로소 이루어진다고 보았을까.

그 이유는 두 사람이 자기의 시대를 보는 인식이 달랐던 데 기인하는 것으로 보인다. 朱子學은 일반적으로 동양적 중세사회 안정화의 이념으로서 인식되고 있다. 말하자면 주자학은 보수적 이론이었던 것이다. 이에 대하여 정약용은 자기가 살고 있는 국가가 언제 붕괴될지 모른다고 생각하고 국가를 중국삼대의 이상적인 국가로 개혁하려고 했다. 다시 말하면 그는 개혁지향적이었던 것이다. 그렇기 때문에 주자와 정약용 간에는 유교의 기본적 도덕인 仁·義·禮·智·信에 대한 인식이 달랐던 것이다. 주자는 인·의·예·지·신은 인간의 本性으로서 저절로 실

---

35) 議曰, 明德旣爲孝弟慈, 則親民亦非新民也. 舜命契曰, 百姓不親, 汝敷五敎, 五敎者, 孝弟慈也義見前, 舜令契敷孝弟慈之敎, 而先言百姓不親, 則孝弟慈者, 所以親民之物也. 孟子言庠序學校之制, 而繼之曰, 學所以明人倫也, 人倫明於上, 小民親於下, 亦豈是他說乎. 明明德者, 明人倫也, 親民者, 親小民也. 彼言學校之制, 而其言如彼, 此言大學之道, 而其言如此, 而復有異釋乎. 魯展禽之言曰, 契爲司徒, 而民輯見魯語, 民輯者, 民親也. 孔子曰, 先王有至德要道, 以順天下, 民用和睦孝經文, 民用和睦者, 民親也. 孔子曰, 敎民親愛, 莫先於孝, 敎民禮順, 莫先於弟孝經文, 民親愛者, 民親也. (『全書』二－大學公議一－十 後面, 在親民)

천되지 않을 수 없는 것으로 보았으나, 정약용은 인·의·예·지·신은 天命으로서의 性 즉 直心이 行事됨으로써 즉 自覺的으로 실천함으로써 비로소 이루어진다고 보았다.[36] 정약용의 이러한 인식은 "意만으로 誠意가 되는 것이 아니며 心만으로 正心이 되는 것이 아니니, 행사와 인륜을 배제하고 마음이 至善에 머무는 것을 구하는 것은 선성의 본법이 아니다"라는 아래의 인용구에서도 명백히 보인다고 할 것이다. 다시 말하면 정약용이 말하는 덕정이란 "성의와 정심으로써 齊家하며, 성의와 정심으로써 治國하며, 성의와 정심으로써 平天下"하는 것이었던 것이다. 다만 여기서의 自修는 통치자들의 自修를 가리킬 뿐 백성들의 自修를 가리키는 것이 아니라는 점에 주의해야 할 것이다.

　　또 성인의 道는, 비록 成己와 成物[37]로써 始終을 삼는다고 하더라도, 성기를 자수로써 하고 성물도 역시 자수로써 하니, 이를 가리켜 身教라 한다. 그 때문에 止至善의 全解는 (於)緝熙敬止節에[38] 있으며, 열거한 바의 五止에서는 모두 自修뿐이며 民修는 말하지 않았다. 이미 내 스스로 마음을 닦고 또 백성의 마음을 닦아서 함께 止至善을 기약한다는 것이 어찌 經文에서 말한 것이겠는가. … 총괄해서 말하자면, 성의와 정심이 이 經文의 큰 조목이기 때문에 先儒들은 곧 이 경문으로써 心性을 다스리는 법으로 삼았다. 그러나 先聖의 심성을 다스림은 매양 行事에 있는데, 행사는 인륜에 다름 아니다. 그 때문에 實心으로 어버이를 섬기려면 誠意와 正心으로써 孝를 이루며, 실심으로써 어른을 섬기려면 성의와 정심으로써 弟를 이루며, 실심으로써 약한 자를

---

36) 崔益翰, 『실학파와 정다산』國立出版社(平壤), 1955의 第七章 1의 人性論을 참조할 것. 仁·義·禮·智·信에 대한 다산의 인식에 대한 최익한의 이러한 이해는 그 후의 茶山學研究者들에게도 널리 수용되었다.

37) 成己는 自修를 통하여 自己를 完成하는 것을, 成物은 成己한 사람이 教化나 化育을 통하여 백성을 교화하거나 動植物을 개량하는 것을 뜻한다.

38) 『詩經』大雅文王篇의 句節이다.

사랑하려면 성의와 정심으로써 慈를 이룬다. 성의와 정심으로써 齊家하며, 성의와 정심으로써 治國하며, 성의와 정심으로써 平天下한다. 성의와 정심은 매양 행사에 의존하며, 성의와 정심은 매양 인륜에 의존한다. 意만으로 성의가 되는 것이 아니며 心만으로 正心이 되는 것이 아니니, 행사와 인륜을 배제하고 마음이 지선에 머무는 것을 구하는 것은 先聖의 本法이 아니다.[39]

지금까지의 덕치에 관한 설명은 통치자가 통치자로서 갖추어야 할 德性의 涵養에 관한 설명에 집중되어 있다. 덕치에서의 덕이란 효·제·자로서, 이들은 모두 통치자들의 自修項目으로서 列擧되어 있다. 앞의 成己와 成物에 관한 설명에서 보듯이, 성물 즉 사람을 敎化하거나 動植物을 化育하는 일에 이르기까지 그것들은 모두 통치자들의 自修 즉 修身의 결과로 설명된다. 그러나 통치는 통치자들의 修身만으로는 이루어질 수가 없다. 위의 인용문의 '성의와 정심으로써 齊家하며, 성의와 정심으로써 治國하며, 성의와 정심으로써 平天下한다. 성의와 정심은 매양 행사에 의존하며, 성의와 정심은 매양 인륜에 의존한다'고 하는 데서 볼 수 있듯이, 덕치는 통치자들의 도덕적 수양만으로는 이루어질 수 없고 제가, 치국 및 평천하 즉 통치행위를 통하여 비로소 실현될 수 있는 것이다. 정약용은 통치자들의 통치행위에 관한 설명을 『대학』「治國平天下」章에 있는 『시경』의 시구에서 찾는다. "君子는 즐

---

39) 且聖人之道, 雖以成己成物爲始終, 成己以自修, 成物亦以自修, 此之謂身敎也. 故止至善全解, 在於緝熙敬止之節, 而所列五止, 都是自修, 民修所不言也. 我旣治心, 又治民心, 偕期於止至善, 豈經文之所言乎. … 總之, 誠意正心, 爲此經之大目, 故先儒遂以此經爲治心繕性之法. 然先聖之治心繕性, 每在於行事, 行事不外於人倫. 故實心事父, 則誠正以成孝, 實心事長, 則誠正以成弟, 實心字幼, 則誠正以成慈. 誠正以齊家, 誠正以治國, 誠正以平天下. 誠正每依於行事, 誠正每附於人倫. 徒意無可誠之理, 徒心無可正之術, 除行事去人倫, 而求心之止於至善, 非先聖之本法也. (『全書』二－大學公議一－十二 前面)

겹구나, 백성의 父母로다. 백성들이 좋아하는 바를 좋아하며 백성들이 싫어하는 바를 싫어하는 것을 백성의 부모라 한다"는[40] 등의 몇 구절을 인용하여, 통치자는 백성들의 부모이니 스스로 덕성을 함양하여 백성들이 바라는 바를 들어 주고 민심을 얻어야 통치를 제대로 할 수 있다고 했다. 우리는 여기에서 통치자들은 위의 황극론에서 보는 바와 같이 백성들의 재산과 생명뿐만 아니라 安寧과 사회적 지위까지도 한 손에 틀어쥐고 있는 자로서 백성들의 원망을 충족시켜 주어야 할 의무를 지고 있는 존재라는 것을 상기할 필요가 있다. 말하자면 통치자들은 만물의 소유자이기 때문에 통치에 있어서 무엇보다도 먼저 도덕적 자기수양이 필요했던 것이다. 이에 관한 그의 설명은 아래와 같다.

논하자면, 나라를 다스리는 자에게는 그 큰 정사가 두 가지가 있는데, 첫째는 用人이요, 둘째는 理財이다. 대개 사람은 이 세상을 살아가는 데 있어서 큰 欲心이 두 가지가 있는데, 첫째는 貴요, 둘째는 富이니, 위에 있는 자는 욕심을 내는 바가 귀에 있고, 아래에 있는 자는 욕심을 내는 바가 부에 있다. 인재를 채용할 때, 현명하고 바른 자와 어리석고 邪慝한 자를 승진시키거나 내치는 것을 衆心에 어긋나지 않게 하며, 백성들로부터 거두어들일 때, 부세의 징수와 재정의 지출을 중심에 어긋나지 않게 하면, 물정이 안정되고 나라가 平安할 것이다. 만약 그러하지 못하면 災殃이 닥치기 때문에, 자고로 朝廷의 治亂과 得失은 항상 賢人을 들어서 쓰는가 못하는가에서 일어나고, 野人의 苦樂과 恩怨은 항상 부세를 거두어들이는 데서 일어난다. 비록 여러 가지의 일들이 천 갈래 만 갈래라고 하더라도, 조용히 그 의미를 窮究해 보면 조야에서 다투는 바는 오직 이것뿐이다. 성인은 그러한 바를 알기 때문에 용인을 할 때

---

40) 樂只君子, 民之父母. 民之所好好之, 民之所惡惡之, 此之謂民之父母. (『大學』釋治國 平天下下)

에는, 현명한 이를 현명하다고 하고 친한 이를 친하다고 함으로써 君子를 대접하고, 이재를 할 때에는 즐거운 것을 즐겁다고 하고 利로운 것을 이롭다고 함으로써 소인을 대접하였다. 지극한 덕과 선을 갖춘 사람이 백성을 부릴 때 잊어서 안 될 것은 그 요점이 여기에 있다. 이 節에서 중언부언하고 정중하게 타이르고 警戒한 것은 모두 이러한 뜻이다.[41]

위에서 보는 바와 같이 덕치에 관한 설명은 통치자들의 도덕적 자기수양으로부터 출발하여 도덕적으로 수양한 통치자들의 국가경영으로써 끝맺음을 하고 있다. 정약용은 국가경영의 두 가지 要目을 知人과 安民으로 잡았는데, 지인의 내용은 公選擧 즉 관리들에 대한 인사의 공정성이라고 하고, 안민의 내용은 薄賦斂 즉 부세의 징수를 가볍게 하는 것이라고 했다. 그러면 덕정과 지인 및 안민이라는 국가경영이 논리적으로 서로 어떻게 연결되는가. 그는 위의 인용문에 곧 이어서 그 관계를 다음과 같이 설명했다. "이 때문에 君子는 우선 德에서 신중을 기한다. 덕이 있고 사람이 있으며, 사람이 있고 토지가 있으며, 토지가 있고 재물이 있으며, 재물이 있고 그 쓰임이 있으니, 덕은 本이요 재물은 末이다. 본을 외면하고 말을 거두어들이는 것은 백성들로 하여금 쟁탈을 다투게 하는 것이기 때문에, 재물을 모으면 백성이 흩어지고, 재물을 흩으면 백성이 모인다. 이 때문에 거슬리는 말

---

41) 議曰, 爲國者, 其大政有二, 一曰用人, 二曰理財. 大凡人生斯世, 其大欲有二, 一曰貴, 二曰富. 在上者, 其所欲在貴, 在下者, 其所欲在富. 惟其擧用之際, 其賢愚邪正之升降黜陟, 不違於衆心, 其徵斂之日, 賦稅財賄之出納收發, 不違於衆心, 則物情平允, 邦國以安. 如其不然, 菑禍立至, 故自古以來, 朝廷之治亂得失, 恒起於立賢, 野人之苦樂恩怨, 恒起於斂財. 雖百度庶工, 千頭萬緖, 而靜究厥趣, 則朝野所爭, 唯此而已. 聖人知其然也, 故用人, 則賢其賢而親其親, 以待君子, 理財, 則樂其樂而利其利, 以待小人. 盛德至善之使民不忘, 其要在此. 此節重言複言, 丁寧申戒, 皆此義也. (『全書』二－大學公議一－四十一 後面)

이 나가면 역시 거슬리는 말이 돌아오고, 올바르지 못하게 들어온 재물은 올바르지 못하게 나간다. 「康誥」에서 이르기를, '天命은 한결같지 않으니, 말이 善하면 간직할 수 있고 말이 선하지 못하면 잃어버린다'고 했다."[42] 달리 표현하면, 儒學에서는 통치에 있어서 어디까지나 통치자들의 도덕적 수양을 근본적인 것으로 보고, 政事는 통치자들의 도덕적 수양에 의존하는 것으로 보았기 때문에, 유교적 통치에 있어서는 통치자들의 덕성함양과 통치의 관계를 본말관계로 보았던 것이다. 그의 지인·안민에 대한 설명은『대학공의』에서 보다 그의 最晩年作인『상서고훈』에서 더 상세하다. 아울러 참고하기 바란다.

引證. 皐陶가 말하기를, '아아, 知人에 있고 安民에 있구나' 했다. 우임금이 말씀하시길, '아이고, 咸과 時를 제왕은 어렵게 생각했다. 지인 즉 明哲하니 능히 훌륭한 官人이요, 안민 즉 은혜로우니 뭇 백성들이 그리워한다. 능히 명철하고 은혜로우면 무슨 근심이 있으리요'라고 했다. ○鏞은 생각건대, 皐陶謨一篇은 곧『대학』의 연원이다. 모든 성인이 서로 이어 傳하는 뜻이 이「고요모」에서 시작하여『大學』에서 끝나니, 살피지 않을 수 없다. 위에서 '수신에 힘써 구족을 친애하라. 명철한 백관이 보좌하니, (그들을 ─필자) 가까이 하고 멀리하는 데 달려있다'고 하는 것은『대학』의 수신·제가·치국·평천하이다. 이것은 知人의 明哲함과 安民의 恩惠로움을 말하는 것이니, 즉『대학』에 있는 이 章의 두 가지 큰 뜻이다. 아래에서 三德·六德·九德을 밝힌 것은 官人에 관한 法度요, 아래에서 艱食·鮮食·乃粒을 上奏한 것은 백성들에게 은혜를 베푼 공적이다. 위와 아래로 서로 2천 년이나 멀리 떨어져 있으나, 그 말이 符契를 합

---

42) 是故君子先愼乎德. 有德此有人, 有人此有土, 有土此有財, 有財此有用. 德者本也, 財者末也. 外本內末, 爭民施奪. 是故財聚則民散, 財散則民聚. 是故言悖而出者, 亦悖而入, 貨悖而入者, 亦悖而出. 康誥曰, 惟命不于常, 道善則得之, 不善則失之矣. (『全書』二─大學公議一─四十二. 後面)

친 것과 같으니, 이것이 어찌 治國·平天下의 宗旨가 아니겠는가. 천하와 국가를 위하는 자가 역시 어찌 깊이 생각하지 않을 것인가.[43]

끝으로 덕치주의에서의 法治에 관하여 살펴볼 차례가 되었다. 필자는 이 방면의 門外漢일 뿐만 아니라, 또 이 방면에 관한 기존의 연구도 두루 涉獵하지 못해서 그러하겠지만, 덕치주의하의 법치에 관하여 참고할 만한 기존의 연구는 거의 찾아볼 수가 없었다. 정약용에게는 『欽欽新書』라는 刑律에 관한 훌륭한 저서가 있기는 하나, 그것은 살인사건에 대한 刑事訴追의 절차와 과정에 관한 저술이기 때문에,[44] 형률의 입법과정에 관한 고찰에 있어서는 별로 도움이 되지 못했다. 그는 살인사건, 銅錢의 私鑄 및 度量衡의 僞造 등에 대해서는 嚴刑重罰로써 다스려야 한다고 주장하고 있기는 하지만, 필자는 그의 법치를 위한 형률제정의 원칙이 무엇인지에 대해서는 아직도 확실하게 이해하고 있지 못하다. 그러나 그는 통치에 있어서는 덕치를 기본원칙으로 하되 법치를 위한 형법정비의 필요성도 강조하고 있었던 것으로 보인다.[45] 여기에서는 법치를 위한 약간의 입법사례를 살펴봄으로

---

43) 引證 皐陶曰, 都, 在知人, 在安民. 禹曰, 吁, 咸若時, 唯帝其難之. 知人則哲, 能官人, 安民則惠, 黎民懷之. 能哲而惠, 何憂乎驩兜. ○鏞案 皐陶謨一篇, 乃大學之淵源. 千聖相傳之旨, 始於此謨, 終於大學, 不可不察也. 上云 '愼厥身修, 惇叙九族, 庶明勵翼, 邇可遠在玆'者, 大學之修身齊家治國而平天下也. 此云知人之哲安民之惠, 即大學此章之兩大義也. 下云三德六德九德之辨, 即官人之法, 下云艱食鮮食乃粒之奏, 即惠民之績. 上下二千年之遠, 而其言若合符契, 斯豈非治平之宗旨乎. 爲天下國家者, 盍亦深思. (『全書』二 - 大學公議一 - 四十二 前面)

44) 丁若鏞 著, 朴錫武·丁海廉 譯註, 『譯註欽欽新書1』 現代實學社, 1999, 4페이지.

45) "吳漢이 臨終할 때 '愼無赦'라는 세 글자를 光武에게 아뢰었던 바, 후세 사람들은 모두 그의 말이 옳은 것으로 여기고 있으나, 내가 보기로는 그 말은 매우 어질지 못할 뿐만 아니라 지혜롭지도 못하다. … 나는, 聖人은 형벌에 대하여 '조심하고 조심하여 형벌을 내릴 때에는 긍휼히 여겨라'고 하였지, '신중히 하고 용서해

써 그의 법치사상에 대한 고찰의 의무를 대신하고자 한다. 여기에서 거론되는 입법사례는 인륜에 대한 悖倫과 戶籍에서의 漏戶·漏口에 대한 처벌규정이다. 이 두 가지의 입법사례에 의하는 한, 법치는 덕치의 연장선상에서 이루어져야 한다는 입장을 견지하고 있는 것으로 보이는데, 이러한 덕치와 법치의 관계는 禮主刑補에 있어서의 禮와 刑의 본말관계로부터 유래하는 것이므로, 이것은 그가 형률의 입법과정에서 추구한 일관된 입장이었던 것으로 생각된다.

우선 人倫에 대한 패륜을 처벌하기 위한 형률의 제정에 관해서 보기로 하자. 이 규정은 『경세유표』에서는 「敎民之法」에 있고, 『목민심서』에서는 禮典의 「교민」에 있다. 이 규정은 모두 교민과 관련하여 제정된 것이기 때문에 법치가 덕치의 연장선상에서 이루어지도록 설정되었다고 생각될 수도 있겠으나, 반드시 그러한 것은 아니고 다른 立法例에서도 그러한 관계가 종종 확인된다. 『목민심서』에서 설정된 양자

주지 말라'는 말은 듣지 못했다. 다만 사면에 있어서는 따져 보아야 할 것이 있으니, 나라에 경사가 있을 때마다 반드시 모든 범죄자를 크게 사면하는데, 혹 무거운 죄를 짓고 조금 전에 定配된 자가 곧 放還되는가 하면, 혹은 가벼운 죄를 짓고 오래 구금된 자가 풀려나지 못하기도 하니, 법이 고르지 못하기가 이보다 더 심한 것이 없다. 이제라도 마땅히 律文을 개정하여 徒1年으로부터 徒9年에 이르기까지 등급과 기한을 정하고 기간이 차면 방면하되, 1碁를 1年으로 하는데 碁는 날자로써 계산한다冬至後 며칠, 立春後 며칠 식으로 계산한다. 기간이 차지 않은 자는 일체 방면하지 말며, 國慶日에 사면하는 법을 영원히 혁파한다면, 백성들은 법을 두려워하여 감히 범하지 못할 것이고, 이미 범죄를 저지른 자도 요행을 바라지 못할 것이다. 큰 죄를 짓더라도 처벌이 9년에서 끝난다면, 절망하지 않고 遷善하는 자가 있을 것이다(吳漢臨終, 以愼無赦三字, 告于光武, 後世皆以漢言爲得, 以余觀之, 此大不仁, 兼之不智也. … 吾聞聖人之於刑也, 其唯曰欽哉欽哉, 唯刑之恤哉, 未聞曰愼無赦矣. 唯赦有可議者, 每國有慶幸, 必大赦諸犯, 或重罪新配而卽蒙放還, 或輕罪久滯而未逢昌期, 法之不均, 莫此若也. 今宜改定律文, 自徒一年, 至徒九年, 分等定限, 至期赦還, 而以一碁爲一年, 計日爲碁冬至後幾日, 立春後幾日也. 未滿限者, 切勿放還, 因慶頒赦之法, 永行革罷, 則民畏法不敢犯, 旣陷不徼幸. 大罪止於九年, 則望恩不絶, 而遷善者有之矣."(『全書』一－詩文集十－二 後面, 原赦)

의 관계는 다음과 같다. "살피건대, 周나라 때에는 백성을 가르침에 있어서, 月課를 주고 수시로 독촉을 했는데, 考績하듯이 덕행의 등급을 매기고, 부세의 수납을 재촉하듯이 허물과 악행을 糾察했다. 이것이 이른바 鄕三物로써 만민을 가르치고 鄕八刑으로써 만민을 규찰한다는 것인데, 이와 같이 한 뒤에라야 王者의 통치라 할 것이다."[46] 여기서 향삼물은 六德(智·仁·聖·義·忠·和)·六行(孝·友·睦·婣·任·恤)·六藝(禮·樂·射·御·書·數)이요,[47] 鄕八刑은 不孝·不睦·不婣·不任·不弟·不恤·造言·亂民에 대한 형률인데,[48] 향삼물의 육행이 향팔형의 조목과 기본적으로 같은 것을 알 수가 있다. 다시 말하면 향삼물로써 덕정 즉 교화를 실시하고, 그렇게 하더라도 거기에 따르지 않고 그릇되게 행동하거나 악행을 저지르는 자는 향팔형을 가지고 처벌함으로서 온전한 통치를 이룰 수 있다는 것이다. 정약용은, 조선후기에 육행을 비롯한 인륜이 지극히 문란한 것을 지적하고, 『경세유표』의 「교민지법」에서 "대저 八刑으로써 만민을 규찰하는 것과 같은 것은 널리 묻고 깊이 강구해서 새로이 律例를 정한다"고[49] 하면서 백성들을 향삼물로

---

46) 鏞案. 周世敎民, 月課而時督之, 第其德行如考功, 糾其過惡如催科. 此所謂鄕三物敎萬民, 鄕八刑規萬民, 夫然後王者之治也. (『全書』五－牧民心書七－四十三 前面 敎民)

47) 司憲府大司憲韓致亨等上疏曰. … 又以鄕三物敎萬民, 而賓與之, 一曰六德·智仁聖義忠和, 二曰六行·孝友睦婣任恤, 三曰六藝·禮樂射御書數 (『成宗實錄』卷十; 二年六月八日己酉)

48) 『周禮』地官大司徒條

49) "鄕八刑으로써 만민을 규찰하는 것과 같은 것은 마땅히 널리 묻고 깊이 익혀서 새로이 율례를 정해야 할 것이다. … 신근안.『대명률』의 毆罵條에는, '자손이 조부모와 부형과 같은 尊長을 구타하거나 폭언을 행하는 경우에 대한 律令이 있는데 犯情에 따라서 차등이 있다' 하였으나, 「大司徒」의 이른바, 불효·불우·不睦·不婣 등의 죄에 대해서는 그 명목조차 열거한 바가 없다. 대개 秦漢 이래의 제도는 잡되게 세워진 무단의 법제로서 鄕八刑의 옛 條目은 다시 講明하지도 못한 채 지금에 이르렀다. 불효와 불우는 그 죄가 지극히 무거워서 한 번이라도 이 죄명을 쓰게 되면 사람대접을 받을 수 없으므로, 『대명률』에는 다만 가르침을 어기거

써 교화하고 향팔형으로써 이를 완성하고자 했던 것이다.

나 봉양에 결함이 있는 경우 가볍게 그 조문을 세워서 그 형률이 곤장 100대에 그쳤을 뿐이니, 또한 왕자의 仁厚한 뜻이 그 속에 깃들어 있다고는 하나, 관대함이 너무 지나쳐서 백성의 뜻이 방자해져 불효·부제한 자가 마을에 가득해도 사람이 미워할 줄을 모르게 되었다. 監司와 御史가 때때로 懲治하고자 해도, 또한 모함으로 잘못 걸려드는 자가 많아질까 염려하게 되기 때문에 할 수 없이 그대로 방치하여 불효·불제한 자가 그 사이에서 마음 편히 엎드려 숨을 쉬고 있다. 백성들은 그 악한 짓을 하고도 무사함을 알고는 서로 전해가며 본받아서 드디어 같은 풍습을 이루어 죽이자면 다 죽일 수도 없게 되었으니, 엄연히 습속이 되어 죄를 짓고도 괴상하게 여기지도 않는다. 그러나 또 불효라는 죄목은 백성들도 부끄러운 것인 줄을 알아서 범하는 자가 적지만, 불우와 불목에 이르러서는 비록 사대부의 집안이라고 하더라도 예삿일로 여겨서, 범하는 자가 매우 많다. 나는 己巳·甲戌年의 흉년을 직접 보았는데, 민간의 풍속이 더욱 각박해져서, 그 아우는 온 집이 모두 굶어 죽었으나, 그 형은 전지를 사고 집을 늘리는 자가 다 헤아릴 수가 없었다. 이미 天倫에 각박한 것이 저와 같은데, 나라에 변고라도 있게 되면, 어찌 윗사람을 친애하고 어른을 위해서 죽음을 바치겠는가. 나는 지금의 첫째가는 급무는 백성에게 孝弟를 가르치는 것보다 먼저 할 것이 없다고 생각한다. 진실로 백성을 가르치고자 한다면, 먼저 백성의 생활을 넉넉하게 해야 할 것이니, 이것이 이른바 부한 다음에 가르친다는 것이다. 형법은 교화에 있어서 末端의 방법이다. 그러나 鄉八刑의 조목을 깊이 강구하고 자세히 열거해서 백성들로 하여금 범하지 않도록 할 것이요 다만 곤장 100대로써 처단함은 불가하다(若夫八刑之糾萬民, 宜博詢而熟講之, 更定律例 … 臣謹案. 大明律毆罵條有子孫毆罵祖父母及父兄尊長之律, 以其情犯, 各有差等. 而若大司徒所云不孝不友不睦不婣等罪, 竝其名目無所條列. 蓋自秦漢之制, 雜霸立法, 鄉八刑舊條, 不復講明, 以至於今耳. 不孝不弟, 其罪至重, 一冒此名, 不得爲人. 故大明律只以敎令有違奉養有缺者, 輕輕立文, 其律止於杖一百, 亦王者仁厚之意, 寓於其中. 然包覆太過, 民志放肆, 不孝不弟者, 充斥閭里, 人莫之知惡. 監司御史欲以時懲治, 又患傾軋相陷橫罹者多. 故無可奈何, 置之度外, 不孝不弟者得以其間, 悠然偃息. 民見其造惡而無事也, 傳相傚效, 遂成同風, 誅之則不可勝誅, 恬然相習, 不以爲怪. 然且不孝之目, 民知可恥, 犯者猶少, 至於不友不睦, 雖衣冠之族, 視爲常事, 犯者極多. 臣於己巳甲戌之年, 目見歲事大無, 民俗益薄, 其弟全家餓死, 而其兄買田增宅者, 不可勝數. 其薄於天倫既如彼, 安望其國有變故而親上死長哉. 臣謂, 當今之第一急務, 莫先於敎民孝弟. 苟欲敎民, 必先裕民, 此所謂既富而敎也. 刑法之於化民, 末也. 然八刑之目, 宜熟講而詳列之, 令民無犯, 不可但以杖一百勘斷也)."(『全書』五－經世遺表十三－三十四前面, 敎民之法)

다음으로 호적에서 漏籍·漏口된 자들에 대한 처벌규정의 입법례를 보기로 한다. 정약용은 『경세유표』의 「호적법」에서 호적에서 漏籍·漏口된 자들에 대한 처벌규정을 매우 상세하게 입법화했다. 그가 이와 같이 누호·누구에 대한 처벌규정을 상세하게 제정한 이유는 호적이 量案과 더불어 왕정을 수행하기 위한 2대 기본자료 중의 하나였기 때문이다. 그러므로 누적·누구에 대해서는 엄형중벌로써 다스려야 한다고 생각하면서도, 호적위반자에 대한 형률도 또한 일반의 형률과 마찬가지로 덕치를 전제로 제정되어야 시행될 만한 처벌규정을 제정할 수 있다고 보았다.

신근안. 王者가 법을 제정함에 있어서, 반드시 먼저 民情을 헤아린 이후에, 백성들로 하여금 부득불 달음박질로 법을 뒤쫓아도 오히려 미치지 못할까 두려워하게 해야, 법이 시행될 수가 있을 것이다. 온갖 해로운 문을 다 열어 놓을 뿐만 아니라 백성들이 모두 걸려들 수밖에 없는 그물을 쳐놓고, 법률을 揭示하면서 말하기를, '나의 문으로 들어오지 않고 감히 나의 그물을 빠져나가려고 하는 자는 곤장을 친다'고 하면, 백성들이 순순히 그 문으로 들어와 그 법을 범하지 않게 되겠는가. 三代 때에는 임금이 五福의 자루를 쥐고 있었으니, 한 자의 땅이나 한 치의 나무토막도 왕의 것이 아닌 것이 없었다. 그 때문에 백성들이 王籍에 들어오지 않으면 한 자의 땅도 경작할 수 없고 한 치의 나무토막도 이용할 수 없었기 때문에 백성의 숫자를 올린 것이 모두 실제와 같았다. 후세의 王者는 모두 아무것도 가진 것이 없어서 손을 쓸 곳이 없고 아무런 은택도 밑으로 내려줄 것이 없었기 때문에 백성들이 王籍에 들어오지 않으려고 한다. 오늘날 알맞지도 못하고 사실을 밝힐 수 없는 법을 가지고 백성들의 邪愿한 뜻을 금지하고자 하니, 그것이 이루어질 수 있겠는가.[50]

호적에서 누호·누구된 자들에 대한 형률로서는, 살인을 당하는 경우, 토호가 양민을 억압하여 노비로 삼는 경우, 선조의 묘역에 남이 몰래 무덤을 쓰는 경우, 남에게 구타를 당하거나 욕을 먹는 경우, 妻妾을 빼앗기거나 재물을 도적질당하는 경우, 억울하게 부세를 과중하게 징수당하는 경우, 매매나 금전의 貸借로 소송을 제기하는 경우에 있어서는, 원고로 하여금 戶籍單子를 제출하게 하고, 호적단자가 없는 경우에는 그 사건에 대하여 정부의 審理를 받는 혜택을 누리지 못하게 했다. 그리고 흉년이 들어 굶어서 죽는 자가 속출하더라도 호적이 없으면 賑恤의 혜택에 참여하지 못하게 하고, 인구가 많은 戶口에 대해서는 徭役의 부담을 줄여 주도록 했다. 누호·누구에 대한 이러한 가혹한 처벌에 대하여 불만이 있는 자에 대해서는 다음과 같이 대답했다.

혹자는 말하기를, 누호와 누구는 小民들의 恒習인데, 이것이 어찌 큰 죄가 된다고 이와 같은 법을 제정하여 살인을 당해도 생명을 보상받지 못하게 하며, 토호가 억눌러서 노비로 삼더라도 양인으로 회복되지 못하게 하며, 도적을 맞아도 그 장물을 찾지 못하게 하며, 농부가 억지로 전세를 내도 돌려받지 못하게 하여, 천하에 고할 데가 없는 窮民으로 만들어 반드시 보존할 수 없도록 하려고 하는가. 대답하기를, 왕정은 田政보다 큰 것이 없기 때문에 堯임금의 법은 一田과 一賦로서 9등이 雙立했는데, 이것이 왕자의 큰 근본이다. 田界가 밝은 이후라야 전세가 균평해지고, 호적이 밝은 이후라야 賦役의 징수가 균평해진다. 이 두 가지는 왕자가 밤낮으로 고심하여 반드시 그 실상을 구

50) 臣謹案. 王者制法, 必先忖度民情, 使民不得不踶蹴趨法猶恐不及, 斯其法可行矣. 開百害之門, 張衆罹之網, 而揭律曰 '不入吾門, 冒犯吾網者杖', 民其有入而弗犯者乎. 三代之時, 皇秉五福之柄, 尺土寸木, 罔非王物. 故民不入王籍, 則尺土不可耕, 寸木不可用, 故獻民數者, 咸得其實. 後世王者, 皆赤手無所操, 恩澤無可以下逮, 故民不欲入於王籍. 今乃以齟齬不覈之法, 禁民之邪志, 其有濟乎. (『全書』五－經世遺表 十三－九 後面, 戶籍法)

하고자 하는 바인데, 이에 이 하민들이 죽어도 사실대로 하지 않고 백 가지의 속임수를 써서 비록 유배당하는 자가 앞뒤를 잇는다고 하더라도 명령에 따르지 않으려고 하니, 법을 제정하기를 이와 같이 해도 옳지 않겠는가. 지극히 쉬운 문을 열어두고 반드시 죽을 길을 보이는데도 오히려 의연히 들어오지 않는 자는 천하의 亂民이다. 살인을 당해도 생명을 보상받지 못하게 하고 억눌러서 노비로 된다고 하더라도 역시 옳지 않겠는가. 오늘날 만약 田政과 賦政을 다스려서 삼대의 경관을 회복하려고 한다면, 오직 이 한 가지 법으로써 백성들을 궤도로 들어가게 할 수 있을 것이다. 비록 그렇다고 하더라도 軍保의 법이 먼저 혁파된 이후라야 이를 논할 수 있을 것이다.[51]

위에서 덕치주의에서의 덕치와 법치의 관계 및 덕치주의에서의 법치에 대한 視角이 어떠하였는지를 간단하게 언급했다. 덕치주의에서의 덕치와 법치의 관계는 앞에서 보는 바와 같이 禮主刑補 즉 本末의 관계로 이해되고 있었다. 다시 말하면 법치는 덕치의 연장선상에 있으면서 덕치에 의한 교화를 보완하는 것으로 이해되고 있었다. 그러므로 덕치주의하에서의 형률제정에 있어서는 여러 가지의 어려움이 있지 않았을까 추측된다. 우선 지적되어야 할 것은 덕치주의하의 형률은 행위의 결과뿐만 아니라 윤리도덕까지도 법 적용의 대상으로 하려고 한 것이 아닌지 모르겠다. 만약 그렇다면 형률제정에 있어서

---

51) 或曰, 漏戶漏口, 小民之恒習, 此胡大罪, 制此嚴法, 至使之殺不償命, 壓不從良, 盜不追贓, 佃不覈稅, 作天下無告之窮民, 必欲其不得保存乎. 答曰, 王政莫大於田賦, 故堯之法, 一田一賦, 雙立九等, 此王者之大本也. 田界明而後, 稅率得平, 戶籍明而後, 賦斂得均. 此二者, 王者之所日夕勞心, 求所以必得其實者也, 乃此下民, 逝不從實, 欺詐百端, 今計雖流配相續無以從令, 制法如此, 不亦可乎. 開至易之門, 示必死之路, 而猶然不入者, 是天下之亂民也. 殺不償命, 壓不從良, 不亦可乎. 當今之時, 苟欲治田治賦, 以復三代之觀, 唯此一法, 爲可以納民於軌度也. 雖然, 軍保之法先革, 然後乃可議此. (『全書』 五-經世遺表十三-十二 前面, 戶籍法)

는 많은 어려움이 따를 수밖에 없었을 것이다. 그리고 일반적으로 덕치주의에서는 덕치의 중요성을 강조하는 나머지 형률을 成文法으로 제정하는 데 있어서 많은 抵抗이 있었던 것으로 보인다. 덕치주의에서는 성문법이 존재하게 되면 백성들이 어떻게 하든 法網을 회피하려는 奸邪한 행위가 자행될 것이라 생각하고, 성문법을 제정할 것이 아니라 차라리 범죄가 발생했을 때 현명한 관리들이 그 범죄를 심의하여 처벌을 결정하는 것이 성문법을 제정하는 것 보다 낫다는 觀念 또한 존재했다.[52] 이러한 유교적 법사상이 존재하는 가운데 정약용이

---

52) "鄭나라의 사람이 刑書를 솥에 새겼다. (晉의) 叔向이 子産에게 편지를 보내기를, '전에 나는 당신에게 期待하는 바가 있었습니다만, 지금은 이미 그만두었습니다. 옛날에 先王은 범죄가 발생하면, 그 輕重을 審議하여 형벌을 정하고 형법을 제정하지 않았는데, 그것은 인민들이 죄를 범하고도 법을 다투는 마음이 일어날 것을 두려워했기 때문입니다. 그렇게 하더라도 오히려 범죄가 일어나지 못하게 할 수 없었기 때문에, 사람들이 지켜야 할 도리를 세워서 사악한 마음이 일어나지 않도록 하며, 怠慢한 자를 바르게 하기를 政令으로써 하며, 행동하기를 禮로써 하며, 지키기를 信으로써 하며, 백성 받들기를 사랑으로써 하며, 爵祿을 제정하여 가르침에 따르도록 하며, 형벌을 엄격히 제정하여 범하는 자를 위협했으나, 그렇게 하더라도 충분하지 않을까 두려워하여, 인민들에게 자기를 다할 것을 가르치며, 행동을 조심하도록 종용하며, 자기 일을 다하도록 유도하며, 친애하는 마음을 가지고 부리며, 장엄한 태도를 가지고 접하며, 강경한 태도로 일을 시키며, 의연한 태도로써 일을 처리했습니다. 더 나아가 총명한 公卿, 명철한 관료, 충성스럽고 믿음직한 官長 및 자애로운 관료를 구한 이후에야 백성들은 일을 맡겨서 부려도 禍亂을 일으키지 않았습니다. 백성들이 형법이 있는 줄을 알게 되면, 윗사람을 두려워하지 않을 뿐만 아니라 법을 다투는 마음이 일어나 법을 따져서 요행히 법을 회피하려고 할 것이니, 통치가 불가능하게 됩니다. 夏나라에서 정치가 어지럽게 되었기 때문에 禹刑이 제정되었으며, 商나라에서 정치가 어지럽기 때문에 湯刑이 제정되었으며, 周나라에서 정치가 어지럽게 되었기 때문에 九刑이 제정되었으나, 이 세 가지 형법이 제정된 것은 모두 세상이 어지러울 때였습니다. 지금 당신은 鄭나라의 宰相으로 있으면서, 너무 가혹하게 經田을 하며, 백성의 비난을 받는 丘賦를 제정하며, 三代의 형법을 제정하여 그것을 솥에 새겨서 장차 백성을 통치하고자 하니 역시 어렵지 않겠습니까'했다(鄭人鑄刑書. 叔向使詒子産書曰, 始吾有虞

법치를 강화하여 덕치를 보완하고자 분투한 것은 특이한 경우로 이해된다. 그가 성문법으로서의 형률제정을 위하여 분투하는 데 있어서는 조선후기에서 중국삼대의 왕정을 실현하려는 그의 개혁사상이 큰 역할을 했다고 보아야 할 것이다. 조선후기에서 중국의 삼대를 실현하기 위해서는 뒤떨어진 조선의 법제를 크게 개혁하지 않을 수 없었기 때문이다.

於子, 今則已矣. 昔先王議事以制, 不爲刑辟, 懼民之爭心也. 猶不可禁禦, 是故閑之以義, 糾之以政, 行之以禮, 守之以信, 奉之以仁, 制爲祿位, 以勸其從. 嚴斷刑罰, 以威其淫, 懼其未也, 故誨之以忠, 聳之以行, 敎之以務, 使之以和, 臨之以敬, 涖之以彊, 斷之以剛. 猶求聖哲之上, 明察之官, 忠信之長, 慈惠之師, 民於是乎可任使也, 而不生禍亂. 民知有辟, 則不忌於上, 竝有爭心, 以徵於書, 而徼幸以成之, 弗可爲矣. 夏有亂政, 而作禹刑, 商有亂政, 而作湯刑, 周有亂政, 而作九刑, 三辟之興, 皆叔世也. 今吾子相鄭國, 作封洫, 立謗政, 制參辟, 鑄刑書, 將以靖民, 不亦難乎).”(『春秋左氏傳』昭公六年三月)

3. 王政論:知人과 安民

정약용의 경세학은 중국삼대의 왕정을 조선후기에서 실현하는 것을 목표로 했다. 이를 위한 저술이 『경세유표』라는 사실에 대해서는 이미 잘 알려진 바와 같다. 그런데 『경세유표』의 체계는 體國經野·設官分職이다.[53] 이를 번역하면, "수도를 건설하고 들을 구획하며, 관청을 설치하고 관직을 나눈다"는 것으로 되는데, 여기서 '수도를 건설한다'는 것은 왕정의 중심을 잡는다는 뜻이며, '들을 구획한다'는 것과 '관청을 설치하고 관직을 나눈다'는 것은 왕정의 기본인 井田制의 시행과 관제의 정비를 가리킨다. 이것은 왕정의 기본내용이 결국 앞의 節에서 거론한 지인 및 안민과 일치한다는 것을 의미한다. 다시 말하면 왕정이란 결국, 帝王이 우선 제왕의 위치를 확보하고, 관료제도를 정비할 뿐만 아니라 전근대사회에 있어서 가장 기본적인 생산수단인 田地의 實態를 파악함으로써 통치가 행해질 수 있는 기본조건을 마련한다는 것이다. 그러므로 여기에서 밝혀야 할 과제는 정약용이 經田의 실시와 관료제도의 정비를 통하여 어떻게 德政 즉 仁政을 실현하려고 했던가를 밝히는 일이다. 관제의 정비는 왕정의 내용에 의하여 규정될 수밖에 없기 때문에 서술의 순서는 왕정과 관제의 順으로 행하기로 한다.

정약용은 맹자에 따라서 왕정의 핵심을 덕정 즉 仁政을 실현할 수 있는 經田이라고 보았다. 경전은 앞의 체국경야에서의 經野이다. 그는 경야 즉 경전이 농업사회에 있어서 덕정을 베풀기 위한 敎化, 賦稅制度, 군사제도 및 사회질서를 확보할 수 있는 기초적 작업이라 인식했다. "경계란 왕정의 근본이다. 「堯典」에서 관리를 임명할 때, 먼저 (農

---

53) 졸저, 전게서의 제1장을 참조하라. 이하의 왕정에 관한 설명은 졸저의 서술에 많이 의존했다.

師인—필자) 稷을 임명하고 그 다음에 (교육을 관장하는—필자) 司徒를 임명하여 비로소 五敎를 베풀었으며, 孔子가 왕도를 논할 때 먼저 부유하게 한 이후에 가르친다고 했으며, 맹자가 왕도를 논할 때 먼저 1百畝를 말하고 그 다음에 孝悌를 논했다. 무릇 五敎가 급하기는 하지만 전정보다 뒤로 한 것은 왕정에는 經界보다 큰 것이 없기 때문이다. 경계가 바르지 못하면 호구가 맑지 못하며, 경계가 바르지 못하면 賦役이 균평하지 못하며, 경계가 바르지 못하면 교화가 일어나지 못하며, 경계가 바르지 못하면 兵備가 깃들 데가 없으며, 경계가 바르지 못하면 奸猾이 숨을 죽이지 않으며, 경계가 바르지 못하면 詞訟이 나날이 번잡해진다. 만 가지의 병통과 천 가지의 폐막이 시끄럽고 어지러워 동쪽을 두드리고 서쪽으로 부딪치게 되어 다스릴 수가 없게 되니, 王政에는 經界보다 더 큰 것이 없는 것이다.”[54] 위와 같은 그의 경전에 대한 인식은 그의 경세학의 핵심을 이룬다. 그는 正確한 경전이 국가경영에 필수적인 기본자료인 정확한 호적과 양안의 확보를 가능하게 하고, 국가유지의 기본조건인 財政과 軍事力의 확보를 가능하게 한다고 보았다.

정약용은 위와 같은 경전을 가능하게 하는 토지제도를 井田法에서 찾았다. 그는 『맹자요의』에서 맹자에 따라 井田은 仁政으로서 方圓에서의 規矩와 宮商에서의 六律과 같은 것으로 보고, 또 禮樂刑政이 그 위에서 이루어지는 기초제도라고 보았다. “若鏞이 생각건대, 규구와 율여는 工師의 法度가 거기로부터 말미암는 바이니, 仁政 역시 그

---

54) 經界者, 王政之本也. 堯典命官, 惟先命稷, 乃命司徒, 始敷五敎. 孔子論王道, 先富而後敎. 孟子論王道, 先言百畝, 乃說孝悌. 夫以五敎之急, 而後於田政, 則王政莫大於經界也. 經界不正, 則戶口不淸, 經界不正, 則賦役不均, 經界不正, 則敎化不興, 經界不正, 則兵備無寄. 經界不正, 則奸猾不息, 經界不正, 則詞訟日繁. 萬病千瘼, 棼然淆亂, 東撞西觸, 莫可攫理. 王政莫大於經界也. (『全書』五-經世遺表七-三十七 前面, 井田議一)

법도상에 비추어 터득되는 것이다. 하단에서 (『시경』의―필자)詩를 인용하여 先王의 법을 높여 말한 데서 그 뜻을 볼 수가 있다. 滕나라의 文公이 정전법을 행하자 '왕이 인정을 행한다는 것을 들었다'고 했다. 맹자는 한평생 經世濟民을 經田에 두었는데, 대저 정전법은 왕정에 있어서 規矩와 方圓 및 六律과 宮商의 관계와 같은 것이니, 田政이 먼저 바르게 된 이후에 예악형정에 관한 온갖 일들이 모두 조리가 있게 될 것이다. … 堯舜은 大聖人이니, 요순의 道는 큰 성인의 道이다. 인정으로써 하지 않으면 치국평천하를 할 수 없으니, 인정은 과연 규구와 육률이 아니겠는가."[55]

그러면 井田이 어떻게 인정을 위한 기초제도가 될 수 있을까. 그것은 정전이 다음과 같은 네 가지의 요소를 지니고 있기 때문이다.[56] 첫째, 정전은 九疇의 중앙에 皇極이 위치하듯이, 九畎의 중앙에 公田이 위치하는 王土의 상징물이다. 帝王은 전국의 토지에 대한 소유권을 틀어쥐고 있어야 통치를 위한 기본수단을 확보할 수가 있다. 둘째, 정전은 田家의 黃鐘이다. 정전은 1井을 溝洫으로써 구부로 구획함으로써 경지정리와 量田을 가장 정확하게 할 수 있는 제도이다. 통치의 기본자료인 호적과 양안도 정확한 양전이 이루어지지 않고서는 획득될 수 없다. 셋째, 정전은 9분의 1稅의 모해이다. 私田 8畎의 농민이 公田 1畎를 경작하여 그 수확물을 국가에 바치면, 그것이 9분의 1세가 되는 것이다. 그런데 이 9분의 1세는 田稅, 貢物 및 徭役 즉 부세의 總合이므로, 농민들은 9분의 1세인 井稅만 부담하면 모든 무명잡세의 징

---

55) 鏞案, 規矩律呂爲工師法度之所由生, 仁政亦當於法度上理會. 下段引詩而言尊先王之法, 可見其義也. 滕文公行井田法, 則曰聞君行仁政. 孟子一生, 經濟在於經界, 大抵井田之法, 在王政, 如規矩之於方圓, 六律之於宮商, 田政先正然後, 禮樂兵刑萬緖千頭, 俱有條理. … 堯舜大聖人也, 堯舜之道, 大聖人之道也. 不以仁政, 不能平治天下, 卽仁政果規矩六律哉.(『全書』二‐孟子要義一‐四十九 後面, 離婁第四)

56) 졸저, 전게서, 제1장 제4절을 참조하라.

수로부터 자유스럽게 되는 반면, 국가의 재정수입은 확실하게 보장된다. 넷째, 정전은 農家의 陣法이다. 사전 1부의 농민이 正兵 1인을 내면, 16井의 1里에서 정병 128인을 얻을 수가 있는데, 이것이 1哨이다. 정전법에서는 農民皆兵制가 실시되므로 이러한 농민군을 가지고 국방을 위한 군사력을 조직할 수 있다. 그리고 더 나아가 그는 중앙의 六遂와 郡縣의 邑城附近 등에 屯田을 설치하고 상비군을 확보하려고 했다. 위에서 보는 바와 같이 정전법은 확실한 경전을 가능하게 함으로써 국가경영을 위한 기본자료인 정확한 호적과 양안을 획득할 수 있게 할 뿐만 아니라 국가의 기본적인 존립조건인 재정과 군사력을 확보할 수 있게 하는 제도라고 보았던 것이다.

그러나 정전법은 농지에 관한 제도에 불과하다. 土地는 농지, 황무지, 산림, 지하자원, 하천 및 바다로 나뉘어져 있고, 인구는 三農, 園圃, 虞衡, 藪牧, 百工, 商賈, 嬪婦, 臣妾 및 閑民의 九職으로 구성되어 있다. 그러므로 경제정책의 범위는 농업정책에 한정될 수 없고 부세 또한 井稅에만 한정될 수 없음에도 불구하고, 조선후기에는 각종의 경제정책이 농업·농민정책에 국한되어 있었다고 할 수 있다. 『주례』를 모형으로 조선왕조국가를 개혁하려고 했던 정약용은 인민들의 구직으로의 분업을 강력하게 추진하려고 했는데, 인민들의 구직으로의 분업은 자연히 농업 이외의 각종 산업의 장려를 전제로 하지 않을 수 없었다. 이러한 그의 정책방안은 임진왜란 이후에 바야흐로 전개되기 시작한 상품경제의 발달을 전제로 하고 있었다.[57] 임진왜란 이후에는, 移秧法이라는 種稻기술과 洑라는 수리시설의 발달로 농업생산력이 크게 향상되고, 이를 배경으로 場市라는 농촌시장이 발달하는 한편, 17세기 후반기에는 금속화폐가 본격적으로 鑄造·보급되기 시작

---

57) 조선후기 資本主義萌芽論은, 그 자체로서는 비록 잘못된 이론이라고 하더라도, 이 방면에 관한 연구를 크게 진전시켰다.

했다. 이러한 상품경제의 발달을 배경으로 그는 인민들의 분업을 바탕으로 경제작물을 생산하는 園圃, 가축을 기르는 牧畜業, 목재를 생산하는 林業, 하천의 淡水漁業 및 金銀銅을 중심으로 하는 광산업을 진흥시키려고 했다. 그러나 그는 海洋漁業에 대해서는 강조하지 않았는데, 그것은 아마도 해양어업이 발달하지 못한 조선후기의 산업발달의 한계 때문이었을 것이다. 위와 같이 그는 농업 이외의 산업을 발전시키려고 했기 때문에 그의 부세론도 一田·一賦論 즉 전세와 賦貢으로 정립하고자 했다. 다시 말하면 그는 그 동안 주로 농민들에게만 부과하던 부세를 商工業을 진흥시켜 거기에도 부과함으로써 농민들의 부세부담을 경감해 주려고 했던 것이다.

이상으로써 安民을 목표로 했던 정약용의 王政構想은 대개 설명된 것으로 보인다. 그러면 이러한 왕정을 시행할 官制에 대하여 그는 어떻게 생각하고 있었을까. 왕정에 대한 구상에서와 마찬가지로 그의 관제에 대한 구상도 역시 『주례』에 따르고 있다. 조선에서 관제로서 六曹制가 도입된 것은 고려말의 恭讓王代이나, 그것이 조선왕조의 관제로 본격적으로 정착된 것은 太宗5년(1405)부터라고 한다. 태종5년에는 명나라의 六部制를 참조하여 議政府와 六曹制가 수립되었으나, 재정과 군사력 등의 여건미비로 이 체제로써는 임진왜란과 병자호란을 별도로 하면 그 미약했던 女眞의 騷擾와 倭寇에도 제대로 대처할 수 없었기 때문에, 中宗代에는 備邊司가 설치되고 明宗10년부터는 비변사가 의정부의 역할을 대신하게 되었다. 이와 더불어 육조제도 육조에 속하는 屬衙門의 數가 불균형적이었기 때문에 조선후기에는 사실상 의정부와 육조제가 제 기능을 제대로 하고 있지 못했다. 중국삼대의 왕정을 조선에서 회복하려던 정약용은 정전법을 실시하여 국가의 존립조건인 재정과 군사력을 확보함으로써 비변사 대신에 의정부를 부활하고 육조도 각각 20의 속아문을 거느리는 명실상부한 의정부와 육조제를 부활하려고 했다. 아래에서는 그의 왕정개혁방안과 관련된 관제개혁의 내용을 개략적으로 소개할까 한다.[58]

위에서 설명한 바와 같이 정약용의 왕정개혁의 기본내용은 정전법을 실시하여 농업을 진흥하고, 이와 더불어 園圃, 목축업, 임업, 광업 및 담수어업을 장려하는 것이었다. 이러한 산업정책은 산업 간의 분업을 전제로 하고 있는 것이므로 通功易事 즉 유통의 문제를 중요시하지 않을 수가 없었다. 전국적으로 유통이 원만하게 이루어지기 위해서는 도량형, 화폐 및 교통에 관한 제도의 정비가 필수적이다. 그의 관제개혁의 특징은 관제개혁 일반에서도 나타나지만, 특히 그의 개혁과제를 실천할 수 있는 속아문의 설치에서 잘 나타난다. 속아문의 설치상황을 보면 아래와 같다. 정전법을 실시하고 정확한 호적과 양안을 확보하기 위해서는 版籍司와 經田司를 두었으며, 賦貢制를 실시하기 위해서는 원포를 장려하려는 司圃署, 목축업을 장려하려는 司畜署, 임업을 장려하려는 山虞寺와 林衡寺, 광업을 장려하려는 司礦署 및 담수어업을 장려하려는 澤虞寺와 川衡寺를 두고, 通功易事가 원만하게 이루어질 수 있도록 하기 위해서는 도로를 건설하는 典軌司, 선박의 건조를 담당하는 典艦司, 도량형의 제조와 보급을 담당하는 量衡司 및 화폐주조를 담당하는 典圜署 등을 두려고 했다. 정약용은 조선에서와 같이 산업과 기술의 발달수준이 낮은 상황에서는 왕정개혁에 있어서 당시의 선진국인 중국으로부터의 기술도입이 특별히 중요하다고 보았다. 이를 위하여 그는 利用監을 두려고 했다. 그의 관제개혁의 특징은 농업의 진흥을 기본목표로 하면서도 상공업의 진흥을 도모했다는 점에 있을 것이다.

정약용은 관제개혁에 있어서는 관제기구의 개혁에 못지않게 인사정

---

58) 여기에서의 관제개혁에 관한 설명은 졸저, 전게서의 제2장에 따랐다.

책의 개혁을 중요시했다. 인사정책의 개혁방향으로서는 고과제도의 철저한 시행과 久任 및 專任의 장려를 중요시했다. 그는 고과제도의 시행을 위하여 在朝時에는 「考績議」를, 流配中에는 「考績之法」(『목민심서』의 체계가 여기에서 잡히고, 「고적지법」의 집필이 곧 『목민심서』의 저작으로 이어졌다)을 집필했는데, 고적은 물론 모든 관료를 대상으로 시행하지만 특히 守令의 고적을 중요시하였다. 그는 수령이 옛날의 諸侯로서 對民政事를 담당하기 때문에, 수령의 施政은 민심의 동향을 결정하고, 민심의 동향은 국가의 안위를 결정한다고 보았다. 수령의 시정이 이와 같이 중요하다고 보았기 때문에, 고려후기에는 守令五事(戶口增·田野闢·賦役均·詞訟簡·盜賊息)로써 고과하고, 조선에서는 守令七事(農桑盛·戶口增·學校興·軍政修·賦役均·詞訟簡·奸猾息)로써 고과했으나, 그는 이러한 고과로써는 불충분하다고 보았다. 수령은 임금과 같이 萬機를 주재하기 때문에 수령에 대한 고과조목으로서는 律己, 奉公, 愛民 및 吏戶禮兵刑工의 六典으로 구성되는 9개의 綱領을 제시했다. 고과의 방법은, 朝廷에서 우선 수령에게 9개 강령의 54개 조(1개 강령에서 6개 조씩이다)를 준수하도록 반포하고, 수령으로 하여금 각 강령에 대하여 스스로 治績이 좋았다고 생각하는 3개 조목을 監司에게 奏績하게 하며, 감사는 3개 조목에서 1개 조목을 선택하여 臧否(잘한 것과 잘못한 것)를 결정하도록 했다. 고적은 9개 조목이 臧인 자를 上之上으로, 9개 조목이 否인자를 下之下로, 9등급으로 평가하는데, 上之上과 下之下는 각각 1人씩으로 하고 中之中으로 올수록 인원수를 많게 한다. 그렇게 하는 것은 償을 줄 자와 罰을 줄 자를 분명하게 가려내기 위해서이다. 참고로 한 省(道이다)의 守令의 數는 10~42로 잡았다.

위에서 보는 바와 같이 정약용은 관리를 昇進시키거나 黜斥함에 있어서는 철저하게 실적에 따르도록 했다. 관리의 채용에 있어서 門

閥이 중요하게 고려되는 사회에 있어서 이러한 고과제도의 실시는 여간 중요한 의미를 가지는 것이 아니었을 것이다. 그런데 이러한 고과제도의 실시를 위해서는 수령의 임기가 일정하게 보장되어야 한다. 조선후기에서와 같이 수령의 평균임기가 1년도 못 되는 상황에서는 고과제도의 실시가 어려웠을 것이다. 그래서 그는 「人才策」에서 '久任과 專任'의 필요성을 강조했다. 그에 의하면, 胥吏들은 대대로 세습하는 身役이었기 때문에 그 직책을 세습함으로써 실무에 밝았으나, 관리들은 한결같이 실무를 알지 못하여 업무처리에 있어서 항상 서리들에게 의존하지 않을 수 없었다고 한다. 따라서 서리들의 권한이 막중하게 되어 중국이나 조선과 같은 관료제국가에서는 일찍부터 국가의 경영이 서리에게 맡겨져 국가가 胥吏의 國家라는 말이 있었던 것이다.[59] 관제상 국가경영의 주된 책임이 없는 서리들이 국가경영을 주도하는 나라의 국가경영이 어떠하리라는 것은 상상하기 어렵지 않을 것이다. 그래서 그는 관리들에게 고과제도를 실시하고 '구임과 전임'이 이루어짐으로써 관리들이 실무에 밝아야 국가가 제대로 경영될 수 있다고 보았던 것이다.

아, 專治하는 공부가 없어져서 익히는 것이 정밀하지 못하고, 久任하는 법이 폐지되어 治績에 따라 등용되지 못하는 것이 이와 같습니다. 그 때문에 우리나라의 사대부들은 낮은 직계에서 淸顯職에 있다가 품계가 높아져서 權要職에 오르게 되면 흐리멍덩하여 일이 무엇인지도 모르는 자가 넘쳐흐르는 것이 이와 같습니다. 오직 吏胥들을 부리는 법은 專任시키기도 하고 久任시키기도 해서 規例를 환히 체득하고 擧行하는 일이 숙련되었으므로, 비록 剛明하고 재간 있는 선비라고 하더라도 그들에게 묻지 않을 수 없게 되었습니다. 그

---

59) 中國의 胥吏層에 관한 연구로서는 根岸 佶, 『中国社会に於ける指導層』平和書房, 1947을 참고하라.

러므로 (그들의―필자) 권력이 강해지고 奸僞가 날로 더해져서 세상에서 吏胥의 나라라고 일컬어지게 된 것은 바로 이 때문입니다. 지금 마땅히 관제를 조금 개혁하여, 안으로는 작은 부서의 낮은 관직은 쓸데없는 것들을 도태시키고 하나만을 두어 專任케 하며 文武班의 관장들도 역시 각기 한 사람을 뽑아 久任시켜서 治績을 책임지우고, 밖으로는 감사와 수령도 역시 명성과 치적이 있는 사람을 택하여 그 임기를 넉넉히 해주면, 인재는 모자라지 않고 백성은 그 혜택을 받을 것입니다.[60]

정약용이 제시하는 관제개혁의 마지막 항목은 館閣과 臺諫의 폐지이다. 관각은 弘文館과 藝文館이요, 대간은 司憲府와 司諫院이다. 그의 관제개혁안을 보면, 홍문관, 사간원 및 사헌부는 존치되고 예문관만 폐지되어 있는데, 존치된 속아문들은 관각과 대간과 같이 國事 일반을 논하는 것이 아니라 각각 그 속아문에 해당하는 업무만을 담당하도록 했다. 그가 본래 관각과 대간을 폐지하고자 한 것은 陛前에서 國事의 論議[61]와 諫爭의 업무를 독점하는 관제기구를 폐지하고자 한 것이다. 그가 그러한 관제개혁을 하려고 한 의도는 크게 보아 두 가지이다. 첫째는 陛前에서 국사의 논의와 간쟁을 독점하는 기구를 두면, 국사의 논의와 간쟁을 제대로 할 수 있는 실무를 담당하는 일선의 관

---

60) 噫, 專治之工蔑而肄習不精, 久任之法廢而績用不成, 如是也, 故我國之士大夫, 卑歆淸顯, 崇都權要, 而漫不知何事者, 滔滔皆是. 惟吏胥之法, 旣專且久, 體例嫺習, 擧行練熟, 則雖剛明幹識之士, 不能不就問焉, 故權力旣重, 奸僞日滋, 世稱吏胥之國者, 誠以是也. 今宜稍變官制, 內而小司卑官, 汰冗置一, 使之專治, 文武長官, 亦各選委一人, 久任責成, 外而監司守令, 亦擇其有聲績者, 寬其瓜限, 則人才不乏, 而民蒙其利矣. (『全書』一－詩文集八－三十九 後面, 人才策)

61) 夫所謂館閣臺諫之官者, 前古之所無, 而後世偏霸者之所樂爲也. 舜擧二十二人, 各授以職, 而無所謂論思諫諍之職焉. 周之時, 建官至三百, 於斯爲盛, 然無所謂潤色代艸, 立殿陛爭是非而有主之者也. (『全書』一－詩文集十一－七 前面, 職官論一) 여기에서의 '論思'와 '潤色代艸'를 뭉뚱그려서 '國事의 論議'로 표현했다.

료기구들은 정부에서 그 지위가 낮아질 뿐만 아니라 폐전에서 국사를 논하고 간쟁을 할 수 있는 기회가 상실된다는 것이다. 그렇지 않아도 관료들이 실무를 알지 못하여 실무가 서리들에게 맡겨져 있는 나라에서 실무를 담당하는 관료기구의 忽待가 가져오는 폐해가 어떠하리라는 것은 상상하기 어렵지 않다. 둘째는 관각과 대간의 권한이 막대하여 이러한 권한을 획득하기 위한 권력다툼이 치열해진다는 것이다. 이러한 권력다툼이 바로 黨爭이다. 조선시대 당쟁의 爭點을 보면, 국가경영의 과제와는 거의 관계가 없으면서도 이러한 논쟁이 국가경영을 뒤흔들었다는 것이다. 그래서 그는 그 폐해를 다음과 같이 말했다. "어떻게 하면 천하가 다스려질 수 있겠는가. 관각과 대관의 관직을 제거하면, 천하가 다스려질 수 있을 것이다. 어떻게 하면 백성이 안정될 수 있겠는가. 관각과 대관의 관직을 제거하면, 백성이 안정될 수 있을 것이다 어떻게 하면 君德이 바르게 되며, 어떻게 하면 百官이 그 관직을 제대로 수행할 수 있겠으며, 어떻게 하면 기강이 바로 설 수 있겠으며, 어떻게 하면 풍속이 두터워질 수 있겠는가. 관각과 대간의 관직을 제거해야, 군덕이 바르게 되고, 백관이 그 관직을 제대로 수행할 수 있으며, 기강이 확립되며, 풍속이 두터워질 수 있을 것이다."[62] 총괄적으로 말하자면, 국가경영이 올바로 이루어질 수 있도록 관료기구와 인사정책을 정비하는 일이 知人이라 할 수 있을 것이다.

---

62) 天下惡乎治. 去館閣臺諫之官而天下治矣. 百姓惡乎安. 去館閣臺諫之官而百姓安矣. 君德惡乎正, 百官惡乎率職, 紀綱惡乎立, 風俗惡乎敦. 去館閣臺諫之官, 而君德正百官率職, 紀綱立而風俗敦矣. (『全書』一-詩文集十一-七 前面, 職官論一)

맺음말

지금까지 정약용의 정치사상을 국가주권론, 통치원칙론 및 왕정론이라는 세 가지의 차원에서 고찰해 보았다. 유교적 정치사상의 기본내용은 仁政이므로, 이 세 가지 차원은 인정의 세 가지 차원이라 할 수 있다. 유교적 정치사상이 왜 인정을 기본내용으로 하는가 하는 점에 대해서는 몇 가지 설명이 있기는 하지만, 필자가 보기로 그 가장 큰 근거는 국가를 家父長的 共同體로 보는 데 있지 않을까 한다. 가부장적 공동체에 있어서는, 비록 가부장이 가족구성원을 지배한다 하더라도, 가족관계는 기본적으로 온정주의적 시혜와 복종의 관계이기 때문에, 통치의 원칙은 德治主義일 수밖에 없고, 王政은 우주의 만물을 지배·소유하는 제왕이 인민에 대하여 施惠를 베푸는 것으로 이해되는 것이 아닌가 한다. 유교적 정치사상이 인정을 그 기본내용으로 한다고 하더라도, 왕조국가에서 항상 인정이 베풀어진다는 보장은 없다. 폭군은 어느 시대에나 항상 존재했던 것이다. 그러므로 여기서 소개하는 인정은 인정이 유교국가에서 이루어졌다는 것이 아니라, 유교적 정치사상이 그러했다는 것에 불과한 것이다.

우선 국가주권론이다. 정약용은 국가주권론에 있어서 서로 兩立할 수 없는 두 가지의 주권론을 전개한다. 하나는 인민주권론이요, 다른 하나는 군주주권론 즉 皇極論이다. 그런데 이 두 가지의 주권론은 儒學者일 뿐만 아니라 자기시대의 民亂을 극도로 경계하면서 正祖를 모시고 이상적인 中國三代의 왕정을 실현해보고자 했던 정약용의 국가주권론인 것이다. 우리가 만약 그의 정치사상을 하나의 일관된 체계로 이해하려고 한다면, 위의 두 가지 주권론이 서로 양립될 수 있도록 해석되어야 한다. 이를 위해서는 그의 인민주권론이 인민혁명론이 아니라 爲民政治論으로 이해되지 않으면 안 될 것이다. 이렇게 이해하면, 그의 인민주권론과 군주주권론은 民本主義로 수렴될 수 있을 것이다. 그러나 그의 정치사상에 대한 이러한 이해가 그의 민주주의론이 가지는 學門的 의미를 과소평가하는 데로 귀결될 필요는 없다. 왜냐하면 이론은 이론일 뿐이요, 사상은 사상일 뿐이기 때문이다. 사상과 이론이 반드시 일치하리라는 보장은 없다. 그는 군주주권론에 인민주권론을 도입함으로써 보다 강력한 군주주권론을 전개할 수 있었던 것으로 보인다.

둘째는 통치원칙론이다. 유교의 정치론은 기본적으로 민본주의에 입각하고 있기 때문에 통치론도 德治主義를 지향했다. 주자는 道를 행하여 마음에 얻는 바가 있는 것을 덕이라 하고 통치자들이 덕으로써 自修하면 仁政은 스스로 이루어진다고 보는 데 대하여, 정약용은 덕은 구체적으로 孝·弟·慈로서 통치자들이 이것을 가지고 自修하고 인민들에게 敎化를 베풀어서 齊家·治國·平天下가 달성됨으로써 비로소 德治가 이루어진다고 보았다. 주자와 정약용 간의 덕치에 대한 이러한 견해의 차이는 효·제·자에 대한 철학적 인식의 차이에 있었다. 주자는 효·제·자가 인간의 本性이므로 저절로 실천되는 것으로 보는 데 대하여, 정약용은 효·제·자가 直心이기는 하지만 이를 실천함으로써 비로소 이루어지는 것이라 이해했던 것이다. 이러한 견해의 차이는 朱子學은 동양적 중세사회질서의 안정화를 위한 이론인 데 대하여 정약용의 경세학은 위기에 처한 조선왕조를 개혁하려는 이론이었기 때문이다. 덕치주의에서는 통치는 덕치를 위주로 하되, 덕치만으로는 이루어질 수가 없고 法治의 도움을 받아야 한다고 생각했다. 즉 禮主刑補였던 것이다. 그런데 정약용의 덕치주의에 있어서는 덕치주의에서는 드물게 덕치와 법치를 강화하기 위한 법의 제정을 강조하고 있다.

셋째는 王政論이다. 그는 덕치주의에서의 덕의 철학적 해석에 있어서도 實踐을 중요시했지만, 왕정론에 있어서는 특히 그러하였다. 그는 왕정개혁의 기본방향을 知人과 安民으로 잡았는데, 지인의 기본내용은 公選擧이요, 안민의 기본내용은 薄賦斂이었다. 그는 왕정개혁의 기본항목을 井田法의 실시와 관제의 개혁으로 잡았다. 정전법은 왕토의 상징물로서의 公田, 田家의 黃鐘, 9분의 1세의 模楷 및 농가의 陣法이라는 요소를 具有하고 있는데, 그러므로 정전법을 시행하게 되면, 국가의 기본적 존립조건인 재정과 군사력이 저절로 확보된다는 것이다. 그러나 정전법은 산업정책이라는 면에서 農政에 불과하다. 토지로서는 황무지, 산림, 천택, 바다 및 지하자원 등이 있기 때문에, 그는 원포, 임업, 수산업 및 광업을 진흥하여 백성들의 직업을 다양화하는 동시에 田稅 이외에 賦貢을 거두고자 했다. 다시 말하면 농업생산력을 높이고 상공업을 진흥함으로써 인민들을 부유하게 할 뿐만 아니라 농민들에게 부세의 부담을 덜어주려고 했던 것이다. 그리고 그는 위와 같은 왕정을 수행할 수 있는 새로운 官署를 설치하려고 했는데, 그의 관제개혁의 특징은 利用厚生 관서의 설치뿐만 아니라, 實務의 能力이 있는 관리의 양성과 채용을 중요시했다.

총괄적으로 말하면, 정약용의 정치사상은 덕치와 법치를 위한 제도개혁을 단행하고 농업을 비롯한 각종의 산업을 진흥시킴으로써 재정과 상비군을 확보하여 富國强兵을 달성하고자 했다고 요약할 수 있을 것이다.

政治 2 侯戴論

머리말

　종래 다산의 정치사상 중에는 民主主義思想이라고 볼 만한 것이 있다고 하여 국내학계에서 크게 주목되어 왔다. 주지하는 바와 같이 그는 일찍이 「原牧」에서 유교의 정치사상 중에서는 그 유례를 찾아볼 수 없을 만큼 구체적으로 原始民主主義思想을 전개한 바 있다. 더 나아가 그는 「湯論」에서 「원목」의 원시민주주의사상을 가지고 종래 유교의 정치사상사에서 커다란 논쟁거리로 되어 온 放伐의 정당성 문제를 논증하려고 시도했으나, 방벌의 정당성 문제는 단순히 원시민주주의사상만으로써는 논증될 수 없음을 깨닫고, 탕론의 續篇으로 「逸周書克殷篇辨」을 저작하여 世襲的 諸侯들의 帝王推戴論인 侯戴論을 전개함으로써 방벌의 정당성을 논증하려고 했던 것이다.[1] 이렇게 보면 그의 민주주의적 정치사상은 오랜 기간에 걸쳐서 체계적으로 이루어져 온 것임을 알 수 있겠다.

　그런데 기존의 연구는 다산의 이러한 정치사상을 밝히는 데 있어서 여러 가지로 크게 공헌하기는 했으나, 혼란을 수반하고 있는 것도 사실이다. 필자가 보기로 그러한 혼란의 근원은 다산의 정치사상이 여러 가지 방면에서 응당 차지해야 할 자기의 위치가 제대로 설정되지 못하는 데에 기인하는 것으로 보인다. 첫째, 다산의 정치사상이

---

1) 「原牧」, 「湯論」 및 「逸周書克殷篇辨」은 表記의 번거로움을 피하기 위하여 앞으로 인용부호를 생략한다.

유교의 정치사상 중에 위치되어야 할 것인가 아닌가. 둘째, 다산의 정치사상이 동양적 왕조국가의 어떠한 시대의 어떠한 政治體制를 전제로 전개되는 것인가. 셋째, 위의 논문들이 유교적 정치사상에 관한 다산의 학술적 탐구인가 그렇지 않으면 그의 정치개혁 프로그램인가 등. 다산의 정치사상이 여러 방면에서 응당 차지해야 할 자기의 위치를 밝히기 위해서는 적어도 다음과 같은 네 가지의 작업이 필요하지 않을까 생각한다.

첫째, 다산의 이 방면에 관한 핵심적 저작인 原牧, 湯論 및 逸周書克殷篇辨이 우연하게 각각 서로 관계가 없이 저작된 것이 아니라 뚜렷한 목적의식을 가지고 체계적으로 저작되었다는 점이 밝혀져야겠다. 자세히 들여다보면 이 논문들은 원시민주주의와 放伐의 정당성을 논증하는 과정에서 동양적 왕조국가의 統治權의 근원을 밝히고자 하는 체계적인 저작인 것이다. 이러한 점을 밝힘에 있어서 특히 중요한 것은 각 논문들의 저작시기를 확정하는 일이다. 왜냐하면 종래의 연구에서는 각 논문들의 저작시기를 잘못 推定함으로써 각 논문들이 가지는 정치사상사적 위치를 제대로 설정하지 못하게 되어 다산의 정치사상에 대한 恣意的 해석을 허용하고 말았기 때문이다. 그리고 다산의 정치사상을 체계적으로 이해하기 위해서는 위의 논문들 이외에도『經世遺表』,『梅氏書平』및『尙書古訓』등에서 전개되는 그의 정치사상도 아울러 검토되어야 한다. 왜냐하면 위의 논문들에서 피력되고 있는 정치사상은 자기 완결적인 것이 아니라 다산의 전체적 정치사상의 일부에 불과하기 때문이다.

둘째, 위와 같은 다산의 정치사상은 유교의 정치사상 중에 군건히 위치시켜 다루어져야 할 것이다. 종래의 연구에 있어서는 다산의 정치사상이 유교의 정치사상으로서는 예외적인 것이라거나 유교의 정치사상을 벗어나는 것으로 파악하려는 경향이 있었으나, 그의 정치사상을 이렇게 파악하게 되면, 그의 정치사상의 思想史的 위치를 設定하기가 매우 어렵게 된다. 그러므로 필자는 유교의 정치사상 중에서 원시민주주의사상이 誘導될 수 있는 이론적 근거가 있는가를 살펴보고, 또 歷代의 유학자의 저작 중에서 다산의 정치사상과 기본적으로 같은 사상이 있는가를 살펴봄으로써, 다산의 정치사상을 유교의 정치사상 중에 위치시키려고 노력했다. 유교의 정치사상은 필자의 전공분야가 아니므로, 위와 같은 작업에 있어서는 기존의 연구에 크게 의존했다.

셋째, 원목, 탕론 및 일주서극은편변에서 피력되는 정치사상은 기본적으로 어떤 政治體制를 전제로 하고 전개되는 것이라고 볼 수밖에 없으므로, 거기에서 피력된 각 사상들이 어떠한 정치체제를 전제로 하는가를 밝혀야 할 것이다. 이렇게 하기 위해서는 다산이 中國의 역대 정치체제를 어떻게 이해하고 있는가가 밝혀져야 할 것이다. 이 점은 매우 중요한 것인데, 종래의 연구들이 이 점을 무시하였기 때문에 두 가지의 잘못을 범하고 있는 것으로 생각된다.

첫째는 다산의 정치사상을 超歷史的인 것으로 해석하려는 것이요, 둘째는 다산이 암묵적으로 설정하고 있는 정치체제의 역사적 시대구분을 고찰하지 못했다는 것이다. 이와 같은 기존의 연구는 한국의 유교정치사상사에서 정치체제론이 매우 빈곤했던 점에서 연유한 것이 아닌가 생각된다. 이러한 점에서 다산의 정치사상을 정치체제론적 시각에서 다루어보는 일도 그 나름의 중요성을 가진다 할 것이다.

넷째, 다산의 정치사상 중에는 단순한 학술적 탐구와 정치개혁 프로그램이 섞여 있다는 사실을 확실하게 인식해야 할 것이다. 종래의 연구에 있어서는 이 점에 대한 명확한 인식이 없었기 때문에 학술적 입장에서 전개되는 그의 단편적인 정치사상이 그의 政治改革 프로그램인양 해석되는 경우가 많았다. 그러므로 필자는 학술적 입장에서 전개되는 그의 단편적인 정치사상은 그의 정치개혁 프로그램과 구분하여 다루어져야 한다고 생각한다. 원목, 탕론 및 일주서극은편변은 그의 정치개혁 프로그램이 아니라 그의 정치개혁 프로그램을 수행할 국가권력의 자세에 대한 학술적 탐구이다. 이 학술적 탐구가 그의 정치개혁 사상과 어떻게 연결될 수 있는가는 그의 政治體制 선택과 밀접하게 관련될 것이다. 만약 다산이 王朝體制를 부정하고 민주주의체제를 선택했다고 할 수 없다고 한다면, 그의 민주주의적 정치사상은 비록 현실의 왕조체제하에서나마 통치자가 가져야 할 올바른 정치적 자세 究明을 위한 일련의 작업이었다고 해야 할 것으로 생각된다.

1. 논문들의 著述過程

다산의 민주주의적 정치사상을 담고 있는 문헌으로서는 일찍부터 원목과 탕론이 주목되어 왔다. 그리고 이 문헌들은 그 思想的 到達點이 매우 높기 때문에 그의 晚年作으로 여겨져 왔다.[2] 그러나 최근에 다산에 관한 연구가 종래의 정치경제에 관한 것으로부터 經學에 관한 것으로 深化되어 감에 따라서, 그의 정치사상에 관한 문헌이 종래 생각했던 것보다 훨씬 풍부하다는 것이 알려지고, 또 각 著作의 著述時期도 명백히 밝혀지게 되었다.[3] 이러한 점들은 종래의 다산사상에 대한 主觀的 解釋을 배제하는 데 있어서 크게 도움이 되었다.

현재의 연구수준에서 보면, 다산의 민주주의적 정치사상을 담고 있는 基本文獻은 원목, 탕론 및 일주서극은편변 정도이다. 근년의 연구에서야 밝혀진 일주서극은편변의 발견은 그 의의가 논문 한 편의 추가에 끝나지 않는다. 이 논문이 발견됨으로써 위의 각 논문들의 저작시기를 比定할 수 있게 되었고, 또 위의 각 논문들이 연속적인 저작이라는 것이 밝혀지게 되었다. 그리고 이러한 점들이 밝혀짐으로써 위의 각 논문들의 思想史的 位置가 명백하게 된 것이다.

관련문헌의 추가적 발견 중에서 또 중요한 것은 다음의 두 가지이

---

2) 김석형, 「다산(茶山) 정약용(丁若鏞)의 생애와 활동」(『다산정약용선생 탄생 200주년 기념논문』 조선민주주의인민공화국 과학원철학연구소, 1962년, 24면)에서는 그 著作年代에 관하여 다음과 같이 쓰고 있다. "《원목(原牧)》과 《탕론(湯論)》등에서 전개된 민주주의적 사상은 그의 유배시기 인민들과의 생활에서 얻은 고귀한 사상적 결실이었다." 그리고 이 글에서는 「田論」도 茶山의 晚年作으로 斷定하고 있는데, 이러한 주장들은 모두 잘못이다.

3) 다산의 민주주의적 정치사상을 담고 있는 記述이 『梅氏書平』이나 『尚書古訓』 등의 經學關係著述 中에도 많이 있음을 體系的으로 밝힌 연구로는 趙誠乙, 『丁若鏞의 政治經濟改革思想研究』延世大學校 博士學位論文, 1991이 있다.

다. 하나는 『상서고훈』 중의 記述인데, 政治體制的 視角에서 중국의 역사시대를 五帝·三代·秦始皇 以後로 구분한 것이다. 각 시대에는 서로 다른 政治體制가 定立되어 있기 때문에 각 시대의 정치사상은 서로 다를 수밖에 없었지만, 그러나 비록 그 變形態이기는 하지만 유교 정치사상의 기본정신이 정치체제와는 관계없이 一貫되게 관철되어야 한다는 생각이 그 根底에 깔려 있다. 즉, 三代를 理想的인 시대로 보는 유교의 입장에서 진시황 이후의 시대를 부정적으로 보는 시각과 동일한 것이다. 다른 하나는 『경세유표』에서 피력되고 있는 六鄕六遂 論이다. 鄕遂論은 결국 정치체제 개혁론이므로 侯戴論과 관련하여 매우 중요한 의미를 가진다.

아래에서는 위에서 든 중요문헌을 중심으로 각 논문들의 저작연대와 그들 간의 상호관련성을 구체적으로 살펴본다.

다산의 민주주의적 정치사상을 담고 있는 최초의 논문은 원목으로 추정된다. 그렇게 추정하는 이유는 다음과 같다.

첫째, 원목이 속해 있는 '原'이라는 형식의 문체가 주목된다. '원'이라는 문체로 집필된 논문으로서는 원목 이외에 「原教」, 「原政」, 「原德」, 「原赦」 및 「原舞」이라는 5편의 논문이 있는데, 「原赦」에는 "본래 『餛飩錄』에 들어 있던 것을 올려서 「原赦」로 했기 때문에 문체가 다른 것과 같지 않다"[4]는 注가 붙어 있다. 『혼돈록』은 유배 이후의 이른 시기의 저작으로 추정되고 있는데, 이렇게 보면 본래 '원'이라는 문체로 집필된 글들은 유배 이전에 저작된 글일 가능성이 높다. 둘째, 논리가 演繹的이고 문장이 매우 간결한 점이 晩年의 저작들이 문헌고증적이고 문장이 浩澣한 점과 대조된다는 것이다. 이러한 점에서 원목의 문체는 그의 38세 때(1799년)의 저작인 「田論」의 그것과 기본적으로 같

---

4) 『全書』一－詩文集十－二 後面, 原赦.

다.[5] 셋째, 원목은 단순한 학술적 관심에서 집필된 저작이 아니고 직접적으로 一線行政을 담당하고 있었었던 牧民官으로서의 자기 자신의 對民姿勢에 관하여 논하고 있는 것이다. 주지하는 바와 같이 다산은 1797년 閏6월 2일부터 1799년 4월 24일까지 谷山府使로 재임하면서 수많은 民冤事件에 부딪히게 된다.[6] 그는 그때 民의 입장에 서서 이 사건들을 처리한 바 있다. 여기에서 추측할 수 있는 것은, 일선행정에 임했던 목민관으로서 앞의 「전론」이 民의 恒産을 보증할 수 있는 토지제도에 관하여 논한 것이라고 한다면, 원목은 守令의 통치권의 근원을 밝힘으로써 목민관의 대민자세를 제시한 것이다. 그러므로 필자는 원목과 「전론」을 같은 시기에 저작된 것으로 추정한다.

탕론도 원목과 마찬가지로 그 著作年度가 불분명하다. 다만 그 저작의 下限이 1810년인 것만은 분명하다. 1810년에 저작된 『매씨서평』 권6 「仲虺之誥」에는 "또 이러한 擧事는 湯이 처음으로 한 것이 아니다. 神農氏의 시대가 쇠해지자, 黃帝가 이를 토벌했더니, 諸侯들이 이미 복종하므로 드디어 炎帝(神農氏―필자)를 代身했다. 탕이 어찌 이것과 다른가. 黃帝가 부끄럽지 않으면, 탕도 부끄럽지 않다이 뜻은 나의 탕론에도 있다"[7]라는 구절이 있다. 그리고 탕론은 原始民主主義의 문

---

5) 藏書閣所藏의 『洌水全書』續集七의 加筆 「田論」에는 此是己未間所作三十八歲時, 與晚來所論不同, 今亦錄之라는 頭注가 있다. 『洌水全書』는 1834년에 『與猶堂文集』의 一環으로 편집된 것으로 보인다.

6) 丁奎英編, 『俟菴先生年譜』, 1922 참조.

7) 奎章閣所藏의 『梅氏書平』(奎4920) 참조. 李篪衡의 『梅氏書平』과 茶山의 經學』(『茶山經學研究』太學社, 1996, 157면)에 의하면, 『梅氏書平』은 1~4권이 1827년 전후로, 5~9권이 1834년에 각각 修正되었는데, 奎章閣本의 1~4卷은 修正本이고 5~9卷은 草稿本이라고 한다. 위의 引用文 且此擧非湯創爲之也. 神農世衰, 黃帝伐之, 諸侯旣服, 遂代炎帝, 湯何以異是. 黃帝不慙, 湯亦不義見余湯論.은 1834년의 修正本에서는 湯之放桀非湯之創爲之也. 神農氏世衰, 黃帝伐之, 諸侯旣服, 遂代炎帝. 義農之興 想亦如此, 彼皆不慙, 湯亦不慙義詳余湯論으로 되어 있다.

제에 더하여 放伐의 문제를 다루고 있다. 이 때문에 필자는 원목에서 전개된 원시민주주의론을 가지고 中國古代政治思想史에서 매우 중요한 문제였던 放伐의 정당성을 논증하려 한 글이 탕론이라고 생각한다. 그런데 정약용은 1810년대에는 經傳의 箋注에 집중하고 經世之學에는 마음을 쓰지 못했기 때문에, 탕론은 1800년대의 이른 시기에 저작된 것이 아닌가 추측된다.

일주서극은편변은 1834년에 수정된 『매씨서평』 권10에 처음으로 등장하는 것으로 보아, 그의 만년작으로 확인된다. 그리고 일주서극은편변은 "내가 옛날에 탕론을 지었는데, 이제 또 이것을 지어 탕론에 잇는다"라고[8] 하고 있으므로 탕론의 속편임이 분명하다. 일주서극은편변이 탕론의 속편이 되는 이유는 두 가지이다.

첫째는 탕론이 탕왕의 방벌문제를 다룬 것이라면, 일주서극은편변은 武王의 방벌문제를 중점적으로 다루었다는 점이다. 둘째는 탕론에서는 방벌의 정당성을 원시민주주의의 원리만으로써 논증하려고 한 결과, 제후의 세습문제를 제대로 다루지 못한 데 대하여, 일주서극은편변에서는 통치권의 근원으로서 帝命과 侯戴를 제시함으로써 제후의 세습과 방벌의 논리를 함께 제공할 수 있었던 것이다.

위에서 보는 바와 같이, 다산은 논문들을 각각 相異한 시기에 집필하기는 했지만, 거기에서는 논리적 一貫性이 유지되고 있었던 것이다. 원목에서는 爲民政治라는 수령의 올바른 대민자세의 정립을 위하여 목민관의 통치권의 근원을 밝히는 과정에서 원시민주주의론을 전개했으며, 탕론에서는 이를 援用하여 종래 유교의 정치사상사에서 커다란 논쟁거리로 되어 오던 방벌의 정당성을 논증하려 했으며, 일주서극은편변에서는 방벌의 경우에는 제후의 세습문제가 있기 때문에

---

8) 余昔作湯論, 今又書此以續之. (『全書』二 - 梅氏書平四 - 九 前面, 逸周書克殷篇辨)

민주주의론만으로는 그 정당성을 논증할 수 없음을 알고 帝命과 侯
戴 개념을 도입했던 것이다. 이 과정에서 다산의 민주주의적 정치론
은 처음에는 실천적인 자세로부터 출발했으나 점차 학술적인 탐구의
자세로 바뀌어 갔던 것이다.

2. 儒教의 정치사상

　유교의 정치사상이라고 하면, 우리들에게는 그것이 동양의 專制主義를 뒷받침해 온 기본적 정치사상 중의 하나였던 것으로만 이해되어 왔다. 유교의 정치사상이 그 현실적 역할에 있어서 전제주의를 뒷받침해 왔다는 객관적 사실은 부정할 수 없으나, 그러나 그것이 본래 전제주의를 뒷받침하기 위하여 형성된 사상이라고 한다면, 그것은 사실과는 다른 것이라는 것이다. 객관적 사실을 考究해 보면, 원래 전제주의를 뒷받침하기 위하여 형성된 사상은 기원전 6세기의 法家思想으로서, 법가의 정치사상인 法治主義는 嚴刑重罰의 恐怖政治를 가지고 인민을 통치하려고 하는 데 대하여 이러한 법가의 행동을 격렬히 비난하면서 등장한 유가의 정치사상은 德治主義로서 법치주의와는 對蹠的이라는 것이다. 다시 말하면 법치주의는 엄형중벌을 통치의 기본수단으로 삼음으로써 전제주의에 적합적이지만, 덕치주의는 인민들의 자발적 협조를 바탕으로 통치할 것을 주장함으로써 반드시 전제주의와 적합적인 것으로 볼 수 없다는 것이다.[9]

　그러면 유교의 정치사상인 덕치주의는 어떠한 것인가. 우선 孔子의 정치사상으로부터 보기로 한다. 주지하는 바와 같이 공자의 기본사상은 仁이다. 仁은 '仁者愛人'이라던가, '己所不欲, 勿施於人'이라든가, '己欲立而立人, 己欲達而達人'이라고 하는 데서 볼 수 있듯이 自覺的 人間이 다른 사람에 대하여 가지는 同情心 같은 것이다. 그러니까 이 동정심이 인간과 인간의 관계를 規律하는 기본윤리인데, 이 기본윤리

---

9) 이 글에서의 유교의 정치사상에 관한 理解는 기본적으로 李佑成의 「儒教의 政治觀과 近代的 政治理念」(『韓國의 歷史像』 창작과 비평사, 1982)에 따른다. 그러나 要旨의 紹介에 있어서 理論의 再構成이 必要했으므로, 만약 소개에 잘못이 있다면, 그것은 필자의 책임이다.

는 사람이 각자의 위치에서 자기의 역할을 다함으로써 성립할 수 있는 것이다. 그것은 '자기가 하고 싶지 않은 일을 남에게 강요하지 않는' 것이 仁이라고 하는 데서 명백한 것이다.

그런데 공자는 仁을 개인들 간의 기본윤리에 한정하지 않고 정치윤리로 연장·적용할 것을 주장하였다. 그가 仁을 정치윤리로까지 연장·적용할 수 있다고 생각한 것은 '政者正也'라는 그의 표현에서 볼 수 있듯이 그가 '정치는 사람을 바르게 하는' 것이라고 파악하고 있었기 때문이다. 그러면 사람을 바르게 한다는 것은 무슨 뜻인가. 그는 사람을 바르게 한다는 것은 다름아니라 '君君臣臣父父子子'라 했다 즉, 임금은 임금답고, 신하는 신하답고, 어버이는 어버이답고, 자식은 자식다워야 한다는 것이다. 다시 말하면 각자는 자기의 위치에서 자기에게 주어진 소임을 다해야 한다는 것이다. 이것이 이른바 공자의 正名主義로서, 정치는 '그 이름을 바르게 하는 것', 즉 각자에게 자발적으로 각자의 지위에 걸맞은 역할을 하게 하는 것으로써 그 근본을 삼아야 한다는 것이다. 이렇게 하지 않으면 '禮樂不興', '刑罰不中'하기 때문에 올바른 정치가 제대로 이루어질 수 없다고도 하였다.

그러면 각자에게 그 지위에 걸맞은 역할을 자발적으로 하게 하려면 어떻게 하면 되는가. 법치주의는 본래 嚴刑重罰을 통치의 기본수단으로 삼음으로써, 인민들의 자발적 협조를 기대하지 않는다. 그러나 유교의 덕치주의는 본래 인민들의 자발적 협조를 전제로 하고 있으므로 그에 걸맞은 수단을 가지고 위의 목표를 달성하려 할 것이 기대된다. 다시 말하면 儒家는 法家에서처럼 法律로써 강제하는 것이 아니라, 인민들을 道德으로써 敎化하고 禮로써 秩序지움으로써 위의 목표를 달성할 수가 있다는 것이다.[10] 이것이 바로 유가의 정치사상을

---

10) 導之以政, 濟之以刑, 民免而無恥. 導之以德, 濟之以禮, 有恥且格. (『論語』爲政 第二)

덕치주의라 부르는 所以이기도 하다.

위와 같이 고찰하게 되면 여기서 중요한 것은 유교의 정치사상이 어떻게 하여 인민들의 자발적 협조를 전제할 수 있었던가 하는 점이다. 李佑成은 이 점에 대하여 "법치주의를 반대한 공자의 덕치주의는 원래 공동체적 질서에서의 자치의 원리를 근원으로 했던 것이다"라고[11] 지적했다. 이것을 필자 나름대로 표현하면 유교의 기본적인 정치사상인 덕치주의는 部族共同體의 自治의 原理에 그 근원을 두고 있었던 것이다. 여기에서 중요한 것은 부족공동체인데, 그것은 구체적으로 周初의 부족공동체를 가리킨다. 周나라는 封建社會로서 그 諸侯國은 부족공동체의 首長들을 支配階級으로 하였으나, 제후국의 구성단위인 부족공동체는 자치였다고 한다. 그리고 이 자치는 인민들의 자발적 협조를 전제로 이루어질 수밖에 없었고, 이것이 바로 原始民主主義라는 것이다.

그러나 유교의 기본적인 정치사상인 덕치주의는 원시민주주의적 측면만을 가지고 있었던 것은 아니었다. 거기에는 계급사회적 측면도 있었는데, 그것들은 유교의 핵심사상인 仁이나 正名主義에서 바로 찾아질 수가 있다. 공자는 仁은 孝弟慈의 실천에 의하여 달성된다고 했는데, 이것은 이미 家父長制的 秩序를 전제로 하고 있으며, 앞에서 보는 바와 같이 정명주의는 가부장제적 위계질서는 물론 君臣間의 위계질서까지도 포함하고 있는 것이다. 이러한 忠孝思想은 周代封建制에서의 封主와 封臣 간의 관계나 공동체의 成員과 首長 간의 관계에 대응하는 것이었던 것이다. 그러니까 덕치주의는 공동체의 자치라는 측면과 봉건사회의 位階制라는 두 측면을 공유하고 있었던 것

---

11) 李佑成, 前揭論文, 245페이지.

이다.

위에서 보는 바와 같은 공자의 덕치주의는 孟子에 의해서 계승·발전되었다. 그는 정치에 있어서 '不忍人之心'을 강조한 바 있는데, 이것은 공자의 仁을 구체적으로 표현한 것이다. '不忍人之心'으로 '不忍人之政'을 행하면 天下가 크게 다스려진다는 것인데, 이를 실현하기 위한 제도로는 井田과 學校를 들었다. 정전은 恒産을 보장하고, 학교는 敎化를 시행하는 기본제도였다. 맹자는 또 정치에 있어서 임금보다 社稷이, 사직보다 인민이 귀중하다고도 하였다.[12] 위의 것들을 종합해 보면 맹자는 정치에 있어서는 인민을 매우 귀하게 여겨야 하는 것이니, 이들을 배불리 먹이고 도덕적으로 교화해야 천하가 크게 다스려진다는 것이다. 위에서 보는 바와 같이 맹자는 공자의 덕치주의사상을 훨씬 더 구체화시켰다. 단순히 정신적으로 교화할 뿐만 아니라 물질적으로 항산을 보장해야 한다는 것이다.

나아가 맹자는 공자의 덕치주의에서의 공동체 자치의 측면을 民本主義로까지 발전시켰다. 앞에서 보는 바와 같이 맹자는 임금보다 社稷이 귀하고, 사직보다 인민이 귀하므로, 임금은 그들을 배불리 먹이고 교화해야 하는데, 만약 그렇게 하지 못하고 임금이 인민들을 가혹하게 억압하고 착취하면, 임금은 제거되어도 무방하다고 하였다.[13] 이것은 齊나라의 宣王이 湯의 放桀과 武王의 伐紂가 옳은 것인가 하고 물은 데 대한 대답인데, 주지하는 바와 같이 이것은 맹자의 易姓革命사상이다. 그러니까 역성혁명사상인 민본주의도 돌발적으로 나타난, 맹자에게만 固有한 사상이 아니고, 유교의 기본적인 정치사상인 덕치주의로부터 파생된 것임을 알 수 있는 것이다.

---

12) 民爲貴, 社稷次之, 君爲輕. (『孟子』盡心章句下)

13) 賊仁者, 謂之賊, 賊義者, 謂之殘, 殘賊之人, 謂之一夫. 聞誅一夫紂矣, 未聞弑君也. (『孟子』梁惠王章句下)

기원전 221년에 李斯의 건의로 秦始皇이 周나라의 封建制를 폐지하고 郡縣制를 채택함으로써 그 이후 중국에서는 전제국가체제가 점점 공고해져 갔는데, 그러므로 우리들에게는 대개 정치사상으로서도 전제주의가 一方的으로 강화되어간 것으로 생각되기 쉽다. 물론, 정치체제로서 전제국가체제가 강화됨에 따라 이를 粉飾하는 정치사상도 전제주의적으로 강화될 수밖에 없었겠지만, 그러나 전제국가체제의 발전도 순탄한 것만은 아니었던 것 같다. 萬百姓을 客으로 돌리고 천하를 君主 1人의 私物化하는 專制政治體制는 인민들에게 恒産과 敎化를 제대로 보장하지 못함으로써 그들을 빈곤으로 내몰았고, 그때마다 정치체제에 대한 논쟁은 끊임없이 반복되었던 것이다. 그것이 중국의 歷代王朝에서 끊임없이 반복된 봉건론과 군현론 간의 논쟁이었다.[14]

봉건론과 군현론 간의 논쟁은 기본적으로 정치체제에 관한 논쟁이다. 이 논쟁에 있어서, 봉건론자들은 봉건을 公天下라고 하고 郡縣을 私天下라고 하며, 군현론자들은 봉건을 私天下라고 하고 군현을 公天下라고 하는 경향이 있는데, 그 논쟁의 내용이야 어떠하든, 봉건론자들은 대개 통치권의 근원을 인민들에게서 찾는 경향이 있었다. 봉건론자의 한 사람인 明末淸初의 黃宗羲는 다음과 같이 말했다. "옛날에는 天下를 主로 삼고, 君을 客으로 삼았으니, 대개 군이 평생 온갖 힘을 다하여 경영하는 바는 천하를 위하여 그렇게 한 것이다. 오늘날에는 군을 주로 하고 천하를 객으로 하니, 대개 천하의 어디에서

---

14) 이 논쟁에 관한 연구로서는 다음의 문헌이 크게 참고된다. 閔斗基, 「中國의 傳統的 政治像」과 「淸代封建論의 近代的 變貌」(『中國近代史硏究』 一潮閣, 1973), 增淵龍夫, 「歷史認識における尚古主義と現実批判」(『岩波講座』 哲学Ⅳ, 1969) 및 佐藤慎一, 「近代中国の体制構想」(溝口雄三外編, 『アジアから考える』(5) 東京大学出版会, 1994)

나 安寧을 찾지 못하는 것은 군 때문이다."[15] 이상에서 보는 바와 같
이 중국의 역대 정치사상사에서는 전제정치의 弊害가 그 극에 달할
때마다 유교정치사상의 원시민주주의적 측면이 間歇的으로 분출되
었음을 알겠다.

---

15) 古者以天下爲主, 君爲客, 凡君之所畢世而經營者, 爲天下也. 今也以君爲主, 天下爲
客, 凡天下之無地而得安寧者, 爲君也. (『明夷待訪錄』, 原君) 黃宗羲에게도 封建論
이 있었음이 최근에 발견되었다. 이에 관해서는 曺永祿, 「新發見黃宗羲著作二種
과 그 民族思想 문제」(『東洋史學研究』第三十九輯, 1992)를 參照.

3. 정치사상과 시대

위에서 보는 바와 같이 유교의 기본적인 정치사상인 덕치주의는 부족공동체의 자치원리에 근원하고 있었다. 자치는 부족공동체의 구성원들이 스스로가 스스로를 통치하는 형태이므로 필자는 이것을 감히 원시민주주의라 불렀다. 물론 이것은 공동체 레벨에서의 정치에 관한 것이다. 그러나 국가가 自治를 하기에 너무 큰 경우에는 어떻게 될까. 이 경우에도 인민들에 의한 자치가 이루어진다면, 그 자치는 인민들의 선거에 의하여 뽑힌 代議員들에 의한 代議政治가 이루어질 수밖에 없을 것이다. 그리고 여기에서는 아직도 계급이 발생하지 않았으므로 세습적인 통치자는 없다. 위로 皇王으로부터 아래로 里正에 이르기까지 자기의 자리를 관직으로 생각할 뿐이요, 家産으로 생각하지 않았던 것이다. 이와 같은 원시민주주의가 지배하던 시기가 바로 유교에서 말하는 五帝時代로 상정되었다.

그러나 儒學者들이 흔히들 理想的인 시대로 생각하여 온 三代는 그 전 시대인 오제시대와는 그 역사적 樣相을 크게 달리한다. 부족공동체는 전 시대와 같이 기본적으로 유지되고 있지만, 이제 부족공동체의 首長이었던 제후들은 세습적인 통치자가 되고, 국가는 봉건제의 형태를 취하게 된다. 이 경우 國王의 존재가 문제로 되는데, 국왕은 처음에는 제후들에 의하여 推戴되었으나, 그 이후에는 대개 세습되었고 惡政을 행하는 경우에는 放伐되고 제후 중에서 출중한 자가 再推戴되기도 하였다. 그러므로 三代에는 제후들의 推戴政台가 일시적이나마 이루어지게 되는데, 三代를 이상적인 시대로 여기는 유학자들은 이 제후의 추대정치를 가지고 인민들이 나라의 근본이라는 논리를 誘導하고자 했던 것 같다.

기원전 221년에 李斯의 건의를 받아 진시황이 郡縣制를 실시함으로써 專制國家體制가 확립되기는 하지만, 그 이후에도 봉건론과 군현론 간의 논쟁을 통하여 덕치주의의 원시민주주의적인 측면이 民本主義라는 변형된 형식을 빌려서 지속적으로 주장되어 온 사실은 위에서 지적한 바와 같다. 우리가 이 논문에서 검토의 주된 對象으로 하고 있는 원목, 탕론 및 일주서극은편변도 실제로는 위에서 설명해 온 유교적 동양정치사상사의 一環을 구성하는 것으로 봄이 타당하다고 생각된다. 다만 다산의 경우에는 봉건론을 적극적으로 전개하고 있지 않음이 이 문제에 관한 中國의 諸論者들과는 차이가 있다고 해야 할 것이다.[16]

우선 원목부터 살펴보자. 원목에서는 통치자의 통치권의 근원을 문제로 삼고 있다. 여기서 검토되어야 할 사항은 다음의 두 가지이다. 하나는 이 논의가 그것을 전제로 하는 시대의 설정이요, 다른 하나는 통치권자의 선출방식이다. 원목의 핵심적인 내용을 소개하고 이 문제들에 대하여 접근해 보기로 한다.

牧이 民을 위하여 존재하는가, 民이 牧을 위하여 태어났는가. 민이 穀食과 衣服을 내어 그 목을 섬기며, 민이 가마·말·從者를 내어 목을 迎送하며, 민이 膏血과 眞髓를 짜서 목을 살찌게 하니, 민이 목을 위하여 태어난 것이 아닌가. 아니, 아니다. 목이 민을 위하여 존재하는 것이다. 아득한 古之初에는 민뿐이니, 어찌 목이 있었겠는가. 민이 옹기종기 모여 살 때 어떤 사람이 이웃과 다투었으나 판결을 내리지 못하였는데, 어떤 늙은이가 있어서 公辨된 말을 잘하여 나아가 바로잡으니, 이웃이 모두 복종하고 추대하여 함께 받들면서 이름하여 里正이라 했다. 또 數里의 민이 서로 다투었으나 판결을 내리지 못했는데, 어떤 늙

---

16) 趙誠乙의 前揭書, 337~338페이지에서는 다산이 봉건제 지지론자라고 지적되어 있으나, 그렇게 보는 것은 조금 지나친 것 같다. 이점에 관해서는 다음의 「侯戴論과 鄕遂論」에서 명백히 밝힐 것이다.

은이가 있어서 俊秀하고 學識이 많아 나아가 바로잡으니, 數里의 민이 모두 복
종하고 함께 받들면서 이름하여 黨正이라고 했다. 數黨의 민이 서로 다투었으
나 판결을 내리지 못했는데, 어떤 늙은이가 있어서 賢明하고 德이 있어 나아가
바로잡으니, 그 數黨의 민이 모두 복종하고 이름하여 州長이라고 했다. 또 數州
의 장이 한 사람을 추대하여 長으로 삼고 이름으로 國君이라 했으며, 數國의
君이 한 사람을 추대하여 長으로 삼고 이름하여 方伯이라 했으며, 四方의 伯이
한 사람을 추대하여 宗主로 삼고 이름하여 皇王이라 했다. 皇王의 뿌리는 里正
에 있는 것이니, 목은 민을 위하여 존재하는 것이다. 이 시대에는 里正은 민의
願望에 따라 法을 제정하여 黨正에게 올리고, 黨正은 민의 원망에 따라 법을
제정하여 州長에게 올리고, 州長은 國君에게 올리고, 國君은 皇王에게 올렸기
때문에 그 법은 모두 민을 편안케 하였다.

후세에는 한 사람이 自立하여 皇帝가 되고, 그 자식과 동생 및 부하들을 封
하여 諸侯로 삼으며, 제후는 자기의 부하들을 簡擇하여 州長으로 삼으며, 주
장은 자기의 부하들을 推薦하여 黨正과 里正으로 삼았다. 이에 황제는 자기의
욕심에 따라 법을 제정하여 제후에게 주며, 제후는 자기의 욕심에 따라 법을
제정하여 州長에게 주며, 州長은 黨正에게 주며, 黨正은 里正에게 주었기 때문
에, 그 법은 모두 통치자를 받들고 民을 낮추어 보며, 밑을 깎아서 위로 붙이니,
한결같이 민이 목을 위하여 태어난 것 같이 되었다.[17]

---

17) 牧爲民有乎, 民爲牧生乎. 民出粟米麻絲, 以事其牧, 民出興馬騶從, 以送迎其牧, 民
竭其膏血津髓, 以肥其牧, 民爲牧生乎. 曰否否, 牧爲民有也. 邃古之初, 民而已, 豈有
牧哉. 民于于然聚居, 有一夫與隣鬨, 莫之決, 有叟焉, 善爲公言, 就而正之, 四隣咸
服, 推而共尊之, 名曰里正. 於是數里之民, 以其里鬨, 莫之決, 有叟焉, 俊而多識, 就
而正之, 數里咸服, 推而共尊之, 名曰黨正. 數黨之民, 以其黨鬨, 莫之決, 有叟焉, 賢
而有德, 就而正之, 數黨咸服, 名之曰州長. 於是數州之長, 推一人以爲長, 名之曰國
君, 數國之君, 推一人以爲長, 名之曰方伯, 四方之伯, 推一人以爲宗, 名之曰皇王, 皇
王之本, 起於里正, 牧爲民有也. 當是時, 里正從民望而制之法, 上之黨正, 黨正從民
望而制之法, 上之州長, 州上之國君, 國君上之皇王, 故其法皆便民. 後世一人自立爲
皇帝, 封其子若弟及其侍御僕從之人, 以爲諸侯, 諸侯簡其私人, 以爲州長, 州長薦其

위의 인용문이 원목의 핵심 내용이다. 여기서 우선 검토되어야 할 점은 원목이 설정하고 있는 시대이다. 원목에서 설정되어 있는 시대는 '古之初'와 '後世'인데, 고지초는 '民뿐'인 시대이고, 후세는 어떤 자가 민으로부터 '自立'하여 통치자로 된 시대이다. 그러므로 고지초에도 민으로부터 선출된 여러 계층의 통치자들이 존재하기는 하지만, 그들은 그 최고의 통치자를 '皇王'이라고 표현한 데서 볼 수 있듯이, 민이 추앙하는 인물들일 뿐이었으나, 후세에는 통치자가 민으로부터 자립해 버렸기 때문에, 그 최고의 통치자를 '皇帝'라고 표현하는 데서 볼 수 있듯이, 그들은 세습적인 통치자가 되어 버렸던 것이다. 그러므로 원목은 후세와의 대비에 있어서 고지초의 牧民官들의 통치권의 근원을 따지고 있는 것으로 보아야 할 것이다.

고지초에는 민뿐이고 세습적인 통치자가 없었다. 그러므로 부족공동체의 레벨에서는 자치가 행해졌을 것이다. 말할 필요도 없이 완전한 자치는 개인의 자립과 자각을 기초로 하는 자발적 협조에 의해서만 이루어질 수가 있다. 개인의 자립과 자각이 충분하지 않을 경우에는 공동체구성원의 레벨에서 해결될 수 없는 큰 문제의 해결은 출중한 제3자에게 그것을 맡기지 않을 수 없을 것이다. 위의 인용문에서 나오는 통치자들인 里正, 黨正, 州長, 國君, 方伯 및 皇王은 모두 이러한 자들이었다. 그러므로 이 단계에서는 공동체 내부의 문제는 공동체구성원들의 자치에 의하여 이루어지기도 했겠지만, 공동제의 구성원들로서는 해결할 수 없는 문제나 공동체의 레벨을 벗어나는 문제는 일종의 대의정치에 의하여 해결되고 있었던 것으로 생각되었다. 그러나 이 통치자들은 세습적인 지배계급이 아니고 인민들에 의하여

私人, 以爲黨正里正, 於是皇帝循己欲而制之法, 以授諸侯, 諸侯循己欲而制之法, 以授州長, 州授之黨正, 黨正授之里正, 故其法皆尊主而卑民, 刻下而附上, 壹似乎民爲牧生也. (『全書』一-詩文集十-四 後面, 原牧)

선출된 자이다. 다산은 수령의 통치권의 근원의 原型이 바로 여기에서 찾아진다고 본 것이다.

다산 스스로도 인식하고 있는 바와 같이 이것은 어디까지나 고지초의 정치적 상황일 뿐이요, 후세에는 통치자들이 인민들로부터 자립하여 세습적인 존재로 되었다. 그렇다면 왜 후세의 통치자들이 고지초의 정치상황을 정치의 원형으로 삼으려고 했던 것일까. 필자는 여기에 유교정치사상의 특질이 숨어 있는 것이 아닌가 생각한다. 세습적인 통치자들은 실질적으로 天下를 그들의 사유재산으로 소유하고 있지만, 그것을 사유재산으로만 다루어서는 통치가 제대로 이루어질 수 없다는 것이다. 왜냐하면 천하는 바로 통치자의 사유재산이면서 동시에 국가공동체의 공유재산이었기 때문이다. 여기에서 바로 天子의 통치권의 근원이 天命에 있다는 天命思想이 나타나게 되는데, 이 천명사상에서는 天下를 사유하는 天子가 代天理物하는 존재로 이해될 수밖에 없었던 것이 아닌가 한다. 다시 말하면 천하는 통치자의 사유재산이기는 하지만, 그것을 사유재산만으로 여겨서는 안 되고, 천하인의 공유재산으로 관리해야 한다는 것이다. 爲民政治의 民本主義가 바로 여기에 그 근거를 두고 있는 것으로 보인다. 이러한 사상은 유교의 기본적인 정치사상인 덕치주의가 부족공동체의 자치의 원리에서 淵源했다는 사실과 깊은 관계를 가지고 있는 것이다.

다음으로 탕론에 관하여 고찰해 보기로 하자. 탕론은 원목의 통치권의 근원에 대한 論理를 가지고 放伐의 正當性을 논증하려고 한 것이다. 그런데 방벌은 세습적 통치자의 존재를 전제로 하고 있으므로 그 시대가 고지초와는 다르지 않을 수 없다. 그리고 방벌의 정당성은 통치권자의 세습의 문제가 있으므로 원목에 있어서의 통치권의 근원에 대한 논리만을 가지고는 완벽하게 논증될 수도 없는 것이다. 따라서 탕론은 그 자체로서는 논리의 완결을 이루지 못하고 있다· 이러한 점들에 관하여 아래에서 고찰해 보기로 한다.

  무릇 天子는 어떻게 하여 존재하게 되는 것인가. 장차 하늘이 비 내리듯 내려서 천자를 세운 것인가. 아니, 샘솟듯 땅에서 솟아나 천자로 된 것인가. 5家가 隣이 되는데, 5家에서 長으로 추대된 자가 隣長이 되며, 5隣이 里가 되는데, 5隣에서 長으로 추대된 자가 里長이 되며, 5鄙가 縣이 되는데, 5鄙에서 長으로 추대된 자가 縣長이 된다. 여러 縣長이 함께 추대한 자가 諸侯가 되며, 諸侯가 함께 추대한 자가 天子가 되니, 天子란 것은 多衆이 추대하여 이루어진 것이다. 무릇 多衆이 추대하면 이루어지고, 역시 多衆이 추대하지 않으면 이루어지지 않기 때문에, 5家가 和睦하지 못하면, 5家가 의논하여 隣長을 바꾸며, 5隣이 화목하지 못하면, 25家가 의논하여 里長을 바꾸며, 9侯·8伯이 화목하지 못하면, 9侯·8伯이 의논하여 天子를 바꾼다. 9侯·8伯이 天子를 바꾸는 것은 5家가 隣長을 바꾸는 것과 같으니, 25家가 里長을 바꾸는 것을 누가 臣이 즐겨 君을 쳤다고 하겠는가. 또 바꿀 때에는 천자로 될 수 없게 할 뿐이요, 내려가서 제후로 복귀하는 것은 허락하기 때문에, 唐侯를 朱라 하며, 虞侯를 商均이라 하며, 夏侯를 杞子라 하며, 殷侯를 宋公이라 하는데, 단절하여 제후가 되지 못하게 한 것은 秦이 周에 대하여 한 것으로부터 시작한다. … 漢나라 이후로 天子가 諸侯를 세우며, 諸侯가 縣長을 세우며, 縣長이 里長을 세우며, 里長이 隣長을 세우니, 감히 공손하지 못한 것이 있으면 이름하여 逆이라고 했다. 그 逆이란 것은 무엇인가. 옛날에는 下而上했으니, 下而上이 順이었으나, 오늘날에는 上而下하니, 下而上은 逆이다.[18]

---

18) 夫天子何爲而有也. 將天雨天子而立之乎. 抑涌出地爲天子乎. 五家爲鄰, 推長於五者爲隣長, 五鄰爲里, 推長於五者爲里長, 五鄙爲縣, 推長於五者爲縣長. 諸縣長之所共推者爲諸侯, 諸侯之所共推者爲天子, 天子者, 衆推之而成者也. 夫衆推之而成, 亦衆不推之而不成, 故五家不協, 五家議之, 改鄰長, 五鄰不協, 二十五家議之, 改里長, 九侯八伯不協, 九侯八伯議之, 改天子. 九侯八伯之改天子, 猶五家之改鄰長, 二十五家之改里長, 誰肯曰臣伐君哉. 又其改之也, 使不得爲天子而已, 降而復于諸侯則許之,

위에서 보는 바와 같이 탕론이 설정하고 있는 시대는 원목에서 설정하고 있는 古之初도 아니요 後世도 아니다. 고지초는 세습적 통치자가 없는 시대요, 후세는 專制權이 성립해 있는 시대인 데 대하여 탕론이 설정하고 있는 시대는 그 中間의 시대, 즉 三王時代였던 것이다. 말할 필요도 없이 이 三王時代는 夏·殷·周의 三代인데, 이 시대에는 세습적 통치자인 제후는 이미 성립해 있었으나 아직도 專制君主는 出現하지 않은 시대였다. 그러므로 이 시대에는 비록 天子가 존재한다고 하더라도 그는 전제군주가 아니므로 제후들의 추대 여부에 따라서 교체될 수도 있었던 것이다. 역사적 사실로서는 夏의 始祖인 禹는 禪讓을 받아 새로운 왕조를 창건하였으나, 殷의 시조인 湯과 周의 시조인 武王은 放伐에 의하여 새로운 왕조를 창건하였던 것이다.

탕론에서는 위의 방벌의 정당성이 원목에서의 통치권의 근원에 대한 논리를 가지고 論證되고 있다. 그러나 원목과 탕론은 각각 相異한 시대를 설정하고 있기 때문에 통치권의 근원에 대한 설명이 같을 수 없는 것이다. 다산은 이러한 어려움을 극복하기 위하여 보다 추상적인 논리수준인 下而上과 上而下의 논리를 전개하기는 하였으나, 끝내 권력세습의 문제에 관해서는 합리적인 설명을 할 수가 없었다. 오히려 방벌이 도덕적으로도 정당하다는 것을 보이기 위하여 唐·虞·夏·殷의 諸王朝가 비록 멸망하기는 하였으나 제후로는 복귀하였다고 설명함으로써 세습적 통치자가 없는 민주주의적 관점에서 보면 허용될 수 없는 논리적 모순을 범하고 있는 것이다. 따라서 다산은 이러한 논리적 모순을 극복하기 위하여 탕론의 속편을 저작하지 않을 수 없

故唐侯曰朱, 虞侯曰商均, 夏侯曰杞子, 殷侯曰宋公, 其絶之而不侯之, 自秦于周始也. … 自漢以降, 天子立諸侯, 諸侯立縣長, 縣長立里長, 里長立鄰長, 有敢不恭其名曰逆. 其謂之逆者何. 古者, 下而上, 下而上者, 順也, 今也, 上而下, 下而上者, 逆也. (『全書』一－詩文集十一－二十四 前面, 湯論)

었던 것이다.

다음으로 탕론의 속편이 되는 일주서극은편변에 관하여 살펴보도록 하겠다. 일주서극은편변이 탕론의 속편이 되는 이유는 다음의 두 가지가 아닌가 한다.

첫째, 탕론이 湯의 放伐問題를 다룬 데 대하여 일주서극은편변은 武王의 방벌문제를 다루었다는 점이다. 둘째, 일주서극은편변은 탕론에서 통치자의 世襲問題를 고려하지 못하였기 때문에 범할 수밖에 없었던 논리적 모순을 극복하기 위하여 帝命과 侯戴의 개념을 도입하였다. 여기서 만약 帝命을 유교의 정치사상에서 보이는 天命이라 이해하고 후대를 제명이 지상에서 具現되는 형태로 이해한다면,[19] 이 제명과 후대의 개념이 그의 원시민주주의 사상의 연장선상에서 출현하는 것이라고 이해할 수 있을 것이다. 즉, 원시민주주의가 세습적 지배자가 없는 五帝時代에서의 인민들의 주권행사과정이라고 한다면, 제명과 후대는 夏·殷·周三代의 세습적 제후들의 주권행사 과정인 것이다.

오늘날의 사람들은 秦 이후의 안목으로 秦 이전의 시대를 우러러 바라보니, 만 가지의 사물이 하나도 거꾸로 보여지고 비뚤어지게 보이지 않는 것이 없는데, 湯王과 武王의 일이 그 가장 큰 것이다. 그것이 秦 이후의 법과는 하늘과 땅만큼이나 서로 같지 않은 것은 거기에는 두 가지의 단서가 있으니, 하나는 帝命이요, 하나는 侯戴이다.

帝命이라 하는 것은 무엇인가. 옛날 사람들은 하늘을 섬김에 있어서 모두 이를 진실로 믿고 두렵게 敬畏하는 것이 後世에 帝王의 자리를 다투는 자들이 거짓 핑계를 대면서 하늘의 뜻이라고 일컫는 것과는 같지 않았다. 저 敬畏하는 마음으로 밝게 섬기는 사람들은 上帝에 그 정성이 닿아 능히 몸소 密訓

---

19) 여기서의 帝命과 侯戴의 관계는 『中庸』 제22장의 天道와 人道의 관계에 비유될 수 있다. 후대는 바로 地上에서 제명을 實踐하는 것으로 위치시킬 수 있는 것이다.

을 받들고 밝게 天命을 아니, 제왕이 되려는 자는 이러한 인물을 얻지 못하면 감히 나라를 다스리지 못하는데, 조상의 遺業을 이으려는 자는 이러한 인물을 얻은 연후에라야 좋은 정치를 이루어서 중흥할 수 있으며, 王朝交代의 때를 맞이한 사람도 이러한 인물을 얻은 연후에야 天命을 받들어서 새로운 王朝를 세울 수 있다. … 侯戴라 하는 것은 무엇인가. 民이 모여서 長을 구하며, 長이 늘어서서 지도자를 구하는데, 각각 한 지도자를 세워서 이름하여 제후라 한다. 제후 중에서 출중한 자가 있으면, 서로 회의하고 추대하여 천자라 부른다柳宗元이 말한 뜻이다. 천자의 자손들이 不肖하여 제후들이 받들지 않으면 역시 편안히 이를 받아들이며, 분발하여 중흥하는 자가 있어서 제후들이 다시 찾아가 朝會를 드리면, 역시 편안히 받아들이고, 지나간 일은 묻지 않는다. 만약 暴虐하고 酒色에 빠져서 萬民을 殘害하는 자가 있으면, 서로 회의해서 제거하고, 또 한 사람의 출중한 자를 추대하여 천자로 삼는다. 제거하는 경우에도 역시 일찍이 宗祀를 끊고 후손을 滅하는 일은 없고, 물리쳐서 본래의 제후의 위치에 복귀시킬 뿐이다.[20]

---

20) 今人以秦以後之眼, 仰視秦以前之天, 其萬事萬物無一非倒景斜光, 湯武其最大者也. 其與秦以後之法, 天壤不侔者, 厥有兩端, 一曰帝命, 一曰侯戴. 其云帝命者, 何. 古人事天, 皆誠信而忧畏之, 非如後世爭王之人, 憑依假託而稱天也. 厥有虔心昭事之人, 格于上帝, 能躬承密訓, 灼知天命, 爲帝王者, 不得此人, 不敢以爲國. 承祖考之緒者, 得此人然後, 能致治以中興, 値鼎革之際者, 得此人然後, 能受命而肇業, 故少康得靡, 以復禹緒, 太戊得陟, 以正殷綱, 湯得伊尹, 以代夏政, 文武得尙父, 以殪商戎, 非其智謀才術無敵於天下也. 乃其神明之衷, 能格知天命, 故立之爲師, 詢其言而順之. 故方其出師而伐罪也, 敢爲大言曰, 帝命殛之, 不敢不征. 此非矯誣上帝, 憑空自言得帝之明命也, 帝謂文王, 誠有是也. 自秦以降, 邪說充塞, 正路榛莽, 祠五方祠后土, 以媚邪神. 事有可欲, 卽鷙發以攫之, 不必仰質於天命. 弱肉强呑, 力服而威制, 天亦縱之而不理也. 眼貫於此, 何以信古之帝命乎. 此僞書之所以作也. 其云侯戴者, 何. 民聚而求其長, 長列而求其帥, 各立一帥, 名之曰侯. 侯之中有翹楚, 相與會議以戴之, 名之曰天子柳宗元之意. 天子之子若孫不肖, 諸侯莫之宗也, 亦安而受之, 有奮發以中興者, 諸侯復往朝之, 亦安而受之, 不問其往事也. 有暴虐淫荒, 以殘害萬民者, 則相與會議以去之, 又戴一翹楚者, 以爲天子, 其去之者, 亦未嘗殄其宗祀滅其遺胤, 不過退而復其原初之侯位而已. (『全書』二－梅氏書平四－八 前面, 逸周書克殷篇辨)

일주서극은편변이 설정하는 시대는 기본적으로 탕론의 그것과 같다. 여기서도 탕론에서와 마찬가지로, 五帝時代와 三王時代와의 구분은 명확하지 않으나, 三代와 秦始皇 이후와의 구분은 克明하게 이루어져 있다. 그러나 여기서는 통치자의 세습문제를 고려하면서 방벌의 정당성을 입증하기 위하여 下而上의 논리 이외에 帝命과 侯戴의 개념을 도입하게 된다. 후대는 下而上과 上而下의 개념이 혼합되어 있는 것으로 보인다. 왜냐하면 후대에서의 주권행사의 주체는 세습적 제후로 설정되어 있기 때문이다.

우선 帝命의 내용을 보기로 한다. 제명은 上帝의 명령 곧 天命인데,[21] 여기서 천명의 내용이 무엇인가는 밝혀져 있지 않다. 다만 논리적으로 보아 천명은 인민들의 所望이 그 내용이 아닌가 추측된다. 그러면 통치자는 이 천명을 어떻게 認識할 수 있는가. 위의 인용문에 따르면 조상의 유업을 이어서 중흥하려는 자나 王朝交代의 때를 맞이하여 새로이 帝王이 되려는 자 등 무릇 제왕이 되려는 자는 경건한 마음으로 밝게 섬겨서 上帝의 密訓을 받은 신하를 얻어야만 천명을 알고 나라를 세울 수 있다는 것이다. 이것은 곧 왕조의 정당성을 代天理物의 논리에서 찾고 있는 것이다. 즉, 통치자는 자기의 개인적인 뜻을 가지고 통치하는 것이 아니라 天地萬物의 主宰者인 上帝의 뜻, 곧 帝命에 따라 통치하는 것이다. 여기서는 통치권의 근원이 제명에 있으므로, 구태여 통치의 정당성을 人民들의 同意에서 구할 필요는 없게 되는 것이다. 따라서 통치권이 세습된다고 하더라도 제명을 충실히 이행하기만 하면 그 정당성이 확보될 수 있게 된다. 이것이 바로 통치권의 세습이 정당화되는 논리인데, 이러한 논리가 역대의 왕조에

---

21) 다산의 상제 개념에 대해서는 「茶山思想에서 '上帝' 도입경로에 대한 序說的 고찰」과 「茶山思想에서 '上帝'의 도입경로와 성격」(이동환, 『실학시대의 사상과 문학』 지식산업사, 2006)을 참조하라.

의하여 악용되어 온 사실은 주지하는 바와 같다. 다산도 이 점에 대하여 銳利하게 인식하고 있었기 때문에 侯戴의 논리로써 그 남용을 막고자 했던 것이다.

다음으로 侯戴에 관해서 살펴보자. 후대는 三代의 封建制社會에서 제후들 중에서 출중한 자가 천자로 추대된다는 내용이다. 그러므로 천자는 제후들이 추대하면 이루어지고 제후들이 추대하지 않으면 이루어지지 않는다는 것인데, 이것은 바로 탕론에서의 下而上의 논리인 것이다. 다만 후대에 있어서는 人民들에 의해서가 아니고 제후들에 의해서 추대된다는 점에 주의할 필요가 있다. 여기서 다산은 이 차이점을 크게 의식하지 않고 있는데, 그러나 이 차이점은 시대설정을 달리하게끔 하는 매우 중요한 사항이다. 일주서극은편변에서는 제후들이 인민들에 의하여 선출되는 것처럼 묘사되어 있지만 三代의 제후들은 그러한 존재가 아니었던 것이다. 그들은 인민들에 의하여 선출된 것도 아니었고 단순히 천자의 임명만으로 성립하는 것도 아니었다. 그들은 기본적으로 자력에 의하여 사실상의 세력으로서 성립해 있었던 것이다.[22]

위에서 우리는 원목, 탕론 및 일주서극은편변에서 피력된 다산의 정치사상을 여러 각도에서 살펴보았다. 아래에서는 시대와 정치체제를 중심으로 위의 논의들을 정리해 봄으로써 다산의 정치사상구조를 보다 명백하게 드러내어 볼까 한다.

우선 정치체제를 기준으로 하는 시대구분인데, 그는 『尙書古訓』「堯典」에서 진시황 이전의 시대를 五帝時代와 三王時代로 구분하고 있

---

22) 이러한 諸侯의 實相에 대하여 다산은 다음과 같이 지적하고 있다. 原夫公侯伯子之國, 棋布星羅, 父傳子承, 自黃帝以來, 根深蒂固, 其來已久, 非有大罪, 不可殄滅, 旣無廢者, 何以興之. 公侯伯子, 非天官太宰之臣, 所能擇立也. (『全書』二 – 尙書古訓 五 – 二十四 前面, 康誥)

다. "禪讓으로 물려받는 것은 천하를 官으로 하는 것이요, 대대로 세습하는 것은 천하를 家로 하는 것이니, 그 禮가 스스로 같을 수가 없다. 오늘날 三王의 예로써 억지로 五帝에 빗대니, 어찌 맞겠는가. … 五帝가 天位를 보기를 官署·驛亭과 같이 했으니, 帝京에 七廟를 세웠다는 것도 역시 알 수 없는 것이다."[23] 이와 같이 진시황 이전의 시대를 五帝와 三王의 시대로 나누는 것은 다산에게만 독특한 것이 아니다. 이미『漢書』나『文獻通考』에도 이러한 記述이 보이고 있으며,[24] 특히 戊戌變法時의 何啓·胡禮垣의 共著『新政眞詮』에서는 "권력이 오로지 君에게로 돌아간 것은 秦·隋의 시대이며, 권력을 君·民이 均霑한 것은 成·康의 시대이며, 권력이 인민에게 잡혀 있는 것은 堯·舜의 시대이다. 堯·舜의 법은 좋았으며, 成·康의 법은 보통이며, 秦·隋의 법은 나빴다"고까지 하고 있다.[25] 따라서 중국의 역사시대를 정치체제론을 기준으로 五帝時代, 三王時代 및 진시황 이후로 나누는 데에는 무리가 없다.

圖1 時代別 政台思想

時代	五帝時代	三王時代	秦始皇以後
統治權의 根源	人民의 選出	侯戴·帝命	帝命
統治者의 選出節次	下而上	下而上·上而下	上而下
權力의 交代樣式	禪讓	放伐·世襲	世襲
政治體制	原始共同體 (民主制)	封建制 (君臣共主制)	郡縣制 (君主制)

---

23) 議曰, 禪受者, 官天下, 傳世者, 家天下, 其禮自不得相同. 今以三王之禮, 冒之五帝, 其有合乎. … 五帝之視天位, 如官署·驛亭, 立七廟於帝京, 亦未可知. (『全書』二 – 尙書古訓二 – 十三 後面, 堯典)
24) 閔斗基, 前揭書, 222페이지.
25) 앞의 책, 254페이지.

다음으로 시대별로 통치권의 근원, 통치자의 선거절차, 권력의 교대 양식 및 정치체제를 분류·정리해 본 것이 圖1이다. 圖1에 의하면, 五帝時代는 원시공동체로서 그 정치체제는 민주제였다. 권력의 교대양식은 禪讓이었는데, 통치자의 선거절차는 下而上, 즉 아래로부터 위로였으므로 통치권의 근원은 인민의 선출에 있었다. 바로 이 시대가 유교의 정치사상이 거기로부터 淵源한 바의 '共同體의 自治'가 가장 순수한 형태로 행해지던 시대이다. 三王時代는 봉건제사회로서 정치체제는 君臣共主制였다. 이 시대는 貴族政治時代이므로 권력은 원칙적으로 세습되었으나, 때로는 방벌에 의하여 교체되기도 했으므로, 통치자의 선거절차는 下而上과 上而下가 혼재되어 있었고, 통치권의 근원은 帝命에서 찾아지기도 하고 侯戴에서 찾아지기도 하였다. 유교가 一貫되게 이 공동체적 自治의 유습과 계급사회의 정치원리가 공존하는 이 삼왕시대를 이상적인 정치시대로 받아들이는 것은 유교가 아직도 공동체적 유습이 짙게 남아 있는 이 君臣共治時代에 형성되었다는 사실과 깊은 관계를 가지고 있는 것으로 보인다. 진시황 이후의 시대는 군현제사회로서 정치체제는 (專制)君主制였고, 권력의 교대양식은 전적으로 세습이었으며, 통치자의 선거절차는 上而下이고, 통치권의 근원은 帝命에서 찾아졌다.

위의 고찰로부터 알 수 있는 바와 같이 다산은 相異한 역사시대에 상이한 정치체제가 있음을 매우 명확하게 인식하고 있었음이 틀림없다. 그리고 다산 스스로가 살고 있었던 시대는 五帝時代나 三王時代가 아님은 말할 필요도 없겠는데, 그럼에도 불구하고 그가 전제군주체제하에서 原始民主主義나 放伐의 정치원리를 제기하는 의도는 어디에 있었던 것인가. 이러한 논의들이 그가 依據하고 있는 유교의 정치사상을 그 근본에서 究明해 보려는 학문적 욕구에서 출발하였다는 것은 말할 필요도 없겠는데, 그러면 그러한 학문적 노력을 그의 단순한 학문적 호기심으로만 치부해도 좋을 것인가. 아래에서는 그의 독창적 학설이라고 생각되는 侯戴論을 들어서 그것이 그의 政治改革 프로그램과 어떻게 관계되는지를 살펴보도록 한다.

4. 侯戴論과 鄕遂論

다산이 원목, 탕론 및 일주서극은편변에서 전개하고 있는 정치사상을 그의 정치적 자세의 정립을 위한 학문적 검토로 보아야 할 것인가, 그렇지 않으면 그의 정치개혁 프로그램으로 보아야 할 것인가는 그의 정치사상 연구에 있어서 매우 중요한 사항이다. 종래의 연구에서는 위의 논문들에서 제시되고 있는 정치사상을 개혁 프로그램으로 보려고 하였기 때문에 그 연구의 방향이 잘못 설정되는 경우가 많았던 것으로 생각된다. 당연한 논리적 귀결이지만, 그의 정치사상을 개혁 프로그램으로 설정하게 되면, 거기에서 필연적으로 요구되는 것이 민주주의 혁명이다. 따라서 기존의 몇몇 연구들은 그 민주주의 혁명의 원동력을 조선후기의 民亂에서 찾으려고 하였다.[26]

다산의 정치사상을 이와 같이 해석하게 되면, 여기에는 여러 가지 무리가 따르게 마련이다. 우선 가장 소박한 질문으로서 다산이 과연 民主主義革命論者였느냐 하는 것이다. 다산 연구자라면 대개 동의하겠지만, 다산을 그러한 사람으로 평가하는 것은 무리일 수밖에 없다. 그리고 다산은 조선후기의 비참한 인민들의 사정에 대하여 매우 同情的이었지만, 조선왕조체제를 전복시키려는 민란에 대해서는 매우 敵對的이었다는 사실이 있다. 조선후기의 민란이라면 아마도 洪景來亂을 그 가장 큰 것으로 꼽지 않을 수 없을 것이다. 주지하는 바와 같이 1811년에 홍경래의 난이 발생했을 때, 비록 실행하지는 못했지만,

---

26) 이러한 경향의 대표적인 연구로서는 趙光, 「丁若鏞의 民權意識硏究」(『亞細亞硏究』 Vol. XIX No.2, 1976)를 들 수 있다. 위와 같은 노골적인 주장을 하는 것은 아니지만, 다산의 정치 사상이 전개될 수 있는 현실적 근거를 조선후기의 民亂에서 찾는 연구로서는 林熒澤, 「茶山의 民主政治思想의 이론적·현실적 근거」(姜萬吉 外 編, 『茶山의 政治經濟 思想』 창작과 비평사, 1990)가 있다.

다산은 곧 왕조체제의 옹호를 위한 「全羅道倡義通文」을 起草하였으며, 또 1812년에는 민란에 대한 대책을 위하여 『民堡議』를 저작하였다. 이미 잘 알려져 있는 바와 같이 그는 王權의 강화를 통하여 개혁을 실현하려는 왕권강화론자이며, 또 正祖의 股肱之臣이기도 하였다.

그러면 민주주의론은 차치하고라도 그의 創意的 사상이라고 볼 수 있는 侯戴論은 과연 그의 정치개혁 프로그램이었을까. 주지하는 바와 같이 茶山의 국가체제에 대한 改革思想은 1817년에 저작된 『經世遺表』에 집약되어 있다. 『경세유표』는 개혁의 모형을 『周禮』의 六官體制에서 따오는데, 未完成稿이기 때문에 그렇게 되었는지는 모르겠으나, 기술의 중점은 地官의 井田制에 놓여 있다. 그러나 天官에 관한 기술도 그 분량이 상당히 많은데, 그 속에는 국가체제의 개혁방안으로서 「匠人營國圖」와 「一遂九坊圖」가 삽입되어 있다. 그런데 『경세유표』에서 정치·경제의 개혁사상으로서 이 鄕遂制와 井田制가 나란히 포함되어 있다는 사실이 가지는 다산의 정치사상사에서의 의미는 예사롭지 않다. 이 두 가지는 다같이 『주례』의 匠人條에서 開物成務의 2大 分野로서 들어지고 있기도 하기 때문이다.[27]

정전제의 실시가 開物成務의 기본분야라는 것은 『경세유표』에서 잘 설명되어 있다.

"況且 우리 東方은 천지개벽 이래 그 山林, 川澤, 丘陵 및 原濕이 모두 그 원래의 바탕을 가진 채로 오늘에 이르렀으니, 混沌은 뚫리지 못하고 質朴한 기운은 흩어지지 않았다. 지금 이 큰일은 遂人과 炎帝의 개물성무의 시작이며, 黃帝와 堯舜이 전지를 區劃하고 經理하던 政事이다."[28]

---

27) 『周禮』 冬官 考工記 匠人條 참조.
28) 況我東方, 自天地開闢以來, 其山林川澤丘陵原隰, 皆以本質, 遂至今日, 混沌未鑿,

鄕邃制의 실시가 개물성무의 분야로서 가지는 중요성은 정전제의 경우처럼 뚜렷하게 설명되어 있지 않기는 하지만, "賦斂을 公平하게 하며, 征役을 均等히 하며, 軍旅를 다스리며, 禮器를 바르게 함에 있어서 무릇 큰 規模와 節目은 모두 六鄕의 政事에 있다"[29]고 하는 데서 볼 수 있듯이 鄕邃制에 관한 다산의 논의가 정치개혁으로서 지니는 중요성은 가히 짐작될 수 있는 것이다.

鄕邃制의 실시가 開物成務의 분야로서 가지는 의미는 국토를 도시와 농촌으로 구획하고, 직업에 따라 인민을 각 지역으로 배치하는 데서 볼 수 있다. 井田制의 실시가 井字形으로 田地를 정리함으로써 크고 작은 수로와 도로를 건설하고 防禦線을 설치하여, 국토의 모습을 일신함으로써 개물성무를 위한 一大工事가 되었듯이, 향수제의 실시는 국토를 도시와 농촌으로 구획하고 직업에 따라 전국의 인민을 각 지역에 배치함으로써 인간의 삶의 공간을 크게 일신하게 할 뿐만 아니라 인민들의 직업을 뚜렷이 구분함으로써 園圃, 임업, 수산업 및 광업 등 새로운 산업의 개발에 착수하려고 했던 것이다. 말하자면 향수는 정전에 못지 않는 開物成務의 분야가 되었던 것이다.

향수제에 의한 國土區劃은 圖2 匠人營國圖에 잘 나타나 있다. 장인영국도의 국토구획에 있어서 중요한 점은 두 가지인데, 첫째는 국토를 도시와 농촌으로 구획하는 일이요, 둘째는 도시를 또 기능별로 여러 지역으로 구획하는 일이다. 그런데 이러한 계획의 수립에 있어서 다산에게 어려웠던 점은 기능별로 구획된 각 지역의 위치를 어떻게 比定하는가 하는 문제였다. 도시와 농촌, 그리고 도시에 위치해야 할 王

大朴未散. 今此大事, 乃燧人炎帝, 開物成務之始, 黃帝堯舜, 區畫經理之政. (『全書』五－經世遺表七－三十七 前面, 井田議一)

29) 平賦斂均征役, 治軍旅正禮器, 凡大規模大節目, 都在六鄕之政. (『全書』一－詩文集二十一－九 後面, 答申在中)

圖2 匠人營國圖

地方

遂	鄉	後市	鄉	遂
遂	鄉	王宮	鄉	遂
遂	鄉	面朝	鄉	遂

地方 (왼쪽) 　　　　地方 (오른쪽)

地方

宮, 面朝 및 後市의 위치를 비정하는 일은 어려운 일이 아니었다. 이 위치 비정에 있어서 어려운 문제는 六鄉과 六遂의 위치를 어떻게 결정할 것인가 하는 것이다. 다산은 여러 가지의 논증 과정을 거쳐서 그 위치를 다음과 같이 비정하고 있다. "「考工記」에서 장인이 國都를 경영할 때, 四方九里의 국도를 9區로 나누었는데, 역시 井田의 모양이었다. 중앙이 왕궁左廟와 右社가 그 가운데 있다이 되며, 그 앞뒤가 面朝와 後市가 되니, 9區에서 3區가 除해진다朝라는 것은 뭇 官署이니 우리나라의 六曹諸司와 같다. 그 나머지 6區에 士民이 거주하는데, 이것이 六鄉이 된다."[30] "鄉의 바깥을 遂라 하는데, … 오직 왕성의 좌우에 각각 三遂가 있게 하는 것은 鄉이 위치하는 방법과 같다."[31]

그러면 다산은 왜 정통적인 학설에 따라서 六鄉과 六遂의 위치를 王城으로부터의 100리 이내나 200리 이내로 비정하지 않고, 육향은

---

30) 考工記匠人營國, 方九里而九分其國, 亦井田形也. 中爲王宮左廟右社, 在其內, 面朝後市, 九分除其三矣朝者, 百官之署. 如我六朝諸司. 其餘六分, 士民居之, 是謂六鄉. (『全書』 二－尙書古訓三－四十 前面, 甘誓)

31) 鄉外曰遂, … 唯王城左右, 各有三遂, 如鄉法也. (『全書』二－尙書古訓三－四十一 前面, 甘誓)

왕성 내에 위치시키고, 육수는 왕성과 인접한 곳에 있는 것으로 비정하였는가. 다산이 육향과 육수의 위치를 그렇게 비정한 것은 그 나름의 經典에 대한 考證을 통해서이기는 하지만, 그의 논증의 결과는 국토를 기능별로 구획하되 우선 도시와 농촌을 명확하게 구분하려는 意識에서 행해졌음을 알 수 있다. 그가 중세 사회에 살면서도 도시와 농촌을 명확히 구분하려는 의도는 어디에서 나왔을까. 이 문제는 작은 문제가 아니므로 別稿로 다루고자 한다.[32]

다산이 장인영국도에서 국토를 기능별로 구획하는 또 하나의 목적은 인민을 직업별로 각 지역에 집중적으로 배치하자는 것이었다. 인민들을 직업별로 각 지역에 집중적으로 배치하려는 것은 이렇게 함으로써 士農工商으로 하여금 자기의 직업에 전업하게 하도록 하기 위함이었다. "오늘날 우리 나라는 士農工賈가 서로 섞여서 구별이 없다. 한 村落內에 四民이 뒤섞여 있을 뿐만 아니라 한 몸뚱이 안에 네 가지 직업을 두루 갖추고 있으니, 이것이 하나의 技術도 이루어지지 않고 온갖 일이 그 법도가 없는 까닭이다. … (농촌에─필자) 비록 士族으로서 농사짓지 않는 자가 섞여서 살고 있다 하더라도 拘碍될 것은 없으나, 商工의 二民은 邑城中에 모으지 않을 수 없는 것이다."[33] 그리고 "士는 士와 더불어 살게 하고, 工은 工과 더불어 살게 한 것은 그 기술을 精銳하게 하기 위해서이다齊語에 보인다."[34]

---

32) 필자는 「茶山의 鄕遂論」이라는 별도의 논문을 준비하고 있다. 이 문제에 관한 상세한 점은 이를 參照해주기 바란다.

33) 今我邦, 士農工賈混雜無別, 不唯一村之中四民雜處, 抑亦一身之內四業兼治, 此所以一藝無成, 百事無法. 然以田束之, 四四相統, 則不可不從古也. 雖其間有士族不農者, 參錯介居, 不可拘也. 若夫工商二民, 不可不聚之於邑城之中. (『全書』五─經世遺表八─七 前面, 井田議二)

34) 士與士居, 工與工居, 欲其藝之精專也見齊語. (『全書』五─經世遺表十三─十七 後面, 教民之法)

향수제의 실시가 정전제의 실시 못지않게 開物成務의 중요한 분야가 됨은 위에서 보는 바와 같다. 그러면 정치제도의 개혁으로서의 향수의 실시는 위와 같은 조치만으로 충분한 것인가. 위에서 본 바와 같이 향수제의 실시는 농촌과 도시를 분명히 구별하고 職業間의 분업을 촉진시키자는 조치였으니, 그것만으로도 훌륭한 정치제도의 개혁임은 말할 필요도 없겠다. 그러나 향수제를 제대로 실시하기 위해서는 또 하나의 작업이 필요하지 않았을까. 만약 향수가 都農間 및 職業間의 원활한 분업을 촉진하기 위한 개혁방안이라면, 거기에서는 당시의 조건 속에서 그들 간의 원활한 분업을 가능케 하는 국토의 크기는 얼마일까 하는 문제가 남는다.

유학에서 이상적인 시대로 추앙되고 있는 三代王政의 기본적 구성요소는 井田, 封建, 學校 및 卒乘이었다고 한다. 봉건제도하에서 국토의 크기는, 王畿는 1千里요, 公侯伯子男의 諸侯는 50~100里였다. 당시의 교통 사정을 감안했을 때, 王畿가 하나의 分業單位로 되기에는 너무 넓어 보이지만, 諸侯國이라면 하나의 분업단위로 묶어도 큰 어려움은 없어 보인다. 여기서 우리는 다산의 侯戴論을 想起해 보자. 만약, 鄕遂論이 封建制를 전제로 전개되는 것이라면, 향수론과 후대론 간에는 논리적 정합성이 있어 보인다. 그러나 다산은 향수론을 봉건제의 일환으로서가 아니라 郡縣制의 일환으로서 전개하고 있는 것이다.[35]

다산의 향수론과 후대론의 관계가 위와 같은 것이라고 한다면, 그의 정치사상과 정치개혁안의 관계는 어떠하였을까. 그들 간에 아무런 논리적 관계가 없었던 것은 거의 분명해 보인다. 그렇다면 原牧, 湯論 및 逸周書克殷篇辨에서 전개되고 있는 그의 정치사상이 그의 사상

---

35) 다산은 『經世遺表』에서 地方制度로서 郡縣制를 채택하고 있다.

체계 내에서 차지하는 위치는 어떠한 것일까. 그것이 그의 實踐的 政治改革思想이 아니었다는 것은 분명한 것으로 보인다. 그것은 통치자의 자세를 올바로 가다듬기 위한 학술적 검토였던 것이다.

맺음말

　위에서 원목, 탕론 및 일주서극은편변에서 전개되고 있는 다산의 정치사상을 여러 각도에서 살펴보았다. 이미 거기에 관해서는 重言復言하였으므로 더 이상 언급할 필요를 느끼지 않는다. 다만 이 글의 말미에서 지적해 두고 싶은 것은 다산의 정치사상을 연구하는 今日的 意義가 어디에 있는가 하는 것이다. 다산의 정치사상에 관한 기존의 연구들은 거기에서 民主主義思想의 一端을 볼 수 있다는 데 커다란 흥미를 가졌던 것 같다. 만약 다산의 정치사상에서 민주주의의 일단을 발견할 수 있다면, 그것은 韓國史에 있어서도 內在的으로 근대화의 싹이 형성되고 있음을 보여주고 있는 것이 아닌가 하는 것이다. 종래의 한국사 연구에서는 他律史觀 내지 植民地史觀의 극복이 역사학의 큰 과제였으니, 그러한 연구 경향은 당연히 예상될 수 있는 것이다.

　그러나 다산의 정치사상에 대한 필자의 관심은 이것과는 크게 다르다. 종래의 조선후기 연구에 있어서는 韓國近現代史의 전망을 제국주의의 침략에 저항하면서 전개되는 내재적 및 자립적 발전에서 모색해 보려는 것이었으나, 이제는 한국근현대사가 세계자본주의에 대한 저항과 협력 속에서 전개되어 왔음이 점점 명백하게 된 것이다. 다시 말하면 한국근현대사는 세계자본주의에의 캐치업 과정이었다는 것이 명백하게 된 것이다. 40년 간에 걸친 선진자본주의와의 협력과정을 통한 한국경제의 고도성장과 자립경제를 고집해 온 北韓의 몰락을 보면서, 종래의 한국현대사의 전망이 얼마나 꿈속에서 헤매고 있었던가를 痛烈히 自己反省하지 않을 수 없는 시점에 도달한 것이다.

　그렇다면 도대체 다산의 정치사상에 관한 연구의 意義는 어디에서 찾을 수 있는가. 한국현대사의 전개가 자립적인 것이 아니라 현대세계사의 일환이었다는 것은 앞에서도 언급한 바와 같지만, 그러나 그것은 밖으로부터 밀려오는 세계사적 영향을 주체적으로 수용할 수 있을 때에만 성공적일 수 있었던 것이다. 다시 말하면 한국현대사는 內在的인 요인과 外在的인 요인이 복합적으로 작용하는 場이므로, 우리들에게는 어느 하나도 소홀히 다룰 수 없는 연구과제들이다.

현명한 독자라면 이미 이해했겠지만, 이 내재적인 요인 혹은 주체적 조건은 반드시 근대적인 것일 필요는 없고, 근대를 수용할 수 있는 능력이면 충분한 것이다. 물론 이 능력이라는 것도 어떤 旣成品은 아니고, 밖으로부터 近代를 受容하여 스스로 근대로 변신할 수 있는 능력일지도 모르겠다. 여기서는 내재적인 것이 처음에는 근대에 대하여 反撥하고 排斥한다고 하더라도 近代世界와 접촉하는 과정에서 近代受容主體로서 굳건히 성장해 가는 점이 중요하다. 그리고 이 수용과정은 물론 자발적인 것만은 아니고 강제되는 경우도 있었을 것이다. 따라서 다산의 민주주의 사상도 그 자체로서는 근대적 民主主義思想이라고 할 수 없지만, 歐美의 自由民主主義思想을 받아들이는 한국인의 정치의식으로서 자리매김될 수 있지 않을까 하는 것이 필자의 생각이다.

본론에서 다산의 민주주의사상을 다소의 무리를 각오하고서라도 유교의 정치사상에 위치시켜보려는 의도는 다음과 같다. 그것은 다산의 민주주의사상이 비록 다산에게서만 볼 수 있는 것이라고 하더라도, 儒學者라면 그러한 사상을 가질 수 있는 잠재적 능력을 가질 수 있음을 보여주기 위해서다. 앞에서도 지적했지만, 유교의 덕치주의에는 민주주의적 측면만 있는 것이 아니고 位階制的 秩序를 합리화하는 측면도 있다. 階級社會에 있어서는 후자가 더욱 두드러질 수밖에 없었지만, 그러나 유교의 정치사상은 專制國家體制下에서도 전자를 유지해왔다. 그 증거는 유교의 정치사상에서는 대개 三代를 이상적인 시대로 관념하는 데서 찾아질 수 있지 않을까. 그러므로 유교의 정치사상 중에는 그 중간에 여러 가지의 우여곡절이 있기는 하겠지만, 구미의 민주주의를 받아들일 수 있는 大衆的 基盤이 있었다고 보아야 하지 않을까.

진정한 민주주의의 실현을 위해서는 개인의 자립과 자각을 전제로 하는 天賦的 자유와 인권에 대한 법률적 보장이 반드시 필요할 것이다. 部族共同體의 자치나 유교의 기본적인 정치사상인 德治主義에 있어서 위와 같은 천부적인 자유와 인권사상이 없었던 것은 분명하지만, 그러나 거기에서도 위에서 살펴온 바와 같이 그나름의 인간의 자유와 인권에 대한 사상은 있었다. 위의 고찰을 통하여 이들의 실상이 조금이라도 분명하게 밝혀졌다면, 그것은 望外의 所得일 것이다. 정치학은 본래 필자의 전공 분야가 아니므로 자유민주주의와 다산의 민주주의에 있어서 자유와 인권의 의미가 어떻게 같고 다른지에 대한 본격적 해명은 동양 정치사상사 전공자들의 연구를 기다릴 수밖에 없다.

제3부

經濟 1　農業經營論

經濟 2　「田論」에 대한 새로운 解釋

經濟 1 農業經營論

머리말

朝鮮社會停滯論의 극복을 목표로 설정된 조선후기사에 관한 연구 방향은 오늘날 커다란 역사적 전환점을 맞이하지 않을 수 없는 것으로 보인다. 이러한 연구방향은 종래 조선사회의 內在的 發展의 여러 모멘트를 탐구하여 조선이 세계자본주의의 침략을 받지 않았더라도 스스로 자본주의화할 수 있었을 것이라는 命題의 妥當性을 증명하려고 한 것인데,[1] 革命을 통하여 자본주의세계와의 관계를 단절함으로써 민족독립을 달성한 後進社會主義國인 중국·북조선의 정체·동요와 세계자본주의에 포섭된 가운데 진행된 한국·대만의 中進資本主義化는 위와 같은 명제를 현실의 역사과정 속에서 정면으로 부정하고 있는 것이다. 따라서 이러한 이념적으로 설정된 내재적 발전의 논리와 그 연장선상의 朝鮮後期資本主義萌芽論은 당연히 역사적 현실을 土臺로 재검토되지 않으면 안 된다. 이 小論은 다산의 농업경영론의 분석을 통하여 이러한 작업을 시도해 보려는 것이다.

주지하는 바와 같이 다산 정약용(1762~1836)은 한국실학의 집대

---

[1] 자본주의맹아론의 命題는 1939년 12월에 집필된 毛澤東의 「中國革命과 中國共産黨」이라는 논문에서 처음으로 제기되었다. 「중국 봉건사회 내의 상품경제의 발전은 이미 자본주의의 맹아를 培養하고 있었다. 가령 외국 자본주의의 영향이 없었다고 하더라도, 중국은 역시 서서히 자본주의사회로 발전해 갔을 것이다. (毛澤東選集刊行委員會編譯『毛澤東選集』第四卷 三一書房, 1952, 170페이지))

성자이다. 그는 20~30대에는 중앙과 지방의 官吏生活을 영위하였으나, 40~50대에는 流配生活 중에서 儒敎經典과 조선왕조의 국가개혁방안에 관한 연구에 몰두하였다. 그 과정에서 그는 경세치용지학과 이용후생지학을 기반으로『경세유표』,『목민심서』및『흠흠신서』를 저술했는데, 그것들은 단순히 기존의 국가개혁방안들을 집대성한 것이 아니라 국가개혁방안에 대한 그의 창안이 그 골격을 이루고 있다. 그의 국가개혁방안에는 당연히 토지제도를 비롯한 여러 가지 制度의 改革方案이 그 중심으로 되어 있지만, 거기에는 그 당시의 경제활동의 본령인 농업경영론도 그 일환으로 포함되어 있다. 그의 농업경영론으로서는 閭田論에서 피력된 집단경영론(이 소론에서는 集團經營論은 다루지 않는다)과『경세유표』에서 피력된 個別經營論이 있다. 양자는 집단경영과 개별경영이라는 차이는 있으나, 모두 국가경제적 입장에서 전개되었다. 그러므로 이 경영론들은 물론 국가경제에 필수불가결한 穀物耕作을 중심으로 그 논의가 전개된다. 이를 '經營論 1'에서 다룬다.

그러나 다산은 개별농가적 입장에서도 농업경영론을 전개하고 있는데, 이 경영론은 주로 贈言 및 家誡 등에서 다루어지고 있다. 이 개별농가적 입장에서 다루어지는 농업경영론은 국가경제적 입장에서 다루어지는 농업경영론과는 그 性格이 매우 다르다. 그것은 국가경제적 입장에서 농업경영론을 전개할 경우에는 개별경영이 국가경제에 얼마나 기여할 수 있는가가 經營成果의 判斷基準이 되겠지만, 개별농가적 입장에서 그것을 전개할 경우에는 그 경영이 개별농가의 生計에 얼마나 도움이 되는가가 판단기준이 될 수밖에 없다. 특히 商品經濟가 활발하게 발전하고 있는 조건하에서는 재배작물의 수확이 생계와 직접적으로 연결되는 것이 아니라 그 收益性을 통하여 연결된다. 여기서 개별농가의 입장에서는 개별농가가 穀物의 耕作을 위주로 할 것인가, 商品作物의 경작을 위주로 할 것인가, 多角經營을 할 것인가는 오직 개별농가의 수익성과 관련되는 것이다.

다산은 개별농가의 입장에서 경영론을 전개할 때에는 상품작물의 재배를 매우 중요시하였다. 당시의 모든 농가가 상품작물을 재배할 수 있는 능력이 있다고 보고 있는 것도 아니고, 또 '大城·名都' 등의 도시 이외에서 아무런 상품작물이나 경작할 수 있다고 보지도 않았지만, 도시 부근의 大農인 경우에는 상품작물의 경작이 매우 수익성이 높을 것으로 보고 있었다. 그 스스로는 地主自作으로서 상품작물을 경작할 수 있는 능력이 있었던 것이며, 그가 贈言하고 있는 자들도 이러한 계층에 속한다고 보고 있었다. 그러나 그의 이 경영론에서는 상품작물에의 專業은 결코 권하고 있지 않다. 오히려 그는 곡물경작과 더불어 상품작물의 재배를 권고하고 있는 것이다. 따라서 이 경영론은 多角經營論이라 할 수 있다. 이를 '經營論 2'에서 다룬다.

그러면 다산의 이러한 농업경영론을 가지고 旣存의 조선후기 농업사 연구에 대하여 어떠한 문제를 제기할 수 있는가. 우선 지적할 수 있는 것은 당시의 상품경제의 조건하에서는, 곡물의 수익성에 비하여 경제작물의 수익성이 높고, 곡물의 경작은 그다지 수익성이 없었다는 것이다. 기존의 연구에 있어서는 수익성이 있는 富農的 農業經營을 곡물경작에서 찾고 있는데, 이 점은 재검토되어야 하지 않을까. 둘째, 실학자들의 농업경영론은 당시의 조건하에서 실현 가능한 先進的인 농업경영을 말하고 있을 뿐이요, 農業經營의 現實 自體를 논하고 있었던 것은 아니었다. 다시 말하면 실학자들의 부농적 농업경영론은 하나의 理想이지 現實 그 자체는 아니었다. 그럼에도 불구하고 기존의 연구에 있어서 실학자들의 농업경영론의 검토를 통하여 부농경영의 사례를 검출하는 것은 史料解讀에 있어서 문제가 있는 것이 아닐까. 셋째, 실학자들의 농업경영론은 국가경제적 입장에서 피력되기도 하고, 개별농가적 입장에서 피력되기도 하였는데, 기존의 연구에 있어서는 이 입장의 차이를 구별하지 못하고 있다.

　기존의 연구에 위와 같은 문제점들이 있다고 인식하고 있는 이 小論은 다산의 농업경영론을 다룸에 있어서 다음과 같은 점에 특히 留意하고자 한다. 그것은 당시의 山林經濟論 일반이 그러하지만, 다산의 농업경영론과 농민경영의 현실 간에는 큰 乖離가 있었다는 사실이다. 이 점을 명확하게 밝히기 위하여 이 소론에서는 다산의 농업경영론을 조선후기의 농민경영의 현실에 卽해서 다루고자 한다. 여기서의 농업경영의 현실이란 다산의 조선후기의 農家經濟에 대한 認識과 茶山家의 농업경영이다. 兩者의 對比는 실학자들이 지향하고자 하는 농업경영과 농가경영의 현실 간의 차이를 명백히 할 수 있을 것이며, 이를 통하여 조선후기의 선진적 농가경영의 실태가 밝혀질 수 있을 것이다.

1. 조선후기 小農經濟의 實態와 茶山家

조선후기의 농가경제의 실태에 관한 연구에 있어서 金容燮에 의한 일련의 量案에 관한 연구[2]가 크게 주목을 받아 왔다는 사실은 주지하는 바와 같다. 그리고 그의 연구는 '經營型富農論'을 적극적으로 전개함으로써 해방 이후의 조선후기사의 연구방향을 내재적 발전론과 그 연장선상의 자본주의맹아론으로 크게 회전시켰다는 것 또한 사실이다. 그러므로 이 양안에 관한 일련의 연구는 이 방면에 관한 여타의 여러 연구의 중심축이라고 하여도 과언은 아닐 것이다. 그러므로 그의 연구는 조선후기사, 특히 조선후기 농업사의 연구에 있어서 크게 중시되지 않으면 안 된다.

그러나 근년에 와서는 이 양안에 관한 연구에 대하여 근본적인 의문이 제기되기에 이르렀다. 이러한 의문은 李榮薰의 양안에 관한 일련의 연구[3]에 의하여 제기되었는데, 그 의문점은 다음의 두 가지이다. 첫째는 양안의 史料的 성격에 관해서이다. 김용섭은 양안상의 起主를 기준으로 경영단위인 농가를 파악하는 데 대하여 이영훈은 기주를 기준으로 곧바로 농가를 파악할 수 없다는 것이다. 이영훈의 연구에 의하면, 양안상의 기주에는 농가의 세대주뿐만 아니라 그들의 조상, 자제 및 노비들이 다수 기재되어 있다는 것이다. 그러므로 하나의 起主는 한 농가세대가 아닌 것이며, '기주=농가세대'설은 당연히 재검토되어야 한다는 것이다. 매우 충격적인 보고이다.[4] 둘째, 김용섭은

---

2) 金容燮, 『朝鮮後期農業史研究』Ⅰ·Ⅱ 一潮閣, 1976·1977.
3) 李榮薰, 『朝鮮後期經濟史研究』한길사, 1987 및 「光武量案의 歷史的 性格. (安秉直 外編, 『近代朝鮮의 經濟構造』比峯出版社, 1989)
4) 이영훈의 지적 이전에도 起主의 史料的 性格에 대해서는 여러 가지의 문제 제기가 있었다. 그 중에서 가장 중요한 지적은 量案에서 地主가 제대로 檢出되지 않는다는 것이다.

양안의 橫斷面分析을 통하여 농민경영의 분화를 검출하였으나, 이영훈은 收稅帳簿인 籌板의 時系列分析을 통하여 농민경영의 분화를 파악하려고 했다. 이 시계열분석에 의하면 김용섭의 연구와는 달리 조선후기의 농민경영이 부농과 빈농으로 兩極分解를 하는 것이 아니라 부농의 下降과 빈농의 上昇을 통한 中農肥大傾向을 보인다는 것이다. 농민경영의 계층분해를 파악하는 방법으로서는 횡단면분석보다 시계열분석이 뛰어난 방법이라는 것은 더 말할 필요가 없는 것이지만, 여기서는 우선 조선후기의 농민층 분해의 방향에 대하여 양설이 대립하고 있다는 점만을 지적해 두고자 한다.

이상의 지적에서 볼 수 있듯이 양안의 분석을 통해서는 양안에 관한 새로운 해독방법이 고안되지 않는 한, 조선후기의 농민경영의 실태를 近似的으로라도 파악하기 어려울 것으로 생각된다. 그러면 수세장부인 籌板의 사료적 성격은 어떠한 것이었을까. 조선시대에 있어서는 조세수취의 원칙이 有田則有租이었으므로 주판에 기재된 인명은 당연히 토지소유자였을 것이라 추측할 수 있을 것이다. 그러나 조선후기의 三南地方에 있어서는 토지소유자가 아니라 경작자가 조세를 납부하는 것이 일반적인 관행이었다고 하므로 삼남지방의 주판에는 경작자가 기재되어 있었을 가능성도 배제할 수 없을 것이다. 그러므로 주판자료도 양안상의 기주가 가지는 자료적 문제에 더하여 소작인이 기록됨으로써 발생할 수 있는 자료적 문제가 있지 않았을까 추측된다. 양안에서든 주판에서든 거기로부터 農家世帶를 검출하는 문제는 앞으로의 연구에서 그 해결책이 나오기를 기대할 수밖에 없을 것으로 보인다.

더 나아가 그 이외에도 이영훈의 연구에 있어서 자료상의 한계는 있는 것으로 보인다. 그가 분석한 자료는 宮莊土와 屯土에 관한 자료이다. 일반 民有地에서의 농민경영이 莊土의 그것과 같은 것이었는지

어떤지는 단언할 수 없다. 여기서 우리들은 조선후기의 농민경영을 분석하기 위하여 민유지에서의 농민경영 실태를 바로 알려주는 자료를 필요로 하는 것이다. 이러한 자료로서 우리는 다산이 손수 작성한 家坐表에 주목하고자 한다. 이 가좌표는 종래 다산에게만 특유한 것으로서 일반적으로는 작성되지 않았다고 생각되어 왔다.

그러나 다산은 그의 「戶籍議」에 이 가좌표를 싣고, "세상의 수령된 자들은 호구를 총괄할 때마다 반드시 家坐冊子를 작성하나, 卷帙이 浩大해서 考檢에 불편하다"고[5] 하고 있으며, 『俟菴先生年譜』에서도 "오늘날의 수령된 자들은 의례히 가좌책자를 작성하나, 소략하고 핵심을 얻지 못할 뿐만 아니라 번잡하고 요령을 얻지 못하여 한갓 백성을 어지럽히고 있으니 진실로 소용이 없는 것이다"고[6] 하고 있는 것으로 보아 조선후기에는 가좌책이 널리 작성되고 있었던 듯하다. 최근에 전라남도 구례군 吐旨面의 『吐旨面家坐(姓名)成冊』(2책으로서 각각 1890년과 1895년의 것이다)이 발견되었는데,[7] 이것으로 보더라도 당시에는 가좌책이 일반적으로 작성되었던 것을 알 수 있겠다.

그런데 다산이 작성한 谷山府의 가좌표 12권은 물론 현재 남아 있지 않다. 그것은 "坊里로 나뉘어져 考檢에 지극히 편리하다. 이에 만민의 빈부와 허실, 강약과 고락이 손바닥 보듯 환해서 숨겨진 것이 없다"고[8] 할 만큼 상세한 것이었으나, 오늘날에는 그 片鱗이 남아 있을 뿐이다. 그것은 그의 「호적의」와 『목민심서』의 호적조에 실려 있는

---

5) 世之爲守令者, 每一括戶, 必爲家坐冊子, 然卷帙浩大, 不便考檢. (『全書』一 - 詩文集 九 - 二十四 前面, 戶籍議)

6) 今之爲守令者, 例爲家坐冊子, 然疎而不核, 煩而寡要, 徒以擾民, 實無所用. (정규영 편, 전게서, 正祖21年 閏六月條)

7) 『吐旨面家坐(姓名)成冊』

8) 別其坊里, 考驗極便, 於是萬民之貧富虛實强弱苦樂, 瞭然指掌, 無所幽隱. (丁奎英, 前揭書, 正祖21年 閏六月條)

가좌표의 모형인데, 양자는 기재 내용에 있어서 약간의 出入이 있으나 기본적으로 동일한 것이다. 가좌표의 梨峒里는 谷山府의 어느 마을이고(谷山府 東村面 梨花峒里로 比定된다), 南塘里는 다산이 유배생활을 했던 康津縣의 橘洞이 아니었던가 추측된다(橘洞은 寶巖面에 있었고 南塘里는 縣內面에 있었다. 그러나 남당리는 尹氏의 世居地가 아니었고, 귤동 역시 바닷가에 있었으므로 남당리라 가칭한 것이 아니었던가 생각된다). 따라서 전자는 스스로 곡산부에서 작성한 가좌표에서 부분적으로 傳寫한 것이요, 후자는 유배생활 중에 직접 조사한 것으로 보아도 좋을 것이다. 가좌표에 등장하는 인물들은 동리명과 마찬가지로 虛名이라고 생각되지만, 기재 내용은 당시의 농가경영 실태를 近似的으로 나타내 주는 것일 것이다.

기재사항은 신분, 직역, 가옥, 전답, 돈, 家口, 노비, 과수, 가축 및 배 등인데, 농민의 신분 및 재산에 관한 중요항목은 거의 망라되어 있다. 그러나 이 항목에는 농민의 재산상태에 관하여 중요한 것이 다 들어 있다고 말할 수는 없다. 우선 이동리의 항목에서는 논이 기록되어 있지 않고, 남당리의 항목에서는 밭이 기록되어 있지 않은 것이다. 이러한 사실은「호적의」에 실려 있는 가좌표와 비교하여 보아도 곧 알 수 있는 것이다. 그럼에도 불구하고 우리는 이 가좌표에 농민들의 재산상태가 개략적으로 나타나 있을 것으로 생각한다. 왜냐하면 전답의 기재가 누락된 것은 이 가좌표가 모형이기 때문에 의식적으로 빠뜨린 것이라는 것을 알 수 있으며, 이 표의 기재항목에 있는 것 외에 농민의 중요한 재산이 별도로 없어 보이기 때문이다.

家坐表

梨峒里	品	世	客	業	役	宅	田	錢	丁	女	老	弱	恤	奴	婢	種	畜	船	鍤
李世昌	鄉		成川2年	農		5	10日		3	2	男1	男1		雇2			牛1		
金以得	良	3		農	布2	3	5日		2	2		女1					小1		
崔東伊	良	2		估	布1	6		百		2	男1女1	男1					馬1		
安尙文	士	7		科		7	10日		3	2	男1	女2		1	1	梨20	牛1		
鄭一得	良		伊川1年	冶	錢1	3			1	1	女1								2
朴起同	良	3			布1	2					男1	男1	鰥						1
趙正七	良	4		估	錢1	8	7日	百	3	1	女1			1			中1		
林汝三	私	2		倡		3	2日		2	2	女1								
黃世云	驛		遂安3年	吏		5	7日		1	1									

南塘里	品	世	客	業	役	宅	畓	錢	丁	女	老	弱	恤	奴	婢	種	畜	船	鍤
尹世文	士	7		科	束1	瓦20	10石	千	5	3	男1	男1女1		4	4	竹大	牛2馬1		
尹世武	士	7		武		瓦10	4石	百	1	1		男1		1	1		牛1		
尹鏷	士	5		科	束1	10	10斗		2	2	女1	女1		1	1	柿10	牛1		
李億同	良	3		漁	米1	2					男1	女1	鰥						
河召史	良	2				2						女1	寡						1
吳以才	良	2				2				1	1		盲						1
孫喜云	良	5		估	布1米1	5	10斗	3百	2	2	男1						大1		
高昌得	中		南平5年	校		10	2石	百	2	2	女1	男1		雇1			牛1		
白老味	私		光州2年	冶	米1	3	2斗		1	1									2

備考 : 1. 다산이 작성한 가좌표는 『목민심서』 호전6조의 「戶籍」과 「戶籍議」에 각각 있는
데, 여기에서 인용한 것은 前者이다.

이제부터 가좌표의 기재내용에서 농민들의 경제상태를 알아보도록 하자. 우선 눈에 띄는 것은 이동리와 남당리 간에는 농민들의 경제상태에 있어서 큰 격차가 있어 보인다는 것이다. 이 표에서는 곡산부의 경우는 비교적 가난한 마을을, 강진현의 경우는 비교적 부유한 마을을 선택했기 때문에 두 지역의 농민들의 경제상태에 있어서 커다란 격차가 생긴 것으로 생각할 수도 있겠으나, 곡산부는 粟作 중심의 旱田지대요, 강진현은 米作 중심의 水田지대라는 지역성이 보다 크게 반영되어 있을 것으로 생각된다. 그러므로 다산은 「호적의」의 가좌표에서는 이동리의 李世昌·安尙文·趙正七이 각각 논 3마지기, 5마지기, 7마지기를 가지고 있었고, 남당리의 尹世文·尹世武·尹鑠·孫喜云·高昌得·白老味는 각각 밭 30일 갈이, 10일 갈이, 3일 갈이, 5일 갈이, 7일 갈이, 2일 갈이를 가지고 있었으나, 과감히 생략한 것이 아닐까. 양 지역의 농민들의 경제상태에는 큰 격차가 있었던 것 같다.

이제 각 지역의 농민의 계층분화를 보기로 한다. 우선 이동리를 보면 농민들 간에 토지소유, 가옥칸수, 가족수, 노비나 雇工의 수, 가축수에 있어서 격차는 뚜렷하나 계층분화가 있었다고 보기는 어려울 것 같다. 왜냐하면 토지소유의 규모에 따라 가족수와 노비나 고공의 수가 대체로 대응하고 있는 것처럼 보이기 때문이다. 다만 상인인 조정칠은 가족수 6인, 노 1에 불과한데, 「호적의」의 가좌표에서는 밭 9일 가리, 논 7마지기의 소유자로 기록되어 있으므로 그가 상인이라는 점을 고려하면 항상적으로 타인노동을 고용했을지도 모르겠다. 이에 대하여 남당리의 경우는 계층분화가 뚜렷이 보이나, 농민들 간에는 토지소유, 가옥칸수, 가족수, 노비나 고공의 수, 가축수에 있어서 격차가 매우 뚜렷한데, 그 격차는 토지소유 규모에 있어서 더욱 뚜렷이 보인다. 윤세문·윤세무·고창득은 각각 200마지기, 80마지기, 40마지기의 畓을 소유하고 있는데, 그들은 또한 가옥칸수, 가족수, 노비나 고공의 수, 가축수에 있어서도 다른 농가에 비하여 월등하다.

그러면 토지소유 규모의 격차는 어디에서 온 것일까. 19세기 초에 강진에서는 상품경제가 어느 정도 발달하고, 노동력의 상품화도 성행하였으므로[9] 강진읍에서 가까운 거리에 있는 南塘里의 농민계층분화는 상품경제의 발달에 기인했을 가능성이 없는 것도 아니다. 이미 이 방면에 관해서는 미야지마 히로시(宮嶋博史)의 연구[10]가 있기도 하다. 그러나 가좌표에 의하는 한, 토지소유 규모의 격차가 상품경제에 기인하는 것 같지는 않다. 왜냐하면 남당리의 토지소유의 분화는 신분, 노비나 고공의 수 및 가축수와 너무나 잘 대응되고 있기 때문이다. 윤세문은 200마지기의 논, 가옥 瓦家 20칸, 가족수 11인, 노비 4, 가축 3두이고, 윤세무는 80마지기의 논, 가옥 와가 10칸, 가족수 3인, 노비 2, 가축 1두이다. 그리고 고창득은 40마지기의 논, 가옥 초가 10칸, 가족수 6인, 고공 1, 가축 1두이다. 이들은 노비나 고공의 수 및 가축의 두수로 보아 넓은 토지를 自耕한 것은 분명하나, 자경능력을 넘는 토지는 소작지로 남에게 대여한 것이 아닐까. 빈농들은 가족수가 1~2인으로 남에게 노동력을 팔 처지가 못 되었던 것 같다. 설령 이들이 남당리 밖으로부터 노동력을 구입했다고 하더라도 자가노동력의 보충적인 것으로 생각된다. 이렇다면 이 지방의 농민층 분화의 원인은 농민경영의 분화가 아니라 토지소유 규모의 격차 그 자체에 있었던 것은 아니었을까.

---

9) 「耽津農歌」에서는 康津의 모내기철의 世風을 다음과 같이 읊고 있다. "모내기철 모 품팔이 아낙네들 일손 바빠/보리 베는 지아비 일 도울 생각 전혀 않네/이서방넨 뒤에 가고 장서방네 먼저 가세/예로부터 돈모(錢秧) 심기 밥모(飯秧)보다 낫다 하네." 이 詩의 注에는 "순전히 돈으로써 고용하는 것을 錢秧이라 하고, 식사를 제공하고 雇價를 깎는 것을 飯秧이라 한다"고 하였다. 시의 번역에 있어서는 宋載邵, 『茶山詩選』創作과批評社, 1981을 참고했다.

10) 宮嶋博史, 「李朝後期農書の硏究」(『人文學報』43, 1977.3) 참조.

위의 가좌표는 다산이 농가상황을 손수 조사한 것이므로 현실 그대로라고 생각되지만, 가공적일 가능성도 전혀 배제할 수는 없다. 그러므로 우리는 아래에서 다산이 그의 기술 자료에서 농촌현실을 어떻게 파악하고 있는지를 살펴보기로 한다. 다산은 유배생활 중 전라도의 농촌형편을 살펴보고, 농민경영의 현실을 다음과 같이 파악하였다. "오늘날 호남의 백성 약 100호를 계산해 보면, 남에게 田地를 빌려주어 賭租를 수취하는 자는 5호에 불과하고, 전지를 자경하는 자는 25호, 남의 전지를 경작하여 도조를 바치는 자는 70호이다."[11] 만약 이것이 사실이라면 전라도의 토지소유분화는 이미 19세기 초에 식민지시기의 그것과 비슷한 수준인데, 이것은 약간 과장된 것으로 보인다. 그러나 그가 파악하고 있는 바와 같이 이미 이 시기에는 지주제도가 상당히 발달되고 있었던 것은 객관적 사실이다. 그렇다면 가좌표 속의 윤세문·윤세무·고창득은 "남에게 전지를 빌려주어 도조를 수취하는 자"들이 아니었을까.

그는 또 전라도의 농민경영 상황을 다음과 같이 파악하고 있다. "슬프다. 佃夫의 1년 농사는 6, 7마지기를 耕種하는 데 불과하다."[12] 이러한 그의 농민경영 상황에 대한 파악은 비록 그것이 논의 경작규모만을 파악한 것이라 하더라도, 식민지기의 그것과 비교해 보면 농민의 평균 경작규모보다 작다. 만약 이것이 佃夫 즉 소작농의 논의 평균경작규모라면, 현실과 그렇게 동떨어진 것이라고는 생각되지 않는다. 그러나 유감스럽게도 자작농의 경작규모에 관해서는 아무런 언급

---

11) 今計湖南之民, 大約百戶, 則授人田而收其租者, 不過五戶, 其自耕其田者, 二十有五, 其耕人田而輸之租者, 七十: (『全書』一 – 詩文集九 – 六十一 前面, 擬嚴禁湖南諸邑佃夫輸租之俗箚子)

12) 嗟乎, 佃夫一年之農, 不過種六七斗耳. (『全書』一 – 詩文集九 – 六十一 前面, 擬嚴禁湖南諸邑佃夫輸租之俗箚子)

이 없다. 더구나 위의 윤세문·윤세무·고창득과 같은 지주자작의 경작 규모에 관해서도 아무런 언급이 없다. 여기서 우리는 지주자작에 속하는 다산가의 농업경영을 살펴봄으로써 지주자작농층의 농업경영상황을 추측해 보기로 한다.

다산은 그의 저서에서 자기 집의 전지소유 규모를 밝히고 있다. 『경세유표』에서는 "신은 楊根에 논 80마지기를 가지고 있는데, 과연 1結일 뿐이다"고[13] 하였고, 『목민심서』에서는 "나는 척박한 전지를 가지고 있는데, 畿內의 양근군에 있다. 논이 70마지기요 밭이 20일 갈이인데, 모두 1결밖에 안 된다"라고[14] 하였다. 위의 문장들은 모두 19세기의 10년대 후반에 쓰여진 것인데, 다산가의 전지소유 규모는 기본적으로 남당리의 윤세문·윤세무와 같은 것이었다. 그런데 여기에서 흥미를 끄는 것은 假名으로 기재된 윤세문·윤세무가 구체적으로 누구를 상정하고 등장한 인물일까 하는 점이다. 다산은 윤종심·윤종문 등에게 贈言을 하고 있는데, 尹鐘心은[15] 茶山草堂의 주인 尹博의 손자요, 尹鐘文은[16] 蓮洞에 있었던 尹善道의 宗家後孫이었다. 그들은 모두 소지주였는데, 그들의 존재가 가좌표에 윤세문·윤세무를 등장케 한 배경이 아니었을까. 그들은 모두 양반으로서 小地主였던 것이다.

그러면 다산가는 어디로부터 그러한 전지를 가질 수 있게 되었을까. 茶山家는 본래 累代의 士族이었고, 그의 父 載遠은 여러 곳의 수령을 역임하였으므로 다산가의 전지는 선대로부터의 유산이라고도

---

13) 臣於楊根地有田八十斗落, 果爲一結而已. (『全書』五 – 經世遺表八 – 十一 前面, 井田議二)

14) 余有薄田, 在畿內楊根郡, 水田七十斗落, 旱田二十日耕, 都只一結. (『全書』五 – 牧民心書四 – 四十五 前面, 田政)

15) 字는 公牧, 號는 紺泉, 一名 尹鐘洙라고도 하는데, 茶山主人의 諸子 중의 한 명이었다. (『全書』一 – 詩文集十七 – 四十二 前面, 爲尹鐘心贈言)

16) 『全書』一 – 詩文集十七 – 四十二 前面, 爲尹鐘文鐘直鐘敏贈言을 참조.

생각할 수 있다. 그러나 실제의 사정은 그러하지 못하였는데, 그는 그의 전지를 직접 사들였다는 기록을 남기고 있다. 그는 26세 때에 仲氏를 모시고 馬峴에서 북한강 상류를 따라 14㎞ 떨어진 門巖에서 전지를 사들이고,[17] 이듬해에는 손수 秋收監督까지 했던 것이다. 이러한 기록은 다산가의 전지가 전부 그에 의하여 새로이 매입되었다는 것을 의미하는 것은 아니나, 양반층의 토지소유도 대대로 보장되어 있었던 것이 아니고 끊임없는 성쇠를 반복하고 있었다는 것을 말하여 주는 것이 아닐까. 그는 이 점에 대하여「爲尹鍾心贈言」에서 다음과 같이 말하고 있다. "내가 남의 券契를 보고 그 내력을 조사해 보니, 1백 년 내에 주인을 바꾼 것이 5, 6번이나 되고, 심한 경우는 7, 8, 9번이나 되었다. 그 성질이 유동하고 잘 달아남이 이와 같으니, 어찌 그것이 남에게는 충성을 바치지 않고 나에게는 오래도록 충성을 바쳐서 엎어져도 깨어지지 않는 물건이라고 믿을 수가 있겠는가."[18]

여기서 우선 우리는 유학에 종사하는 양반층의 소지주가 조선후기의 토지소유관계에서 차지하고 있었던 위치에 관하여 살펴볼 필요성을 느낀다. 종래에는 이 계층은 관직에서 소외된 '沒落兩班層'[19]으로 그 위치가 규정되기도 하였다. 그러나 다산가는 비록 그가 일시적으로 유배생활을 하였으나 '몰락양반'은 아니었고, 그의 父와 그의 在

---

17)『全書』一－詩文集一－二十八 前面, 陪仲氏同閔生游門巖莊時因求田. 四月也을 참조.

18) 余觀人土田之券契, 査其來歷, 每百年之內, 易主輒至五六, 其甚者七八九. 其性之流動善走如此, 獨安冀其輕於人而久忠於我, 恃之爲損撲不破物乎. (『全書』一－詩文集十七－四十二 前面, 爲尹鍾心贈言)

19) 李佑成은 朝鮮後期의 士大夫階級을 世襲的 特殊執權層인 '閥閱'과 永久沒落失權層인 '士'로 구분하였다. 구분의 기준은 관직에 나아갈 수 있는가 없는가인데, 경제적으로 보면 관직에 나아갈 수 없다고 하여 반드시 몰락했던 것은 아니었다. 李佑成,『韓國의 歷史像』創作과批評社, 1982, 17페이지.

職時에도 결코 대토지소유자였던 것은 아니었다. 18세기 후반에는 중앙에서 벼슬을 하지 않은 지방의 在地士族 중에서도 이미 慶州의 崔氏와 全州의 王氏와 같은 萬石君도 존재하였으나[20] 그들은 지극히 예외적인 존재였고, 실제로는 각 군현에 千石君도 한두 명을 찾아보기가 어려웠던 것은 아니었을까. 그렇다면 이와 같이 大·中의 지주가 극히 적었다는 사실은 조선후기에 이미 크게 진전된 토지소유의 분화 상황과 어떻게 조화될 수 있을까. 그것은 아마 大·中의 지주는 수가 극히 적었으나, 한 군현에도 수백 명의 소지주가 존재하였던 사실을 가지고 설명될 수 있지 않을까.[21] 이 소지주들은 조선후기의 토지소유관계에 있어서 중심적 위치를 차지하고, 토지의 사적 소유를 추진한 주체가 아니었을까.

이 소지주들은 대체로 지주자작농이었던 것 같다. 가좌표의 윤씨 가들도 전지규모, 가족수, 노비나 고공의 수, 가축두수로 보아 이러한 농민층이었을 것이라는 것은 쉽게 추측할 수 있다. 뒤에서 보는 바와 같이 다산은 윤종심·윤종문에게도 자작의 방법을 적극적으로 권하

---

20) 國中富人, 如嶺南崔氏湖南王氏, 粟萬石者有之. 計其田不下四百結, 則是殘三千九百九十人之命, 以肥一戶者也. (『全書』一－詩文集十一－三 後面, 田論一)을 참조.

21) 다산은 흉년이 들었을 때 賑荒의 물자를 富人들로부터 거두어들일 계획을 세우면서 富人의 상황을 다음과 같이 파악하고 있다. "인민들로서 스스로 먹고살 만한 자는 몇 말의 남는 곡식이 있다고 하더라도 勸分해서는 안될 것이지만, 지금 2, 3석을 권분대장에 넣어 두는 것은 우리나라의 인민들이 가난하여 상등200石 이상에 들 수 있는 자가 한 道에 불과 몇 명이요, 중등20석 이상에 들 수 있는 자가 한 邑에 불과 몇 사람이다. 오직 하등2석으로부터 10석까지의 戶는 한 읍에 혹 수백이 있을 수 있으니, 만약 이들을 제쳐두고 권분하지 않는다면, 권분을 하지 못할 것이다(民能自食者, 其有斗粟之餘, 不可勸分, 而今二石三石, 亦在所勸者, 吾東民貧, 能入上等者, 一路不過數人二百石以上, 能入中等者, 一縣不過數人二十石以上, 唯下等之戶, 一縣或得數百二石至十石, 若棄此不勸, 無攸勸矣)."(『全書』五－牧民心書十三－七 後面, 勸分)

고 있는 것이다. 다산가를 비롯하여 윤씨가들이 자작을 하였다는 사실은 여러 가지 기록으로 보아 조금도 의심할 필요가 없으므로, 그들의 田地貸與에 관하여 살펴보도록 한다. 앞에서 본 바와 같이 다산은 북한강을 따라 본가가 있었던 馬峴에서 14㎞ 떨어진 門巖에서 門巖莊을 매입하였는데, 그것은 소작지였다. 그는 1787년 4월에 문암장을 매입하고 그해 9월의「秋日門巖山莊雜詩」의 注記에서 "9월이다. 그때 看刈 때문에 수일간 머물렀다"라고 하였고,[22] 그 이듬해 9월의「秋日游門巖山莊詩」에서는 "墨客의 風流는 모름지기 豁達해야 하니, 털끝 같은 野人의 欺蔽는 그대로 맡겨 둔다"고도[23] 하였다.

다산가에서 어느 정도의 소작지를 대여하고 있었는지는 확실하지 않다. 그러나 그의 집에서 소작지를 대여하고 있었던 것은 분명하다. 그러면 그의 자작지 경영은 어떻게 이루어졌을까. 그 스스로는 소일거리로 유배지 橘洞에서 養魚를 하고 미나리를 조금 경작한 일은 있으나(다산은 解配 때에 그의 제자들과 결성한 茶信契 자료에 의하면 유배지에서도 20여 두락의 소작지를 가지고 있었던 것으로 보인다),[24] 관리생활과 유배생활 때문에 농업에 직접 종사한 일은 없다. 그러면 다산가의 小作地나 自作地는 누가 관리하였을까. 그의 父代에 있어서는, 그의 父 재원도 관리생활에 분주하여 토지나 농장을 직접 관

---

22) 『全書』一－詩文集一－二十九 前面, 秋日門巖山莊雜詩九月也. 時因看刈留數十日을 참조.

23) 墨客風流須曠達, 野人欺蔽任毫芒. (『全書』一－詩文集一－三十一 前面, 秋日游門巖山莊九月也. 時看刈)

24) 다산은 學游에게 준 家誡에서 "너는 내가 다산의 池臺와 田圃의 일에 마음과 힘을 다하는 것을 보았을 것인데, 역시 장차 내 물건으로 삼아 자손들에게 전해 주려고 그러는 줄 아느냐(汝觀吾於茶山池臺田圃之事, 盡心竭力, 亦將取爲己物, 遂以傳之子孫而然乎)"(『全書』一－詩文集十八－十三 前面, 贐學游家誡) 고 말하고 있다. 다산이 경작하던 지대와 미나리 밭은 茶山艸堂의 옆과 아래에 유적지로 보존되어 있다.

리하지 못하였으므로, 그의 季父 載進이 관리하였다.[25] 다산이 관리생활을 하고 있던 동안에는 자작경영지가 있었는지 어떤지는 잘 모르겠으나, 그의 유배생활 중에는 그의 두 아들이 관리를 담당하였다. 이러한 사실은 그의 家誡에서 잘 드러나고 있는데, 그들은 농사를 관리하였을 뿐만 아니라 농업노동에도 직접 참여하고 있었던 것이다.

다산가의 농사는 크게 두 가지로 나뉘어졌다. 하나는 穀農, 즉 곡물의 경작인데, 이 일은 그들의 노비에게 맡겨졌다. 다산가의 노비로서는 乭伊(?)와 龍雲 등이 있었는데, 그들이 곡농과 가사노동을 담당하였던 것이다. 이러한 다산가의 농업경영방식은 가좌표의 尹氏家들이 노비노동에 크게 의존하고 있었던 것과 같은 것이었다.[26] 둘째는 상품작물, 과수의 재배나 양계·양잠·造林 등인데, 이러한 일은 가족노동을 중심으로 이루어졌다. 그는 특히 상품작물의 재배나 양잠을 매우 중요시하였는데, 그것은 상품경제가 어느 정도 발전하는 조건하에서 상품작물의 재배나 양잠은 수익성이 높은 농사이기 때문에 貧士들의 생계유지의 수단으로서도 중요했기 때문이다. 다산가에서는 실제로 상품작물도 재배하고 있었고 양잠도 행하고 있었다. 이러한 사실은 다산의 次子 學游가 저술한 「農家月令歌」에도 반영되어 있는데, 이 월령가에는 종래의 농가월령가와는 달리 면화·治圃 등의 상품작물의 재배, 과목 등의 園林 및 양잠 등이 穀作과 더불어 중요하게 소개되어 있다.[27]

---

25) 每先考出宰郡縣, 悉以家事付公, 歸而視之, 必整理新鮮. 先考嘗曰, 居官有三棄, 棄童穉, 棄田宅, 棄奴僕. 吾所以免於三棄者, 賢弟之力也. (『全書』 一 - 詩文集十七 - 二十五 後面, 季父稼翁行狀)

26) 金容燮이 발표한 양반지주가의 경영에 대한 분석은 매우 흥미있는 사례를 제시하고 있다. 거기에서도 노동력으로서는 奴婢와 雇工이 이용되고 있는 것이다. 「朝鮮後期 兩班層의 農業生産」. (『東方學誌』 제64집, 1989년 12월)

27) 이 「農家月令歌」는, 光海君 때의 高尙顔이 저술한 것이라는 설도 있으나, 그 안에

위에서 보는 바와 같이 다산가의 농업수입은 세 가지 부분으로 구성되어 있었다. 첫째는 貸與地로부터의 소작료 수입인데, 다산은 門巖莊에서 추수를 위하여 수일간 머문 일도 있다고 하였다. 물론 그것이 추수만을 위해서라고는 단정할 수 없지만, 문암장의 소작지가 상당한 규모의 것이라는 것을 추측하게 한다. 즉 다산가의 지대수입은 상당한 규모였던 것 같다. 둘째, 다산가는 노비들을 사역하여 자작도 행하였다. 그가 지주제도를 非理라고 보고 있었던 것은 주지하는 바와 같으나, 자작을 중요시하였던 것은 그것 때문만은 아니었다. 그는 당시의 소작경영이 매우 취약하기 때문에 지주제도를 매우 불안정한 것으로 보고 있었으며, 자작만이 확실하게 생계를 보장할 수 있다고 생각하였던 것이다. 윤종심·윤종문 등에 대한 증언도 그러한 내용의 것이었다. 다산가의 자작규모는 상당한 규모에 달하고, 다산가의 생계는 기본적으로 자작수입으로 충당하였을 것으로 추측된다. 셋째, 다산가에서는 상품작물의 재배, 양잠 및 양계 등도 행하고 있었다. 이 점에 대해서는 '경영론 2'에서 상세하게 검토할 예정이지만, 상품작물의 재배는 아직도 초보적 단계에 있었던 듯하다. 왜냐하면 당시의 농촌에서의 시장적 조건은 아직도 전문적인 상품작물의 재배를 허용하고 있지 않았으며, 또 사대부들이 儒業을 폐하고 농업에 전념하는 것을 경계하고 있기도 했기 때문이다. 이렇게 보면 다산가는 농업경영의 多角化를 지향하고 있었다고 생각된다.

소개되어 있는 농법의 내용으로 보아 19세기 초의 것임이 분명하다. 原本에는 정학유의 소작임이 표기되어 있다고 한다.

2. 經營論1 ―國家經濟的 立場―

이 절에서는 국가경제적 입장에서 다루어진 다산의 농업경영론에 관하여 살펴보기로 한다. 『경세유표』는 국가개혁의 설계도이므로 여기서 전개되고 있는 농업경영론도 국가적 입장에서 전개되는 농업경영론이라는 것은 더 말할 필요가 없을 것이다. 그런데 「전제」에서 다루어지고 있는 농업경영론은 매우 복잡하게 전개되어 있다. 그것은 다산의 井田制가 그 정책적 실현을 염두에 두고 여러 段階로 나누어서 구상되고 있기 때문이다. 그러므로 여기서는 다산의 정전제의 구조를 개략적으로 검토하고 이 정전제 내에서 농업경영론이 차지하는 위치를 밝히는 것으로부터 논의의 실마리를 풀어갈까 한다.

고대의 井田制는 본래 국가적 토지소유를 기초로 하여 토지를 정전으로 區劃, 1井의 土地를 公田 1畉와 私田 8畉로 구획하고, 공전 1부를 사전 8부의 농민들이 賦役勞動으로 경작하게 하여 公田의 소출을 田稅로 국가에 납부하게 하는 제도이다. 이것은 이른바 助法인데, 다산도 농민의 개별경영을 전제로 하는 조법이 농민의 공동경영을 전제로 하는 徹法보다 좋은 제도라고 말하고 있다. 이러한 다산의 정전제에 관한 이해는 조금도 고전의 그것과 다른 바가 없다. 그러나 다산은 정전제를 古典대로만 해석해서는 자기의 시대에 실현할 수 없다는 것을 잘 알고 있었다. 그것은 고대에는 토지가 모두 국유였으나 조선후기에는 지주적 토지소유를 중심으로 하는 사적 토지소유가 발전해 있었기 때문이다. 여기서 다산은 정전제를 자기의 시대에서 실현하기 위해서는 어떻든 정전제의 실현을 위한 현실적 방안을 모색하지 않을 수 없었다.

다산의 정전제에 관한 새로운 모색은 전지의 정전으로의 구획을 전제로 정전제를 구성하고 있는 세 가지 요소, 즉 인민들에게 기본적인 생산수단인 토지를 균등하게 분배하려는 均産, 국가적 입장에서 농업생산력을 향상시키려는 治田, 인민들에게 조세부담을 공평히 하려는 均稅 중에서 우선 균세를 우선적으로 달성하려는 데서 볼 수 있다. 그는 「邦禮草本引」에서 "田10結에서 1결을 취하여 公田으로 삼아 농부들로 하여금 서로 도와 경작하여 그 수확물을 국가에 납부하게 하고 田稅를 부과하지 않는 것은 변경할 수 없다"고[28] 하였는데, 이것이 바로 그것이다. 그는 우선 균세를 달성하기 위하여 정전제와 토지의 사적 소유를 타협적으로 공존시킬 수밖에 없었다. 그 타협은 바로 공전 1부만 국가적 소유로 하고, 사전은 당분간 사적 소유에 맡겨둔다는 점에서 찾아볼 수 있을 것이다.

그러나 국가적 토지소유와 사적 토지소유는 근본적으로 모순하는 것으로서 일시적이라면 몰라도 영구적으로 공존할 수는 없는 것이다. 그러므로 자기학설의 논리적 일관성을 유지하기 위해서는 어떻든 사적 토지소유의 원칙에 따라 정전법을 폐지하든지, 그렇지 않으면 본래대로의 정전법을 시행하기 위하여 토지의 사적 소유를 폐지하지 않으면 안 된다. 여기서 다산은 우선은 정전법의 내실을 거두기 위하여 공전 1부만을 국유로 하지만, 장래에는 사전 8부도 모두 국유로 해야 한다고 주장하지 않을 수가 없었다. 또 이렇게 해야만 정전법의 三要素인 均産·治田·均稅가 온전하게 실행될 수가 있었던 것이다.

그런데 다산의 초기단계의 정전론은 위에서 보는 바와 같이 균세론에 그 중점이 놓여 있기 때문에 균산론과 치전론은 본격적으로 다루어지지 못하고 있다. 그의 전제개혁론에 있어서는 사전 8부는 사적 소유에 맡겨두고, 공전 1부만을 국가적 소유로 하는 것이므로 公田의 확보방안은 다양하게 전개되고 있으나, 私田의 분배방안에 대해서

---

28) 於田十結, 取一結以爲公田, 使農夫助而不稅, 斯不可易也.(『全書』一－詩文集
　　十二－四十二 前面, 邦禮艸本引)

는 아무것도 말하고 있지 않다. 다만 정전제가 고대의 그것처럼 국가적 토지소유를 기초로 본래의 모습대로 시행된다면, 原夫에게는 사전 1부, 즉 그의 정전제에서는 논 40마지기가 분배되고, 餘夫에게는 사전 1부의 4분의 1이 분배된다는 원칙을 말하고 있을 뿐인 것이다. 治田에 관해서도 그 사정은 마찬가지여서 공전을 어떻게 경영할 것인가는 매우 소상히 다루고 있으나, 사전의 경영에 대해서는 그저 농민들의 영농사정에 맡겨 두고 있을 뿐이다. 다만 정전법이 그의 「전제」에서처럼 실시될 경우에 국가가 농민경영을 지도하는 방안에 관해서는 『목민심서』의 勸農條에서 상세하게 소개되고 있을 뿐이다.

다산은 『목민심서』 戶典6의 勸農條에서 수령들이 농민경영을 권장하는 방안을 제시하면서 다음과 같은 단서를 달고 있다.

> 이것은 오늘날의 수령이 당장 시행하기를 요구하는 것은 아니다. 만약 田政이 크게 바로잡혀서 온갖 법도가 옳게 되며, 職貢이 법대로 이루어져서 만민이 職業을 받기를 나의 田制考에서 논한 바와 같이 되면, 이것을 가히 의론할 수 있다. 오로지 이것을 덧붙여 전제에서 빠진 것을 보충하는 것이요, 오늘날의 수령들이 살펴서 행하라는 것이 아니다.[29]

앞에서도 살펴본 바와 같이, 그는 그의 정전론에서는 농민들에게 당장 토지를 분배하는 것이 아니었으므로 治産 즉 농민경영에 관해서는 그저 그것을 농민경영의 현실에 맡겨 둘 뿐 아무것도 말할 수 없었던 것이다. 그러나 여기에서처럼 "만민이 職業을 받기를 나의 「전제고」(「전제」의 初名이다)에서 논한 바와 같이 되면" 즉 均産이 이루

---

29) 此非要今之守令, 便當施措也. 若田政大正, 百度咸貞, 職貢如法, 萬民受業, 如余田制考所論, 斯可以議到也. 聊此附著, 以補田制之缺, 非謂今之守令按而行之也. (『全書』五－牧民心書七－十二 後面, 勸農)

어지면, 治田도 논의할 수 있다는 것이다. 그리고 이 치전론은 국가경제적 입장에서 농민을 재배작물별로 배분하는 것이었다. 그러므로 여기에서 제시된 다산의 농업경영론은 專業經營論으로 되어 있다.

田農이 1科이며 九穀을 栽培한다,

園廛이 1과이며 百果를 심는다,

圃畦가 1과이며 百菜를 심는다,

嬪功이 1과이며 布帛을 짠다,

虞衡이 1과이며 百材를 심는다,

畜牧이 1과이며 六畜을 기른다,

工·商·臣妾을 합하면 의당 9직이 된다.[30]

위에서 보는 바와 같이, 그는 인민들의 직업을 『周禮』에 따라 9직으로 나누었는데, 그중 농민의 직업은 田農·園廛·圃畦·嬪功·虞衡·畜牧의 6직이다. 전농은 곡물의 경작을, 원전은 과수의 재배를, 포휴는 원예를, 빈공은 직포를, 우형은 산림의 관리를, 축목은 목축업을 각각 행하는데, 전농에게는 의당 정전 1구가 분배될 것이지만, 그 외의 직업에 토지가 어떻게 분배되는지 명확하지 않다. 다만 원전과 포휴에게는 '負郭之田', 빈공에는 官田, 우형에게는 山場, 축목에게는 山(소의 경우), 海島(양과 말의 경우), 성 밑의 공지(돼지의 경우), 溝渠(오리의 경우), 沼池(양어의 경우)를 각각 분배한다고 하였다. 그리고 각 읍에는 읍의 크기에 따라 원전·포휴·빈공은 각각 9~27인을 둔다고 하였으나, 우형과 축목은 그 수를 제시하지 않았다.

---

30) 田農爲一科治九穀, 園廛爲一科種百果, 圃畦爲一科種百菜, 嬪功爲一科出布帛, 虞衡爲一科種百材, 畜牧爲一科養六畜, 竝計工商臣妾, 當爲九職. (『全書』五 - 牧民心書七 - 十二後面, 勸農)

위의 각 직업은 농가가 專業해야 하는 것이며 兼業해서는 안 된다. 왜냐하면 농민은 가난하기 때문에 겸업할 수 있는 여력도 없지만, 또 겸업하게 되면 한 가지의 일도 제대로 성취할 수 없기 때문이라는 것이다. 그런데 농민이 전업을 해야 한다는 위의 두 가지 이유 중 전자는 지극히 설득력이 약한 것 같다. 왜냐하면 자급자족체제하의 소농은 필연적으로 곡물·소채·과수·양잠·양계 등을 兼業하기 마련이며, 또 그렇게 해야만 자급자족이 가능한 것이다. 다산이 진실로 專業을 장려코자 한 것은, 『경세유표』의 모델인 『주례』에 따라 농민의 직업을 나누고, 농민으로 하여금 자기의 직업에 전업하게 함으로써 농업생산력을 향상시키려는 데 있었다. 우리는 그가 사민의 분업의 필요성을 다음과 같이 말하는 데서 그것을 알 수 있는 것이다.

지금 우리나라에는 士農工商이 뒤섞여서 구별이 없어서, 한 마을 안에 4민이 섞여 살 뿐만 아니라 또한 한 몸뚱이로써 네 가지 업을 겸해서 다스리니, 이것이 한 技藝도 성취된 것이 없고 온갖 일에 법도가 없게 되는 까닭이다.[31]

그러면 위와 같은 농민들 간의 분업은 조선후기에 있어서 상품경제가 발전한 결과 농민들 간의 직업분화가 가능했기 때문에 제기될 수 있었던 것인가?[32] 필자는 여러 가지 점에서 그렇게 해석하기는 어렵다

---

31) 今我邦士農工賈混雜無別, 不唯一村之中四民雜處, 抑亦一身之內四業兼治, 此所以一藝無成, 百事無法. (『全書』五－經世遺表八－十一 前面, 井田議二)
32) 金容燮, 「18,9世紀의 農業實情과 새로운 農業經營」(『韓國近代農業史研究』 一潮閣, 1975의 '4. 獨立自營農的인 農業經營')에서는 위와 같은 분업을 상품경제의 발달에 따른 농민분화의 결과로 보았으나, 위의 설명에서 보는 바와 같이 정전제하의 분업은 국가가 농업생산력을 향상시키기 위하여 정책적으로 추진하려 했다는 것을 알 수 있다. 다산은 현실에 있어서 九職이 분업을 하고 있지 못한 상황을 개탄하고 있는 것이다.

고 생각한다. 그것은 다음과 같은 이유에서이다. 첫째, 앞에서도 지적하였지만, 다산의 분업론은 『주례』의 9직의 분업론에 따른 것이므로, 이러한 분업론은 어느 시대에나 가능한 것이다. 『주례』의 9직에 관한 그의 해석이 조선후기의 시대적 사정을 조금도 반영하고 있지 않다고는 말할 수 없지만, 분업의 내용이 상품경제의 발전을 전제로 하고 있는 것은 아니다. 둘째, 그의 분업론은 정전제에 따른 均産·治田·均稅가 제대로 실시될 때에만 실현될 수 있다고 말하고 있다. 그것은 농민에 대한 토지의 배분에 따라 국가가 위로부터 농민을 각 직업에 배치하는 것을 의미하며, 농민들이 자유로이 그 직업을 선택하는 것을 의미하는 것은 아니다. 셋째, 이것이 가장 중요한 점인데, 구체적인 분업의 내용이 상품경제의 보편적 발전을 전제로 하고 있지 않다는 점이다. 원전·포휴·빈공은 한 읍에 각각 겨우 9~27戶에 불과하고, 우형·축목은 그 호수마저 말하고 있지 못하다.

상품경제와 園圃의 관계는 다음과 같이 설명되고 있다.

무릇 채소나 과일 등속은 교통이 편리한 읍이나 큰 도시의 성곽을 끼고 있는 곳이라야 심고 재배하기에 마땅할 것이니, 똥거름을 쉽게 얻을 수 있고 판매가 용이하기 때문이다. 외진 마을, 궁벽한 곳에 이런 것들을 심어서 어찌할 것인가. 도회지 사람들은 좋은 채소나 진귀한 과일을 먹을 수 있지만, 시골 사람들은 그럴 수가 없는 것이다. 守令이 원포를 권장하려면 반드시 園師·圃師를 모집하여 그들로 하여금 읍내에 살게 하고 성곽을 끼고 있는 땅을 주어서 채소를 심게 하고, 또 空地를 구하여 9果를 심게 한다.[33]

---

33) 凡蔬果之屬, 必通邑大都負郭之地, 乃宜蒔種, 糞壤易得, 販買易售. 窮村孤僻之處, 種此何爲. 都邑之人, 能食嘉蔬珍果, 野人無以爲也, 牧欲勸園圃, 必募得園師圃師, 使居邑中, 授以負郭之田, 令種蔬菜, 又求隙地, 令種九果. (『全書』五－牧民心書 七－十三 前面, 勸農)

원포의 경우에는 위에서 보는 바와 같이 도시나 읍성의 주위에 있는 소수의 농가만이 상품작물의 재배로서 專業할 수가 있었다. 수천 호가 되는 한 읍의 주민은 거의 전부가 자급자족전인 田農에 종사하고 있었던 것이다. 이러한 정도로는 농민들 간의 분업이 크게 이루어지고, 상업적 농업이 전국적으로 활발하게 전개되고 있었다고 말할 수 없지 않을까. 이 시기의 상품경제는 도시주변에서는 조금 진전된 편이었으나,[34] 농촌주민들 사이에서는 상품경제가 거의 발달하지 않았던 것이다.

따라서 다산의 治田論은 자연히 田農에 집중될 수밖에 없었다. 그는 일찍이 「應旨論農政疏」에서 국가가 농민경영을 향상시키는 방법으로서 便農·厚農·上農의 세 가지 방책을 들었다.[35] 편농은 새로운 선진적 농기구를 도입하여 농사를 편리케 하자는 것이요, 후농은 부세를 비롯한 농민의 각종 부담을 덜어 주어 그들의 생활을 윤택하게 하자는 것이요, 상농은 각 읍마다 정원을 정하여 농민들에게도 과거에 응시할 수 있게 함으로써 그 신분을 높여 주자는 것이다. 이러한 농민경영의 향상방안 중 상농에 관해서는 勸農條에서 좀 더 구체적이고 현실성 있는 방안이 제시되고 있다. 그는 「응지논농정소」에서와는 달리 여기서는 단순히 농민에게 과거에 응시할 수 있는 기회를 부여하는 것이 아니라 科試를 통하지 않고 力農者를 직접 하급관리로 선발하는 방안을 강구하고 있는 것이다.

그에 의하면 전농 중의 力農者를 선발하는 기준은 다음의 두 가지

---

34) 그는 京城 근교의 상품생산에 관해서는 다음과 같이 지적하고 있다. "京城郊外의 경지는 모두 上之上等으로서 미나리나 배추를 심는 땅이니, 이와 같은 것은 비록 25負를 주어도 불가할 것이 없다(京城負郭之田, 皆上上芹菘之圃, 若是者, 雖二十五 畝, 無不可也)"(『全書』五 – 經世遺表八 – 三十八 後面, 井田議四). 즉 경제작물을 재배하는 耕地 25負의 수익성이 보통의 경지 1結과 맞먹는다는 것이다.

35) 『全書』一 – 詩文集九 – 四十八 前面, 應旨論農政疏戊午在谷山.

이다. 첫째, "考課法은 전농에는 9考가 있다. 첫째는 翻耕가을과 겨울에 힘쓴다이요, 둘째, 出糞부지런한 者는 많이 낸다이요. 셋째, 播種부지런한 者는 일찍 뿌린다이요, 넷째, 耙治봄에 힘쓴다이요, 다섯째, 移秧부지런한 者는 일찍 낸다이요, 여섯째, 芸除부지런한 者는 일찍 김맨다이요, 일곱째, 收穫부지런한 者라야 秋收가 있다이요, 여덟째, 隄防허술한 곳을 補修한다이요, 아홉째, 灌漑물을 끌어댄다이다. 이 아홉 가지 일로 그 공적을 살피는데, 旱田의 考課에 있어서는 附種으로써 이앙에 當하며, 溝洫으로써 堤防에 당하며, 起陳으로써 관개에 당한다."[36] 둘째, "諸鄕諸里에서 각각 상농가를 선발하되, 대략 1井 8家 중에서 3~4가를 뽑는데, 上族·中族·下族을 묻지 않고 오직 농사에 힘써서 온전히 1百畝를 받는 자를 선발한다."[37] 즉 역농자로서 선발될 수 있는 조건은 번경에서 수확에 이르기까지 농사에서 뚜렷한 성과를 거두는 자 중에서 1百畝, 즉 논 40마지기를 경작하는 上農家라야 한다는 것이다. 물론 이 40마지기라는 규정은 정전법의 규정이며, 현실적인 상농가가 꼭 논 40마지기를 경작하고 있었다는 것을 말하는 것은 아니다.

그러면 이 상농가는 구체적으로 어떠한 자들이었을까. 여기서 다산이 설정하고 있는 상농가는 그의 정전법이 제대로 실현되었을 때 출현할 수 있는 가상적인 인물들에 불과한 것이지만, 다산은 조선후기의 현실 속에서도 그러한 자들이 존재하였음을 확인하고 있다. 그는 그의 정전법을 시행함에 있어서 그것을 담지할 농가계층을 설정하고 있는데, 그들은 소지주인 '高貲層'이었다. 그는 정전법을 실시함에 있

---

36) 其考課之法, 田農有九考. 一曰翻耕秋冬之用力, 二曰出糞勤者多出也, 三曰播種勤者早播也, 四曰耙治春用力, 五曰移秧勤者早, 六曰芸除勤者早, 七曰收穫勤者乃有秋, 八曰隄防修其缺, 九曰灌漑導其流. 以此九事觀其功, 旱田之功, 以附種當移秧, 以溝洫當隄防, 以起陳當灌漑也. (『全書』五－牧民心書七－十三 前面, 勸農)

37) 諸鄕諸里, 各選上農家, 大約一井八家之中, 選取三·四家, 不拘上中下族, 唯力農而全受百畝者, 乃與其選. (『全書』五－牧民心書七－十三 前面, 勸農)

어서 공전을 확보함에 있어서도[38] 또 전지의 구획을 정리함에 있어서
도[39] 이 고자층의 역할에 크게 기대하고 있다. 왜냐하면 그들은 소지
주들이었기 때문에 정전 1구를 공전으로서 국가에 기증할 수도 있었
고, 정전을 구획하는 데 드는 막대한 비용을 부담할 수도 있었을 뿐
만 아니라 일을 제대로 처리할 능력도 있었기 때문이다. 그는 또 이들
에게 田監이나 村監이라는 직책을 주어서 1井이나 4정의 공전의 경작
과 납세의 사무를 관장토록 하였다.[40] 그리고 그들은 監農을 6년 동
안 한 후 성적이 좋은 자는 經田司의 9品官職을 받는데, 이것은 바로
앞의 상농가 중에서 선발된 자들이 받는 관직과 같은 것이다. 그러므
로 역농자로서의 상농가란 향촌의 '고자층'으로서 농업생산력의 발전

---

38) 다산은, 정전법이 시행되면 아전들의 중간착취를 면할 수 있어서 지주들도 정전
법의 시행을 크게 환영할 것으로 보고, 그들로부터 公田의 설정을 위한 전지기부
를 받을 수 있을 것이라 기대하면서 아래와 같이 이를 위한 式例를 작성했다. "마
땅히 식례를 내어야 할 것이니, 9苫落을 가진 자는 1苫의 기증을 허락하여 공전
으로 삼으며, 9石落을 가진 자는 1석락의 기증을 허락하여 공전으로 삼으며1석이
란 15두이다, 9斛落을 가진 자는 1곡의 기증을 허락하여 공전으로 삼는다1곡은 10두
이다. 9곡이 되지 않은 자는 토지의 기증을 허락하지 않으나, 혹시 그 토지가 공
전으로 삼을 만하면 官에서 돈을 내어 사들인다(臣謂宜出式例, 或有田九苫落者,
許納一苫落, 以爲公田, 有九石落者, 許納一石落, 以爲公田一石者十五斗, 有田九斛落
者, 許納一斛落, 以爲公田一斛者十斗, 其不滿九斛者, 勿許納田. 或其田可爲公田, 乃
官出錢買之)". (『全書』五－經世遺表七－三十四 後面, 井田議一)
39) 정전의 구획을 高貲層이 담당해야 할 이유를 다음과 같이 설명하고 있다. "단 고
자층인 연후에라야 그 井地가 많이 자기의 소유에 속하며, 그 佃夫는 많이 자기
의 役屬에 속할 것이니, 奴僕으로써 使令을 갖출 수 있을 것이며, 錢布로써 그 일
을 처리하는 비용을 감당할 수 있을 것이다. 재산이 넉넉하지 않으면 일을 할 수
가 없는 것이다. 큰 덕망이나 권세가 있는 자는 고자층에 當敵할 수 있을 것이니,
이에 같이 들어 두는 바이다(但高貲然後, 其井地多係己物, 其佃夫多係役屬, 其奴
僕足以備使令, 其錢布足以供推移. 計非高貲, 不能爲也. 惟大德大權, 可敵高貲. 玆
所以竝擧也)". (『全書』五－經世遺表七－三十四 後面, 井田議一)
40) 『經世遺表』의 井田議一을 참조할 것.

을 주도하고 있는 계층이라고 할 수 있다.

다음으로 위의 논의들을 기초로 상농가의 경영사정을 추려해 보
도록 하자. 田農으로서의 상농가는 대략 논 40마지기를 경작하는 농
민이었다. 물론 이 40마지기라는 것은 정전법의 규정인데, 그의「井田
議」에서는 40마지기의 규모에 못 미치는 농가에 관해서는 자주 언급
하고 있지만 40마지기 이상을 경작하는 농민에 관해서는 아무런 언
급이 없는 것으로 보아, 당시에는 상농가라고 하더라도 40마지기 이
상을 경작하는 농민은 지극히 드물었던 것 같다. 그리고 그는 廣作에
대해서는 경계하고 있기도 하다.

己巳年·甲戌年 이래로 농부들이 많이 죽고 인력이 크게 줄어들어 비옥한
토지가 모두 황폐하게 되었다. 황폐하게 되지 않은 것이라 하더라도 한 농부
가 廣作을 해서 施肥가 온전하지 못하다.[41]

그는 또 尹惠冠에게 주는 贈言에서는 농민들이 부담하는 賦稅가
과중해서 광작이 쇠퇴하고 있다고 지적하고 있다. "田農이라는 것은
천하에서 이익이 박한 것이다. 또 근세에는 田役이 날마다 무거워져
서 廣作은 더욱 쇠퇴하고 있으니, 園圃로써 보충해야 겨우 견딜 수 있
을 것이다"라고[42] 했다. 위와 같은 여러 사실들로 미루어 보아 그는
국가경제적 입장에서나 개별농가적 입장에서나 광작을 권고하고 있
지는 않다. 그는 상농가라고 하더라도 논 40마지기를 상한으로 翻耕
에서 수확에 이르기까지 농사일에 힘써 集約的 경영에 힘쓰도록 권

---

41) 己巳甲戌以來, 農夫多死, 人力大蹙, 沃田膏壤, 悉被陳荒. 其曰不陳者, 亦一夫廣作,
糞治不專. (『全書』五 – 經世遺表八 – 三十三 後面, 井田議四)
42) 然農者, 天下之拙利也. 兼之近世, 田役日重, 廣作彌令凋敗, 須補之以園圃, 庶幾焉.
(『全書』一一 – 詩文集十八 – 二 前面, 又爲尹惠冠贈言)

고하고 있는 것이다.

　그리고 「정전의」에서는 농민에게 농지를 再分配하는 것이 아니므로 경영규모에 따른 농업노동력의 사정에 대해서도 전혀 언급이 없다. 고대의 정전법을 논하는 「정전론」에서는 "여덟 食口 중 5~6인의 노동력을 낼 수 있는 자에게 100畝를 준다"고[43] 하였으나, 조선후기의 상농가의 경우에는 어떠하였을까. 그리고 「전제」에서는 농업경영의 상품생산에 관해서는 경제작물에 한하여 언급하고 있을 뿐이다. 당시 농민의 손에 의하여 곡물이 상품화되고 있었다는 사실에 대해서는 다산의 기록에서도 찾아볼 수는 있으나,[44] 그것을 권장하는 기록은 전혀 찾아볼 수 없다. 이렇게 보면 국가경제적 입장에서 곡물의 경작을 중심으로 전개되는 농업경영론은 소지주인 지주자작을 선진적 농민계층으로 설정하고, 이들로 하여금 집약경영을 행하게 함으로써 농가경영의 안정화를 추구한 영농방안이라 할 수 있다. 다산의 농업경영에 관한 설명에 따르면, 상농층이라고 하더라도 생산의 목적은 자급자족이며, 영리추구를 통한 擴大再生産이라는 이미지는 전혀 머리에 떠오르지 않는다.

---

43) 八口之家, 有五六人可任其力者, 乃授百畝. (『全書』五－經世遺表五－三十 後面, 田制三)

44) 조선후기에 있어서 곡물의 상품화는 大商人이나 監司·守令·胥吏 등에 의하여 數千石이나 數百石의 규모로 이루어지는 일도 있었으나, 그것은 대체로 田稅米·還穀米·地主米였다. 농민들의 손에서 직접 상품화되는 것은 '升斗之間'이라 표현할 정도로 소량이었다. 18세기 말기에 겨우 都市的 양상을 갖추기 시작한 水原 지방에 米商을 설치하라는 禹夏永의 건의를 보아도(正祖의 水原城築造와 밀접한 관계가 있었을 것이다) 그 규모는 아주 영세하였다. 또 水原界內의 民人이 돈을 만질 수 있는 것은 오직 農穀에 있는데, 농업 중에는 벼농사를 가장 힘쓰기 때문에 場市에 나오는 것이 미곡뿐이다. 무릇 장시에서 미상을 業으로 살아가는 무리는 京鄕에 연이어 있는데, 이것 역시 鹽商例에 따라 府下의 居民을 募聚하되 미상이 되고자 원하는 자로서 자금을 스스로 마련할 수 없는 자들은 또한 本錢25兩을 주어 業으로 삼게 한다. (禹夏永,『觀水漫錄』募民興販之策, 奎5049)

3. 經營論 2 ─ 個別農家的 立場 ─

개별농가적 입장에서 전개되는 농업경영론은 그의 제자들에게 준 贈言과 그의 아들들에게 준 家誡에서 주로 피력되어 있다. 그의 국가 경제적 입장에서 전개되는 경영론은 농민경영 전체를 고찰의 대상으로 하고 있으나, 여기서는 대개 그와 동일한 계층에 속하는 지주자작의 경영을 고찰의 대상으로 하고 있다. 그들은 스스로를 貧士라 일컫고 있으나, 그들은 관직에 나아갈 기회가 거의 없었을 뿐 경제적 처지는 몰락양반의 그것과는 달리 지주자작이었던 것이다. 그러나 이 시기에 있어서의 地主經營은 그다지 공고한 것이 못되었다. 이 시기의 지주경영은 매우 취약한 것으로서 비록 大地主라고 하더라도 흉년이 들면 빈번하게 파산하는 상황이었던 것이다.[45] 그러므로 小地主들은 파산하지 않으려면 지주경영에만 의존할 것이 아니라 어떻든 農業의 自營을 꾀하지 않을 수 없었다. 여기에서 다산은 빈사들의 합리적인 영농방안을 제시하고자 했던 것이다. 이러한 요청에서 제기된 농업경영론이 바로 여기에서 소개하려는 개별농가적 입장에서 전개되는 농업경영론인 것이다.

貧士들이 농업을 자영하는 경우 거기에는 많은 한계가 있었다. 그들이 농민들과 같은 직업에 종사하는 경우는 양반의 체모에도 여러 가지 문제가 발생하겠지만, 무엇보다도 문제가 되는 것은 儒業에 전념할 수 없었다는 점이다. 만약 그들이 유업을 폐하게 되면, 그들은

---

45) 흉년에 농업생산력이 가장 발달했던 三南지방의 地主破産에 대해서는 다음과 같이 말하고 있다. 其種子稅米, 北方皆田主出之, 南方皆佃夫出之, 所以然者, 打稻之法旣殊. 又其禾稈, 北方主客均分, 南方佃客全吞, 故種稅如是也. 然凶年饑歲, 佃客盡食其禾, 不出種稅, 則田主替受官督, 自納其稅. 田主居遠, 則一斗之稻, 未見分送, 而唯稅米是納, 故凶年富民多破家, 咸以是也. (『全書』五 ─ 牧民心書五 ─ 十一 後面, 稅法下)

농민들과 조금도 다를 바가 없는 처지에 놓이게 되는 것이다. 여기에서 그들은 어떻든 농업을 자영하면서도 유업을 계속할 수 있는 길을 모색하지 않을 수 없었던 것인데, 이를 위하여 그들이 발견한 길이 바로 經濟作物의 재배를 통한 농업의 자영이었던 것이다. 이 시기에는 이미 기존의 연구에 의해서 밝혀진 바와 같이 상품경제가 어느 정도 발전하고 있었다. 이 시기의 상품경제의 발전은 아직도 지역적 편차가 뚜렷했기 때문에 작물에 따라서 그 사정은 매우 다양하였지만, '大城·名都'의 근교에서라면 專業까지도 가능하지 않을까 생각했던 것이다. 이러한 시대적 배경하에서 빈사들은 비교적 작업이 수월하고 수익성도 높은 경제작물을 재배함으로써 생계를 유지하는 한편 儒業도 계속할 수 있다고 생각했던 것이다.

이 시기에 이러한 영농방안을 추구하려던 사람은 다산뿐만 아니었다. 우리는 그러한 영농방안을 동시대의 朴趾源[46]과 禹夏永 등 農書

---

46) 朴趾源은 젊었을 때 서울에서 가난한 생활을 하였는데, 일찍이 兄嫂가 臥病하자 그를 다음과 같이 위로하였다고 한다. "伯氏는 이미 늙었으니, 형수께서는 마땅히 저와 더불어 같이 隱居해야 할 것입니다. 울타리는 千株의 桑木으로 두르며, 집 뒤에는 천주의 밤나무를 심으며, 門前에는 배나무 천주를 接붙이며, 시내의 上下에는 천주의 복숭아나무와 살구나무를 심으며, 3畝의 못을 파서 1斗의 물고기 새끼를 기르며, 바위틈에는 百筒의 벌꿀을 기르며, 울타리 곁에는 소 6마리를 매어두며, 妻에게는 삼베를 짜게 할 것이니, 형수께서는 단지 女從에게 취미로 기름을 짜게 하고 저를 도와 古人의 書籍을 읽기만 하면 될 것입니다'하니, 恭人은 그때 병이 심했지만, 깨닫지 못하는 사이에 벌떡 일어나 머리를 쥐고 웃으면서 謝禮하기를, '그것은 나의 宿願이요 밤낮으로 바라던 바입니다'라고 하였다(我伯氏老矣, 行當與弟偕隱. 繞墻千樹種桑, 屋後千樹栽栗, 門前千樹接梨, 溪上下千樹桃杏, 三畝陂塘一斗魚苗, 巖崖百筒蠭, 籬落之間繫牛六角, 妻積麻, 嫂氏但課婢趣榨油, 夜佐叔讀古人書. 恭人時雖疾甚, 不覺蹶然起, 扶頭一笑謝曰, 是吾宿昔之志, 所以日夜望)." (『燕巖集』慶熙出版社, 50페이지 下段, 伯嫂恭人李氏墓誌銘) 여기에서도 벼슬에 나가지 못하는 양반층의 多角經營을 통한 부유한 경제생활에 대한 꿈을 엿볼 수 있다.

의 著作者들에게서도 볼 수 있는 것이다. 논 13마지기밖에 없었던 水原儒生 우하영은 이러한 영농방안을 그의 저서『農家摠覽』에서 다음과 같이 제시하고 있다.

士夫가 살 만한 곳이 번화한 서울과 같은 곳이 없지만, 만약 外莊과 祿俸의 수입으로 의식을 넉넉하게 할 수 없다면, 진실로 살아갈 길이 없는 것이다. 이미 그러한 길이 없는데, 한갓되이 빈손으로 헛수고를 하는 자들은 일찍이 2頃의 농사를 도모함이 어떠하겠는가. 土宜에 따라서 각종의 곡물을 耕種하고 蔬果를 심으며, 닭과 돼지를 기르며, 또 수간의 못을 파서 양어를 하면, 養生·送死·祀享·接賓의 물자는 아마 모두 자기 집에서 辦出할 수 있을 것이다. 만약 똑똑한 자제들이 있어서 몸을 닦고 부지런히 공부해서 門戶를 드러내면 다행이로되, 그러하지 못하더라도 오히려 태평성대의 野農은 될 수 있을 것이다. 이것이 내가 이 편을 지은 本意이다.[47]

위에서 보는 바와 같이 우하영이 제시하고 있는 영농방안은 다각경영론이다. 경영규모는 2頃, 즉 논 80마지기에 해당하는 것이므로, 만약 이러한 경영이 있었다면, 그것은 상농가 중에서도 가장 큰 규모의 경영이라 할 수 있을 것이다. 그의 경영론이 다산의 경우에 있어서와 같이 집약경영론이라는 것은 이미 밝혀져 있는데,[48] 집약경영은 곡물 생산에 있어서뿐만 아니라 경제작물의 재배에 있어서도 관철되고 있다. 그도 다산과 마찬가지로 大城·名都의 근교에서는 경제작물이 곡물보다 수익성이 높다는 점을 강조하고 있다.

무릇 土利를 이용하는 것은 오로지 곡물을 심는 데만 있는 것이 아니다. 또

---

47) 禹夏永,『千一錄』農家摠覽, 跋文(一)
48) 宮嶋博史, 前揭論文 參照

대성·명도로서 인구가 많고 땅이 좁은 곳은 이롭게 이용할 방도가 허다할 것이다. 稻田 10마지기 중에서 미나리 2마지기를 심으면 도전 10마지기의 이익을 얻을 수 있고, 麥田 10마지기 중에서 蔬菜 2마지기를 심으면 맥전 10마지기의 이익을 얻을 수 있기 때문에, 근래 都下의 인민들 중에서 미나리와 소채를 싣고 가서 府內에서 판매하는 자가 도로에 연이어 있다. 대개 미나리로써 業을 삼는 자는 밭이 10마지기에 불과하고, 논이 3, 4마지기에 불과하더라도 5, 6口의 생업이 될 수 있다. 보리와 벼의 농사를 하는 자는 밭이 數日 같이요, 논이 10여 마지기라도 오히려 5, 6구의 식량도 모자란다. 다 같이 토지를 이용하면서도 얻는 바의 이익이 彼此 현격하게 다른 것은 자연스런 이치인 것이다.[49]

다산이 贈言이나 家誡를 통하여 그의 제자들이나 아들들에게 경제작물의 재배를 적극적으로 권장했던 의도는 기본적으로 우하영의 그것과 같은 것이었다. 大·中의 지주가 아니라면 소작료의 수입만으로는 士大夫의 생계를 꾸려가기가 어려웠을 뿐만 아니라 奴婢나 雇工의 노동에 의한 농업자영만으로는 안정적인 경제생활을 하기가 어려웠던 것이다. 이에 사대부 스스로가 영농에 종사함으로써 농가경제의 안정을 도모할 뿐만 아니라 사대부의 체모를 지키면서 儒業에도 종사할 수 있는 영농방법을 마련해야겠는데, 이러한 방안은 사대부들이 경제작물의 재배에 從事함으로써 높은 수익을 올릴 수 있다고 보았으며, 또 이 시기에 경제작물의 재배는 선진적 농법이었기 때문에, 이 방면의 다양한 영농방안을 고안하는 것은 사대부들이 응당 해야할 의무라고도 생각했던 것이다. 다음에는 조선후기의 경제작물에 대한 다산의 인식과 개별 작물의 재배상황을 살펴보기로 한다.

---

49) 禹夏永, 『觀水漫錄』 輕稅勸農之策, 奎5049

우선 조선후기의 경제작물에 대한 그의 인식부터 알아보기로 하자. 그는 「전제」에서 전세를 논의하는 과정에서 경제작물에 대하여 다음과 같은 인식을 보이고 있다.

경성 내외와 通邑大都에서는 파밭·마늘밭·배추밭·오이밭은 10畝에서 돈 수만을 헤아리게 된다10畝는 논4마지기이다. 萬錢은 100兩이 된다. 西都의 담배밭, 복도의 삼밭, 韓山의 모시밭, 全州의 생강밭, 康津의 고구마밭, 黃州의 地黃밭은 모두 水田上上等과 비교하여도 그 이익이 10배이다. 근년 이래로 또 인삼을 모두 밭에 심는데, 그 이익이 천배나 만배가 되니, 이것은 田等으로써 말할 수 없는 것이다. 비록 항상 심는 것으로 말하더라도 紅花와 大靑은 그 이익이 매우 많다남도에는 川芎과 柴草를 밭에다 심는 곳이 있다. 오직 목화밭이 아니라 하더라도 그 이익이 오곡보다 갑절이나 된다.[50]

위와 같은 경제작물에 대한 그의 인식으로부터 우리는 다음의 두 가지 사실을 알 수 있다. 첫째, 당시의 경제작물은 지역적 편차가 매우 컸다. 파·마늘·배추·오이는 경성 내외와 통읍·대도에서만 상품작물로서 그 재배가 가능하였고, 담배·모시·생강·고구마·지황은 지역적 특산물로서 소개되어 있다. 그리고 인삼·紅花·大靑·목화는 어느 지방에서나 심는 것으로 되어 있다. 당시의 상품작물의 지역성이 반드시 그가 소개하는 바와 꼭 같지는 않았을 것이지만, 지역성에 대한 그의 지적은 매우 중요하다고 생각된다. 그는 위의 구절에 잇달아 土宜와

---

50) 京城內外, 通邑大都, 葱田蒜田菘田瓜田, 十畝之地, 算錢數萬十畝者, 水田四斗落也. 萬錢爲百兩. 西路煙田, 北路麻田, 韓山之苧麻田, 全州之生薑田, 康津之甘藷田, 黃州之地黃田, 皆視水田上上之等, 其利什倍. 近年以來, 人蔘又皆田種, 論其贏羨, 或相千萬, 此不可以田等言也. 雖以其恒種者言之, 紅花大靑, 其利甚饒南方, 川芎紫草, 亦或有田種. 不唯木棉之田利, 倍於五穀也. (『全書』五－經世遺表八－十七 前面, 井田議三)

관련해서도 다음과 같이 지적하기도 하였다.

　　都邑에 가까운 경우에는 파·마늘·오이·소채는 그 土宜에 따를 것이요, 모시·삼·목화·南草·생강·지황도 그 토의에 따를 것이다.[51]

둘째, 경제작물은 그 反(=段)當 수입이 곡물보다 수배나 되었다. 그것은 동일한 토지면적에 좀 더 많은 노동력과 자금을 투하했기 때문인데, 이것이 바로 집약경영이다. 다산과 우하영은 곡물경작에 있어서도 집약경영을 강조하고 있지만, 경제작물은 그 작물의 특성상 더욱더 집약경영이 될 수밖에 없었다. 그는 이 점에 관하여 두 아들에게 준 가계에서 다음과 같이 말하고 있다.

　　圃田을 다스림은 모름지기 지극히 평평하고 方正하게 하며, 흙을 다스림은 지극히 가늘고 깊게 해서 부드럽기가 가루와 같이 하며, 심는 것은 모름지기 지극히 고르게 하며, 苗種을 내는 것은 모름지기 지극히 성글게 해야 한다. 이렇게 하고서는 해바라기를 한 구역, 배추를 한 구역, 무를 한 구역으로 하고, 紫茄와 辣茄 등속도 각각 마땅히 구별해야 한다. 그러나 마늘과 파를 심는 데 마땅히 가장 힘써야 할 것이다. 미나리도 심을 만하고 여름철 농사는 오이만한 것이 없다. 절용하고 근본에 힘쓸 뿐만 아니라 겸하여 아름다운 이름을 얻을 수 있는 것이 이 일이다.[52]

---

51) 其近於都邑者, 葱蒜瓜菜, 惟其宜也, 枲麻苧麻木棉南草生薑地黃惟其宜也. (『全書』五－經世遺表八－十七 後面, 井田議三)
52) 治圃須令極平極方正, 而治土極細極深, 鬆軟如粉, 落種須令極均, 立苗須令極疏, 如斯已矣. 葵一區, 菘一區,蘿葍一區, 如紫茄辣茄之屬, 各宜區別. 然種蒜種葱, 最宜致力, 芹亦可種, 三夏之農, 莫如瓜, 節用而務本, 兼之得美名者, 此事也. (『全書』一－詩文集二十一－十三 前面, 寄兩兒)

그런데 이 경제작물의 재배는 貧士의 전업이었으나, 貧士家의 전업은 아니었다. 이러한 事例를 家誡와 贈言에서 각각 하나씩 들어본다. 우선 두 아들에게 준 家誡에서는 다음과 같이 말하고 있다.

고향에 살면서 園圃를 다스리지 않는 것은 천하의 큰 손실이다. 나는 國喪을 당하여 분망한 가운데서도 오히려 10株의 蔓松과 1쌍의 향나무를 심고, 오늘날 우리 집에 뽕나무 數百株가 있게 하였다. 접붙인 배나무가 몇 주이고, 옮긴 능금나무가 몇 주이다. 닥나무는 이미 밭을 이루었으며, 옻나무는 다른 언덕에 뻗었으며, 석류가 이미 수주이고, 포도가 이미 數架이고, 파초가 이미 4, 5본이다. 불모지에 버드나무가 5, 6주이고 酉山의 소나무는 이미 수척으로 자랐는데, 너희들은 여기에서 하나라도 한 일이 있느냐. 들으니 너희들은 국화를 심는다고 하는데, 菊花一畦는 貧士의 수개월의 양식을 족히 지탱하는 것이니, 꽃을 보는 것뿐만 아니다. 生地黄·半夏·桔梗·川芎 등속과 藍靛·茜蘆 따위는 모두 유의해야 할 것이다.[53]

그는 또 尹鍾心에게도 다음과 같이 贈言하고 있다.

農이란 천하에 이익이 박한 것이다. 또 근세에는 田役이 날마다 무거워져서 廣作은 더욱 쇠퇴하고 있으니, 園圃로써 보충하여야 겨우 살아갈 수 있을 것이다. 珍果를 심는 것을 園이라 하고, 佳蔬를 재배하는 것을 圃라고 하는데, 집에서도 먹을 수 있을 뿐만 아니라 팔아서 돈을 얻을 수도 있다. 通邑·大都의

---

53) 居鄉不治園圃, 天下之棄也. 吾於國哀奔忙之中, 猶種十株蔓松一雙栝, 使我至今在家, 桑數百株, 梨接者幾株, 林禽移者幾株, 楮已成田矣, 漆已延他隴矣, 石榴已數株, 葡萄已數架矣, 芭蕉已四五本矣, 不毛之地, 柳五六株矣, 酉山之松, 已長數尺矣. 汝有一於是否. 聞汝種菊, 菊一畦, 足支貧士數月之粮, 不唯看花而已. 如生地黃半夏桔梗川芎之屬, 藍靛茜蘆之類, 俱可留意. (『全書』一－詩文集二十一－十二. 後面, 寄兩兒)

근교에서는 珍果 10株에서 해마다 50냥을 얻을 수 있고, 佳蔬數畦에서 해마다 20냥을 얻을 수 있다. 만약 겸하여 뽕나무 40, 50주를 심고, 5, 6칸의 양잠을 하면 또한 30냥이다. 매년 100냥을 얻는다면 飢寒을 면할 수 있으니, 이것은 貧士가 마땅히 알아야 할 바이다.[54]

이제 경제작물의 재배상황에 관해서 알아보기로 한다. 다산이 파악하고 있는 19세기 초의 그것은 현실 그대로라고 하기보다 실현되어야 할 목표였다고 생각된다. 증언과 가계라는 것은 본래 勸獎이나 警戒를 위하여 쓰는 글이며, 또 권장의 경우에는 모범을 제시하는 것일 것이므로 현실과 이론에 비추어 실현 가능한 模範을 제시할 가능성이 높을 것이다. 이러한 점을 감안하면서 다산이 제시한 경제작물의 재배상황을 소개해 보기로 한다. 조선후기에 있어서는 상품작물로서 면화와 연초의 재배가 성행하였으나, 그는 이 작물들의 재배를 권장하지 않았으므로 여기서는 양잠, 인삼 및 양계에 한정하여 살펴보도록 한다.

1) 養蠶

조선후기에 있어서 양잠업은 그렇게 번성했던 것은 아니었던 듯하다.[55] 다산 자신도 이제 木綿業이 번성하고 있으므로 양잠은 급하지 않다고 인식하고 있었다.[56] 그럼에도 불구하고 그는 왜 경제작물의 재

---

54) 農者, 天下之拙利也. 兼之近世, 田役日重, 廣作彌令凋敗, 須補之以園圃, 庶幾焉. 樹之珍果謂之園, 藝之佳蔬謂之圃. 不唯家食是圖, 將粥之爲貨, 通邑大都之側, 珍果十株, 歲可得五十串, 佳蔬數畦, 歲可收二十串, 若兼種桑四五十株, 養蠶五六間, 亦三十串之物也. 得每年百串, 足以救飢寒, 此貧士所宜知也. (『全書』一－詩文集十八－二 前面, 又爲尹惠冠贈言)

55) 水原府儒生 李必忠과 楊州儒學 安聖鐸의 應旨進農書를 참고할 것. (『農書』8 亞細亞文化社, 222페이지 및 311페이지)

56) 農桑二字, 自古竝稱, 夷考其實, 農者不蠶, 蠶者不農. 誠若爲牧者, 課桑於農, 民必苦

배를 장려함에 있어서 양잠업을 가장 중요시하고 있었을까. 그것은 아마도 두 가지 요인에 기인했던 것으로 보인다. 첫째는 양잠업이 부인노동에 의존하고 있었으므로 부인의 家內手紡織勞動의 생산성이 남자의 그것에 비하여 2배였다는 현실을 감안하여 부인의 노동력을 완전히 활용하자는 것이요, 둘째는 당시에 양잠업의 수익성이 높았던 데에 있지 않았을까 한다. 그는 어느 贈言에서 양잠업에 관하여 다음과 같이 말하고 있다.

처가 게으른 것은 敗家의 근본이다. 四更이 되지 않았는데도 등불을 끄고, 날이 밝았는데도 이불을 개지 않는 자는 게으른 자이니, 꾸짖어도 깨닫지 않는 자는 비록 쫓아버려도 좋을 것이다. 뽕나무 4, 5百株를 심고, 두 해 뒤에 잔가지를 치며 엉킨 것을 정리하며 부스럼을 깎아 주면, 몇 해가 되지 않아서 담장을 넘을 것이다. 별도로 잠실 4, 5칸을 짓고, 每間에 十字街를 내고, 箔은 7층으로 올린다. 항상 쇠똥으로써 箔을 소독하며, 서북은 벽으로 막고 동남으로 햇볕을 받는 것이 좋다. 면화는 모름지기 많을 필요가 없고 1日耕에 그치며, 별도로 삼과 모시를 심어서 처로 하여금 봄과 여름에는 실을 뽑게 하고, 가을과 겨울에는 베를 짜게 한다. 부지런하면 실과 베가 넘칠 것이며, 그렇게 되면 마음에 욕심이 생겨서 게으른 자는 스스로 근면해진다.[57]

위에서 보는 바와 같이 양잠업은 주로 부인의 노동에 맡겨진다는

之, 亦無實效. 何況吉貝旣盛, 繒帛不急, 種桑豈農民之所願乎. (『全書』五 - 牧民心書 七 - 十一 後面, 勸農)

57) 妻懶者, 敗家之本. 未四更滅燭, 摠紅而衾未捲者, 皆懶公也. 戒之不悛, 雖去之可也. 種桑四五百株, 及二歲, 剗其附枝, 攫其縈蔓, 鐴其擁腫, 不數歲過牆矣. 別構蠶室四五間, 每間爲街四達, 爲箔七層, 常以牛糞燒之, 西北全塞之, 唯東南納陽可也. 吉貝不須多, 唯一日耕便止, 別種纑苧, 令妻春夏治絲, 秋冬績布, 勤則絲布充溢, 旣然貪欣在心, 懶者自勤也. (『全書』一 - 詩文集十八 - 三 前面, 爲尹輪卿贈言)

것은 앞에서 지적한 바와 같은데, 여기서 주목되는 점은 4, 5백 주의 뽕나무를 심는다는 것과 별도로 잠실을 마련한다는 것이다. 그는 아들들에게 보낸 家誡에서도 그 자신이 자기 집에 數百株의 뽕나무를 심었다고 하였는데, 과연 그것이 사실이었을까. 그는 가계에서 귀양살이를 하던 남쪽 지방의 뽕나무 재배에 관하여 다음과 같이 이야기하고 있다.

생계를 도모하는 방법을 밤낮으로 생각해 보아도 뽕나무를 심는 것보다 더 좋은 것이 없어서, 비로소 孔明의 지혜가 과연 그보다 더한 것이 없다는 것을 알았다. 과일을 파는 것은 본래 깨끗한 일이지만 오히려 商賈에 가까운데, 뽕나무 같은 것은 儒者의 이름을 잃어버리지 않을 뿐만 아니라 큰 상인의 이익을 거둘 수 있으니, 천하에 다시 이러한 일이 있겠는가. 南中에는 뽕나무 365 주를 심은 자가 있는데, 해마다 돈 365냥을 얻는다. 1년 365일에 매일 1냥으로써 양식을 삼으면 종신토록 배고프지 않고 아름다운 이름으로써 生을 마칠 수가 있을 것이니, 이 일은 가장 배울 만한 것이다. 그 다음으로 蠶室 3칸을 짓고 箔을 7층으로 올려 합계 21칸의 양잠을 하는데, 부녀자로 하여금 놀고먹지 못하도록 하니 역시 좋은 방법이다. 금년에는 오디가 잘 익었으니 너는 소홀하지 않게 하도록 하라.[58]

그는 또 地桑에 관해서도 언급하고 있다. 지상은 뽕나무를 밭에 심고 밑둥치에서 솟아나는 가지를 쳐서 뽕을 수확하는 것인데, 식민지

---

58) 謀生之術, 晝思夜度, 莫善於種桑, 始知孔明之智, 果無上也. 賣果本是淸名, 猶近商賈, 若桑不失儒者之名, 而抵大估之利, 天下復有此事哉. 南中有種桑三百六十五株者, 歲得錢三百六十五串, 朞三百六十五日, 每用一串爲糧, 終身不匱, 遂以令名終, 此事最堪師學. 其次爲蠶室三間, 爲箔七層, 共養蠶二十一間, 令婦女無至游食, 亦佳法也. 今年椹熟, 汝其毋忽庚午仲春, 書于茶山東庵.(『全書』一 - 詩文集十八 - 十五 後面, 示學淵家誡)

시대의 양잠업에서 흔히 볼 수 있는 뽕나무의 재배법이다. 조선후기
에는 민간에서는 지상이 없었던지, 官에서 재배하여 뽕을 민간에서
팔도록 권고하고 있다.

　　地桑이라는 것은 오디 몇 석을 따서 오디의 살을 씻어 내고 햇빛에 잘 말리
고, 桑田은 2, 3번 깊이 갈고 거름을 주어 심는 것이다. 2년간 자라면 봄에 뽕잎
이 나는데, 모두 베어서 누에를 먹인다. 여름에 새 줄기가 또 자라는데, 그 이
듬해 봄에 또 모두 베어서 뽕잎은 누에를 먹인다. … 지상이 이미 이루어지면,
새끼줄로써 打量하여 1畝에 세를 몇전 몇푼을 받고 베어가도록 민간에 허가
하는 것이 좋다. 내가 보니 뽕잎이 귀한 해에는 큰 뽕나무 하나에 300푼을 받
는데, 물정을 보아서 稅는 아주 가볍도록 할 것이다.[59]

　다음으로 잠실에 관하여 살펴보도록 하자. 조선후기에는 민간에서
잠실이 별도로 있었는지는 알 수 없으나, 개항기의 일본인들의 조사
자료에 의하면 양잠은 가정의 온돌방의 한 구석에서 조금씩 행해지
는 것으로 되어 있다.[60] 그런데 다산은 양잠업을 위하여 별도로 잠실
4, 5칸을 지을 것을 권고하고 있는데, 잠실에는 십자가를 내고 박을 7
층으로 올린다고 하고 있으므로 잠실이 5칸이라면 한꺼번에 140박의
양잠을 할 수 있게 된다. 이것은 앞의 인용문에서 뽕나무 365주를 심
는 농가에서 "잠실 3칸을 짓고 박을 7층으로 올려 합계 21칸의 양잠"
을 하는 것과 기본적으로 같은 것이다. 다산은 그가 벼슬을 할 때 서

---

59) 地桑者, 取桑葚數石, 淘去肉曬乾, 熟耕二三翻, 加以灰糞. 乃下種. 及二周苗長, 春葉
　　初敷, 悉刈以飼蠶. 夏月新條又苗, 厥明年春, 又悉刈之葉以飼蠶. … 地桑旣成, 每用
　　繩索, 打量一畝, 收稅錢幾文, 乃許民刈取可矣. 余見桑貴之年, 大桑一樹, 或收錢
　　三百文, 宜採物情, 使稅極輕. (『全書』五 – 牧民心書七 – 八 前面, 勸農)
60) 須川英德, 「開港期朝鮮における絹業について」(『朝鮮学報』第127輯, 1987) 參照

울에 있는 그의 집에도 뽕나무를 심고 길쌈하는 아내의 모습을 詩로 읊고 있으므로[61] 양잠에 특별한 관심을 보이고 있는 것은 사실이지만, 양잠에 관한 실제의 견문은 넓지 못했던 것 같다.

다산의 양잠론이 조선후기에 그대로 실현되었더라면, 그때의 양잠업은 꽤 번성했으리라 생각된다. 그러나 다산의 양잠론은 아무래도 선진적 농법의 소개에 머문 감이 있다. 왜냐하면 19세기 후반에 서양으로부터의 수입상품에 대하여 중국과 일본은 生絲의 輸出로써 대응하고 있는 데 대하여 한국은 米穀의 수출로써 대응했다. 이 대응의 차이가 각국의 국내 경제사정과도 크게 관계되는 것은 말할 필요도 없겠다. 또 조선정부는 蠶桑公司를 설치하고 양잠업을 진흥하려 하였으나 실패로 끝나고 말았다.[62] 이것은 정부의 정책에 대하여 농민이 제대로 대응할 능력이 아직은 없었기 때문이었을 것이다. 19세기의 동양삼국에서의 양잠업의 발전수준에 관해서는 앞으로 더 검토해 보아야 할 과제이다. 우리가 다산의 양잠론에서 확인할 수 있는 것은 조선에 있어서도 양잠업을 본격적으로 장려하려는 試圖가 있었다는 사실이다.

2) 人蔘

인삼은 원래는 山蔘으로서 자연삼이었으나, 17세기에는 이미 家蔘으로서 농가에서 재배되기 시작하였다. 19세기 초에만 하더라도 인삼은 일반적으로는 아직도 가정의 울타리 밑에서 조금씩 재배되는 형

---

61) 다산은, 1788년경 부인이 京城에 살면서도 양잠을 했기 때문에 「蚖珍詞七首」를 지어 그에게 주었는데, 그 詩 속에서도 箔을 7층으로 올린다는 것과 地桑에 관한 언급이 있는 것으로 보아, 농서를 통하여 先進的 養蠶技術에 관해서는 일찍부터 알고 있었던 것 같다. (『全書』一－詩文集一－三十 前面, 蚖珍詞七首贈內)

62) 須川英德, 「朝鮮開港後1880年代における生糸輸出の試みについて」(『朝鮮史研究会論文集』No.26, 1989.3) 참조

편이었으나,[63] 對淸무역을 전담하다시피 하였던 開城商人들은 인삼을 밭에 대량으로 재배하는 경우도 있었던 듯하다. 다산의 경우는 일반농가의 경제작물로서 인삼을 소개하고 있는 것은 아니지만, 인삼에 관한 다음과 같은 그의 기록은 주목할 만하다. "또 토양을 다스려 薺苨·菝葜·山薯蕷와 같은 약초를 심는데, 토의에 따라 區種할 것이나, 오직 인삼만은 특히 많아도 좋은 것이니, 재배방법을 살펴서 법대로 좇는다면, 비록 數頃에 이르더라도 나쁘지 않다."[64] 조선후기에 인삼을 수경이나 재배하는 농가가 과연 있었을까.

다산의 경우 1頃은 1結과 같은데, 논이면 40마지기요 밭이면 20日갈이이다. 『경세유표』에서의 頃이라는 단위의 用法으로 보아 이 점은 조금도 의심할 필요가 없다. 다만 여기에서 문제로 되는 것은 어느 지방에서 누가 인삼을 상품작물로서 대량으로 재배하였는가 하는 것이다. 여기에서 우리는 자연히 개성상인을 주목하지 않을 수 없다. 19세기 말에 개성상인 중에는 數千 내지 數百間의 인삼을 재배하는 자가 상당히 있었다.[65] 그리고 19세기 전반기에는 중국사신들이 가지고 가는 包蔘이 갑자기 數百斤으로부터 數萬斤으로 증가하고 있다.[66] 개항

---

63) 李學逵, 『洛下生藁』의 農書를 참고할 것

64) 又治壤種諸藥艸, 如薺苨菝葜山薯蕷之屬, 隨宜區種, 而唯人蔘特多, 案方遵法, 雖至數頃, 不嫌也.(『全書』一 － 詩文集十八 － 二 後面, 爲尹輪卿贈言)

65) 『蔘圃摘奸策』, 奎19484 참조. 이 책에는 建陽元年(1896) 12월 14일의 『開城造蔘成冊』이 포함되어 있는데, 같은 年度에 조사된 것으로 보인다.

66) 인삼의 예를 들면, 1797년에 청국에 대한 수출용으로 만든 홍삼의 양은 150斤에 지나지 않았으나, 1832년에는 8천 근으로 증가하였고, 1847년에 이르러서는 4만 근으로 격증하였다. 이 밖에 개성의 홍삼제조업자들이 정부의 눈을 속이고 밀조한 홍삼의 양은 이보다 훨씬 많았을 것이다. 가령 밀조한 부분까지 합하여 1년에 5만 근의 홍삼이 생산되었다 하더라도 그것은 당시의 가격으로 쳐서 최소 5백만 냥의 돈(홍삼 1근을 100냥으로 평균 환산하여)에 해당하는 거액의 홍삼이 청국으로 수출되었다고 인정할 수 있다. (김광진 외저, 『조선에서의 자본주의적 관계의 발전』 사회과학출판사, 1973. 14페이지. 홍삼에 관한 자료는 金澤榮, 『合刊韶濩堂

기에도 인삼은 중요한 수출품의 하나였고, 식민지시대에도 전매품이었다는 것은 주지하는 바와 같다. 인삼은 근대에도 중요한 상품작물로서 그 지위를 유지하고 있는데, 우리는 여기에서 농업경영의 歷史的 繼承性을 생각해 보아야 할 것이다.

3) 養鷄

다산은 경제작물뿐만 아니라 목축과 양계도 농가의 부업으로 매우 중요시하였다. 따라서 그의 長子 學淵은 『種畜會通』을 저술하기도 하였다.[67] 이와 같이 다산가에서는 농법의 개선에 관하여 관심이 깊었는데, 여기서는 養鷄論을 소개해 보기로 한다. 그는 가계에서 양계에 관하여 다음과 같이 말하고 있다.

> 들으니 너는 養鷄를 한다는데, 양계는 진실로 좋은 것이나 양계 중에는 역시 淸雅한 것과 속된 것의 구별이 있다. 참으로 農書를 숙독해서 그 좋은 방법을 택하여 시험하되, 색깔로써 구별하기도 하고, 횃대를 달리하기도 해서, 닭이 살찌고 번식하는 것이 다른 집보다 낫게 하고, 또 詩를 지어서 닭의 정경을 描寫하되, 그 일은 그 일로써 처리하는 것이(생활과 마음을 거기에 빠지지 않게 하라는 뜻—筆者) 독서하는 자의 양계이다. 만약 이익만 보고 의리를 보지 못하거나, 기르는 것만 알고 정취를 알지 못하고, 부지런히 일하면서 이웃의 圃老와 아침저녁으로 다투는 것은 바로 좁은 시골의 졸렬한 농부의 양계이다. 네가 무엇이 좋아서 양계를 하는지 모르겠구나. 모름지기 百家의 저서를

集』文集 卷8, 紅蔘志로 생각된다.
67) 필자는 이 논문을 집필할 때에는 이 책을 미처 열람하지 못했으나, 그 이후 日本의 東京에 있는 아리랑하우스에서 이 책을 복사해 韓國으로 가져왔다. 거기에는 양잠에 관한 기술이 많은 분량을 차지하고 있는데, 園圃와 畜産에 대한 다산의 관심의 일단을 엿볼 수 있다. 그후에 국내에서도 이와 다른 필사본이 발견되었다.

가지고 鷄說을 초록하고 분류해서 陸羽의 『茶經』과 柳惠風의 『煙經』과 같이 鷄經을 짓는 것도 하나의 좋은 일일 것이다. 농사를 하면서 淸致가 있게 하는 것은 모름지기 매양 이것으로써 예로 삼을 것이다.[68]

여기에서 명백히 나타나는 바와 같이 다산의 농업경영론은 단순히 현실의 농가경영을 반영하고 있는 것이 아니라 현실적으로 실현 가능하면서도 실현되어야 할 바의 경영론인 것이다. 그의 경영론은 관직에 나아가지 못하는 양반층의 생계를 유지하기 위한 방안을 제시하고자 한 것이지만, 한 사회의 지도계층으로서의 양반층이 농사에 종사함에 있어서 해내야 할 마땅한 役割까지도 제시하고 있는 것이다. 그 역할이란 양반층이 영농을 통하여 선진적 농법을 개척하는 것이며, 바로 여기에 양반층의 농업노동과 노동윤리가 통일되어 있다. 다산은 경제작물에 한하여 상업적 농업을 장려하고 있었다.

---

68) 聞汝養雞, 養雞固善. 然養雞之中, 亦有雅俚淸濁之殊. 苟能熟讀農書, 擇其善法而試之, 或別其色類, 或異其塒桀, 使雞之肥澤繁衍, 勝於他家, 又或作詩, 寫雞情景, 以物遣物, 此讀書者之養雞也. 若見利不見義, 知錢不知趣, 蠢蠢滾滾, 與鄰人圃老早莫爭閧者, 此直三家村裡拙夫子之養雞也. 未知汝何所安, 旣養鷄矣. 須將百家書, 鈔取鷄說, 彙次作鷄經, 如陸羽茶經柳惠風之煙經, 亦一善也. 就俗務帶得淸致, 須每以此爲例. (『全書』一－詩文集二十一－二十一 前面, 寄游兒)

맺음말

17세기 이후의 조선사회는 상품경제가 어느 정도 발달하기 시작하고, 특히 18세기 중엽 이후에는 그것이 한 단계 더 높은 발전을 보였다는 것은 이미 기존의 연구에 의하여 명백히 되었다. 상품경제를 농업에 한정해서 보더라도 18세기 중엽 이후에는 다양한 경제작물이 출현하고, 농서 가운데는 특정의 경제작물의 재배방법을 다양하게 소개하고 있는 것이다. 여기에서 특히 우리들의 주목을 끄는 것은 특정작물의 재배방법을 소개하는 專門書가 출현하기 시작했다는 것인데, 거기에는 비록 그 내용은 풍부하지 못하다고 하더라도 『茶經』(茶山에게도 이것이 있다)·『煙經』·『蔘書』 등이 있었으며, 또 丁學淵의 『種畜會通』이나 다산이 그의 아들들에게 저작하라고 권하고 있는 '鷄經'도 이러한 종류의 저서인 것이다. 이러한 점들을 미루어 볼 때 확실히 17세기 이후, 특히 18세기 중엽 이후에는 16세기 이전과는 상품경제의 발전단계를 달리했음이 분명하다.

다만 필자가 기존의 주류적 연구에 대하여 의문을 제기하는 것은 조선후기의 역사발전 단계의 성격에 관한 것이다. 기존의 주류적 연구에 있어서 설정하는 시기는 논자에 따라서 각각 다르지만, 개항 이전에 조선에 있어서도 이미 자본주의적 여러 관계가 발생했다는 것이다. 이 소론에서 검토해 본 농민경영에 한정해서 말한다면, 이 방면의 대표적 연구자인 김용섭의 연구에는 많은 문제가 있는 것으로 생각된다. 김용섭은 다산의 농업경영론을 전업경영론으로 파악하고, 「전제」에 등장하는 자소작상농층인 '力農者'를 經營型富農으로 해석하고 있는데, 이러한 주장은 자료의 해석상 여러 가지의 무리가 따를 것으로 보인다. 우선 다산의 전업경영론은 그 자체 현실은 아니었으며, 그가 설정하는 '力農者'는 실제로는 소지주로서의 지주자작이었던 것이다.

　그리고 농산물의 상품화에 관해서도 김용섭은 다산의 말을 확대해석하고 있는 것으로 보인다. 管見에 의하면 다산은 어디에서도 농민이 곡물을 다량으로 상품으로 생산하고 있다는 사실을 말한 적은 없으며, 오히려 곡물은 수익성이 없다고 누누이 지적하고 있는 것이다. 그가 '역농자'에게 집약적 경작을 통하여 곡물의 증산을 권장하고 있었던 것은 개별 농가에게 수익성이 있어서가 아니라 국가경제적 입장에서 그것이 필요했기 때문이다. 오히려 수익성에 있어서는 경제작물 쪽이 훨씬 높았으며, 따라서 그도 개별농가의 입장에서는 경제작물의 재배를 권장하고 있었던 것이다. 그리고 경제작물 중에서는 예컨대 人蔘의 경우에는 開城이라는 극히 한정된 지방에서이기는 하지만 상업적 농업도 전개되고 있었을 것으로 추측된다.

　이렇게 본다면 조선후기에 있어서는 농가경영이 집약화·다각화를 통한 안정화를 추구하고, 그것을 기반으로 지주제가 발전하는 역사적 단계였던 것이며, 농민층의 양극분해를 통하여 부농층이 성장함으로써 지주층이 몰락해가는 역사적 단계는 아니었던 것 같다. 농업생산력과 상품경제의 초기적 성립을 통한 농민경영의 안정적 성립이 이 시기의 역사발전의 주된 방향이 아니었을까. 그리고 이러한 역사적 조건이야말로 동양삼국이 近現代에 있어서 일본의 자본주의화, 중국의 반식민지화, 조선의 식민지화와 대만·한국의 중진자본주의화를 규정한 내적 조건 중의 하나가 아니었을까. 한국의 근현대화를 내적 요인만으로써 설명하는 것은 물론 불충분한 것이며, 내적 요인의 추구에 있어서도 조선후기의 자본주의맹아와 식민지시대의 민족해방투쟁을 직결시키는 것은 방법론적으로 재검토할 여지가 있다. 한국 근현대사에 있어서는 외적 요인의 작용이 차지하는 중요성이 간과되어서는 안 되겠지만, 내적 요인의 자기변혁을 통한 계승성도 간과되어서는 안 될 것이다. 조선후기의 *經濟*史도 이러한 시각에서 재조명되어야 하지 않을까.

經濟 2 「田論」에 대한 새로운 解釋

머리말

「전론」에 原本과 加筆本이 있다는 것은 현재 널리 알려져 있는 바와 같다. 그런데 1930년대 중엽 『여유당전서』를 편집할 때, 다산이 애써 修正·加筆한 가필본이 있는 데도 불구하고 왜 거기에 원본이 수록될 수밖에 없었던가에 대해서는 지금까지 그 이유를 밝혀 보려는 연구자가 없었다.[1] 대개 茶山學의 연구자들은 원본은 본래 『與猶堂集』에 수록되어 있었기 때문에 누구나 쉽게 열람할 수 있었던 데 대하여, 가필본은 공개되지 않아서 열람하기가 어려웠기 때문이 아니었을까라고 막연하게 추측하고 있는 것 같으나, 그것은 사실이 아니다. 다산이 1834년에 직접 작성한 것으로 보이는 『洌水全書總目錄』을 살펴보면, 원본은 「文集」十二冊三十四卷 중에 가필본은 「文集」續集 十冊三十卷 중에 각각 수록되어 있으므로, 閱覽의 便否는 서로 다름이 있을수가 없었다. 현재 藏書閣에 소장되어 있는 다산가필사본 『여유당집』을 조사해 보면, 원본은 전자의 文集名인 『與猶堂集』雜文三에 수록되어 있고, 가필본은 후자의 문집명인 『洌水全書』續集七에 수록되어 있

---

1) 가필본에서는 원본의 집필시기를 밝히고 다산이 晩年에 도달한 전제에 관한 知見을 가필하기는 했으나, 원본이 체계적으로 수정·가필되지 못하여 서술에 있어서 흐트러짐이 있었기 때문에 『여유당전서』에는 원본이 수록될 수밖에 없었던 것으로 보인다. 다산학술문화재단의 『定本與猶堂全書』2에서는 원본에 가필이 揷入되고 수정과 삭제는 注로 처리되었는데, 결과적으로 거기에 수록된 「전론」은 원본도 아니고 가필본도 아니게 되었다.

는 것이 확인된다. 그러니까 다산가필사본『여유당집』을 조사할 수 있는 기회를 가졌던 사람이라면 원본이든 가필본이든 어느 것이나 쉽게 열람할 수 있는 상황에 있었던 것이다.

그런데『여유당전서』가 출판되기 이전이나 이후나 가필본에 대한 연구자들의 관심은 크지 않았다고 할 수 있다. 1970년대의 중엽에 가필본이 있다는 사실이 새삼스럽게 밝혀졌는데도 불구하고 가필본에 대한 학계의 관심은 아주 낮았다. 그리고 가필본의 가필내용을 제대로 검토했더라면「전론」에 관한 기존연구의 방향이 근본적으로 달라져야 했음에도 불구하고, 그 이후에도 거기에는 기본적으로 변함이 없었다. 심지어 조선후기 실학에 관한 대표적인 연구자조차 가필본이 있다는 사실을 알면서도 이를 무시하려는 반응을 보이기도 했다. 그러면 연구자들은 왜 다산이 자신의 田制에 대한 經學的 기초를 제시하고 논문의 이론적 일관성을 유지하기 위하여 애써 집필한 가필본을 무시하거나 무시하려고 했을까. 필자가 보기로는 만약 가필의 내용을 본격적으로 검토하게 되면,「전론」에 대한 기존연구의 방향이 붕괴될 수밖에 없었기 때문이 아니었을까 생각된다. 그 기존의 연구방향이란 첫째는 「전론」이 다산의 최종적인 전제개혁안이라는 것이요, 둘째는 閭田制가 '共産主義的 協同農場'을 실현하기 위한 전제개혁안이라는 것이다.

이러한 각도에서 보면 가필본의 존재는 오히려 앞으로의 다산학연구자들에게「전론」에 관한 기존연구에 대한 적극적인 재검토를 요구한다고 할 수 있다. 이러한 재검토를 위해서는 다음과 같은 몇 가지의 작업이 필요하지 않을까 생각된다. 첫째는 加筆項目이「전론」에 관한 연구를 위하여 어떠한 새로운 정보를 제공해 주는가를 밝히는 일이다. 그것은 저작시기와 토지소유에 관한 정보이다. 둘째는 저작시기에 관한 새로운 정보에 기초하여「전론」의 집필시기를 바로잡는 일이다. 그 집필시기가 바로잡히게 되면,「전론」과「전제」의 사상사적 위치도 자연히 바로잡히게 된다. 셋째는 토지소유에 대한 새로운 정보에 기초하여 閭田論이 王土思想에 근거를 두고 있다는 사실을 밝히는 일이다. 왕토사상에 기초를 둔 '공산주의적 협동농장'은 성립할 수 없을 것이므로 '공산주의적 협동농장설'도 당연히 재검토되어야 한다. 넷째는 閭田論이 무엇을 실현하기 위하여 저술되었는지를 밝히는 일이다. 다산은 「전론」을 집필할 무렵 政敵들의 공격으로 정치적 위기에 몰려 있었기 때문에 正祖와 같은 賢君을 모시고 三代의 至治가 이루어지는 小康社會의 실현을 구상하면서 정치적 고독감을 달래고 있었던 것은 아니었을까.[2]

---

2) 이 구절의 집필에 있어서는 李東歡 교수의 도움을 받았다. 그와의 토론과정에서, 儒敎는 五帝時代에는 大道가 행해지는 大同社會의 실현을, 三代에는 至治가 이루어지는 小康社會의 실현을 각각 理想으로 한다는 것을 확실하게 이해하게 되었다. 그렇기 때문에 유교는 秦始皇 이후의 專制國家의 통치이념으로 줄곧 봉사하면서도, 전제국가에 대하여 항상 不滿을 가지고 있었던 것이다.

1. 加筆項目

그간 잊어버리고 있었던 가필본 「전론」의 존재를 밝혀낸 연구자는 金容燮이다.[3] 그는 단순히 가필본에 「전론」의 집필년도가 밝혀져 있다는 것을 지적하는 데 그치지 않고 가필 이전의 원본 내에서도 집필년도를 읽어낼 수 있는 구절이 있다는 것을 實證하는 등 역사학자로서의 眞面目을 보여 주기도 했다. 李榮薰은 거기에서 한 발 더 나아가 土地所有問題와 관련되는 가필의 經學的 근거가 다산의 『尚書古訓』의 洪範條에 있다는 것을 밝혀 내었다.[4] 이러한 先行研究들은 필자가 가필본의 가필이 다산의 臨終直前에 자기의 저작을 최종적으로 정리하는 과정에서 이루어졌다는 사실을 밝히는 데 있어서 크게 도움이 되었다. 가필본은 앞에서도 지적한 바와 같이 『洌水全書』續集七에 수록되어 있는데, 管見에 의하면, 『열수전서』라는 다산著作集名은 1834년에 작성된 『洌水全書總目錄』과 이 목록에서 제시된 冊數 및 卷數와 같은 책수 및 권수로 편집되어 있는 『洌水全書』續集에서 처음으로 나타난다. 그리고 『상서고훈』도 같은 해에 『尚書知遠錄』과 『古訓蒐略』이 合編·增補되는 과정에서 이루어지는 것이다. 이렇게 보면 가필본에서의 가필이 1834년 무렵에 이루어졌을 것이라는 추정은 거의 사실에 가까울 것으로 보인다.

가필본에서의 가필은 논문의 全篇에 걸쳐서 이루어졌으나, 논문의 內容補強과 관련되는 중요한 項目은 다음의 A에서 I까지의 9個所가 아닐까 한다. 가필본에서 가필된 9개소는 加筆이 6개소, 修正이 2개소, 그리고 削除가 1개소이다(삭제는 필사과정에서의 筆寫漏落일 가능성도 배제할 수 없다). 그리고 이들을 補強內容別로 분류해 보면,

---

3) 金容燮, 『韓國近代農業史研究』 一潮閣, 1975, 90페이지.
4) 李榮薰, 「茶山의 田制改革論과 王土主義」 (『民族文化』 第19輯, 1996), 64페이지

집필시기를 밝히기 위한 것이 2개 항목(A와 I), 토지소유의 經學的 근거를 밝히기 위한 것이 3개 항목(B, C와 D), 그리고 九職으로의 分業을 강조하기 위한 것이 4개 항목(E, F, G와 H)이다. 이들 세 가지의 보강항목 중에서 閭田制에 대한 새로운 해석에 도움이 되는 항목은 집필시기 및 토지소유와 관련되는 항목이며, 九職으로의 분업과 관련되는 항목은 閭田制에 대한 종래의 설명을 보강하는 항목이다. 그러므로 여기서는 집필시기 및 토지소유와 관련되는 가필항목은 별도의 節로 다루고, 九職으로의 분업과 관련되는 항목은 '閭田論과 小康社會'에 포함시켜 다루기로 한다.

加筆項目

A. 此是己未間所作三十八歲時, 與晩來所論不同, 今亦錄之(加筆)(頭注)

B. 書曰, 皇斂時五福, 用敷錫厥庶民, 斯大義也(加筆)(田論一)

C. 王斂是國中田, 用敷錫厥庶民, 又惡可已哉(加筆)(田論一)

D. 朝廷之上, 不孳孳焉汲汲焉, 以斂是田用敷錫(唯損富益貧, 以均制其産之)爲務者, 不以君牧之道事其君者也(修正)(田論一)

E. 故天官太宰, 以九職任萬民, 九職農居一焉. 工商嬪牧虞衡之等, 固未常得田(加筆)(田論二)

F. 嬪以其絲枲易, 牧以其牛羊易, 虞與衡以其材木皮革易(加筆)(田論五)

G. 士者仕也. 古者, 仕者謂之士. 又其學先王之道, 將進而仕於朝者謂之士, 故學也祿在其中. 今之所謂士者, 不仕不學道, 冒士之名而無所爲焉(加筆)(田論五)

H. 士轉而緣南畝而地利闢, 士轉而緣南畝而風俗厚(削除)(田論五)

I. 近歲, 關西觀察使李相國秉模(李相國秉模, 觀察關西), 試戶布之法於中和一
　　府, 府民相聚號哭, 事遂已(修正)(田論七)

備考 : 가필항목은 ( ) 속에 加筆·修正·削除別로 구별했는데, 가필과 삭제는 위에서 인
　　용된 문장전체를 가필하거나 삭제했고, 수정은 ( ) 속의 문장만을 수정했다.

2. 執筆時期

　「전론」의 집필시기는 다산의 전제에 관한 연구에 있어서 결정적인
중요성을 가진다. 현재 밝혀지는 바와 같이 「전론」이 1799년에 집필되
고, 「전제」가 1815~1818년 사이에 걸쳐서 집필된 것이라면, 다산의 전
제개혁론은 閭田論으로부터 井田論으로 轉換되어 갔다고 보지 않
을 수 없는 것이다. 그렇게 되면 다산의 전제개혁론이 정전론으로부
터 여전론으로 전환되어 갔다는 기존의 연구는 당연히 재검토되어야
한다. 그러나 연구자들 중에서는 여전론이 비록 정전론보다 먼저 저
술되었다고 하더라도, 여전론은 다산이 궁극적으로 실현하고자 하는
이상적인 전제개혁안이요, 정전론은 여전론으로 이행하는 과정에서
거치게 되는 過渡期的인 전제개혁안이라고 주장하는 연구자도 있으
나,[5] 그러한 주장이 성립하려면 정전제가 여전제로 이행하는 과정에
대한 다산의 설명이 있어야 한다. 그러나 그러한 이행과정에 대한 설
명은 『여유당전서』의 어디에서도 발견되지 않는다.[6] 이 문제에 대해서
는 앞으로 보다 구체적으로 검토할 것이기 때문에, 우선 가필본에서
보이는 집필시기에 관한 가필상황부터 알아보기로 하자.
　가필본에서는 우선 서술의 導入部에서 頭注로 「전론」의 집필시기
를 밝히고 있다. "이것은 己未年間의 所作으로서38歲 때이다, 晚來

---

5) 金容燮, 前揭書, 114페이지.

6) 최익한은 전게서 416~7페이지에서 이 문제에 대하여 다음과 같이 썼다. "자기의
　最高 理想案인 閭田制의 實現을 위하여 그의 머리속에는 반드시 一定한 節次가 있
　었을 것이다. 그는 이에 대하여 沈默을 지켰다. 或是 經世遺表의 別本과 같이 非合
　法的 文件으로서 世上에 公開되지 않고 따라서 우리들에게 傳受되지 않았는지도
　알 수 없다." 위의 문장에는 여러 가지 문제점이 있지만, 다산이 여전론의 실현방
　안에 대해서 「전론」에서 설명한 것 이외의 아무것도 기술하지 않았다는 사실은 확
　인된다.

의 所論과는 다르기는 하지만, 지금 다만 收錄해 둔다."이 가필에는
두 가지의 뜻이 담겨 있다. 첫째는 「전론」이 그의 38세 때인 己未年
(1799)에 집필되었다는 것이다. 이것으로써 「전론」이 1799년에 집필되
었다는 사실에 대해서는 더 이상 의심의 여지가 있을 수 없게 되었
다. 둘째는 「전론」이 '만래의 소론'인 『경세유표』의 「전제」와 다르기는
하지만, 이 또한 여기에서(『여유당집』에서―필자) '전제 12편'과 함께
收錄해 둔다는 것이다. 위의 구절에서는 여전론과 정전론은 집필시
기에 있어서 선후관계에 있고, 여전론은 정전론과는 다르지만 정전
론과 함께 수록해 둔다는 것 이외에는 아무런 다른 뜻을 읽어낼 수
가 없다. 다산은 經典의 연구에 있어서 考證學의 典範을 보여 주고
있는 사람이기 때문에 만약 정전론이 그의 과도기적 전제개혁안이
고 여전론이 그가 궁극적으로 달성하고자 하는 이상적인 전제개혁안
이라면, 그러한 중요한 사실이 여기에서 명시적으로 기록되지 않을
리가 없을 것이다.[7]

「전론」의 원본에도 집필의 시기를 짐작할 수 있는 구절이 있다. 「田
論」 七에는 "近歲에 相國李秉模가 關西의 관찰사로 있을 때 中和1府
에 戶布法을 시험하였는데, 府民들이 모여서 울부짖었기 때문에 드디
어 일을 그만두게 되었다"는 구절이 있다. 이병모는 1792~94년에 걸

---

7) 다산경세학을 본격적으로 연구하는 사람이라면, 다산이 '新我之舊邦'을 위하여
최후로 저술한 『경세유표』에서 한갓 過渡期的인 전제개혁안을 제시하기 위하여 12
篇에 이르는 방대한 「전제」를 저술했다고는 생각할 수는 없을 것이다. 朴贊勝, 「丁若
鏞의 井田制論 考察」(『歷史學報』 第110輯, 1987, 116페이지)에서는 가필본 「전론」에
서 井田不可行也라는 구절이 수정되지 않고 그대로 남아 있는 점으로 보아도 다산
의 전제개혁 구상이 정전론으로부터 여전론으로 이행되었다고 보기는 어렵다고 지
적했다. 만약 가필본 「전론」을 더 자세히 읽어 본다면, 위에서 박찬승이 지적한 것
이외에도 「전론」을 다산의 궁극적인 전제개혁안으로 읽을 수 없는 구절이 많이 발
견될 것이다.

쳐서 관서관찰사를 지내고, 1794년에 우의정, 1797년에 좌의정, 1798년에 영의정에 각각 被任되었으므로 「전론」이 다산의 在朝時에 집필된 것이라는 것을 알 수 있게 해 주었다. 그리고 가필본에서는 위의 구절을 "근세에 관서관찰사정승 李秉模이다가 중화1부에 호포법을 시행하였는데, 부민들이 모여서 울부짖었기 때문에 드디어 그 일을 그만두게 되었다"라는 구절로 修正하여 가필본의 집필시기도 짐작할 수 있게 해 주었다. 위와 같은 修正으로써 원본의 집필시기가 더욱 명백하게 되기는 했지만, 원본을 가지고서도 집필시기를 추정하는 일은 그렇게 어렵지 않았을 것으로 보이는데, 「전론」에 관한 연구자들이 한결같이 이 구절에 대하여 관심을 두지 않은 이유는 어디에 있었을까. 그것은 만약 「전론」이 다산의 在朝時의 저작이라는 것이 밝혀지게 되면, 여전론을 다산의 最終的이요 最高의 전제개혁안으로 읽을 수가 없기 때문이 아니었을까.

1934년에서 1938년에 걸쳐서 『與猶堂全書』가 編輯·出版될 때, 거기에 「전론」의 원본을 수록할 것인지 가필본을 수록할 것인지 하는 문제에 대해서는 진지한 논의가 있었을 것이다. 그리고 이 작업에 직·간접적으로 참여한 다산학연구자라면 이 문제에 대해서는 어느 정도 알고 있었을 것으로 생각되는데, 그러한 연구자인 高橋 亨(다카하시 토오루)나 崔益翰의 연구에서는 이 문제에 대한 언급이 전혀 없다. 오히려 다카하시는 「전론」 7편은 『경세유표』보다 뒤에 저술된 것으로서 전제에 관한 다산의 '晚年定說'로 보아야 한다고 했다.[8] 이에 대하여 최익한은 「전론」의 저작시기에 대하여 "丁茶山은 經濟學者로서 自己一生에 農民 특히 貧農民의 權益을 위하여 封建的 地主와 搾取를 반

---

8) "따라서 田論7篇은 經世遺表보다 뒤에 저술되어 오늘날에 있어서는 다산의 田制上의 의견은 오히려 田論으로써 그 晚年定說이라고 해야 할 것이다." (高橋 亨, 「朝鮮學者の土地平分說と共産說」, 『服部先生古稀祝賀論文集』, 1936, 623페이지)

대하고 새로운 土地制度를 여러가지 형태로 연구 고찰하였는데 그중 자기의 最後案이며 最大理想인 것으로 제시한 것은 그의 「田論」一篇이다"라고 하면서도,[9] 「전론」의 집필년도를 特定하는 記錄은 남기지 않았다. 그는 일찍이 『여유당전서』를 편집할 때 가필 「전론」을 열람해 볼 수 있는 위치에 있었는데[10] 왜 「전론」의 집필시기를 特定하지 않았을까.

최익한은 다산가필사본 『與猶堂集』에 대해서는 누구보다 잘 알고 있었다. 특히 그는 1938년 12월 9일부터 1939년 6월 4일까지 65회에 걸쳐 『東亞日報』에 「與猶堂全書를 讀함」을 집필하면서 『여유당집』과 『여유당전서』를 자세히 대조하였다. 그는 위의 두 저작집의 構成과 文集名에 대하여 다음과 같이 지적했다.

今番刊行의 題目은 "與猶堂全書"라 하엿지마는 手定草本에는 全體的 題目이 없고 "與猶堂集"이라 하엿을뿐이며 欽欽新書牧民心書, 麻科會通은 別個題目이 없으니 아마 이것은 單行本으로서 全集과는 獨立的으로 刊行할 豫定이 아니엇던가 합니다. 其外는 裏題는 全部 與猶堂集이고 다만 文集의一部分에 잇어 "洌水全書續集"이란 表題가 잇으니 이것을 보면 洌水全書四字는 最晚年 題號인듯하며 上記總目錄에도 "洌水全書總目錄"이라하엿으니 만일 全書라

<hr />

9) 최익한, 전게서, 420페이지.

10) 그는 「與猶堂全書를 讀함」(東亞日報 1939.02.03)에서 "墓誌銘中 貞軒/茯庵李基讓/鹿庵權哲身/梅丈吳錫忠/先仲氏/自撰墓誌銘(壙中及集中本)을 一冊으로 한 것은 表紙에 秘本二字가 씨여잇으니 이런 것도 當時와 先生을 理解하는데 興味잇는 問題인즉 그냥 適當한 곳에 記存해두는 것이 조치 안헛을까 합니다"라고 하였다. 그런데, 이 秘本의 묘지명은 『洌水全書』續集八에 수록되어 있고, 가필 「전론」은 『洌水全書』續集七에 수록되어 있으므로, 전자를 열람한 사람이 후자는 열람하지 않았다고는 할 수가 없을 것이다. 더구나 그는 그 글에서 「전론」에 대하여 특별히 주목하고 있었던 터였다.

하려면 與猶堂全書보담은 洌水全書라고 그냥 襲用하는 것이 得策이 아니엇을까 합니다.[11]

위의 최익한의 지적이 모두 옳은 것은 아니지만, 그가 『여유당집』의 구성에 대하여 속속들이 알고 있었던 것은 사실이었다.

그럼에도 불구하고 그는 다산의 저작에서 공산주의적 혁명이론을 읽어내기 위하여 다산의 저작에 대한 書誌的 檢討에 있어서 많은 혼란을 自招한다. 그러한 혼란은 『경세유표』, 「원목」, 「탕론」 및 「전론」에 대한 검토에 있어서 집중적으로 나타난다. 그는 우선 『경세유표』에는 '합법적 저술'과 '비합법적 저술'이 있고, 이 '비합법적 저술'에 「원목」, 「탕론」 및 「전론」이 포함되어 있었을지도 모른다고 했다. "(다산의 여전론은—필자) 或是 經世遺表의 別本과 같이 非合法的 文件으로서 世上에 公開되지 않고 따라서 우리들에게 傳受되지 않았는지도 알 수 없다. 또 或은 그의 「原牧」, 「湯論」과 「田論」 諸篇과 같은 것은 本來 經世遺表의 別本中에 包含되어 있던 것인데 그것이 直接 鬪爭과 革命에 關한 煽動的 文獻이 아니고 純粹한 原理論的 形式을 띠고 있는 獨立 論文들로서 全集中에 一部 編入되었던 것 같이도 보인다."[12] 위에서 보는 바와 같이 최익한은 자기의 이념에 따라 다산의 저작을 자의적으로 분류하고 있는데, 설령 그가 가필본의 존재를 알았다고 하더라도 그의 이념적 偏向 때문에 그것을 밝힐 자세를 가지고 있지 못했던 것이다. 실로 可恐할 만한 학문적 태도이다.

「전론」의 집필년도를 자의적으로 比定하려는 경향은 최익한에게만 있었던 것이 아니다. 한국의 대표적인 다산학연구단체라 할 수 있는 茶山硏究會의 회원들이 1990년에 집필한 李佑成의 '定年記念論文選'

---

11) 최익한, 「與猶堂全書를 讀함」 (東亞日報 1939. 02. 03)

12) 최익한, 전게서, 417페이지.

의 序文에서도 그는 다음과 같이 썼다. "그러나 그로부터 다산의 사상은 중요한 전환의 계기를 찾았다. 국왕의 힘을 통하여 정치를 바로 잡아 보려던 다산은 이에 고개를 돌려 '민(民)'의 존재에 주의를 기울였다. 실제로 '민'의 성장과, 성장에 따른 새로운 동향은 중세 후기로부터 두드러지게 나타나고 있었다. 원목(原牧)·탕론(湯論) 등 '민'을 주체로 하는 정치사상과 여전론(閭田論)과 같은 토지제도의 구상(構想)도 모두 그의 후기의 작으로 보인다. 여전론이 초기작이라는 기록이 있다고 하지만, 사상내용으로 보아 현실적으로 이씨조정(李氏朝廷)과 밀접한 관계가 다 끊어지고 난 뒤에 아무런 부담이 없는 상태에서 나올 수 있었던 이론이라고 여겨진다. 일표이서(一表二書)와 같이 현실적 법제도의 개선을 위한 것은 별문제로 하고 그의 근원적 사상논리를 담아놓은 몇 편의 글에서 우리는 다산이 도달한 사상적 지점(地点)을 측정할 수 있으리라고 믿는다."[13] 필자도 그 選集의 집필자 중의 한 사람이기 때문에 이념적 편향이 얼마나 가공할 만한 事實의 왜곡을 가져오는지에 대하여 痛切히 自省하지 않으면 안 될 것이다.

위에서 보는 바와 같이 많은 다산학의 연구자들은 다산학을 과학적으로 추구하기보다 이념지향적 연구를 해왔던 것이다. 그러한 연구의 결과는 다산사상에 대한 자의적 해석으로의 暴走였다. 북한의 역사학계를 대변한다고 할 수 있는 金錫亨은 다산의 정치경제사상을 다음과 같이 總括하였다.

「원목(原牧)」,「탕론(湯論)」 등에서 전개된 민주주의적 사상도 그의 유배 시기 인민들과의 생활에서 얻은 고귀한 사상적 결실이었다.
… 그는 이로써 봉건 통치 제도를 반대하는 진보적 사상에 도달한 것이었

---

13) 姜萬吉·鄭昌烈 외9명, 전게서, 5페이지.

다. 그의 이러한 민주주의적 사상은 유배 생활 마지막 시기에 저작된 『경세유표(經世遺表)』에서 론리 정연한 체계로써 풍부한 내용을 가진 리상(理想) 국가에 관한 안(案)으로서 전개되었다.

선행 실학파들과 마찬가지로 일찍부터 토지 문제 해결을 당시 사회에서 제기되는 모든 문제 해결의 열쇠로 보고 있었던 다산이 이미 널리 소개된 려전제(閭田制)의 사상에 도달한 것은 저러한 정치에서의 민주주의적 사상과 함께 류배 생활 18년간 정력적인 연구 과정에서 맺은 가장 고귀한 열매였다.[14]

만약 김석형이 「전론」의 집필년도를 객관적으로 比定해 보려는 그러한 사소한 과학정신만을 가지고 있었다고 하더라도 다산의 정치경제 사상에 대한 위와 같은 자의적 해석으로부터 벗어날 수가 있지 않았을까.

---

14) 『다산정약용선생탄신200주년기념논문집』(서명의 표기가 정확하지 않을 수도 있다—필자), 조선민주주의인민공화국 사회과학원철학연구소, 1962, 25페이지.

3. 土地所有

다산의 본격적인 田制改革에 관한 이론은 1799년에 집필된 「田論」7
首(閭田論)와 1815년부터 1818년에 걸쳐서 저술된 「田制」12篇(井田論)
뿐이 아닌가 한다.[15] 1790년에 집필된 「農策」에도 '均田'에 대한 언급이
있기는 하지만, 거기에서는 均田論이 전개되고 있지 않으므로 균전에
대한 언급은 유교의 기본적인 정치경제사상 중의 하나인 '均' 즉 토
지균분에 관한 사상으로 읽어 두는 것이 좋지 않을까 한다.[16] 여전론
과 정전론에 공통적인 다산의 토지소유의 원칙에 대한 인식은 "농사
를 짓는 자는 田地를 얻고, 농사를 짓지 않는 자는 그것을 얻을 수
없다"는[17] 것이다. 이러한 원칙은 여전론과 정전론을 貫通하고 있는
데, 여기에는 두 가지의 뜻이 있다. 첫째는 다산의 전제는 『周禮』에 보
이는 九職으로의 分業을 전제로 하고 있기 때문에 그는 농사를 짓는
자만이 전지분배에 참여하여 농업으로써 생계를 유지할 수 있게 하
고, 기타의 직업을 가진 자는 자기의 직업을 가지고 생계를 유지하도

---

15) 다산의 전제에 관한 저작으로서는 유배초기에 집필한 것으로 보이는 「擬嚴禁湖南
諸邑佃夫輸租之俗箚子」와 1820년경에 집필한 「田制別考」가 있으나, 전자는 전세납
부 제도의 개선을, 후자는 양전방법의 개혁을 다루고 있는 글이므로, 토지소유제
도의 개혁을 목표로 하는 본격적인 토지개혁론은 아니다.

16) 이 점에 관하여 김용섭은 "끝으로 그가 가장 기본적인 문제로서 생각했던 것은
'立民之本'이라고 말하는 것으로서 農民이 農民으로서 存在할 수 있으려면 農地
를 所有할 수 있어야 한다는 것이었다. 이에 관해서는 示唆的인 표현에 불과하였
지만, 「農策」에서 벌써 이를 擧論하고 있었다"(같은 책, 87페이지)고 지적했다.

17) 愼鏞廈, 「茶山 丁若鏞의 閭田制 土地改革思想」(『奎章閣』7, 1983, 69페이지)에서는
이 구절을 해설하면서 "정약용의 이 사상은 한국의 사회사상에 획기적인 것으로
〈耕者有田〉의 원칙을 이미 18세기 말에 확고하게 정립한 것이다"라고 했다. 耕者
有田은 근대적 토지개혁에서의 농민적 토지소유를 지칭하는 用語로서 王土思想
에 입각한 여전제의 토지소유에 있어서는 적용될 수 없는 것이다. 그리고 다산은
거기에서 '得田'이라 하고 '有田'이라 하지 않았다.

록 했다. 그리고 그는 또 四民의 거주지를 농민은 농촌에, 士·工·商은 도시에 각각 한정하려고 했다.[18] 둘째는 철저한 왕토사상을 실천하기 위하여 농민에게도 전지를 얻을 뿐(得田) 소유하지는(有田) 못하게 했다. 다시 말하면 농민이라도 토지의 用益權만을 가질 뿐 소유권은 가지지 못하게 했다. 따라서 그는 『경세유표』에서 정전제에서의 私田의 受田者를 전지의 임시적 점유자라는 뜻의 '時占'으로 표기하도록 하고 '田主'로 표기하지 못하게 했던 것이다.[19]

그런데 다산은 「전론」의 第1首에서 토지소유 문제를 다루면서 地主制度를 비판하기는 했지만, 농민의 토지소유를 배제하는 토지소유이론을 전개하지는 못했다. 그래서 그러한 결함을 是正하기 위하여 그는 2개 항목의 加筆과 1개 항목의 修正을 추가했다. 가필항목 중의 하나는 왕토사상의 經學的 근거를 밝힌 것인데, "『서경』에서 이르기를, '제왕이 五福을 거두어들여서 만백성에게 나누어준다'고 하는데, 이것이 그 大義이다"라고 하는 구절이다. 다시 말하면 다산은 제왕이 전지를 인민들에게 균등하게 분배할 수 있는 권한이 그가 晩年에 『상서고훈』의 저작을 통하여 획득한 왕토사상에 근거해 있음을 밝혔다. 그리고 그는 원본 「전론」 제1수에서의 "조정에 있는 자가 (동물이 자기의—필자) 새끼를 거두듯이 부지런하게 부유한 자의 재산을 덜어서 가난한 자를 도와줌으로써 백성들의 資産이 고르게 되도록 통제하는 데 힘쓰지 않는 자는 君牧의 道로써 임금을 섬기지 않는 자이다(朝廷之上, 不孳孳焉汲汲焉, 唯損富益貧, 以均制其産之爲務者, 不以君牧之道事其君者也)"라는 구절이 농민의 토지소유를 전제로 하고 있

---

18) 본서 127페이지 「2) 後市와 商工業」을 참조하라. 그러나 생산이 자연자원에 크게 의존할 수밖에 없는 농업사회에서 주민의 거주지를 위와 같이 劃定하는 데 있어서는 많은 留保條項이 있어야 할 것이다.

19) 졸저, 『經世遺表에 관한 硏究』 景仁文化社, 2017, 제3장 제2절을 참조할 것.

는 서술이라는 점을 깨닫고, 이것을 "조정에 있는 자가 (동물이 자기의—필자) 새끼를 거두듯이 부지런하게 전지를 거두어들여서 만백성에게 나누어주는 데(以斂是田用敷錫) 힘쓰지 않는 자는 君牧의 道로써 임금을 섬기지 않는 자이다"라는 구절로 수정하여 처음부터 농민의 토지소유가 있을 수 없다는 점을 밝힘으로써 천하의 모든 토지가 王土라는 점을 확실히 하려고 했다.

위에서 인용한 『尚書』 원문은 "다섯 번째는 皇極이다. 제왕이 황극을 세우고 五福을 거두어들여서 만백성들에게 나누어준다"는 것인데,[20] 황극은 大經大法인 洪範九疇 즉 五行·五事·八政·五紀·皇極·三德·稽疑·庶徵·五福[21]의 正中央에 위치한 큰 법이요, 오복은 아홉 번째의 큰 법으로서 壽·富·康寧·攸好德·考終命으로 구성되어 있다. 오복 중에는 富 즉 토지가 들어 있다. 이를 토지의 소유 및 분배와 관련해서 해석하면, 제왕은 제왕적 토지소유의 원칙을 확립하고 전국의 토지를 자유자재로 거두어들이기도 하고 나누어주기도 함으로써 만백성들에게 전지를 균등하게 분배할 수 있어야만 제대로 王道를 실천할 수 있다는 것이다. 다산은 「전론」 제1수에서 만백성들에게 전지를 균등하게 분배하는 것이 君牧의 의무라는 것을 설명하면서 "제왕이 나라의 전지를 거두어들여서 만백성에게 나누어주는 일을 또 어찌 그만두겠는가"라는 또 하나의 구절을 가필했다. 위의 설명을 종합해 보면 다산은 그가 『경세유표』와 『상서고훈』에서 정립한 왕토사상을 가지고 젊은 시절에 저작한 「전론」을 수정·가필함으로써 자기의 토지소유 이론이 이론적 일관성을 가지게 했던 것이다.

위에서 명백하게 된 바와 같이 여전론은 왕토사상에 입각한 전제개혁론이다. 다산은 「전론」의 원본에서도 기본적으로 왕토사상에 입

---

20) 『全書』 二 – 尚書古訓四 – 三十五 前面, 洪範
21) '五福'은 '福極'이라고도 했다. (『全書』 二 – 尚書古訓四 – 二十八 後面, 洪範)

각한 토지소유 이론을 전개하였지만, 가필본에서는 가필을 통하여 首尾一貫된 왕토사상을 전개하려고 했던 것이다. 그러나 여전론에 관한 연구자들은 다산의 이러한 토지소유 이론을 정확하게 이해하지 못하고 여전론에서 구상되고 있는 농업경영 형태를 '共産主義的 協同農場'으로 읽으려고 했다. 여전론에 대하여 가장 먼저 주목한 연구자는 다카하시 토오루였는데, 그는 앞에서 지적한 바와 같이 여전론이 정전론보다 뒤에 저술되었다고 하면서 여전론에서 "茶山은 共産說을 제출한다"[22]고 했다. 그는 여전론의 공산설의 내용을 다음과 같이 설명했다.

생각건대, 다산의 여전법은, 井田制에 있어서 公田을 8家가 힘을 합해서 경작하고 그 全收穫을 납세하는 사실로부터 着想하여, 협동노동의 범위를 1閭의 全田地로 확장하고 私田을 폐지하여 노동량으로써 분배량을 결정하는 데이르게 된다. 그리고 各閭의 전지면적은 전지의 등급에 따라 廣狹大小의 차등을 調整하여 생산량에는 차등이 없게 함으로써, 우선 전국농민의 資産이 대체적으로 거의 평균되게 하고 그 수입도 역시 노동하는 사람의 질병과 사망 등의 불행한 일이 일어나는 경우 이외에는 대체로 均一하게 되게 한다. 또 토지의 매매가 이루어지지 않기 때문에 兼倂도 일어나지 않으며, 노동의 제공에는 보수가 동반하기 때문에 노동관습도 涵養될 수 있게 된다.[23]

위의 다카하시의 설명은 各閭의 전지면적과 인구에 대한 설명에 있어서 다소 불완전한 점이 있기는 하지만, 매우 정확하다고 할 수 있다. 그러나 문제는 위의 설명의 어디에 농민들의 '共産'에 대한 설명이 있는가 하는 것이다. 그의 논문의 어디에도 이에 대한 설명은 없다.

---

22) 高橋 亨, 전게논문, 622페이지
23) 앞의 논문, 628페이지

오히려 그는 그의 논문에서 井田制에서는 농민을 토지소유로부터 배제하고 있다고 정확하게 지적했던 것이다. 여전제의 토지소유 원칙도 정전제의 그것과 동일하지 않은가. 여전론이 사회주의적 협동농장에 가깝다는 주장은 같은 시기의 崔益翰의 연구에서도 보인다.

> 閭田法은 朝鮮經濟思想史上에 重要한 地位를 占領한 것이다. 純然이 先生의 獨創的, 理想的考案이다. 東洋從來의 經濟理論에 잇어서는 勿論類例 없는 理想的田制論이어니와 近世西洋의 多種多樣한 經濟論에 잇어서도 드물게 보는 有數한 思想이다. 現行 經濟用語로 말하면 注役簿는 勞動票制 또는 勞動帳簿制에 類似한 것이며 日役은 勞動時間의 槪念이다. 一面으로는 勞動全收權의 主張이며 他面으로는 小農分散의 代身에 農業의 社會化를 目的한 것이다. 規模의 大小는 잇을지언정 閭田法은 現今他邦(?)의 村落共營 農場인 콜호즈에 近似한 것이므로 分配均平뿐 아니라 生産力의 增進에 對하여도 最善의 政策이다.[24]

최익한은 그의 저서의 「第九章 茶山의 經濟思想」의 「3, 新 田制論」과 「第十章 茶山의 '田論'七章 譯述」에서도 여전론을 분석하고 있는데, 거기에서는 農者得田, 不爲農者不得之라는 왕토사상에 대해서는 一言半句의 설명이 없고 오히려 '閭田論의 集團的 共同所有 및 共同耕作'[25]에 대하여 언급하고 있는 것이다. 다시 말하면 '閭田論의 集團的 共同所有'가 여전론의 토지소유 원칙에 대한 분석으로부터 도출되는 것이 아니라 여전론에서의 토지소유는 농민들의 '集團的 共同所有'라고 미리부터 전제되고 있는 것이다. 위의 인용문에서 보듯이 '日役簿',

---

24) 최익한, 「與猶堂全書를 讀함」 (東亞日報 1939.06.04) 이 구절은 그의 책 412~3페이지의 서술에서도 대체로 그대로 揷入되어 있다.

25) 최익한, 전게서, 415페이지

'勞動全收權'이나 '共同耕作' 등에 대한 해석에 있어서도 미리부터 그 것들이 社會主義的인 것이라 전제되어 있다. 이와는 달리 金容燮은 '18,9世紀의 農業實情과 새로운 農業經營論 … 共同農場的인 農業經 營論'에서 여전론에 대하여 치밀한 분석을 행했다. 그는 엄격한 實證 分析을 토대로 왕토사상에 기초하고 있는 여전론에서 '土地를 閭民이 共有'하는 '共同農場的인 農業經營論'을 읽어내려고 했기 때문에 점 점 더 큰 논리적 모순을 범할 수밖에 없었던 것이 아닌가 생각된다.

김용섭은 조선후기 농업사의 전공자이기 때문에 다산의 여전론에 대하여 특별히 주목하지 않을 수 없었다. 앞에서 본 바와 같이 그는 1970년대의 중엽에 그동안 잊혀져 있었던 「전론」의 가필본을 찾아내 고, 가필본에는 「전론」의 집필시기와 왕토사상에 입각한 토지소유의 원칙이 가필되어 있다는 것을 밝혀 내었다. 그러므로 그는 여전론이 정전론보다 뒤에 집필되었다거나 여전론에서 곧 바로 농민의 토지소 유가 전개되고 있다고 말할 수는 없었다. 그래서 그는 여전론에 관한 연구의 導入部에서 여전제는 제왕적 토지소유의 이론에 입각하고 있 다는 것을 밝혔다.

더욱이 그는 앞에서 提示한 바와 같이 田論이 提起될 수 있는 根據를 皇斂 時五福 用敷錫厥庶民 斯大義也라고 말하고 있어서, 斂時와 五福의 管掌授受 의 權限이 皇帝에게 있는 것으로 보는 터이었다. 그는 이를 달리 표현하여서 는 '斂時五福者 人主總攬'이라고도 하였으며, 이러한 五福 중에는 富가 있으 므로 '尺土寸地 無非王土' '富之柄 在皇極'이라고도 말하고 있었다. 이에서 보 면 그는 皇帝는 全國의 土地를 主管하고 소유하는 主라고 보는 것이며, 따라 서 전국의 土地는 원래 君主에 의하여 授受되어져야 한다고 보는 것이었다. 그 런데 그러한 토지가 지금에 이르러서는 後世人私其田 皇無寸土 則皇無以錫民 富하다는 것이며, 그러기에 그가 提起하게 되는 土地改革論에서는 原來의 상태로 돌아가서 皇帝로 하여금 斂時·五福을 백성에게 授受케 하자는 것이었다. 그는 그것이 儒教政治에 있어서의 '大義'라는 것이었다. 그는 말하자면 古聖人의 政治理念에 입각하여 土地國有化를 기하고 그러한 위에서 그의 共同農場을 설치하려는 셈이었다.[26]

위와 같은 김용섭의 여전론의 토지소유에 대한 해설은 매우 정확하다. 그런데 여전론에서 '土地를 閭民이 共有'하는 '共同農場的인 農業經營論'을 읽어내기 위하여 그는 우선 「田論」에 보이는 農業論은 現體制의 철저한 否定이 前提된 위에서, 農業社會를 閭單位로 再編成하고 農業生産도 閭單位로 한 共同農場으로 改編·經營하려는, 말하자면 이 시기의 農業體制를 變革하려는 것이었다"[27]라고 이해한다. 그러면 그가 말하는 '現體制'란 어떠한 것인가. 그에 의하면, 그것은 '地主·佃戶制'이기도 하고[28] 또 '封建支配層의 收奪體制'이기도 한 것이다. 만약 '지주·전호제'를 '봉건지배층의 수탈체제'라고 할 수 있다면, 다산이 여전론에서 이러한 '현체제'를 철저하게 부정하려고 한 것은 틀림없다. 그러나 김용섭에 의하면 이러한 여전제는 토지에 대한 근대적 토지소유가 성립하는 自營農體制의 井田制라는 '過度措置'를 극복하고 성립하는 '共同農場的인 農業經營論'이라고 하는데,[29] 이러

---

26) 김용섭, 전게서, 100페이지. 위의 인용문에서의 '斂時와 五福'은 '오복을 거두어들인다(斂時五福)'의 誤讀일 것이다. 다산은 가필 「전론」에서 이 구절을 '제왕이 나라의 전지를 거두어들인다(王斂是國中田)'로 읽었다.

27) 김용섭, 앞의 책, 89페이지

28) 같은 곳

29) "그리고 그러한 생각을 하게 되었을 때 그는 그의 궁극적이고도 理想的인 젊은 時節의 共同農場的인 農業經營論만을 주장하고 있을 수 없다는 것을 알게 되었을 것이며, 그러한 理想的인 農業經營에 이르는 하나의 過渡措置로서 어느 특정한 社會階層의 急激하고도 過度한 犧牲을 強要하지 않고서도 목적을 달성할 수 있는 折衷案을 생각하게 되었으리라고 생각된다. 그것이 바로 井田制를 통해서 이

한 공동농장은 地主制의 否定만으로써는 성립할 수가 없다. 왜냐하면 거기에서는 근대적 토지소유의 成立과 否定이 전제되어야 할 뿐만 아니라 여전론이 전제로 하고 있는 제왕적 토지소유 또한 부정되지 않으면 안 된다.

그 결과 성립하는 공동농장의 토지는 자연히 閭民들의 共同所有로 된다. "이러한 農地의 經營方式은 土地를 閭民이 共有하고 共同勞動으로써 이를 經營하고 또 그 所得을 共同勞動에 참여한 農家들이 그 勞動量에 따라 分配한다는 원칙이었으므로, 그 土地所有關係를 중심으로 한 農家의 富는 均等한 셈이었으며, 所得의 多寡는 다만 '用力多者 得糧高 用力寡者 得糧廉'이라고 하였듯이, 勞動量의 多寡에 따라서만 區分될 수 있는 것이었다. 다시 말하면 그의 共同農場에서는 勞動을 하는 農民만이 生産物의 分配에 參與할 수가 있는 것이었다. 이는 그의 共同農場經營에 있어서의 커다란 原則이었다."[30]

이러한 事實은 말할 것도 없이 茶山이 共同農場的인 農業經營으로의 農業改革을 構想함에 있어서 특히 留意한 것은, 여러 農民層가운데서도 零細農民層이나 無田農民層이었음을 反映해주는 것이라 하겠다. 이들은 본시부터 賃勞動이나 農業勞動의 協同 없이는 家計를 維持할 수 없는 처지였던 것이다. 그리고 또 그러한 점에서 그의 農業改革의 방향은 封建支配層의 收奪體制를 除去하는 것은 말할 것도 없지만, 새로운 農業生産의 方案을 摸索함에 있어

___

루려는 獨立自營農的인 農業生産의 形態를 考案하고 提起케 한 緣由가 아닐까 筆者는 생각하는 것이다." (김용섭, 전게서, 114페이지)

30) 이 단락에 대한 김용섭의 설명에 있어서는 '土地를 閭民이 共有하고'라는 설명과 더불어 "그의 共同農場에서는 勞動을 하는 農民만이 生産物의 分配에 參與할 수가 있는 것"이라는 설명에 있어서도 문제가 있다. 여전제에서는 국가적 토지소유에 입각하여 생산물을 농민에게 분배하기 이전에 우선 국가가 9분의 1세를 거두고 또 閭民들을 軍役으로 동원하기도 하는 것이다.

서도 富農層이나 中農層 등 이 시기의 堅實한 農民層을 중심으로 하는 것이 아니라, 最下位의 零細農民을 위주로 하고 있었음을 보여 주는 것이라 하겠다.[31]

지금까지 전개해온 논의를 종합해 보면, 여전론을 '공산주의적 협동농장설'로 파악하는 데 있어서는 기본적으로 다음 두 가지의 이론적 難点이 있지 않을까 생각된다. 첫째는 제왕적 토지소유를 전제로 하는 여전론에서 어떻게 '閭民의 土地共有'를 읽어낼 수 있는가 하는 것이다. 위에서 살펴본 바와 같이 다카하시와 최익한은 여전제의 제왕적 토지소유에 대한 적극적 검토도 없이 여전제적 토지소유가 곧 '여민의 토지공유'라 했다. 이에 대하여 김용섭은 여전제적 토지소유가 近代的 土地所有가 성립하는 정전제라는 과도기적 토지소유를 극복하고 再定立되게 되면, 거기에서는 '토지를 閭民이 共有'하게 된다고 한다. 그러나 여전론과 정전론에서는 어디에도 정전제에서 여전제로의 轉換에 대해서 아무런 설명이 없다. 그러므로 그러한 전환에 대한 설명은 김용섭의 단순한 論理操作에 불과하다. 왜냐하면 다산은 '정전제에서 여전제로의 轉換'에 의하여 성립하는「전론」을 제시하고 있지 않기 때문이다. 둘째, 본래 空想的 社會主義思想에서의 공동체적 토지소유는 自由로운 市民들의 理想國家인 共和國建設의 構想에서 성립하는 것이다.[32] 이에 대하여 여전제에서의 제왕적 토지소유는 王朝國家에서 至治를 실현하기 위한 토지소유와 농업경영의 구상에서 성립했던 것이다. 여기서 자유로운 시민들의 공화국과 聖王의 至治가 이루어지는 王朝國家 사이에는 시민혁명 없이는 뛰어넘을 수 없

---

31) 김용섭, 전게서, 102페이지
32) トマス モア著·平井正穂訳,『ユートピア』岩波文庫, 2002과 カンパネッラ著·近藤恒一訳,『太陽の都』岩波文庫, 1999를 참고하라.

는 깊고도 깊은 역사적 골짜기가 가로놓여 있는 것이다.[33)]

33) 毛澤東은 「中國革命과 中國共産黨」(毛澤東選集刊行委員會編譯, 『毛澤東選集』四
卷 三一書房, 1952, 167페이지)에서 '중국봉건사회'의 주요 모순은 地主, 貴族 및
皇帝로 구성되는 지주계급과 농민계급 간의 모순이라고 했다. 帝國主義에의 從屬
을 경험하기는 하지만 자본주의발달에 기초한 본격적 市民革命을 거치지 못하는
중국에서 모택동은 지주계급을 타도하고 人民革命에 성공한 이후 皇帝나 다름없
는 '專權'을 휘두르는 專制權力者로 등장했다. 혁명 이후에 성립한 중국의 人民公
社가 과연 人民의 土地共有에 기초한 공동체였는지는 매우 의심스럽다. 하물며 3
代世襲의 金日成王朝에 대해서는 무엇을 더 말할 것이 있겠는가. 위와 같은 여전
론에 대한 安易한 연구자세가 혹시 김일성왕조와 같은 전제권력의 출현과 집단농
장에서의 인민들의 奴隷化와 餓死를 허용하고 만 것은 아닐까. 한국역사학계는
理念偏向的 역사연구에 대하여 痛切하게 반성할 때가 지나도 이미 한참 지났다.
중국공산당의 최고지도자의 '專權'에 대해서는 足立啓二, 「現代中国と20世紀前
半における日中両国における社会科学論争」(熊本大学 『文学部論叢』104, 2013.3.10)
의 「5. 中国共産党における專權の成立」을 참조하라.

4. 閭田論과 小康社會

　다산이 「전론」에서 달성하고자 하는 국가개혁의 목표는, 비록 大道가 행해져서 天下가 共有되는 大同社會는[34] 못 되지만, 聖王이 至治를 베풀어서 인민들은 平等하고 富裕한 생활을 영위하며, 국가는 그 기본적 유지조건인 財政과 軍事力을 확보하는 한편, 사회적으로는 교육이 널리 보급됨으로써 孝·悌·慈의 德性이 넘쳐흘러 두터운 風俗이 이루어지는 小康社會를[35] 실현하려는 것이 아니었을까. 다산은 이러

---

34) "孔子가 말씀하시기를, '大道가 행해지던 시대와 三代의 英傑이 통치하던 시대에는 丘가 살아 보지 못했으나, 그 시대에 대한 記錄은 있다'고 했다. 大道가 행해지던 시대에는 천하가 共有였다. 賢明한 사람과 能力이 있는 사람이 登用되어, 信義가 講究되고 和睦이 닦임으로써, 사람들은 자기의 어버이만을 어버이로 여기지 않고 자기의 자식만을 자식으로 여기지 않으며, 늙은이는 天壽를 누리고 젊은이는 능력을 쓸 데가 있었으며, 어린이는 교육을 받고 자랐으며, 불쌍한 寡婦·고아와 홀아비·병든 사람은 모두 供養을 받을 데가 있었다. 남자는 職分이 있었고 여자는 시집갈 데가 있었으며, 財物이 땅에 버려지는 것을 싫어하지만 그것을 꼭 자기 것으로 私有하지 않았으며, 능력을 발휘하지 못하는 것을 싫어하지만 그 成果를 꼭 자기 것으로 삼지 않았다. 그래서 陰謀가 가로막히고 竊盜와 亂賊이 일어나지 않았으므로 사립문이 있어도 닫지 않았다. 이것을 가리켜 大同이라 한다(孔子曰, 大道之行也, 與三代之英, 丘未之逮也, 而有志焉. 大道之行也, 天下爲公. 選賢與能, 講信修睦, 故人不獨親其親, 不獨子其子; 使老有所終, 壯有所用, 幼有所長, 矜寡孤獨廢疾者, 皆有所養. 男有分, 女有歸, 貨惡其弃於地也, 不必藏於己, 力惡其不出於身也, 不必爲己. 是故謀閉而不興, 盜竊亂賊而不作, 故外戶而不閉. 是謂大同)."(『禮記』禮運篇)

35) "오늘날 大道가 이미 숨어 버리니, 天下가 私家로 되었다. 사람들은 자기 어버이만을 어버이로 여기고 자기 자식만을 자식으로 여기며, 財物과 能力을 자기 것으로 삼았다. 통치자는 世襲으로써 禮로 삼았으며, 城郭과 垓子로써 保障을 삼으며, 禮義로써 紀綱을 삼아서, 君臣관계를 바르게 하며, 父子관계를 敦篤히 하며, 兄弟관계와 夫婦관계를 和睦하게 하며, 制度를 베풀며, 行政區域을 획정하며, 용감한 자와 지혜로운 자를 어질게 여기며, 成果를 자기 것으로 삼았기 때문에, 陰謀가 發動하여, 이로 말미암아 전쟁이 일어나게 되었다. 禹·湯·文·武·成王·周公은

한 소강사회의 실현은 우선 기본적인 생산수단인 토지개혁을 통해서
만 달성될 수 있다고 생각했다. 그래서 그는 "柳磻溪의 經世書는 반
드시 田政으로부터 시작하니 근본을 아는 학문이라고 할 수 있다"고
했던 것이다. [36] 그리고 그는 소강사회의 실현에 있어서는 帝王이 그
중심축이기 때문에 제왕적 토지소유가 확립되어야 한다고 생각했다.
그는 그러한 생각을 명백히 밝히기 위하여 「전론」의 첫머리에 『書經』
에서 이르기를, '제왕이 五福을 거두어들여서 만백성에게 나누어준
다'고 하는데, 이것이 그 大義이다"라는 구절을 가필했던 것이다. 다
시 말하면 그는 제대로 된 토지개혁이 이루어지기 위해서는 우선 제
왕이 제왕적 토지소유를 통하여 주권을 확립해야 한다는 점을 가필
본 「전론」의 첫머리에서 闡明했던 것이다.

따라서 그는 이러한 조건을 갖춘 토지제도를 찾아내기 위하여 기
존의 토지제도들을 검토한다. 그가 「전론」 제2수에서 검토하는 기존
의 토지제도는 정전법, 균전법 및 한전법이었다. 우선 井田法은 본래
旱田에서 실시하던 제도인데, 水田이 발달한 조선에서는 실시할 수
없는 제도라고 했다. 다시 말하면 수전이 발달한 곳에서는 전지를 井

그러한 시대에서 가장 뛰어난 자들이었다. 이 여섯 君子들은 禮에 삼가지 않음이
없었으니, 信義를 보이며, 자기의 過失을 드러내며, 仁을 法으로 삼으며, 禮讓을
講究하여, 백성들에게 常道가 있음을 보이고, 만약 常道에 따르지 않는 자가 있
으면, 세력이 있는 자라도 제거하니, 백성들은 그것을 災殃으로 여겼다. 이것을
가리켜 小康이라 한다(今大道旣隱, 天下爲家. 各親其親, 各子其子, 貨力爲己. 大人
世及以爲禮, 城郭溝池以爲固, 禮義以爲紀, 以正君臣, 以篤父子, 以睦兄弟, 以和夫
婦, 以設制度, 以立田里, 以賢勇知, 以功爲己, 故謀用是作, 而兵由此起. 禹·湯·文·
武·成王·周公, 由此其選也. 此六君子者, 未有不謹於禮者也, 以著其義, 以考其信,
著有過, 刑仁, 講讓, 示民有常, 如有不由此者, 在執者去, 衆以爲殃. 是謂小康)."
(『禮記』 禮運篇)

36) 柳磻溪經國之書, 必從田政始, 可謂知本之學也. (『全書』二－孟子要義一－四十九
後面, 離婁第四)

田의 모양으로 井井方方하게 區劃하는 일이 불가능하다고 보았다.[37] 그리고 그는 均田法은 인구와 田品이 歲月에 따라 변하기 때문에 인민들에게 전지를 均分하기가 어렵고, 限田法은 인민들이 남의 이름을 盜用하여 전지의 소유규모를 속이면 그것을 막기 어렵다고 보았다. 더구나 균전법과 한전법은 농사를 짓는 자나 농사를 짓지 않는 자를 막론하고 전지를 균등하게 분배하려고 하는데, 이러한 전지의 분배방법은 九職으로의 분업을 통한 産業開發을 방해할 뿐만 아니라 많은 인민들로 하여금 놀고먹도록 가르친다는 것이다. 그는 위와 같은 기존 전제의 결함을 극복하는 동시에 제왕이 전지에 대한 소유와 분배의 권한을 확실하게 확보할 뿐만 아니라 농민들이 전지를 균등하게 이용할 수 있는 전제를 제정하기 위하여 "농사를 짓는 자는 田地를 얻고, 농사를 짓지 않는 자는 그것을 얻을 수 없다(農者得田, 不爲農者不得之)"는 원칙에 입각하여 새로운 전제를 創案했는데, 그것이 閭田制이다.

『주례』에서는 25家를 1閭로 하는데, 그는 山川으로 구획되어 있는 우리나라의 촌락 실정을 감안하여, 대략 30家 내외가 1閭로 될 것으로 보았다. 그는 1戶의 인구를 대략 10인으로 잡았으므로 30가의 인구는 약 300명이다. 1호가 경작하는 전지를 대략 1結로 잡으면, 1閭의 耕地規模는 남방의 水田지대에서는 1결이 대략 40斗落이므로 1,200두락 즉 30畉요(40두락이 1畉이니, 3.3井强이다), 북방의 旱田지대에서는 1결이 대략 80두락이므로 2,400두락 즉 60畉가 될 것이다(6.6井

---

37) 다산은 「전론」의 단계에서는 經田이 전지의 經界를 區劃하여 전지의 실태를 정확하게 파악하는 일을 그 기초로 한다는 사실을 제대로 인식하지 못했던 것으로 보인다. 그는 『맹자요의』의 단계에서 孟子와 朱子의 경전이 전지의 경계를 구획하여 전지의 실태를 정확하게 파악하는 일을 그 기초로 한다는 사실을 비로소 깊이 이해하고, 井田法이야말로 왕정을 위한 기본법제라는 것을 알게 되었던 것으로 보인다.

强이다).[38] 閭田은 여민들에게 분배되지 않고 閭長의 指揮下에서 集團的으로 경작되는데, 反耕·移秧·施肥·除草·收穫 등의 모든 노동은 여장의 지휘에 따른다. 그리고 여장은 注役簿를 두고 여민들의 노동일수를 기록하는데, 생산물의 분배는 總收穫物 중에서 국가에 바칠 10분의 1稅와 여장의 봉급을 제외한 나머지를 총투하노동일수로 나누어서 1日勞動의 분배몫을 산출한 후 各農家의 총노동일수에 따라 이루어진다. 다산은 이러한 여전제는 다음과 같은 정책적 목표를 달성할 수 있다고 보았다. 첫째는 여민들에게 토지의 소유권이 아니라 用益權을 분배함으로써 국가적 토지소유의 원칙을 온전하게 유지할 수 있다는 것이요, 둘째는 여민들에게 수확물을 분배하기 이전에 총생산물 중에서 10분의 1세를 징수함으로써 국가의 세입을 안정적으로 확보할 수 있다는 것이요, 셋째는 閭民들에게 골고루 여전에 대한 用益權을 보장하고 노동일수에 따라 생산물을 분배함으로써 노동의 욕을 자극하고 농업생산력을 提高하여 여민들의 평등하고 부유한 생활을 보장할 수 있다는 것이다.

다산은 이러한 여전제가 실시되기 위해서는 다음의 두 가지 일이 더 고려되어야 한다고 보았다. 첫째는 閭間의 閭民所得을 어떻게 균등하게 할 수 있는가 하는 것이다. 인민들이 利益을 좇는 것은 물이 아래로 흐르는 것과 같으므로, 인민들이 자유로이 소득이 높은 곳으로 이동하도록 허용한다. 移動을 8, 9년 정도 허락하면 여간의 여민소득은 자연적으로 균등해질 것이므로 10次年度부터는 여민의 이

---

38) 今國中田地, 大約爲八十萬結英宗己丑, 八道時起水田三十四萬三千結零, 旱田四十五萬七千八百結零, 奸吏漏結及山火田, 不在此中, 人民大約爲八百萬口英宗癸酉, 京外人口七百三十萬弱, 計當時漏口及其間生息, 宜不過七十萬, 試以十口爲一戶, 則每一戶得田一結, 然後其産爲均也. (『全書』一一-詩文集十一-三 後面, 田論一)라 하고 있으므로, 1家를 1戶로 보면, 1閭의 인구와 전지가 위와 같이 계산된다.

동을 통제하는데, 여민들이 함부로 이동하는 것은 혼란의 근본이므로 戶籍을 작성하고 합당한 경우에만 이동을 허락한다.[39] 둘째는 전지를 농민만이 이용할 수 있게 하면, 농민 이외의 8職은 무엇을 가지고 生計를 유지하는가 하는 것이다. 다산은 인민들은 자연적으로 분업하기 때문에 각 직업의 인민들은 자기직업의 생산물로써 필요한 생산물을 교환하여 생활하도록 하였다. 工人은 器物로써, 상인은 재화로써, 嬪婦는 絲麻로써, 牧人은 牛羊으로써, 虞人과 衡人은 木材와 皮革으로써 교환하여 생활하도록 하는데, 이러한 분업은 專門性을 높임으로써 사회적 생산력의 발달을 촉진할 것이라 보았다. 그러면 아무런 생산물을 생산하지 못하는 선비들은 무엇으로써 생활할 것인가 하는 문제가 있으나, 다산은 분업체제하에서 선비는 관리로 정부에 봉사하는 이외에 농민자녀의 교육을 담당하거나 農器나 織機 등의 새로운 생산도구를 발명함으로써 사회발전에 크게 이바지할 것이므로 그들의 정신노동은 육체노동의 몇 배로 평가하여 보상해야 한다고 주장했다.[40]

「전론」에는 위에서 고찰한 바와 같은 인민들의 평등하고 부유한 생활과 분업을 통한 사회적 생산력의 提高뿐만 아니라 국가가 국가로서 갖추어야 할 기본적 조건인 재정과 군사력의 확보방안도 제시하고 있다. 조선후기에는 10분의 1세조차 실현하지 못하고 있었기 때문

---

39) 使民若鳥獸之相逐者, 亂之本也. 曰, 然行之八九年, 民粗均矣, 行之十餘年, 民大均矣. 民大均, 然後爲之籍以隷其屋宅, 爲之券以管其遷徙, 一民之來而受之有限, 一民之往而聽之有節, 地廣而人少者受, 人少而得穀多者受, 地狹而人衆者聽, 人衆而得穀寡者聽. 不如是而徙者, 客無所之, 客無所之, 則莫往而莫來矣. (『全書』一−詩文集十一−五 前面, 田論四)

40) 다산은 「전론」에서 사회적 분업을 매우 중요하게 생각했는데, 앞의 「가필항목」에서 보는 바와 같이 가필본 「전론」에서는 분업의 중요성을 강조하기 위하여 4개 항목을 가필했다.

에 여전제에서 제시된 10분의 1세의 실현방안은 매우 중요한 세제개혁이라 할 수 있다. 이를 위한 세제개혁의 방안으로서는 閭單位로 전지규모를 파악하고 수개년간의 평균수확량을 기준으로 수십 년간 고정되는 定額田稅制가 제시되는데, 이것은 조선후기의 賦稅수취제도를 획기적으로 개선하는 것이었다. 첫째는 結負制 때문에 전지의 실태파악이 불가능하였는데, 閭單位로 경지규모를 파악함으로써 전지의 실태를 대략적으로나마 파악할 수 있게 한다. 전지실태의 파악은 전제시행의 기초조건이다. 둘째, 조선후기의 亂雜한 부세명목을 一掃하고 10분의 1의 單一田稅가 실현된다. 조선후기에는 賦稅의 名目이 너무나 복잡하여 三政紊亂이 야기되는 가운데 정부의 세입은 10분의 1세에 훨씬 미치지 못하고 있었던 것이다. 셋째, 매년 전세를 사정해야 하기 때문에 자의적인 수탈이 행해질 수밖에 없는 전세제도를 극복하고 數十年單位의 고정전세제를 실시하게 되면 농민들의 생산의욕을 자극하여 농산물이 증산되는 것은 물론 田地가 개간될 것으로 기대했다.[41]

국가유지의 또 한 가지의 조건은 常備軍의 확보이다. 조선왕조에서는 재정적 뒷받침이 없는 傭兵制度를 채택함으로써 상비군을 확보할 수 없었기 때문에, 여전제에서는 兵農一致의 토지제도를 기반으로 상비군을 확보하려고 했다.

옛날에는 兵을 農에 묻어 두었으므로, 오늘날 여전법을 행하면, 軍制를 수

---

41) 相土之肥瘠, 量穀之多寡, 較數歲之中, 以爲常令, 一定其總, 不得加減. 唯大無之年, 權貸其稅, 遇大有之年, 照數賠補, 則國有定入, 民有定供, 而諸亂俱整矣. 凶年民望蠲無厭者, 爲其永蠲也, 知豊年之有補還, 則不望蠲無厭矣. 不望蠲無厭, 則奸僞不興矣. 唯山崩川決, 永世而不墾者, 永蠲之而已矣, 然有灌水開荒, 斫木拔石而爲田者, 亦將數十年一籍之, 則彼山崩川決而永蠲者, 亦有以賠補也」(『全書』一 - 詩文集 十一 - 六 前面, 田論六)

립하는 데 있어서 더욱 좋을 것이다. 나라의 군대는 두 가지의 용도가 있는데, 하나는 編伍로써 국가의 變亂에 대처하는 것이요, 또 하나는 軍布를 거두어서 首都를 지키는 군대를 양성하는 것이니(수도의 방위군이다 — 필자), 이 두 가지는 폐지할 수 없다. 지금 편오의 卒은 평소에 통솔되는 바가 없고 將卒들이 훈련도 받지 않으니, 어떻게 군대가 될 수 있겠는가. 지금은 閭에는 여장을 두어 哨官을 삼고, 이에는 里長을 두어 把摠을 삼고, 방에는 坊長을 두어 千摠을 삼고이장은 큰 閭의 장이 겸하고 방장은 이장 중에서 현명한 자를 골라서 겸임시키는데, 봉록은 중복해서 받지 못하도록 한다, 읍에는 縣令을 두어 節制를 삼으면, 田制 속에 兵制가 존재하게 되는 것이다. 사람들이 田地를 私物로 삼아서 각자가 자기 것을 자기 것으로 하기 때문에 紀綱이 서지 않고 명령이 행해지지 않는다. 지금은 10口의 생명을 여장에게 매달아 놓고 1년 내내 분주하게 여장의 節制를 받아 병졸이 되게 하면, 진퇴가 규율에 따르게 된다. 왜 그런가. 평소에 教習이 있기 때문이다. 대개 한 여의 여민을 셋으로 나누면, 하나는 戶丁을 내어서 편오에 응하고, 둘은 戶布를 내어서 軍需에 응하는데, 役丁의 다과로써 호포를 가감하면, 軍丁을 찾아내어 군대에 충당하는 폐단(黃口簽丁 따위 — 필자) 또한 드디어 문득 제거될 것이다.[42]

---

42) 古者寓兵於農, 今行閭田之法, 則其於制兵也尤善矣. 國制兵有二用, 一以編伍以待疆場之變, 一以收布以養京城之兵, 二者不可廢也. 編伍之卒, 常無統領, 將卒不相習, 不相爲用, 奚其爲兵哉. 今閭置閭長, 令爲哨官, 里置里長, 令爲把摠, 坊置坊長, 令爲千摠里長以大閭之長兼之, 坊長擇里長之賢者兼之, 祿不疊受, 邑置縣令, 令得節制, 則制田而兵在其中矣. 人自爲田, 各私其私, 故紀綱不立, 命令不行. 今十口之命, 懸於閭長, 終歲奔走, 聽其節制, 以之爲兵, 而進退如律. 何者. 敎習有素也. 大較一閭之民, 三分其率, 其一出戶丁以應編伍, 其二出戶布以應軍需, 而以役丁多寡, 加減其布, 則括丁充軍之弊, 亦頓然遂除矣. (『全書』一 – 詩文集十一 – 六 後面, 田論七)

맺음말

　여전제는 토지를 帝王이 소유하는 王朝國家에서, 田地를 인민들에게 평등하게 분배하려는 정전제, 균전제 및 한전제와는 달리, 농민들이 국가가 경영하는 閭單位의 국영농장의 경영에 참여함으로써 전지에 대한 평등한 用益權을 가지게 하려는 토지제도이다. 용익권만을 농민들에게 분배하는 여전제가 기타의 田制와 기본적으로 다를 수밖에 없는 점은 농업경영을 개별농가가 담당하는 것이 아니라 30戶內外로 구성되는 1閭의 농민들이 閭長의 지시에 따라서 노동하는 3~6井 규모의 '國營農場'이 담당한다는 점이다. 이러한 여전제가 가지는 장점으로서는 첫째, 농민들에게 토지를 분배하지 않고 용익권만을 분배함으로써 王權의 기초가 되는 국가적 토지소유를 온전하게 保全할 수 있다는 점, 둘째, 농민들이 '국영농장'에서 일한 노동량에 따라 報酬를 받을 기회를 가짐으로써 평균적이고 안정적인 생활을 유지할 수 있다는 점, 셋째, 인민들이 九職으로의 사회적 분업을 통하여 專門性을 提高함으로써 사회적 생산력을 높일 수 있다는 점, 넷째, '국영농장'에서 농민들에게 생산물을 나누어주기 이전에 우선적으로 10분의 1세를 징수함으로써 정부는 稅收를 안정적으로 확보하는 동시에 徵稅費를 획기적으로 절약할 수 있다는 점 및 다섯째, 田制 속에 軍制를 묻어 둠으로써 常備軍을 확보할 수 있다는 점 등을 들었다. 이 이외에도 여전제는 閭單位로 전지를 파악함으로써 전지의 실태를 정확하게 파악할 수 있다는 점, 수십 년에 걸친 定額田稅制를 실시함으로써 전지의 생산력을 높이고 개간을 장려할 수 있다는 점 및 여민들의 생활이 넉넉해지고 교육이 행해짐으로써 풍속이 두터워진다는 점도 들었다.

　그런데 위와 같은 여전제가 실시되기 위해서는 '국영농장'의 경영에 대하여 전반적인 책임을 지는 閭長의 지위가 매우 중요시되어야 할 것으로 보이는데, 여전론 내에서는 이러한 여장의 지위에 걸맞은 권리의 보장에 대한 언급이 없다. 다만 山川이라는 자연적 경계로 구획되는 閭는 30家前後로 구성되는 최하위의 행정단위인데, 3閭가 1里, 5리가 1坊, 5방이 1邑(즉 郡縣이다)이 되도록 구획했을 뿐이다.[43] 이러한 行政區域의 설정은 『경세유표』에서의 그것과는 크게 차이가 난다. 『경세유표』에서는 家戶가 아니라 田地를 기준으로 행정구역을 설정하는데, 4井이 1村, 4촌이 1里, 4리가 1坊, 4방이 1部가 되게 하고, 촌에는 1監, 이에는 1尹, 방에는 1老, 부에는 1正을 두어서, 仁義로써 인도하여 公田을 다스리게 하고, 孝悌로써 申飭하여 私田을 다스리게 했다.[44] 그리고 村監으로는 士族이거나 良民이거나를 막론하고 반드시 청렴하고 사리를 아는 자를 들어서 쓰는데, 1년에 皮穀 24斛을 俸祿으로 지급하되 남방에서는 벼를 지급하고 북방에서는 조(稷)를 지급하도록 했다.[45] 피곡 24곡은 精米 12곡이 되는데, 이것은 중앙의 최하위관리의 1년 祿俸에 해당한다. 30호로 구성되는 閭單位의 '국영농장'을 경영할 뿐만이 아니라 국가에 바칠 10분의 1세와 軍布를 거두고 哨官으로서 束伍軍의 훈련을 담당해야 하는 여장에게 만약 1년에 봉록으로서 피곡 24곡밖에 지급되지 않는다면, 과연 여장이 '국영농장'을 제

---

43) 因山谿川原之勢, 而畫之爲界, 界之所函, 名之曰閭周制二十五家爲一閭, 今借其名, 約於三十家有出入, 亦不必一定其率, 閭三爲里風俗通, 五十家爲一里, 今借其名, 不必五十家, 里五爲坊坊, 邑里之名, 漢有九子坊, 今國俗亦有之, 坊五爲邑周制四井爲邑, 今以郡縣治所爲邑. (『全書』一 - 詩文集十一 - 四 後面, 田論三)

44) 制其村里, 以田束之. 凡四井爲村, 四村爲里, 四里爲坊, 四坊爲部, 村置一監, 里置一尹, 坊置一老, 部置一正, 導之以仁義, 以治公田, 申之以孝悌, 以治私田. (『全書』五 - 經世遺表八 - 六 後面, 井田議二)

45) 其村監一員, 卽古田畯之職也, 勞勤終年, 不可無祿. 一年粟二十四斛二百四十斗, 受而爲饌, 雖有閏月無加焉. 南方以稻, 北方以稷, 臣伏惟, 村監, 不拘士族良民, 必廉謹綜核解事者, 乃可爲之. (『全書』五 - 經世遺表八 - 八 前面, 井田議二)

대로 관리·운영할 수 있을까.

조선후기의 군현의 관료로서는 두 종류가 있었다. 하나는 중앙에서 파견되는 守令이요, 다른 하나는 지방의 토착세력으로서 대대로 身役을 지는 胥吏들이다. 이들 이외에 수령을 보좌하고 서리들을 감독하는 鄕任이 있었으나, 이들의 역할은 중요하지 않았던 것으로 보인다. 다산의 견해에 따르면, 수령이든 서리이든 군현의 통치에 있어서 궁극적인 책임을 지는 자들이 못 되었다고 한다. 수령들은 任期가 1~2년에 불과하고 실무능력이 없었기 때문에 逆旅之過客으로서 서리들이 작성한 書類 끝에 겨우 署名이나 하는 존재에 불과하고, 아전들은 그 직위를 세습함으로써 실무능력은 있으나 지방통치에 대한 중요한 권한을 가지고 있는 자들이 못 되었기 때문에 군현통치에 寄生하는 자들에 불과했다. 그 결과 조선후기의 지방통치는 무책임한 자들에게 방치되어 있었을 뿐만 아니라 지극히 비능률적인 상황에 있었다. 이러한 지방통치의 상황은 중국에서나 조선에서나 대개 같았던 것으로 보이는데, 두 나라는 사회의 발전단계가 각각 달랐기 때문에 그에 대한 대처방향이 많이 달랐던 것 같다. 그러한 상황에 대하여 丁若鏞은 전제개혁, 관제개혁과 지방통치의 개선방안 등 專制國家의 機能強化를 목표로 하는 여러가지의 改革으로써 대처하려고 했던데 대하여, 顧炎武는 군현제 내에 봉건제의 뜻을 살림으로써 機能不全에 빠진 中央集權的 專制國家體制를 地方分權的 전제국가체제로 개혁하려고 했다. 다시 말하면 정약용은 전제국가체제를 완성하려는 개혁을 시도하고, 고염무는 전제국가체제가 이미 기능부전에 빠졌기 때문에 수령들에게 자치권을 부여함으로써 그 결함을 극복하려고 했다.[46] 혹시 조선에서 고염무가 시도하려는 변혁이 이루어져서 閭가 閭

---

46) "천하의 사람들이 자기의 집을 자기의 집으로 여기고 자기의 자식을 자기의 자식으로 여기는 것은 人之常情이다. 천자를 위하는 마음이나 백성들을 위하는 마음

長의 封土로 주어진다면, 閭田制도 그 실현의 전망이 없었다고는 할
수 없겠으나, 안타깝게도 고염무와 서로 다른 역사시대를 맞이하고
있었던 정약용에게는 그러한 구상이 없었다.

이나 마음이 스스로 움직이게 되는 것 만한 것이 없으니, 이것은 三代 이전부터
이미 그러하였다. 성인들이 이러한 사실을 활용하여 천하의 私로써 1인(천자를
가리킨다—필자)의 公을 이루니, 천하가 다스려졌다. 대저 縣令으로 하여금 1백
리의 땅을 자기의 것으로 할 수 있게 하면, 縣의 인민들이 모두 자기의 자식이나
同姓이 되며, 현의 토지가 모두 자기의 논밭이 되며, 현의 성곽이 모두 자기의 울
타리가 되며, 현의 창고가 모두 자기의 창고가 된다. 자기의 자식과 동성이 되면
반드시 사랑하고 損傷하지 않을 것이며, 자기의 논밭이 되면 반드시 다스리고 버
리지 않을 것이며, 자기의 울타리나 창고가 되면 반드시 수선을 하고 파손하지
않을 것이다. 현령으로 말할 것 같으면 사사로운 일이지만, 천자로 말할 것 같으면
바라는 바의 천하를 다스리는 일이다. 이렇게 하는 데 그친다. 일단 뜻밖의 사변
이 일어나더라도, 劉淵·石勒·王仙芝·黃巢의 무리들이 千里에 橫行하기를 반드시
無人之境을 누비는 것 같지는 않을 것이다. 이에 죽음을 다하고 도망치지 않는
수령이 있을 것이며, 이에 合從連橫해서 抗拒하는 바가 있을 것이니. 천자를 위해
서가 아니라 자기를 위해서이다. 자기를 위하는 것이 천자를 위하는 것이 된다.
그 때문에 천하의 私는 천자의 公이다. 공변되면 만민이 기뻐할 것이요, 믿음이
있으면 사람들이 믿고 맡길 것이다. 이렇게 되면 三代의 至治가 이루어질지도 모
르겠는데, 하물며 漢·唐의 盛世를 이루기는 어렵지 않을 것이다(天下之人各懷其
家, 各私其子, 其常情也. 爲天子爲百姓之心, 心不如其自爲, 此在三代以上已然矣. 聖
人者因而用之, 用天下之私, 以成一人之公而天下治. 夫使縣令得私其百里之地, 則縣
之人民皆其子姓, 縣之土地皆其田疇, 縣之城郭皆其藩垣, 縣之倉廩皆其囷窌. 爲子
姓, 則必愛之而勿傷, 爲田疇, 則必治之而勿棄, 爲藩垣囷窌, 則必繕之而勿損. 自令
言之, 私也, 自天子言之, 所求乎治天下者, 如是焉止矣. 一旦有不虞之變, 必不如劉淵
石勒王仙芝黃巢之輩, 橫行千里, 如入無人之境也. 於是有效死勿去之守, 於是有合從
締交之拒, 非爲天子也, 爲其私也. 爲其私, 所以爲天子也. 故天下之私, 天子之公也.
公則說, 信則人任焉. 此三代之治可以庶幾, 而況乎漢唐之盛, 不難致也).”(『顧亭林文
集』卷之一, 郡縣論五) (足立啓二: 아타치 케이지는 이 구절을 '천하의 私로써 천
하의 治를 이룬다'고 요약했다. 『專制国家史論』柏書房, 21페이지)

제4부

書誌 1　茶山家筆寫本『與猶堂集』의 調査와 解說

머리말
1. 茶山家筆寫本目錄의 作成
2.『與猶堂集』의 異稱
3. 茶山家筆寫本의 書誌的 特徵
4. 茶山家筆寫本의 分析
맺음말

書誌 2　『牧民心書』의 草稿本과 完成本

머리말
1. 政法三集에서의『牧民心書』의 位置
2. 筆寫本과 刊本
3. 著作年代
4. 基礎資料
5. 異本의 比較
맺음말

書誌 3　河合文庫의『經世遺表』初稿本에 대하여

머리말
1. 蒐集經緯
2. 初稿本의 書誌的 特徵
3. 初稿本과 茶山手澤本의 對照
4. 筆寫本目錄
맺음말

書誌 1 茶山家筆寫本『與猶堂集』의 調査와 解說

머리말

필자가 다산가에서 필사된『여유당집』에 대하여 관심을 가지게 된 것은 진실로 40여 년 전의 일이다. 그때 다산연구회의『목민심서』번역에 참가하면서『목민심서』의 正本化를 위해서는 아무래도 다산가에서 필사된『목민심서』를 찾아내는 일이 필수적이라 생각했다. 그러한 관심에서 필자는 일반필사본『목민심서』를 30종 가까이 조사하여「牧民心書考異」라는 작은 논문을 작성하였는데, 그때는 다산가에서 필사된『목민심서』는 찾아내지 못하였지만, 장서각이나 규장각에 소장되어 있는 다른 다산 저서의 다산가필사본은 어느 정도 열람할 수가 있었다. 필자가 이것이야말로『여유당집』의 다산가필사본이 틀림없구나 하는 확신을 가질 수 있었던 계기는 장서각소장의『與猶堂集』雜文과『洌水全書』續集를 열람하면서부터였다. 지금은 별도로 정리되어 보관되어 있다고 들었으나, 거기에는 다산의 曾孫 丁文燮이『여유당집』의 특정개소에 대한 자기의견을 기록하여 끼워 놓은 띠지가 더러 있었다.

위의 장서각본을 자세히 검토해 보니,『여유당집』의 다산가필사본들은 한국의 漢籍들과는 粧潢刀鍊과 體裁가 아주 달랐다. 우선 책의 크기가 아주 작을 뿐만 아니라 匡郭과 有界 등이 목판인쇄가 아니라 烏絲欄印刷이며, 製冊은 四針眼訂法으로서 針과 침 사이는 엄격하게 규칙적인 간격을 유지하고 있으며, 結紐는 2~10가닥의 白細絲였다.

그리고 필체는 數種이었지만 자주 검토하다 보니 다산가의 필체라는 것이 확연히 판별될 수 있었다(필체의 감정은 본인의 능력범위를 벗어나는 것이므로 필체는 다산가필사본 여부의 판단기준으로 채용되지 않았다). 요컨대 다산가필사본의 粧潢刀鍊은 당시 중국이나 일본의 線裝本들과 비슷했다. 이러한 기준을 가지고 장서각, 규장각, 단국대학 및 버클리대학 아사미문고(淺見文庫) 등에 소장되어 있는 다산가필사본을 조사해 보니, 아래에서 제시하는 서지적 특징에 따라 다산가필사본 여부가 매우 분명하게 판별될 수가 있었다. 다산가필사본이라고 하여 필체가 다산의 친필이라고 생각하면 큰 잘못을 저지르게 된다.[1] 다산가필사본 『여유당집』 중에서는, 다산의 친필은 확인되지 않으며 대부분은 자제들이나 제자들이 필사한 것들이다. 사정이 이와 같이 된 이유는 첫째는 다산의 저술은 본래 자제나 제자들과의 공동작업의 산물로서 그들에 의하여 필사되었고, 둘째, 『여유당집』은 다산의 회갑년인 1822년부터 편찬되기 시작하였다고 생각되는데, 다산은 47세에 가볍게 風을 맞은 데다 이때는 이미 노쇠하여 자기의 저서를 손수 필사하기가 어려운 형편이었던 것이다.

다산가필사본 『여유당집』을 조사·해설한다고 할 때, 우선적으로 행해야 할 일은 현존하는 다산가필사본의 목록을 작성하는 일이다. 그

---

[1] 이 점에 대하여 崔益翰은 「與猶堂全書를 讀함」(東亞日報 1938.12.27)에서 다음과 같이 말했다. "六十一歲以後로는 新規的作品卽別成一書한 것은 없섯고 幾篇詩文以外에 오로지 旣成著作에對한 分合, 筆削, 潤色을 베푸는 것이 그의主的事業이었던것이다. 同時에 그 浩大한 篇帙을 淨寫成冊하야 後人의 傳讀 及其刊行의資가 되도록 하는것이 또한 先生의 絶對的關心이엇다. 이제 이草本을 拜見하면 門生,子姪의 溫恭整然한 謄寫以外에 端詳雅妙 一家를 이룬 先生의 筆跡이 間或發見된다." 즉 『여유당집』은 '門生·子姪'들이 필사한 것인데, 거기에 간혹 다산의 필적이 보인다는 것이다. 그 필적이란 자기의 글을 自評하거나 校正과 添削을 지시하는 다산의 頭注혹은 傍注를 가리키는 것일 것이다.

이유는 지금까지『여유당집』의 다산가필사본이 단 한 번도 체계적으로 조사되어 본 일이 없기 때문이다. 필자의 조사에 의하면『여유당집』의 다산가필사본은 일본에도 11책이 있지만, 주로 한국과 미국에만 존재한다는 사실이 확인되었다(미국에 있는 것은 淺見文庫에 포함되어 있는 것으로서 본래 일본에 있었던 것이다). 둘째로 행해야 하는 일은 다산저작집의 명칭을 조사하는 것이다. 연활자본으로서는『與猶堂全書』가 일반적인 명칭이지만 필사본의 대표적인 명칭이 무엇인지는 아직까지 밝혀지지 않았다. 다산저작집은 경우에 따라 부분적으로『洌水全書』,『菜花亭集』및『俟菴經集』등으로 표기되기도 했지만, 이번 조사에서 그것이 일반적으로는『여유당집』이라 표기되었다는 사실이 확인되었다. 셋째로 행해야 할 일은 다산가필사본『여유당집』의 서지적 특징을 조사하는 일이다.『여유당집』의 粧潢刀鍊과 體裁는 우리나라의 漢籍本들과는 완전히 다르고 당시 중국과 일본의 線裝本들과 기본적으로 같았다. 넷째로 해야 할 일은 다산가필사본의 성립경위를 조사하는 일이다. 각 저작의 異本들을 대조·검토하는 과정에서 이러한 작업을 행해 볼까 한다.

　이번의 필자의 조사는 다산가필사본 조사의 출발점에 불과하다. 공적 기관이 소유하고 있는 것은 대강 조사된 것 같으나, 개인이 소장하고 있는 것은 전혀 조사하지 못했다(최근에 金泳鎬의 수집본이 일시적으로 장서각에 委託되었기 때문에 2015년 8월 19일~9월 1일 사이에 그것을 조사할 기회를 가질 수 있었다. 이 글은 본래 김영호의 수집본이 공개되기 이전에 작성된 것이었는데, 김영호 수집본과 새로이 조사된 河合文庫『경세유표』가 '다산가필사본총목록'에 추가되는 과정에서 대폭적인 수정이 불가피하였다. 이 과정에서 쉽게 이해할 수 없는 문장이 있을 수밖에 없게 된 점에 대해서는 독자들의 너그러운 양해가 있기를 빈다). 현재로서는 개인들이 얼마나 소장하고 있는지도 알 수 없지만, 만약 그러한 것이 존재한다면 하루빨리 공개되어 다산연구에 이바지되기를 기대해 마지않는다.

1. 茶山家筆寫本目錄의 作成

「현존하는 茶山家筆寫本『與猶堂集』總目錄」에서 보는 바와 같이 현존하는 다산가필사본은 모두 267책이다. 이것을 1834년에 다산이 직접 작성한 『洌水全書總目錄』에 따라 경집, 문집 및 잡찬별로 分類해 보면, 經集이 134책, 文集이 26책, 雜纂이 107책이다. 문집은 완전하게 남아 있다. 이 중에서 『洌水全書總目錄』에[2] 들어 있는 저서를 기준으로 하면(複本은 중복집계를 피했다), 경집이 83책, 문집이 26책 및 잡찬이 45책으로서 모두 154책이다. 「열수전서총목록」에서 확정된 『여유당집』은 모두 503권 182책이므로, 현존하는 다산가필사본의 책수는 본래의 책수에 거의 육박하는 셈이다(「현존하는 茶山家筆寫本『與猶堂集』總目錄」에는 복본 이외에도 「열수전서총목록」에 들어 있지 않은 改稿前의 필사본들이 많이 포함되어 있다). 그리고 현존하는 다산가필사본은 대부분 『여유당집』의 일환으로 필사된 것들이다. 『여유당집』으로 필사된 것이므로, 필사연대는 물론 『여유당집』 편집 이후의 것이지만, 저작의 시기는 각각 다르다.

이들의 소장기관별 분포를 보면, 버클리대학 40책, 장서각1 38책, 장서각2 113책,[3] 규장각 30책, 서울대학교 15책, 단국대학교 13책, 경도대학 11책, 실학박물관 5책, 영남대학교 1책 및 『與猶堂全書補遺』五에서 복사본으로만 확인되는 것이 1책이다. 장서각본1은 문집이, 그리고 아사미문고본에는 경집이 위주이다. 그리고 장서각본2와 규장각본은 경

---

2) 이 目錄의 「中庸自箴」 1책3권, 「中庸講義」 2책6권 및 「中庸講義補」 1책3권은 「中庸自箴」 1책3권 및 「中庸講義補」 2책6권의 誤記로 보인다. 「自撰墓誌銘」의 自著目錄도 이와 같다. 이 점에 관해서는 다산학술문화재단, 『定本與猶堂全書』 6, 46페이지의 黃昞起의 解題에서도 지적하고 있다.

3) 金泳鎬의 蒐集本으로써 一時的으로 藏書閣에 委託되었던 것이다.

집과 잡찬이 반반이고, 단국대학교본은 경집이 위주이다. 『여유당집』은 일찍부터 상품화되었던 것으로 보인다.[4] 아사미문고본은 이미 1910년대 이전에 아사미(淺見倫太郞)가 한국법제사 연구를 위하여 수집한 것이며, 장서각1 중에서 『경세유표』는 1883년경에 왕실에서 '求入'한 것으로 보이고, 『여유당집』잡문과 『열수전서』속집은 일찍이 서지학자에 의하여 수집되었다가 1970년대에 장서각에 판매된 것이다. 단국대학교본은 李家源의 수집본인데, 신조선사본의 破紙가 책갈피에 끼워져 있고 『周易四箋』에 대한 서지적 검토 결과로 보아 『여유당전서』 출판의 臺本으로 활용된 것으로 추측된다. 1934~38년에 걸쳐서 『여유당전서』를 편집할 때에는, 洌水世家의 다산가필사본이 주로 활용되었다고 한다.

앞에서도 밝혔지만 필자는 이 다산가필사본의 조사를 위하여 장기간에 걸쳐서 많은 시간을 투입하였다. 「현존하는 茶山家筆寫本 『與猶堂集』 總目錄」은 아래에서 보는 바와 같지만, 이러한 간단한 표를 작성하기 위하여 수많은 일반필사본을 조사하고 국내는 물론 일본 및 미국 등지로 출장하기도 했다. 그리고 가능한 한 많은 다산가필사본을 복사하여 다각도로 서지적 검토를 행했다. 그러므로 여기서 제시하는 목록은 필자가 힘닿는 데까지 철저하게 조사하고 이를 근거로 작성하였음을 밝혀 둔다. 그리고 목록 내의 서명과 권차 및 책차의 表記는 원본의 기록에 충실히 의거한 것이며, 필자의 추리에 의한 표기는 『喪禮四箋』 및 『二禮鈔』의 일부 『여유당집』 권수표기와 괄호 안의 기술뿐이다. 숫자는 모두 아라비아숫자로 통일하였다.

---

4) 그 事實與否는 잘 모르겠으나, 『梅泉野錄』 卷之一에서는 "丁文燮은 무식하여 그 典故를 모두 팔아 버렸다"고 개탄하고 있다. 다산가필사본 『여유당집』의 殘存樣相으로 보면, 複本의 일부가 일찍부터 상품화된 것으로 보인다.

현존하는 茶山家筆寫本『與猶堂集』總目錄

	書名 및 卷次	備考	與猶堂集 册次	與猶堂集 卷次	所藏處	一連番號
經集	詩經講義 1~3		與猶堂集 1	與猶堂集 1~3	藏2	1
	詩經講義 10~12		與猶堂集 4	與猶堂集 10~12	藏2	2
	詩經講義 1~3			與猶堂集 1~3	버	3
	詩經講義 4~6			與猶堂集 4~6	버	4
	詩經講義 7~9			與猶堂集 7~9	버	5
	詩經講義 10~12			與猶堂集 10~12	버	6
	詩經講義 補遺 1~3		與猶堂集 5	與猶堂集 13~15	藏2	7
	詩經講義 補遺 1~3			與猶堂集 13~15	버	8
	(梅氏)商書平 1~3		菜花亭集	與猶堂集 16~18	檀	9
	(梅氏)商書平 4~6		菜花亭集	與猶堂集 19~21	藏2	10
	(梅氏)商書平 7~9		菜花亭集	與猶堂集 22~24	藏2	11
	梅氏書平 7~9		與猶堂集	洌水全書 22~24	藏2	12
	梅氏書平 1~3		俟菴經集 6	洌水全書 16~18	버	13
	梅氏書平 4~6		俟菴經集 7	洌水全書 19 與猶堂集 20~21	버	14
	梅氏書平 7~9		俟菴經集 8	與猶堂集 22~24	버	15
	續梅氏書平 1~3		與猶堂集 6	洌水全書 25~27	藏2	16
	尙書古訓(蒐略) 4~6		與猶堂集 10舊本	與猶堂集 28~30	藏2	17
	尙書知遠錄 1~3		菜花亭集	與猶堂集 31~33	補	18
	尙書知遠錄 4~5		菜花亭集	與猶堂集 34~35	藏2	19
	尙書知遠錄 6~7		菜花亭集	與猶堂集 36~37	藏2	20
	尙書知遠錄 1~3		俟菴經集	與猶堂集 31~33	버	21
	尙書知遠錄 4~5		俟菴經集	與猶堂集 34~35	버	22
	尙書知遠錄 6~7		俟菴經集	與猶堂集 36~37	버	23
	尙書古訓 19~21		與猶堂集	與猶堂集	藏2	24
	喪禮四箋 1~2		與猶堂集 14子	與猶堂集 38~39	藏2	25
	喪禮四箋 3~5		與猶堂集 15丑	與猶堂集 40~42	藏2	26

	喪禮四箋6~8		與猶堂集16寅	與猶堂集43~45	藏2	27
	喪禮四箋9~11		與猶堂集17卯	與猶堂集46~48	藏2	28
	喪禮四箋12~14		與猶堂集18辰	與猶堂集49~51	藏2	29
	喪禮四箋15~17		與猶堂集19巳	與猶堂集52~54	藏2	30
	喪禮四箋21~23		與猶堂集21未	與猶堂集58~60	藏2	31
	喪禮四箋24~26		與猶堂集22申	與猶堂集61~63	藏2	32
	喪禮四箋27~29		與猶堂集23酉	與猶堂集64~66	藏2	33
	喪禮四箋30~32		與猶堂集24	與猶堂集67~69	藏2	34
	喪禮四箋33~35		與猶堂集25	與猶堂集70~72	藏2	35
	喪禮四箋36~38		與猶堂集26	與猶堂集73~75	藏2	36
	喪禮四箋39~41		與猶堂集27	與猶堂集76~78	藏2	37
	喪禮四箋42~44		與猶堂集28	與猶堂集79~81	藏2	38
	喪禮四箋45~47		與猶堂集29	與猶堂集82~84	藏2	39
	喪禮四箋48~50		與猶堂集30	與猶堂集85~87	藏2	40
經集	喪禮四箋1~2	喪儀匡1~2	俟菴經集14		奎	41
	喪禮四箋3~5	喪儀匡3~5	俟菴經集15	與猶堂集67~69	奎	42
	喪禮四箋6~8	喪儀匡6~8	俟菴經集16	與猶堂集70~72	奎	43
	喪禮四箋9~11	喪儀匡9~11	俟菴經集17	與猶堂集73~75	奎	44
	喪禮四箋12~14	喪儀匡12~14	俟菴經集18	與猶堂集76~77	奎	45
	喪禮四箋15~17	喪儀匡15~17	俟菴經集19	與猶堂集78~80	奎	46
	喪禮四箋18~20	喪具定1~3	俟菴經集20	與猶堂集	奎	47
	喪禮四箋24~26	喪服商1~3	俟菴經集22	與猶堂集88~90	奎	48
	喪禮四箋27~29	喪服商4~6	俟菴經集23	與猶堂集91~93	奎	49
	喪禮四箋30~32	喪期別1~3	俟菴經集1	與猶堂集	奎	50
	喪禮四箋36~38	喪期別7~9	俟菴經集3	與猶堂集	奎	51
	喪禮四箋39~41	喪期別10~12	俟菴經集4	與猶堂集	奎	52
	喪禮四箋42~44	喪期別13~15	俟菴經集5	與猶堂集	奎	53
	喪禮四箋45~47	喪期別16~18	俟菴經集6	與猶堂集	奎	54
	喪禮四箋48~50	喪期別19~21	俟菴經集7	與猶堂集112~114	奎	55

	(國朝)典禮考 1~2		與猶堂集	與猶堂集 200	藏2	56
	喪禮外篇 1~3	檀弓箴誤一	與猶堂集 31	與猶堂集 88~90	藏2	57
	喪禮外篇 4~6		與猶堂集 32	與猶堂集 91~93	藏2	58
	喪禮外篇 7		與猶堂集	與猶堂集 94	藏2	59
	喪禮外篇 8		與猶堂集 33	與猶堂集 95	藏2	60
	喪禮外篇 1~3	檀弓箴誤上	俟菴經集		버	61
	喪禮外篇 4~6	檀弓箴誤下	俟菴經集		버	62
	喪儀節要 1~3		與猶堂集 34		藏2	63
	喪儀節要 4~6		與猶堂集 35		藏2	64
	喪儀節要 1~3		俟菴經集		버	65
	喪儀節要 4~6		俟菴經集		버	66
	二禮鈔 全	祭禮考定 및 嘉禮酌儀		與猶堂集 100~102	奎	67
經集	樂書孤存 1~3		與猶堂集 37	與猶堂集 106~108	藏1	68
	樂書孤存 4~6		與猶堂集 38	與猶堂集 109~111	藏1	69
	樂書孤存 7~9		與猶堂集 39	與猶堂集 112~114	藏1	70
	樂書孤存 1~3		俟菴經集	與猶堂集 106~108	버	71
	樂書孤存 4~6		俟菴經集	與猶堂集 109~111	버	72
	樂書孤存 7~9		俟菴經集	與猶堂集 112~114	버	73
	樂書孤存 10~12		俟菴經集	與猶堂集 115~117	버	74
	(周)易四箋 1~2		子(與猶堂)集 41	與猶堂集 118~119	藏2	75
	(周)易四箋 3~4		丑(與猶堂)集 42	與猶堂集 120~121	檀	76
	(周)易四箋 5~6		寅(與猶堂)集 43	與猶堂集 122~123	檀	77
	(周)易四箋 7~8		卯(與猶堂)集 44	與猶堂集 124~125	檀	88
	(周)易四箋 9~10		辰(與猶堂)集 45	與猶堂集 126~127	檀	79
	(周)易四箋 11~12		巳(與猶堂)集 46	與猶堂集 128~129	檀	80
	(周)易四箋 13~14		午(與猶堂)集 47	與猶堂集 130~131	檀	81
	(周)易四箋 15~16		未(與猶堂)集 48	與猶堂集 132~133	檀	82
	(周)易四箋 17~18		申(與猶堂)集 49	與猶堂集 134~135	檀	83
	(周)易四箋 19~20		酉(與猶堂)集 50	與猶堂集 136~137	藏2	84

	(周)易四箋 21~22		戌(與猶堂)集 51	與猶堂集 138~139	檀	85
	(周)易四箋 23~24		亥(與猶堂)集 52	與猶堂集 140~141	檀	86
	周易四箋 1~2		俟菴經集 子	與猶堂集	버	87
	周易四箋 3~4		俟菴經集 丑	與猶堂集	버	88
	周易四箋 5~6		俟菴經集 寅	與猶堂集	버	89
	周易四箋 7~8		俟菴經集 卯	與猶堂集	버	90
	周易四箋 9~10		俟菴經集 辰	與猶堂集	버	91
	周易四箋 11~12		俟菴經集 巳	與猶堂集 128~129	버	92
	周易四箋 13~14		俟菴經集 午	與猶堂集 50~51	버	93
	周易四箋 15~16		俟菴經集 未	與猶堂集	버	94
	周易四箋 17~18		俟菴經集 申	與猶堂集	버	95
	周易四箋 19~20		俟菴經集 酉	與猶堂集	버	96
	周易四箋 21~22		俟菴經集 戌	與猶堂集 139~140	버	97
經集	周易四箋 23~24		俟菴經集 亥	與猶堂集 14□~14□	버	98
	易學緒言元 1~3				藏2	99
	易學緒言亨 4~6				藏2	100
	易學緒言利 7~9				藏2	101
	易學緒言貞 10~12				藏2	102
	易學緒言春 1~3				버	103
	易學緒言夏 4~6				버	104
	易學緒言秋 7~10				버	105
	易學緒言冬 11~13				버	106
	春秋考徵 1~3		與猶堂集 54	與猶堂集 145~147	藏2	107
	春秋考徵 4~6		與猶堂集 55	與猶堂集 148~150	藏2	108
	春秋考徵 7~9		與猶堂集 56	與猶堂集 151~153	藏2	109
	春秋考徵 10~12		與猶堂集 57	與猶堂集 154~156	藏2	110
	春秋考徵 1~3		俟菴經集	與猶堂集 145~147	버	111
	春秋考徵 4~6		俟菴經集	與猶堂集 148~150	버	112
	春秋考徵 7~9		俟菴經集	與猶堂集 151~153	버	113

經集	春秋考徵 10~12		俟菴經集	與猶堂集 154~156	버	114
	論語古今注 1~3	學而 爲政	與猶堂集 58		藏2	115
	論語古今注 4~6	八佾 里仁	與猶堂集 59		藏2	116
	論語古今注 7~9	公冶長 雍也	與猶堂集 60		藏2	117
	論語古今注 10~12	雍也 述而 泰伯	與猶堂集 61		藏2	118
	論語古今注 13~15	泰伯 子罕	與猶堂集 62		藏2	119
	論語古今注 16~18	鄉黨 先進	與猶堂集 63		藏2	120
	論語古今注 19~21	先進 顏淵	與猶堂集 64		藏2	121
	論語古今注 22~24	子路 憲問	與猶堂集 65		藏2	122
	論語古今注 25~27	憲問 衛靈公	與猶堂集 66		檀	123
	論語古今注 28~30	衛靈公	與猶堂集 67		藏2	124
	論語古今注 31~34	季氏 陽貨	與猶堂集 68		藏2	125
	論語古今注 35~37	陽貨 微子	與猶堂集 69		藏2	126
	論語古今注 38~40	子張 堯曰 春秋 聖言蒐	與猶堂集 70		藏2	127
	孟子要義 1~3		與猶堂集 71		藏2	128
	孟子要義 4~6		與猶堂集 72		藏2	129
	孟子要義 7~9		與猶堂集 73		藏2	130
	中庸自箴 1~3		與猶堂集 74		藏2	131
	中庸講義 補 1~3		與猶堂集 75		藏2	132
	中庸講義 補 4~6		與猶堂集 76		藏2	133
	大學公議 1~3		與猶堂集 77	與猶堂集 200	藏2	134
文集		詩一	與猶堂集	與猶堂集	藏2	1
		詩二	與猶堂集	與猶堂集	藏2	2
		詩三	與猶堂集	與猶堂集	藏2	3
		詩四	與猶堂集	與猶堂集	藏2	4
		竹欄遺蛻集			藏2	5
		策 大靑世系略		與猶堂集	藏2	6
		議 疏 箚	與猶堂集 雜文1		藏1	7
		論 辨	與猶堂集 雜文3		藏1	8

		箴銘頌贊序	與猶堂集 雜文 4		藏1	9
		記題	與猶堂集 雜文 5		藏1	10
		跋 墓文祭 文 遺事	與猶堂集 雜文 6		藏1	11
		書牘	與猶堂集 雜文 7		藏1	12
		對策 策問	與猶堂集 雜文 8	與猶堂集 卷161	藏1	13
		西巖講學記 陶 山私淑錄	與猶堂集 雜文 9		藏1	14
		文獻備考刊誤 醫零 百諺詩	與猶堂集 雜文 10		藏1	15
		四書攟 詩書攟 羣經瑣言 勸孝 文 餛飩錄	與猶堂集 雜文 11		藏1	16
文集		餛飩錄	與猶堂集 雜文 12		藏1	17
		序 記 跋 題 贈言	洌水全書續集 2	與猶堂文集	藏1	18
		贈言 家誡 家書	洌水全書續集 3	與猶堂文集	藏1	19
		書牘	洌水全書續集 4	與猶堂文集	藏1	20
		書牘	洌水全書續集 5	與猶堂文集	藏1	21
		禮疑問答	洌水全書續集 6	與猶堂文集	藏1	22
		論 雜文 儷文	洌水全書續集 7	與猶堂文集	藏1	23
		墓誌銘 秘本	洌水全書續集 8	與猶堂文集	藏1	24
		墓誌銘 行狀 傳 贊 紀事 碑塔銘 堂偈	洌水全書續集 9	與猶堂文集	藏1	25
		耳談續纂 雜評 刪修紀行	洌水全書續集 10	與猶堂文集	藏1	26
雜纂	經世遺表 1~3	天官吏曹 地官 戶曹 春官禮曹	經世遺表 1		京	1
	經世遺表 4~6	夏官兵曹 秋官 刑曹 冬官工曹	經世遺表 2		京	2
	經世遺表 7~9	東班官制 三班 官階 郡縣分隸	經世遺表 3		京	3
	經世遺表 12~14	田制 1~3	經世遺表 5		京	4

	經世遺表 15~17	田制 4~6	經世遺表 6		京	5
	經世遺表 18~20	田制7~9	經世遺表 7		京	6
	經世遺表 21~23	田制 10~12	經世遺表 8		京	7
	經世遺表 27~29	賦貢制 1~3	經世遺表 9		京	8
	經世遺表 30~32	賦貢制 4~6	經世遺表 10		京	9
	經世遺表 34~36	倉廩之儲 1~3	經世遺表 11		京	10
	經世遺表 37~38	均役追議 1~2	經世遺表 12		京	11
雜纂	邦禮草本 4~6	夏官兵曹 秋官刑曹 冬官工曹	與猶堂集 經世遺表 2		藏2	12
	邦禮草本 7~9	東班官制 三班官階 匠人營國圖 一遂 九方圖 郡縣分隸	與猶堂集 經世遺表 3		藏2	13
	邦禮草本 10~11	郡縣分等 考績之法	與猶堂集 經世遺表 4		藏2	14
	邦禮草本 12~14	田制 1~3	與猶堂集 經世遺表 5		藏2	15
	邦禮草本 18~20	田制 7~9	與猶堂集 經世遺表 7		藏2	16
	邦禮草本 21~23	田制 10, 田制 12	與猶堂集 經世遺表 8		藏2	17
	邦禮草本 24~26	田制別考 1~3	與猶堂集 經世遺表 9		藏2	18
	邦禮草本 27~29	賦貢制 1~3	與猶堂集 經世遺表 10		藏2	19
	邦禮草本 30~33	賦貢制 4~7(邦賦考)	與猶堂集 經世遺表 11		藏2	20
	經世遺表 34~36	倉廩之儲 1~3	與猶堂集 12 經世遺表 12		藏2	21
	經世遺表 37~38	均役追議 1~2	與猶堂集 13 經世遺表 13		藏2	22
	經世遺表 39~40	戶籍法 敎民法	與猶堂集 14 經世遺表 14		藏2	23
	經世遺表 41~44	科擧之規 1~2 武擧之規 鎭堡之制	與猶堂集 15 經世遺表 15		藏2	24
	經世遺表 1~3	天官吏曹 地官戶曹 春官禮曹			藏1	25
	經世遺表 4~6	夏官兵曹 秋官刑曹 冬官工曹			藏1	26

雜纂	經世遺表 7~9	東班官制 三班官階 匠人營國圖 一遂 九方圖 郡縣分隸		藏1	27
	經世遺表 10~11	郡縣分等 考績之法		藏1	28
	經世遺表 12~14	田制 1~3		藏1	29
	經世遺表 15~17	田制 4~6		藏1	30
	經世遺表 18~20	田制 7~9		藏1	31
	經世遺表 21~23	田制 10~12		藏1	32
	經世遺表 24~26	田制別考 1~3		藏1	33
	經世遺表 27~29	賦貢制 1~3		藏1	34
	經世遺表 30~33	賦貢制 4~7(邦賦考)		藏1	35
	經世遺表 34~36	倉廩之儲 1~3		藏1	36
	經世遺表 37~38	均役追議 1~2		藏1	37
	經世遺表 39~41	戶籍法 敎民法 科擧之規1		藏1	38
	經世遺表 42~44	科擧之規2 武擧之規 鎭堡之制		藏1	39
	邦禮草本	田制 1~3	與猶堂集 經世遺表 5	實	40
	邦禮草本	田制 4~5	與猶堂集 經世遺表 6	實	41
	邦禮草本	田制 7~8	與猶堂集 經世遺表 7	實	42
	邦禮草本	田制 10~12	與猶堂集	實	43
	量田議十三終	量田議 諸路量田考 步畝考 方田始末 魚鱗圖說	與猶堂集	實	44
	經世遺表 1~3	天官吏曹 地官戶曹 春官禮曹	與猶堂集 1	奎	45
	經世遺表 4~6	夏官兵曹 秋官刑曹 冬官工曹	與猶堂集 2	奎	46
	經世遺表 7~9	東班官階 三班官制 匠人營國圖 一遂九方圖 郡縣分隸	與猶堂集 3	奎	47

雜纂	經世遺表 10~11	郡縣分等 考績之法	與猶堂集 4		奎	48
	經世遺表 12~14	田制 1~3	與猶堂集 5		奎	49
	經世遺表 15~17	田制4~6	與猶堂集 6		奎	50
	經世遺表 18~20	田制7~9	與猶堂集 7		奎	51
	經世遺表 21~23	田制 10~12	與猶堂集 8		奎	52
	經世遺表 24~26	田制別考1~3	與猶堂集 9		奎	53
	經世遺表 27~29	賦貢制 1~3	與猶堂集 10		奎	54
	經世遺表 30~33	賦貢制4~7(邦賦考)	與猶堂集 11		奎	55
	經世遺表 34~36	倉廩之儲1~3	與猶堂集 12		奎	56
	經世遺表 37~38	均役追議 1~2 船廠論 戰船使用議	與猶堂集 13		奎	57
	經世遺表 41~44	科擧之規1~2 夏官修制 武擧之規 鎭堡之制	與猶堂集 15		奎	58
	牧民心書 4~6	淸心 齊家 屛客 節用 樂施	牧民心書2		藏2	59
	牧民心書 7~9	宣化 守法 禮際 文報 貢納 往役 養老 慈幼	牧民心書3		檀	60
	牧民心書10~12	振窮 哀喪 寬疾	牧民心書4		藏2	61
	牧民心書13~15	察物 考功 田政 稅法上	牧民心書5		藏2	62
	牧民心書16~18	稅法下 穀簿上下	牧民心書6		藏2	63
	牧民心書19~21	戶籍 平賦上下	牧民心書7		藏2	64
	牧民心書22~24	勸農 祭祀 賓客	牧民心書8		藏2	65
	牧民心書25~27	敎民 興學 辨等 課藝	牧民心書9		藏2	66
	牧民心書28~30	簽丁 練卒 修兵 勸武 應變	牧民心書10		藏2	67
	牧民心書31~33	禦寇 聽訟上下	牧民心書11		藏2	68
	牧民心書34~36	斷獄 愼刑 恤囚 禁暴	牧民心書12		藏2	69
	牧民心書37~39	除害 山林 川澤	牧民心書13		藏2	70

	牧民心書40~42	繕廨 修城 道路 匠作 備資	牧民心書14		藏2	71
	牧民心書43~45	勸分 規模 設施	牧民心書15		藏2	72
	牧民心書46~48	補力 竣事 遞代歸裝 願留 乞宥隱卒 遺愛	牧民心書16		藏2	73
	牧民心書4~6	淸心 齊家 屏客 節用 樂施	牧民心書2		서	74
	牧民心書7~9	宣化 守法 禮際 文報 貢納 往役 養老 慈幼	牧民心書3		서	75
	牧民心書10~12	振窮 哀喪 寬疾 救災 束吏 馭衆 用人 擧賢	牧民心書4		서	76
	牧民心書13~15	察物 考功 田政 稅法上	牧民心書5		서	77
	牧民心書16~18	稅法下 穀簿上下	牧民心書6		서	78
	牧民心書19~21	戶籍 平賦上下	牧民心書7		서	79
雜纂	牧民心書22~24	勸農 祭祀 賓客	牧民心書8		서	80
	牧民心書25~27	敎民 興學 辨等 課藝	牧民心書9		서	81
	牧民心書28~30	簽丁 練卒 修兵 勸武 應變	牧民心書10		서	82
	牧民心書31~33	禦寇 聽訟上下	牧民心書11		서	83
	牧民心書34~36	斷獄 愼刑 恤囚 禁暴	牧民心書12		서	84
	牧民心書37~39	除害 山林 川澤	牧民心書13		서	85
	牧民心書40~42	繕廨 修城 道路 匠作 備資	牧民心書14		서	86
	牧民心書43~45	勸分 規模 設施	牧民心書15		서	87
	牧民心書46~48	補力 竣事 遞代歸裝 願留 乞宥隱卒 遺愛	牧民心書16		서	88
	欽欽新書甲1~3	經史要義 1~3			藏2	89
	欽欽新書乙4~6	批詳雋抄 1~3			藏2	90
	欽欽新書丙7~9	批詳雋抄 4~5 擬律差例 1			藏2	91

	欽欽新書丁10~12	擬律差例 2~4			藏2	92

분류	서명			所藏	번호
	欽欽新書丁10~12	擬律差例 2~4		藏2	92
	欽欽新書戊 13~15	祥刑追議 1~3		藏2	93
	欽欽新書己 16~18	祥刑追議 4~6		藏2	94
	欽欽新書庚 19~21	祥刑追議 7~9		藏2	95
	欽欽新書辛 22~24	祥刑追議 10~12		藏2	86
	欽欽新書壬 25~27	祥刑追議 13~15		藏2	97
	欽欽新書癸 28~30	剪跋蕪詞1~3		藏2	98
雜纂	我邦疆域考 1~3		與猶堂集 181~183	藏2	99
	(朝鮮)水經 1~3			藏2	100
	(朝鮮)水經 4~6			藏2	101
	(朝鮮)水經 13~15			藏2	102
	大東水經 1~2	與猶堂集	與猶堂集	藏2	103
	大東水經 5~7	與猶堂集	與猶堂集	藏2	104
	民堡議 全 1~3	俟菴別集	與猶堂集 181~183	버	105
	民堡議 1~3		與猶堂集 181~183	嶺	106
	民堡議 1~3	與猶堂集	與猶堂集 181~183	藏2	107

所藏處 : 奎는 奎章閣, 藏은 藏書閣, 버는 버클리大學淺見文庫, 서는 서울大學校中央圖書館, 京은 京都大學附屬圖書館, 實은 實學博物館, 嶺은 嶺南大學校中央圖書館古文獻室, 補는 『與猶堂全書補遺』 五, 檀은 檀國大學校退溪學圖書館을 각각 가리킨다.

備考 : 1. 장서각에는 『與猶堂集』雜文 및 『洌水全書』續集와 더불어 粧潢刀鍊이 다산가필사본과 같은 『文獻備考刊誤』, 『風水集議』 및 『與猶堂詩集』이 있으나, 이들은 匡郭, 有界 및 1行 22字 등의 형식이 다산가필사본 『與猶堂集』의 특징과 같지 않은 점이 있어서 이번에는 일단 다산가필사본에서 제외했다. 이들이 다산가필사본임에는 틀림없으므로 다산가 필사본에의 편입방법에 대해서는 앞으로의 검토를 기다려야 할 것이다. 그리고 연세대 학교 중앙도서관에는 다산가필사본 『여유당집』 1책이 있으나, 거기에는 議와 論 等이 무질서하게 收錄되어 있어서 『여유당집』의 一環으로 정리된 책이라 볼 수 없다. 表紙와 結紐가 改裝되고 上下와 右側이 5mm씩 切斷되어 있다.

2. 『與猶堂全書』의 출판은 1934년 10월 10일의 제1집 제1~2권(詩文集)으로부터 시작 하여 1938년 10월 25일의 제1집 제23~25권(雅言覺非·耳談續纂·小學珠串)의 간행으 로 완료되었다. 『경세유표』의 출판은 1934년 12월 20일부터 1936년 9월 30일 사이 에, 『목민심서』의 출판은 1935년 3월 25일부터 1937년 1월 30일 사이에 각각 이루어 졌다.

2. 『與猶堂集』의 異稱

다산의 저작집이 연활자본의 경우 『여유당전서』로 통칭되는 것은 이미 알고 있는 바와 같다. 그러면 필사본의 경우 무엇으로써 통칭될 수 있는가. 우리는 그것을 흔히들 『여유당집』으로 통칭해 왔는데, 이번의 다산가필사본에 대한 조사로써 그 타당성이 입증되었다고 할 수 있다. 위의 표에서 볼 수 있는 바와 같이 다산의 저작집은 『洌水全書』, 『菜花亭集』, 『俟菴集』, 『俟菴經集』, 『俟菴別集』 및 『與猶堂文集』 등으로도 표기되고 있었던 사실을 알 수 있다. 그리고 1834년에는 다산 스스로 자기의 저작집을 『열수전서총목록』으로 정리하기도 했다. 그러나 우리가 위 표의 '여유당집권차' 欄에서 확인하는 바와 같이 그는 그의 저작을 '經集', '文集' 및 '雜纂'별로 분류하는 경우에 있어서도 卷次는 『여유당집』의 권차로 통일했다. 간혹 『열수전서』라는 이름으로 그 권차가 표기된 곳도 있기는 하지만, 권차는 『여유당집』의 그것과 동일하다. 『여유당문집』은 『여유당집』과 같은 명칭으로 보아도 좋을 것이다. 이러한 권차배열은 일반필사본 『여유당집』의 권차를 가지고 보강하면 더 뚜렷한 경향을 보여 주리라 생각된다. 이러한 점에서 다산저작집의 명칭을 『여유당집』으로 대표시켜도 무리는 없을 것이다.

그러면 다산은 언제부터 『여유당집』을 편찬하기 시작했을까. 추측건대, 1822년의 화갑 때에 「自撰墓誌銘」을 집필하기 직전부터가 아닌가 한다. 「자찬묘지명」에서 다산은 자기의 문집을 「詩律 18권」, 「雜文前篇 36권」 및 「雜文後篇 24권」 등으로 정리하고 있는 것을 보면, 위와 같은 사실이 확인된다고 할 것이다. 그리고 康津의 橘洞에서는 『여유당집』이 아직 편집되고 있지 않았음이 확인된다. 다산은 1816년의 「寄二兒」에서 "經集 240책을 새로이 장정을 하여 책상 위에 올려 놓았는데,

내가 장차 이것을 불태워 버려야 되겠느냐"라고 하기도 하고[5] 1817년 4월에는 영남의 申永老에게 자기의 저서를 소개하면서 自著의 서목만 나열했을 뿐『여유당집』과 같은 自著의 文集名을 제시하지는 않았다.[6] 그러므로 다산이 그 이전의 어느 시기에 자기의 저작집을 체계적으로 정리하기 시작했다는 새로운 기록이 발견되지 않는 한, 「자찬묘지명」의 작성이 다산저작집에 대한 종합적 정리의 출발점으로 보아도 좋을 것이다. 또 이 시점을 그 종합적 정리의 출발점으로 보는 다른 방증자료도 있다. 다산이 자기의 저작집을『菜花亭集』이나『俟菴集』으로도 불렀다는 사실이다. 菜花亭은 1821년에 마재에 세워진 다산의 정자이다. 그리고 俟菴은 1822년의 회갑 때부터 사용된 별호이다.[7] 이 두 가지 점으로 보더라도 다산저작집의 정리는 1822년의 「자찬묘지명」의 작성이 그 계기가 되었다고 할 수 있다. 다산은 1834년에『梅氏書評』을 修正하고『尚書古訓蒐略』과『尚書知遠錄』을 合編·增補한 이후 「열수전서총목록」이라는 이름으로 자기의 저작집을 한 번 더 정리한다. 그리고『여유당집』은 19세기 후반기까지 다산가에서 계속적으로 정리되고 있었던 것으로 확인된다. 新朝鮮社本과 규장각의 다산가필사본『경세유표』에 보이는 丁學淵과 丁文燮의 注記가 그 증거라 할 것이다. 그러나『여유당집』의 잔존 양상으로 보아 정리에 있어서 정리자의 자의적인 推敲는 없었던 것으로 판단된다.

위와 같은 과정을 통하여 정리된『여유당집』의 저작배열이 어떠한

---

5) 經集二百四十冊, 新裝置案上, 吾將焚之乎. (『全書』一 - 詩文集二十一 - 八 前面, 答二兒丙子六月十七日) '經集 240책'은 아마 '경집 240권'일 것이다.『여유당집』은 대개 3권이 1책이다.

6) 茶山先生書贈申永老, 名永躋, 號鳳鳴山人, 居仁同若木. (『舊園鄭寅普全集』2 延世大學校出版部, 1983, 87페이지)

7) 崔益翰,「與猶堂全書를 讀함」중의「茶山名號小攷」(東亞日報 1938.12.14)에서는 俟菴이라는 號가「自撰墓誌銘」에서 비로소 登場한다고 했다.

지를 보기로 하자. 『洌水全書總目錄』과 위 표의 '여유당집책차'와 '여유당집권차'에서 이를 잘 알 수 있다. 다산은 우선 자기의 저작집을 '經集', '文集' 및 '雜纂'으로 나누고 거기에 각각 책차와 권차를 부여하였던 것이다. 현재로서는 다산가필사본에 대한 조사가 완벽하지 못하기 때문에 책차와 권차의 조사 또한 완전하지는 않으나, 이미 조사된 것만으로도 대강의 윤곽은 파악할 수 있다. 앞으로 다산가필사본이 더 발견되든지 일반필사본을 조사해 보면, 『여유당집』의 분야별 책차와 권차도 어느 정도 온전하게 복원될 날도 있으리라 생각한다. 다만 여기서 지적해 두어야 할 것은 필자가 작성한 「현존하는 茶山家筆寫本『與猶堂集』目錄」의 책차와 권차는 「열수전서총목록」 작성 이전 단계의 것이라는 것이다. 「열수전서총목록」의 출현 이후 『여유당집』의 권차와 책차에 변동이 있었는지 어떠했는지에 대해서는 현재로서는 알 수 없다.

3. 茶山家筆寫本의 書誌的 特徵

우선 무엇을 가지고 다산가필사본『여유당집』이라 하는가 하는 문제가 있다. 이 문제에 대하여 깊이 들어갈 여유가 없으므로, 우선 다산이 저술하고 다산가에서 필사된 서적 중 書誌的으로 다산가필사본『여유당집』과 같은 것이라 해두자. 이러한 정의에 부합하는 다산가필사본을 대할 때 처음으로 받는 외관상의 인상은 그것이 우리나라의 線裝本漢籍과는 그 모양이 무척 다르다는 점이다. 우선 책의 크기가 우리나라의 漢籍보다 작고, 製冊을 위한 針眼訂法과 結紐가 다르다는 점이 발견될 것이다. 우리나라의 一般漢籍은 여러 가닥의 실로 꼰 한 가닥의 노끈을 사용하여 5針眼訂法으로 제책하는 것이 일반적인 데 대하여 다산가필사본은 꼬지 않은 2~10가닥의 白細絲를 사용하여 4針眼訂法으로 제책되었다. 이러한 점에서 다산가필사본의 모양은 당시의 중국과 일본의 線裝本들과 무척 닮았다. 그러므로 다산가필사본의 粧潢刀鍊은 중국으로부터 많은 영향을 받은 것으로 보인다.

다산가필사본의 匡郭은 木板印刷가 아니고 烏絲欄印刷로서, 四邊雙周이다. 10行의 有界이며 목판이 아니므로 版心에는 魚尾 등 표기가 없다(극히 예외적이기는 하지만, 붓으로 목차를 써넣은 곳도 있다). 1行 22字이며 筆體는 數種이나, 자주 보면 다산가의 필체라는 것을 쉽게 판별할 수 있다. 『여유당집』은 목판이 없고 모두 필사본인데, 필사본 중에서는 다산의 親筆本은 발견되지 않는다. 앞에서 지적한 바와 같이 다산가필사본『여유당집』은 여러 代에 걸쳐서 필사되어 왔으나, 아래에 제시되어 있는 다산가필사본의 특징은 오래도록 엄격하고 일관되게 지켜져 왔다. 이러한 점에서 보면 적어도 19세기 말까지는 다산가의 家勢가 유지되어 온 것으로 추측되며,[8] 巷間의 茶山家 窮乏說은 그 근거가 희박하다 할 것이다. 위에서 지적한 다산가필사본의 특징을 정리해 보면 아래와 같다.

茶山家筆寫本의 書誌的 特徵

(1) 필사본 : 필체는 數種
(2) 책의 크기 : 가로 15.5cm×세로24cm(mm 단위의 出入이 있다)
(3) 四針眼訂法 : 1.5cm+7.5cm+6cm+7.5cm+1.5cm(mm 단위의 출입이 있다)
(4) 結紐 : 白細絲 2~10가닥
(5) 匡郭 : 烏絲欄印刷로서 四邊雙周 가로13.3cm×세로19cm, 有界 10行 1行 22字
(6) 紙質 : 楮紙

---

8) 『朝鮮王朝實錄』에 의하면, 다산가에서는 아들로부터 高孫子에 이르기까지 대대로 조선왕조의 중앙과 지방의 크고 작은 벼슬을 해 왔다.

4. 茶山家筆寫本의 分析

1) 梅氏書平

梅蹟의 『古文尚書』 58편 중에서 25편이 僞古文이라는 것을 고증한 다산의 力作이다. 고증의 방법은 믿을 수 있는 經典을 가지고 믿을 수 없는 경전의 허위를 고증하는 것이며(以經證經), 비평의 기준은 平允 즉 公正性과 事實이었다. 이러한 다산의 학문적 자세는 현대학문의 기본정신과 一脈相通한다. 이러한 다산의 학문정신을 그가 인간의 사물에 대한 판단기준을 利害와 是非에서 찾는 점과 아울러 생각해 보면, 다산은 비록 전근대의 인간이었다고 하더라도 그의 정신적 세계는 비록 부분적이기는 하지만, 이미 근대에 깊숙이 진입해 있었던 것을 알 수 있다. 다산의 이러한 학문방법은 중국의 고증학 즉 考據學과 같은 것이다. 다산은 明末의 고증학자인 顧炎武의 학문자세를 칭송하는 古詩를 짓기도 했다.

이번의 조사에서는 2종의 다산가필사본 『매씨서평』이 발견되었는데, 하나는 단국대학교의 『채화정집』이라는 서명을 가진 『尙書平』 1~3이고, 다른 하나는 버클리대의 『사암경집』이라는 이름을 가진 『매씨서평』 1~9이다. 전자는 1810년에 저술된 초고본으로서 현재 남아 있는 초고본의 唯一本으로 보이며, 후자는 마재로 돌아온 이후 청나라 宋鑑의 『尙書攷證』을 참고하여 1~4권을 수정한 것으로 보인다. 다산은 또 1827년에 洪顯周로부터 閻若璩의 『尙書古文疏證』을 입수하고, 1834년에는 5~9권마저 수정하여 본래대로 『매씨서평』 9권 3책으로 개정하는 한편, 「매씨서평」 10권과 「閻氏古文疏證抄」 1~4를 추가집필하여 『매씨서평』 續 5권 2책으로 편집했다.

다산가필사본 『매씨서평』에서 볼 수 있듯이 다산저작집은 『채화정집』, 『사암경집』, 『열수전서』 및 『여유당집』으로 다양하게 표기되고 있었다. 책차와 권차도 『사암경집』,『열수전서』 및 『여유당집』 등의 이름으로 부여되고 있다. 그리고 단국대학교의 『상서평』은 초고본이기는 하지만 1822년 이후의 필사본이고, 버클리대학의 『매씨서평』은 1~4권이 수정된 이후의 그리고 5~9권이 수정되기 이전의 필사본이라는 것이 확인된다. 그러니까 1834년에 수정된 『매씨서평』의 다산가필사본은 아직 조사되지 못했다(김영호수집본의 『매씨서평』 4~9의 내용은 아직 검토해 보지 못했다).

2) 周易四箋

『주역』은 유교경전 중에서도 難讀書로 이름이 나 있다. 더구나 필자는 이 방면의 전공자가 아니라 내용을 소개하기는 어렵다. 다만 다산이 두 아들에게 내려 주는 家誡에서 "『주역사전』은 내가 하늘의 도움으로 얻은 문자들로서 결코 사람의 힘으로 통하고 지혜로 도달할 수 있는 바가 아니었다"라고 하고 있는 것을 보면, 무엇인가 이 책에서 터득한 바가 큰 것이 아니었던가 추측될 뿐이다. 실학파의 경전에 관한 연구는 기본적으로 『맹자』 이전의 경학으로 돌아가는 것이 그 궁극적 지향이며, 특히 다산은 占術學으로서의 역학을 경멸하고 있었으므로 다산의 『주역사전』은 『주역』에 대한 올바른 이해를 위한 길잡이가 아닐까 추측해본다.

『주역사전』에는 갑자본, 을축본, 병인본, 정묘본 및 무진본이 있다. 1804년의 갑자본은 8권이었는데, 그간 여러 차례의 수정을 거쳐서 무진본 24권 12책이 되었다. 현재 다산가필사본으로 확인되는 단국대학교본과 버클리대학본은 모두 무진본인데, 단국대학교본에는 頭注나 裳紙로 본문을 수정한 곳과 ′,의 표시로 본문을 교정한 곳이 많이 있다. 수정하고 교정한 곳이 꽤 많은 편이다. 버클리대학본은 단국대학교본을 재정리한 것이다. 그러므로 버클리대학본에서는 단국대학교본의 수정과 교정의 지시가 수용되고 있기는 하지만, 그 수용이 불철저하다고 한다. 최근의『주역사전』의 정본화사업을 위한 두 본에 대한 비교검토에 의하면, 버클리대학본에는 부실한 곳이 많다는 것이다.[9] 버클리대학본의 부실성은 그 권차의 표기에서도 확실히 드러나고 있다.

단국대학교본은 제1·2권과 제19·20권이 결락된 결본이다. 무진(1808년)본에 두주나 裳紙의 형태로 수정을 가하고『여유당집』의 권차표기도 본문이 아니라 餘白에서 이루어져 있기 때문에 매우 이른 시기의 필사본으로 추정하고 싶기도 하지만 그렇게 할 수 없는 것이 있다. 그것은 다름이 아니라「(여유당)집」이라는 책차가 표지에 표시되어 있는데,「(여유당)집」이라는 서명의 출현도 그러하거니와 책차의 순서가「경집」 전체의 책차와 너무나 잘 어울린다는 것이다. 이렇게 보면 현재 조사된 다산가필사본『주역사전』중에는 1822년 이전의 필사본은 없는 셈이다. 그리고 이 단국대학교본은『여유당전서』의 출판을 위한 대본이었던 것으로 보인다. 그렇게 추정하는 근거는 두 가지이다. 하나는『주역사전』의 異本에 대한 검토에 의하면 단국대학교본과 신조선사본의 내용이 일치한다는 점이요, 둘째는 단국대학교본 내에 신조선사본의 破紙가 끼워져 있음이 발견된다는 점이다.

3) 論語古今註 25~27권(憲問下, 衛靈公上)

이 책은『논어고금주』40권 13책 중 제25~27권 제9책에 해당하는 것이다. 표지의 책 이름이『여유당집』으로 표기되어 있는 것으로 보아서 1822년 이후의 필사본으로 보인다. 이 필사본에는 4군데의 삭제하라는 '刪'이라는 표시와 7군데의 추가하라는 頭注가 있는데,『여유당

---

9) 方仁,「『주역사전』 해제」(『定本與猶堂全書』15, 2012)

전서』에서는 이러한 지시가 고스란히 반영되고 있다. 또 어떤 곳에서는 '마땅히 아래로 내려야 한다(當在下)'라든가 '마땅히 위로 올려야 한다(當在上)'고 하는 지시가 있는데, 『여유당전서』에서는 그러한 지시도 그대로 반영되어 있다. 따라서 이 필사본에서는 『여유당집』의 정리과정이 보이는 것 같아서 기쁘기 짝이 없다. 이 필사본은 『여유당전서』 출판의 臺本이었을 가능성이 있다. 그렇게 추정하는 근거는 첫째는 제9책의 검토에 한정되는 것이기는 하지만, 이 필사본과 『여유당전서』의 『논어고금주』는 내용이 일치한다는 점이며, 둘째는 『여유당전서』 출판의 대본이었다고 추정되는 단국대학교본 『주역사전』과 함께 수집된 것이라는 점이다.

4) 여유당집雜文12

『여유당집』잡문 중 『餛飩錄』에 해당한다. 『혼돈록』에는 다른 곳에서는 흔히 볼 수 없는 '刪'과 '∞'이라는 표기로 삭제의 지시가 특히 많다. 「吳藥山」, 「祭柳世謙」, 「李參判萬恢」, 「李白洲」, 「仁廟被讒」 등 무려 20여 항목에 달한다. 간혹 추가되어야 할 내용을 두주에 밝히기도 하고 본문을 수정하기도 하였으나, 『혼돈록』은 틀린 곳이 너무 많고 저서로서의 특별한 가치가 없다고 생각되어 『여유당전서』의 편집과정에서 제외된 것으로 보인다. 여기에서 다산가의 『여유당집』 수정과정과 신조선사의 『여유당전서』 편집과정의 일단을 엿볼 수 있을 것이다.

5) 열수전서續集8(墓誌銘 秘本)

장서각 소장의 『열수전서』속집 10책 중의 제8책이다. 이 책은 李家煥, 李基讓, 權哲身, 吳錫忠, 丁若銓 및 본인 등 6명의 묘지명인데, 이 묘지명들은 다산과 천주교의 관계를 연구하는 데 있어서 둘도 없는 귀중한 자료가 될 것이다. 그리고 이들은 모두 辛酉邪獄으로 杖殺되거나 유배된 사람들이므로 그들의 묘지명은 자연히 그들을 박해한 자들을 원망하는 글이 포함될 수밖에 없었으므로 秘本으로 처리된 것으로 보인다. 다산가필사본을 검토하는 한, 이 이외의 비본은 없다. 따라서 崔益翰이『실학파와 정다산』에서 다산의 저서 중에는 '합법적 저술'과 '비합법적 저술'이 있다고 주장하는 것이나,『경세유표』가 혁명적 저술이기 때문에 월남의 胡志明이나 동학란의 지도자 全琫準의 애독서가 되었다는 항간의 떠도는 소문은 모두 神話임이 명백하게 밝혀진다고 할 것이다.

6) 경세유표

다산가필사본 중에는 다행히『경세유표』가 5종이나 있다. 첫째는 경도대학본이며, 둘째는 장서각본2이며, 셋째는 장서각본1이며, 넷째는 규장각본이며, 다섯째는 실학박물관본이다. 장서각본1은 完帙로서 표지는 改裝되었으나 내용은 다산가필사본『여유당집』과 기본적으로 일치한다. 무엇 때문인지는 잘 모르겠으나 15책 중 제2·3책의 匡郭이 四邊單周로 되어 있다. 이 책의 내력을 보면 본래 帝室소장본이던 것이 문화재관리국으로 이관되었다가 장서각으로 이관된 것이다. 1883년에 내각에서『여유당집』을 필사할 때에 그 소유권이 왕실로 이전된 것으로 보인다. 내용을 검토해 보면 秋官刑曹제5 津關司條의 注記가 頭注로 되어 있으며, 春官禮曹제3 太史院條와 冬官工曹제6 利用監條의 丁文燮 주기는 없다. 이상으로써 보면 장서각본은 19세기 전반기의 필사본으로 보인다. 규장각본은 제14책이 결본이고 일부의 結紐가 개장되었으나 완질본의 다산가필사본이라 해도 좋을 것이다. 본래 조선총독부의 소유였으나 경성제대로 이전된 것이라 한다. 내용을 검토해 보면 진관사조의 주기가 본문으로 들어가 있고, 태사원조의 정문섭 주기가 있는 것으로 보아 19세기 후반의 필사본이다. 실학박물관본은 田制5책뿐인데, 책의 유래는 아직 밝히지 못하였다.(경도대학본과 장서각본2의 해설에 대해서는 「하합문고의 『경세유표』 初稿本에 대하여」를 참고하라)

『경세유표』는 필사본이 22종에 달하는 것으로 조사되어 있으나, 각 필사본의 目次排列은 매우 혼란스럽다. 그러나 장서각과 규장각의 다산가필사본의 목차와 권수 배열이 표준배열을 하고 있어서 정본화사업에 큰 도움이 되고 있다. 장서각본의 목차배열과 『여유당전서』에 실린 『경세유표』의 목차배열을 비교해 보면, 후자의 목차배열 중 「호적법·교민법」과 「균역사목추의」의 배열이 그 先後가 轉倒되어 있음을 발견할 수 있을 것이다. 이러한 문제는 사소하다면 사소하다고 할 수 있겠으나 중요한 의미를 가질 수도 있다. 다산가필사본 조사의 의의가 여기서도 발견되는 것이다.

맺음말

1934~38년에 걸쳐서 출판된 신조선사본의 『여유당전서』는 지금까지의 검토에 의하면 매우 잘 편집된 것으로 평가된다. 거기에는 시집 중의 「又細和詩集」과 같이 다산의 시가 아닌 것이 포함되어 있고, 『民堡議』와 같이 당연히 포함될 것이 빠져 있는 경우도 있으나, 그 이외의 뚜렷한 결함은 아직 발견되지 않는다. 『여유당전서』가 거의 완벽한 다산의 저작집이 될 수 있었던 것은 이미 『여유당집』의 단계에서 그의 저술이 잘 정리되어 있었기 때문이다. 그러나 이러한 지적은 반세기도 전에 출판된 『여유당전서』의 출판 이후, 詩文, 서간 및 일기 등 『여유당전서』에 포함될 만한 다산의 저작이 발견되지 않았다는 것을 의미하는 것은 아니다. 그 이후에 새로이 발견된 다산의 저작 중에서 『여유당집』에 포함되어야 할 만한 저작은 마땅히 거기에 추가되어야 할 것이다. 그러나 다산학회편, 『與猶堂全書補遺』1~5(경인문화사, 1975)와 같이 거의 절반 가까이 남의 저서를 수집해 놓고, 그것을 『여유당전서보유』라고 하는 것은 물론 옳지 못할 것이다.[10] 이러한 지적은 『여유당전서보유』에는 참고될 만한 자료가 전혀 없다고 말하고자 함은 아니다. 거기에서 이용할 만한 자료는 당연히 이용해야 할 것이다.

이번의 다산가필사본 조사에서 『여유당전서』에 새로이 들어갈 만한 저서로서는 『민보의』 이외에 새로 발견된 것이 없지만, 지금까지 공개되지 않았던 새로운 다산가필사본은 많이 발견되었다. 위의 「현존하는 다산가필사본 『여유당집』목록」을 꼼꼼이 훑어 보면, 독자에 따라서는 처음 보는 다산가필사본이 많을 것이다. 그리고 이번의 조사를

---

10) 이 문제에 관해서는 김언종, 『여유당전서보유』의 저작별 진위문제에 대하여 上·中·下」(『茶山學』 제9~11호 : 2006. 12~2007. 12)을 참고하라.

통하여 다산가필사본 여부를 판별할 수 있는 '다산가필사본의 특징'
이 처음으로 밝혀지지 않았나 싶다. 앞으로 새로운 다산가필사본이
얼마나 더 발견될 수 있을지에 대해서는 잘 모르겠으나, 새로이 발견
되는 다산가필사본의 특징도 이 조사에서 제시한 '다산가필사본의
특징'을 벗어나지는 않을 것이다. 이러한 의미에 있어서 이번의 조사
는 그 나름의 의의를 가질 것이라 본다.

이렇게 보면 이번에 조사된 「현존하는 다산가필사본 『여유당집』목
록」은 다산 저작의 본래의 모습을 복원하기 위한 기초적 작업이라는
의의가 있지 않을까 생각된다.

書誌 2 『牧民心書』의 草稿本과 完成本

머리말

내가 茶山硏究會에서 진행 중인 『牧民心書』의 번역작업에 참가한 지도 어언 8년이 되었다. 그 사이 나의 관심은 『목민심서』에만 머물지 않았고, 조선후기의 경제사연구의 일환으로서 『與猶堂全書』에 관심을 갖게 되었다. 정약용의 저작들을 통하여 조선후기의 경제사를 연구한다고 할 때, 우리들에게 주어지는 과제는 우선 그 저작들의 전모를 검토해 보는 일일 것이다. 이 과제는 당연히 『여유당전서』의 텍스트로서의 가치에 대한 재평가를 요구하게 되었는데, 이 글은 『목민심서』의 異本에 대한 조사와 검토를 통하여 그러한 요구에 부응하려 한 것이다.

우리는 『목민심서』 번역의 臺本으로서 『여유당전서』에 실려 있는 鉛活字本을 선택하였다. 번역과정에서는 몇 種의 筆寫本과 對校하면서 작업을 진행하였는데, 鉛活字本에서는 다소의 誤字 및 脫字와 몇 군데에서 綱이 目으로 誤植되어 있는 등 지엽적인 錯簡을 발견할 수 있었으나,[1] 鉛活字本이 原本 그대로임을 확인할 수가 있었다. 이렇게 본다면 『여유당전서』에 실려 있는 『목민심서』는 저작 당시의 원본 그대로이며, 따라서 異本에 대한 조사와 검토는 지엽적인 錯簡을 수정하는 데 그 의의가 있을 뿐, 異本調査의 본래적 의미는 거의 없다고 하

---

1) 茶山硏究會, 『譯註牧民心書』 創作과 批評社, 1978~1985의 注記를 참조하라.

여도 과언이 아니다. 그리고 현재 茶山家의 筆寫本『목민심서』는 전체 16책 중에서 제3책밖에 발견되지 않는다.[2]

　다만 필자가 여기에서 밝히고자 하는 것은『목민심서』에는 1818년에 流配地 橘洞에서 이루어진 草稿本과 1821년에 이 초고본을 토대로 馬峴에서 이루어진 完成本이라는 두 가지 本이 있는데,[3] (1) 이 양자를 비교·검토함으로써『목민심서』는 언제부터 起草되어 언제 完成되었는가, (2)『목민심서』와 기타 政法集의 저술시기를 비교해 봄으로써 이들이 저작과정에 있어서 어떠한 相補關係를 가지고 있었는가, (3)『목민심서』는 어떠한 經典과 자료를 기초로 저술되었으며, 기존의 牧民書들과는 어떠한 관계가 있는가, (4) 초고본과 완성본 간에는 어떠한 내용상의 차이가 있는가 등을 알아보려고 하는 것이다. 이러한 문제점들에 대한 자세한 검토는『여유당전서』의 텍스트로서의 가치에 대하여 한 측면에서의 평가가 내려질 수 있도록 할 것이다.

---

2) 이 책이 출판되는 시점에서는 다산가필사본으로서는 각각 제1책이 缺落된 藏書閣 所藏本(제3책은 단국대학교 도서관에 소장되어 있다)과 서울대학교 중앙도서관 소장본이 있다는 것이 확인되었다. 다산가필사본을 검토해 보아도 서지적 특징에 대한 위와 같은 기술을 변경해야 할 만한 특이한 내용은 없었다.
3) 草稿本과 完成本은 筆者가 임의로 붙인 이름이다.

1. 政法三集에서의 『牧民心書』의 位置

『목민심서』는 정약용의 정법3집, 즉 『경세유표』, 『목민심서』 및 『흠흠신서』 중의 하나이다. 그런데 이 정법3집은 다같이 經世濟民의 學에 속하면서도 그 기본성격을 달리하고 있다. 『목민심서』와 『흠흠신서』는 현행의 法秩序를 전제로 하는 邑單位의 地方政治와 殺人事件에 대한 刑事訴追過程의 改善지침서이며, 『경세유표』는 현행의 법질서를 초월하는 國家體制의 개혁지침서이다. 이 점에 대하여 『목민심서』를 가지고 스스로 지방정치에 직접 임하여 보았다는 李重夏는 다음과 같이 쓰고 있다.

> 正祖時代 큰 일을 할 수 있을 때, 배운 바를 크게 펼쳐서 聖人의 밝은 정치를 잘 도와보려고 생각했다. 그 全藁 중에서 『邦禮草本』을 가지고 본다면, 都市를 건설하고 들을 區劃하며, 官署를 설치하고 官職을 나눈 것이 條理가 整然하여 찬연히 한 왕국의 법제를 갖추었다. 그러나 왕국의 법제는 모름지기 백성을 保存한 이후라야 시행될 수 있는 것이요, 백성을 보존하지 못하면 비록 堯舜의 법이라고 하더라도 장차 시행할 데가 없을 것이니, 『목민심서』의 저술이 있게 된 까닭이다.[4]

李重夏에 따르면, 『경세유표』는 도시를 건설하고 들을 구획하며 관서를 설치하고 관직을 나눈 것이 條理가 정연하여 燦然히 한 왕국의 제도를 갖춘 것이요, 『목민심서』는 개혁의 전제가 되는 인민의 休養을

---

[4] 正廟大有爲之時, 思欲一展所學, 克贊聖明之治. 就其全藁中邦禮草本而觀之, 則體國經野, 建官分職, 科條井井, 燦然具一王之制. 而王制須保民然後可行, 民不能保, 雖堯舜之法, 將無所施, 所以有心書之作也. (梁在謇·玄采 校閱, 『牧民心書四』廣文社, 1902, 書牧民心書後)

위하여 저술된 것이다. 『목민심서』가 現行의 法秩序下에서 인민의 휴양을 위하여 저술되었다는 사실은 저자 스스로가 증언하고 있기도 하다.

> 牧民이란 무엇인가. 오늘날의 법에 따라 우리 백성을 다스리는 것이다. 律己·奉公·愛民이 三紀가 되며, 吏戶禮兵刑工이 六典이 되며, 賑荒한 項目으로 끝맺음 하였는데, 각각 6個條로 되어 있다. 古今의 事例를 조사하여 網羅하고, 부정행위를 낱낱이 밝혀서 牧民官에게 주는 것이니, 혹시 한 사람이라도 그 惠澤을 입었으면 하는 것이 나의 바람이다.[5]

두 책은 위와 같이 그 성격을 달리한다. 그런데 그 성격의 차이는 단순히 『경세유표』가 현행의 법질서를 초월하는 것을 전제로 저술된 것이요, 『목민심서』가 현행의 법질서를 전제로 저술되었다는 점에만 있는 것이 아니다. 더 근본적인 성격의 차이는 전자가 정법3집 중 基本이 되는 저서요, 후자는 전자에 대하여 從的 位置에 있다는 점이다. 즉 전자가 國家體制의 改革方案을 제시하고 있는 것이라고 한다면, 후자는 올바른 지방통치를 위하여 郡縣의 자세한 사정과 지방통치의 指針을 제시하고 있는 것이다. 이러한 점은 저서의 내용을 구체적으로 살펴보면 더욱 명백하게 드러난다. 즉 전자는 정약용의 개혁사상을 담고 있는 정법3집 중의 중심적 저작이요, 후자는 그의 현실인식을 담고 있다고 할 수 있다. 이런 점에서 『목민심서』는 조선후기의 실태를 파악하는 데 있어서는 『경세유표』보다 월등히 좋은 자료라고 할 수 있을 것이다.

---

5) 牧民者, 何也. 因今之法, 牧吾民也. 律己奉公愛民爲三紀, 吏戶禮兵刑工爲六典, 終之以賑荒一目, 各攝六條. 搜羅古今, 剔發奸僞, 以授民牧, 庶幾一民有被其澤者, 鏞之心也. (『全書』一－詩文集十六－十八 前面, 自撰墓誌銘集中本).

2. 筆寫本과 刊本

현재 국내에서는 다산가의 筆寫本『목민심서』는 16책 중 제3책밖에 발견되지 않는다. 때문에 다수의 필사본과 소수의 간본을 가지고 그 原形을 추측해 볼 도리 밖에 없다. 그런데 필사본과 간본에는 크게 나누어 두 가지 本이 있다. 하나는 초고본, 다른 하나는 완성본이다.

뒤의 目錄에서 보는 바와 같이 필사본에 있어서는 (1)~(4)가 草稿本이고, (5)~(28)이 完成本이다. 여러 가지 초고본과 완성본에는 각각 다소의 出入이 있기는 하지만, 그것은 극히 枝葉的인 문제라고 할 수 있다. 이렇게 보면 필사본에 있어서는 초고본과 완성본이 劃然히 나뉜다고 할 수 있다. 刊本에 있어서는 (1)이 초고본이고, (3)이 완성본이다. (2)는 초고본의 綱만을 수록한 抄本이다. 그리고 완성본에 있어서는 필사본과 간본이 그 體裁나 내용이 완전히 동일하다. 그러나 초고본에 있어서는 그 내용은 동일하나 각 篇과 條의 배열에 차이가 있으며 卷數도 서로 다르다. 이 점에 대하여 조금 더 자세히 살펴 볼 필요가 있을 것이다.

우선 초고본의 간본에 대하여 살펴 보기로 한다. 廣文社本은 藍浦 李使君寅承의 家藏善本이 그 臺本이 되었던 것인데, 일찍이 다산의 評定을 거친 다산의 제자 紺泉 尹鍾洙所藏本과 對校해 보니 그 서지적 특징이 동일했다고 한다. 이 점에 대하여 이 책의 發凡에서는 다음과 같이 지적하고 있다.

이 책은 藍浦 李使君寅承의 家藏善本이다. 刊行을 시작할 때 使君이 아끼던 것을 가지고 와 寄贈해 주어서 인쇄공에게 맡겨 간행을 도왔다. 그 후에 이 책의 淵源을 알았는데, 이 책은 茶山草堂에서 글을 배운 고결한 선비 해남 尹鍾洙 즉 紺泉先生輩들이 필사한 眞本인데, 洌水先生이 손수 붉고 푸른 批點

을 쳐서 評定한 것이다. 그 상세한 것을 紺泉先生의 從孫 主事 尹柱瓚과 洌水
世家의 主事 丁奎英에게 들으니, 모두 가지고 있다고 하니, 널리 옛것을 알고
싶어하는 사람들의 참고자료로 이바지하고자 한다.[6]

즉, 廣文社本의 대본은 尹鍾洙 등이 필사하고 다산이 손수 評定한
원본과 그 서지적 특징이 동일한 것이었다. 尹鍾洙는 尹鍾心이며 다산
초당 주인 尹搏의 아들로서 정약용의 제자 중의 한 사람이었다. 그러
므로 광문사본의 대본은 윤종수 등이 筆寫하고 다산이 評定한 원본
과 같은 것이었으며, 또 간행 중에 洌水世家本과 對校되기도 하였다.

이 책을 간행하기 시작한 이후 또 洌水家藏本을 보았다. 紺泉의 家藏本과
그 粧繡 및 刀鍊으로부터 烏絲欄에 이르기까지 같은 솜씨와 규격에 속하는
데, 그 근원이 조금도 차이가 없다. 篇內의 목차 중에서 古今의 良吏의 업적을
인용한 것이 약간 다른 바가 있다. 자세히 검토해 보면, 이것은 모두 洌水家藏
本에 속하는 것인데, 조금 增訂한 것이다. 紺泉의 寫定本은 처음 나온 본이다.
完璧을 기하기 위하여 모두 四庫全書에서 補遺를 붙이는 由例에 따라 篇末에
補遺로 붙인다.[7]

광문사본은 출판과정에 있어서 紺泉本 및 洌水世家本과 對校되었

---

6) 是書, 爲藍浦李使君寅承家藏善本. 是役也, 使君, 割愛持贈, 付手民以助刊行. 後得此
書淵源, 乃是茶山草堂及門, 海南尹高士鍾洙紺泉先生輩, 寫定眞本, 而曾經洌水先生,
硃綠批點, 親手評定者也. 其詳, 得聞諸紺泉先生令從孫尹主事柱瓚, 及洌水世家丁主
事奎英, 幷存之, 以資博古者之巧據焉. (梁在謇·玄采 校閱, 前揭書 一, 發凡)
7) 是書開工之後, 又得洌水家藏本. 與紺泉寫定本, 其粧繡刀鍊, 以及烏絲欄, 係一手同
矩, 原原本本, 毫無差異. 篇內目次中, 引用古今循良載績, 略有異同. 細考詳閱, 係是
洌水原本, 容有增訂者耳. 紺泉寫定本, 卽出初桃也. 務從賅博, 幷依四庫全書補遺拾
遺由例, 編末補遺云. (梁在謇·玄采 校閱, 前揭書 一, 發凡)

으며, 또 감천본과 열수세가본도 상호 대교되었다. 그 결과 열수세가본은 감천본보다 역대 循吏의 事績이 약간 더 보충되었는데, 刊本의 篇末補遺를 目數로 나타내 보면 다음과 같다.

補遺

赴任六條		吏典六條		刑典六條	
治裝	1目	馭衆	1目	斷獄	2目
辭朝	1目	戶典六條		愼刑	2目
莅事	7目	穀簿	2目	禁暴	2目
律己六條		兵典六條			
飭躬	2目	禦寇	8目		
淸心	1目				

위에서 보는 바와 같이 洌水世家本에는 紺泉本보다 歷代循吏의 事績이 29目 추가되었다. 그러나 이러한 보유의 추가는 초고본의 體裁와 내용에 별다른 變更을 가져오는 것이 아니다. 두 본은 같은 본으로 보아도 무리가 없을 것이다. 그리고 광문사본은 補遺를 추가하는 외에 이 책이 출간될 당시의 시대적 사정으로서는 필요 없다고 생각되는 내용을 삭제하기도 하였다. 삭제된 것은 西路支勅條例와 公私奴婢案이었다.

　編內의 목차 중에는 원래 西路支勅條例가 있었다. 그러나 世態가 변했으니 이 餼羊을 어디에다 쓸 것인가. 이제 삭제한다.
　편내의 목차 중의 公私奴婢案은 여러 번 列聖朝가 폐지한 바이다. 一視同仁의 혜택이 옛날보다 탁월하고 六大洲에 넘쳐나니, 天下萬國이 앞다투어 시행코자 한다. 이제 文具에 불과하기 때문에 삭제한다.[8]

---

8) 編內目次中, 原有西路支勅條例. 然物換星移, 烏用是餼羊也. 今去之. 編內目次中, 公私奴婢一案, 屢經列聖朝毀棄, 一視同仁之澤, 卓越前古, 跨歷六大洲, 天下萬國, 未能

그러므로 廣文社本은 보유를 첨가하고 西路支勅條例와 公私奴婢案을 삭제하였을 뿐 원본과 다름이 없다고 할 수 있다. 그러나 여기에 제시되어 있는 필사본의 동국대학교 도서관 소장본은 내용은 간본과 다른 바 없으나, 體裁에 있어서 크게 다른 바가 있다. 체재상의 다른 점은 賑荒六條를 戶典의 平賦 자리에 갖다 넣고, 그것을 救荒 1~5條로 하였으며, 平賦를 호전의 稅法 자리에 넣고 賦役이라 하였으며, 稅法은 호전의 田政 자리에 넣고 전정의 내용과 섞여서 田政 1~3으로 하였다. 이외의 각 篇은 그 내용과 체재가 간본과 일치한다.

그러면 왜 필사본은 내용이 동일한 것을 가지고 그 체재를 이와 같이 달리하였을까. 필자는 이 筆寫本들이 『목민심서』 형성과정에 있어서의 가장 最初의 形態가 아니었나 추측해 보기도 하였으나, 그렇게 생각하는 데는 여러 가지 무리가 있었다. 우선 이 필사본들의 책 머리의 목차는 한결같이 刊本의 그것과 같으며, 또 極少數이기는 하지만 완성본에서나 보이는 기사가 한두 군데 揷入되어 있었다. 이러한 점으로 미루어 보아 이 필사본들은 초고본의 錯簡本이라고 밖에 볼 수 없다. 이 점에 대하여 李重夏는 다음과 같이 쓰고 있다.

牧民心書가 전해온 지 지금 거의 1百年이 되었다. 오늘날 守令이 되는 자들은 왕왕 등사하여 治縣譜로 삼는다. 그러나 아직 刊本이 없어서 錯簡이 뒤섞여 있어서 識者들이 한스럽게 여긴다. 지난 癸未年에 임금께서 故承旨 丁若鏞의 與猶堂全藁를 求入하도록 명령하여 필사하여 內閣에 소장하게 했다. 대개 牧民心書는 全藁 중의 일부이다.[9]

<hr />

或之先也. 今成文具, 故刪之. (梁在謇·玄采 校閱, 前揭書 一, 發凡)

9) 牧民心書之傳, 近百年于玆矣. 世之爲吏者, 往往謄寫, 以爲治縣之譜. 而尙無刊本, 譌謬相雜, 識者恨之. 往在癸未, 上命求入故承旨丁若鏞與猶堂全藁, 繕寫藏于內閣. 蓋心書, 卽全藁中一部也. (梁在謇·玄采 校閱, 前揭書 四, 書牧民心書後)

李重夏는 1883년 내각에서 필사한『與猶堂集』중의『목민심서』와 수령들이 왕왕 필사한 것이 초고본인지 완성본인지에 대해서는 한마디도 언급이 없다. 그는 그것이 초고본이라고 前提하고 있는 듯하지만, 필자의 조사에 의하면 그 대부분이 초고본이 아니고 완성본이었다는 것이다. 그러한 사실은 현재 남아 있는 필사본들이 대부분 완성본이라는 사실과 필사의 사정을 알려 주는 備考欄의 記事에서 증명될 수가 있다. 그리고『與猶堂集』에 들어 있는 필사본도 완성본임이 틀림없다.

이렇게 본다면 간본인 廣文社本과 新朝鮮社本이 초고본과 완성본의 原本 그대로임을 알 수 있다. 이 점을 확인해 두는 것이 앞으로의 연구에 있어서의 混亂을 막을 수 있으리라 생각한다.

筆寫本

1. 草稿本

	冊數	文庫名	所藏處	備考
(1)	13		東	第12冊後面 丁丑六月 日
(2)	10	綏堂文庫	延	
(3)	14		遞	
(4)		晩松文庫	高	零本 第5冊存

2. 完成本

	冊數	文庫名	所藏處	道光元年記事	備考
(5)	16		奎	無	乙丑六月 日 在箕營燕申堂時謄出
(6)	16		奎	有	
(7)	16		延	無	
(8)	16	禮信文庫	延	有	
(9)	16		延	有	
(10)	16	返還文化財	國	有	宮內府圖書印

(11)	16	勝溪文庫	國	有	甲子十一月一日終畢
(12)	16		國	有	
(13)	16		國	有	
(14)	16		成	無	廢章, 四從祖恩津公諱翼煥氏所表, 而先公莅魯城縣時, 恩津公以此書永爲許給, 故其時論價以納爾
(15)	16	巽里本	成	有	
(16)	8		成	有	
(17)	16	華山本	高		零本 第3冊缺
(18)	16	晩松文庫	高		零本 第1·2·3·8冊存
(19)	16		高		零本 第1·9·12冊缺
(20)	16		서		零本 第1冊缺
(21)	16		建		
(22)	16		釜	無	
(23)	16		個		庚申八月 日茂山居廣州後人李運燮畢書
(24)	12		梨	有	
(25)	9		忠	有	
(26)	8		韓		
(27)	12		個		零本 第3·5·7·8·10冊缺
(28)	16		央	有	零本 第9~16冊缺 李王家圖書之章

注 : 東은 東國大學校圖書館, 延은 延世大學校圖書館, 遞는 遞信公務員敎育院圖書館, 高는 高麗大學校圖書館, 奎는 奎章閣, 國은 國立中央圖書館, 成은 成均館大學校圖書館, 서는 서울大學校圖書館, 建은 建國大學校圖書館, 釜는 釜山大學校圖書館, 個는 個人所藏, 梨는 梨花女子大學校圖書館, 忠은 忠南大學校圖書館, 央은 韓國學中央硏究院圖書館임.

刊本

(1) 『牧民心書』一～四 廣文社, 1902.

(2) 『牧民心書正本』博文社, 1904.

(3) 『牧民心書』(鄭寅普·安在鴻同校, 『與猶堂全書』新朝鮮社, 1934～38).

3. 著作年代

『목민심서』는 1818년에 저술된 것으로 전해지고 있다. 이러한 견해는 『俟菴先生年譜』의 '(戊寅)春牧民心書成'이라는 데 근거를 두고 있다. 이러한 사실은 정약용이 이미 解配되기 전에 『목민심서』를 저술한 것으로 되는데, 紺泉本의 존재로서도 이 사실이 증명된다. 앞에서 언급한 바와 같이 紺泉 尹鐘洙는 다산초당 주인의 아들이며 정약용의 제자였다. 그가 馬峴에까지 와서 정약용에게 師事하였는지는 잘 알 수 없으나, 감천본은 다산초당에서 이루어진 것으로 보는 것이 타당할 것이다. 이렇게 생각해 보면 『목민심서』의 초고본은 解配前의 저작이라고 보아야겠다.

그러면 해배 전 어느 시기에 저작된 것인가. 『목민심서』 초고본의 稅法條에는 "남방으로 流配를 와서 18년이 되었는데, 비로소 아전의 부정과 백성의 형편을 환하게 알게 되었다"는 句節이 있다.[10] 정약용은 1801년에 康津으로 유배되었기 때문에 유배된 지 18년에 집필된 것이므로 初稿本의 성립을 1818년 이전으로 잡을 수는 없다. 결론적으로 말하면 초고본의 성립은 『俟菴先生年譜』에서 밝혀진 대로 1818년으로 봄이 옳을 것 같다.

다음으로 우리가 알아 보아야 할 것은 『목민심서』의 저술이 언제부터 준비되었나 하는 문제이다. 정약용은 일찍이 『治郡要訣』과 『政要』를 재분류하고 말미에 자기의 소견을 덧붙여서 『從政要覽』을 편집한 일이 있다. 이 책은 현재 京都大學附屬圖書館 河合文庫에 소장되어 있

---

10) 流落南方, 十有八年, 凡吏奸民隱, 始乃洞然. (梁在謇·玄采 校閱, 前揭書二, 58면).
『경세유표』에서도 地官修制, 田制七에서 臣流落南土, 十有七年이라고 표기하여 저작연대를 알려주고 있다. 두 책에서는 여기 저기 執筆時期를 알려주는 곳이 더러 있다.

는데, 필자가 보기에는 谷山府使 시절에 이루어진 것 같다. 그 내용을 훑어 보면 이 책은 당시의 牧民書들과 같이 守令七事를 중심으로 그 내용이 구성되어 있는 것은 아니나, 당시의 목민서들을 再分類한 것이므로 그 내용이 어떠하리라는 것은 쉽게 짐작할 수 있겠다. 그리고 『목민심서』에는 『治郡要訣』에서 10目, 『政要二』에서 1목, 자기의 저서에서 2목을 채록하고 있으나, 이들이 『목민심서』에서 차지하는 비중은 극히 작다. 그러므로 『從政要覽』을 『목민심서』의 선구라고 보기는 어렵다.

정약용은 1810년에 자기의 학문적 관심의 變遷을 다음과 같이 술회하고 있다.

내 나이 20살이 되어서는 宇宙間의 모든 일을 취하여 모두 밝혀서 整頓하고 싶었다. 30과 40에 이르러서도 이러한 뜻이 衰退하지 않았는데, 유배된 이래로는 田制, 官制, 軍制 및 財賦 등과 같은 經世에 속하는 일에 관해서는 뜻을 끊고 오히려 經傳의 箋注 같은 일에는 어려운 점을 밝히고 바른 데로 돌리고자 하는 소망이 있었다. 이제는 중풍이 들어 이러한 뜻도 점점 쇠해졌으나, 神氣가 조금 편해지고 한가하게 여러 가지를 생각하고 있노라면, 또 무엇을 하고자 하는 마음이 불뚝 다시 솟아난다.[11]

즉 정약용은 그의 나이 40세, 즉 유배 이전에는 宇宙間의 모든 일을 일제히 해명하고 정리하려 했으나, 유배 이후로는 田制·官制·軍制·財賦 등 經世致用의 學은 단념하고 오직 經傳의 箋注를 통하여 경전

11) 余年二十時, 欲盡取宇宙間事, 一齊打撥, 一齊整頓. 至三十四十, 此意不衰, 風霜以來, 凡係民國之事, 若田制官制軍制財賦之等, 遂得省念, 猶經傳箋注之間, 猶有撥難反正之願. 今風痺頹廢, 此心漸落, 然神氣小勝, 諸閑商量, 又勃然復興. (『全書』一－詩文集十八－十三 後面, 贐學游家誡)

중 난해한 곳을 해명하고 그릇된 곳을 바로잡는 데 학문의 주된 관심을 두었으며, 47세 때 中風에 걸린 후 이 마음도 쇠퇴했으나, 한가할 때 곰곰이 생각하노라면 이 마음이 불끈 부흥했다는 것이다. 과연 스스로의 말과 같이 그는 40대까지는 經傳의 箋注에 힘을 썼으나, 50세가 되던 1811년에는 『我邦疆域考』를, 이듬해인 1812년에는 『民堡議』를 각각 저술하였다. 그런데 이들은 갑자기 저술될 수 있는 것이 아니다. 상당한 기간의 준비작업을 거쳐서 이 시기에 저술된 것임에 틀림없을 것이다. 그는 前者의 저술에 대하여 다음과 같이 쓰고 있다.

> 我邦疆域考 10책은 10년간 축적한 것을 하루아침에 뿜어낸 것이다.[12]

즉, 『我邦疆域考』 10권은 10년간 자료를 모아 하루아침에 저술하였다는 것이다. 『민보의』 역시 1811년의 洪景來亂에 자극을 받아 一時에 저술된 것이다. 이렇게 보면 정약용은 하나의 저술을 위하여 오랜 準備期間을 거치기는 하지만, 저술은 극히 짧은 기간 내에 해낸다는 것을 알 수 있다. 그러면 그는 어떻게 하여 극히 짧은 기간 내에 방대한 분량의 책을 저술할 수 있었던 것인가. 우리는 이것을 알기 위하여 그의 著述方法을 알아 볼 필요가 있을 것이다.

公은 20년간 마음이 어두웠다. 일찍이 다산에 있을 때, 마음을 애쓰고 오로지 갈고닦아서 더운 여름에도 쉬지 않고 추운 겨울 저녁에도 새벽닭 소리를 들었다. 그 제자 중에서 經史에서 자료를 찾는 자가 數人, 口述하는 것을 나는 듯이 필사하는 자가 數3人, 항상 돌아가며 改稿하고 正書하는 자가 수3인, 곁에서 烏絲欄으로 製冊하고 틀린 글자를 닦아내고 바른 글자를 불러 對照하고

---

12) 我邦疆域考十卷, 乃十年蓄聚, 而一朝發泄者也. (『全書』一－詩文集二十－二十三 前面, 上中氏辛未冬)

종이를 밟고 粧潢을 하는 자가 3~4인이다. 무릇 한 책을 저술하는 데 우선 저술에 필요한 자료를 수집하여 서로 대비하고 서로 檢索하기를 촘촘한 빗으로 곱게 빗어내듯 했다. 만약 詩書를 닦을 경우에는 詩書의 자료묶음을 먼저 수집하고, 만약 春秋를 고증할 때에는 魯禮等屬을 먼저 수집하기 때문에 저술의 主旨가 구름을 걷어낸 듯 빛나지 않음이 없고, 일찍이 조그마한 망설임이 없으며, 탁한 기운은 모두 제거되었다. 그 학문의 길이 秦漢 이하를 버리고 洙泗 이상에 접했기 때문에 그 책을 보는 자는 곧바로 나아가고 머뭇거릴 염려가 없었다. 무릇 六經四書의 학문에 있어서는, 周易은 다섯 번 改稿하고, 기타 九經을 저술하는 데 있어서는 두 번 내지 세 번 改稿하였으며, 公의 卓識과 勤勉으로써 이 大業을 마쳤으니, 저술이 풍부하고 빛나는 것이 전후에 일찍이 없었던 것이다.[13]

정약용은 그 저술에 있어서 많은 助手를 동원하였다. 그 자신 더위와 추위를 무릅쓰고 부지런히 노력하기도 하였지만, 저술에 있어서는 자료를 수집하는 자 數人, 필사자 수3인, 正書者 3인, 책을 꾸미고 잘못된 부분을 고치는 자 3~4인 등 10여 명의 조수를 동원하였다. 그렇기 때문에 그는 저서의 체계를 세우고 자료를 수집하는 데 매우 오랜 시일을 소비하지만, 저술은 일시에 끝마칠 수가 있었던 것이다. 48권에 달하는 방대한 『목민심서』의 저술도 매우 짧은 기간 내에 이

---

13) 公二十年幽鬱. 嘗在茶山, 劬心偏摩, 夏暑不輟, 冬宵聽鷄. 其弟子之閱經孜史者數人, 口呼受寫走筆如飛者數三人, 常替臂易稿正書者數三人, 傍之助役如烏絲欄濯誤唱準踏紙粧潢者三四人. 凡著一書, 先蒐所著之材料, 兩兩比對, 參互覈索, 密櫛精爬, 如修詩書, 先輯詩書攟, 如考春秋, 先輯魯禮比屬, 故所著經旨, 無非撥雲覩光, 曾不能帶了一些兒迷, 濯氣傲去. 其學問門路, 割絶秦漢以下, 超接洙泗以上, 故得之者可捷徑無童習白紛之憂. 凡於六經四書之學, 於易五易稿, 除他九經三易再易. 以公之卓識兼公之勤敏, 卒此大業, 著述之贍富羅麗, 上下所未有也. (丁奎英, 『俟菴先生年譜』, 1922, 跋文)

루어진 것이다. 앞에서 언급한 바와 같이 이 책은 1818년 봄에 이루어진 것인데, 그렇기 때문에 "남방으로 流配를 와서 18년이 되었는데, 비로소 아전의 부정과 백성의 형편을 환하게 알게 되었다"라는 그 해의 기사를 삽입할 수가 있었던 것이다. 1817년에 『경세유표』가 저술되었다는 것을 상기한다면, 정약용의 저술 활동은 진실로 영웅적 투쟁이라고 밖에 할 수 없는 것이다.

1818년 봄에 저술된 것은 초고본이다. 정약용은 앞의 기사에서 보는 바와 같이 "周易에 관한 저술에 있어서는 5번 推敲하고, 기타 九經을 저술하는 데 있어서는 2~3번 推敲"했던 것이다. 政法集에 있어서도 그 사정은 동일하다. 『목민심서』는 1번 推敲했던 것 같은데, 이 퇴고작업은 언제 끝마쳤을까. 그는 「牧民心書序」를 1821년 봄에 썼다. 그가 이 책의 서문을 쓸 때에는 이 책이 이미 완성되었다고 생각했기 때문일 것이다. 그리고 그는 회갑 이후에는 73세 되던 1834년에 『古訓蒐略』과 『尙書知遠錄』을 『尙書古訓』으로 合編하고 『梅氏書平』을 개정한 일 외에는 새로운 저술을 시작하거나 舊稿를 퇴고한 일이 없었다. 『俟菴先生年譜』에서는 그러한 사정을 다음과 같이 쓰고 있다.

> 公의 回甲이 다가올 무렵에, 六經四書와 經世濟民에 관한 저술을 끝냈으니, 천하에 할 만한 일은 다 끝낸 것이다. 하늘과 사람의 性命의 근원에 통달하고, 生死와 季節變遷의 근본을 경험했으니, 다시는 저술에 마음을 쓰지 않고 自撰墓誌銘을 지었다.[14]

이와 같이 본다면 완성본은 1821년 봄에 이루어진 것이 틀림없을

---

14) 公之花辰將周, 了六經四子之學, 了經濟實用之篇, 天下之能事畢矣. 達天人性命之源, 驗生死推敓之本, 不復嬰心著述, 自撰壙銘. (丁奎英, 前揭書, 純祖二十二年 壬午條)

것이다. 그러나 완성본 내에는 이를 의심하게 하는 기사가 있다. 그것은 『與猶堂全書』本의 愛民六條 寬疾의 맨 마지막 綱에 실려 있는 道光元年의 기사이다.

道光元年 辛巳 가을에 白露와 秋分으로부터 시작되었다 이 病이 유행했는데, 열흘 내에 평양의 사망자가 數萬人이요 都城五部의 사망자가 13만이었다 서리가 내린 이후 조금씩 잦아들었다. 그 症勢는, 혹 콜레라같기도 하고, 근육이 뒤틀리는 霍亂같기도 한데, 그 치료법을 알지 못했다. 이해 겨울에 葉東卿이 琉璃窓에 들러서 藥方을 刻本해 왔는데, 이제 左에 기록한다.[15]

道光元年 辛巳之秋는 1821년 가을이다. 이해 겨울에 葉東卿이 琉璃窓에서 각본해 온 약방이 『목민심서』에 수록되어 있는 것이다. 이 기사 때문에 필자는 여러 필사본에 이 기사가 있는지 없는지를 조사하여 보았다. 그 결과는 필사본 목록의 道光元年記事에 실려있는 바와 같은데, 善本이라고 해서 이 기사를 싣고 있는 것은 아니다. 필사본의 (2)와 (7)은 다른 여타의 필사본에 비하여 선본이라고 생각되는데, 도광원년의 기사는 없다. 그러면 각 필사본에 있어서 이 기사의 유무는 어떠한 원인에서 기인했던 것인가.

필자의 推測으로는 이 기사는 『與猶堂集』의 편집과정에서 삽입된 것으로 생각된다. 현재로서는 『여유당집』이 언제부터 편집되기 시작하였는지 알려진 바가 없다. 앞에서도 언급한 바와 같이 정약용은 회갑 이후에는 새로운 저서를 내놓은 것이 없는데, 필자는 이 기간이 『여유당집』의 編輯期間이 아니었나 생각한다. 이 『여유당집』은 현재 남아

---

15) 道光元年辛巳之秋 自白露秋分, 此病流行. 旬日之內, 平壤死者數萬人, 都城五部死者 十三萬人霜降以後漸息. 其症, 或似攪腸痧, 或似轉筋霍亂, 未詳治法. 是年冬, 葉東卿 寄琉璃窓, 刻本藥方, 玆錄于左. (『全書』五 – 牧民心書三 – 四十九 前面, 寬疾)

있는 殘本으로써 추측한다면 적어도 2~3種 정도가 아니었나 생각된다. 현재 남아 있는『여유당집』으로는『여유당집』,『洌水全書』,『與猶堂文集』및『俟菴經集』등이 있다. 현재로서는 이 책들이 하나의『여유당집』중의 文集, 經集 혹은 政法集 등의 이름이었는지도 모르겠다. 다만 한 가지 확실한 것은 2~3종의『여유당집』의 명칭이 있었다는 사실이며, 정약용은 자기문집의 편집과 재편집 과정에서 기존의 저서 중에 더 넣고 싶은 새로운 자료를 추가했을 가능성은 있었다는 것이다. 道光元年의 기사는 이러한 과정에서 채록된 것이 아닌가 생각된다. 결론적으로 말하면 草稿本은 1818년 봄에, 完成本은 1821년 봄에 이루어졌다는 사실은 거의 의심할 여지가 없는 것 같다.

마지막으로 이 곳에서 지적해 두고 싶은 것은 政法三集 저술의 相互補完關係이다. 정법 3집의 초고본은『경세유표』는 1817년,『목민심서』는 1818년,『흠흠신서』는 1819년에 각각 이루어진 것이며,『경세유표』는「邦禮艸本引」의 집필연도가 밝혀져 있지 않으므로 최종본의 완성시기를 알 수 없다. 다만「방례초본인」은 1822년에 집필된「自撰墓誌銘」에서『경세유표』라는 서명이 최초로 출현하기 전에 쓰여진 것이 아닌가 짐작될 뿐이다.

하여간 정법3집은 초고본이 성립한 이후 최종본이 완성될 때까지 몇 단계의 수정작업을 거쳤으며, 상호 補完關係를 가지면서 그 보완작업이 진행되었다. 이러한 사실을 정법3집의 내용 중에서 찾아보기로 한다.『목민심서』에는 초고본의 단계부터「田制考」가 언급되어 있다.「束吏」,「田政」,「稅法」및「山林」의 각 條에 "나의 田制考에 자세히 보인다"라든지 "전제고에 자세하다"는 말이 있다. 특히「전정」및「세법」의 조에 이 말이 나오는 頻度가 잦다. 여기서 말하는 田制考는『경세유표』의「田制」이다.『경세유표』가『목민심서』보다 한 해 먼저 저술되고,『경세유표』의 중심 내용은 전제였기 때문에『목민심서』의「戶典」은 초고본의 단계에서 이미 완전한 형식과 내용을 갖출 수 있었던 것이다.

또『목민심서』의 초고본에는 없으나 완성본에는『흠흠신서』를 참고하라는 말이 나온다. 刑典六條에 이러한 말이 있는데, 특히 형전 제2조「斷獄」의 尾注에는 "經傳中 刑獄의 의의 및 古今 人命에 관한 옥사를 논한 것은 그 글을 수집해서 欽欽新書를 만들었으므로 지금 다시 논술하지 않는다"[16]고 하였다. 1819년에『흠흠신서』가 저술되었기 때문에 그 후에 성립된『목민심서』의 완성본에는 刑典六條가 크게 보완될 수 있었던 것이다.

『경세유표』에도 "목민심서』에 자세하다"는 말이 나온다.「田制別考」에는 한 군데,「倉廩之儲」에는 네 군데,「호적법」에 한 군데가 있다. 이러한 점으로 미루어 보아「창름지저」는『목민심서』의「穀簿」를 바탕으로 저술되었든지 그렇지 않으면 크게 보완된 것으로 보인다.『경세유표』에는『흠흠신서』를 참고하라는 말이 없다.

위의 사실로부터 미루어 보면, 정법3집은 그 저작·수정과정에 있어서 상호 선후관계를 가지면서 서로 보완되고 있으며, 1817년으로부터 1822년 사이에 起草되고 完成되었다고 볼 수 있을 것이다.

---

16) 經傳所論刑獄之義, 及古今人命之獄, 蒐輯其文, 爲欽欽新書, 今不復論. (『全書』五－牧民心書十－一 前面, 斷獄)

4. 基礎資料

『목민심서』는 종래의 牧民書들과는 그 體裁를 달리하고 있다. 종래의 목민서들은 대체로 田政·軍政·還穀의 三政이나 守令七事를 기본체재로 하고 있으며 安鼎福의 『臨官政要』도 방대하고 체계적인 저술이기는 하나 守令七事를 그 기본체재로 한다고 밝히고 있다. 종래의 목민서들 중에는 예외적으로 洪良浩의 『牧民大方』만이 六典體制를 취하고 있다. 그런데 정약용은 일찍이 「玉堂進考課條例箚子」에서 守令七事에 대해 다음과 같이 비판하고 있다.

> 또 臣이 엎드려 그윽이 살피건대, 수령으로서 조정에 下職人事를 하는 자들은 반드시 七事를 외우게 하는데, 이른바 七事라는 것은 '농사와 양잠이 盛해야 한다'거나 '호구가 증가해야 한다' 등의 科目입니다. 무릇 농사와 양잠이라는 것은 백성들이 스스로 힘써야 할 일이라 수령이 권하지 않더라도 부지런히 할 것이요 또 수령이 직접 할 수 있는 일도 아니며, 戶口라는 것은 백성들이 살기 좋은 곳을 좇는 것이 물이 낮은 곳으로 흐르는 것과 같아서 수령이 억지로 증가시킬 수 있는 것도 아닙니다. 臣이 일찍이 『國語』를 읽어보니, 말하기를 '尹鐸은 戶口數를 줄임으로써 백성들을 어루만지고 보존하는 정사로 삼았다'했으니, 호구의 증가를 급무로 삼는다는 말은 들어보지 못했습니다. 아아, 어찌 수령의 직무가 단지 七事뿐이겠습니까.
>
> 수령이란 옛날의 諸侯입니다. 養老·慈幼·恤窮·撫獨·救災·賑乏·敦孝悌·崇媤睦 등 一應 司徒의 직책이 일찍이 수령의 책임이 아닌 것이 없습니다. 삼가 열쇠를 지키고, 斗斛을 평평하게 하고, 權量을 삼가며, 팔고 사들여서 穀價를 안정시키고, 關市의 정사를 살피는 일이 일찍이 수령의 책임이 아님이 없습니다. 농기와 직기를 제작하고, 수리를 일으켜서 백성의 생활을 두텁게 하고, 산림과 천택의 政事를 닦고, 좋은 나무를 심고, 禽獸와 六畜을 사육하여 本業에 보

탬이 되게 하고, 國用을 넉넉하게 하는 일이 일찍이 수령의 직책이 아닌 것이 없습니다. 신이 지금 아무리 헤아려도 그 일들을 다 아뢸을 수 없습니다. 수령의 직책이 어찌 7가지 일뿐이겠습니까.[17]

수령으로서 조정에 하직인사를 하는 자들은 守令七事로써 시험하는데, 이것은 크게 잘못이다. 수령은 옛날의 제후로서 『周禮』의 司徒의 직책이 그의 직책이 아님이 없는데, 어찌 수령의 직책을 다만 七事에 한정시킬 것인가라고 하였다. 이 말은 수령의 考課條例를 개정하기 위해 나온 말이지만, 牧民書의 기본체제가 어떻게 되어야 한다는 말이기도 하다. 왜냐하면 목민서는 바로 수령직무의 수행을 위한 지침서이기 때문이다. 이 점에 대하여 그는 『목민심서』의 愛民六條에서 다음과 같이 더 선명하게 그의 뜻을 밝히고 있다.

수령의 직책이 어찌 七事에만 그칠 것인가. 지금 위에서도 칠사로써 명령하고, 아래에서도 이로써 받들어, 한결같이 칠사 이외에는 힘쓸 일이 없는 듯이 여긴다. 비록 仁愛하고 樂善하는 사람이라도 망연히 착수할 바를 알지 못하니, 어찌 한심스럽지 않은가. 『周禮』의 大司徒의 保息六政은 참으로 수령이 첫째로 해야 할 바이니, 여기에 그 뜻을 대략 옮겨서 愛民六條를 만든다.[18]

---

17) 且臣竊伏見, 守令辭朝者, 必講七事, 所謂七事者, 農桑盛戶口增等科目也. 夫農桑者, 民所自力, 不勉而勤, 非守令自修之目, 戶口增者, 民之趨樂土也, 如水之趨下, 非守令所能强而使增也. 臣嘗讀國語, 曰尹鐸損其戶口, 以爲懷保之政, 未聞爲戶口增爲急也. 嗟乎. 守令之職, 亥但七事已哉. 守令者, 古之諸侯也. 養老·慈幼·恤窮·撫獨·救災·賑乏·敦孝弟·崇媚睦, 一應司徒之職, 無往而非其責也. 謹管籥, 平斗斛, 愼權量, 通糶糴之利, 察關市之政, 無往而非守令之職也. 作爲農器織器, 興水利而厚民, 修山林川澤之政, 植嘉木美材, 養禽獸六畜, 以補本業, 以裕國用, 無往而非守令之職也. 臣今更僕而數之, 無以竭其類也. 守令之職, 非但七事已哉. (『全書』─ - 詩文集九 - 五十五 後面, 玉堂進考課條例箚子)

18) 守令之職, 豈唯七事而已. 今也, 上以是詔之, 下以是承之, 壹若七事之外, 再無可勉,

위의 글은 『周禮』 大司徒의 保息六政의 뜻을 취하여 愛民六條로 삼는다고 함으로써 『목민심서』의 체재가 『주례』의 체재에 근거하고 있다는 점을 밝히고 있다. 『목민심서』는 종래의 목민서들과는 달리 『주례』의 六官을 그 기본체재로 삼고, 「律己」·「奉公」·「愛民」의 三紀와 「賑荒」을 앞뒤에 붙이고 「赴任」과 「解官」을 보태어 12篇으로 편성했다. 그러므로 『목민심서』는 『경세유표』와 그 체재를 같이 하고 있으며, 이러한 점에 있어서 그 先例가 없는 그의 獨創物인 것이다. 이러한 독창성이 발휘될 수 있었던 것은 『주례』에 대한 그의 창의적인 재해석과 이를 기초로 하는 『경세유표』의 성립이 전제가 되었다고 할 수 있다. 이러한 사실은 바로 우리가 『경세유표』를 상정하지 않고서는 『목민심서』를 생각할 수 없으며, 양자가 서로 內外編의 관계에 있다고 보는 所以이기도 한 것이다.

그러면 선례가 없는 『목민심서』는 무엇을 기초로 저술되었는가. 앞에서 지적한 바와 같이, 그 기본체재는 『주례』에 근거한 것이지만, 그 내용은 무엇으로 구성되어 있는가. 이 점에 대해서는 自序의 한 句節을 인용해 보는 것이 좋겠다.

　나의 先親께서 朝廷의 知遇를 받아 두 현의 縣監, 한 군의 군수, 한 부의 都護府使, 한 州의 목사를 지냈는데, 모두 治績이 있었다. 비록 不肖로서도, 좇아 배워서 다소간 들은 바가 있었고, 보아서 다소간 깨달은 바도 있었으며, 물러나 이를 시험해 봄으로써 다소간 체득한 바가 있었다. 이윽고 流落한 몸이 되어 쓰일 데가 없었다. 먼 변방 귀양살이 18년 동안에 五經·四書를 잡고 되풀이 연구하여 修己의 학을 익혔는데, 이윽고 생각해보니 수기의 학은 學의 半에 불과하다. 이에 23史와 우리나라의 여러 역사 및 子集 등, 여러 서적에서 옛날

雖仁愛樂善之人, 茫然不知所以著手, 豈不嗟哉. 周禮大司徒保息六政, 誠牧民之首務, 今纂括其意, 爲愛民六條. (『全書』五－牧民心書三－三十三 前面, 養老)

의 司牧이 백성을 기르는 遺迹을 골라 아래위로 뽑아 정리하며, 종류별로 나
누어 모아 차례로 編成하였다. 그리고 남쪽 변두리 땅에서 나오는 田稅와 貢
賦를 서리들이 농간하여 여러 가지 폐단이 어지럽게 일어나고 있었는데, 나의
처지가 이미 낮기 때문에 듣는 바가 자못 상세하여 이것 또한 종류별로 기록
하고 나의 얕은 견해를 덧붙였으니 모두 12편이다.[19]

위의 인용문에 나타나 있는 『목민심서』의 기초자료는 다음과 같다.
(1) 목민관인 부친의 임지에서 얻은 見聞
(2) 그 자신 목민관으로서의 경험과 거기에서 얻은 자료
(3) 五經·四書
(4) 중국의 23史
(5) 우리나라의 여러 역사
(6) 한국과 중국의 個人文集
(7) 18년간 流配生活에서 얻는 농촌에 대한 견문과 거기에서 얻은
    자료
『목민심서』의 내용을 구체적으로 살펴보면 이외에도 많은 자료들이
이용되고 있다. 그것을 대강 열거해 보면 다음과 같다.
(8) 朝鮮朝의 諸法典
(9) 『備局要覽』 및 『文獻備考』 등 우리나라 文物制度에 관한 참고서
(10) 均役事目 등의 각종 事目
(11) 『治郡要訣』 등의 각종 목민서

---

19) 吾先子, 受知聖朝, 監二縣, 守一郡, 護一府, 牧一州, 咸有成績. 雖以鏞之不肖, 從以
學之, 竊有聞焉, 從而見之, 竊有悟焉, 退而試之, 竊有驗焉. 旣而流落, 無所用焉. 窮
居絶徼, 十有八年, 執五經四書, 反復研究, 講修己之學, 旣而曰學, 學半. 乃聚二十三
史, 及吾東諸史, 及子集諸書, 選古司牧牧民之遺迹, 上下紬繹, 彙分類聚, 以次成編,
而南徼之地, 田賦所出, 吏奸胥猾, 弊瘼莠興, 所處旣卑, 所聞頗詳, 因亦以類疏錄, 用
著膚見, 共有十有二篇. (『全書』五-牧民心書一-一 前面, 自序)

(12)『경세유표』등 자신의 저서

정약용은『목민심서』를 저술함에 있어서『주례』에서 그 기본체재를 정립한 후 중국의 賢良循吏의 善行嘉言을 主로 하고 우리나라의 것을 從으로 함으로써 당시의 역사적 제약 때문에 중국중심적 세계관에서 크게 벗어나지는 못하였지만, 實學者들 일반에서 발견할 수 있는 民族的 自覺도 나타나고 있다. 그는『목민심서』의 저술에 있어서 우리나라의 자료에 크게 의존하고 있는데, 그것은 이 책이 원래 수령의 實務指針書이기 때문에 그러할 수밖에 없었지만, 그의 학문적 정신세계에 있어서도 이 점은 매우 중요하게 의식되고 있었던 것이다.

우리나라 사람들은 걸핏하면 중국의 일을 인용하는데, 이 또한 품격이 낮은 것이다. 모름지기 三國史, 高麗史, 國朝寶鑑, 輿地勝覽, 懲毖錄, 燃藜述李道輔가 편집한 것이다 및 그 외의 東方文字를 가지고, 그 사실을 채록하고 그 지방을 고찰해서 詩作에 이용한 이후라야 가히 세상에 이름이 나고 후세에 전해질 수 있을 것이다. 柳惠風의 十六國懷古詩가 중국인이 板刻한 것이 그 증거이다. 東史櫛은 본래 이 때문에 설치한 것이다. 지금 大淵이 너에게 빌려줄 이가 없으니, 十七史의 東夷傳 중에서 반드시 名蹟을 뽑아 채록해야 가히 쓸만할 것이다.[20]

우리나라 사람은 시를 쓰는 데 있어 걸핏하면 중국의 故事를 인용하는 데, 이것도 역시 낮은 品格이라 아니할 수 없다. 柳得恭의 十六國

---

20) 我邦之人, 動用中國之事, 亦是陋品. 須取三國史高麗史國朝寶鑑輿地勝覽懲毖錄燃藜述李道輔所輯及他東方文字, 採其事實, 考其地方, 入於詩用然後, 方可以名世而傳後. 柳惠風十六國懷古詩, 爲中國人所刻, 此可驗也. 東史櫛, 本爲此設. 今大淵無借汝之理, 十七史東夷傳中, 必抄採名蹟, 乃可用也. (『全書』一 詩文集二十一－九 後面, 寄淵兒)

懷古詩가 중국인이 板刻하는 바가 된 것은 시의 소재를 우리나라의 故事에서 택했기 때문이라는 것이다. 정약용은 詩作에 있어서까지도 그것이 가치 있는 시가 되려면 자기의 풍속을 읊어야 한다고 생각했는데, 이러한 생각은 결국 중국을 상대화하고 중국중심의 세계관으로부터의 해방을 뜻하는 것이다. 이러한 그의 태도가 『목민심서』의 저술에서도 기본적으로 관철되고 있다.

그는 이 책을 저술함에 있어서 그의 경험을 토대로 하는 文獻考證 的 立場을 철저하게 관철시키고 있다. 그는 우선 이 책이 수령의 실무지침서이기 때문에 사무처리의 기준을 제시하는 데 있어서는 『經國大典』·『續大典』·『大典通編』·『受敎輯錄』·『大明律』 등의 법전에 철저하게 의존하고 있다. 가끔 법률의 규정이 현실성이 없는 경우에는 자기 나름의 기준을 제시하기도 하지만, 그것은 어디까지나 법률에 저촉되지 않는 한도 내에서의 것이다. 이 때문에 이 책의 어떤 기술은 비현실적인 것처럼 보이기도 한다. 그러나 그것은 어디까지나 현행법의 제약 때문이요, 그가 현실을 관념적으로 파악하고 있었기 때문인 것은 아니다.

그는 우리나라의 故事를 인용할 때 『三國史』·『高麗史』·『國朝寶鑑』·『文獻備考』·『朝鮮賦』 등에 의존하고 있다. 당시의 사정으로는 『朝鮮王朝實錄』같은 것은 자유롭게 볼 수 없었지만, 중국사서에 기록된 우리나라의 故事까지도 채록하였다. 이 점에서 『목민심서』에는 文獻考證 的 입장도 관철되고 있는 것이다. 그리고 현실파악에 있어서는 「邑總記」·「胥吏履歷表」·「梨峒家坐冊」·「琴山縣民庫節目」·「東山里尺籍」 등 邑行政의 실무자료와 자기의 수령시절의 조사자료에 의거하고 있다. 이러한 자료들은 중앙관료로서는 손쉽게 얻어 보기 어려운 자료들이지만, 스스로 고을살이를 해보고 농촌에서 장기간 생활해 본 사람에게는 얻기가 어려운 것이 아니었다.

그는 현실파악에 있어서 그 자신의 기록에도 크게 의존하였다. 그의 기록으로는『象山錄』·『(紫)筠菴漫筆』·『茶山筆談』·『寒岩瑣話』·『茶山錄』·『酉山筆談』·『酉山日抄』·『雪樵山談』등이 있는데, 앞의 두 책은 유배 전의 사실을 기록한 것이고, 나머지는 유배 후의 사실을 기록한 것이다. 필자는 이들을 다산이나 그의 아들의 記錄類로 보고 싶지만, 어떤 것은 단순히 典據를 제시하기 위한 借名일 가능성을 배제할 수는 없다. 여기에서 우리가 볼 수 있는 것은 정약용이 그의 개인적 경험이나 그가 수집한 단편적인 자료들을 부지런히 기록해 두었으며, 저술에 있어서는 반드시 이 기록류들에 의존하는 그의 부지런하고 치밀한 생활태도의 일단을 볼 수 있다. 그리고 그는 자신의 논평을 가할 때 그 자신의 저술에 크게 의존하고 있다.『경세유표』·『흠흠신서』·「考績議」·「戶籍考」·「貢賦考」·「均役追議」·「均役議」·「軍制考」·「賦役考」등이 그 것이다. 어떤 곳에서는 위의 論著들에서 바로 옮겨 놓은 곳도 많다.

마지막으로 기초자료로서 지적해둘 것은 기존의 목민서류이다.『朝鮮民政資料』의 편자 內藤吉之助는 이들과『목민심서』의 관계를 다음과 같이 지적하였다.

> 따라서 정약용의 목민심서에는 본서 제1편 治郡要訣의 제1·5·6·10·13·15·17·37·43·79조 등을 채록하여 治縣訣이라 일컬었으며, 제3편 政要二의 제3조, 제4편 治郡要法의 제1조 및 제44조를 인용하면서 政要라 기록하고 있다.
>
> 제5편 政要三과 제6편 政要四는 후배의 요구에 의한 李雲谷의 私信으로서 政要四의 제4조는 목민심서에도 雲谷政要라는 이름으로 채록되어 있다.[21]

---

21) 內藤吉之助編,『朝鮮民政資料』朝鮮印刷株式會社, 1942, 15페이지, 牧民編例言

위의 조사는 본인의 조사와도 일치한다. 다만『목민심서』에는『順菴政要』라는 이름으로『臨官政要』에서도 5개조의 인용이 있는데, 이것을 생략했을 뿐이다. 결론적으로 말하면 기존의 목민서들에 대한『목민심서』의 의존도는 지극히 약하다고 해야 할 것이다.

5. 異本의 比較

『목민심서』는 초고본의 단계로부터 12篇, 72條, 48卷의 체재를 갖추고 있다. 그렇게 될 수 있었던 것은 이미 1815년에 집필한『경세유표』의「考課之法」에서 守令에 대한 고과조목을, 즉 수령의 직무를『주례』의 체계에 따라 9綱54個條로 확정할 수 있었기 때문이다.[22] 이 54개조에「赴任」,「解官」및「賑荒」의 27개조를 합하면, 12편, 72개조가 되는 것이다. 다만 두 본 간의 다른 점은, 초고본에서는「奉公」제2조와 제4조의 제목이「瞻賀」와「報聞」으로 되어 있던 것이 완성본에서는「宣化」와「文報」로 바뀌고, 전자에서는 卷首마다 '洌水 丁鏞著'로 되어 있던 것이 후자에서는 '洌水 丁鏞編'으로 되어 있는 것이다. '著'와 '編'의 의미가 어떻게 다른지는 잘 알 수 없으나, '著'를 詩나 議·論·考 등과 같이 완전히 자기 의견만을 담은 글로 이해하고, '編'을 일정한 체계 하에 故事나 자료를 배열하고 거기에 자기의 의견을 덧붙인 글로 이해한다면,『목민심서』는 '洌水 丁鏞編'으로 표기하는 쪽이 본래의 의미와 부합되는 것 같다.

우선 두 본의 형식적인 차이를 알아 보기 위하여 목차를 대비해 본다. 초고본의 목차는 廣文社本에 따랐는데, 이 본의 목차에는 卷數 表示가 없으므로 권수는 그 책 속에 실려 있는 것을 목차로 옮겨 표시한 것이다. 완성본의 목차는 新朝鮮社本이 편집과정에서 권수를 새로이 재조정하였으므로 완성본의 권수는 필사본에 따랐다. 완성본의 경우 어느 필사본이나 목차와 권수의 배열은 동일하다. 목차의 表記에 있어서 초고본은「牧民心書目次」라고 표기한 데 대하여 완성본은

---

22) 守令考績, 凡有九綱. 一曰律己, 二曰奉公, 三曰愛民, 四曰吏典, 五曰戶典, 六曰禮典, 七曰兵典, 八曰刑典, 九曰工典. 九綱之內, 各有六條, 通共五十四條. (『全書』五 – 經世遺表四 – 二十 後面, 考課之法)

「牧民心書條列序次」라고 표기하고, 목차말미에 초고본에는 아무런 표기도 없으나, 완성본에는 '右通共十二篇, 七十二條, 四十八卷, 十六冊 每三卷爲一冊'이라는 표기가 있다.

초고본의 目次末尾에 篇·條·卷·冊의 數가 표기되지 않은 것은 무엇 때문일까. 목차대비에서 볼 수 있듯이 초고본의 경우, 한 조가 上下 또는 上中下로 나뉘어 있었기 때문이었을까. 완성본의 경우에도 한 조를 두 권으로 나눈 경우에는 한 조가 上下로 나뉘어 있다. 만약 이 것이 원인이 아니었다면, 초고본은 16책을 이루지 못했기 때문이었을 까. 완성본에서는 자신 있게 '十六冊每三卷爲一冊'으로 되어 있는데, 다 음에 다시 언급하겠지만, 초고본의 경우 일률적으로 3권으로써 1책 을 만들 수는 없었던 것이다. 초고본의 茶山家의 筆寫本이나 善本이 발견되지 않은 지금으로서는 무엇이라 단정할 수는 없지만, 초고본은 아직도 體裁가 덜 완성되었던 것만은 분명한 것 같다.

그리고 두 본의 목차를 대비해 보면 또 卷數의 配列이 매우 다르다. 일례로 초고본은 赴任 6조를 1권으로 하였으나 완성본은 그것을 2권 으로 늘렸으며, 초고본은 解官 6조를 4권으로 나누었으나, 완성본은 그것을 2권으로 줄였다. 부임6조의 경우 완성본은 초고본을 크게 增 訂하였으므로 한 권을 두 권으로 나눈 것은 이해되나, 해관6조의 경 우 완성본이 초고본에 약간의 증정을 가하여 이루어진 것인데도 4권 이 2권으로 축소되었다는 것은 잘 이해되지 않는다. 결론적으로 말하 면 초고본은 48권이라는 권수를 억지로 맞추기 위하여 무리하게 배열 한 것이다. 그 端的인 증거로서 해관6조의 乞宥가, 하나의 綱으로 구성 된 극히 분량이 적은 것인데도 불구하고, 47卷이라는 1권으로 설정되 어 있는 것이다. 결국 『목민심서』는 처음부터 그 체재를 12篇·72條·48卷 으로 계획하였는데, 초고본의 단계에서는 그것이 제대로 이루어질 수 없었고, 완성본에 이르러서 그 결실을 보았다고 해야 할 것이다.

目次對比

哀喪		哀喪	
寬疾		寬疾	
救災		救災	
吏典 第五		吏典六條 第五	
束吏上		束吏	第十一卷
束吏下	卷之八	馭衆	第十二卷
馭衆		用人	
用人		擧賢	
擧賢	卷之九	察物	第十三卷
察物		考功	
考功			
戶典 第六		戶典六條 第六	
田政	卷之十	田政	第十四卷
稅法上	卷之十一	稅法上	第十五卷
稅法中		稅法下	第十六卷
稅法下	卷之十二	穀簿上	第十七卷
穀簿上	卷之十三	穀簿下	第十八卷
穀簿下	卷之十四	戶籍	第十九卷
戶籍	卷之十五	平賦上	第二十卷
平賦上	卷之十六	平賦下	第二十一卷
平賦下	卷之十七	勸農	第二十二卷
勸農			
禮典 第七		禮典六條 第七	
祭祀	卷之十八	祭祀	第二十三卷
賓客上	卷之十九	賓客	第二十四卷
賓客下	卷之二十	敎民	第二十五卷
敎民上		興學	第二十六卷
敎民中	卷之二十一	辨等	第二十七卷
敎民下	卷之二十二	課藝	
興學上	卷之二十三		

이제 두 본의 內容上의 差異点을 알아 보기로 한다. 완성본은 초고본을 크게 增訂하였다. 증정은 초고본에서 부족한 부분을 보충하고 卷數의 再配列을 그 주내용으로 하였으나, 부분적으로는 綱을 바꾸고 동일한 내용이라 하더라도 표현을 달리하였다. 보충된 부분은 주로 추가적인 故事의 인용이기는 하나 자신의 記錄類들에서 대폭 보충하고 法律規定을 체계화하였으며, 綱을 재조정함으로써 책의 내용을 일신한 감이 없지 않다. 여기에서는 내용상의 변경에 대한 검토는 다음 기회로 미루고 형식적인 차이만을 對比해 보기로 한다.

우선 두 본의 綱을 대비해 보면 '綱數對比'에서 보는 바와 같다. 綱 뿐만이 아니라 目에 있어서도 대폭적인 變更이 있었기 때문에 강수만의 대비로서는 내용상의 변경을 잘 알 수 없으나, 일단 강수만을 대비해 보기로 한다. 六典의 경우 吏典六條·刑典六條·工典의 山林條가 대폭 수정되었다. 戶典六條는 커다란 수정이 없고 刑典六條가 크게 수정되었다는 점이 서로 대비되는데, 그것은 『경세유표』와 『欽欽新書』의 저술의 관계에서 생각해 보아야 할 것이다. 『목민심서』는 초고본부터 『경세유표』에 크게 의존할 수 있었기 때문에 이미 이때에 호전은 완성될 수 있었고, 완성본을 위한 增訂의 단계에서 『흠흠신서』가 이루어져 있었기 때문에 刑典이 크게 보충될 수 있었던 것이 아닌가 생각된다.

기타의 부분에 있어서는 解官六條를 제외하고는 모두 크게 수정되었다. 이 부분에 있어서의 수정은 전면적인 改稿라고까지는 말할 수 없지만, 책의 분량이 두 배가 될 정도의 큰 增訂이었다. 증정의 주내용은 추가적인 綱과 目의 편입인데, 이러한 작업을 통하여 『목민심서』는 그 면목을 일신하게 된 것이다.

綱數對比

	草稿本	完成本		草稿本	完成本
赴任六條			禮典六條		
除拜	4	4	祭祀	9	10
治裝	2	3	賓客	9	10
辭朝	3	6	教民	6	9
啓行	2	5	興學	7	7

上官	3	4	辨等	4	6
莅事	5	9	課藝	5	6
律己六條			兵典六條		
飭躬	11	13	簽丁	10	10
淸心	16	17	練卒	7	8
齊家	5	13	修兵	3	3
屛客	5	6	勸武	4	4
節用	7	9	應變	7	7
樂施	2	7	禦寇	6	6
奉公六條			刑典六條		
宣化	4	8	聽訟	11	19
守法	3	6	斷獄	8	18
禮際	8	13	愼刑	7	10
文報	6	14	恤囚	10	11
貢納	6	7	禁暴	4	13
往役	4	11	除害	9	17
愛民六條			工典六條		
養老	2	7	山林	6	14
慈幼	4	5	川澤	10	9
振窮	5	5	繕廨	5	6
哀喪	6	6	修城	6	6
寬疾	3	7	道路	5	5
救災	4	6	匠作	7	7
吏典六條			賑荒六條		
束吏	13	18	備資	8	11
馭衆	4	5	勸分	3	10
用人	5	9	規模	7	7

擧賢	2	6	設施	9	10
察物	6	10	道路	5	7
考功	3	4	竣事	4	6
戶典六條			解官六條		
田政	12	12	遞代	5	5
稅法	22	22	歸裝	4	4
穀簿	22	23	願留	7	7
戶籍	10	11	乞宥	1	1
平賦	24	23	隱卒	3	4
勸農	9	12	遺愛	11	11

　마지막으로 改稿된 부분에 대하여 살펴보기로 한다. 『목민심서』의 增訂은 앞에서도 누차 언급한 바와 같이 故事의 增補와 綱數의 증가로 구성되어 있다. 그러나 부분적으로는 文章을 수정한 곳도 있다. 이제 그 예를 한두 가지 들어보기로 한다. 초고본의 「淸心」 제4강에서는 "백성의 骨髓를 긁어내야만이 곧 貪慾이 되는 것이 아니다. 무릇 음식과 물건의 선물은 모두 받아들여서는 안 된다"라고 한 것을 완성본의 제6강에서는 "음식이나 물건의 선물은 비록 지극히 작은 것이라 하더라도 이미 恩情이 맺어지고 私情이 이미 통하는 것이다"라고 하였으며, 초고본(필사본)의 「田政」 제1강에서는 "수령의 직책 54조 중에서 전정이 가장 어려운데, 그것은 우리나라의 田制가 본래 荒亂하기 때문이다"라고 한 것을 완성본에서는 "수령의 직책 54조 중에서 田政이 가장 어려운데, 그것은 우리나라의 전제가 본래 좋지 않기 때문이다"라고 했다. 다시 말하면 改稿도 문장의 뜻을 수정한 것이 아니고 표현을 수정한 데 불과한 것이다.

맺음말

『목민심서』는 정약용의 政法三集 중의 하나이다. 이 책은 1818년에 초고본이 이루어지고 1821년에 완성본이 이루어졌다. 그 후 이 책은 『與猶堂集』의 편집과정에서 부분적으로 故事가 보충된 듯하며, 이 책이 나온 이후 목민관의 참고서로서 널리 필사되었다. 『與猶堂集』의 필사본으로서는 1883년의 內閣本이 중요한 위치를 차지할 것으로 생각되나, 현재로서는 내각본마저 그 일부 밖에 전해지지 않고 있다. 『목민심서』는 鉛活字本으로 1902년에 廣文社本이 성립하고 1934~8년 사이에 新朝鮮社本이 성립하였는데, 原本을 臺本으로 하거나 원본과 對校되었다고 한다. 그러므로 현존하는 刊本은 誤字와 脫字 등의 誤植을 제외하고서는 원본 그대로이다.

초고본과 완성본은 그 기본체재는 동일하나, 완성본에서는 故事를 增補하고 綱數를 늘림으로써 책의 분량이 매우 방대해졌다. 부분적으로는 改稿한 곳도 있으나, 이 개고는 체재를 개선하는 데 의미가 있었고, 문장의 수정은 각박한 표현을 순한 표현으로 고치는 데 그쳤다. 그 때문에 초고본과 완성본 사이에서는 정약용의 사상이나 생각이 바뀐 흔적은 찾아볼 수 없다. 초고본과 완성본의 집필에 있어서는 3년간의 시차 밖에 없는데, 이 점에서 보아도 두 본 사이의 사상적 변천은 생각하기 어려운 것이다.

마지막으로 언급할 것은 『與猶堂全書』의 텍스트로서의 가치이다. 『목민심서』를 통해서 검토해 본 바에 의하면, 이 책은 『與猶堂集』을 臺本으로 재편집된 것이 거의 확실한 것 같다. 현재 『與猶堂集』의 원본이 각 도서관과 개인에게 흩어져 보관되고 있는데, 필자가 부분적으로 확인한 바에 의하면, 『여유당전서』에 게재되어 있는 다산의 저술은 기본적으로 『여유당집』의 그것과 일치한다. 『民堡議』와 같이 반드시

『여유당전서』에 들어가야 될 것이 한두 가지 빠진 것이 없는 것은 아니고, 「又細和詩集」과 같이 정약용의 저작이 아니라고 지적되고 있는 것이 포함되어 있기는 하지만, 『여유당전서』는 거의 完璧한 정약용의 문집이라고 보아야 할 것이다. 이러한 점을 확인해 두는 것이 앞으로 정약용의 연구에 있어서 일어날지도 모르는 혼란을 사전에 방지하는 것이 아닌가 생각하는 바이다.

[追記]韓國漢文學會, 『韓國漢文學研究』 제50집, 2012에는 『船菴叢書』 乙部 『牧民心書』의 影印本이 卷末에 실려 있다. 그 「解題」에서 박상철은 이 목민심서가 정약용의 "『목민심서』의 가장 초기 형태"라 했으나, 그 內容이나 書誌의 兩面에서 그러한 推定은 옳지 않다. 船菴이 누구인지는 모르겠으나 다산 제자 중의 한 사람인 듯하며, 여기에서의 '목민심서'는 다산이 『목민심서』를 집필하기 위하여 수집한 자료(다산은 이러한 자료들을 그 著書名을 붙여서 ○○○○攬이라 했다)의 일부를 선암이 재정리해서 자기의 문집에 수록해 둔 것으로 보인다.

書誌 3 河合文庫의 『經世遺表』 初稿本에 대하여

머리말

2017년 2월 下旬頃 어느 일간신문에 고려대학교 해외한국학자료센터가 경도대학 부속도서관에 소장되어 있는 가와이문고(河合文庫)를 조사하는 과정에서 지금까지 공개되지 않았던 새로운 『경세유표』 필사본을 발견했다는 보도가 있었다. 가와이문고에 대해서는 1917년 겨울부터 18년 봄에 걸쳐서 今西龍(이마니시 류)가 작성한 「河合弘民博士蒐集書籍目錄一~三十七」[1] 과 1993년에 한국서지학회가 작성한 『海外典籍文化財調査目錄-河合文庫所藏韓國本-』 등이 있는데, 今西龍가 작성한 목록에는 이 필사본이 「經世遺表15Y 寫十五(十六冊中의 十五책으로서 一冊缺)」로 등재되어 있다. 그런데 무엇 때문이었는지는 모르겠으나, 이 필사본이 이 도서관의 도서목록에서는 빠져 있다가[2] 이번에 새로이 발견된 것이다. 필자는 평소에 『경세유표』의 필사본을 조사해 왔기 때문에, 그 조사단의 一員으로 참가했던 한국학중앙연구원의 安承俊 교수가 고맙게도 2월 27일에 이메일로 새로 발견된 필사본 15책의 이미지 사진 13매를 보내주었다. 그 이미지 사진에 의하면, 그 필사본 중의 11책은 지금까지 내가 조사한 20種에 달하는 필사본들

---

1) 『朝鮮學報』第五十四輯~第六十四輯(1970년 1월~72년 7월)에 걸쳐서 揭載되었다.
2) 경도대학 부속도서관에서 筆寫한 것으로 추측되는 『河合文庫目錄』(出版年度未詳)에는 이 필사본이 등재되어 있지 않다. 따라서 이 필사본에는 동 도서관의 도서분류번호가 주어져 있지 않다.

과는 몇 가지 점에서 表記方式이 아주 다른 다산가필사본이라는 것을 발견했다.

『경세유표』의 필사본들 중에는 草稿本이 남아 있지 않은데, 혹시 이 필사본이 『경세유표』의 最初의 稿本이 아닐까 하는 생각에서 곧바로 京都로 달려가 직접 조사해 보고 싶었으나, 안 교수의 말에 의하면 자료가 蟲害로 크게 毀損되었기 때문에 도서관이 조사단에 대해서도 修理後에 촬영하는 것이 좋겠다고 했다는 것이다. 사진으로 보아도 수리를 하지 않고 자료조사를 행하는 것이 무리로 보였다. 수리에는 2~3개월이 걸릴 것이라 했기 때문에 경도대학 경제학부의 연구동료 堀 和生(호리 카즈오) 명예교수에게 수리가 되면 바로 조사하고 싶으니 열람허가를 받아 달라고 부탁해 두었다. 2018년 2월 하순에 堀 교수로부터 3월 중순에 1주일 정도 조사할 수 있도록 허가를 받았다는 통지가 왔다. 필사본에 대한 본격적인 서지조사를 위해서는 그것을 가까이 두고 반복적으로 조사해야 하기 때문에 그 작업은 고려대학교 해외한국학자료센터의 자료촬영 이후에 행하기로 하고, 우선 3월 12일에 수리된 필사본의 간략한 서지적 특징을 조사했다. 자료는 每冊마다 표지와 책 앞뒤의 2~3장이 크게 훼손되기는 했으나, 이 필사본이 『경세유표』의 初稿本이라 추정하는 데 있어서는 별다른 문제가 없었다.

귀국 후 다른 논문의 집필을 끝내고 10월 하순경에 동 센터에 연락하였더니, 그 필사본을 촬영한 pdf파일을 보내 주었다. 이제 본격전인 서지적 검토를 행할 수 있는 준비가 마련된 셈이다. 서지적 검토는 세 가지 점으로 나누어 행했다. 첫째는 그 필사본을 『경세유표』의 初稿本으로 확정할 수 있는지를 검토하는 것이다. 결론을 앞세운다면, 그 필사본은 여러 가지 점에서 『경세유표』의 初稿本이라 할 수 있다. 둘째는 『경세유표』의 초고본과 필자가 지금까지 조사할 수 있었던 『경세유표』의 최초의 필사본인 茶山手澤本의 비교·검토이다. 이 비교·검토에서 밝혀진 사실은 수택본의 대부분의 頭注가 初稿本의 수정이 아니라 그것을 수택본으로 轉寫하는 과정에서 누락된 單語나 文章을 바로잡은 것이라는 것을 확인할 수 있었다. 다시 말하면『경세유표』를 구성하는 각 章節들은『경세유표』로 편집되는 과정에서 내용상의 수정이 전혀 없었다는 것이다. 셋째는 최종적인『경세유표』필사본의 목록을 작성하는 일이다. 이것으로써『경세유표』필사본에 대한 나의 서지적 조사는 일단락될 것으로 보인다.

1. 蒐集經緯

河合文庫에 대해서는 약간의 서지적 검토가 있으나,[3] 거기에서 河合弘民의 履歷과 文庫典籍의 수집과정에 대해서는 대개「文學博士河合弘民小傳」[4]과 경도대학 부속도서관의 홈페이지「河合弘民文庫의 紹介」에 따라서 기술되고 있는 것으로 보인다. 이 자료들에 의하면, 河合弘民은 1872년에 名古屋(나고야)에서 출생하여 東京大學 文科大學에서 史學을 전공하고 동대학원에 진학했는데, 재학시절에 漢文은 물론 英·獨·佛語도 익혀 학문을 할 수 있는 기초를 닦았다고 한다. 그는 1899년에 桂太郎公爵의 知遇를 받아 山形·靜岡兩中學校의 校長을 歷任하고, 1906년 東洋協會專門學校 京城分院의 主任에 취임했다. 동양협회전문학교는 拓殖大學의 前身으로서 일본의 귀족들이 식민지개척에 필요한 인재를 양성하기 위하여 설립한 私立學校인데,[5] 그는 1916년에 경도대학으로부터 문학박사학위를 받고 東京의 본교로 전근할 때까지 줄곧 경성에서 근무했다.

그는 가족을 동경에 두고 單身으로 부임했는데, 경성에서 敎頭로 근무하는 10년간 그에게 맡겨진 朝鮮의 文物制度에 관한 연구를 위하여 渾身의 힘을 다했다고 한다. 이를 위하여 우선 조선어를 배우는 한편 조선의 古書 및 古文書 등을 구입하는 데 있어서 千金을 아끼지 않았다. 당시에 전문학교 교사의 월급은 일반노동자 봉급의 數

---

3) 千惠鳳,「河合文庫 韓國典籍」(『泰東古典研究』第10輯, 1973)
   노경희,「경도(京都)대학의 가와이(河合)문고」(『문헌과 해석』49호, 2009)
4) 1918년 10월의 『東洋時報』二四一號에 게재했던 것을『朝鮮學報』第六十二輯(1971년)에 轉載.
5) 東洋協會專門學校의 京城分院은 1907년에 개교했다. (拓殖大学,『拓殖大学百年史』, 2016과 崇陵会,『一粒の麦』, 1993 —京城高等商業学校創立七十周年記念文集—을 참조할 것)

倍에 달했는데 그는 특히 교두였으므로, 朝鮮典籍의 가격이 廢紙價에 가까웠다는 점을 감안하면, 자료구입에 있어서 금전적인 어려움은 없었을 것으로 추측된다. 그리고 그는 근무의 여가를 이용하여 한국인의 古宅을 방문하는 한편 八道各地를 周遊했다. 그 결과 수집한 자료는 793部 2,160冊에 달했다고 하는데, 최근의 조사에 의하면 이 이외에도 아직 정리되지 않은 古文書들이 많이 있다고 한다. 그는 그 연구의 결과를『東洋時報』나『朝鮮及滿洲』등에 발표하기도 했으나, 그의 주된 연구는 1916년 경도대학에 박사학위논문으로 제출한 原稿紙 1천여 매에 달하는『李朝稅制에 관한 研究』가 아닌가 한다. 이 논문은 조선왕조의 세제를 5期로 나누어 분석하려고 했으나, 甲午改革에 이르기까지의 4기를 분석하는 데 그치고 結負制에 관한 연구를 別篇으로 추가했다.

당시에는 朝鮮王朝實錄을 비롯한 年代記資料는 이용하기가 불편했던지, 이 연구에 있어서는 주로 각종의 法規類나 政府記錄 및 세제에 관한 先行연구를 행한 조선의 文集類들이 널리 활용되었다. 이 연구에 이용된 문집류들은 그 범위가 매우 광범하여 조선의 유명한 문집은 거의 망라되어 있지 않을까 하는 생각이 들 정도인데, 朝鮮稅制에 관한 草創期의 연구방법으로서는 연대기자료에 대한 분석보다도 법규류나 정부기록 및 문집류의 기존연구에 대한 검토가 올바른 연구방법이었을 것으로 보인다. 河合문고에는 이러한 자료 이외에도 市廛關係文書 및 각종의 地圖類 등도 다수 포함되어 있으나, 본고와 관련되는 자료로서는 3종의『경세유표』필사본이 있다. 첫째는 다산가필사본 11책, 둘째는 광무양전 때에 忠州府에서 필사되었을 것으로 생각되는『結負考辨』(그 내용은『경세유표』卷二十四~二十六의 전제별고이다) 1책, 셋째는 위의 12책을 포함하여 1帙의『경세유표』필사본이 되도록 하기 위하여 필사되었다고 생각되는 4책의 일반필사본이다. 그의 학위논문의 조선후기 稅制에 관한 서술에 있어서는『경세유표』와 더불어『목민심서』에 크게 의존하고 있는데, 무엇 때문인지는 잘 모르겠으나『목민심서』필사본은 蒐集典籍 목록에 포함되어 있지 않다.

위의 3종의『경세유표』필사본의 수집경위는 각각 달랐던 것으로 보인다. 다산가필사본 11책에는 冊首마다 6개의 印章이 있는데, 경도대학 부속도서관에 소장되기 이전의 자료수집 경위를 알려 주는 것은 '本間文庫'와 '李印謙夏'라는 2개의 인장이다. 그리고 일반필사본 4책에는 本間文庫라는 인장만 있고,『결부고변』에는 자료의 수집경위를 알려주는 인장은 없다. 여기에서의 이겸하는『華西先生文集』卷之五의「庚申語錄」을 작성한 華西 李恒老의 제자로서 1874년에 華陽書院의 복원운동에 참여하고 1906년에 裕康園參奉을 지냈던 사람이 아닌가 한다. 그는 楊根에 거주했는데, 茶山古宅과 같은 고을에 거주했던 것이 그가 다산가필사본 11책을 입수할 수 있는 계기가 되지 않았나 추측된다. 본간문고의 本間이 누구인지는 전혀 알 수 없으나, 그의 단계에서 '1帙의『경세유표』필사본이 되도록' 위의 4책의 일반필사본이 필사되었다는 점에서 보면, 그는『경세유표』의 내용을 자세히 알거나『경세유표』의 내용을 자세히 아는 사람의 지시를 받고 있었던 것으로 보인다. 4책의 일반필사본을 필사할 때에는 本間이『결부고변』을 이미 입수하고 있었다고 생각할 수밖에 없는데, 그 이유는 잘 모르겠으나, 이 필사본에는 본간문고라는 인장이 없다. 뒤에서 자세히 검토하겠지만, 이 4책의 일반필사본이 12책의 필사본과 더불어 1질의『경세유표』가 되도록 필사되었다는 점에 대해서는 의심의 여지가 없다.

2. 初稿本의 書誌的 特徵

앞에서 설명한 바와 같이 河合문고『경세유표』필사본은 3종으로 구성되어 있다. 첫째는 다산가필사본 11책,[6] 둘째는『결부고변』1책, 셋째는 위의 12책을 포함하여 1帙의『경세유표』필사본이 되도록 필사되었다고 생각되는 일반필사본 4책이다. 다산가필사본목록을 제시하면 아래의 (1) 茶山家筆寫本과 같다. 다산가필사본은 每冊의 表紙에 '共十一'이라 표기되어 있는데, 표지가 크게 훼손되어 冊次를 읽을 수 있는 것은 第五·六·七·八·十冊 뿐이다. 책차로써 검토하는 한, 이 다산가필사본은 본래 12책이었는데, 郡縣分等과 考績之法의 第四冊이 결본이기 때문에 冊數를 '共十一'로 표기한 것으로 보인다. 茶山手澤本을 기준으로 한다면, 賦貢制四~六의 第十冊은 第十一冊으로 표기되어야 하나, 初稿本 단계에서는『量田議』13終이 아직도「田制別考」라는 이름으로『경세유표』의 第九冊으로 편입되어 있지 않았기 때문에 책차가 그렇게 표기된 것이다. 초고본에서 倉廩之儲와 均役事目追議의 책차는 그 判讀이 불가능하나, (다산수택본의) 標準冊次를 감안해서 판단하면, 第十一冊과 第十二冊이었음이 틀림없다.

(2) 結負考辨은 (3) '1帙의『경세유표』가 되도록 本間이 필사했다고 추정되는 필사본'이 필사되기 이전에 이미 수집되어 있었을 것이다. (3) 1帙의『경세유표』가 되도록 本間이 필사했다고 추정되는 필사본은 4책으로서 군현분등과 고적지법을 그 내용으로 하는『경세유표』(四)

---

6) 11책의 서지적 특징은, (1)筆體:茶山家筆寫體의 1種, (2)책의 크기:縱24.3cm×橫 15.7cm, (3)半郭:四邊雙周 縱19.2cm×橫13.5cm, (4)有界:烏絲欄 10行×1行 22字, (5)四 針眼訂法:1.2cm+8cm+5.8cm+8cm+1.3cm, (6)結紐:白細絲 4~7線 및 (7)紙質:朝鮮 紙인데, 이러한 서지적 특징은 본서의 356페이지의 다산가필사본『與猶堂集』의 그 것과 일치한다.

의 1책, 賦貢制七을 그 내용으로 하는『경세유표』十一의 1책, 호적법
과 교민지법을 그 내용으로 하는『경세유표』(十四)의 1책 및 과거지규
와 무과를 내용으로 하는『경세유표』(十五)의 1책이다(괄호 속의 冊次
는, 원문에는 표기되어 있지 않으나, 표준책차에 따라서 필자가 任意
로 부여한 것이다). (1), (2)와 (3)으로써 완벽한 1질의『경세유표』필사
본이 되도록 필사하는 일이『경세유표』에 대한 상당한 서지적 지식이
없이는 불가능하다는 점으로 미루어 보면, (3)이 1질의『경세유표』필
사본이 되도록 필사되었다는 점에 대해서는 의심의 여지가 없다. 여
기서 추가적으로 검토해 보아야 할 것은 初稿本에서 전제별고와 부
공제七이 缺落될 수밖에 없었던 이유에 대해서이다. 그것은 말할 필
요도 없이 初稿本의 단계에서는 그것들이 저술되지 못했거나 다른
목적으로 저작되어 있었다고 하더라도 아직『경세유표』로 편입될 수
없는 사정이 있었기 때문이었던 것으로 보인다. 이러한 사정은『경세
유표』의 제14책과 제15책의 경우에 있어서도 있지 않았을까 한다. 제
14책의 호적법과 교민지법 사이에는 匠人營國圖와 一遂九坊圖가 삽
입되어 있는데, 장인영국도와 일수구방도가 여기에 놓여질 수밖에 없
었던 것은 초고본의 단계에서는 아직도 이것들이 저술되지 못했기
때문이었을 것이다.[7] 匠人營國圖와 一遂九坊圖의 경우와 같이 초고
본의 단계에서는『경세유표』의 제14책과 제15책도 저술되어 있지 못
했을 것으로 보이므로, 初稿本『경세유표』는 본래 12책이었을 가능성
이 높다.

초고본『경세유표』11책을 처음으로 접했을 때 놀란 것은 著者와 卷
次의 표기가 다른 필사본들과는 전혀 달랐다는 점이다. 다른 필사본

---

7) 다산수택본의 표준목차에 따르면 「장인영국도」와 「일수구방도」는 제3책의 「삼반관
제」와 「군현분예」 사이에 놓여 있어야 하나, 졸저『經世遺表에 관한 研究』의 522페이
지의 附表 6번의 奎章閣本에도 그 位置가 이와 같다.

에서는 한결같이 저자의 표기가 '負累臣丁鏞 撰'으로 표기되어 있는데, 初稿本에서는 '洌水 撰'으로 되어 있다. 이러한 저자의 표기가 臨終에 임한 신하가 임금에게 올리는 '遺表'라는 글의 형식과 어울리지 않는다는 점에 대해서는 더 말할 것이 없을 것이다. 그리고 初稿本에서는 卷次가 주어지지 못했다. 『경세유표』에 권차가 주어지기 시작하는 것은 다산수택본의 단계부터인데, 그 이후의 모든 필사본에는 '經世遺表卷之○○'이라는 형식으로 권차가 주어져 있다. 예외적인 것은 실학박물관본 「田制」 1~12의 4책인데, 거기에서는 저자의 표기는 '負累臣丁鏞 撰'으로 되어 있으나 권차는 주어져 있지 않다. 1帙의 『경세유표』 필사본이 되도록 필사된 것으로 생각되는 4책의 필사본에는 저자와 권차의 표기가 모두 누락되어 있는데, 그것은 필사의 목적이 缺本을 보충하기 위한 것일 뿐 정식의 필사본을 제작하기 위한 것이 아니었으므로 구태여 저자와 권차를 표기할 필요가 없었기 때문이었을 것이다.

본문 내에서도 저자의 표기가 다른 점이 발견된다. 저자가 자기의 견해를 제시하는 경우, '愚謹按' 혹은 '愚竊伏念'이라 표기한 곳이 아주 많다. 이러한 표기는 저작의 시기가 빠른 篇일수록 많은 편이기는 하지만, 1817년 가을에 『邦禮草本』의 편집방침이 결정된 이후의 저작인 「전제」 6~12, 「창름지저」 1~3 및 「균역사목추의」 1~2에서도 이러한 표기가 가끔 보인다. 「田制」 8의 續大典綱에는 '愚先人累升至晋州牧'라는 표기도 있다.[8] 初稿本에 이러한 표기가 많은 이유는 초고본을 구성하는 글들이 모두 『경세유표』라는 서명이 등장하기 이전의 『방례

---

8) 다산수택본의 天官戶曹 第一의 凌人署條의 '臣嘗任谷山府其邑氷藏有民弊故'와 郡縣分隷의 京畿曰綱의 '臣居南土十五年'이 초고본에서는 각각 '愚嘗論各郡邑之藏氷必有民弊矣'와 '愚稔知南土多年'로 되어 있으나, 字體 위에 重筆한 흔적이 있기 때문에 검토의 대상에서 제외했다.

초본』이라는 서명으로 저술되었기 때문일 것이다(맺음말의 다산수택본의 表紙表記一覽을 참고할 것). 이러한 표기들은 다산수택본의 단계에서 모두 '臣謹按', '臣竊伏念' 혹은 '臣先臣累升至晋州牧' 등으로 수정되었다. 더 나아가 단순히 '謹按'으로 표기되어 있던 것도 많은 경우 '臣謹按'으로 수정되었다.

위에서 검토해 온 여러 가지의 점으로 보면, 河合문고의 다산가필 사본이 『경세유표』의 初稿本이라 해도 좋을 것이다. 그리고 초고본의 冊次는 判讀이 불가능한 것이 있으나 다산수택본의 책차를 감안하여 정리했다(( )속의 책차는 判讀되지 않으나, 표준목차를 가지고 判斷할 때, 그렇게 주어질 수밖에 없다).

(1) 茶山家筆寫本
　　經世遺表(一)
　　　經世遺表卷之
　　　　天官吏曹第一
　　　經世遺表卷之
　　　　地官戶曹第二
　　　經世遺表卷之
　　　　春官禮曹第三
　　經世遺表(二)
　　　經世遺表卷之
　　　　夏官兵曹第四
　　　經世遺表卷之
　　　　秋官刑曹第五
　　　經世遺表卷之
　　　　冬官工曹第六

經世遺表卷之

　　地官修制　田制九

經世遺表八

　經世遺表卷之

　　地官修制　田制十

　經世遺表卷之

　　地官修制　田制十一

　經世遺表卷之

　　地官修制　田制十二

經世遺表(九)

　經世遺表卷之

　　地官修制　賦貢制一

　經世遺表卷之

　　地官修制　賦貢制二

　經世遺表卷之

　　地官修制　賦貢制三

經世遺表十

　經世遺表卷之

　　地官修制　賦貢制四

　經世遺表卷之

　　地官修制　賦貢制五

　經世遺表卷之

　　地官修制　賦貢制六

經世遺表(十一)

　經世遺表卷之

　　地官修制　倉廩之制

經世遺表卷之

地官修制 倉廩之制

經世遺表卷之

地官修制 倉廩之制

經世遺表(十二)

經世遺表卷之

均役事目追議

經世遺表卷之

均役事目追議

(2) 結負考弁

經世遺表卷之二十四

田制別考一

經世遺表卷之二十五

田制別考二

經世遺表卷之二十六

田制別考三

(3) 1帙의『經世遺表』가 되도록 本間이 필사했다고 추정되는 필사본

經世遺表

經世遺表卷之

天官修制 郡縣分等

經世遺表卷之

天官修制 考績之法

經世遺表十一

經世遺表卷之

---

9) 匠人營國圖와 一遂九坊圖의 집필시기를 比定하는 일은 매우 어렵다. 그것이 初稿本에 실리지 않은 것으로 보면 초고본 편집 이후에 집필된 것으로 보이나, 초고본 「序官」의 冬官典堨司條에는 並條列爲表, 見於別篇, 玆擧大略이라는 記述이 보인다. 여기서 말하는 표는 장인영국도와 일수구방도일 것으로 생각되므로, 그것이 이미 「序官」의 底本인 「邦禮考」의 단계에서 저술되었으나 놓일 위치를 찾지 못하고 있다가 다산수택본의 단계에서 제 위치를 찾았을 가능성도 배제할 수 없다.

3. 初稿本과 茶山手澤本의 對照

초고본의 발견은 그간 제대로 밝히지 못했던『경세유표』의 저술과 정을 밝히는 데 있어서 매우 중요한 계기가 되었다. 학계에서는 지금까지『俟菴先生年譜』의 1817년 가을의 邦禮草本輯功, 起而未卒業을『경세유표』의 저작연도로 잡아 왔으나, 실제로는 1822년의 다산의 回甲 이후에 이르기까지도『경세유표』는 미완성의 初稿本이 겨우 성립하는 데 불과했던 것이다. 초고본이 미완성본인 점은 두 가지 측면으로 나타난다. 첫째는『경세유표』를 구성하는 篇들 중에서는 초고본의 단계에 있어서도 집필되지 못했거나 다른 목적으로 집필되었으나 미처『경세유표』로 편입되지 못한 것이 있었다는 점이요, 둘째는『경세유표』로 편입된 각편의 기술도 '遺表'라는 글의 형식에 맞도록 修正되지 못했다는 점이다.『경세유표』는 끝까지 미완성본으로 남을 수밖에 없었지만, 그래도 그 나름의 體系를 갖추게 되는 것은 다산수택본의 단계에서이다.

초고본이나 다산수택본이나 다산의 회갑 이후 어느 시점에서 이루어지기는 했겠으나 그 정확한 시점은 알 수 없는데, 다산수택본은 다산의 臨終이 가까운 시점에서 이루어진 것이 아닌가 추측된다. 그렇게 추측하는 근거는 두 가지이다. 첫째, '自撰墓誌銘'에서는『경세유표』의 卷數를 48卷이라 했는데, 그것은『牧民心書』와 같이 48권이 되도록 하려는 목표에 불과했다는 점이요, 둘째는 1834년에 다산이 손수 작성한『洌水全書總目錄』에서도 '邦禮草本' 十五冊 四十三卷'으로 표기되어 있는데,[10] 이때까지도「敎民之法」이 집필되지 못했기 때문에『경세유표』는 다산수택본처럼 四十四卷을 이루지 못하고 있었다는 점

---

10) 崔益翰,『실학과 정다산』國立出版社, 平壤, 1955, 510페이지

이다. 이렇게 보면 다산수택본은 1836년의 임종 직전에 완성되었든지 또는 임종 때까지도 완성되지 못한 것을 子弟들이 완성했을 가능성도 있을 것으로 추측된다.

다산수택본과 초고본을 대조해 본 것이 아래의 '手澤本과 初稿本의 標示個所對照表'이다. 초고본은 12책인데, 다산수택본은 15책이다. 초고본에는 없었던 전제별고의 1책, 호적법과 교민지법의 1책 및 科擧之規와 武科의 1책이 수택본에서 추가되었다. 이들 중에서 전제별고는 1820년경에 양전에 대한 정부의 '收議'에 부응하기 위하여 『量田議』라는 이름으로 저술되었다가 다산수택본의 단계에서 『經世遺表』九로 편입된 것이 분명한데, 호적법과 교민지법의 1책 및 科擧之規와 武科의 1책은 부공제七과 더불어 초고본의 성립 이후에 새로이 집필된 것으로 보인다. 다산수택본에는 頭注, 傍注, 加筆, 校正, 文章配列調整 혹은 文章削除 등의 標示事項이 많은데, 초고본에는 頭注뿐이고 다산수택본에서와 같은 指示事項은 없다. 아래의 대조표에서 보는 바와 같이 지시사항은 초고본을 다산수택본으로 轉寫하는 과정에서 누락된 것을 다산수택본에 添入하라는 것이 대부분이나, 각각한 둘의 사례에 불과하지만 초고본에 대한 加筆, 校正, 文章配列調整 혹은 文章削除를 행한 곳도 있다. 대조표22의 '江州領六郡'은 유일하게 添入할 개소만 표시하고 첨입할 문장은 제시하지 않은 것인데, 이것으로 미루어 보아도 수택본이 초고본을 轉寫한 것임이 더욱 명백하다 할 것이다.

	標示處	標示事項	手澤本	初稿本
1	夏官兵曹鏞驤衛條	分之三衛	本文에 揷入	初稿本에 有
2	秋官刑曹掌胥院條	刑曹	본문에 삽입	초고본에 유
3	秋官刑曹掌隸院條	官奴婢私奴婢	본문에 삽입	초고본에 유
4	秋官刑曹券契司條	每有賣買	본문에 삽입	초고본에 유
5	秋官刑曹津關司條	諸路大津若浿薩泗汍及潢薑諸津, 其船隻總數, 並宜照觀, 諸路關防如靑石洞仙鳥嶺竹嶺大關嶺鐵嶺之等, 其城堞完敵, 皆宜照觀	頭注	두주
6	秋官刑曹利用監條	曾孫男文爕按, 各國方言, 並令本院敎習, 不必別設衙門	添紙	초고본에 無
7	外官之品江防綱	當作大	浦字를 大字로	초고본에 浦
8	三班官制南行綱	斯則治選之目也制詳春官治選條, 與此條不同	본문에 삽입	초고본에 유
9	三班官制武臣綱	新進	본문에 삽입	초고본에 유
10	三班官制南行中士綱	凌人署卽氷庫	본문에 삽입	초고본에 유
11	三班官制南行中士綱	染織局職金署	본문에서 削除	초고본에 무
12	郡縣分隸京畿綱	其在潺水之東者, 求禮南原雲峰任實也. 其在蘆嶺之東者, 淳昌井邑高敞茂長也. 自此以北, 皆屬完南	본문에 삽입	초고본에 유
13	郡縣分隸奉天省綱	不得爲都	본문에 삽입	초고본에 유
14	郡縣分隸奉天省綱	其新陞爲州者, 亦稱其州都護府牧使	본문에 삽입	초고본에 유
15	郡縣分隸完南省綱	咸悅之牛來合之	본문에 삽입	초고본에 유
16	郡縣分隸武南省綱	又濟州嶺二縣	본문에 삽입	초고본에 유
17	郡縣分隸潢西省綱	若露梁設寨, 蟾津寨宜革	본문에 삽입	초고본에 유
18	郡縣分隸松海省綱	計數를 數計로	文章修正	초고본에 計數
19	郡縣分隸浿西省綱	渭原楚山	본문에 삽입	초고본에 유
20	郡縣分隸淸西省綱	八	四字를 八字로	초고본에 八
21	郡縣分隸淸西省綱	楚山渭原	본문에서 삭제	초고본에 무
22	郡縣分隸淸西省綱	江州領六郡江州卽江界 ○六郡曰閭延茂昌虞芮慈城渭源楚山 ○江州都護府大使兼淸西防禦使四郡按撫使, ○臣謹案 四郡實民之方, 宜復全家徙邊之律. 但南北風氣絶殊, 猝然遠徙, 人情所悲. 自今重罪徙千里, 其次五百里. 南方之民, 徙于中道, 中道之民, 徙于兩西, 西路之民, 乃徙四郡, 則戶總減於南方, 而邑落成於四郡, 此誠便宜之法也.	본문에 삽입	초고본에 유

23	郡縣分隷玄菟省綱	有判官一員, 以治民事	본문에 삽입	초고본에 有
24	井田論三周禮綱	鄭所據者王制也. 然王制九十三國之說, 朱子已破之見陳澔集說	본문에 삽입	초고본에 有
25	井田論三周禮綱	局, 曾無一峯一林纖翳其間. 故欲於百里之內, 全得一同之田, 迂闊至	본문에 삽입	本文에 有
26	井田論三考工周記綱	潏川	본문에 삽입	초고본에 有
27	井田論三考工周記綱	三夫之長, 三三開方, 以爲一井, 十井之長, 十十開方, 以爲一成	본문에 삽입	초고본에 有
28	井田論三九夫綱	鄭註論語引司馬法云, 成方十里, 出長轂一乘	본문에 삽입	초고본에 有
29	田制二凡爲綱	試爲圖	본문에 삽입	초고본에 有
30	田制三春秋綱	兩兩相嚮	본문에 삽입	초고본에 有
31	田制三凡任地綱	田當作錢	田字를 錢字로	초고본에 錢
32	田制七續大典綱	周禮廩人, 以人食四鬴爲上年, 人食三鬴爲中年, 人食二鬴爲下年	본문에 삽입	초고본에 有
33	田制七續大典綱	及其收稅之時, 又分三等, 下等四斗, 中等六斗, 上等八斗, 又歷歷分等	본문에 삽입	초고본에 有
34	田制七續大典綱	○原人情米二升已上田稅條 ○大同浮價米一斗. ○浮價加給米八升. ○大同看色米一升. ○落庭米四升. ○打石米一升.	본문에 삽입	초고본에 有
35	田制七續大典綱	雜費	본문에 삽입	초고본에 無
36	田制八續大典綱	周禮均人曰凶年則不均地政	본문에 삽입	초고본에 有
37	田制八續大典綱	不防而納者	본문에 삽입	초고본에 有
38	田制九井田者綱	天職而員數, 地政用方數, 此天地不易之理也	頭注	두주
39	田制九欲作井田綱	作亂	본문에 삽입	초고본에 有
40	田制九欲作井田綱	諸路	본문에 삽입	초고본에 有
41	田制九宜欲勅諸道綱	令賣之使成方	본문에 삽입	초고본에 有
42	田制九其平原綱	士二十五井者, 五五開方也. 其田共二萬二千五百畝	본문에 삽입	초고본에 有
43	田制十乃作魚鱗圖綱	一幅	본문에 삽입	초고본에 有
44	田制十一水田稻稗綱	稷稗十分其率, 以其八爲本田之種子, 以其二輸于縣官	본문에 삽입	초고본에 有
45	田制十二海島諸田綱	中諸	본문에 삽입	초고본에 無

46	田制十二其所謂綱	然, 其九一所缺, 加給幾畉, 以充其代	본문에 삽입	초고본에 유
47	田制十二經界旣畢綱	強硬	본문에 삽입	초고본에 유
48	田制十二三營之軍綱	近郊	본문에 삽입	초고본에 유
49	田制別考二洪武魚鱗綱	見下라는 頭注로 宋理宗開慶四年의 綱目配置場所를 再指定	本文配列調整	
50	田制別考二洪武魚鱗綱	當改見下라 지시하고 洪武二十季, 遣國子監生等, 往各處履田畮而量度之. 圖其田之芳園, 次其事實, 悉書主名及田之四至, 謂之魚鱗圖冊, 百弊始絶이라는 문장을 洪武二十年, 上念民貧富不均, 富者畏避差役, 往往以田産, 詭寄飛麗, 奸弊百出, 有司至莫能詰, 而貧者益困. 乃遣國子生淳等, 隨所在稅糧多寡, 定爲九區, 區設糧長三人, 集耆民履畝丈量. 其圖田之方圓曲直美惡寬狹若丈尺, 書主名及田四至, 如魚鱗相比. 次彙爲冊, 謂之魚鱗圖冊. 上之, 而經界於是乎始正이라는 문장으로 改追(交替)함	指示대로 施行	
51	田制別考二酒召諸佃綱	抑麤設三五等以待之乎	본문에 삽입	초고본에 유
52	田制別考三方量之法綱	印尺者六分強, 此必甲戌所謂該用布尺, 以此造送量尺, 其長於遵守	본문에 삽입	초고본에 유
53	田制別考三若夫財力綱	舊陳之田, 忽稱新起, 今汰之田, 忽稱還創, 呼號顚連, 農者織路	본문에 삽입	초고본에 유
54	賦貢制一禹貢綱	井耡	본문에 삽입	초고본에 유
55	賦貢制一天官太宰綱	以下職貢	頭注	두주
56	賦貢制二漢書云綱	俾視夫家出征稅七字足正鄭玄之誤	두주	두주
57	賦貢制二高祖十一年綱	六十錢元額也, 三錢頭子也	두주	두주
58	賦貢制二高祖十一年綱	越王句踐令曰, 女子十七不嫁, 丈夫二十不娶, 其父母有罪	본문에 삽입	초고본에 유
59	賦貢制二德宗綱	除當免者	본문에 삽입	초고본에 유
60	賦貢制二德宗綱	格言公論	두주	두주
61	賦貢制三孟子曰綱	孟子曰古之爲關也, 特以禦暴, 今之爲關也, 將以爲暴 ○趙曰今之爲關及以征稅出入之人	본문에 삽입	초고본에 무
62	賦貢制三哲宗綱	使商賈不行, 農末皆病, 廢百王不刊之令典, 而行自古所無之弊法, 百世之下, 書之靑史曰, 收五穀力勝稅錢	본문에 삽입	초고본에 유

63	賦貢制四管仲曰綱	茅諸	본문에 삽입	초고본에 유
64	賦貢制五鹽鐵考下綱	海内	본문에 삽입	초고본에 유
65	賦貢制五代宗末綱	人主	본문에 삽입	초고본에 유
66	賦貢制六猥瑣考綱	猥瑣考	본문에 삽입	초고본에 유
67	賦貢制六元祐初綱	秦晉之民, 以差役爲便	본문에 삽입	초고본에 유
68	賦貢制六漢高祖七年綱	田在民間	본문에 삽입	초고본에 유
69	賦貢制七宣祖二十七年綱	這便是大同	두주	두주
70	賦貢制七顯宗元年綱	此云	본문에 삽입	초고본에 유
71	賦貢制七六道旣同綱	以錢上納	본문에 삽입	초고본에 유
72	倉廩之儲一唐制綱	中國十斗爲一石, 則不過四千萬石	두주	두주
73	倉廩之儲一淳熙八年綱	吏斛, 吾東謂之色庫	두주	두주
74	倉廩之儲二凡還上綱	宜朗誦宜銘記, 此今之第一奸弊	두주	두주
75	倉廩之儲二凡還上綱	倉旣空矣, 猶嚇以頒, 民之防之者, 每防一石必收一兩, 故遣吏坐收此錢, 以之料理	두주	두주
76	倉廩之儲三穀將頒民綱	千古名喩	두주	두주
77	倉廩之儲三正穀六種綱	蕎中國史文作菽	두주	두주
78	均役魚稅嶺南綱	甲首法	두주	두주
79	均役魚稅江原道綱	甲首法見下	두주	두주
80	均役魚稅江原道綱	不得往來	본문에 삽입	초고본에 유
81	均役魚稅江原道綱	奚但洋中去處而已	두주	두주
82	均役魚稅江原道綱	通暢無礙之論	두주	두주
83	均役海稅江原道綱	第一妙方	두주	두주
84	均役關藿稅關東綱	甲首法	두주	두주
85	均役關藿稅關東綱	刺骨語	두주	두주
86	均役鹽稅京畿綱	刺骨穿髓語	두주	두주
87	均役鹽稅海西綱	制法者宜惺惺惚惚, 觀此一段	두주	두주
88	均役鹽稅事目綱	皁莢法	두주	두주
89	均役恭恕之世綱	天地噓噏之氣, 是大眼目看破	두주	두주
90	均役船稅諸島船隻綱	活畫	두주	두주
91	均役船稅諸島船隻綱	王者之法	두주	두주

			두주	두주
92	均役船稅湖南綱	可誦可讀, 制法者心精算明, 乃可制法	두주	두주
93	均役總論事目綱	凡制法悉宜存此大戒	두주	두주
94	均役船廠論條	奇文奇語, 一氣呵成	두주	두주
95	戶籍法秋官司民綱	先鄭注當刪	두주	
96	戶籍法大明之制綱	分爲九等	두주	
97	科擧之規一三秊大比綱	體訪謂提擧視敎官査擇更加廉問	두주	
98	科擧之規一三秊大比綱	督者提學也撫者○司也	두주	
99	科擧之規一會試之額綱	此以下擬定之說	두주	
100	鄕試堯言條	特加二人	두주	

備考: 1. 標示事項은 頭注, 傍注, 加筆, 校正, 文章配列調整 혹은 文章削除 등의 諸事項을 가리킨다.

2. 手澤本欄은 處理 혹은 指示事項을 나타낸다.

3. 初稿本欄은 手澤本의 處理 혹은 指示事項들이 初稿本에서 어떻게 記錄되어 있는가를 보인다.

4. 49~53의 田制別考는, 初稿本에는 없으나 初稿本에 해당하는 『量田議』13終이 있기 때문에, 이것으로써 초고본에 대신했다.

4. 筆寫本目錄

河合문고의 (1) 茶山家筆寫本의 11책과 (3) '1帙의『經世遺表』가 되도록 本間이 필사했다고 추정되는 필사본' 4책이 새로이 발견됨으로써『경세유표』의 필사본은 20종에서 22종으로 늘어나게 되었다. 그런데 초고본 11책과 일반필사본 4책의 발견의 意義는 단순히 필사본 種數의 증가에 끝나는 것이 아니라,『경세유표』의 저작 과정과 필사본의 성립 경위에 대한 더 자세한 정보를 제공해 준다.『경세유표』의 저작 과정에 관한 정보로서는 전제별고, 부공제七, 호적법 및 교민지법과 과거지규 및 무과가 初稿本 이후에 저술되었거나 다른 목적으로 집필되었다가 初稿本 이후에『경세유표』로 편입되었다는 것을 명백히 보여주는 것이며, 필사본의 성립경위를 알려주는 정보로서는 필사본이 초고본, 다산수택본 및 아래표의 '4. 경세유표의 藏書閣本'을 거치면서 완성되어 갔다는 것을 알려 준다. '4. 경세유표의 장서각본'은 다산수택본의 수정지시를 받아들여 다산의 사후에 이루어진 것으로 추정된다. 그리고 필사본들 중에는 교민지법이 결여된 43권으로 이루어진 것의 3종과 匠人營國圖와 一遂九坊圖가 삼반관제와 군현분예 사이에 위치하지 않고 호적법과 교민지법 사이에 위치하는 것의 2종이 있는데, 이러한 것들은 필사본의 성립 경위가 위에서 설명한 것보다 더 복잡했다는 사실을 알려주는 것이 아닌지 모르겠다.

筆寫本目錄

表題	卷數	所藏處	目次排列	筆寫處
1. 經世遺表	11冊 32卷	京都大	未完	茶山家筆寫本
2. 與猶堂集	5책 15권	實學博物館		다산가필사본
3. 與猶堂集	15冊 44권	藏書閣	標準	다산가필사본
4. 經世遺表	15책 44권	藏書閣	標準	다산가필사본
5. 經世遺表	15책 44권	國民大	標準	一般筆寫本
6. 與猶堂集	15책 44권	奎章閣	標準	다산가필사본
7. 與猶堂集	15책 44권	東洋文庫	標準	일반필사본
8. 經世遺表	16책 44권	奎章閣	錯簡	일반필사본
9. 經世遺表	15책 43권	東洋文庫	錯簡	일반필사본
10. 與猶堂集	15책 43권	奎章閣	錯簡	內閣本
11. 與猶堂集	15책 43권	藏書閣	錯簡	내각본
12. 經世遺表	16책 44권	버클리대	錯簡	일반필사본
13. 經世遺表	15책 44권	天理大	標準	일반필사본
14. 經世遺表	15책	東京大		일반필사본
15. 經世遺表	5책 45권	檀國大	錯簡	일반필사본
16. 與猶堂集	4책 12권	漢陽大		일반필사본
17. 與猶堂集	3책 9권	天理大		일반필사본
18. 結負考辨	1책 3권	京都大		일반필사본
19. 經世遺表	4책 9권	京都大		일반필사본
20. 與猶堂集	2책 6권	高麗大		일반필사본
21. 經世遺表	1책	澗松文庫 非公開		
22. 經世遺表	11책 33권	日本國會		일반필사본

注記 : 번호는 필사본의 번호순이다.
　　　1. 현존하는 필사본 경세유표 중에서는 최초의 稿本으로 판단된다. 이 本에는 귀향 이
　　　　후에 집필된 것으로 알려진 田制別考, 戶籍法, 敎民之法, 賦貢制七邦賦考, 科擧之規
　　　　및 武科 등이 경세유표의 章節로 편입되어 있지 않다.

2. 田制 5冊임. 제5책은 그 副題가『量田議』13終로서『경세유표』로 편입되기 이전의「전제별고」이다.

3. 제1·6책이 결락된 수정본 중의 茶山手澤本이다. 제8책의 後半部에는『여유당전서』의 출판과정에서 이루어졌다고 추측되는 페이지의 錯簡과 缺落이 있다.

4. 李王家의 소장본으로서 표지와 結紐가 완전히 改裝되었다

5. 經世遺表의 轉寫本이다

6. 제14책 缺. 丁文燮의 필사본으로서 一部의 결뉴가 改裝되었다

7. 與猶堂集과 목차배열이 같다

8. 賦貢制七이 제12책으로 되어 16冊

9. 1899年前後 大韓帝國 內部官吏의 필사본. 敎民之法 缺

10. 敎民之法 缺

11. 敎民之法 缺

12. 淺見文庫本. 續一이 있어서 16책이다

13. 今西所藏本으로서 일반필사본이다

14. 阿川文庫本

15. 朝鮮總督府 中樞院에서 먹지를 깔고 鐵筆로 筆寫함. 均役事目追議 2卷을 3卷으로 분할했기 때문에 5책 45권으로 됨.

16. 全南量務監吏 金星圭 所藏本. 전제 5책 중 제1책이 缺落되었다. 제5책의『量田議』는 實學博物館本의 轉寫本일 가능성이 높다.

17. 田制別考(一~三), 賦貢制(一~三) 및 倉廩之儲(一~三)이다. 家藏本의 樣式으로 필사된 일반필사본

18. 光武量田 때 忠州府에서 필사·활용된 듯

19. 미완성본인 1. 경세유표의 缺落部分을 보충하기 위한 本間의 필사본

20. 六堂文庫(田制七~九와 賦貢制四~六)

21. 非公開

22. 未調査

맺음말

앞에서 살펴본 바와 같이 河合문고의『경세유표』초고본의 발견은
『경세유표』의 저작 과정을 검토하는 데 있어서 매우 중요한 계기가 되
었다.『경세유표』는 끝내 未完成의 草稿本으로 그 저작이 끝나고 말
았지만, 그나마 初稿本, 茶山手澤本 및 필사본 목록의 '4. 경세유표'의
단계를 거치면서 저작되어 왔다는 것을 알 수 있다. 그런데 아래의 茶
山手澤本의 表紙表記一覽表는 위와 같은『경세유표』의 저작 과정을
더 구체적으로 볼 수 있게 한다.『경세유표』는 본래 序官으로부터 부
공제에 이르기까지의『방례초본』편집 착수 이전의 저술은『經世遺表』
라는 서명과 더불어『邦禮艸本』이라는 이름도 주어졌다. 그러나 아래
의 一覽表는 이를 의심하게 하는 표기가 두 군데 있는데, 제4책과 제
9책의 표기이다. 여기에서는 방례초본이라는 표기가 없는데, 제9책
은 마재에서의 저작이기 때문이요, 제4책은 1815년에 저작된 것이 확
실한데 왜 거기에 방례초본이라는 서명의 표기가 없는지에 대해서는
그 이유를 잘 모르겠다.

제12책의 倉廩之儲, 제13책의 균역사목추의, 제14책의 호적법과 敎
民之法 및 제15책의 과거법과 武科式에도 방례초본이라는 서명의 표
기가 없는데, 이들은 賦貢制七과 더불어 귀향 후의 마재에서 저술되
었기 때문이다. 이렇게 보면 다산수택본의 표지표기는 유배지에서의
저작과 마재에서의 저작을 뚜렷이 구분하고 있다는 것을 알 수 있다.
그러나 이들은 종국적으로 모두『경세유표』의 册次로 정리되고 있는
데, 이러한 사실은 방례초본의 단계까지는 아직도 책으로 편집되지
못했으나(지금까지『방례초본』이라는 單獨書名의 필사본은 발견되지
않는다), 初稿本의 단계에서『경세유표』로 편집됨으로써 책차가 주어
지고, 다산수택본의 단계에서 책차와 권차가 모두 주어졌다는 사실

을 알 수 있다. 이렇게 보면『경세유표』를 구성하는 各篇들은 여러 단계를 거쳐서 저술되었으나,『경세유표』라는 서명이 등장한 이후 하나의 저서로서 본격적으로 편집되었다는 것을 알 수 있을 것이다.

茶山手澤本의 表紙表記一覽表

1. 與猶堂集·邦禮艸本一二三·經世遺表一(推定)

2. 與猶堂集·邦禮艸本四五六·經世遺表二

3. 與猶堂集·邦禮艸本七八九·經世遺表三

4. 與猶堂集·(郡縣分等·考績法)·經世遺表四

(表紙寫眞에서 보는 바와 같이, 郡縣分等·考績法은 邦禮艸本의 修政表記일 가능성도 있어 보인다)

5. 與猶堂集·邦禮艸本(田制一二三)·經世遺表五

6. 與猶堂集·邦禮艸本(田制四五六)·經世遺表六

7. 與猶堂集·邦禮艸本(田制七八九)·經世遺表七

8. 與猶堂集·邦禮艸本(田制十·十一·十二)·經世遺表八

9. 與猶堂集(結負考辨·步畝考·方田始末·魚鱗圖說)

10. 與猶堂集·邦禮艸本(賦貢一二三)·經世遺表十

11. 與猶堂集·邦禮艸本(賦貢四五六七)·經世遺表十一

12. 與猶堂集十二·經世遺表十二

13. 與猶堂集十三·(均役事目追議·船廠論·戰船議)·經世遺表十三

14. 與猶堂集十四·(戶籍法·敎民法)·經世遺表十四

15. 與猶堂集十五·(科擧法·治選法·武科式)·經世遺表

與猶堂集

樂嘯堂集

與猶堂集

邦禮遺表

郡縣分等

考績法

四

與猶堂集

邦禮艸本
田制一二三

經世遺表五

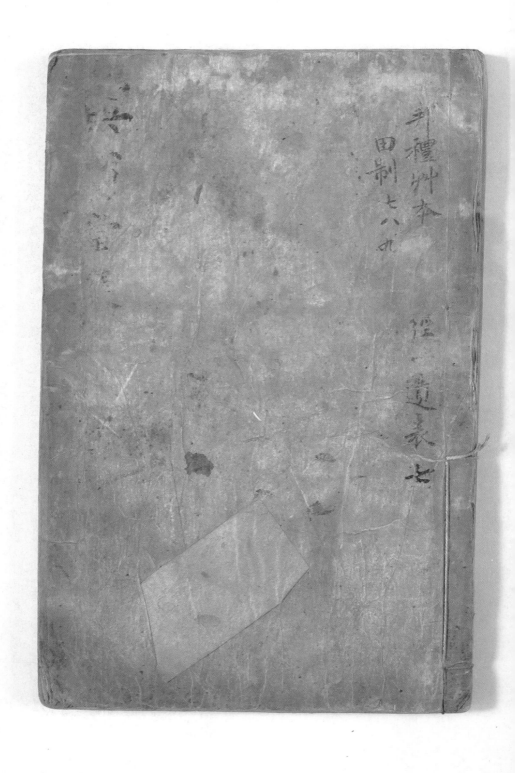

與猶堂集

邦禮艸本
田制十二

經世遺表 八

與猶堂序

帖負□□□

孝

鮮國沈焰末

與猶堂集

邦禮艸本
賦有一二三

輿猶堂集

十二

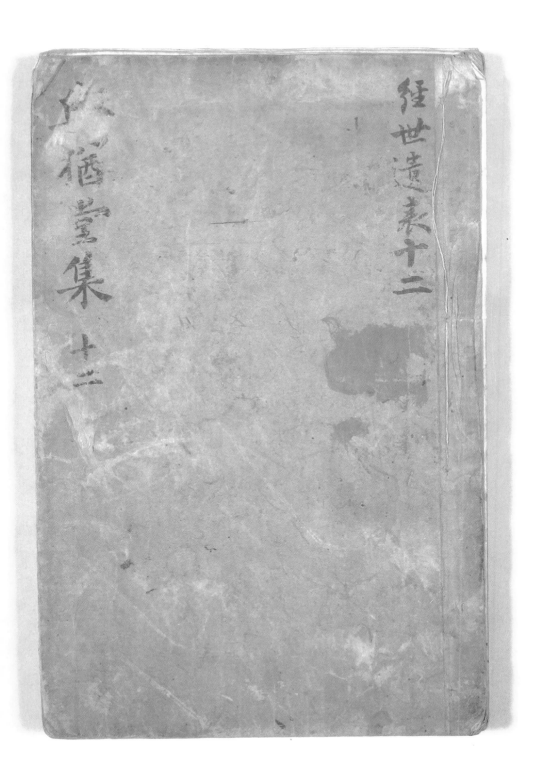

牧酉堂集 十三

經世遺表 十二

與猶堂集 十二

三

均役追議
遺船廠論
戰船議
表
戰船議

經世遺表 十四

戶籍法
郡縣制
鎭堡制
教民法

與猶堂集 十四

與猶堂集 十五

經世遺表

科舉之法
治選法
武科式

書評 : James B. Palais, Confucian Statecraft and Korean Institutions—*Yu Hyŏngwŏn and the Late Chosŏn Dynasty*—University of Washington Press, 1996(제임스 B. 팔레 지음/김범 옮김, 『유교적 경세론과 조선의 제도들—유형원과 조선후기—』1·2 산처럼, 2002)

儒教的 經世學體系의 探究

儒教的 經世學體系의 探求

머리말

필자는 졸저『經世遺表에 관한 研究』를 저술하는 과정에서 유교적 경세학체계가 무엇인가를 탐색하는 데 많은 시간을 보냈다. 그 과정에서『경세유표』의 유일한 類書라고 생각되는『반계수록』도 당연히 참고할 수밖에 없었는데,『반계수록』에 관해서는 여기에서 서평의 대상으로 잡고자 하는 제임스 B. 팔레의 방대한 연구가 있었던 것이다. 주지하는 바와 같이 팔레는 미국에서의 한국학연구를 대표하는 분이기 때문에 그의 저서에 대해서는 말미의 참고문헌에서 보는 바와 같이 국내외적으로 많은 연구자들의 서평이 있다.[1] 필자는 팔레의 저서는 물론 그 책에 대한 서평과 더불어『반계수록』에 관한 한국인 학자들의 연구도 두루 검토해 보았으나, 거기에서는 끝내『반계수록』에서 피력된 유교적 경세학체계가 무엇인지를 읽어내지 못했다. 그래서 졸저에서는 하는 수 없이 그의 저서를 하나의 참고문헌으로 소개하는 데 그칠 수밖에 없었던 것이다.

졸저에 대해서는 아직도 학계의 定評이 없는 상황이기 때문에, 필자가 거기에서『경세유표』에서 피력된 유교적 경세학체계를 파악했다

---

1) 팔레의 저서에 대한 국내연구자들의 서평은 賞讚一邊倒이나, 베이커는 서명과 내용이 일치하지 않은 점을 지적하고, 그레이슨은 반계의 경세학에 관한 연구라고 하면서도『반계수록』의 내용이 명확하게 제시되어 있지 못하며 서술에 있어서도 전후의 논리적 맥락이 단절되어 있는 곳이 많은 점 등을 지적했다.

고 주장하기에는 시기적으로 이른 감이 없지 않으나, 그러나 감히 그것을 소개해 보면 다음과 같다. 조선전기로부터 조선의 유학자들이 파악하고 있는 유교적 경세학체계는『주례』六官의 首章에 있는 '體國經野, 設官分職'이었다고 생각되는데,『경세유표』에 있어서는 '체국경야'는 왕정의 기본내용인 井田制와 賦貢制의 實施요, '설관분직'은 그러한 왕정을 수행할 官制의 整備로 구체화된 것으로 보인다. 필자가『경세유표』의 연구에서 획득한 이러한 유교적 경세학체계를 가지고『반계수록』의 목차와 내용을 검토해 보니, 거기에서 피력되고 있는 경세학체계도 기본적으로『경세유표』의 그것과 다름이 없었다. 진실로 필자도 예상하지 못했던 발견이다. 이러한 유교적 경세학체계를 가지고『반계수록』에 관한 국내외의 연구를 검토해 보니, 거기에는『반계수록』에서 피력된 유교적 경세학체계가 전혀 이해되고 있지 못함을 알았다.

그러면『반계수록』에서 전개되는 유교적 경세학체계를 파악하고 거기에 관한 기존연구를 검토하려면 어떠한 작업을 행해야 하는가. 첫째는『반계수록』의 목차를 검토하여 그 저술이 추구하고자 하는 제도개혁의 과제를 밝히는 일이다. 거기에서는 반계의 유교적 경세학체계의 윤곽이 드러날 것이다. 둘째는 팔레가 그의 저서에서 반계의 경세학체계를 어떻게 파악하고 있는가를 밝히는 일이다. 주지하는 바와 같이 팔레의 저서는 유교적 경세학의 전분야를 다루고 있으나, 여기서는 그 핵심적 내용의 하나가 되는 田制에 초점을 맞추어 고찰하고자 한다. 셋째는 전제개혁 節目인 '분전정세절목'과 '타량출군출세식'에서 전개되고 있는 井田制의 체계를 밝히는 일이다. 이러한 작업은 반계의 유교적 경세학체계의 일부를 밝히는 일이기도 하다. 넷째는 전제에 한정하여 필자가 파악한 반계의 유교적 경세학체계를 가지고『반계수록』에 관한 국내외의 기존연구를 검토하는 일이다. 물론 여기에서는 기존연구들이 반계의 정전제의 체계를 제대로 파악하고 있는지를 검토해 보려고 한다.

1. 『반계수록』 목차의 분석

『반계수록』에 대한 서지적 검토를 행해보지 못한 필자가 그 저서의 구성에 대하여 단정적으로 말하는 데 있어서는 문제점이 없다고 할 수 없으나, 그러나 『반계수록』은 조선왕실의 지시에 의하여 이미 목판으로 인쇄되고 또 지금까지의 연구자들이 그 판본에 대하여 서지적 異議提起를 하지 않는 점으로 미루어 보아 현행의 『반계수록』을 그 定本으로 잡아도 무방하지 않을까 한다. 1962~8년에 걸쳐 충남대학교에서 출판된 『國譯註解磻溪隨錄』에 의하면, 그것은 26권과 補遺로 구성되어 있다. 더 구체적으로 그 卷數의 구성을 검토해 보면, 24권까지가 本篇이고 25~26권은 續篇이라는 것을 알 수 있다. 본편의 권수 구성을 보면, 1~2권이 田制, 3~4권이 田制後錄, 5~6권이 田制攷說, 6~8권이 전제후록고설, 9~10권이 敎選之制, 11~12권이 교선고설, 13권이 任官之制, 14권이 임관고설, 15~16권이 職官之制, 17~18권이 직관고설, 19권이 祿制, 20권이 녹제고설, 21권이 兵制, 22권이 병제후록, 23권이 병제고설 및 24권이 병제후록고설이다.

속편을 제외하고 각권의 내용구성을 전제와 관제별로 분류해 보면, 1~2권과 5~6권이 전제, 9~20권이 교선, 임관, 직관 및 녹제로 구성되어 있는 관제, 21~24권이 병제라는 것을 알 수 있다. 병제는 본래 병제로서의 독자성을 가지고 있는 것이기는 하지만, 정전제하에서는 본질적으로 전제와 관제에 의하여 규정되기 때문에 전제후록을 예외로 하면, 『반계수록』의 내용은 기본적으로 전제와 관제로 구성되어 있다고 보아도 아마 틀리지는 않을 것이다. 이것은 『주례』 수장의 '체국경야, 설관분직'과 다름이 없는 것이다. 다만 『반계수록』에서는 首都건설의 설계도인 '體國' 항목이 결락되어 있는데, 앞으로 밝히겠지만 이러한 사실은 반계의 정전제에서는 經田技法에 있어서 본질적인 한계가 있음을 의미한다. 3~4권과 7~8권의 전제후록과 그 고설은 전제와 관제에는 포함될 수 없으나 국가경영에 있어서 불가결한 제도인 鄕里·戶籍·遭運·經費·會計·別賦·常平社倉·荒政·堤堰·栽植·錢幣·麤布·空場의 문제들을 다루고 있다.

이제 조금 더 자세하게 전제의 내용을 들여다보면, 전제上은 分田定稅節目과 雜說, 전제下는 打量出軍出稅式과 田制雜議, 전제고설상은 經傳所論井田之制와 秦·漢以後井田議論 그리고 전제고설하는 後魏·北齊·隋唐田制, 高麗田制와 國朝田制라는 것을 알 수 있다. 위의 항목들의 내용은 분전정세절목과 잡설은 정전제로의 經田, 농민·관료·국가기구·왕실 등으로의 田地配分, 전지의 등급과 세율 및 工匠·坐賈·行商·公廊·船隻·鐵冶·漁箭·鹽分에 대한 과세기준이며(반계도 다산과 같이 賦稅는 一田·一賦로 구성된다고 보고 있다), 타량출군출세식과 전제잡의는 정전으로의 전지구획, 郡縣單位의 出稅出軍事情과 반계의 전제구상의 의문점에 대한 問答이며, 경전소론정전지제와 진·한이후정전의논은 經傳과 歷代의 정전제에 관한 논의이며, 후위·북제·수당전제, 고려전제와 국조전제는 균전법 및 결부제 등이 經田을 제대로 행할 수 없을 뿐만 아니라 公田제도도 유지하지 못함으로써 전제가 혼란에 빠질 수밖에 없었던 점을 論破한 것이다. 위와 같이『반계수록』의 전제에 대한 서술을 살펴보면,『반계수록』에서 피력되고 있는 전제가 정전제임을 一目瞭然하게 알 수 있겠다.

『반계수록』의 권수구성, 즉 서술목차의 구성이 위와 같은 것이라고 한다면, 거기에서 제시되어 있는 반계의 전제에 관한 주된 자료는 무엇일까. 위에서 보는 바와 같이 반계의 전제개혁의 기본방안은 말할 필요도 없이 '분전정세절목'과 '타량출군출세식'라는 것을 알 수 있다.[2]

---

2) 반계는 분전정세절목과 타량출군출세식이 자기의 전제개혁안임을 다음과 같이 설명하고 있다. 다음의 인용문에서는 今子之不憚煩, 而拜究思於節目間이라는 구절에

그리고 雜說, 田制雜議, 經傳所論井田之制, 秦·漢以後井田議論, 後魏·北齊·隋唐田制, 高麗田制 및 國朝田制는 기본적으로 분전정세절목과 타량출군출세식을 보충설명하는 자료에 불과한 것이다. 그러므로 반계의 전제개혁안의 내용을 파악하려면, 이 두 가지의 자료를 체계적으로 분석해야 한다. 그럼에도 불구하고 『반계수록』에 관한 기존연구에서는 千寬宇를 예외로 하면 이 두 가지 자료를 체계적으로 분석하고 있는 논문을 단 한 편도 찾아볼 수가 없었다. 무엇 때문일까. 그리고 반계가 전제개혁의 기본방안으로 채택하고 있는 전제는 정전제이다. 그러한 사실은 전제고설의 내용이 정전제의 제도적 특징을 직접적으로 검토하는 經傳所論井田之制 및 秦·漢以後井田議論과 經田을 제대로 행하지 못할 뿐만 아니라 공전제도도 유지하지 못하는 後魏·北齊·隋唐田制, 高麗田制 및 國朝田制에 대한 비판으로 구성되어 있는 점에서도 명백한 것이다. 그러므로 반계의 전제를 밝히려면 그가 제시하는 정전제의 구조를 제대로 밝혀야 한다.

대하여 주목해야 한다. 或有問於余, 曰士當平居所講明者, 道也, 而至於事爲, 則但當識其大體而已, 今子之不憚煩, 而拜究思於節目間, 何也. 曰, 天地之理, 著於萬物, 非物, 理無所著, 聖人之道, 行於萬事, 非事, 道無所行. 古者敎明化行, 自大經大法, 以至一事之微, 其制度規式, 無不備具. 天下之人, 日用而心熟, 如運水搬柴, 皆有其具, 以行其事. 周衰雖王道不行, 而其制度規式之在天下者, 猶在也. 是以, 聖賢經傳, 唯論出治之原, 以傳於學者, 而其制度之間, 則無所事於曲解也. 亡秦以來, 幷與其典章制度而蕩滅之, 凡古聖人行政布敎之節, 一無存於世者, 天下耳目, 膠固於後世私意之制, 不復知有先王之典章, 高才英智博於古者, 亦無由以得其詳也. 間有儒者, 識其大體, 謂可行之斯世, 而一欲有爲焉, 則施措之際, 事多礙礙, 而終至不可行者, 以其徒恃大體, 而條緖節目, 失其所宜故也. (柳馨遠, 『磻溪隨錄』(四) 忠南大學校, 475페이지, 書隨錄後)

2. 반계의 전제에 관한 팔레의 연구

팔레의 저서『유교적 경세론과 조선의 제도들』은, 6부, 26장과 1,275 페이지로 구성되어 있는 방대한 분량의 연구로서 독자들이 쉽사리 접근할 수 있는 저작이 아님에도 불구하고 그 목차에는 자기 저서의 전체적 구성을 요약·설명하는 항목을 설정하고 있지 않다. 그리고 그 副題도 '柳馨遠과 조선후기'라고 했으나, 유형원의 유일한 저서라고 해도 과언이 아닌『반계수록』의 서술체계가 소개되어 있지 않다. 그래서 그 저서의 목차를 소개해 보면, 서론, 제1부 조선전기 : 1392~1650, 제2부 사회개혁 : 양반과 노비, 제3부 전제개혁, 제4부 군제개혁, 제5부 관제개혁, 제6부 재정개혁과 경제 및 에필로그 : 조선의 유교적 경세학의 복잡성으로 되어 있다. 이 목차에서 볼 수 있듯이 제1~2부는 조선후기의 유교적 경세학이 전개되는 시대적 배경에 관한 연구이고, 제3~6부는 유교적 경세학의 구성분야들에 관한 연구이다. 필자가 파악하고 있는 유교적 경세학체계에 따르면 정전제에서는 국가유지의 2대 조건인 재정과 군사가 전제에 의존하는 것이므로 제3~6부의 목차는 전제개혁, 재정개혁, 군제개혁, 및 관제개혁의 순서로 기술되는 것이 좋지 않았을까 생각된다.

이 책은 위에서 지적한 바와 같이 그 기술의 순서가 다소 整序되지 못한 점이 있기는 하지만, 그러나 저작의 의도는 매우 뚜렷하다고 할 수 있다. 그것은 다름이 아니라 이 책을 저술할 당시에 한국사연구의 주류를 형성하고 있었던 민족주의적 및 근대지향적 조선후기사 연구를 극복하고 자기 나름의 朝鮮後期史像을 정립하고자 하는 큰 목표를 가지고 있었던 것이다. 그는 이러한 목표를 달성하기 위하여 두 가지 작업을 행하고자 했다. 첫째는 사상사적 측면에서『반계수록』에서 민족주의적 및 근대지향적 사상을 읽어낼 수가 있는가 하는 것이요,

둘째는 조선후기의 역사적 동향 속에서 김용섭의 '經營型富農'과 같은 것을 檢出해 낼 수 있는가 하는 것이다. 이 책은 기본적으로 사상사적 측면에서 조선후기사에 접근하고 있기 때문에 두 번째 과제가 이 책에서 얼마나 성공적으로 수행되었는지에 대해서는 쉽게 평가하기 어려우나, 첫 번째 과제는 매우 성공적으로 수행된 것으로 보인다. 그것은 西歐 연구자의 안목으로 볼 때, 조선후기의 실학사상에서는 이탈리아의 르네상스사상에서 보이는 바와 같은 근대적 사상의 출현이 보이지 않는다는 것이다.

李佑成과 金駿錫의 새로운 연구는 유형원의 일원론적 세계관이 도덕원칙과 현실정치 및 실제세계의 世俗的 일들이 상호 관련되어 있다는 개념 위에 기초해 있다는 것과, 그가 가치로부터 사실을 분리해 줄 것으로 기대했으나 그렇게 하지 못한 사람이라는 데 대한, 나의 확신을 확인해 주었다. 가치와 사실의 분리는 필경 르네상스에 있어서 객관적이고 경험적인 이성 및 경험적 관찰의 출현과 그것들의 기독교적 계시와 믿음으로부터의 결별을 刻印하였다.[3]

위와 같은 조선후기 실학의 사상사적 위치에 대한 팔레의 확인은 근대학문의 역사가 日淺할 뿐만 아니라 역사연구에 있어서 아직도

---

3) These new studies by Yi Usŏng and Kim Chunsŏk confirm me my conviction that Yu's unitarian world view was based on his concept of the interconnectedness of moral principles and the mundane affairs of government and the real world, and that he was the last person one might expect would launch the separation of the fact from value that supposedly marked the beginning of objective and empirical reason and empirical observation and its divorce from Christian revelation and faith in the Renaissance. (James B. Palais, Confucian Statecraft and Korean Institutions — *Yu Hyŏngwŏn and the Late Chosŏn Dynasty* — University of Washington Press, 1996, p. 13)

민족주의적 이념으로부터 벗어나지 못하고 있는 우리들에게는 매우 소중한 가르침이다. 그 이유는 그가 근대사상은 본래 서구에서 출현한 것이고 전근대사상에 있어서는 동서양을 불문하고 가치와 사실이 미분화 상태에 있었다는 것을 가르쳐 주고 있기 때문이다. 이러한 점에서 보면, 실학을 포함하는 儒學一般이 所以然之故과 所當然之則의 究明을 추구하는 義理之學이라는 사실을 보다 뚜렷이 인식할 수 있는 것이다. 그러나 17세기 이후의 유학은 서양의 천문학, 지리학 및 천주교 등으로 구성되는 西學으로부터 많은 영향을 받게 된다. 실학의 출현과 서학의 관련에 관해서는 아직도 본격적인 연구가 없으나, 실학에는 서학적 요소가 깊이 침투하고 있었는데, 19세기 중엽의 실학자인 崔漢綺에 이르면, 서학으로부터의 영향으로 드디어 학문의 패러다임이 義理로부터 曆算·物理로 이행함으로써 가치와 사실이 분리되기 시작한다. 여기에서 한국에서도 근대학문이 출현하기 시작하는 것이다.

自然이란 천지가 운행하는 이치이요, 當然이란 人心이 推測하는 이치이다. 학자는 자연으로써 標準으로 삼고, 당연으로써 窮理를 하게 된다.

자연이란 하늘에 속하는 것이니 사람의 힘으로 增減시킬 수 있는 바가 아니요, 당연이란 사람에 속하는 것이니 이것을 가지고 궁리할 수 있다. 당연 이외에 또 당연하지 않은 것이 있는 것은 仁 이외에 不仁이 있는 것과 같은 것이기 때문에, 당연하지 않은 것을 버리고 당연한 것을 취하며, 더 나아가 당연한 것 중에 또 우수한 것과 열등한 것 그리고 순수한 것과 얼룩진 것이 있어서 切磋琢磨하는 것이니, 요컨대 자연으로 標準을 삼는 것이 곧 궁리의 正路이다. 혹 昏迷한 사람이 있어서 오로지 자연 위에 있으면서 (자연을 —필자) 당연과 混同하여 궁리하는 것은 하늘을 대신하여 분주한 것이라 헛되고 無益하다. 도리어 당연을 잡고서도 전혀 궁리하지 않으니, 이것은 人道를 버리는 것

이라, 끝내 무엇이 이루어지는 것이 있으리요.[4]

　최한기의 실학에 있어서는 학문의 기본적 패러다임이 의리에서 曆算·物理로 이행하기 때문에 그의 문장과 그 문장에서 驅使되는 單語의 뜻을 해독하는 일이 간단치 않다. 왜냐하면 학문의 기본적 패러다임이 바뀌게 되면 새로운 개념이 출현하지 않을 수 없고, 또 이 새로운 개념을 표현하기 위해서는 새로운 단어가 출현하거나 거기에서 사용되는 단어가 옛날의 것과 같은 것이라 하더라도 그 뜻이나 뉘앙스가 조금씩 다르게 사용되지 않을 수 없는 것이다. 여기에서 인용하는 두 가지의 문장에서 등장하는 '자연', '당연', '推測', '天經' 및 '성경' 등과 같은 것이 그러한 것이라고 할 수 있다. 인용하는 문장에서 종래의 유학에서는 찾아볼 수 없는 개념과 단어가 있는데, 자연과 천경이 당연과 성경을 궁리하는 데 있어서 표준이 된다는 것은 새로운 개념이며, 推測, 물리 및 천경 등은 새롭게 등장하는 단어이다. 필자는 최한기의 실학에 관한 전공자가 아니기 때문에 이 문제에 대하여 더 깊이 파고 들어갈 능력이 없으나, 그의 저서인 『人政』은 한국에서의 학문이 전근대적인 것으로부터 근대적인 것으로 이행하는 과정에서 등장하게 되는 저술의 대표적 사례가 되지 않을까 한다.

　하늘은 大德을 가지고 있으나 말이 없으니 運行과 일로써 經典으로 삼고,

---

4) 自然者, 天地流行之理也, 當然者, 人心推測之理也. 學者, 以自然爲標準, 以當然爲功夫. 自然者, 屬乎天, 非人力之所能增減, 當然者, 屬乎人, 可將此而做功夫也. 當然之外, 又有不當然者, 如仁外有不仁, 故捨其不當然, 而取其當然, 且當然之中, 又有優劣純駁, 則講磨切磋, 要以自然爲標準, 是乃功夫之正路也. 或有昏迷者, 專在自然上, 錯用功夫, 是爲替天忙, 徒勞無益. 却將當然, 全不着意, 是爲棄人道, 竟有何成哉.(崔漢綺著·李佑成編,『明南樓叢書』一 成均館大學校 大東文化硏究院, 1971, 132페이지, 推測錄 卷二, 自然當然)

사람은 성덕이 있고 말이 있으니 人倫으로써 경전으로 삼는데, 그 말 없는 것을 잘 형용하는 것이 天道요, 사람의 이치를 극명하게 밝히는 것이 人道이다. 天經과 聖經은 변함 없는 常經이요, 時俗에 따른 勸善懲惡이나 일의 기틀에 따라 辨別하는 것은 곧 수시로 변하는 常經이다. 후세에 경전을 읽는 자는 천경으로 미루어 보아 성경을 헤아리며, 변함없는 경전으로 미루어 보아 수시로 변하는 경전을 헤아리면, 터득하는 바가 같지 않음과 古今에 뜻이 다름을 알 수 있다.[5]

앞에서 보는 바와 같이 팔레의 저서는 조선후기의 역사적 동향과 유교적 경세학에 관한 광범한 분야에 걸친 연구로 구성되어 있다. 그러므로 그 책에 대하여 서평을 한다고 할 때, 그 책의 全貌를 소개하고 평가하는 것이 서평자의 당연한 의무라는 것은 말할 필요도 없겠으나, 감히 실례를 무릅쓰고 이 서평은 그의 전제에 관한 연구에 한정하기로 한다. 그 이유는 두 가지이다. 첫째는 필자가 팔레의 저서의 전모를 철저하게 검토해 보지 못했다는 점이요, 둘째는 『반계수록』을 전부 精讀해 보지 못했다는 것이다. 따라서 이 서평은 커다란 한계를 가질 수밖에 없으나, 전제에 관해서만은 팔레의 연구, 『반계수록』의 전제 및 『반계수록』의 전제에 관한 기존의 연구들을 철저하게 검토한 위에서 서평을 행하고자 한다. 더 나아가 이 서평은 팔레의 저서에 대한 서평에 머물지 않고 서평이라는 형식을 빌려서 『반계수록』의 전제에서 피력된 유교적 경세학체계를 밝혀 보려는 의도도 가지고

---

5) 天有大德而無言, 以行與事爲經, 人有聖德而立言, 以倫常爲經, 善形容其無言者, 天道也, 著物理之剴切者, 人道也. 天人之經, 卽不易之常經也, 至若就時俗而勸懲, 在事機而辨別, 乃隨變之常經也. 後之讀經者, 推無言之經, 以測立言之經, 推庸常之經, 以測隨變之經, 可以知所得之不同, 古今之異宜.(崔漢綺著·李佑成編, 전게서. 183페이지, 推測錄 卷六, 聖經本於天經)

있다.

우선『반계수록』의 전제에 관한 팔레의 연구의 전모를 보기로 하자. 팔레의 저서는 제3부에서 전제에 관한 연구를 행하고 있는데, 그 머리말이나 그 결론에서 그의 전제에 관한 연구의 전모를 소개하는 글이 있으면 그것을 인용하는 것이 편리하겠으나, 유감스럽게도 그러한 곳이 없기 때문에 부득이하게 그 목차를 제시하여 전제에 관한 연구의 전모를 살펴보기로 한다. 아래에서 보는 바와 같이 '제3부 田制改革'의 목차는 머리말, 제7장 전제개혁 : 井田制와의 타협, 제8장 전제개혁을 통한 富의 재분배, 제9장 조선후기의 전제개혁안들 및 결론으로 구성되어 있다. 제7장은 중국역대의 전제를 소개하고 '정전제에 대한 유형원의 생각'을 소개했으며, 제8장에서는 유형원의 전제개혁안의 내용을 분석했으며, 제9장에서는 이익, 정약용 및 서유구의 전제개혁안을 검토하고 있다. 그런데 조선후기 실학자들의 전제개혁안에 관해서는 필자가 유교적 경세학체계를 거기로부터 획득한 정약용의 전제에 관한 팔레의 연구만을 검토해 보기로 한다.

팔레는 그의 저서의 서문에서 "그의 사상의 매력적인 측면은 적절하게 말하자면 이상과 현실 간의 타협적 자세를 이끌어내는 데서 발견되는데, 그러한 자세는 고대 성인들의 세계의 전면적인 회복이 불가능하다는 그의 깨달음이 빈번한 실용적 타협을 강제하는 과정에서 드러난다"고 했는데,[6] 이러한 그의 유형원의 사상에 대한 이해는 전제에 관한 연구에서도 그대로 드러나 있다. 제7장에서는 중국역대의 전제개혁안들을 고찰하고 거기에 비추어 본 유형원의 전제개혁안

---

6) The fascinating aspect of his thought is to be found rather in his working out of compromise positions between the ideal and the real, revealing in the process that his realization of the impossibility of total restoration of the world of ancient sage forced frequent pragmatic compromises. (James B. Palais, op. cit., p.10)

의 특징을 다음과 같이 파악했다.

앞의 장에서 말한 바와 같이 유형원은 唐과 고려(原文대로)의 균전제는 私有를 공적 소유 혹은 공전제로 대체하거나 소농과 그 가족들에게 같은 (혹은 비교적 균등한) 규모의 농지를 分給함으로써 정전제에 접근하는 데 성공했다고 믿었다. 그는 또 개인 혹은 건장한 성년남자를 전지의 분급, 과세 및 군역의 기준으로 삼는 일이 인구이동의 압력으로 붕괴되고 관료제가 부패와 惡政으로 흐를 수밖에 없는 자연적 경향이 사유재산의 재출현을 허용함으로써 그러한 일이 실패했다고도 했다. 마찬가지로, 사유지의 성장을 억제하려는 한전제 개념의 의도는 훌륭했지만, 한전제는 사유재산의 존재를 허용하고 그럼으로써 어떤 형태의 公田 혹은 토지의 공적 소유가 필요로 하는 필요조건을 위반함으로써 붕괴되었다. 만약 균전제와 한전제의 결함이 극복될 수 있다면, 정전제의 핵심은 봉건 이후의 중앙집중적, 관료제적 환경으로 이행될 수 있을 것이다.[7]

---

7) As mentioned in the previous chapter, Yu believed that the equal—field system of the T'ang and Koryŏ)(sic) had succeeded in approximating the well—field model by replacing private ownership with a public ownership or *kongjŏn* system and by providing plots of equal (or relatively equivalent) size to the peasant cultivators and their families. It failed, he added, because the use of individuals or able bodied adult males as the criteria of land grants, taxation, and military service broke down under the pressure of population movement, and the natural tendency of bureaucrats toward corruption and maladministration permitted the reappearance of private property. Similarly, the intent of the limited field concept to check the growth of private estates was admirable, but the system was flawed because it tolerated the existence of private property, thereby violating the requirement that some form of *kongjŏn* or public ownership of land was necessary. If the defects of the equal—field and limited—field models could be overcome, then the essence of the well—field model could be transposed to a post feudal centralized, bureaucratic environment. (*ibidem*, p.311)

위와 같은 팔레의 유형원의 전제에 대한 이해는 기본적으로 잘못된 것이다. 팔레가 주장하는 바와 같이 유형원은 조선에서는 정전제를 原形대로 실시할 수 있을 정도의 넓은 평야가 적다고 생각하고 전지구획의 모형을 9區의 정전제가 아니라 평양에 그 유적이 있다는 箕田을 참고하여 4구의 佃田制에서 찾으려고 했지만,[8] '고대 성인들의 세계의 전면적인 회복이 불가능하다'고 생각하고, 고대 성인들이 구상한 정전제를 漢나라의 限田制나 唐나라의 均田制와 折衷하여 수정하려고 한 일은 없다. 이 문제는 단순히 전제에 관한 연구에 국한되는 문제가 아니고 실학의 학문적 지향과 관련되는 것인데, 조선후기 실학의 指向은 전면적으로 中國三代의 학문 즉 고대 성인의 학문으로 돌아가는 데 있었던 것이다.[9] 이러한 점과 관련하여 유형원은 다음과 같이 말하고 있다. "멸망한 秦나라 이후 典章과 제도가 함께 없어지고 말았다. 무릇 옛 성인의 정치를 행하고 교화를 베풀던 節目이 하나도 남아 있지 않고 천하의 耳目이 후세의 私慾에서 나온 제도에 사로잡혀 다시 선왕의 전장이 있는 것을 알지 못하니, 옛일에 밝다고 하는 高才와 英智도 그 상세한 것을 얻어볼 길이 없다. 간혹 儒者 중에서는 그 대체를 알고 그것을 행할 수 있다고 말하면서 한 번 시행해 보려고 하는 자가 있기는 하지만, 실시할 때 일에 흠결이 많아서

---

8) Yu did not intend to recreate the total Chou historical context, let alone the well-field system in every feature, because the feudal age belonged to an irretrievable past. For example, one objection to the use of well-field model was that it required broad expanses of flat land to lay out nine square grids, but he argued that this kind fundamentalist literalism was misguided and unnecessary. A system of equal plots of land could readily be adapted to terrain like Korea's, where alluvial plains were interrupted with hills and rocky outcroppings, a point that he had learned from the Ch'eng brothers and Chang Tsai. A literal restoration of the well-field system was not necessary, only a successful adaptation of the essence of the well-field model to his time. (*ibidem*, p.311)

9) 본서, 24페이지의 「2) 訓詁, 義理와 經世致用」을 참조

끝내 시행되지 못하는 것은 한갓 大體만 믿고 그 條理와 절목이 마땅한 바를 잃어버렸기 때문이다."[10]

'井田制와의 妥協'이라는 제7장의 제목에서 보는 바와 같이 팔레는 '정전제에 대한 유형원의 생각'은 周代의 정전제, 漢의 한전제 및 唐의 균전제의 절충이라는 것이다. 그는 이러한 절충적 견해를 찾아내기 위하여 역대 중국의 전제에 관한 林勳, 朱熹, 薛季宣 및 呂祖謙 등의 중국인 연구자나 加藤繁, 宮崎市定, 堀敏一 및 周藤吉之 등의 일본인 연구자의 견해를 광범하게 검토했으나, 그러한 검토에서 위의 인용문에서 보는 것 이외에 정전제, 한전제 및 균전제의 절충으로써 제3의 토지제도를 유도해 낸 것은 없다. 팔레가 행하고 있는 역대중국의 토지제도에 대한 검토는 말미의 참고문헌에 있는 金容燮의 「朱子의 土地論과 朝鮮後期 儒者」에서도 행해지고 있는데, 거기에서 김용섭은 유형원의 전제에 대하여 "그는 주자가 難行하다고 한 周의 井田은 외형상 피했지만, 殷田 즉 箕田을 염두에 두면서 箕田이 田字形인데 착안하여 '四頃爲一佃 … 每一夫占受一頃'하는 佃田制를 시행할 것을 제시했다. 身分制를 전제한 위에서의 均田的 土地分給制였다"고하기도 하고[11] 또 李瀷의 균전제에 대해서도 "그는 그의 土地改革案으로서 '限田幾負 爲一戶永業田' '各以一頃爲永業'하는 限田法을 통해서 均田制를 성취할 것을 제언하였다"고도[12] 했다. 김용섭이나 팔레는 정전법, 한전법 및 균전법은 서로 절충해서 실시할 수 있는 것이라 생각했으나, 반계는 중국역대의 한전제나 균전제를 검토하는 「後魏·北齊·隋唐田制」의 결론 부분에서 이러한 절충을 명확하게 거부했

---

10) 주2와 같다.

11) 金容燮, 「朱子의 土地論과 朝鮮後期 儒者」(『增補版 朝鮮後期農業史研究』Ⅱ 一潮閣, 1990, 417페이지)

12) 앞의 책, 418페이지

던 것이다.

    살피건대, 균전제는 後魏에서 시작되었으나, 後周·齊·隋에서는 혹 시행되기
도 하고 폐지되기도 하다가, 唐나라에 이르러 그 제도가 완비되었는데, 그간
에 그 제도가 갖추어지고 갖추어지지 못한 것이 한결같지 않았으나, 역시 대
개 비슷했다. 그러나 田土로써 근본을 삼지 않고 人丁으로써 근본을 삼았기
때문에, 전지를 헤아려 제도를 정하며 經界를 바르게 하지 아니하고 人丁을
등록하여 賦役을 정하며 인구를 헤아려 전지를 나누어줄 뿐만 아니라, 또 科
條가 복잡하고 增減이 일정하지 않았다. 대개 경계가 정해지지 않으면 서로
다투고 침범하기 쉽고, 과조가 복잡하면 장부를 살피기가 어려운데, 살피기
어려운 장부를 가지고 뭇 사람이 다투고 침범하는 것을 막으려 하여도 그렇게
할 수가 없는 것이다. 이것이 비록 잠시 시행될 수는 있어도 끝내 도로 폐지
되고 마는 소이이다. 대개 사람은 토지가 아니면 살 수가 없고, 토지는 사람이
아니면 개간되지 않으나, 토지는 일정하여 옮겨지는 것이 아니요 사람의 動靜
과 存亡은 일정할 수가 없다. 이것은 전지에 근본을 두고 그 분배를 명확히 하
면, 사람은 그 중 있는 것이니 스스로 공평하게 되지 않을 수 없고, 전지에 근
본을 두지 않고 사람을 살피려 하면, 어긋나기도 하고 빠지기도 하여 살필 수
있는 방법이 없다. 이것이 그로 말미암아 다스려지고 어지러워지는 바가 나뉘
는 바이요, 만사의 근본이다. 아아, 진실로 자세히 생각하고 명확하게 징험하
는 사람이 아니라면, 누가 성인이 전지로써 부세를 내게 한 법을 만세가 되도
록 바꾸어서는 안 되는 것을 알겠는가.[13]

---

13) 按, 均田之制, 起於後魏, 而後周齊隋, 或擧或墜, 至唐其制始備, 其間雖有損益之不
    同, 大槩亦庶幾矣. 然不以土田爲本, 而以人丁爲本, 故不度田定制, 正其經界, 而籍丁
    定役, 計口分授, 又其科條多端, 增減不常. 夫經界不定則易以侵爭, 科條多端則簿書
    難詳, 執難詳之簿書而欲齊兆人之侵爭, 不可得也. 此所以雖得暫行, 而終歸於還廢
    也. 蓋人非土不生, 土非人不墾, 然而土者一定而不遷者也, 人者動靜存亡之不可常者
    也. 是本乎田而明其分, 則人在其中, 而自無不均, 不本乎田而欲察於人, 則參差漏脫,

반계의 정전제를 본격적으로 분석하는 제8장에서 보는 바와 같이, 팔레는 정전제를 한전제 및 균전제와의 절충 속에서 파악하려고 했기 때문에 반계의 정전제에 관한 연구에 있어서 많은 혼란을 자초하고 만다. 우선 그는 반계의 정전제의 기본특징을 위의 인용문에서 보는 바와 같은 經田이 아니라 公田制에서 찾으려고 했는데, 그 때문에 『반계수록』의 전제개혁안인 분전정세절목이나 타량출군출세식을 체계적으로 분석하지 못하고, 분전정세절목의 注記나 반계의 정전제를 보충설명하는 田制雜議 등에서 공전제에 관한 자료를 찾아내려고 노력할 수밖에 없었던 것이다. 반계의 전제에 관한 기존연구에 대한 검토에서도 보게 되겠지만, 이러한 연구경향은 반계의 전제를 均田制로 보는 金容燮 및 金駿錫의 경우에 있어서도 마찬가지였다. 팔레의 연구가 이들의 연구로부터 영향을 받았는지 받지 않았는지에 대해서는 알 수가 없으나, 팔레나 다른 연구자들이 반계의 정전제의 특징이 공전제에 있다고 보고 분전정세절목이나 타량출군출세식을 체계적으로 분석하지 않은 것은 반계의 전제에 관한 연구의 결정적 한계를 결과할 수밖에 없다고 하겠다.

팔레는 제8장 본문의 머리글에서 "유형원은 사유재산이 폐지되지 않고 토지의 보유나 분배가 공유라는 맥락에서 이루어지지 않으면, 정전제의 원리들이 자기 시대에는 적합하지 않다고 굳게 믿고 있었다. 그는 匿名의 상대와 대화하는 형식으로 공전을 옹호하고, 이것을 사전 혹은 사적으로 소유된 토지의 결함들과 대조시켰는데, 이 익명의 상대는 그의 저서의 처음부터 끝까지 그의 제안의 결함을 들추어내고 그의 논증을 정교하게 장식해 주는 유령과 같은 인물이다"고[14]

無由可察矣. 此理亂之所由分而百事之本也. 嗚呼, 苟非精思明驗者, 孰知聖人以田出賦之法, 誠萬世不可易也哉.(유형원, 전게서(一), 502페이지, 後魏·北齊·隋·唐田制)

14) Yu Hyŏngwŏn believed firmly that the principles of well－field system could not be

하면서, 이러한 논의의 자료적 근거를 田制雜議에서 찾아낸다. "公田
制라면 民産이 恒常되고, 인심이 안정되며, 교화가 이루어지고, 풍속
이 두터워져서 만사가 각각 그 분수를 얻지 않음이 없는데, 私田制라
면 일체 이것과 반대된다. 또 이 법이 행해지면 곡식이 물이나 불과
같이 흔해질 것이니, 또 어찌 오늘날과 같은 딱한 狀況이 있을 수 있
으리요."[15]

그러면 반계는 허물어진 공전제를 어떻게 회복하려고 하였는가. 이
문제에 대한 이해는 반계가 그 개혁의 대상으로 잡고 있는 임진왜란
과 병자호란 직후의 전지소유 상황에 대한 인식과 직결되는 것이기
때문에 매우 중요하다. 그런데 팔레는 반계가 개혁의 대상으로 하는
시대의 역사적 특징을 반계의 견해에 따라 奴婢制에서 찾으려고 했
으므로, 그것에 相應하는 토지소유 상황을 찾아내는 것이 그의 연
구에 있어서 매우 중요한 과제였음에도 불구하고, 그러한 문제에 대
한 특별한 인식이 없었다. 그는 兩亂 직후의 토지소유 상황을 지주제

---

adapted to his own time unless private property were abolished and land tenure and
distribution carried out in the context of public ownership. He defended his *kongjŏn* or
public land system and contrasted it with the defects of *sajŏn* or privately owned land in
the form of a dialogue with his anonymous adversary, that ghostly figure who pursued
Yu throughout his book to carp at his proposals and to provide him with a foil for the
elaboration of his arguments. (James B. Palais, op. cit. p.313)

15) 公則民産有恒, 人心有定, 敎化可成, 風俗可厚, 萬事無不各得其分, 私則一切反是耳.
且此若行, 菽粟如水火, 又焉有今世景象乎. (유형원, 전게서(一), 204페이지, 田制雜
議. 팔레는 이 구절을 다음과 같이 번역했다. If (land) is publicly (owned), the people
will have regular production, the minds of people will be settled, moral transformation
can be accomplished, mores and customs can be good, and in all things there will be
nothing in which each person does not obtain his shares. If land is privately (owned),
everything will be contrary to this and that is all there is to it. Moreover, if this method
(of public ownership) is carried out, then food will be as common as water and fire. How
could you have (the same) situation that exists in the present age?(*ibidem.* p.313~4)

가 고도로 발달한 宋代의 그것과 같은 것으로 인식하고 있는 것 같으나, 반계는 이와는 달리 인식하고 있었던 것 같다. 반계는 양란 직후를 地主制가 발달하지 못했던 것은 말할 필요도 없고 전지가 황폐화되어 공전제를 쉽게 회복할 수 있는 상황이라 생각했던 것으로 보인다.[16] 그러므로 그는 정전제를 시행하기 위한 사전의 몰수가 토지소유자들의 커다란 저항에 부딪히지 않겠느냐는 혹자의 우려에 대하여 그러한 것은 별로 문제가 되지 않을 것이라 대답했던 것이다. 그러나 팔레는 반계의 이러한 견해에 대하여 의문을 표시하면서 반계의 私田改革案을 송나라 林勳의 그것과 비교했던 것이다.

"이 법(반계의 전제―필자)의 시행은 관리가 백성들로부터 토지를 빼앗지 않을 것이다![나의 강조][당국은] [인구수와 전지의 총량]을 조사하고 계산하여 [전지를 그들에게] 나누어줄 뿐이다. 백성들은 각각 당연히 [전지] 받기를 바랄 것이고, 부자들도 자연히 자손과 노비에게 [그들의 전지를] 나누어줄 것이다.[林勳의 방식과 같다] 군역에 필요한 표준적 요구조건을 마련하는 일(立號出兵) 이외에 더 할 것이 없다. 따라서 千金을 가진 [부유한] 家計는 그 재산을 줄일 수밖에 없기는 하겠지만, 결과적으로 지금의 가난한 백성들보다 명백하게 형편이 좋을 것이다"라는[17] 반계의 사전해소방안을 제시하면서, 팔레는

---

16) 반계는 임란직전의 田結數를 1,515,500結로, 그 직후의 그것을 674,299결로 파악했다.(유형원, 전게서(一), 526페이지의 本國平時田結及癸卯乙亥量田數 및 530페이지의 卽今時起田結數(1606)를 참조할 것)『반계수록』은 1652~70년 사이에 저작되었으므로, 양란 직후의 분위기 속에서 저작되었다고 할 수 있다.

17) The implementation of this law will not involve officials taking away land from the people! [emphasis mine] The [authorities] will calculate the [number of people and amount of land] and divide up and grant [land to them]. Each of the people naturally hope to receive [land], and the wealthy will naturally divide up [their land] among their sons and slaves [à la Lin Hsün]. Nothing more will be done than to establish a nominal requirement for military service[iphoch'ulbyong]and that is all. Accordingly a [wealthy]

그것을 다음과 같이 해석했다. "달리 말하면 부자는 그들의 자손, 친척과 노비에게 단순히 전지의 名義를 이전하는 것이기 때문에 전지 몰수의 고통을 느끼지 않을 것이며, 그들은 옛날에는 부유한 자들이 지지 않았던 군역을 지는 자로 끝나고 말 것이다. 여기서 유형원의 입장은 南宋의 임훈의 원칙보다 조금 더 과격한데, 임훈의 방법은 평등한 소유로 점진적으로 이행하기 위한 수단으로서 자손 간의 재산분할과 限田制에 의존했던 것이다. 임훈은 사적 소유를 허용했으나, 유형원은 그것을 배제했다."[18]

정전제, 한전제 및 균전제가 토지의 사적 소유를 前提로 구상되는가 그것의 전면적 폐지를 전제로 구상되는가 하는 것은 土地制度史 연구에 있어서 매우 중요한 문제이다. 『中國思想文化事典』에 의하면, "永業田의 설치에서도 보여지는 唐代 이래의 토지사유화의 추세는, 五代로부터 송대에 걸쳐서 全土的으로 일반화되고, 이 이후의 전제는 농민층의 사적 토지소유를 전제로 하는 것으로 轉化한다"고 했다.[19] 이와 같은 토지의 사적 소유의 발달단계와 전제구상의 관련에서 보

---

household worth 1,000 gold (unit) has its property reduced , in the end it will definitely be better off than the poor people are now. (James B. Palais, op. cit. p.314) 원문은 玆法之行, 非官奪人田, 計民分給, 民各自爲望受, 則富人自當分於子弟奴僕, 不過立號出兵耳, 就使減省千金之家, 終必愈於自前貧窘之人矣.(유형원, 전게서(一), 205페이지, 田制雜議.)

18) In other words, the rich could not feel the pain of confiscation because they would simply transfer title to land their sons, relatives and slave, who would be the ones who would end up performing military service, not the old wealthy families. Yu's position here was only slightly more radical than the formula of Lin Hsün of the Southern Song, who counted on the division of property among heirs and a limited – field plan as the means for a gradual transition toward equality of landownership. Lin tolerated private ownership but Yu ruled it out. (*ibidem*. p.314~5)

19) 溝口雄三 等篇, 전게서, 178페이지.

면, 양란 직후의 조선의 사적 토지소유의 발달상황은 아직도 지주제
가 일반화되지 못한 단계일 가능성이 높다. 그리고 유형원과 임훈의
전제개혁안은 균전제가 아니라 정전제였던 것이다. 그러므로 그들의
전제개혁안의 전모를 밝히려면 연구의 시야를 토지소유 문제에 국한
해서는 안 된다. 임훈의 전제개혁안을 담고 있다는『本政書』13편은
현재 남아 있지 않음에도 불구하고 그의 전제개혁안이 주목을 받았
던 이유는 그것이 宋高宗의 經界之法의 시행과 관련하여 저술되고 전
제개혁에 관한 논의에 있어서 經田을 중요시하는 朱熹에 의하여 주
목받았기 때문이었던 것으로 보인다.[20]

　宋史의 자료에 의하면 임훈의 井田法의 골격은 다음과 같다. 첫째,
1井을 18夫가 正田 50畝씩으로 나누어 경작한다. 둘째, 1정으로부터
錢穀을 묶어서 10분의 1세를 징수한다. 셋째, 1정으로부터 軍丁 2인
과 馬 1필을 징발한다. 넷째, 良農은 正田 50무를 초과하는 羨田을 판
매하거나 대여하거나 자손 등에게 상속할 수는 있으나 전지를 더 매
입할 수는 없다. 다섯째, 50무 미만을 소유하는 次農이나 전지가 없
는 隸農은 정전 50무의 1夫에 이르기까지 전지를 매입할 수는 있으
나 판매할 수는 없으며, 경작하는 농지가 1부의 정전 50무에 이르기
까지 양농의 羨田을 借耕하고 賭租를 바친다. 여섯째, 이러한 법을 오
래도록 시행하면 양농의 토지를 빼앗지 않고서도 균전을 달성할 수
가 있다. 이상과 같은 임훈의 정전법은 양농에게 전지의 매입을 금지
한다는 점에서 限田法的 원리를, 차농과 예농에게 1부의 정전 50무에
이르기까지 전지를 매입할 수는 있으나 판매할 수는 없게 했다는 점
에서 균전법적인 원리를, 아울러 지니고 있었다. 이러한 점에서 정전
법은 1井을 기준으로 전세와 군역을 징수하는 동시에 국가가 토지의

---

20)『四庫全書』의「林勳傳」,「本政書序」및「(宋史)本政書」를 참고할 것.

소유를 규제하면서 인민들에게 토지의 균등한 분배를 행하는 넓은 의미의 토지제도라는 성격을 가지고 있는데,[21] 유형원은 임훈의 전제 개혁안이 經田을 우선하지 않고 단지 농민들이 농지를 고르게 소유·경작할 수 있도록 전지의 매매를 규제하는 일에만 始終한다면 제대로 시행될 수 없을 것이라고 예리하게 지적했다.[22]

지금까지의 고찰에서 보이는 바와 같이 임훈과 유형원의 전제개혁안은 지주적 토지소유를 전제로 하는가 국가적 토지소유를 전제로 하는가 하는 토지소유에 대한 견해는 서로 달랐지만, 정전제라는 점에서는 동일했다. 그러면 정전제의 기본특징은 무엇인가. 그것은 국가가 토지의 소유를 통제하면서 經田에 입각한 전지의 균등한 분배와 경작을 기초로 전지로부터 전세와 軍役을 징수하는 제도이다. 다시 말하면 경전을 기초로 하는 균등한 전지의 분배와 경작에 기초를 두어야 공평한 전세와 군역을 징수할 수 있다는 것이다. 여기에서 의문으로 제기될 수 있는 문제는 지주적 토지소유하에서 전지의 균등한 분배가 어떻게 실현될 수 있는가 하는 점일 것이다. 專制國家에서의 지주적 토지소유는 本源的 소유가 아니라 中間的 소유이다.[23] 그러므로 전근대의 중간적 토지소유자는 전근대의 重層的 소유자 중의 하

---

21) 溝口雄三 等編, 전게서, 175페이지.

22) 按, 勳之全書雖不可見, 陳亮之言如此, 而朱文公呂東萊皆喜其說, 謂其有志復古, 則可謂後世不易得之書矣. 惜乎, 時不能講而行之也. 但其言不以正經界爲先, 而欲姑聽買賣, 則有所未盡, 行亦有礙弊矣.(유형원, 전게서(一), 481페이지, 後魏·北齊·隋·唐田制)

23) 중간적 토지소유에 관해서 李瀷은 다음과 같이 말했는데, 진실로 正鵠을 찔렀다. 王政不歸於經界, 皆苟而已矣. 貧富不均, 强弱殊勢, 如何能平治國家. 不能奪此與彼者, 徒以各自占據, 視作己有耳. 目旣習, 故一欲變動, 嘩然以駭, 殊不知王者之天下. 凡天下之田, 莫非其土, 黎庶之各名其田, 不過就王土中一時强占, 原非本主. 比如父有什器, 諸子分占, 或多或少, 至父命分俵, 則多者不敢擄有也.(『星湖僿說』卷之七 人事門, 均田) 중간적 토지소유의 이론에 관해서는 中村 哲, 『近代世界史像の再構成』青木書店, 1991의 제5장을 참조하라.

나로서 본원적 소유인 국가적 토지소유를 배제하는 것이 아니다. 따라서 임훈의 전제구상에서 보듯이 지주제하에서도 국가는 토지의 균등한 분배를 달성하기 위하여 균전제나 한전제를 통하여 국가적 토지소유권을 행사하고 있었던 것이다. 본래 정전제는 封建制와 整合的이라 생각되어 왔는데, 그 이유는 봉건제에서는 기본적으로 領主的 토지소유하에서 봉건지배층이 重層的으로 封을 授受함으로써 중간적 토지소유를 배제했기 때문이 아니었을까 생각된다.

그러면 반계의 정전제를 본격적으로 설명하는 제8장은 위와 같은 정전제의 특징, 즉 경전, 전지의 균등한 분배와 경작, 전세 및 군역에 따라 記述되고 있는가. 팔레는 정전제의 기본특징을 공전제라는 토지소유의 측면에서 파악하려고 했기 때문에 그렇게 서술할 수가 없었다. 그러한 사정은 제8장의 '전제개혁을 통한 부의 재분배'라는 章名에서도 쉽게 읽힐 수 있는 것이다. 제1절은 '전제개혁의 기본 원리들'로서 공전제에서의 사대부 및 농민에게의 농지분배와 경전 및 과세의 원리를 설명했으며, 제2절은 '국유와 계층 및 신분에 따른 배분'으로서 농민, 사대부, 국가기구 및 왕실에게의 전지배분을 설명하고 있다. 위와 같은 설명과정에서 반계의 정전제를 구성하는 특징들인 경전·전지배분·전세·군역 등이 여기저기 흩어져 설명되고 있기는 하지만, 정전제의 구조를 이해할 수 있도록 설명되지 못한 점이 아쉽다. 그러나 이러한 설명의 혼란은 팔레의 저서에서만이 아니고 반계의 전제에 관한 기존의 연구에서 일반적으로 보이는 현상이다.

마지막으로 제9장에서 서술되고 있는 정약용의 전제에 관한 팔레의 연구를 검토해 보자. 팔레는 정약용의 전제에 관한 논의를 초기의 '전론'(1799년에 집필) 및 후기의 '전제'(1815~18년간에 집필)로 나누어 설명하고 있는데, 후기의 전제에 관한 논의로서는 '전제별고'(1820년경에 집필)도 있었다. '전론'이 국가적 토지소유를 전제로 한다는 팔레의 이해는 정당하나, 거기에서 전개되는 인민들의 九職으로의 분업과 사대부들에게의 전지배분 문제에 대해서는 오해가 있다. 분업은 『주례』에 따른 것이므로 유교적 重農主義로부터 벗어나는 것이 아니며, '전론'의 분업론에 따르면 '農者得田, 不爲農者不得之'이므로 사대부들이 농지의 用益으로부터 배제되는 것은 당연하다.[24] 이러한 팔레의 정약용의 분업론에 대한 오해는 『목민심서』의 「勸農」에 있는 九職으로의 분업에 관한 자료를 金容燮이 '경영형부농'의 사례로 자의적으로 해석한 것을 부정하는 과정에서 빚어지고 있다.[25] 그리고 '전제' 12편은 정전제의 실시를 목표로 한 것이기는 하나, 국가재정의 한계로 임시적으로 공전만을 국유화하고 사전은 限時的으로 사유에 맡겨 두기로 한 것인데, 팔레가 이것을 효율성과 생산성의 향상을 위하여 사유재산을 허용하는 방향으로 다산의 생각이 바뀌었다고 해석한 것은 잘못이다.[26] 다산은 궁극적으로 모든 토지를 국유화하려고

---

24) Living in an age when the use of cash and market activities had developed beyond what existed during Yu's time, Tasan was convinced that merchants and artisans could make adequate livings on their own, and he was willing to limit land grants only to those farmers willing to cultivate the land with perseverance and diligence. Although he justified this position by a slight reinterpretation of classical thought, insisting that the ancient Chinese sages had always intended to limit grants only to willing and able tillers of the soil and had thus allowed others to function as artisans and merchants, his instincts definitely marked a departure from the fundamentalist Physiocracy of traditional Confucian thought. (James B. Palais, op. cit. p.374)

25) 본서, 페이지 참조

26) The evolution of Tasan's proposals on land reform does illustrate a shift from an ancient model of national ownership and equal distribution similar to Yu's plan, to an acceptance of private property with greater efficiency and productivity. The development of this mode of thought can not be attributed to the logical fruition of Yu's ideas, but to Tasan's observation of prevailing practices in farm management in the early nineteenth century, stimulated no doubt by King Chŏngjo's abject failure to seize the initiative for a land

했다. '전제별고'의 方田法과 魚鱗圖는 장차 정전제의 실시를 목표로 結負制를 전제로 하는 양전기법인데, 팔레는 이 점을 전혀 이해하지 못했다. 따라서 '전제'와 '전제별고'가 經田을 목표로 하는 전제개혁안이라는 점도 이해할 수가 없었던 것이다.

제3부 田制改革의 목차

머리말

제7장 田制改革 : 井田制와의 妥協

一. 전제개혁과 부의 불평등한 분배

一. 사유재산

一. 周代의 정전제

1. 9개의 구획 : 제후와 농민의 구역

2. 1백 무의 구획

3. 채지(봉건제후의 영지) 와 사대부

一. 한의 한전제

一. 균전제

1. 중국 : 북위에서 당까지

2. 고려의 토지제도

一. 전제개혁에 대한 송대의 견해

1. 정전제의 복구 가능성

2. 한전제의 방안들

3. 주희 : 한전제에 대한 회의론

4. 1백 무의 토지단위

5. 부유한 지주에 대한 옹호 : 왕안석과 섭적

---

reform program in the 1790's(James B. Palais, op. cit. p.379)

3. 分田定稅節目과 打量出軍出稅式의 분석

위에서 설명한 바와 같이 유형원의 전제개혁안은 분전정세절목과 타량출군출세식이다. 『반계수록』 전제의 雜說, 田制雜議 및 田制攷說 上下는 분전정세절목과 타량출군출세식을 보충설명하는 자료에 불과하다. 그러면 유형원은 위의 두 자료에서 그의 전제개혁안의 핵심을 무엇이라 생각했을까. 이 두 자료를 면밀하게 검토해 보면, 그것은 結負制를 頃畝制로 개혁하려고 한 것이라는 것을 알 수 있다. 그가 이러한 전제개혁안을 구상하게 되는 배경에는 조선의 歷代量田제도인 결부제가 전지의 실태를 파악하지 못함으로써 賦稅수입이 자의적 수탈인 貢物에 의존할 수밖에 없고 군역의 징발이 질서가 없어서,[27] 국가가 재정은 물론 상비군도 제대로 확보하지 못하는 상황이 있었다. 바꾸어 말하면 조선의 量田제도를 결부제로부터 경무제로 개혁함으로써 국가의 2대 유지조건인 재정과 상비군을 확보하려고 했던 것이다. 여기에서 그는 이러한 양전을 구현할 수 있는 토지제도로서는 井田制가 가장 적당하다고 생각했다. 유형원이 이러한 전제개혁안을 구상하게 되는 사상적 배경으로서는 진시황 이후의 人慾에 사로잡힌 제도를 버리고, 中國三代의 이상적인 小康사회로 복귀하려는 의도도 있었던 것이다. 이러한 생각은 조선후기 실학사상에서 전개되는 경세학의 일반적인 志向이기도 했다.

옛날의 정전법은 지극했다. 경계가 한번 바로잡히니, 만사가 이루어졌다. 모

---

27) 凡田改結負, 定以頃畝本國結負之規, 本是擧末遺本之法. 若行公田, 尤不可不改用頃畝法. 蓋頃法各等地廣皆同而稅有差等, 此以地爲本者也, 結法各等稅數皆同而地有闊狹, 此以稅爲主者也. 今田唯收稅, 兵有搜丁, 有田者不必有役, 有役者不必有田, 則田與人爲二途, 猶可用結法. 公田之法, 均人以田, 計田出兵, 有田者必有役, 有役者必有田, 則田與人今一矣, 必用頃法, 以正經界而後, 乃爲均也.(유형원, 전게서(一), 64페이지, 分田定稅節目)

든 백성은 恒業이 있으며, 병정은 搜括하는 폐단이 없으며, 귀천과 상하는 각각 직업을 얻지 못함이 없어서, 이 때문에 인심이 안정되고 풍속이 두터워졌는데, 옛날에 (나라가 — 필자) 수백 년, 수천 년 동안이나 공고히 유지되고 禮樂이 흥행했던 것은 이러한 根基가 있었기 때문이다. 후세에는 전제가 허물어지고 (전지의 — 필자) 私占이 무한하게 되니, 만사가 허물어지고 일체가 이와 반대로 되었다.[28]

위의 인용문은 『반계수록』 田制上의 처음 문장이다. 『반계수록』의 서술은 전제로부터 시작하므로 이것이 『반계수록』의 처음 문장이기도 한 것이다. 그러므로 이 문장은 유형원의 전제개혁안의 基本規定으로 받아들여져야 한다. 여기서 유형원은 그의 전제개혁안이 정전법임을 분명히 선언했던 것이다. 정전법은 經田을 전제로 하는데, 정전법이 시행되면 백성들에게는 恒産과 직업이 보장되고, 전세의 징수와 군역의 징발에 있어서 폐단이 없어져서 禮樂이 일어나고 풍속이 두터워진다는 것이다. 그러면 그는 정전법이 어떻게 이러한 일을 성취할 수 있다고 생각했는가.

아래의 문장에서 보는 바와 같이 그는 토지를 천지의 근본이라 보았다. 그러므로 근본이 바로잡히면 도모하는 모든 일이 하나도 그 마땅한 바를 잃어버리지 않을 것이라 생각했는데, 그의 이러한 생각의 배후에는 전제를 바로잡으면 기본적으로 모든 일이 바로잡힐 수 있는 역사적 배경이 있었던 것으로 보인다. 그가 『반계수록』의 집필을 구상할 때에는 마침 金堉에 의하여 대동법이 전국적으로 확장·시행되

---

28) 古井田法至矣. 經界一正而萬事畢. 擧民有恒業之固, 兵無搜括之弊, 貴賤上下無不各得其職. 是以人心底定, 風俗敦厚, 古之所以鞏固維持數百千年禮樂興行者, 以有此根基故也. 後世田制廢, 而私占無限, 則萬事皆弊, 一切反是.(앞의 책, 37페이지, 分田定稅節目)

고 田結에 대한 과세가 재정수입에서 차지하는 비중이 커지기 시작했다. 그리고 『반계수록』의 도처에서 漢나라의 한전제와 唐나라의 균전제는 토지를 근본으로 삼지 않고 사람을 근본으로 삼음으로써 전제로서 실패했다는 지적도 이 점과 관련하여 깊이 음미해 볼 필요가 있을 것으로 보인다.

비록 좋은 정치를 하려는 君主가 있어도, 田制를 바로잡지 못하면, 끝내 民産이 안정되지 못하며, 끝내 詞訟이 그치지 않으며, 끝내 형벌이 줄어들지 않으며, 끝내 賄賂가 그치지 않으며, 끝내 풍속이 두터워지지 않으니, 이러하고서도 정치와 교화를 행할 수 있는 자는 없다. 이렇게 되는 것은 무엇 때문인가. 토지는 천하의 큰 根本이다. 이미 큰 근본이 바로잡히면, 도모하는 모든 일이 따라서 하나도 그 마땅한 바를 얻지 않음이 없고, 이미 큰 근본이 문란하면, 도모하는 모든 일이 따라서 하나도 그 마땅한 바를 잃어버리지 않음이 없다. 만약 정치의 근본을 깊이 인식하는 사람이 아니라면, 역시 天理와 人事의 득실과 이해가 여기에 귀착한다는 것을 어찌 알겠는가. 그러나 뒤의 사람으로서 뜻이 있는 자는 오늘날에 그러한 일을 행해 보고자 하지만, 산과 계곡 때문에 전지가 井田으로 구획되기 어렵고, 公田과 采地는 의심되고 구애되는 일이 있어서 시행하기 어렵다고 여긴다.[29]

정전제가 위에서 보는 바와 같이, 백성들에게는 恒産이 있게 하며, 국가에는 재정과 상비군을 갖출 수 있게 하며, 사회적으로는 풍속을

---

29) 雖有願治之君, 若不正田制, 則民産終不可恒, 賦役終不可均, 戶口終不可明, 軍伍終不可整, 詞訟終不可止, 刑罰終不可省, 賄賂終不可遏, 風俗終不可厚, 如此而能行政教者未之有也. 夫如是者, 其何故乎. 土地, 天下之大本也. 大本旣擧, 則百度從而無一不得其當, 大本旣紊, 則百度從而無一不失其當也. 苟非深識治體者, 亦安知其天理人事得失利害之歸至於此哉. 然後之有志者, 莫不欲行之於今, 而以山溪之地, 井界難成, 公田采地, 事有疑礙爲難.(앞의 책, 37페이지, 分田定稅節目)

두텁게 하며, 문화적으로는 禮樂이 興起·유지되게 하는 좋은 제도임에도 불구하고, 그것이 시행되지 못하는 이유는 어디에 있었던 것인가. 위의 인용문의 말미에서 보는 바와 같이 그것은 산과 계곡이 있어서 정전으로 구획할 수 있는 넓은 평야가 적으며, 공전제를 회복하고 이를 기초로 전지를 배분할 수 있는 마땅한 제도를 수립하기가 어렵다고 생각하기 때문이라는 것이다. 그러면 반계의 전제개혁안에서는 위와 같은 곤란을 극복하고 정전제를 실시할 수 있는 어떠한 방안이 마련되고 있는가. 정전으로의 전지구획에 대해서는 반드시 井田形으로 전지를 구획하지 않더라도 정전의 실질이 구현될 수 있도록 전지를 구획할 수 있으며, 인민들과 사대부를 위한 적절한 전지의 배분방법을 마련하면, 공전제도 쉽게 시행될 수 있다고 했다.

만약 오늘날의 마땅한 바에 따르고 옛날의 뜻을 참작하여 행하는 데 법도가 있으면, 지형은 반드시 넓지 않더라도 그 제도가 불가할 것이 없으며, 公田을 반드시 설치하지 않더라도 10분의 1세를 실현할 수 있으며, 采地를 반드시 설치하지 않더라도 각각 먹고살 길이 있다. 자연의 이치에 합당하고 오늘날에 행하기가 쉬우면, 만민은 안정할 처소를 얻고 여러 가지의 도모하는 일이 순조로우며, 비록 井田形으로 구획하지 않더라도 井田의 내실이 모두 그 속에 있게 된다. 또 당나라와 고려에서 난처했던 患難이 없으며, 지극히 공정하고 올발라서 먼 훗날까지 행할 수 있으며, 지극히 간결하고 요령이 있어서 마땅하지 않은 바가 없다. 삼가 아래에 그 條例를 갖춘다.[30]

---

30) 苟能因今之宜, 酌古之意, 而行之有法, 地形不必寬而制無不可, 公田不必置而可爲什一, 采地不必設而各有其養. 合於自然之理, 易於今日之行, 萬民得所, 百度皆順, 雖不畫爲井形, 而井田之實, 俱在其中. 又無唐麗難處之患, 至公而正, 可行於遠, 至簡而要, 無所不該. 謹具條例于下.(앞의 책, 38페이지, 分田定稅節目)

그는 전지를 정전으로 구획하지 않고 또 공전을 설치하지 않고서도 정전제에 의한 經田과 10분의 1세의 징수를 실현할 수 있는 방안으로서 평양에 그 유적이 있다고 전해지는 韓百謙의 箕田制를 제시하였다. 반계는 조선에서 정전제를 시행한다고 하더라도 그것이 조선의 전통과 풍속에 적합해야 실시하기가 쉽다고 생각했다. 그는 결부제를 개혁하여 경무제를 시행할 때 1頃을 중국1경의 절반의 면적인 40斗落으로 잡도록 했으며, 정전제를 실시하기 위하여 전지를 구획할 때에도 9頃(·夫) 1井이 아니라 4경(·부) 1個으로 구획하려고 했다. 다시 말하면 9경의 井田制 대신에 4경의 佃田制를 실시하려고 했던 것이다. 더 나아가 1個으로 구획할 수 없는 곳에서는 1頃이나 1畝의 方田이나 直田으로 구획하여 전지의 면적만은 정확하게 파악하려고 했다. 그리고 전지의 배분에 있어서는 頃夫라 불리는 농민들에게는 정전제에서와 같이 1경을 분급하고 士大夫에게는 2경으로부터 12경에 이르기까지 田地를 差等 있게 지급하되, 농민의 受田地는 60세에 頃夫의 군역이 면제될 때 그리고 사대부의 수전지는 受田者가 사망할 때 그 전지를 국가가 還收하게 함으로써 公田制를 유지할 수가 있다고 생각했다.

무릇 100步가 1畝가 되며, 100무가 1頃이 되며, 4경이 1個이 된다. 1夫마다 1경을 받아 차지하되, 법에 따라 수세하며, 4경마다 兵 1인을 낸다. 士로서 처음으로 입학하는 자는 2경을 주며, 內舍에 들어가는 자는 4경을 주되, 出兵을 면제한다. 職官은 9品으로부터 7품까지는 6경, 등수가 올라가 정2품에 이르면 12경인데, 모두 출병을 면제한다. 벼슬하는 자가 벼슬하면 녹봉(과 전지─필자)를 받고, 관직을 사직하고 집에 있을 때에도 역시 그 전지로써 먹고 살게 한다. 吏胥와 僕隷로서 관청에서 役을 지는 자는 京城이면 봉록을 넉넉히 지급하여 족히 老幼를 부양하게 하고, 京外이면 사정을 고려해서 봉록과 전지를

정하되 2인에 1頃으로 하고, 역시 출병을 면제한다.[31]

위의 조례는 그 자체로서는 내용이 매우 분명하지만, 그것을 어떻게 시행할 것인가 하는 문제에 이르면 보충설명이 필요할 것으로 보인다. 보충설명이 필요한 것은 역시 정전으로의 토지구획과 사대부에게의 전지분급에 관한 것인데, 전자에 대해서는 타량출군출세식의 해설에서 자세히 다룰 예정이므로 여기에서는 우선 사대부에게의 전지분급문제에 대하여 살펴보도록 한다. 頃夫의 受田에 대해서는 토지소유문제 및 출세·출군과 관련해서는 보충설명이 필요 없을 것 같다. 그것은 농민이 경작하는 公田으로서 나이 20에 受田하고 60에 군역이 면제될 때 국가에 還田되는 出稅·出軍의 田地이다. 그런데 사대부들에게 지급하는 전지는 어떠한 성격의 토지인가. 그것은 사대부들이 대대로 公稅를 먹는 采地나 世祿田은 아니라고 했다. 왜냐하면 봉건제도를 실시하지 않으면서 채지나 세록전을 지급하는 제도를 오래도록 시행하게 되면 전국의 전지를 이들이 거의 차지할 것이기 때문이다. 그러면 채지나 세록전이 아니면서 사대부들에게 경제적 안정을 보장하는 토지제도로서는 어떠한 것이 있을 수 있는가. 반계는 그러한 제도는 학교에 입학하거나 관직에 나아가는 사대부들에게 公田을 분급하여 그들이 노비나 雇工을 데리고 그 전지를 經營하다가 受田者가 사망할 때 국가가 그 전지를 환수함으로써 수립될 수 있다고 했다. 사대부의 經營地는 田稅는 부담하지만 出兵은 면제한다.[32] 반계

---

31) 凡百步爲一畝, 百畝爲一頃, 四頃爲一佃. 每一夫占受一頃, 依法收稅, 每四頃出兵一人. 士之初入學者二頃, 入內舍者四頃, 免其出兵. 職官九品以上至七品六頃, 遞加至正二品則十二頃, 並免出兵. 仕者仕則受祿, 罷官家居, 亦資其田. 吏胥僕隷役於官者, 京則優給其祿, 足以養其老幼, 外則祿田參定而二人一頃, 亦免出兵.(앞의 책, 43~4 페이지, 分田定稅節目)

32) 凡免兵者, 其田稅則皆同上(앞의 책, 44페이지, 分田定稅節目)

는 그러한 전지의 분급제도를 限田法이라 했다. 여기에서 우리는 반계가 사대부를 농민과 구별하여 신분적으로 특별히 우대하여 국가의 棟梁으로서 양성하려고 했다는 것을 볼 수 있다.[33]

또 살펴보건대, 옛날에는 전지를 받는 것이 모두 100畝이고, 大夫와 士의 집에는 采地가 있고 世祿田이 있었는데, 채지와 세록전은 역시 거기에서 나오는 公稅의 수입을 먹게 할 뿐이었다. 이렇게 하면 받는 전지가 증감하는 폐단이 없고 군역을 옮기는 폐단이 없어서 지극히 정돈되고 합당하다. 그러나 후세에는 사람을 쓰는 데 있어서 채용하고 내쫓는 것이 일정하지 않아서 형편상 공세를 먹는 법을 시행하기가 어려운데, 封建을 부활하지도 않고 단지 이 법만을 쓰고자 하면 춘추시대에 대대로 벼슬하는 길을 열어 주는 폐단이 없을 수 없기 때문에, 이제 限田法을 겸용하여 儒士 이상에게 전지를 遞增해서 지급하고 出兵을 면제했다.[34]

限田制를 參用하는 佃田制에서의 전지배분 원칙은 다음과 같다. 모든 인민들은 頃夫로서 나이가 20세가 되거나, 학생으로서 입학하거나 관직에 나아가면, 전지를 분급받는다. 농부 1夫는 1경을 받는데, 4경 즉 1佃에서 軍丁 1인을 낸다. 校生으로서 外舍에 입사하는

---

33) 한국경제사의 연구에 의하면, 16~17세기에 적게는 수백 두락, 많게는 2천여 두락에 이르는 양반의 奴婢制大經營이 있었다고 한다.(이영훈, 『한국경제사』 1, 일조각, 2016, 366페이지 「4. 양반과 노비」를 참조할 것) 사대부의 經營地는 2경(80두락)~12경(480두락)인데, 반계가 사대부의 경영지를 설정하려고 할 때 이러한 양반의 노비제경영을 염두에 두었던 것일까. 앞으로의 연구과제이다.

34) 又按, 古者受田者皆百畝, 而大夫士之家, 有采地有世祿田, 采地世祿田亦令食其公稅之入而已. 如此則無受田增減之弊, 無籍兵移改之弊, 極爲整當. 而後世用人, 陞黜無定, 食稅之法, 勢難以行, 不復封建, 而但欲用此, 則又不無啓春秋世卿之弊, 故今兼取限田法, 儒士以上定田有加, 而免其出兵.(앞의 책, 54페이지, 分田定稅節目)

자는 2경을 받고 內舍에 입사하는 자는 4경을 받되 出稅는 하나 出兵은 면제한다. 職官은 9品으로부터 7品까지는 6경, 그 중간은 2경씩 遞增하다가, 正2品이 되면 12경을 분급받는데, 모두 출세는 하나 출병은 면제한다. 大君·君·公主·翁主는 職官과 같이 12경을 분급받는데, 별도로 각각 500斛·420곡·340곡·260곡의 賜稅를 받는다. 工商은 50畝를 분급받되 保布는 반으로 줄인다. 그리고 전지를 분급받은 자들이 늙어서 출세·출군의 의무로부터 면제되거나 사망하면 전지를 환수한다. 佃田制에서의 전지배분원칙은 위와 같은데, 거기에는 크게 두 가지의 목표가 있었다. 첫째는 頃夫에게의 전지분급인데, 그것은 전지를 기준으로 전세와 군역을 징수함으로써 경작하는 전지는 없는데 부세는 부담해야 하는 부조리를 제거할 뿐만 아니라 국가의 재정수입과 상비군을 확실하게 확보하려는 것이었다. 둘째는 사대부에게의 전지분급인데, 그것은 사대부들에게 전지를 분급하여 經營하게 함으로써 祿俸과 더불어 그들의 경제생활과 사회적 지위를 확실하게 보장하되 수전자가 사망할 때에 분급한 토지를 회수함으로써 토지의 겸병을 방지한다는 것이다. 頃夫인 일반농민들보다 우대하여 사대부의 신분을 경제적으로 보장하는 조치인데, 이것은 限田制的 방식으로 운용하고자 했다.

혹자가 말하기를, '士 이상은 농업을 직업으로 하지 않는데 전지를 정하여 더해주는 것은 무엇 때문인가' 한다. 대답하기를, 이것은 限田法을 쓰기 때문에 그러하다. (士 이상은—필자) 이렇게 한 이후라야 그 率丁을 거느리고 그 집을 보전할 수 있을 것이니, 만약 전지를 지급하지 않으면 마땅히 관에서 봉록을 지급해야 하는데, 그러나 공가에 從事하지도 않는데 달마다 廩祿을 지급하는 것은 역시 사정상 행할 수 없는 바이다. … 대개 농사를 지어서 세금을 내어 윗사람을 供饋하는 것은 野人의 일이다. 道를 배워서 그 직책을 수행하면서 세금을 먹는 자는 士君子의 일이다. 이것이 곧 보편적인 의리이요 역시 이것이 옛날의 뜻이다. 그러나 옛날의 봉건이라면, 采邑의 세금을 먹는 집은 또 그 땅을 지배하고 인민에 대한 통치도 역시 그 사람에게 책임을 지웠다. 비록 그 사람이 公朝(封主의 家를 가리키는 것으로 보인다—필자)에게 봉사한다고 하더라도 그 家宰로 하여금 그 전지를 대리로 관리하게 하는 것은 마치 그 집의 百乘이 나라의 千乘에 편입된다고 하더라도 公家(公朝를 가리킨다—필자)가 出兵할 때에는 역시 그로 하여금 그것을 통솔하게 하는 것과 같다. 일이 이미 이와 같기 때문에 능히 저러할 수가 있었는데, 후세의 대부로서 직책이 없는 자는 당연히 凡民과는 달라야 하는데, 이미 집에서 거주하게 되면 야인과 같으니, 하물며 벼슬도 해보지 못한 선비는 어떠하겠는가. 이 때문에 세금을 먹게 하는 법은 옛날의 뜻과 비슷한 것 같으나 실제로는 모조리 합치하지 않는 것이다. 무릇 사물은 씨줄과 날줄이 있는 연후라야 사용할 수 있어서, 布帛에 비유하면, 이것은 씨줄만 있고 날줄이 없는 것이니, 시도해 보면 시행하기 어려운 것을 스스로 알 것이다. 오직 이 限田法이라야 비록 시세에 따른 제도라고 하더라도 井井해서 문란하지 않으며 모든 일이 순조로워서 정전의 실질이 그 속에 갖추어 있게 된다. 中國三代의 정치가 이루어지지 못할 것이 하나도 없다.[35]

---

35) 或曰, 士以上非業農者, 而定田有加何也. 曰, 此用限田法, 故然爾. 如此然後能容其率丁而保其家, 若不給田, 當自官給祿, 然不從仕於公, 而月給廩祿, 亦勢所不行. … 大緊治田而出稅供上者, 野人之事也. 學道而修職食稅者, 士君子之事也, 此乃通義, 亦是古意. 然古者封建則采邑食稅之家, 又掌其地, 人民之治, 幷責之其人. 其人雖仕公朝, 令其家宰代理之, 如家之百乘, 編入於國之千乘之內, 公家有用, 則亦使其人領之. 事旣如是, 故能如彼, 而當後世大夫無官者, 雖異凡民, 旣是家居, 則實同野人, 況未仕之士乎. 是以食稅之法, 似是古意, 而實不盡合也. 凡物必有經緯, 然後能成其用, 譬諸布帛, 此猶有經而無緯者也, 試使行之, 自知其難以行矣. 惟此限田, 雖是因時之制, 井井不紊, 百事皆順, 井田之實, 俱在其中. 三王之治, 無一不可成者.(앞의 책, 55 페이지, 分田定稅節目)

위와 같은 한전제를 겸용하는 정전제가 실시되기 위해서는 公田制가 전제되어야 함은 말할 필요도 없을 것이다. 국가가 농민에게나 사대부들에게 지급하는 전지를 마음대로 나누어주고 거두어들이는 권한을 가지고 있어야 정전제가 안정적으로 운영될 수 있는 것이다. 그러면 유형원은 공전제를 회복하고 유지할 수 있는 어떠한 특별한 구상을 가지고 있었던 것인가. 그가 『반계수록』을 집필하던 임진왜란과 병자호란 직후에는 지주에 의한 토지겸병이 아직도 본격적으로 전개되지 못했던 것은 앞에서 고찰해 본 바와 같다. 유형원도 田制雜議에서 이 문제를 다루고 있는데, 거기에서는 공전제의 실시가 '田連阡陌'하는 부자들의 반대에 부딪힐 것으로 보는 사람이나 별스러운 문제가 없을 것으로 보는 사람이나 私有地에 대한 약간의 조치만 강구하면 공전제 회복이 쉽사리 이루어질 것으로 보았다. 전자는 부자들에게 僉正이나 察訪에게 지급하는 정도의, 사대부들에게 지급하는 경영지를 지급하면 공전제 실시에 별문제가 없을 것으로 보았고, 후자는 부자들이 그의 전지를 자손들이나 친척들에게 분배하는 것을 허용하는 정도로 공전제 실시가 가능하다고 보았다. 이와 같은 유형원의 지주제적 토지소유에 대한 인식은 농민의 토지소유를 무시하고서는 아무런 일도 이루어질 수 없다는 18세기 이후의 성호 및 다산의 인식과 크게 달랐다는 것을 알 수 있다. 다시 말하면 반계는 보편화된 지주제적 토지경영은 상정하고 있지 않다.

혹자가 말하기를, 법을 행하는 처음에 부자는 고통을 면하지 못할 것이다. 오늘날 편안히 살면서 학문도 하지 않고 백성들에게 덕을 베푸는 것도 없으면서 전지는 阡陌에 잇닿아 있고 그 富는 鄕邑에서 으뜸인 자는 본디 그 분수에 어그러지기는 하지만, 그러나 부유한 생활에 익숙하게 된 지가 오래되었는데 갑자기 전지를 줄인다면 역시 인정상 난감할 것이니, 마땅히 너그럽게 보아 주어서 오늘날의 僉正이나 察訪 따위들이 納粟하고 影職을 받는 것처럼 實職의 예에 따라 전지를 받고 출병을 면제하는 것을 허락하되 사후의 관례가 되지 않도록 하면, 전제는 행해지고 오래되어도 해가 되는 일이 없어서 세월이 지나면 자연히 바른 데로 돌아가고, 부자는 (전제를 행하는―필자) 초두에 원망이 없을 것이다 한다. 대답하기를, 이와 같은 일은 한 때의 작은 權道에 속하는 것이니, 만약 시세를 보아서 부득이한 일은 옛날 사람들도 역시 행했던 것이다. 그러나 이 일은 반드시 그러한 것 같지 않다. 이 법을 행할 때에는 관청에서 남의 토지를 빼앗아 백성들에게 분급하는 것을 허락하는 것이 아니요, 백성들이 각각 스스로 원하는 전지를 받게 하는 것이니, 부자들은 스스로 자제나 노복들에게 분급하고 家號를 세워서 軍丁을 내게 할 뿐이다. 설사 千金을 줄이는 집이라고 하더라도 끝내는 반드시 종전의 빈궁한 사람보다는 좋을 것이다. 비록 이것은 깊이 생각한 말이기는 하지만, 법을 행하는 처음에 또 이러한 길을 열어 주면, 사람들이 다투어서 재화를 추구하는 데 분주하게 될 것이니, 衆志를 하나로 통일하여 근본을 세우는 바가 아닐 것이다. 옛날부터 성인이 제도를 수립하여 백성들을 편하게 하는 데는 다른 방책이 있었던 것이 아니다. 추구하는 바가 천하를 위하여 도모하고 자기 개인을 위하여 도모하지 않으면, 복종하지 아니하는 사람이 없다. 공정하게 집행하면 일이 바로 세워지지 않는 것이 없다. 만약 이렇게 한다면, 사람들은 각각 그 안식처를 얻고 그 분수를 편안하게 여길 것이다. 반드시 법을 구부려서 요행을 바라는 백성들에게 대처해서는 안 된다.[36]

---

36) 或曰, 行法之初, 富人未免爲苦. 今逸居不學, 無德於民, 而田連阡陌, 富冠鄕邑者, 固爲僭分, 然習富已久, 卒然減省, 亦人情所難堪, 宜當寬貸, 許納粟拜影職, 如今僉正察訪之類, 依實職例, 受田免兵, 令後勿爲式, 如此則田制之行, 不害於永久, 久後自歸於正, 而富人無怨於初頭矣. 曰, 如此等事, 係於一時微權, 苟量時審勢, 有不得已者, 則古人亦有行之者. 然此則恐不必. 玆法之行, 非官奪人田, 計民分給, 民各自爲望受, 則富人自當分於子弟奴僕, 不過立號出兵耳. 就使減省千金之家, 終必愈於自前貧窘之人矣. 此雖曲思深慮之言, 行法之初, 又開此路, 則人爭興心, 奔走財貨, 非所

유형원이 지주제의 발달에 의한 토지겸병을 그렇게 큰 문제로 생각하지 않았다면, 그러면 그는 자기 시대의 최대의 문제를 무엇으로 인식하고 있었던 것인가. 그는 그것을 奴婢制라 생각했다. 그는 "조선왕조에 들어와 법을 제정한 바가 또 인민들을 몰아서 賤人으로 들어가게 하고, 들어간 자들은 나오지 못하게 하기 때문에, 천인은 점점 많아져서 8~9할이나 되고 良人은 점점 감소하여 겨우 1~2할에 머물게 되었다"는 것이다.[37] 팔레의 연구에 의하면, "그 세기(17세기―필자)에 있어서뿐만 아니라 (아마 훨씬 뒤로 고려왕조의 10세기까지 거슬러 올라가는) 여러 세기 전에도 한국은 전체인구의 30% 이상과 수도인구의 3분의 2 정도가 노비였던 전형적인 노비제사회였으며, 노비의 대부분은 良人 주인의 지배를 받았다"고 한다.[38] 이러한 사실은 조선시대의 재산상속에 관한 연구에 있어서도 확인되는데, 임진왜란 이전에 있어서 재산으로서는 전지보다 노비가 훨씬 중요시되었다고 하는 연구결과와 관련해서 생각해 보면, 17세기에 이르기까지 조선사회가 노비제사회였다는 반계와 팔레의 주장은 확실한 근거가 있다고 할 것이다. 그런데 반계는 문제는 조선사회가 단순히 노비제사회라는 데 있었던 것이 아니라 이 노비제 때문에 일어나는 사회적 혼란에 더 큰 문제가 있다고 생각했다. 따라서 반계에게는 어떻게 하든 이 노비제

以一衆志立大本之道也. 自古聖王之創制安民, 無他術也. 其所存, 爲天下謀, 而不爲一己謀, 則人無不服. 執之以正而行之以公, 則事無不立. 苟如是, 則人各得其所, 而安其分矣. 不必曲爲之法, 以處倖民也.(앞의 책, 205페이지, 田制雜議)

37) 至於本朝, 則制法又驅人入賤, 有入無出, 故賤者漸多, 十居八九, 良人漸少, 僅存一二.(유형원, 전게서(四), 433페이지, 奴隷)

38) Not only in that century, but for many more centuries before (possibly as far back as the tenth century in the Koryŏ dynasty) Korea was a bona fide slave society with 30 or more percent of its overall population and approximately two‑thirds of its capital population slaves, most of whom were under yangban masters.(James B. Palais, op. cit. p.118)

의 문제는 해결되지 않으면 안 되는 것으로 생각되었던 것이다.

　오늘날 나라는 가난하고 군대는 허약하여 떨치지 못하는 것은 奴婢法 때문이다. 强弱이 서로 침탈하며 爭訟이 번거로우며 骨肉이 서로 질투하며 풍속이 붕괴되는 것도 역시 모두 노비법 때문이다. 채찍과 곤장질이 뜰에 가득하고 송사하는 문서가 구름처럼 몰려들어서 관직을 맡은 자가 땀을 흘리고 정력을 다하여 힘써 일하더라도 政事와 敎化를 생각할 겨를이 없는 것은 대개 모두 奴婢와 田地의 일 때문이다. 가령 일일이 적당한 사람을 얻어서 神明하게 판결한다고 하더라도 국가의 治亂에 무슨 도움이 되겠는가. 이러한 폐단이 제거되면 나라가 다스려지고 가정의 살림은 넉넉하게 되며, 백성들은 편안하게 되고 물자는 풍부해져서, 三代의 정치가 이루어지기 어렵지 않을 것이다.[39]

　반계는 사람이 사람을 재산으로 사고파는 노비제는 진실로 옳지 않다고 생각했다.[40] 당시에 奴婢主는 노비에 대하여 조그마한 仁義도 없었고, 그들을 매매하는 것은 물론 짐승과 같이 취급했다고 한다. 반계에게는 이러한 노비제 자체도 견딜 수 없었는데, 이 노비제 때문에 사람들이 서로 침탈하고 骨肉間에도 서로 다투어서 訟事는 끊이지 않고 풍속이 무너져서, 통치자들이 이 일을 처리하느라 나라를 제대로 다스릴 수가 없는 것이 더욱 큰 문제로 생각되었다. 그래

---

39) 今國貧兵削, 不能自振者, 奴婢法之故也. 强弱相吞, 爭訟煩多, 骨肉相猜, 風俗壞敗者, 亦皆奴婢法之故也. 當官者, 鞭笞滿庭, 簿牒雲委, 揮汗疲精, 不暇念及於政敎者, 大抵皆奴婢田地之事也. 假使一一得人神明剖決, 亦何有益於天下國家之治亂乎. 此弊已祛, 則國理家給, 民安物阜, 三代之治, 不難致矣.(유형원, 전게서(四), 435페이지, 奴隷)

40) 今我國以奴婢爲財, 夫人者同類, 豈有人以人爲財之理. 古者, 問國之富, 數馬以對, 是雖天子諸侯, 只是爲理人之任, 而未嘗以人爲己財物也. 今本國之俗, 則問人之富, 必以奴婢田地爲言, 於此, 亦可見其法之非而俗之痼也.(앞의 책, 435페이지, 奴隷)

서 그는 전제개혁을 단행할 때 노비제도 폐지하려고 했던 것이다.[41] 그러면 노비제의 폐지와 전제개혁 간에는 어떠한 관계가 있었던 것인가. 전제개혁이 이루어지는 경우 노비제가 폐지될 것이므로 노비의 사역이 어려워질 것이라는 양반들의 우려에 대하여, 그는 노비제의 폐지는 점진적으로 이루어질 것이며 정전제가 시행된다고 하더라도 노비 대신에 雇工이 출현할 것이므로 양반들은 타인노동의 이용이 어려울 것이라 걱정할 필요는 없다고 했다.[42] 그리고 그는 정전제를 실시할 때 公私의 外居노비에게도 토지를 분급하려고 했다.[43] 그는 정전제를 구상함에 있어서 古經을 참조할 뿐만 아니라 당시 농민의 營農實情을 널리 조사하여 농민들에게 40두락 1頃의 전지를 분급하려고 했는데,[44] 노비가 인구의 절반 가까이를 차지하는 상황에서 이루어지는 이러한 전제개혁의 구상은 노비들에게도 小農으로 자립할 수 있는 기회를 부여하려고 한 것으로 이해될 수밖에 없을 것

---

41) 卽今變通之宜, 當仍其從母之法, 均用畫一, 謂良女所生, 則從良可也. 而如王政已行, 正百度而洗偏陋, 則奴婢之法, 在所必罷, 較然矣.(앞의 책, 433페이지, 奴隷)

42) 雖論以公田旣行之後, 亦無所異於今, 何者. 公田之時, 亦祿有高下之品, 田有多寡之科, 其有貴賤貧富, 則尤整然有常. 雖無兼幷人得均受, 而大夫士外, 無游食之人, 故農者益眾, 而人常有剩食. 又況天下雖無禁馭, 而不能自立者, 自不爲無人, 大夫士不患无代役之人矣. 蓋公田之法, 但令貧富隨貴賤, 貴賤隨賢愚而已. 其他凡百儀等之差, 與今例皆一樣耳.(앞의 책, 434페이지, 奴隷)

43) 若公私賤外居受田者, 爲束伍軍, 二頃出一人, 亦不番上而本地鍊習如今例.(유형원, 전게서(一), 88페이지, 分田定稅節目)

44) 或曰, 此四十斗之地, 亦或未免不足. 若以今中國百畝, 則幾於八十斗地, 如此, 則尤爲戶皆豊足而無貧弱之患矣. 曰, 非不欲人人有餘, 亦嘗審思之廣詢之, 亦嘗試之於地矣. 若果如此, 則不得受田者甚多, 而受者亦過於其力. 今夫山峽之民, 一夫一婦, 所治僅水田十斗旱田一日餘耕, 幷計不過種稻二十斗地, 亦能饒足. 野衍之人, 一夫所治幾種稻三十餘斗, 而亦有飢寒者, 蓋山居者其地貴, 故少耕而勤力, 則所獲倍加, 而野人地廣, 故多占而魯莽, 則所收不實故也. 以此見之, 民之貧饒, 由於勤惰, 不專在於田之廣狹. 適於其力, 則人皆勤業, 此乃所以使民豊足之道也. 今此四十斗地, 本爲容其率丁於其中, 豈可謂不足乎.(앞의 책, 44페이지, 分田定稅節目)

이다. 반계의 전제개혁과 관련하여 이 시기의 농업경영에 대하여 검토해 보는 것은 매우 흥미 있는 연구주제가 될 것으로 생각되나, 이 것은 이 소론의 범위를 벗어나는 일이므로 생략하기로 한다.[45]

마지막으로 전세의 수취에 관하여 살펴보도록 하자. 세종 때에 제정된 結負制에서는 田分을 6등으로 나누고 年分을 9등으로 나누어서 연분에 따라 20분의 1세로서 1結에 대하여 미 4~20두(밭에서는 黃豆를 거두고 황해도 이북에서는 粟米로 거두기도 했다)를 징수하도록 했다. 그러나 결부제에서는 전지의 실태를 파악하기 어려운 가운데 전분과 연분을 파악하는 일 또한 어려웠기 때문에 下三道에서는 20~40두락을 1결로 잡고 경기도에서는 80두락을 1결로 잡아 1결에 대하여 下下年의 田稅米 4두를 징수하는 것이 관행으로 되었다. 결부제에서는 賦稅로서 貢物과 軍役이 일정한 기준도 없이 별도로 징수됨으로써 賦稅의 수취에 있어서 엄청난 혼란을 자초하였는데, 반계는 결부제를 개혁하여 정전제를 시행함으로써 모든 부세를 전지를 기준으로 일괄적으로 징수하고자 했다. 군역에 대해서는 타량출군출세식의 분석에서 설명하기로 하고 우선 전세에 대해서 보면, 전세는 田分을 9등으로 나누고 年分을 3등으로 나누어 각각 20분의 1세를 수취하도록 했다. 전분과 연분에 따른 40두락 1頃의 전세는 아래의 표와 같은데, 조선시대의 관행에 따라 논에서는 米를 거두고 밭에서는 黃豆를 거두도록 했다. 1斛은 10두인데, 官斗 1석(平石이라 했다)은 15두, 민간의 1석(全石이라 했다)은 20두였다.

---

45) 18세기의 소농경영에 관해서는 宋贊植,「朝鮮後期 農業에 있어서의 廣作運動」(『朝鮮後期 社會經濟史의 研究』一潮閣, 1997)을 참고할 것. 사대부들에게 분급되는 경영지가 어떻게 경작될 것인가 하는 문제가 앞으로의 반계연구에 있어서 매우 중요한 과제로 되지 않을까 생각된다.

1頃의 田稅

等數	上年所出(벼)	上年	中年	下年
1等	400斛	10斛	8斛	6곡
2등	360곡	9곡	7곡 2두	5곡 4두
3등	320곡	8곡	6곡 4두	4곡 8두
4등	280곡	7곡	5곡 6두	4곡 2두
5등	240곡	6곡	4곡 8두	3곡 6두
6등	200곡	5곡	4곡	3곡
7등	160곡	4곡	3곡 2두	2곡 4두
8등	120곡	3곡	2곡 4두	1곡 8두
9등	80곡	2곡	1곡 6두	1곡 2두

　정전법에서는 10분의 1의 전세를 거두는 것이 기본원칙인데, 그는 왜 20분의 1의 전세를 거두려고 했을까. 그는 벼 2두를 미 1두로 계산했는데, 당시의 사정으로서 벼 2두가 白米 1두가 되지 못하여 벼와 미를 3 : 1로 계산하면 전세가 거의 15분의 1이 되고, 또 전세를 수납할 때에 들어가는 '耗費'를 감안하면, 20분의 1세는 실제로는 10분의 1세가 될 것이라 말하고 있는데,[46] 이 전세 이외에 농민이 부담하는 '모비'는 어떠한 것이었을까. 반계가 전세율을 결부제하의 그것으로 잡으려고 한 것은 아직도 貢物이 완전히 大同米로 전환되지 못하고 郡縣의 운영비로 지출되는 雉鷄柴炭價米와 雇馬庫가 아직도 자의적인 수탈에 의존하고 있었던 사정을 염두에 두고 있었던 것은 아닐까. 그러니까 반계의 시대에는 아직도 雉鷄柴炭價米·雇馬庫 등이 전결의 부담으로 되어 있지 않았기 때문에 정전제를 실시한다고 하더라도 모

---

46) 二十取一, 而以皮穀一斛出米五斗爲式. 今皮穀一斛, 多不能出米五斗, 約爲十五而取
　　一矣. 官取十五之一, 則雖計輸納耗費, 民間所出, 裕爲十一也. (유형원, 전게서(一),
　　132페이지, 分田定稅節目)

든 부세부담을 전결로 돌릴 수 없었던 것이 아니었을까 추측된다. 또 조선후기에는 농지개발의 수준이 낮아서 전등으로서는 下等田이 압도적으로 많고 수리시설이 정비되지 못하여 풍년보다는 흉년이 많았으므로, 아래의 전세수취에서 보는 바와 같이 반계는 1경의 전제를 8등전 下年의 전세인 18두를 거두는 것으로 계산했다. 다시 말하면 조선후기에는 移秧法이 보급되어 농업생산력이 크게 향상되기는 했으나, 아직도 수리시설이 보급되지 못하여 농업생산은 극히 불안정했던 것이다. 위에서 보는 바와 같이 반계의 정전법에 의한 전세는 다산의 정전제에서의 전세와는 달리 부세의 총칭이 아니므로 그것만을 가지고 국가의 재정수입을 알 수가 없으나, 그것을 조선후기 1結의 전결부담 백미 40두와 비교해 보면, 너무나 낮은 것이 사실이다. 다시 말하면 반계가 살았던 17세기는 18세기 이후와는 질적으로 다른 시대였던 것으로 보인다.

지금까지는 유형원이 구상하는 전제개혁의 내용에 대하여 고찰해 보았다. 그 내용을 간략히 요약해 보면, 첫째는 사람을 기준으로 양전하는 결부제를 극복하고 토지를 기준으로 양전하는 정전제를 실시함으로써 전지의 실태를 명확하게 파악하는 일, 둘째는 공전제를 회복하고 유지함으로써 농민들에게는 恒産을 보장하고 사대부계급에게는 그 신분의 유지에 필요한 전지를 분급할 수 있는 토지제도를 구상하는 일, 셋째는 자기시대의 최대의 사회적 병폐라고 생각했던 노비제를 폐지하고 노비들에게도 恒産을 보장함으로써 그들이 국가의 튼튼한 기반인 良人으로서 거듭날 수 있도록 하는 일이 아닌가 생각된다. 그런데 이러한 전제개혁을 실시하기 위해서는 공전제의 회복과 井田으로의 전지구획이 필수적이었는데, 공전제의 회복과 유지에 대해서는 이미 충분히 설명했으므로 지금부터는 전지구획에 관하여 살펴보기로 한다. 유형원은 조선에서 정전제를 실시함에 있어서는 여러가지의 變容이 필요하다고 생각했는데, 특히 전지구획에 있어서 그러할 수밖에 없다고 생각했다. 그래서 그는 우선 9頃의 정전제를 4경의 佃田制로 변용했는데, 또 더 나아가 지형상 正方의 佃田으로 구획할 수 없는 곳에서는 直方으로라도 開方해서 전전으로 구획하려고 했으며, 도저히 佃을 이룰 수 없는 곳은 數頃이나 數畝로 전지를 구획해서 그것들을 餘田으로 삼고자 했다. 위에서 볼 수 있듯이 그는 전지구획에 있어서 佃田制가 되게끔 佃田으로의 전지구획을 중요시했지만, 그보다도 더 중요시한 것은 전지를 正方이나 直方으로 구획하여 전지의 실태를 정확하게 파악하는 일이라고 생각했던 것 같다.

무릇 전지를 구획함에 있어서는 모두 正方의 頃을 이루도록 한다. 언덕진 땅이면, 비록 높고 낮은 곳이 있더라도 역시 무방하며, 다만 그 높고 낮음에 따라 정방으로 구획한다. 오직 산발치나 냇가의 전지로서 뾰족하고 비뚤어져서 정방으로 구획할 수 없는 곳은 그 지형에 따라 開方法으로써 끊고 보태고 하여 頃을 이루도록 한다. 경을 이룰 수 없는 곳은 혹 數10畝 혹은 1~2무를 가지고 餘田으로 삼는다. 무릇 佃을 이룰 수 없는 곳은 그 지형에 따라 1~3경으로 구획하고, 경이 되지 못하는 곳은 그 畝數에 따라 餘田으로 삼는다.[47]

위의 문장에서 보는 바와 같이 유형원은 조선에서 정전제를 실시하기 위하여 무엇보다도 전지를 頃이나 佃으로 구획하는 일이 중요하다고 생각했다. 이러한 전지구획에 있어서는 溝渠의 축조나 도로의 건설이 반드시 필요할 것이므로 전지의 측량을 위한 설계도가 없

---

47) 凡制田皆畵方成頃原陸之地則雖有高低亦無妨.只任其高低而皆可畵方.雖山谷之間不甚隘處.亦必如此. 唯傍山臨水地形尖仄, 不可畵方處, 隨其形, 以開法, 折補以成. 其不能就成處, 或數十畝或一二畝爲餘田凡不成佃處, 隨其地爲三二一頃, 不成頃處, 隨其畝數爲餘田.(앞의 책, 73페이지, 分田定稅節目)

어서는 안 되는데,『반계수록』내에서는 그러한 설계도가 보이지 않는다. 그는 전지구획을 위한 측량의 기점을 道路나 川邊에서 찾으려고 하기도 하고,[48] 또 아래의 인용문에서 보는 바와 같이 田界의 구획을 형편에 따라서 논밭의 두렁이나 도랑이나 돌무더기로써 행하려고 했는데, 물론 그가 經傳에 있는 전지구획의 방법을 몰라서 그렇게 하려고 한 것은 아니고, 본래 우리나라에서는 전지구획에 대한 역사적 경험이 없었으므로 전지구획에 대한 정확한 지식이 없었기 때문이 아니었던가 추측된다. 다산의 정전제와 方田制의 경우에 있어서는 전지구획에 관한 명확한 설계도가 있기는 하지만, 그 설명에 있어서 약간의 혼란이 있었다. 이러한 혼란 또한 조선에서는 전지구획에 관한 역사적 경험이 없었던 데에 기인하는 것으로 보인다. 그리고 전지의 구획 작업은 기본적으로 경작자의 노동에 의존하려고 했다.

전지의 境界를 구획할 때에는 가지런하고 바르게 하도록 힘쓰되, 역시 모름지기 일시에 성취하려고 너무 서둘러서는 안 된다. 처음으로 打量할 때에는 꽂아 놓은 표목에 따라서 대강 開方·整理하고, 매년 농한기에 각각 그 田夫로 하여금 점차적으로 논밭의 두렁을 쌓고 도랑을 파도록 한다논밭의 두렁을 쌓거나 혹은 도랑을 파거나 혹은 돌을 쌓되, 형편에 따르도록 한다. 每頃의 경계에는 작은 두렁과 도랑이 있고, 每佃의 경계에는 큰 두렁과 도랑이 있는데, 打量을 할 때에 작은 두렁과 도랑이 있는 곳에는 측량하여 1步半을 남기고, 큰 두렁과 도랑이 있는 곳은 3步를 남긴다. 원래 도로가 있는 경우에는 國路는 12步, 官路는 9보, 鄕路는 6보, 里路는 3보이다. 수령과 敬差官이 點檢하고 督勵한다.[49]

---

48) 制頃之法, 凡遇道路川溪之類, 皆界此作頃.(앞의 책, 76페이지, 分田定稅節目)

49) 經界務令齊正, 而亦不須太急迫一時成就. 初打量時, 隨其揷標, 槩爲開整, 使逐年農隙, 各其田夫漸封溝之封土或開溝或累石, 隨其形便. 每頃之界, 有小封溝, 每佃之界, 有大封溝. 打量之際, 小封溝處, 量留一步有牛, 大封溝處, 留三步. 原有路, 則國路十二步, 官路九步, 鄕路六步, 里路三步. 守令敬差官巡野檢飭.(앞의 책, 78페이지, 分田定稅節目)

위에서 보는 바와 같이 佃田으로의 전지구획작업은 경작자가 행하도록 했다. 현대의 경지정리사업에 있어서는 경지정리는 토지개량사업이기 때문에 원칙적으로 그 토지의 소유자가 비용을 부담하도록 하되, 국책사업인 경우는 정부로부터의 보조금이 있다. 정전제하에서는 전지가 公田이기는 하지만, 그 전지를 경작하여 이익을 얻는 자는 田夫이기 때문에 그로 하여금 전지구획의 비용을 부담하도록 한 것으로 보인다. 또 이 시기의 전부는 국가의 公民인 동시에 제왕의 臣民이기 때문에 그가 王土의 개량사업에 봉사하는 것이 당연한 의무로 생각되었을 것이다. 그러므로 전부는 자기가 用益하는 전지의 구획사업뿐만 아니라 도로의 건설사업에도 봉사하도록 했던 것이다. 그리고 전지의 구획사업은 국책사업이기 때문에 당연히 수령과 경차관의 감독하에서 이루어진다. 반계는 전지구획사업이 엄청나게 큰 사업이라는 것을 알고 있었기 때문에 이 일은 서둘러서 행할 것이 아니라 점진적으로 행해야 할 것으로 생각했다. 그는 "진실로 實心으로써 이를 점차적으로 행하고 잊어버리지 않는다면, 일을 베풀어서 행하는 초기에 곧 효과가 있고, 6~7년 후에는 자연히 4방의 경계가 공고하게 되고 영구히 보존될 수 있을 것이다"라고[50] 했다. 물론 정전으로의 전지구획 사업이 이와 같이 간단히 이루어질 수는 없었다. 다산은 그 기간을 30년으로 잡았으나, 그것도 낙관적인 견해였다. 전근대에 경지정리가 이루어진 나라의 역사적 경험에 비추어 보면, 경지정리사업은 여러 역사시대에 걸쳐서 점진적으로 이루어졌던 것으로 보인다.

　이상이 분전정세절목에 대한 분석이다. 분전정세절목은 이해하기 어려운 곳이 한두 곳이 아니지만, 그 내용의 대강은 위와 같을 것이다. 그러면 지금부터는 打量出軍出稅式의 내용에 대하여 살펴보도록

---

50) 誠以實心行之以漸, 而勿忘廢焉, 則設行之初, 便有其效, 而至於六七年之後, 則自然
　　經界無不周固, 而可保永久矣.(앞의 책, 79페이지, 分田定稅節目)

한다. 전자는 정전제의 이론적 문제에 관한 설명인데 대하여 후자는 打量·出軍·出稅의 과정에 관한 설명이다(이 이후의 기술은 타량출군 출세식의 요약이기 때문에 일일이 典據를 제시하지 않기로 한다). 우선 타량은 감사와 수령의 주관하에서 이루어진다. 감사와 수령은 타량하기 반년 전에 經界事目과 측량방법 등을 준비하고 面別로 監官 2인과 書記 1인을 선발하여 이들이 전지구획에 관한 일을 충분히 익히도록 한 이후 일에 착수하도록 한다. 타량에 있어서 가장 중요한 역할을 하는 자는 감관이므로 감관의 선발에 있어서는 특별히 주의하도록 했다. 그러나 이러한 打量機構는 고려말기부터 조선후기에 이르는 양전기구와 조금도 다른 바가 없다. 다만 다른 점은 여기에서의 타량은 양전사업과 전지구획사업을 겸하고 있기 때문에 사업기간이 같지 않은 점이었다. 그러나 경지정리사업에는 막대한 비용과 고도의 기술이 필요할 것인데, 감관에게 그러한 책임을 맡겨서 사업이 제대로 이루어질 수 있을 것인지가 의문스럽지 않을 수 없다. 그리고 감관은 상임의 관리가 아니고 委官에 불과한데, 타량에 있어서나 양전에 있어서나 그 막중한 임무를 이 위관에게 위임하여 사업이 제대로 성취될 수가 있을까 하는 점도 의문이다. 역대의 양전이 부실했던 것은 이러한 양전기구에 기인했던 바가 컸는데, 이러한 점에 대하여 반계가 특별히 고려하지 못한 점을 어떻게 생각할 것인가 하는 문제가 있어 보인다.

그런데 타량에 종사하는 자들에 대한 賞典에 있어서는 특별한 배려가 있었다. 감사와 수령으로서 일을 잘한 자는 각각 그 品階를 4단계씩 높여 주는데, 감사로서 1道의 타량을 잘한 자에게는 옛날이라면 마땅히 '裂土分茅之典'을 베풀어야 마땅할 것이라 했다. 감관에게는 別受田 4頃을 주고 출군을 면제하도록 했으며, 특별히 공로가 높은 자는 또 관리로 채용하고 거기에 상응하는 전지를 별수전과 별도로 받도록 했다. 서기에게는 '頃夫等의 雜役'을 면제하게 했으며, 田夫에게는 전지구획사업을 시작하는 처음에 전세의 3분의 1~2를 면제하여 전지구획에 대한 공로를 보상하게 했다. 위의 상전에서 보듯이 반계는 전지구획사업이 쉽지 않다는 것을 잘 이해하고 있었던 것 같다. 그러나 위와 같은 전지구획을 위한 준비나 상전만으로써 과연 전지구획사업이 제대로 이루어질 수 있을 것인가 하는 점에 대해서는 여러 가지로 생각할 점이 많은 것 같다.

마지막으로 출군·출세의 문제에 대하여 살펴보도록 하자. 반계는 자기가 거주하고 있었던 扶安縣을 예로 들어서 이 문제를 검토하고 있다. 정전법에 의하면 方1里가 9頃이다. 부안현은 남북이 60리이고 동서가 30리이므로 방 1,800리인데, 이것은 16,200경이다. 邊山이 차지하고 있는 부안현의 한쪽 땅과 산림, 천택, 불모지 및 城邑의 閭里가 차지하는 11,200경을 제외하면 實田(당연히 墾田이다) 5,000경을 얻는다. 출병을 면제하는 전지 1,000경을 빼면 4,000경인데, 여기서 軍丁 1천 인을 확보할 수 있다. 이것은 당시 부안현의 軍額 414인보다 많았다. 鎭, 軍資, 學庠, 驛馬 및 津渡 등의 면세전 500경(사대부들에게 분급하는 사대부의 경영지는 면세지가 아니므로 당연히 여기의 면세전에 포함될 수 없었다)을 빼면 출세경은 4,500경인데, 8등전 하년의 18두로 전세를 징수하면, 전세는 8,100斛이 된다. 이 시기에는 아직도 大同米 13두가 沿邑에서만 징수되었으므로 정전법의 전세와 田結의 전세는 바로 비교될 수는 없으나, 당시 부안의 時起田은 2,000結인데, 1결을 40두락의 1경으로 잡으면, 전지구획사업으로 획득한 墾田은 5,000경이므로 時起田의 2배 이상이 된다.

4. 기존연구에 대한 검토

지금까지는 반계가 구상했던 전제개혁의 체계를 분전정세절목과 타량출군출세식의 분석을 통하여 알아 보았다. 그것은 전지를 9區의 井田形이 아니라 4구의 田字形으로 구획하여 농민들에게 1경씩 분급하고 특별히 왕실과 사대부계급의 생활터전을 마련하기 위하여 2~12頃의 전지를 差等이 있게 분급하는 限田法을 參用하는 변형된 정전법이었다. 佃田制는 변형되기는 했지만 정전법이므로 당연히 公田制를 전제로 하며, 전지를 4구로 구획하기 때문에 公田은 설정하지 못한다고 하더라도 농민들에게 전지 1경씩을 분급하고, 그들로부터 전지를 기준으로 20분의 1의 전세와 군역을 징수하는 제도였다. 이러한 점에서 보면 반계가 정전법을 실시하고자 한 본의는 국가로 하여금 허물어진 공전제를 회복하는 동시에 經傳에서 모든 전제의 기초라 강조되었던 經田을 실시하여 전지의 실태를 정확하게 파악함으로써 농민들에게 恒産을 보장하는 한편 국가는 재정과 상비군을 확실하게 확보할 수 있도록 하려고 한 것이다. 그 기본적인 취지는 다산의 정전법의 그것과 조금도 다른 점이 없다.

『반계수록』은 중앙사대부의 후예인 유형원(1622–1673)이 31세에 起草하여 49세에 脫稿한 필생의 勞作이었기 때문에 당시의 식자들 간에는 저술 직후부터 조선왕조 건국 이래의 최대의 經世書로서 알려졌다고 한다. 그래서 이 책은 英祖의 특명으로 저술이 된 지 1백 년 만인 1770년에 嶺南監營에서 목판으로 출판되었다. 李瀷(1681~1763)은 반계가 그의 堂叔 李元鎭(1594~1665)의 甥姪이었기 때문에 일찍부터 『반계수록』의 존재를 잘 알고 있었다. 그리고 그는 「반계수록서」와 「반계유선생전」을 집필하기도 했다. 그러나 그는 전제에 관한 반계의 학설이 자기의 학설과 달랐기 때문에 그것을 받아들이지 않았다. 반계의 학설은 結負制를 부정하고 頃畝制의 실시를 주장하는 정전제인데 대하여 그의 학설은 결부제를 수용하는 均田制였기 때문이다.

근세에 유반계가 말하기를 '마땅히 4區의 법을 시행해야 한다'고 하였으나, 비록 佃의 4구가 井田의 9구와 비교하면 간단하기는 하지만, 역시 시행할 수 없을 듯하다. 하물며 溝洫을 파고 도로를 내는 것은 旱田에서나 마땅한 것인데, 지금 들판에서 조금 반반한 땅은 모두 논으로 개간하여, 두둑으로 경계를 만들고 반드시 바닥을 고르게 하여 물을 싣는데, 땅은 반반한 데도 있고 비탈진 데도 있기 때문에 두둑은 꾸불꾸불하니 어떻게 方正한 경계를 만들 수 있겠는가.[51]

위에서 보는 바와 같이 성호가 정전제를 부정하는 논리는 蘇洵의 그것과 같다. 정전제는 본래 旱田에 적합한 제도이고 水田이 발달한 곳에서는 수백 년이 걸려도 溝洫을 굴착하여 전지를 네모반듯하게 구획할 수가 없다는 것이다. 그러나 성호의 이러한 주장은 초기의 주장인 것으로 보인다. 성호에게는 전제에 관한 글들이 아주 많은데, 후기의 저작일수록 전제에서 經田이 차지하는 중요성을 강조하고 있다. 성호는 끝까지 결부제와 균전제에 관한 자기의 주장을 포기하거나 정전제를 받아들인 일은 없지만, 후기에는 경전이 전제의 불가결한 구

---

51) 近世柳磻溪謂, 當行四區之法. 佃四區比井九區雖簡, 亦恐不可爲也. 況溝洫濬地開道, 宜於旱田, 今郊野稍平地, 皆變爲水田, 以隴爲界, 必均治載水, 地有平側, 故隴爲之迂邪, 何可以畫方正之界耶.(『星湖僿說』卷之四十七 人事門, 結負之法) 성호에게는 『반계수록』을 誤讀한 점도 있다. 사대부에게 분급하는 전지는 사대부의 경영지인데, 이를 收租地로 읽고 있다. 磻溪謂, 七品以下六頃, 遞加至正二品則十二頃. 夫六頃之稅, 米百二十斗, 若遇凶歉之災則不過七十二斗. 然則一月之食爲六斗. 至於吏隷之役於外郡者, 或二人而一頃, 如是而不淪於貪墨者鮮矣.(『星湖全集』卷之四十六 雜著, 論賦稅)

성요소인 것을 알고, 전지가 方田法으로 네모반듯하게 구획되어야 전제가 완성될 수 있다고 생각했던 것이다. "지금 제도를 정하되, 그 땅의 넓고 좁음에 따라서 정전법과 동일하게 頃을 정한다. 혹 4경이나 혹 9경으로 하되, 또 만약 땅이 부족하면 혹 1~2경이나 7~8경으로 한다. 길거나 넓거나 많거나 적거나에 구애받지 않고, 오직 頃面은 반드시 正方으로 하고 둥글거나 비스듬한 것은 포함시키지 않는다. 이에 네 모서리에 흙을 쌓거나 돌을 모아서 표시를 하되, 표시에 따라서 줄을 쳐서 경계를 정한 뒤에 步尺으로 측량하여 그 大小를 정한다. 그 가운데 도랑·길·자갈땅과 같이 갈아먹을 수 없는 땅이 있으면, 지금의 田形法에 따라 계산하여 뺀다. 또 갈아먹을 수 없는 경계와 두렁의 면적이 많고 적음에 따라서 그 분량만큼 뺀 뒤에, 땅이 비옥한지 척박한지를 묻지 말고 表界의 田主를 모아서 전지의 크고 작음을 측량하되, 그 結負數의 배당은 통상의 측량과 맞도록 한다. 만약 땅은 작은데 결부가 많은 억울함이 있는 경우에는 관부에 호소하는 것을 허락하며, 수령은 해당지역에 가서 억울한 점을 풀어 준다. 한 筆地가 경계에 걸쳐 있는 경우에는 각각 계산한 뒤에 田品의 등급에 따라 결부를 올리고 내린다. 오직 심하게 삐뚤어지거나 餘田으로서 表界內에 포함될 수 없는 것은 역시 마땅히 별도로 계산하는데, 비록 10步나 5보 같은 작은 것이라 하더라도 반드시 네 귀퉁이에 표지를 하고, 지어 먹지 못하는 땅은 계산하여 제거하면 脫漏는 걱정할 바가 아니다. 대개 결부제는 비록 頃畝制의 편리함에는 못 미치지만, 정말로 제도를 시행할 만한 적임자가 있다면 또한 어찌 왕도정치를 펼칠 수 없겠는가. 단지 흙은 골고루 나누어줄 수 없는 것이다."[52]

---

52) 今爲定制, 隨地廣狹, 定其頃如井法. 或四頃或九頃, 又如不足, 則或一二或七八. 或長或廣, 不拘多少, 惟取頃面之方正, 不容圓邪. 乃就其四角, 築土聚石爲表, 從表施繩定界, 然後依步尺通量, 定其大小. 其中如有川溝術道石礫不食之土, 依今田形法計

이러한 성호의 양전기법은 결부제하의 방전법이다. 성호의 방전법은 그의 畏友 鄭尙驥의 東國地圖로부터 영향을 받은 바가 큰 것 같은데, 여기에서 조선실학에 대한 서양지리학의 영향을 확인할 수 있지 않을까(조선후기의 지도들은 地表를 곡면이 아니라 평면으로 그리고 있었다는 점에서 조선식지도이다). 앞으로의 연구과제로 남겨두고 싶다.

丁若鏞이 16세 때부터 李家煥을 따라서 성호의 遺書를 읽고 經世致用學에 入門했다는 것은 널리 알려진 바와 같다. 다산은 1799년에 「田論」을 집필하기까지는 전제에 관한 독자적인 견해가 없었고, 전제로서는 성호의 균전제를 수용하고 있었던 것으로 보인다. 그는 「전론」의 단계에서 閭田制라는 독자적인 견해를 정립하기는 했으나, 거기에서는 아직도 정전제에 대해서는 성호와 같이 부정적이었다. 그가 1795년에 집필한 것으로 추정되는[53] 「古詩二十四首」에서는 반계의 전제를 균전론으로 이해하고 있었다. 반계의 전제에 대한 다산의 관점에는 불완전하나마 근거가 있다. 그의 전제에 관한 이론이 정전제로 정립되는 1814년에 저술된 『孟子要義』에서도 반계의 전제에 대한 다산의 이해가 여전히 균전론에 머물고 있었던 것이다. "柳磻溪의 경세제민의 書는 반드시 田政으로부터 시작하니, 근본을 아는 학문이라 할 수 있다. 오늘날 정전법은 시행할 수 없으나 오직 均田法만은 위에 있는 자

去之. 又察其界壠不耕之多寡, 減其分數, 然後勿論饒瘠, 聚四表之內田主, 量其大小, 分俵步尺, 使得必賠通量之數. 如有田小尺多之寃, 許其告訴, 官臨以伸之. 其一田之出入表界者各計之, 然後分其饒瘠高下之等, 上下其結負. 惟其奇邪餘段不可入表界者, 亦宜別計, 而雖十步五步之小者, 必四角爲表, 計去不食者. 如此則脫漏非所慮也. 蓋結負雖不及頃畝之便, 苟有其人, 亦豈不可以行王道耶. 但欠不能均授耳.(『星湖全集』卷之四十五 雜著, 論田制)
53) 沈慶昊, 「시집해제」(『定本與猶堂全書』1 다산학술문화재단, 70페이지)

가 결단하여 행하면, 이것은 행할 수 있을 것이다."[54] 『맹자요의』의 이 구절은 정전법을 논하는 문장 전체의 전후 맥락에서 볼 때 매우 이해하기 어려운 것이기는 하지만, 여기에서도 다산이 반계의 전제를 여전히 균전법으로 이해하고 있었다는 사실만은 확인된다.

> 經世의 간절한 뜻은 오로지 磻溪翁에게만 보이는데반계 柳公의 諱는 馨遠이다,
> 깊이 은거하면서 伊尹과 管仲을 사모한다는 명성이 멀리 궁중에까지 들렸네.
> 경세의 큰 강령은 均田에 있고 節目은 논리가 整然하니,
> 골똘히 흠집을 메우느라 풀무질과 망치질하기 괴로웠으리.
> 빛나고 빛나는 王佐의 재목이건만 산림 중에서 늙어 죽고,
> 遺書는 세상에 넘쳐흐르건만 아직 백성을 윤택하게 한 공덕은 없다.[55]

다산은 『맹자요의』를 저술한 이듬해인 1815년에 「전제」 1~5(원래의 명칭은 「田制考」이다)를 저술한다. 여기에서 정전제에 관한 이론이 본격적으로 정립되기 시작하는데, 거기에서 다산은 한전법과 균전법

---

54) 鏞案, 規矩律呂, 爲工師法度之所由生, 仁政亦當於法度上理會, 下段引詩而言遵先王之法, 可見其義也. 滕文公行井田法, 則曰聞君行仁政, 孟子一生經濟在於經界. 大抵井田之法在王政, 如規矩之於方員, 六律之於宮商, 田政先正, 然後禮樂兵刑萬緒千頭, 俱有條理. 柳磻溪經國之書, 必從田政始, 可謂知本之學也. 井田今不可行, 惟均田之法, 在上者斷而行之, 斯可爲矣. 堯舜大聖人也, 堯舜之道大聖人之道也. 不以仁政不能平治天下, 即仁政果規矩六律哉.(『全書』二－孟子要義一－四十九 前面, 離婁第四)

55) 拳拳經世志, 獨見磻溪翁磻溪柳公諱馨遠,
深居慕伊管, 名聞遠王宮.
大綱在均田, 萬目森相通,
精思補罅漏, 爐鍾累苦工.
燁燁王佐才, 老死山林中,
遺書雖滿世, 未有澤民功.
(『全書』一－詩文集二－二十五 前面, 古詩二十四首

은 사람을 근본으로 삼을 뿐만 아니라 전지의 私有를 허용함으로써 (中間的 토지소유이다) 왕정을 위한 전제로서는 적합치 않다고 비판하면서, 토지를 근본으로 삼고 공전제를 전제로 하는 정전법이야말로 올바른 田制라고 강조했다. 다산의 전제에 대한 이러한 입장변화는 반계의 전제에 대한 그의 인식에 있어서도 변화를 가져온다. 「전제고」 집필 직후의 1816~7년경에 저술된 「전제」 6에서 그는 반계의 전제를 정전법이라 이해했다. "乾隆乙未년에 관찰사 아무개가 (箕田의ㅡ필자) 經界를 허물어 버렸더니, 근년에 관찰사 아무개가 옛 자취를 살펴서 복구했다. 건륭말년에 勅使가 와서 井田說을 요구했는데, 대개 황제의 뜻이라, 드디어 久菴 韓百謙 및 반계 유형원 등의 여러 설을 가지고 보고했다."[56] 반계의 전제에 대한 다산의 이러한 인식은 귀향 이후에 집필한 것으로 보이는 『餼餫錄』에서 보다 자세히 소개되어 있다.[57] 다산이 정전제야말로 왕정의 기초라 이해한 것은 經田이 곧 仁政이라는 맹자의 정전설을 받아들였기 때문이다. 여기서 다산은 조선의 量田制度인 결부제에 대하여 근본적인 비판을 가한다. 그는 조선에서 양전제도로서의 결부제는 효종4년에 겨우 성립했으며, 또 이 결부제를 포함하여 역대의 결부제하에서는 양전이 한 번도 제대로 이루어진 일이 없었다고 혹평했다.

孝宗4년에 이르러 遵守冊과 遵守尺을 반포하여, 곧 전지를 6등으로 나누었다. 1등이 100, 2등이 85, 3등이 70, 4·5·6등이 각각 15씩 차이가 나는 법을 이 이후부터 시행했다. 그러므로 전지를 6등으로 나누어 차등 있게 1結로 나눈

---

56) 乾隆乙未間, 觀察使某漫其經界, 近有觀察使某, 按舊跡而修復之. 乾隆末, 勅使來求 井田說, 蓋皇旨也, 遂以久菴說及磻溪柳馨遠諸說進之.(『全書』五ㅡ經世遺表 六ㅡ 二十六 後面, 邦田議)

57) 『與猶堂集』雜文十一ㅡ餼餫錄一ㅡ韓久菴井田說

것은 지금으로부터 170년이 되었을 뿐이다. 행한 지가 170년에 불과한 것을 개벽 이래 본래 그 법이 그러했다고 인식하고 있으니, 어찌 소홀하지 않은가. 법에서는 30년에 한 번 개량한다고 했으나, 이 법을 시행한 지가 170년이 되어도 한 번도 改量하지 못한 것은 무엇 때문인가. 6등으로 차등하는 이 법은 비록 離朱가 量繩을 잡고 隷首가 계산을 한다고 하더라도 끝내 奸僞를 금할 수 없기 때문에 그대로 덮어버리고 감히 조금도 흔들 수 없었던 것이다. 한 나라의 모든 전지가 찢어진 종이쪽과 헐어빠진 방석을 땅에 깔아 썩어버리게 한 것과 같아서, 한 구석을 들면 장차 부스러져서 어찌할 수 없기 때문에 감히 조금도 흔들 수 없는 것이다. 민생이 곤궁하지 않고 國用이 궁핍하지 않으려면 먼저 양전을 해야 하는데, 양전을 하려면 먼저 결부제를 頃畝制로 개혁해서 經緯線을 쳐서 方田으로 만든 이후라야 곧 經界를 말할 수 있을 것이다.[58]

千寬宇는 반계에 관한 국내 최고 연구자로 평가되고 있다. 그 이유는 그가 반계의 실학사상을 조선후기의 역사적 발전과 세계사적 동향 속에서 파악하려고 노력했을 뿐만 아니라 조선유학의 내재적 발전으로 위치시키려고 했기 때문이다. 이를 달리 표현하면 반계의 실학은 임진왜란 및 병자호란과 같은 近世의 世界史的 동향을 맞이하여 붕괴의 위기에 직면한 조선왕조국가를 재건하기 위한 朝鮮儒學의

---

58) 至我孝宗大王四年癸巳, 頒邊守冊, 頒邊守尺, 乃分爲六等. 定一等一結, 二等八五, 三等七十, 四五六等, 各差十五之法, 自玆以來, 按而行之. 然則田分六等, 差爲一結, 於今爲一百七十年而已. 行之不過一百七十年者, 認之爲開闢之初, 其法本然, 豈不疎哉. 法曰卅年一改量, 而一冒此法, 卽一百七十年, 不復能改量者何也. 六等差例之法, 雖離朱察繩, 隷首握算, 卒無以禁其奸僞, 故因而掩覆之, 不敢小搖之也. 擧一國之田, 如破帳敝席之鋪于地以朽, 擧一隅, 將毀裂而莫之爲, 故不敢小搖之也. 欲民生無困, 欲國用無匱, 則先量田, 欲量田, 則先破結負爲頃畝, 打經緯線爲方田, 然後乃可云經界.(『全書』 一 - 詩文集 十二 - 二十四 後面 田結辨)「田結辨」은 그 양전방법이 「전제별고」의 그것과 같으므로 1820년경에 정부의 양전에 관한 收議가 있은 이후에 집필된 것으로 보인다.

內在的 發展이라는 것이다.[59] 반계실학의 성립계기로서는 兩亂으로 국가가 붕괴위기에 처했다는 시대적 분위기뿐만 아니라, 가깝게는 제주목사로서 하멜의 표류사건을 처리한 외삼촌 李元鎭과 호조판서를 지내고 海槎錄을 집필하기도 한 고모부 金世濂과 같은 세계사의 동향을 어느 정도 알면서 당대의 문제를 붙들고 씨름했던 학자들의 指導도 있었다고 한다.[60] 이러한 점에서 보면, 반계의 실학은 근세의 세계사적 동향과 조선유학의 接點에서 성립했다. 반계는 말할 필요도 없이 한국실학의 鼻祖인데, 반계의 경우에서 보이는 바와 같이 한국실학 그 자체도 근세세계사와의 접촉 속에서 전개된 조선유학의 내재적 발전이었던 것이다.

그런데 반계의 실학과 조선의 性理學 및 西世東漸의 일환으로 도입된 天文學·地理學 간에 구체적으로 어떠한 이론적 관계가 있었는가 하는 점에 대해서는 아직도 이렇다 할 만한 연구가 없어 보인다. 반계는 「書隨錄後」에서 "天地의 理致는 萬物에서 드러나는 것이니, 物이 아니면 이치가 드러날 데가 없고, 聖人의 道理는 萬事에서 행해지는 것이니, 일이 아니면 도리가 행해질 데가 없다"고 하면서 사물에 대한 인식의 틀을 제시했다.[61] 지금의 연구단계에서는 여기에서 말하는 '천지의 이치와 성인의 도리'가 구체적으로 어떠한 개념이며, 이들

---

59) "停滯와 癱着 속에서 소극적인 사회를 유지해 온 조선에 세계사적인 '근세'의 萌芽를 보게 되는 것은 이조말엽에서 비롯되는 외래자본주의의 유입으로써 시작된다 함은 흔히 이르는 말이다. 그러나 조선의 '근세'를 형성하는 내재적 계기는 실로 멀리 임진왜란에서 시작되는 사회 자체의 자기붕괴 및 그것을 반영하는 일련의 시대정신에서 엿볼 수 있는 것이니, 그것은 혹은 불평지배층의 속에 이루어진 개량주의적 사회사상으로, 나아가서는 민중의 실천적 반항운동으로 나타나고 있다."(千寬宇,「磻溪柳馨遠研究」上,『歷史學報』第二輯, 1952, 10페이지)

60) 앞의 논문, 12페이지

61) 天地之理, 著於萬物, 非物, 理無所著, 聖人之道, 行於萬事, 非事, 道無所行.(유형원, 전게서(四), 474페이지, 書隨錄後)

개념과 반계의 '實理論' 및 서양의 천문·지리학 사이에 어떠한 이론적 관련이 있는지에 대해서는 납득할 만한 연구가 없으나, 이들 간의 상호작용으로 조선의 유교적 경세학에 있어서 하나의 커다란 사상적 飛躍이 있었던 것은 분명한 것으로 보인다. 그것은 다름이 아니라 性理學 등 진시황 이후의 人慾에 사로잡힌 학문을 버리고 天理에 기초한 三代聖人의 학문으로 돌아가 현실에서 실천할 수 있는 이상적인 제도를 구상하려는 새로운 학풍의 출현인데, 『반계수록』의 저작이 바로 그러한 학풍의 출발점이었던 것이다. 그러나 조선후기의 실학에서는 아직도 근대사상의 출현을 기대하기는 어려울 것 같다. 그 이유는 조선후기의 실학이 여전히 사실과 가치가 미분화 상태에 있는 '천지의 이치와 성인의 도리'를 추구하는 유교적 義理之學의 영역에 머물러 있기 때문이다.

천관우는 『반계수록』에서 전개되는 경세학 체계를 전제와 관제로 파악했다. 그의 반계의 경세학체계에 대한 이러한 이해는 필자의 이해와도 같은 것이다. 그러나 그는 반계의 전제에 대해서는 '均田的'인 것으로 이해했다. 따라서 반계 전제의 내용을 본격적으로 소개하는 그의 논문의 제2장 제2절의 제목은 "土地國有와 '均田的' 再分配의 主張"으로 되어 있다. 그러면 그는 『반계수록』에서 전개되는 전제가 經田을 기초로 하는 정전제라는 것을 이해하지 못해서 그렇게 주장했던 것일까. 물론 그것은 그러할 수가 없었다. 비록 제2장 제2절의 제목은 위와 같지만, 그러한 제목하에서나마 그는 반계가 추구한 전제의 기본적 목표가 經田에 있음을 밝히고 또 경전을 구현하기 위한 토지제도로서 정전법을 선택했다는 사실을 다음과 같이 밝히고 있다. "그(經田의—필자) 방법으로는 정전법을 이상으로 하되 현실의 사정을 참작하여 정전법의 정신만을 살리자는 것이었으니, '옛 정전법은 지당하다. … 진실로 능히 今宜에 因하고 古意를 酌하여 법으로서 행하면 … 비록 井形을 劃하지 않더라도 정전의 實을 모두 그 가운데에 있게 할 수 있는 것이다'라 한 것이 그것이다."[62] 그는 이 인용구절에 곧 이어서 반계 정전법의 특징을 '以田爲本', '一頃一夫, 四頃一兵', '頃畝法' 및 '劃方成頃' 등으로 소개했다.

반계의 전제가 정전법임에도 불구하고 그는 왜 그것을 굳이 균전법으로 이해하려고 했을까. 그는 '제3절 磻溪 土地改革案의 批判'이라는 제목하에서 그의 그러한 이해의 근거를 다음과 같이 제시하였다. 비록 반계 스스로는 자기의 전제를 정전제라 했지만, 천관우가 보기에는 "周代사회와 李朝사회의 본질적 괴리는 정전법에 충실하기에는 너무나 溝渠가 컸고",[63] "결국 반계 토지개혁안의 기초는 자신이 한편으로는 약간의 불만을 표시하면서도 '당의 균전제는 또한 古意에 가깝다. 麗太祖가 이것을 써서 부강을 이루었다'라고 찬사를 보내고 있는 저 均田制였던 것이다. 後魏에서 비롯하여 北齊·後周·隋·唐에 이르도록 답습되고 고려에까지 수입되었던 균전법은 농민에 대한 균일한 永業田 및 口分田의 授受와 지배층에 대한 영업전 및 직분전의 割給이라는 二元的 체제에 根底를 둔 것이며, 반계의 안 또한 이원적 체제에 不外한 것이다."[64] 다시 말하면 천관우가 반계의 전제를 균전제라 이해하는 논거는 두 가지이다. 첫째, 반계는 표면적으로는 균전제를 비판하고 있지만 실제로는 그것을 받아들이고 있고, 둘째, 반계가 자기의 전제를 정전제라 했지만 그 내용을 살펴보면 고려의 균전제와 같다는 것이다. 그러나 반계의 전제에 대한 천관우의 이러한 이해는 완전히 잘못된 것이다. 반계가 균전법을 받아들이고 있다는 위의 인용문부터 살펴보도록 하자. 그 인용문의 全文은 아래와 같다.

---

62) 천관우, 전게논문, 32페이지
63) 앞의 논문, 39페이지
64) 앞의 논문, 40페이지

당나라 때의 균전제는 역시 古意에 가까워서 고려가 그 법을 사용하여 富强을 이루었다. 그러나 그 법은 땅을 위주로 하지 않고 사람을 근본으로 하였기 때문에, 사람을 등록해서 전지를 분급하고 등급이 복잡해서 전지를 지급할 때에는 사람은 많은데 땅이 적거나, 땅은 많은데 사람이 적은 폐단이 없지 않았으며, 전지를 이미 지급한 이후에는 또 지금은 남는데 뒤에는 모자라며, 지금은 모자라는데 뒤에는 남는 폐단이 없지 않아서옛날의 법은 전지로써 근본을 삼고 전지를 계산하여 부역을 내는데 사람은 그 속에 있었으므로, 경계를 바로잡아 거기에 따라 사람이 전지를 분급받아서 폐단이 없었다. 당나라와 고려의 제도는 사람으로써 근본을 삼아 人丁을 헤아려 전지를 지급했기 때문에 사람과 전지가 서로 남고 모자라는 폐단이 있었다. 이것은 서로 가까운 것 같으면서도 실로 옛날의 법과 서로 합치하지 않는 것이다, 이것이 처리하기가 어려워서 뒤에 반드시 폐지되고 붕괴되는 바이다. 만약 오늘날의 마땅함에 따르고 옛날의 뜻을 참작하여 행함에 있어서 법도가 있으면, 지형은 반드시 넓지 않더라도 그 제도가 불가할 것이 없으며, 公田을 반드시 설치하지 않더라도 10분의 1세를 거둘 수 있으며, 采地를 반드시 설치하지 않고도 각자가 먹고 살 것을 가질 수 있다. 자연의 이치에 합당하고 오늘날에 시행하기가 쉬우면, 만민이 안식처를 얻고 모든 법도가 순조로워진다. 비록 井形으로 구획하지 않는다고 하더라도 정전의 실질이 모두 그 속에 있는 것이다. 또 당나라와 고려가 난처했던 폐단이 없고 지극히 공정해서 먼 훗날에까지 행할 수 있으며, 지극히 간단하고 요령이 있어서 갖추지 않은 바가 없다. 아래에 삼가 그 조례를 갖춘다.[65]

---

65) 唐世均田之制, 亦近古意, 麗祖用之, 以致富強. 然其法不以地爲主, 而以人爲本, 故籍丁給田, 差科多端, 給田之際, 不無人多地少地多人少之弊, 旣給之後, 又不無今剩後欠今欠後剩之弊古法以田爲本, 計田出賦, 人在其中, 故正其經界, 隨人所受, 而無弊. 唐及高麗之制, 以人爲本, 計丁給田, 故有人與田相爲多寡之弊. 此雖似相近, 而實則與古法不相合. 此所以難處而後必廢壞也. 苟能因今之宜, 酌古之意, 而行之有法, 地形不必寬, 而制無不可, 公田不必置, 而可爲什一, 采地不必設, 而各有其養. 合於自然之理, 易於今日之行, 萬民得所. 百度皆順. 雖不畫爲井形, 而井田之實, 俱在其中. 又無唐麗難處之患, 至公

위의 문장은 천관우의 讀解와는 달리 전제로서 균전법은 받아들일 수 없고 정전법을 시행해야 올바른 전제가 수립될 수 있다는 점을 누 누이 강조하고 있다. 그리고 천관우가 그의 주장의 논거로서 언급하 고 있는『반계수록』卷之六의「後魏·北齊·隋唐·田制」와「高麗田制」를 읽 어 보아도 오히려 거기에서는 균전법은 전제로서 채용할 수 없는 제 도임을 더욱 자세히 설명하고 있다. 그러면 둘째의 문제로 균전법과 반계의 정전제 사이에 같은 점이 있는지를 살펴보자. 그는 "後魏에서 비롯하여 北齊·後周·隋·唐에 이르도록 답습되고 고려에까지 수입되었 던 균전법은 농민에 대한 균일한 永業田 및 口分田의 授受와 지배층 에 대한 영업전 및 직분전의 割給이라는 二元的 체제에 根底를 둔 것 이며, 반계의 안 또한 이원적 체제에 不外한 것이다"라고 하고 있지만, 唐의 균전제에서는 관료에 대한 토지의 분급규정이 없었고, 당의 균 전제를 모방했다는 고려의 田柴科에서는 농민에 대한 토지의 분급규 정이 없었던 것이다. 그리고 전시과의 과전은 收租地인데 대하여 반 계의 정전제에서 사대부와 궁방에 분급하는 전지는 그들의 經營地였 던 것이다. 그런데 그가 무엇 때문에 반계의 정전제가 그러한 '二元的 체제에 根底를 둔 것'이라 했을까. 그가 반계의 정전법을 이렇게 독해 한 것은 정말 이해하기 어렵다.

마지막으로 지금까지의 반계의 전제에 관한 연구자들이 일반적으 로 범하고 있는 誤謬에 대하여 지적해 두기로 한다. 그것은 職官田에 관한 것이다. 앞에서 지적한 바와 같이 星湖는 직관전을 관료들의 收 租地로 오해했으나, 직관전은 出軍은 면제되나 出稅는 행하지 않으면 안되는 관료들의 경영지이다. 천관우도 성호의 지적을 인용하면서 직 관전에 대하여 성호와 같이 이해했다.[66] 그리고 그는 토지분배표에서

而正, 可行於遠, 至簡而要, 無所不該. 謹具條例于下.(유형원, 전게서(一), 38페이지)
66) 천관우, 전게논문, 42페이지

'궁방전'과 '직관전'의 출세에 대해서는 아무런 언급도 하지 않았던 것이다.[67] 분전정세절목에서는 농민들에게는 전지 1頃씩을 분급하면서 出稅·出兵한다고 규정하고, 外舍와 內舍의 학생들에게는 전지 2~4頃을 분급하면서 그 注에 "모든 免兵者는 그 田稅는 위와 같다(凡免兵者其田稅則同上)"라고 했다.[68] 여기서 지칭하는 '모든 면병자'는 학생들이 수전하는 土田, 관료들이 수전하는 職官田 및 왕자나 공주 등이 수전하는 宮房田을 지칭하는 것이므로 이들은 당연히 출세전이다. 扶安에는 직관전 40경이 있었는데,[69] 이것은 출군은 면제되나 출세는 행해야 하는 전지였다. 연구과제로서 남는 문제는 이들 사전, 직관전 및 궁방전이 어떻게 경영되었을까 하는 것이나,[70] 현재의 필자로서는 이 전지들이 어떻게 경영되었는지를 밝힐 시간적 여유가 없다.

지금까지 살펴본 바와 같이, 반계의 전제에 관한 연구자들은 반계의 정전제를 균전제로 이해하려는 경향이 강했다. 이러한 연구경향에 박차를 가한 연구자는 金容燮으로 보인다. 그는 중국과 조선에서의 전제에 관한 논의를 폭넓게 개관한 뒤에 반계의 전제에 대해서 다음과 같이 지적했다. "尤庵이 地主的 입장에서 농업문제 해결을 구상하는 데 대하여 그는 農民的 입장에서 이를 구상하고 있다. 그는 朱子가 難行하다고 한 周의 井田은 외형상 피했지만, 殷田 즉 箕田을 염두에 두면서 箕田이 田字形인데 착안하여 '四頃爲一佃, … 每一夫占受一頃'하는 佃田制를 시행할 것을 제시했다. 身分制를 전제한 위에서의 均田的 土地分給制였다. 土地分給에 身分差를 두고 있다는 점에

---

67) 앞의 논문, 36페이지

68) 유형원, 전게서(一), 44페이지

69) 앞의 책, 189페이지

70) 팔레는 사대부나 궁방에 분급되는 전지는 '率丁'에 의하여 경영되었을 것이라 했다.(James B. Palais, op. cit., p.337)

서 이는 완전한 均田制가 아니었지만, 그러나 이는 地主制를 부정하는 變革의 논리라는 점에서 朱子土地論을 지지하는 견해와는 근본적으로 다른 것이라 아니할 수 없다."[71] 조선후기의 결부제와 농업사를 전공하는 김용섭이 반계의 전제를 이렇게 이해했다는 것은 정말로 놀라운 것이다. 반계의 전제를 균전제로 이해할 때 발생하는 가장 큰 문제점은 전지의 실태를 정확하게 파악하는 데 있어서 經田이 차지하는 의미가 捨象되고 만다는 점이다. 반계는 조선에서 2천 년 동안이나 경전이 무엇인지를 모르게 한 結負制를 극복하기 위하여 악전고투했는데, 그의 전제를 연구한 사람들은 이 점을 완전히 무시해 버리고 만 것이다. 김용섭 이후에도 반계의 전제에 관한 연구가 이루어지기는 했지만, 균전제나 공전제를 가지고서는 반계 전제의 체계를 제대로 이해할 수 없었던 것으로 보인다.

---

71) 金容燮, 「朱子의 土地所有論과 朝鮮後期 儒者」(『增補版 朝鮮後期農業史硏究』 Ⅱ —潮閣, 1990, 417페이지)

맺음말

반계는 「國朝田制」에서 "이 책은 본래 공전제를 밝히려고 한 것이며, 후세의 私田이라면 논할 것도 없었다"고 하면서 "오직 본국의 結負法은 중국의 頃畝法과는 다르기 때문에 그 설명을 附載하여 그 득실을 고찰하려고 한다"고 했다. 더 직설적으로 말하면 『반계수록』은 본래 결부제를 경무제로 개혁하기 위하여 저술한 것인데, 경무제에 비교해 본 결부제의 득실은 다음과 같다는 것이다. "결부제의 근원을 따져보면, 租稅가 같은 것을 위주로 하고 전지의 면적이 같은 것을 위주로 하지 않기 때문에 폐단이 있기 쉽다"는 것이다. 그 폐단을 살펴보면, 결부법은 전지의 실태를 파악할 수 없기 때문에 부세의 부담이 불공평할 뿐만 아니라 부정부패가 만연하고, 正稅인 전세는 1결에 미 4두에 불과한데, 과세의 기준이 애매하여 자의적 수탈이 불가피한 貢物과 雜役은 1결의 부담이 가벼우면 20~30두, 무거우면 70~80두에 달했다. 그럼에도 불구하고 결부제하에서는 정부의 재정은 관리들에게 정식의 봉급을 줄 수 없을 만큼 빈약하여 중앙의 상층관료들이 감사나 수령들이 바치는 뇌물로 살아가게 하고 상비군은 유지될 수가 없었다. 즉 국가가 국가의 유지조건을 갖추고 있지 못했던 것이다.

위에서 보는 바와 같이 반계는 전제개혁의 목표를 결부법을 폐지하고 경무법을 실시하는 데 두려고 했는데, 그것은 곧 맹자의 '무릇 仁政은 경계로부터 시작한다'는 가설에 따라서 전제개혁의 목표를 경전을 제대로 행할 수 있는 정전제의 실시에 두려고 했던 것이다. 그래서 반계는 『반계수록』의 첫째 문장에서 다음과 같이 말했다. "옛날의 정전법은 지극했다. 경계가 한번 바로잡히니, 만사가 이루어졌다. 모든 백성은 恒業이 있으며, 병정은 搜括하는 폐단이 없으며, 귀천과 상하는 각각 직업을 얻지 못함이 없어서, 이 때문에 인심이 안정되고 풍속이 두터워졌는데, 옛날에 (나라가―필자) 수백 년, 수천 년 동안 이나 공고히 유지되고 禮樂이 흥행했던 것은 이러한 根基가 있었기 때문이다"라고 했다. 위의 문장은 단순한 修辭가 아니다. 그것은 『반계수록』에서 시도하는 전제개혁의 방향을 어디에 두려고 하는지를 명백하게 밝히려고 한 것이라 할 수 있다.

그런데 정전법은 경전과 공전제를 전제로 한다. 경전을 통하여 전지가 네모반듯하게 구획되면 전지의 실태가 명확하게 파악되고, 공전제가 실현되면 국가가 전국의 전지를 국정의 목표에 따라 자유롭게 배분할 수 있다. 『맹자』에서 말하는 바와 같이 "經界가 바로잡히면 分田制祿이 가만히 앉아서도 정해질 수 있는"것이다. 반계는 전제에 대한 이러한 이해에 따라 전국의 전지를 농민에게는 40두락의 1頃씩을 분급하고 사대부와 왕실에는 2~12경씩을 차등 있게 분급함으로써 국가의 기반인 양인과 국가의 동량인 양반의 생활을 안정시키는 동시에 국가의 재정과 상비군을 확보하려고 했다. 반계가 정전법을 실시하려고 하면서도 사대부 및 왕실에게 經營地 2~12경씩을 분급하려고 한 것은 사대부들에게 封에 갈음하는 특전을 베풀 필요가 있는 것으로 생각한 것 같으며, 농민들에게 전지 1경씩을 분급하려고 한 것은 국가의 재정과 상비군을 확실하게 확보하는 동시에 인민의 절반 가까이를 차지했던 노비제를 폐지하려는 목표가 있었던 것으로 보인다. 한국사연구에서는 조선왕조가 초기부터 양인을 기반으로 하는 사회로 이해되어 왔으나, 이러한 인식은 재검토되어야 할지 모르겠다.

정전제의 실현조건은 두 가지이다. 첫째는 공전제요, 둘째는 方田으로의 전지구획이다. 반계는 자기가 그 속에서 살았던 17세기 중엽까지는 아직도 양란 직후에 토지는 황폐화되고 지주제는 발달하지 못하여 국가가 공전제를 회복하려면 쉽사리 회복할 수 있을 것으로 보았다. 양란 직후에 토지가 황폐화되었다는 사실은 전국의 결부수에서도 나타나 있었다. 立案折受의 상황에서 보면, 토지겸병도 收租地의 겸병이나 관료의 노비제적 토지집적이 위주이고 지주제적 겸병은 그렇게 진전되지 못했던 것 같다. 그러면 전지를 방전으로 구획하는 경전은 어떠했을까. 조선에서는 결부제가 경전을 방해하고 있기도 했지만, 경전에 대해서는 朝野가 결사적으로 반대하고 있었다. 이러한 상황에서 반계가 경전을 구상한 일은 가히 혁명적 발상이라 할 만하다. 반계는 『輿地志』 13권의 저자로서 경전을 하려고 하면 경전의 방법은 있다고 생각했다.[72] 그래서 그는 전국전지의 넓이를 지도상에서 파악하려고 했던 것이다. "전제가 이미 갖추어지면, 대략 그 지방에 근거해서 전지를 헤아려 보아 出軍과 出稅의 실수를 계산해 본다. 里數로써 田頃을 계산하면, 方1里가 9頃이다. 또 扶安과 같은 한 縣의 땅은 남북이 60리, 동서가 30리이니, 방1리가 되는 것이 1,800이므로, 전지 16,200경을 얻는다. 邊山이 한쪽 구석을 차지하고 있고, 산림, 천택, 불모지와 邑城의 閭里가 차지하는 11,200경을 빼면, 대략 實田은 5,000경이다."[73]

반계가 지도상에서 전지의 위치를 파악하고 경전하려는 구상은 18세기 전반기의 星湖에 이르면 한 걸음 더 발전하게 된다. "그 상세한 점은 비록 고찰할 수 없다고 하더라도, 대개 田形을 빠짐없이 그리는 것은 오늘날의 邦國地圖와 같이 하는데, 郭諝의 千步方田法에 비

---

72) 『星湖全集』 제68권, 磻溪柳先生傳
73) 右田制旣具, 略據地方度田, 以驗其出軍與稅之實. 以里數準之田頃, 則方一里爲九頃. 且如扶安一縣地, 南北六十里, 東西三十里, 以三十里乘六十里, 則爲方一里者一千八百, 得田一萬六千二百頃. 其地邊山占居一方, 除山林川澤及不毛之地與城邑閭里一萬一千二百頃, 約可實田五千頃. (유형원, 『반계수록』(一), 188페이지, 打量出軍出稅式)

교해 보아도 조금 더 완비되었다. 邦域이 비록 넓다고는 하지만, 지금 나라에는 여러 道가 있으며, 도에는 여러 郡이 있으며, 군에는 여러 面이 있으며, 면에는 여러 洞과 坪이 있어서, 작은 것이 큰 것에 통솔된다. 큰 것은 全圖이고 작은 것은 分圖이다. 또 동과 평이 너무 넓으면, 나누어서 작은 도면으로 만드는데, 오직 한결같이 丘陵, 墳衍과 川澤과 같은 갈아먹을 수 없는 땅 및 묵어서 개간되지 못하는 땅이 있는 데에 따라 모두 빠뜨리지 않는다. 각종의 산법에 따라 廣狹과 長短을 적어 넣고 또 總圖上에 어디까지가 몇 尺인지를 적어 넣으며, 중간의 여러 전지 및 갈아먹지 못하는 것도 그 長短에 따라 모두 적어 넣되, 서로 비교하여 틀림이 없도록 한다. 또 그 四至에는 반드시 몇 번째의 전지라든가 산이라든가 계곡이라든가도 慣例에 따라 적어 넣는다. 이렇게 하면 어찌 다시 隱漏될 염려가 있겠는가. 오늘날의 檢田은 특별히 은혜를 베푸는 것이라고 말해지기는 하지만, 부정과 重稅를 방치함으로써 부역이 고르지 못하고, 이로 말미암아 국가수입이 감소되고 그 폐단이 無告한 백성들에까지 미치는 것이 너무 심하다. 오늘날은 그 田形에다 四至와 田主의 이름만을 기록하니, 전지의 실태를 밝히기가 어려운 것이다. 맹자가 어찌 仁政은 반드시 經界로부터 시작한다고 말하지 않았던가. 천하에 좋은 법이 없는 것이 아니건만, 문득 백성들이 소란을 피울 것이라는 주장에 저지되는 바이니, 어찌해 볼 도리가 없다. 그 후에 『주례』의 「小司徒」를 살펴보니, 地訟은 지도로써 바르게 한다 하고, 그 注에 이르기를 지송은 경계를 다투는 것이다라고 했는데, 지도는 邦國本圖를 가리키는 것이다. 그러므로 이 법은 이미 주나라 때에 갖추어져 있었던 것이다."[74] 구차하게

---

74) 其詳雖不可考, 盖遍圖田形, 如今邦國地圖, 比諸郭諮千步方田法, 尤見完備. 邦域雖曰許大, 今國有各道, 道有各郡, 郡有各面, 面有各洞各坪, 細統扵大. 大爲全圖, 細爲各圖. 洞坪若又有許大, 分爲各圖, 惟其便是從其有丘陵墳衍川澤不食之地及陳荒不

나마 이렇게라도 반계와 성호의 경전구상을 인용해 두는 것이 반계
의 전제를 균전법으로 오해하지 않게 하는 최선의 방법이 아닌지 모
르겠다.

참고문헌

1. James B. Palais, Confucian Statecraft and Korean Institutions—*Yu Hyŏngwŏn and the Late Chosŏn Dynasty*—, University of Washington Press, 1996(김범 옮김, 『유교적 경세론과 조선의 제도들—유형원과 조선 후기—』1·2 산처럼, 2002)

2. 朴克采, 「高麗封建社會의 停滯的 本質—田結制研究—」(『李朝社會 經濟史』, 1946)

3. 千寬宇, 「磻溪柳馨遠研究」(上·下) (『歷史學報』第2·3輯, 1952·3)

4. 千寬宇, 「磻溪柳馨遠研究」補遺 (『歷史學報』第10輯, 1958)

5. 李成珪, 「井田制研究의 諸問題」(『東洋史學研究』第二十一輯, 1985)

6. 中村 哲, 『奴隷制·農奴制의 理論』東京大学出版会, 1986.

7. 李佑成, 「初期 實學과 性理學과의 關係」(『東方學志』第五十二輯, 1988)

8. 金容燮, 「朱子의 土地論과 朝鮮後期儒者」(『增補版 朝鮮後期農業

墾者, 悉皆無漏. 依筭法各種, 書其濶狹長短, 又扵總圖上, 書其從某至某為幾尺, 而
中間各田及不食者, 隨其長短悉書之, 相準無差. 又其四至必書第幾田若山若溪, 皆如
例. 如此, 則豈復有隱漏之患狀. 今之檢田, 號稱優惠, 從其奸濫, 以之賦役不均, 由是
而國入縮小, 獘流扵無告者甚酷. 今也田形只用四條四至, 只記人名, 所以難覈也. 孟
子豈不曰仁政必自經界始也乎. 天下未嘗無良法, 輒為擾民之說所沮, 亦無可奈何耳.
後考小司徒, 地訟以圖正之, 註謂地訟爭疆界者, 圖謂邦國本圖. 然則此法已具扵成
周之世矣.(『星湖僿說』제11권, 人事門 魚鱗圖)

史硏究』Ⅱ 一潮閣, 1990)

9. 中村 哲, 「近代東アジアにおける地主制の性格と類型」(『近代世界史像の再構成』青木書店, 1991)

10. Don Baker, Confucian Statecraft and Korean Institutions : *Yu Hyŏngwŏn and the Late Chosŏn Dynasty*. by James B. Palais, University of Washington Press, 1997(*Pacific Affairs*, Vol. 70, No. 3, 1997)

11. James H. Grayson, James B. Palais : Confucian Statecraft and Korean Institutions : *Yu Hyŏngwŏn and the Late Chosŏn Dynasty*, University of Washington Press, 1997(The Review of Politics, Vol. 59, Iss. 3, 1997)

12. Fujiyama Kawashima, Confucian Statecraft and Korean Institutions : *Yu Hyŏngwŏn and the Late Chosŏn Dynasty*. by James B. Palais, University of Washington Press, 1997 (The Journal of Asian Studies, Vol. 57, Iss. 02, 1998)

13. 鄭杜熙, 書評 : James B. Palais, Confucian Statecraft and Korean Institutions－*Yu Hyŏngwŏn and the Late Chosŏn Dynasty*－, University of Washington Press, 1997(『歷史學報』第158輯, 1998)

14. 金容燮, 「結負制의 展開過程」(『韓國中世農業史研究』지식산업사, 2000)

15. 「井田」(溝口雄三 等編, 『中國思想文化事典』東京大學出版會, 2001)

16. 김성우, 「제임스 팔레의 조선왕조사인식」(『역사비평』2002. 5)

17. 金駿錫, 『朝鮮後期政治思想史研究』지식산업사, 2004

18. 한홍구, 「제임스 팔레의 학문과 삶」(『역사비평』2006. 11)

19. 金泰永, 「磻溪 柳馨遠의 變法論的 實學風」(『韓國實學研究』第18號, 2009)

20. 김태영, 『유형원』실학박물관, 2011

21. 文錫胤, 「磻溪의 實理論」(『반계 유형원 연구』사람의 무늬, 2013)

22. 최윤오, 「반계 유형원의 봉건군현론과 공전제」(『東方學志』 제161
    집, 2013)
23. 崔潤晤, 「磻溪의 公田制國家論」(『반계 유형원 연구』 사람의 무늬,
    2013)
24. 金仙卿, 「磻溪의 租稅 收取制度 改革論」(『반계 유형원 연구』 사람
    의 무늬, 2013)
25. 정호훈, 「20세기 후반 미국에서의 실학연구」(『韓國史研究』 제168
    號, 2015)
26. 安秉直, 『經世遺表에 관한 研究』 景仁文化社, 2017

事項索引

人名索引

지은이 안병직(安秉直)

1936년 경남 함안 출생. 서울대학교 경제학과, 동 대학원 경제학과
졸업. 서울대학교 명예교수. 前 東京大學 經濟學部 敎授. 저서로서
『대한민국 歷史의 岐路에 서다』와 『經世遺表에 관한 硏究』가 있다.

茶山經世學에 관한 硏究
안병직 지음
1판 1쇄 발행/2021. 3. 1
발행인 고정일
발행처 동서문화사
창업 1956. 12. 12. 등록 16−3799
서울 중구 마른내로 144(쌍림동)
☎ 546−0331~6 Fax. 545−0331
www.dongsuhbook.com
잘못 만들어진 책은 바꾸어 드립니다.

*
사업자등록번호 211−87−75330
ISBN 978−89−497−1800−2 93910